長短經

장단경

長短經

조유 지음
곽성문 옮김

인간사랑

차례

장단경이란 어떤 책인가?

『장단경』은 당나라 현종 시기에 활동했던 조유(趙蕤)가 찬술한 책이다. 본래 10권이라고 했으나, 지금은 9권 64편만이 남아 전한다. 실전된 제10권은 '음모'를 다룬 것으로 알려져 있다. 권6 「패기하, 삼국권」에서 조유는 제6권의 집필을 끝낸 시점을 당 현종 개원 4년(716년)이라고 밝히고 있고, 이를 토대로 따져 책의 편찬 시기를 대략 개원 연간으로 추정할 수 있다.

『장단경』의 주요 내용은 하은주 삼대에서부터 당의 통일에 이르기까지 역대 왕조들의 흥망성쇠를 논의하면서 역대 제왕들의 통치와 권모의 실제를 서술함으로써, 경세제민의 실질적인 방도를 제시해준다. 당대 이래 역대 왕조의 황제들이 이를 소중히 여겨 숨겨놓고 몰래 읽었다고 알려진 '제왕학(帝王學)'의 일대 명저로, 역대의 선비들은 이를 높이 평가하여 송대에 편찬된 『자치통감』에 비견했으며, 이에 따라 '소자치통감'으로 불리기도 했다고 한다.

'장단'이라는 말은, 고금의 제왕들의 흥망과 왕도, 패업 등 치적을 살피고 제자백가의 경국제세의 학술을 논하여, 그 우열과 시비, 장단점을 가려본다는 뜻이다. 조유는 '권1, 제8편 정체(政體, 정치의 근본)'에서 『장단경』을 저술한 취지를 다음과 같이 요약했다. 즉 "장단의 변화를 논하고자 했으며, 정치의 도리를 세워 이로서 경으로 삼고자 했다(欲論長短之變, 故立政道以爲經焉)."

그리고 '자서(自序)'에서는 "유가의 선비들이 듣고 배운 바 왕도에만 깊이 빠져들어 왕도와 패도의 본질적인 차이를 깨닫지 못하고 있음을 걱정하여, 고금의 흥망을 장단의 학술로 서술함으로써 시대의 변화에 따라 적합한 정치를 시행할 줄 아는 경륜을 갖추도록 돕고자 했다."라고 저술의 취지를 설명한다.

저서의 이름을 '경(經)'이라고 지은 것은 어떤 뜻일까? 알다시피 '경'이란 옛사람들이 유가의 주요 경전을 높여 부르는 존칭으로서, 송대에 와서 '십삼경'의 형성에서 보듯이 봉건 왕조에서는 제왕의 허가를 받아야 쓸 수 있는 것이지, 제 마음대로 붙일 수 있는 명칭이 아니었다. 조유가 『장단경』으로 이름을 지은 데는 몇 가지 추론이 가능할 것이다. 첫째는 장단경은 큰 글자의 정문(大字正文)과 작은 글자의 주문(小字注文)으로 이뤄져 있는데, 정문을 '경'으로 보고 주문을 '전'으로 보아서, 유가의 경전에서 보듯이 이른바 '경(經)'과 '전(傳)'의 체제로 구성되어 있기 때문에, 스스로 '경'이라 하였을 것이다. 또 『장단경』이 비록 편술 문헌이라 하더라도 잡다한 주장을 그저 모아놓은 것이 아니라, 하나의 강령을 세우고 일관된 체계를 세우고 있기 때문에 '경'이라 한 것으로 볼 수도 있을 것이다. 나아가 스스로 밝히기를 '정치의 도리를 세워 경으로 삼고자 했다(故立政道以爲經焉)'라고 했으니, 자신이 서술한 정치의 도리와 장단의 의론이 가히 '경'이 될 만하다는 자부심의 발로에서 '경'이라 이름을 지은 것은 아닐까 한다. 고서에서 스스로 '경'이라 한 예가 없지 않으니, 『묵자』에서는 '경상'과 '경하' 두 편이 있고, 또한 '경설상'과 '경설하' 두 편을 지어 위의 두 편을 해설하고 있는 것이다.

『장단경』은 여러 이름으로 불리기도 했다. 『신당서』「예문지 3」과 『통지』「예문략 자부 잡가」 및 『송사』「예문지 4」 등에서는 '장단요술(長短要術)'이라고 했고, 청대 가경 연간에 간행된 『독화재총서본(讀書齋叢書本)』에서는 '유문경제장단경(儒門經濟長短經)'이라고 불렀다.

또 근래에 들어 『장단경』이 담고 있는 독창적인 역발상이라든가, 특히 사실의 반면과 이면을 들추어 오히려 '반면의 교훈'을 강조하는 논리가 큰 관심을 끌면서 '권3, 제13편'의 편명인 '반경(反經)'을 서명으로 채택하는 것이 일종의 추세인 것처럼 보인다. 중국에서 널리 통행되는 〈몽고인민출판사〉의 1977년 간행 '전석본(全釋本)'을 비롯해서 근년에 대륙에서 간행된 10여 종의 주석본이 모두 '반경'으로 서명을 삼고 있고, 한국에서 간행된 두 종류의 번역본 역시 '반경'으로 서명을 삼았다. 그러나 '반경'이라고 이름붙이는 것은 장단경의 본래의 편술 취지와 내용의 일부분만을 강조하는 것으로써 『장단경』의 가치와 진면목을 가리는 것이 되지 않을까하는 우려에서 본래의 서명을 쓰기로 한다.

일반적으로 『장단경』을 종횡술의 갈래로 보고 있고, 실제로 『사고전서』에서는 『장단경』을 '자부(子部)'의 '잡가류 1'에 분류하고 있다. 그러나 '『사고전서』「총목제고」에서는 말하기를 "장단경의 큰 뜻은 실용을 위주로 하여 결코 책사들의 속임수와 모략이 아닌 것으로, 그 말은 한 마디 한 마디가 유가의 본지에 어긋남이 없다. 그 문장의

격조는 순열의 『신감』이나 유소의 『인물지』에 자못 가까우며, 오히려 위진 시대의 유풍을 더욱 담고 있다."라 하여, 그 품격을 인정하고 있는 것이다.

조유는 누구인가?

신당서(新唐書)에서는 "조유, 자는 태빈(太賓)"이라고 기록했다. 또 건륭 연간에 편찬된 『염정현지(鹽亭縣志)』 및 『전당문(全唐文)』에서는 "자(字)가 대빈(大賓)"이라고 했다. 당대 인물들의 경우 '태와 대'를 혼용해 쓴 사례가 많은 것으로 조사되고 있는 것으로 보아 조유의 경우도 기록에 따라 '태와 대'가 혼용된 것으로 보인다. 이밖에 일부 기록에서는 조유의 자로 '운경(云卿)'이라고 기록하고 있다. 명대의 시인으로 촉 지역 출신인 양신(楊愼)은 『승암시화(升庵詩話)』에서 "조유, 재주 사람으로 자는 운경"이라고 썼다. 또 청대 건륭 연간에 장손송(張孫松) 등이 수찬한 『염정현지』 권6의 「인물일행(人物逸行)」편에는 "조유, 자는 대빈 또는 운경, 호는 동암자(東巖子)"라고 기록했다.

조유는 또한 '징군(徵君)'으로도 불린다. 청대 왕기(王琦)가 편찬하고 주를 단 『이태백전집(李太白全集)』 권13에는 '회남에서 병중에 소회를 담아 촉 지방에 있는 조징군 유에게 보내는 시(淮南臥病書懷寄蜀中趙徵君蕤詩)'가 게재되어 있다. 명대의 조학전(曹學佺)이 편찬한 『촉중광기(蜀中廣記)』 권94에서는 이 시를 설명하면서 "조유, 재주 사람으로, 일찍이 이백이 그를 사사했으며, 세상 사람들이 조징군이라고 부른다."라고 했다. 임금이나 조정에서 불렀으나 벼슬하러 나아가지 않은 재야의 선비나 은사를 존경하여 붙이는 호칭이 바로 '징군' 또는 '징사(徵士)'인데, 조유는 당 현종이 몇 차례 불렀으나 출사하지 않았기 때문에 '징군'으로 불린 것이다.

조유는 학문과 절의로 사천 일대에서는 일찍이 명성이 높았던 것으로 보인다. 익주대도독부 장사였던 소정(蘇頲)은 개원(開元) 8년 당 현종에게 '서촉의 인재를 천거하는 상소(薦西蜀人才疏)'를 올리고 "서촉에서는 일찍부터 '조유의 술수와 이백의 문장'을 촉의 쌍벽으로 칭송해왔다."라고 특기했다. 소정의 상소는 명대 양신이 편찬한 『승암시화』 권2에 인용되어 남아 있다.

또 오대(五代) 시기에 손광헌(孫光憲)이 저술한 『북몽쇄언(北夢瑣言)』에서는 다음과 같이 기록하고 있다. "조유는 재주(梓州) 염정현(鹽亭縣) 사람이다. 학문에 두루 밝고 병법에도 능했으며, 경세치용의 술수에 정통했다. 부부가 모두 학문이 깊고 은사의 절의와 지조를 지켜, 조정에서 여러 차례 불렀으나 응하지 않았다. 『장단경』 10권을 찬술해 고금의 왕도와 패도정치의 득실을 세상에 드러내 밝혔다." 이를 보면 그 부인 또한 학문과 절의로 세인의 존경을 받았음을 알 수 있다.

촉 지방에는 다음과 같은 일화가 전해진다고 한다. "조유 부부는 현종이 여러 차례 불렀으나 응하지 않고, 안창암 아래 초려를 짓고 은거하여 '거문고를 타고 학과 노닐며, 흐르는 물을 베개로 삼고 돌로 양치질하며(撫琴弄鶴 枕流漱石)' 한적한 삶을 살았다. 주변에 천여 종의 기이한 새들을 길렀는데, 매일 휘파람을 불면 수백 마리의 새들이 날아들어 그의 손에 올라가 모이를 쪼아 먹었는데, 놀라 달아나는 새가 단 한 마리도 없었다."

그의 생몰 연대에 관해서는 전해진 기록이 없는데, 주빈(周斌) 교수는 무측천 수공4년(688년)에 태어나 당숙종 지덕 2년(757년)에 향년 70세로 타계한 것으로 추정하고 있다(장단경교정여연구, 파촉서사 2003). 또 심역군(沈亦軍), 양자림(楊子林) 교수는 『조유급기장단경연구』(서남교통대학출판사 2004)에서 고종 조로(調露) 연간(679―680년)에 태어나 대종(代宗) 보응(寶應) 원년(762년) 이후에 타계했고 향년은 80여 세라고 고증했다. 조유는 『상술』 1권을 저술했으며, 만년에는 공자를 본받아 '역'을 깊이 탐구하여 『관랑역전주(關朗易傳注)』 1권을 저술했다고 하나 전해지지 않는다.

다음으로 그의 출신 지역에 관해 살펴보기로 하자.

먼저 조유는 『자서』에서, 스스로를 "당 재주 처현(唐梓州郪縣) 장평산 안창암(長平山安昌巖)에서 초야에 은거하고 있는 서인"이라고 했다. 재주 처현은 지금의 행정 구역으로 '사천성 면양시 삼태현(四川綿陽市三台縣)'인데, 경내에 장평(長平 또는 長坪)이라는 지명이 있다. 또 '삼태현'에는 금천사(琴泉寺)가 있는데 원래의 이름은 '안창사(安昌寺)'이며, 절 아래에 천불동이 있는데 그 중 한 동굴에 '조암동(趙巖洞)'이라는 글자가 새겨져 있어 사실에 들어맞는다. 그러나 손광헌의 『북몽쇄언』에서는 '재주 염정(鹽亭, 지금의 사천성 염정현)' 사람이라고 기록했는데, 그 이래 청대에 이르기까지 모든 관련 자료들이 이를 답습하여 '염정 사람'이라고 기록하고 있다.

본인 스스로 분명히 출신 지역을 밝혔는데도 이처럼 다른 기록이 있는 이유는 무엇 때문일까? 일부 학자들은 '처현'과 '염정현'이 모두 재주에 속해 있고 인접한 현인데다가, 왕조의 교체에 따른 지명의 변동이 이른바 '조진모초(朝秦暮楚, 아침에는 진나라 땅이었다가 저녁에는 초나라 땅이 되다.)'이기도 했던 만큼 '처현'과 '염정현'이 혼용된 것이라고 설명한다. 또 일부에서는 이를 절충해서 '사천 재주'사람이라고 뭉뚱그려 말하기도 한다.

조유와 이백과의 관계

일반적으로 이백은 소싯적에 조유를 좇아 수학한 것으로 알려져 있다. 이는 송대 양천혜(楊天惠)가 저술한 『창명일사(彰明逸事)』와 명대 조학전(曹學佺)의 『촉중광기(蜀中廣記)』에 근거한 것이다.

송대 계유공(計有功)이 저술한 『당시기사(唐詩紀事)』 제18권 「이백」편은 『창명일사』를 인용해서 "당 이태백은 소싯적에 대천(戴天) 대광산(大匡山)에 은거해 있으면서 이웃 군의 동강(潼江)에 살고 있는 조징군유(趙徵君蕤)를 자주 찾았다. 조유 또한 절개 있는 선비로 임협의 기질을 지니고 있었으며, 종횡술에 능하여 『장단경』이란 이름의 저술을 남겼는데, 이태백은 일 년 남짓 그를 좇아 종횡술을 배웠다. 그런 다음 성도(成都)로 유람을 떠났으며, 성도에서 당시 익주자사였던 소정(蘇頲)이 그를 만나보고 나서 기인이라고 여겼다."라고 말했다. 청대 왕사정의 『거역록』 또한 『창명일사』와 같은 내용을 인용하고 있는데, 『당시기사』를 재인용한 것으로 보인다.

명대 조학전의 『촉중광기』는 말하기를 "조유는 염정 사람으로 학문을 좋아했으나 벼슬길에 나아가지 않았다. 책을 짓고 글을 편찬하며 재주 장평산에 은거했다. 박학하여 육경을 비롯한 제자백가의 근본 취지를 고증하여 밝혔다. 현종이 여러 차례 불렀으나 조정에 나아가지 않았으며, 이백이 일찍이 그를 좇아 수학했다."라고 했다. 또 이렇게 말했다. "조유는 재주 사람으로, 이백이 일찍이 그를 사사(師事)했다. 사람들은 그를 조징군이라 불렀다."

이밖에 또 중요한 자료는 이백의 시 한편이다. 원문은 다음과 같다. "白玉一杯酒, 綠楊三月時. 春風餘幾日, 兩鬢各成絲. 秉燭惟須飮, 投竿也未遲. 如逢渭水獵, 猶可帝王師." 이 시는 청대 왕기(王琦)가 주를 단 『이태백전집』의 권12에는 '증전징군소양(贈錢徵君少陽)'의 제목으로, 또 권18에는 '송조운경(送趙云卿)'이라는 제목으로 실려 있다. 시의 제목만 다른 뿐 글자 한 자 다르지 않는 똑같은 시이다. 똑같은 시가 각각 다른 제목으로 중복 게재된 이유는 고증할 수 없다. 많은 연구가들은 『이태백전집』에 전소양이라는 사람이 차례 언급된 것을 들어 '증전징군소양'으로 보아야 한다고 주장하고 있으나, 전소양이 징군으로 불린 것으로 보아 벼슬길에 나아가지 않은 노년의 은사로 짐작할 뿐, 그가 어떤 사람인지 어디 출신인지를 전혀 밝혀내지 못하고 있다.

그런데 앞에서 보듯이 몇 가지 저술에서 조유의 자가 '운경'이라고 기록해 놓은 것을 근거로 한다면, 위의 시는 마땅히 이백이 그의 스승인 조유에게 보낸 시라고 보아야 할 것이다. 『승암시화(升庵詩話)』 및 『염정현지(鹽亭縣志)』는 이 시를 조유의 시로 단정하고 있다. 특히 시의 뒤 3구절은 조유를 묘사하는 중요한 자료가 된다.

뒤 세 구절을 풀이하면 대충 다음과 같은 내용이다. "낚싯대를 던지고 세월을 기다림은 아직 늦지 않았으리니, 위수 가에서 수렵 나왔던 문왕이 태공을 만났던 그런 기회를 갖게 된다면, 그대는 가히 제왕의 스승이 될 수 있을 것이리오." 이 시를 자세히 분석해보면, 우선 이백은 시를 보낸 상대방을 태공에 비유한 것으로 보아 태공과 비슷한 연배의 노인이라는 것을 알 수 있다. 둘째 이백은 문왕이 위수 가에서 태공을 만난 뒤 모시고 가서 재상 겸 스승으로 삼고 태공의 보필을 받아 주 왕조를 세우는 기반을 닦은 고사를 인용하면서, 만일 그런 기회를 갖게 된다면 그대는 제왕의 스승이 되고도 남을 분이라고 칭송하고 있다. 이를 종합해보면 바로 조유의 모습이 떠오르지 않는가? 『신당서(新唐書)』에서 기술하기를 '조유는 병법에 두루 정통하고 경국제세의 도략을 지니고 있었으며, 현종이 여러 차례 초빙한 일대 현인이었다.'라고 했다.

위의 자료와 이백의 시를 통해서, 이백이 일찍이 조유 문하에 나가 수학한 것은 확실한 것으로 보인다. 대부분의 이백 연구가들은 이백이 조유를 사사한 시기를 당 개원(開元) 6년(718년), 즉 이백이 18세 되던 해로 추정한다. 그리고 이백이 조유의 문하를 떠나 성도에 가서 익주 대도독부 관리였던 소정을 만났던 때를 개원 8년(720년), 이백의 나이 20세 때로 본다. 이때 조정은 이백을 만나보고 기인이라는 말로 그의 천품과 재능을 인정한다. 그리고 조정은 앞에 나온 '서촉 인재를 천거하는 상소'를 올려 이백과 그의 스승 조유를 현종에게 추천하게 되는 것이다.

이백은 위의 「送趙云卿」 시 외에도 개원 14년(726년)에 양주에 머물고 있을 때 '회남에서 병중에 누워 촉에 있는 조징군유에게 그리운 마음을 담아 편지를 보내다(淮南臥病書懷蜀中趙徵君蕤)'라는 제목의 시를 지었다.

앞에서 말했듯이 조유의 생몰 연대에 관해서는 기록이 없고도 언급 바가 없다. 다만 관련 자료에 근거해서 대략의 연대를 추정할 수 있을 뿐이다. 앞서 언급한 이백의 「송조운경」 시에 대해서, 이백 연구가들은 대개 이백이 영왕 이린을 돕다가 '부역작란죄'에 연루돼 심양 감옥에 수감되어 있던 시기에 지은 것으로 본다. 그 시기는 지덕(至德) 2년(757년)이다. 이 시에서 이백은 조유를 태공에 비유했는데, 태공이 위수 가에서 문왕을 만났던 때에 태공은 70세로 전해진다. 따라서 조유 또한 이 시기에 70세 전후의 노인으로 추정하는 것은 큰 무리가 없을 것이다. 주빈 교수는 이를 근거로 조유의 출생을 무측천 수공(垂拱) 4년(688년) 전후로 추정하고 있다.

『장단경』은 편술 문헌이다.

『장단경』의 가장 큰 특징은 저서, 저작(著作) 문헌이 아니라 편술(編述) 문헌이라는 점이다. 바꾸어 말하면 공자가 말한 바 있는 '술이부작(述而不作)'의 편술 문헌인 것이다. '작'과 '술'은 어떻게 구별하는가? 청대의 저명학자 초순(焦循)은 이렇게 설명한다. "다른 사람이 알지 못했던 것을 자기가 먼저 알고, 다른 사람이 깨닫지 못했던 것을 자기가 먼저 깨달아, 선지하고 선각한 사람으로서 알고 깨달은 바를 남에게 가르치고, 그렇게 하여 모든 사람들이 알고 깨닫게 만드니, 이로써 천하의 앎과 깨달음이 나로부터 비롯된 것, 이를 일러 '작'이라 한다. 이미 다른 사람이 알고 깨달은 바를 내가 엮어 더하고 빼기도 하고, 그 뜻이 오래 되어 제대로 밝혀지지 못한 것을 내가 그 뜻을 밝혀주고, 그렇게 함으로써 그것으로 남을 가르치거나 작자의 본래의 뜻을 다시 밝혀주는 것, 이를 일러 '술'이라 한다."

주빈(周斌) 교수의 통계에 따르면, 『장단경』은 약 19만 자(원문의 글자와 현대 중국어의 표점 부호를 합쳐)로 이뤄진 문헌인데, 그 대부분이 다른 사람의 저술과 기록에서 발췌, 인용해온 것이며, 조유 자신이 직접 지은 문자는 극히 일부분에 지나지 않아 1만여 자에 불과하다고 한다.

조유는 선진 시대에서 당대 중기에 이르는 각종 서적들로, 경사자집의 사부(四部)를 망라한 백여 종의 서적에서 필요한 문자를 초(抄)하거나 인용해 왔다. 주빈 교수는 『장단경 교정여연구(長短經校証與硏究)』에서 서명과 작자를 확인한 서적은 최소한 113종이라고 밝혔다.

먼저 '경(經)'부에서는 14종의 서적이 인용됐다. 이른바 유가의 '13경' 가운데 『의례』, 『공양전』, 『이아』를 제외한 10종의 경서가 인용됐는데, 『춘추좌전』과 『논어』가 가장 많이 인용되었다. 10경 이외에는 『대대례기』와 『주역약례』 그리고 위서(緯書) 2종이 인용되었다.

다음 '사(史)'부에서 인용한 문자는 실제 『장단경』의 절반 정도를 차지하고 있는데, 서명이 확인되는 25종 외에 상당수의 사서가 인용된 것으로 추정된다. 왜냐하면 조유가 인용한 사서 가운데 일부는 이미 실전되어 출전을 찾을 수 없는 문장이 많기 때문이다. 『장단경』에서 선진 시기의 사실에 관해 서술한 내용은 대부분 『좌전』에서 인용했고, 그 밖에 『사기』와 『전국책』, 『춘추후어(春秋後語)』를 활용했다. 진나라와 서한에 대한 서술은 주로 『한서』와 『사기』를 인용했다. 동한과 삼국 시대의 서술은 『후한서』 및 『삼국지』 특히 『삼국지』의 배주(裵注)를 다수 인용했다. 남북조시대 이후 당초까지의 역사 서술에는 『남사』와 『송서』 그리고 순열의 『한기(漢紀)』, 배자야의 『송략(宋略)』, 당 우세남의 『제왕약론(帝王略論)』 등을 두루 인용했는데, 현재 남아있지 않은 사서나 일문(逸文)이 상당수 인용되어 있어 중요한 문헌적 가치를 지니고 있다.

'자(子)'부에서는 모두 57종의 서적인 인용된 것으로 확인되어, 인용서적의 절반을 차지한다. 병가, 도가, 유가, 법가, 묵가, 잡가와 음양가를 망라하고 있다. '병가'에서는 『육도』와 『손자병법』, 『삼략』이 가장 빈번하게 인용되었다. '도가'에서는 『장자』와 『문자(文子)』 그리고 '유가'에서는 『공자가어』와 『순자』 및 『설원(說苑)』이 많이 인용됐다. '법가'에서는 『관자』와 『한비자』 「잡가」에서는 『여씨춘추』와 『회남자』가 비교적 자주 인용됐다. 이 밖에도 유소(劉劭)의 『인물지(人物志)』를 중요하게 여겨 인용한 횟수와 글자 수가 매우 많은 편이다. 조유는 '자(子)'부의 서적에서 인용할 때 직접 원본에서 이용한 것으로 보인다. 그래서 현존하는 동일의 서적에 나오지 않는 일문이나 또는 『군서치요(群書治要)』 및 『예문류취(藝文類聚)』 등과 같은 유서(類書)에도 나오지 않은 많은 원자료를 담고 있다. 이 점은 『장단경』이 갖고 있는 또 하나의 소중한 문헌학적 가치라 할 것이다.

마지막으로 『장단경』이 인용한 '집(集)'부의 서적은 최소 17종이 확인된다. 조유는 문자를 인용할 때 유서에 인용된 것을 전인(轉引)하지 않고 원본에서 직접 인용했다고 위에서 설명한 바 있는데, 특히 '집'부에서 인용한 문자는 현재는 전해지지 않는 글이 많고, 또 『군서치요』나 『예문류취』 등의 유서에서 수록하고 있는 것보다 훨씬 많은 것으로 드러났다. 예를 들어 제갈량의 저술인 『논제자(論諸子)』와 같은 글은 오직 『장단경』을 통해서만 찾아볼 수 있는 귀중한 문헌인 것이다.

출전의 고증과 교감

조유는 각종 서적에서 문자를 인용할 경우, 그 출전을 밝히는 명초(明抄)와 출전을 밝히지 않고 그냥 인용하는 암인(暗引)의 두 가지 방법을 혼용하고 있다.

명초(明抄)의 경우에는 서명이나 작자의 이름을 인용문의 첫 머리에 밝히는데, 보통 두 세 글자로 간략하게 표기한다. 그런데 명초의 경우에도 출전의 서명이나 작자의 이름이 틀린 경우가 왕왕 있는데, 이는 조유의 착각이나 혼동 때문인 것으로 추정된다. 예를 들어 권3의 '제14편 시비'에 "漢書曰: 大行不細謹, 大禮不讓辭"라는 문장이 나오는데, 한서에는 이 문장이 없고 『사기』「항우본기」에 이 말이 나온다. 따라서 조유가 말한 바 '한서왈'은 '사기왈'의 착오인 것이다. 역시 권3의 '제14편 시비'에서는 "孟子曰: 天道因則大, 化則細. 因也者, 因人之情也."라는 인용문이 나오는데 『맹자』에는 이 문장이 보이지 않고, '신자(愼子), 인순(因循)'편에 나온다. 따라서 여기의 '맹자왈'은 '신자왈'의 착오인 것이다.

권6 '제19편 삼국권'에서는 "范燁曰: 劉備令關侯鎭守荊州, 吳將呂蒙拜漢昌太守, 與關侯分土接境, 知侯梟雄, 有兼竝心, 且居上流, 其勢難久. 蒙乃密陳計策曰....."의 문장이 나오는데, 범엽이 저술한 『후한서』에는 이 문장이 없고 『삼국지』「오서, 여몽전」에 나온다. 따라서 문장 앞머리의 '범엽왈' 세 글자는 착오로 인한 연문으로 보인다.

권9 '제5편 장체'에서는 "軍志曰: 將謀欲密, 士衆欲一, 攻敵欲疾. 將謀密則奸臣閉, 士衆一則群心結, 攻敵疾則, 詐不及設. 軍有此三

者, 則計不奪."이라는 문장을 인용하고 있다. 이는 '삼략, 상략'을 암인한 문장인데, 『삼략』에서는 '군참(軍讖)왈'로 되어 있다. 따라서 여기의 '군지왈'은 '군참왈'의 착오이다. 이밖에도 착오가 많은데 본 역서에서는 일일이 그 착오를 바로잡으려고 했다.

서명이나 작자의 이름을 밝히지 않은 암인(暗引)의 경우에는 착오와 혼란이 매우 심할 수밖에 없다. 출전을 고증하여 찾아내기가 어려울 뿐 아니라, 출전을 찾아낸 뒤에는 원래의 문장과 일일이 비교해서 교감하지 않으면 본래의 뜻을 밝혀낼 수 없는 경우가 많다.

예를 들어 권8의 '제28편 난필'에서는 아래와 같은 문장을 인용하고 있다. "魏文侯問狐卷子曰: 父子君臣之賢足恃乎? 對曰: 不足恃也. 何者? 父賢不過堯, 而丹朱放; 子賢不過舜, 而瞽瞍拘; 兄賢不過舜, 而象傲; 弟賢不過周公, 而管蔡誅; 臣賢不過湯武, 而桀紂伐. ...." 우선 이 인용문에는 사실 관계에서 잘못된 것이 몇 가지 있다. 『사기』「관채세가」에 따르면, 무왕에게는 같은 어머니에서 난 형제가 10명이었다. 모친은 태사(太似)로 문왕의 정비이다. 장남은 백이고(伯夷考)이고, 차남은 무왕발(武王發)이며, 다음이 관숙선(管叔鮮)이고, 다음이 주공 단(周公旦)이고, 다음이 채숙도(蔡叔度)이다. 즉 관숙선은 문왕의 셋째 아들이고, 주공단은 넷째 아들, 채숙도는 다섯째 아들이며, 따라서 관숙은 주공에게 형이 되고, 채숙은 주공에게 동생이 된다. 그런데 '弟賢不過周公제현불과주공'이라고 했으니 한 쪽은 맞지만 다른 쪽은 틀린 것이다. 이 문장은 이른바 삼감의 난(三監之亂) 또는 관채의 난(管蔡之亂)이라고 불리는 사건을 배경으로 하고 있다. 관숙과 채숙은 상나라 마지막 임금 제신(주왕)의 아들로 상나라 유민을 다스리는 무경(武庚)을 감독하는 삼감의 직을 맡고 있었다. 무왕이 죽고 성왕이 어린 나이에 즉위해서 숙부인 주공이 섭정을 하자, 관숙과 채숙은 주공이 천자 자리를 노린다는 소문을 퍼뜨리면서 무경을 꼬드겨 반란을 일으켰던 것이다. 이에 주공이 소공석과 협력해 반란을 진압하고 무경과 관숙을 죽이고 채숙은 추방했다. 따라서 '관숙과 채숙을 모두 처형했다(而管蔡誅)'라는 말은 틀린 것이다. 또 앞에 나오는 순과 그 부친 고수의 경우도 고수가 순을 몹시 괴롭힌 것은 사실이지만 그렇다고 해서 순이 부친을 구금한다는 것은 있을 수 없는 일이다. 결국 이 문장은 『한시외전』을 인용한 것인데, 『한시외전』, 권8의 원문과 대조해보면 '瞽瞍拘'는 '瞽瞍頑'으로, '管蔡誅'는 '管叔誅'로 되어 있고, 이렇게 바로잡으면 『사기』 「관채세가」의 내용과 부합되는 것이다.

이밖에도 세심하게 고증을 하지 않으면 자칫 웃음거리가 될 소지가 있는 경우도 있다.

예를 들어, '권1, 제8편 정체'에서는 '원자왈(袁子曰)'이라고 출전을 밝혀놓았는데, 과연 이 '원자'가 누구인가? 대부분의 주석서에서는 이를 진대의 사학가이자 문학가로 '후한기(後漢紀)'의 편찬자인 '원굉(袁宏)'으로 밝히고 있다. 그러나 실제로 여기의 '원자'는 조위(曹魏) 말엽의 인물인 '원준(袁准)'을 가리킨다. 인용문의 출전은 '원준'의 『원자정서(袁子正書)』 「예정(禮政)」편이다. 『삼국지』 권22 「진군전(陳群傳)」의 배주 및 『군서치요』와 『예문류취』 권22, 『북당서초』 권54 및 『태평어람』 권447에서 모두 『원자정서』를 인용해서 이 단락을 수록하고 있다. 또 『장단경』 「자서」에서 '추자왈'이라고 인용하고 있는데, 조유가 살던 당 이전에 '추자'라고 불리는 인물은 최소한 4명이 있다. 전국시대의 사상가인 '추연(鄒衍)'과 '추석(鄒奭)', 서한 시기의 '추양(鄒陽)'과 진대의 '추담(鄒湛)' 등이 있으니 어느 시대의 어느 '추자'인지를 신중하게 밝히지 않으면 안 된다.

그런가 하면 조유가 서명을 밝히면서 한 글자 또는 두세 글자로 지나치게 간략하게 표기함으로써 혼란을 주는 경우도 있다. 예를 들어 '권1, 제7편 논사'에서는 '논왈(論曰)'이라고 밝히고 있다. 대부분의 경우 '논'이라면 『논어』를 가리키는 것으로 주석한다. 그러나 '제7편 논사'의 단락은 '염철론(鹽鐵論)'의 '빈부'편을 인용한 것으로, 여기의 '논'은 '염철론'의 '논'인 것이다. 같은 '논사'편의 다음에는 '기왈(記曰)'이라고 인용한 단락이 나오는데, '기'의 경우 일반적으로 『예기(禮記)』를 가리키는 것으로 본다. 그러나 여기에서 인용한 단락은 『예기』가 아니라 「시자, 서(尸子, 恕)」편에 나오는 문장이다. 또 '권3, 제16편 정론'에서는 '전왈(傳曰)'이라고 표기한 단락이 있다. 『장단경』에서의 '전'은 대부분 『좌전』을 가리킨다. 그런데 '정론'편의 이 단락은 『좌전』에 없는 문장이다. 그 출전은 반고의 『한서』에 나오는 것으로 밝혀졌는데, 반고가 『상서대전(尙書大傳)』, 『홍범오행전(洪範五行傳)』에서 인용한 것으로 추정된다. 따라서 '정론'편의 '전'은 『좌전』이 아니고 『상서대전』 또는 『홍범오행전』의 전이다.

본 역서에서는 주빈 교수의 역저 『장단경고증여연구』를 토대로 인용문의 출전을 밝히는데 많은 노력을 기울였고, 현행본의 원문과 일일이 대조하여 잘못과 착오를 바로잡으려 했다.

『장단경』은 제왕학의 고전이다.

현존하는 『장단경』 63편의 내용은 '위정(爲政): 나라를 다스리는 도리'와 '왕패(王霸): 왕도와 패도의 책략' 그리고 '치병(治兵): 병법과 군사전략'의 세 부분으로 나누어진다.

'위정'에 관한 부분은 권1 '문상', 권2 '문중', 권3 '문하'의 세 권이 해당된다. 첫 머리의 제1편 '대체'는 제왕으로서 나라를 다스리는 큰 도리를 논하면서 팔짱을 끼고 가만히 앉아 있어도 태평성대를 이룬 요임금과 장자방과 소하, 한신의 세 영웅을 거느리고 역발산의 영웅 항우를 꺾고 한나라를 세운 한고조 유방의 사례를 제시해준다. 조유는 제왕이 갖춰야할 자질 가운데 사람을 알아보는 능력인 '지인지감(知人之鑑)'을 가장 중요시하는데, 이어지는 '임장', '품목', '양재', '지인', '찰상', '논사'의 6편을 통해, 인재를 알아보고 그 능력을 파악해서 직분을 부여하고 활용하는 문제를 구체적으로 설명한다. '정체'편에서는 나라를 다스리는 실제에 있어서 제왕은 왕도와 패도의 방식을 섞어서 사용해야 한다는 점을 말한다. 이어 '군덕', '신행', '덕표'의 세 편에서는 제왕 스스로의 수양 그리고 '제왕의 도'와 '신하의 도'를 설명한다. '이란(理亂)'에서는 혼란이 발생하는 원인과 사전에 방지하는 도리를 말한다. 특히 조유는 '치국의 방도가 고정불변일 수 없고, 시대상황이 변화하고 발전함에 따라 제왕이 된 자는 시세의 변화와 객관적인 여건에 근거하여 적절한 책략을 적용해야 한다.'는 점을 강조하면서, '반경', '시비', '적변' 등 세 편에서 발상의 전환과 임기응변, 시세변화에 대한 적응 등을 통해 혼란에 대처하는 책략을 일러준다.

'왕패', 즉 왕도와 패도에 관한 부분은 권4 '패기상', 권5 '패기중', 권6 '패기하', 권7 '권의' 및 권8 '잡설' 등 다섯 권이 해당된다. '패기상'은 한고조 유방의 기병에서부터 당고조 이연의 기병과 천하통일까지의 역사를 요약해 보면서, 무력투쟁 과정에서 성공과 실패의 교훈을 역사적 사례를 통해 설명해준다. '패기중'은 제목이 '칠웅략'으로 전국 칠웅의 쟁패를 집중적으로 서술하는데, 소진과 장의의 합종연횡책과 군사모략의 대결을 자세하게 살펴본다. '패기하'는 '삼국권'으로, 즉 촉·오·위 삼국의 정립 국면에서의 군사모략과 권모술수를 다루고 있으며, 제7권 '권의'는 역사의 교훈과 시세변화에 대한 적응 등 제왕이 반드시 깨우쳐야 하는 '하늘의 도리'를 서술한다. 제8권 '잡설'에 수록된 19편은 정치투쟁과 무력투쟁의 실제 과정에서 만나게 되는 다양한 상황에 대처하는 각종 모략과 경험 등 종횡가적인 술수를 총체적으로 다루고 있다.

'치병', 즉 군사활동에 관한 부분은 제9권 '병권' 24편이 해당되는데, 최고 군사령관이기도한 제왕이 반드시 알아야 할 병법 상의 요체를 조목조목 설명하고 있다. 군대의 출동에서부터 목적을 달성하고 나서 군대가 무사히 귀환하는데 이르기까지, 전쟁을 포함해서 군사활동의 전 과정에서 맞이하게 될 전략 및 전술상의 문제에 관해 당대에 이루어진 모든 병법서를 두루 인용하여 핵심적인 사항을 제시해주고 있다.

이상의 3개 부분은 상호 유기적으로 연결되면서, 무력투쟁을 통해서 나라를 빼앗거나 제왕의 자리를 유지하는 책략과 모략, 권모술수 등 당대 이전의 역사적 경험과 교훈을 총체적으로 집대성하고 있는 것이다.

조유가 『장단경』을 저술한 취지는 혼란한 천하를 구제하여 태평하게 나라를 다스리고, 그렇게 함으로써 천하 백성들을 편안하게 살도록 하는데 있는 것으로 요약된다. 이를 위해서는 무엇보다도 천하대란을 평정하고 또 나라를 다스리는 임금이 제왕으로서의 자질을 갖추는 것이 선결조건이라 보고, 그들이 갖춰야할 지혜와 덕목을 역사상의 사실을 통해 제시해주고 있는 것이다. 이렇게 보면 『장단경』은 이른바 '밝은 임금, 즉 성왕(聖王)'을 기다리며 그에게 바치기 위해 조유가 준비해놓은 '제왕학(帝王學)'의 비결인 것이다.

『사고전서총목』에서 지적한 바 있듯이, 『장단경』은 책략이나 모략, 처세를 가르치는 종횡가들의 술수서가 결코 아니다. 나라를 다스리고 혼란한 천하를 구제하여 백성들을 편안하게 살도록 해주는 경국제민의 근본 대법을 고금의 역사와 사실(史實)을 통해 제시해주는 '제왕학(帝王學)'이자 '경제학(經濟學)'의 고전인 것이다. 역사의 사실을 씨줄로 삼고 치국의 술과 책략, 시세의 변화 등을 날줄로 삼아 역대 제왕들의 흥망성쇠를 종횡무진으로 엮어간다. 특히 하은주 삼대 이래 역대 제왕들의 치국의 방도는 결코 동일하지 않으며, 그 시대에 맞는 다양한 방도가 있다는 전제 위에서, 시세의 변화에 맞게 적절한 치국의 술을 채택해야 한다는 점을 강조한다. 조유는 또 공허한 이론을 철저히 배제한다. '지인'편에서 사람을 판단함에 있어서 그 말을 듣고서가 아니라, '책실(責實)', 즉 '실천해서 이뤄놓은 실제결과를 놓고 판단하고 시비를 가려야 한다.'고 지적한다. 한 마디로 『장단경』은 도덕적 관념을 철저히 배제하고 실천적인 삶의 과정을 중시하면서, 현실 문제에 대한 실천적 접근법을 다각도로 제시하고 있는 것이다.

맺는 말

『장단경』 한 권을 읽는 것만으로, 우리는 하은주 삼대에서부터 춘추 전국시대를 거쳐 진시황의 천하통일, 진시황의 돌연한 병사와 조고, 이사의 음모에 의한 진제국의 붕괴, 항우와 유방의 건곤일척의 초한대전, 한나라의 통일, 왕망의 찬탈과 후한의 성립, 그리고 오호십육국의 남북조시대의 혼란기를 거쳐, 수와 당의 천하통일에 이르기까지의 역사와 역대 제왕들의 흥망을 일목요연하게 파악할 수 있다. 그 뿐 아니라 필부에서 왕후장상이 되고, 여항의 건달이 제왕의 대업을 일으키는 천하 영웅들의 일화를 풍부하게 알게 된다.

당시로서는 변방이라 할 수 있는 서촉의 한 은거한 선비가, 당대에 구할 수 있었던 110여 종의 전적을 일일이 참조하여, 천하를 경륜하는 근본 대법을 19만 자에 이르는 방대한 저술로 남긴 것이다. 그가 참조했던 110여 종의 전적들은 아마도 당대인 당나라 초기에 세상에 간행된 전체 서적의 거의 대부분에 해당될 것일지니, 그 방대한 서적을 수집하고 조목조목 초하여 『장단경』을 편찬한 그 수고를 어떻게 설명할 수 있을 것인가? 천하 대란을 바로 잡고 백성들을 편안하게 살도록 해야 한다는 소망을 이루기 위해, 언제가 찾아 올 밝은 임금을 기다리며, 그를 위해 한 부의 교양서적을 준비한 1,500년 전의 한 은거 선비의 그 숭고한 수고에, 두 손 모아 감사의 절을 올릴 따름이다.

낙백의 시기인 2007년 대만 광문서국 간행의 장단경 원본을 접하고 느꼈던 감동! 그날부터 원문과 깨알 같은 원주를 읽어가면서, 중국 양안에서 간행된 각종의 주석본과 해설서를 수집했으며, 『문연각사고전서』 전자책 원문을 인터넷을 통해 확보할 수 있었다. 『장단경』은 2003년 장순용 선생의 번역으로 『반경』이란 제목으로 동아일보사에서 최초로 간행한 바 있으나, 제9권 병권을 제외한 절반에 그친 점이 아쉬웠다. 2012년 봄 초벌 번역을 끝냈으나 차일피일 하는 사이에, 2015년 역시 동아일보사에서 '문이원' 이름으로 『반경』 완역본을 발간함으로써, 완역본을 최초로 출간하고자 했던 소망은 아쉽게도 무산되었다. 다만 원문을 교감하여 싣고, 문장 하나하나의 출전을 일일이 밝혀내고 고증하여, 『장단경』의 본래 모습을 독자들에게 보여드리게 된 것으로 보람을 삼고자 한다.

고증을 충실히 하고자 했으나 견문이 부족하여 미흡하거나 착오가 있을 수도 있다는 점을 너그럽게 이해해주시기를 비오며, 강호 여러 선비들에게 작은 도움이 되었으면 하는 마음이다.

2017 봄 서초동 서재에서

사고전서제요(四庫全書提要)

흠정사고전서 자부27 장단경 잡가류일 제요(欽定四庫全書 子部二十七 長短經 雜家類一 提要)

신들은 삼가 아래와 같이 살폈습니다. 『장단경』 9권, 당 조유(唐 趙蕤) 찬.

손광헌(孫光憲)의 『북몽쇄언』에 기재하기를 "조유는 재주염정(梓州鹽亭) 사람이다. 학문에 밝고 병법에 통달했으며, 경세제민의 술에 능했다. 부부가 모두 은사의 절조를 지니고 있어서 황제의 부름에도 응하여 나아가지 않았다."라고 했다. 『당서』 「예문지」에 또 "조유는 자가 태빈(太賓)으로 재주 사람이다. 개원(開元, 당 현종 시기의 연호) 연간에 황제가 불렀으나 출사하지 않았다."라고 기재했으니, 손광헌의 기록과 대체로 비슷하나, 다만 그 저술의 이름을 『장단요술(長短要術)』이라고 한 것이 조금 다른데, 아마도 같은 책을 두고 두 가지 이름으로 부른 것으로 보인다. 이 책은 모두 제왕과 공경대부들의 치국과 권도의 요체를 다루고 있으며, 개원 4년(716년)에 책이 이루어졌다.

『자서』에서 말하기를 모두 63편으로 합쳐 10권이라 했다. 『당서예문지』와 조공무(晁公武)의 『군재독서지』 모두 권수를 10권이라고 했다. 그러나 당시의 간본은 실전된 지 오래되었다. 왕사정(王士禎)의 『거역록(居易錄)』에 기록하기를 "서건학(徐乾學)이 일찍이 임청(臨淸)에서 송대의 간본을 얻었다."라고 했다.

신들이 살펴본 간본에는 앞에 '전시루(傳是樓)'라는 인장과 '건암수장도서(健菴收藏圖書)'라는 내용의 인장이 찍혀 있고, 뒤에는 '건학'이라고 이름을 새긴 인장이 찍혀 있다. 또 매권의 마지막에는 '항주정계원신인(杭州淨戒院新印)'이라는 일곱 자의 표제가 인쇄되어 있다. 아마 남송 대의 옛 간본으로, 왕사정이 기록해 놓은 바 서건학이 얻었다는 송간본으로 추정된다. 그러나 지금 남아 있는 것은 아홉 권뿐이다. 책 말미에는 명나라 홍무 정사년에 심신민(沈新民)이 지은 발문이 첨부되어 있는데, "제10권은 '음모'를 다룬 것으로, 이 책에서는 빠져 있으며, 지금 남아있는 편수는 모두 64편이다."라고 했다. 이 발문을 살펴보면, 그 밖의 말은 조공무의 『독서지』의 내용을 그대로 베껴온 것으로, 아마 책판매상이 그의 이름을 가탁해 위조한 것으로 추정된다.

만약 실전된 것이 한 권이라면 오히려 한 편이 더 많게 되어, 조유의 『자서』에서 말한 바 63편의 숫자와 들어맞지 않는다. 그러나 현존의 책을 면밀하게 교감하고 검색해 보아도 실제로 64편이 고스란히 남아 있다. 따라서 『자서』에서 말한 '63편'은 본래 '65편'인데, 필사로 전해지는 과정에서 글자의 착오가 있었던 것이 아닐까 의심해본다.

제1권은 도합 8편으로 '문상(文上)'이라는 제목이 있고, 제3권은 모두 4편으로 '문하(文下)'라는 제목이 붙어 있다. 제2권은 모두 4편으로 이뤄져 있는데, 편목은 있으되 제목이 없다. 따라서 앞의 예로 미루어 보건대, '문중(文中)'이라는 두 글자의 제목이 탈루된 것임이 마땅하다. 제4권은 1편으로 제목이 '패기상'이고, 제5권은 역시 1편으로 전국 칠웅의 일을 논하고 있는데 제목이 '패기중'이다. 제6권 1편은 삼국 시대를 다루고 있는데 제목이 없다. 역시 앞의 예로 미루어 보면 '패기하' 세 글자의 제목이 빠진 것임이 분명하다. 제7권 2편은 제목이 '권의'이고, 제8권 19편은 제목이 '잡설'이며, 제9권 24편은 제목이 '병권'이다. 따라서 실전된 제10권의 제목은 이른바 '음모'일 것으로 추정되지만, 지금으로서는 고증할 길이 없다.

각 편의 본문에는 작은 글자로 원주(原注)가 매우 자세하게 첨부되어 있는데, 그 내용을 살펴보면 옛 전적을 광범위하게 인용하고 있으니 아마도 조유가 직접 지은 것으로 보인다. 주의 머리에 어떤 경우에는 '의왈(議曰)'이라고 표시하고 또 어떤 경우에는 표시하지 않는 등 그 체제가 같지 않는데, 왜 그렇게 했는지 그 이유를 알지 못하겠다.

유향의 『전국책』 서문에서, 전국책의 다른 이름으로 '장단'을 들고 있다. 본서 또한 역사적 사실을 분석하고 따지는 것으로, 그 연원이 종횡가에서 나온 것이기 때문에 '장단'이라고 이름을 지은 것으로 본다. 시대에 따라 제도가 바뀌는 것을 고려하지 않고 일의 실적만을 중시하는 '사공지학(事功之學)'의 한계를 면할 수 없으나, 그 큰 뜻은 실용에 주안점을 둔 것으로, 결코 책사들의 궤변과 속임수의 모략이 아니며, 그 말은 또한 참으로 유가의 취지에서 어긋난 점이 없다. 그 문장의 품격은 자못 '순열'의 『신감(申鑒)』이나 '유소'의 『인물지』에 매우 가까운 것으로, 오히려 위진(魏晉)의 유풍을 간직하고 있다고 할 것이다. 당나라 사람들의 저술도 세월이 흐르며 점점 희귀해지고 있는데 비추어, 비록 그 십 분의 일이 실전되었다고는 하나, 저서의 전모를 파악하기에는 참으로 충분하다고 하겠다.

건륭 42년 6월 삼가 교열하여 올립니다.
총찬관 신 기윤, 신 육석웅, 신 손사의
총교관 신 육비지

臣等謹按: '長短經' 九卷, 唐趙蕤撰.

孫光憲'北夢瑣言'載: "蕤, 梓州鹽亭人. 博學韜鈐. 長於經世. 夫婦俱有隱操, 不應辟召." '唐書 藝文志'亦載: "蕤, 字太賓, 梓州人. 開元中召之不赴." 與光憲所記畧同, 惟書名作'長短要術'爲少異, 蓋一書二名也. 是書皆談王伯經權之要, 成於開元四年.

'自序'稱凡六十三篇, 合爲十卷, '唐志'與晁公武'讀書志'卷數並同. 今久無刊本. 王士禎'居易錄'記徐乾學嘗得宋槧於臨淸. 此本前有'傳是樓'一印, 又有'健菴收藏圖書'一印, 後有'乾學'一印, 每卷之末, 皆題'杭州淨戒院新印'七字, 猶南宋舊刻, 盖卽士禎所言之本, 然僅存九卷. 末有洪武丁巳沈新民'跋', 稱其'第十卷陰謀家, 本缺, 今存者六十四篇'云云. (案此'跋', 全剿用晁公武之言, 疑書賈僞託.) 是佚其一卷而反多一篇, 與蕤'序'六十三篇之數不合. 然勘驗所存, 實爲篇六十有四, 疑蕤'序'或傳寫之訛也.

第一卷八篇, 題曰'文上'; 第三卷四篇, 題曰'文下'; 第二卷四篇, 則有子目而無總題. 以例推之, 當脫'文中'二字. 第四卷一篇, 題曰'霸紀上'; 第五卷一篇, 論七雄之事, 題曰'霸紀中'; 第六卷一篇, 論三國之事, 亦無總題, 以例推之, 當脫'霸紀下'三字. 第七卷二篇, 題曰'權議'; 第八卷十九篇, 題曰'雜說'; 第九卷二十四篇, 題曰'兵權'. 其第十卷所謂'陰謀'者, 則今不可考.

篇中註文頗詳, 多引古書, 盖卽蕤所自作. 註首或標以'議曰'二字, 或亦不標, 體例不一, 亦未詳其故也.

劉向序'戰國策', 稱或題曰'長短'. 此書辨析事勢, 其源盖出於縱橫家, 故以'長短'爲名,

雖因時制變, 不免爲事功之學, 而大旨主於實用, 非策士詭譎之謀, 其言固不悖於儒者. 其文格亦頗近荀悅'申鑒',劉劭'人物志', 猶有魏晋之遺. 唐人著述, 世遠漸稀, 雖佚十分之一, 固當全璧視之矣.

乾隆四十二年六月恭校上.

總纂官臣紀昀, 臣陸錫熊, 臣孫士毅

總校官臣陸費墀

장단경 자서(自序)

재주처현(梓州郪縣) 장평산 안창암 초야에 사는 서인 조유가 짓다.

수레를 만드는 장인은 사람들이 부귀하지 않아 자기가 만든 수레를 사가지 않을까를 걱정하고, 화살을 만드는 장인은 자기의 화살이 사람을 꿰뚫어 다치게 하지 못할까를 걱정한다. 저들이 그렇게 걱정하는 것에, 어찌 사랑이나 증오의 특별한 감정이 있겠는가? 그저 그들이 지닌 기술과 직업이 그렇게 생각하도록 만들었을 뿐이다.

이렇게 보면 이 시대의 진취적인 지사들이 종횡가들의 술수서를 읽는 것은 제후들의 모반으로 인한 천하대란을 예비하는 것이며, 병법을 배우고 익히는 것은 전란의 발발을 염두에 두고 있음을 알 수 있는 것이다. 이 또한 항시 있어왔던 논의이며, 필연적인 이치라 할 것이다. 그러므로 옛 스승인 공자께서는 근본을 깊이 탐구하는 한편 그 말단의 폐해를 걱정하시어, 마침내 『춘추』를 지어 왕도를 크게 밝히고 『효경』을 지어 덕행을 아름답게 펼쳤다. 폐해가 드러나기 전에 그 싹이 자라지 못하게 미리 막고, 고개를 쳐들지 못하게 미리 억누르고자 했으니, 바로 이것이 성인이 저술하신 본뜻일 것이다.

그러나 어떤 제도나 정책이든 그것을 운용하여 세상을 다스리다 보면 반드시 폐단이 생겨나게 되고, 나아가 그 폐단이 세상을 혼란하게 만들게 되면 장차 무엇으로 구제할 수 있겠는가? 이 때문에 나라를 경영하고 백성을 다스림에 있어서 과거의 관행을 고지식하게 답습했다는 말은 지금껏 들어보지 못했다.

하은주 삼대에는 예악을 주로 했으나 각각의 예가 모두 달랐고, 춘추 시대의 오패도 각자의 법이 모두 같지 않았다. 그것은 전대의 예와 법을 반대하고자 했기 때문이 아니라, 각자 나름대로 당시의 폐해를 구제하기 위해 다른 방도를 취했던 때문이었다. 그러므로 나라의 모습은 같은 것으로 보여도 다스리는 방법은 필연적으로 다를 수밖에 없으며, 성인과 밝은 임금의 풍모는 같아 보여도 황제와 제왕의 호칭에 있어서도 반드시 차별이 있을 수밖에 없는 것이다.

그렇게 본다면, 지금의 시세와 형세에 맞춰 정책을 정하고 시행하든가, 아니면 과거의 경험과 교훈에 근거하여 당면한 일을 수행하는가 하는 선택이 아니겠는가? 만일 지금의 실제상황에 따라 정책을 결정한다면, 사회 기풍의 좋고 나쁨은 현재의 사회적 조건에 의해 결정될 것이다. 반대로 과거의 경험과 교훈에 따라 통치한다면 왕도가 될 지 패도가 될 지는 사회의 발전 상황에 의해 결정될 것이다.

고래의 정치를 살펴보면, 치국의 방식은 세 가지 유형으로 나누어진다. 왕도의 정치는 교화를 우선으로 베풀었고, 패도의 정치는 권위로 다스렸으며, 약육강식의 정치에서는 무력에 의한 위협에 의존했다. 각자 시행하는 바가 달랐던 것은 나름대로의 연유가 있었으니,

마음대로 바꿀 수 없었다.

춘추 시대 제나라의 명재상 관자는 말하기를 "성인은 시세에 맞춰 보완할 뿐이지, 시세를 거스르지 않았다. 또 지혜로운 자의 계략이 제아무리 뛰어나더라도, 당시의 시세에 순응하는 것에는 미치지 못한다."라고 했다. 또 추자(鄒子, 전국시대 사상가인 추연)는 말하기를 "일체의 정치문화에는 문(형식)과 질(내용)의 차이가 있으나, 시폐를 구제하고 바로잡자는 목표는 같다. 당시의 상황에 맞으면 쓰지만, 시대에 맞지 않으면 버릴 뿐이다."라고 했다.

이로써 보건대, 패자의 조정에서 왕도의 교화를 쓴다면 시대상황에 어긋나는 것이며, 약육강식의 시대를 맞았는데도 패도의 권위로 다스리고자 한다면 그 역시 시대를 거스르는 것이리라. 마침 천하대란의 시대를 맞아 속임수와 거짓이 횡행하여 정도가 무너졌는데, 하은주 삼대를 본받아 선왕들의 업적을 크게 밝히며 윤리도덕과 교화를 널리 베풀고자 한다면, 그 것은 마치 사람이 물에 빠졌는데 물질에 능한 월나라 사람이 오기를 기다리는 것이나, 불이 났는데 고을의 지체 높은 나리에게 보고하고 불을 잡아주기를 기다리는 것과 같은 것이다. 좋은 게 좋다고 하지만, 이런 경우는 어찌 시대의 변화를 알고 깨달았다고 할 수 있겠는가?

무릇 패도란 여러 가지 학술이 뒤섞인 것이다. 대개 흰 것과 검은 것이 뒤섞인 것과 같으니, 어찌 순수하게 도덕만을 쓸 수 있겠는가? 패도는 일의 성공만을 바라기 때문에 그 연유나 방법을 묻지 않고, 총체적 효과만을 논하기 때문에 자질구레한 절차와 폐단에 얽매이지 않는다. 비록 인의를 말하더라도 하우, 상탕, 주문왕 등 삼왕의 교화에는 미치지 못한다. 그러나 넘어지고 기우는 것을 부축하여 일으켜 세운다는 점에서, 그 귀결하는 바는 (왕도와 패도가) 동일한 것이다. 나는 유가의 선비들이 보고 배운 바, 즉 인의와 왕도에 지나치게 얽매여 왕도와 패도의 본질적 차이를 구별하지 못하지 않을까 걱정하여, 이에 장단의 술로 고금의 흥망을 서술함으로써 시세의 변화를 분석하고 대응하는 경륜을 갖추도록 돕고자 했다. 각 편의 제목을 세우니 모두 63편으로 합하여 10권의 책으로 엮고, 이름 하기를 『장단경』이라 했다.

그 큰 뜻은 통치의 뿌리를 튼튼히 해서 당시의 폐해를 개혁하고 바로잡자는 것으로, 역대 왕조의 흥망과 태평시대와 혼란의 시대를 모두 갖춰 여러 편의 글을 서술하였다. 선대의 경험과 교훈이 오래도록 전해지기를 바라며, 나라를 다스리는 경세제민의 지극한 도리를 서술했으니, 이는 결코 곡학아세하거나 시속에 영합하려는 것이 아니며, 헛되이 명성을 바라는 것이 결코 아니다.

듣고 배운 바가 졸렬하지만 그냥 드러내어 보인 것은, 명철한 인재들이 계속 뒤를 이어 훌륭한 의견을 내주기를 기다리고자 하는 것이다. 만일 후대에 몇몇 밝은 임금이 나오시어 이 책을 읽고 써주신다면, 참으로 다행한 일이라 하겠다.

'長短經'序

梓州郪縣長平山安昌巖草莽臣趙蕤撰

(趙子曰:) 成輿者, 憂人不貴; 作箭者, 恐人不傷. 彼豈有愛憎哉? 實伎業驅之然耳. 是知當代之士,馳騖之曹, 書讀縱橫, 則思諸侯之變; 藝長奇正, 則念風塵之會. 此亦向時之論, 必然之理矣. 故先師孔子深探其本,憂其末，遂作'春秋'，大乎王道；制'孝經'，美乎德行. 防萌杜漸，預有所抑，斯聖人制作之本意也.

然作法於理，其弊必亂. 若至於亂，將焉救之? 是以御世理人，罕聞沿襲. 三代不同禮，五覇不同法，其非相反，蓋以救弊也. 是故國容一致，而忠文之道必殊；聖哲同風，而皇王之名或異；豈非隨時設敎沿乎此，因物成務牽乎彼? 沿乎此者，醇薄繼於所遭；牽乎彼者，王覇存於所遇. 故古之理者，其政有三；王者之政化之，覇者之政威之，强國之政脅之. 各有所施，不可易也.

管子曰："聖人能補時，不能違時. 智者善謀，不如當時." 鄒子曰："政敎文質，所以匡救也. 當時則用之，過則捨之." 由此觀之，當覇者之朝而行王者之化，則悖矣；當强國之世而行覇者之威，則乖矣. 若時逢狙詐，正道陵夷，欲憲章先王，廣陳德化，是猶待越客而拯溺，白大人以救火. 善則善矣，豈所謂通於時變歟?

夫覇者，駮道也. 蓋白黑雜合，不純用德焉. 期於有成，不問所以；論於大體，不守小節. 雖稱仁義不及三王，而扶顚定傾，其歸一揆.

恐儒者溺於所聞，不知王覇殊略，故敍以長短術，以經綸通變者，剏立題目，總六十有三篇，合爲十卷，名曰'長短經'. 大旨在乎寧固根蒂，革易時弊. 興亡治亂，具載諸篇. 爲沿襲之遠圖，作經濟之至道，非欲矯世誇俗，希聲慕名.

輒露見聞，逗機來哲. 凡厥有位，幸望詳焉.

일러두기

1. 본서는 문연각 사고전서(文淵閣 四庫全書)의 『장단경』을 저본으로 하고, 이를 영인하여 간행한 대만 광문서국(廣文書局)의 『장단경』(상하 2권, 1988, 5 간행)을 참조했다.
2. 『장단경』의 원문은 큰 글자의 본문(大字正文)과 작은 글자의 원주(小字 注文)로 인쇄되어 그 자체로 경(經)과 전(傳)의 체제를 갖추고 있으나, 본 역서는 본문인 대자정문만을 번역했다.
3. 원문에 대한 표점 및 부호 등은 중국의 신식표점 방식을 채용했다.
4. 서고전서 원문은 오자, 탈자, 착간 등이 심한 편인데, 출전을 찾아 현행본의 원문과 대조하여 고치고 보완했다. 오탈자 등 잘못된 글자는 일률적으로 ( )로 표시하고, 바로 잡거나 보완한 글자는 [ ] 부호로 표시했다.
5. 『장단경』은 편술 문헌으로서, 조유는 선진 이래 당 초기까지의 각종 전적에서 필요한 문장을 초해서 인용했다. 본 역서는 그 문장의 출전을 일일이 찾아 번역문의 말미에 출전을 밝혀 놓았다. 이 과정에서 원문과 대조해 교정을 보았는데, 조유가 인용한 원문이 현행 통용본과 상이한 경우가 적지 않았다. 이 경우 역자는 그 문맥이 크게 다르지 않는 경우 조유의 원문을 그대로 두고 굳이 현행본에 맞춰 고치지 않기로 했다.
6. 번역 및 교정, 특히 출전의 검색 등에서 역자는 주빈(周斌)선생의 역저 『장단경교증여연구(長短經校証與硏究)』(파촉서사출판사, 2003, 5)에 큰 도움을 받았다. 아울러 독자들의 편의를 위해 부록으로 주빈선생이 정리한 『장단경』의 인용서적 목록을 전재했음을 밝혀 둔다.

권1 문상(文上)

제1편 대체(大體)

나라를 다스리는 큰 도리

신은 이렇게 들었습니다.

노자(老子)는 말한다. "바른 도리(正道)로 나라를 다스리고, 기발한 계책(奇謀)으로 군대를 운용하며, 인위적으로 하지 않는 것(無事)으로 천하를 얻는다." 〔출전: 『노자』 제57장〕

순자(荀子)는 말한다. "군주가 된 자는 능력 있는 인재를 임용해서 부리는 것을 자기의 능력으로 삼고, 필부는 스스로 갖고 있는 재능만을 자기의 능력으로 삼는다." 〔출전: 『순자』 「왕패(王覇)」〕

부현(傅玄, 진나라의 학자, 사상가)은 말한다. "사대부는 스스로 맡은 직분에 따라 일하고 명령을 받들며, 제후들은 각자 분봉 받은 땅을 지키고 다스리며, 삼공은 나라를 다스리는 모든 일을 총괄하며 정사를 논의하고 있으니, 천자는 팔짱을 끼고 있어도 천하가 바르게 다스려 진다." 〔출전: 『부자(傅子)』 일문〕

그렇다는 것을 어떻게 입증할 수 있는가? 아래에서 살펴보기로 하

자. 〔조유의 말〕

〔참조〕 삼공(三公): 주 왕조의 벼슬 이름. 주나라에서는 태사(太師), 태부(太傅), 태보(太保)의 삼공을 두어 천자의 보좌 겸 스승으로 삼았는데, 삼태(三太) 또는 삼경(三卿)이라고도 했다. 삼공의 내용은 시대와 왕조의 변천에 따라 차이가 있는데, 『한서(漢書)』「백관공경표」에서는 사마, 사도, 사공을 삼공이라 했고, 한(漢) 왕조에서는 승상, 대사마, 어사대부를 삼공으로 삼았다. 후한 이후에는 태위(太尉), 사도(司徒), 사공(司空)을 삼공 또는 삼사(三司)로 불렀다. 조선 시대에는 정일품 관직인 좌의정, 우의정, 영의정을 합해서 삼공이라 호칭했다.

臣聞: 老子曰: "以(政)[正]理國, 以奇用兵, 以無事取天下." 荀卿曰: "人主者, 以官人爲能者也; 匹夫者, 以自能爲能者也." 傅子曰: "士大夫分職而聽, 諸侯之君分土而守, 三公總方而議, 則天子拱己而正矣."

何以明其然耶?

고대에 요(堯)임금이 다스릴 때, 순(舜)은 백성을 교화하는 일(司徒)을 맡고, 설(契)은 군사에 관한 일(司馬)을 맡고, 우(禹)는 토목과 치수에 관한 일(司空)을 맡고, 후직(后稷)은 토지와 농사에 관한 일(田官)을 맡고, 기(夔)는 음악을 관장하는 일(樂正)을 맡고, 수(倕)는 각종 수공업과 제작(工師)을 맡고, 백이(伯夷)는 제사 등 의례에 관한 일(秩宗)을 맡고, 고요(皐陶)는 옥송에 관한 일(理官)을 맡고, 익(益)은 가축을 가르는 일(驅禽)을 맡았다.

요임금은 이 가운데 어느 한 가지에 능하지 않았는데도 어째서 군주가 됐으며, 9명의 현인들은 그런 뛰어난 능력을 갖고도 신하가 됐으니, 그 이유는 무엇인가?

요임금은 이들 아홉 사람의 타고 난 능력을 알고서 각자에게 적합한 일을 맡김으로써, 이들 아홉 신하들이 각자 맡은 직무를 수행해서 공을 이루게 했다. 요임금은 이들 아홉 명의 현인들이 이룬 공적에 편승해서 천하를 왕도로 다스릴 수 있었던 것이다. 〔출전: 『설원(說苑)』「군도(君道)」〕

한고조 유방은 이렇게 말했다. "막사 안에서 전략을 짜고 계책을 세워 천 리 밖의 전투를 승리로 결정짓는 것은 내가 장자방에 미치지 못하고, 나라를 안정시키고 백성을 위무하며 원정에 나선 군대에 식량을 공급하고 보급로가 끊이지 않도록 하는 것이라면 소하에 미치지 못하며, 백만 대군을 이끌고 나아가 싸우면 반드시 승리하고 공격하면 반드시 성을 취하는 용병에서는 한신에 미치지 못한다.

이들 세 사람은 모두 걸출한 인물들이지만 나는 이들을 임용해 부릴 수 있었으니, 이것이 바로 내가 천하를 차지할 수 있었던 이유다." 〔출전: 『사기』「고조본기(高祖本紀)」〕

그러므로, 사람을 아는 것은 왕의 도리요, 일을 아는 것은 신하의 도리이다. 〔출전: 『설원』「군도」〕

형체가 없는 것(無形)은 사물의 주재자요, 단서가 없는 것(無端)은 일의 본체이다. 〔출전: 『전국책』, 제책4「제선왕견안촉(齊宣王見顔斶)」〕

북은 오음(五音)에 들지 않지만 오음을 주재하고, 도리를 아는 자는 오관(五官)의 일을 직접 하지 않고도 일을 다스리는 주체가 된다. 군주는 그의 도리를 지키고, 관리는 각자의 직무를 처리할 줄 알아야

하는 것은, 고래로부터 내려온 이치다. 〔출전: 『신자(申子)』「대체(大體)」 일문〕

當堯之時, 舜爲司徒, 契爲司馬, 禹爲司空, 后稷爲田官, 夔爲樂正, 倕爲工師, 伯夷爲秩宗, 皐陶爲理官, 益掌驅禽. 堯不能爲一焉, 奚以爲君而九子者爲臣, 其故何也? 堯知九賦之事, 使九子各授其事, 皆勝其任而成九功, 堯遂乘成功而王天下.

漢高帝曰: "夫運籌策於幃幄之中, 決勝於千里之外, 吾不如子房. 鎭國家撫百姓, 給餉餽不絕粮道, 吾不如蕭何. 連百萬之軍, 戰必勝攻必取, 吾不如韓信. 三人者皆人傑也, 吾能用之, 此吾所以有天下也."

故曰: 知人者, 王道也; 知事者, 臣道也. 無形者, 物之君也; 無端者, 事之本也. 鼓不預五音, 而爲五音主; 有道者不爲五官之事, 而爲理事之主. 君守其道, 官知其事, 有自來矣.

선왕들은 이런 이치를 알고 있어서 그가 갖고 있지 않는 것을 마치 그의 소유인 것처럼 사용했으니, 바로 군주의 도리에 통달한 것이다. 반면에 임금이 군주의 도리에 통달하지 않으면 그렇게 하지 못한다. 모든 것을 자기가 다 하겠다고 나서면 유능한 자를 임용할 수 없고, 유능한 인재를 등용하지 않으면 그들도 임금을 싫어하여 버린다. 이것이 바로 쌓아올린 공적이 훼손되고 국가가 위태로움에 빠지게 되는 이유이다.

상나라를 세운 탕왕과 주나라의 무왕은 (각각 하나라와 은나라를 멸망시킨 뒤) 하나라와 은나라의 재화를 하루 만에 다 써버렸다. 하나라와 은나라의 땅을 제후들에게 봉지로 나누어 주니 천하의 제후들이 기꺼이 복종하지 않을 수 없었고, 하나라와 은나라의 재물을 풀어 상으로 주니 천하 백성들이 다투어 공을 세우려 했다. 바로 스스로 갖지 않은 것을 자기의 소유인 것처럼 사용하는 도리에 통달한 것이다. 〔출전: 『여씨춘추』「사순론, 분직(似順論, 分職)」〕

先王知其如此也, 故用非己有如己有之, 通乎君道者也. 人主不通主道者則不然, 自爲之則不能任賢, 不能任賢則賢者惡之, 此功名之所以傷, 國家之所以危.

湯,武一日而盡有夏,商之財. 以其地封, 而天下莫敢不悅服; 以其財賞, 而天下皆競勸. 通乎用非其有也.

그러므로 말한다. "관직을 설치해서 직무를 분장토록 하는 것은 군주의 대체요, 임무를 맡기고 공을 이루도록 독려하는 것은 군주의 도리이다. 신하들이 일을 도모하는 것을 좋아하며 나태하지 않도록 하는 것은 군주의 도리이며, 관용으로서 많은 사람의 마음을 얻는 것은 군주의 대체다. 또 잘못을 감싸주고 나쁜 점을 덮어주는 것은 군주의 대도이다. 군주가 군주로서의 대체를 갖추고 있으면 신하들이 두려워하면서도 사랑하게 되는 것이다. 〔출전: 두서(杜恕)의 『체론(體論)』 일문, 『군서치요』 권48에 수록〕

이것이 역대 제왕들이 공업을 이룬 까닭이다. 〔조유의 말〕

故稱: 設官分職, 君之體也; 委任責成, 君之體也; 好謀無倦, 君之體也; 寬以得衆, 君之體也; 含垢藏疾, 君之體也. 君有君人之體, 其臣畏而愛之. 此帝王所以成業也.

제2편 임장(任長)

능력에 따라 일을 맡겨라

신은 이렇게 들었습니다.

재능을 헤아리고 능력을 평가하는 것은 나라를 다스리는 요체이다. 성인이 아니고서 어느 누가 백가지 일을 다 할 수 있으며, 천하의 수많은 이치를 다 꿰뚫어 갖출 수 있겠는가? 그러므로 순 임금은 여러 신하들에게 각자 일을 맡도록 하고 재능에 따라 지위를 정해주었다.

한고조는 공신들의 업적을 논하면서 장량, 소하, 한신 등 3인의 인걸에 대해 각자 나름대로 지닌 능력에 따라 달리 평가했다. 하물며 이들과 비교될 수 없는 평범한 사람들에게, 어떻게 모든 일을 다 맡기고 책임을 지울 수 있겠는가? 〔출전: 육경(陸景)의 『전어(典語)』 일문, 『군서치요』에 수록됨〕

臣聞：料材覈能，治世之要，自非聖人，誰能兼茲百行，備貫衆理乎? 故舜(合)[命]羣司, 隨材授位; 漢述功臣, 三傑異稱. 況非此儔, 而可備責耶?

옛적에 이윤(은나라 탕왕의 재상)이 토목 공사를 일으킬 때에 척추가 튼튼한 사람에게는 흙을 지게 했고, 한쪽 눈이 없는 사람에게는 수레를 밀게 했으며, 등이 굽은 사람에게는 길을 닦도록 했다. 각자가 할 수 있는 일을 맡도록 해서 저마다의 능력을 다 발휘할 수 있도록 한 것이다. 〔출전: 『회남자』 「제속(齊俗)」〕

관중은 제환공에게 이렇게 말했다. "오르내리고 읍양하며 나아가고 물러나는 예법에서는 신이 습붕(隰朋)에 미치지 못하니, 바라옵건대 그에게 외교와 사신을 접대하는 대행(大行)의 직책을 맡기십시오. 땅을 개간하고 농작물을 심어 땅의 이로움을 모두 거두는 일에는 신이 영척(甯戚)보다 못하니, 그에게 농사를 관장하는 대사전(大司田)의 직책을 맡기십시오. 평원에서 포진하여 전차끼리 서로 얽히지 않게 하며, 병사들이 발을 돌려 물러나지 않고, 북을 울리면 삼군의 병사들이 싸우다 죽는 것을 마치 집에 돌아가는 듯이 담담하게 받아들이도록 만드는 데는 신이 왕자 성보(城父)에게 미치지 못하니, 청컨대 그를 대사마(大司馬)로 삼으십시오.

죄지은 자를 공정하게 판결하여 무고한 자를 죽이지 않고 억울한 자를 처벌하지 않도록 하는 것에서는 신이 빈서무(賓胥無)에 미치지 못하니, 그를 사법을 다스리는 대리(大理)로 임명하십시오. 군주의 안색을 살피지 않고 심기를 거슬러 충심에서 우러나오는 직간을 하며, 죽음을 두려워하지 않고 부귀에 흔들리지 않는 점에서, 신은 동곽아(東郭牙)에 미치지 못하니 청컨대 그를 간언을 올리는 대간(大諫)으로 삼으십시오.

군주께서 만일 나라를 잘 다스리고 부국강병을 이루고자 하신다면 이들 다섯 사람이 일을 맡고 그 자리에 있으면 충분 합니다. 그렇지만 만일 패업을 이루고자 하신다면 신 이오가 여기에 있습니다." 〔출전: 『관자』 「소광(小匡)」 및 『여씨춘추』 「물궁(勿躬)」〕

황석공은 말한다. "지혜로운 자를 쓰고, 용맹한 자를 쓰고, 재물을 탐하는 자를 쓰고, 어리석은 자를 써라. 지혜로운 자는 공을 세우기를 즐겨하고, 용맹한 자는 그 뜻을 펴고 행하기를 좋아하며, 탐욕스러운 자는 반드시 이익을 취할 것이며, 어리석은 자는 죽음을 마다하지 않는다.

그들 각자의 성정에 따라 활용하는 것, 이것이 용병에 있어서 가장 미묘한 권도이다." 〔출전: 『삼략』 「중략(中略)」〕

『회남자』는 말한다. "천하의 물건 가운데 해독(奚毒, 부자)보다 더 독한 게 없다. 그러나 뛰어난 의사는 주머니에 담아 갈무리하는데, 약으로 쓰일 데가 있기 때문이다. 고라니가 산으로 달려 올라갈 때는 큰 노루도 따라갈 수 없지만, 산에서 내려올 때에는 어린 목동들도 따라 잡을 수 있다. 재능에는 각각 길고 짧음이 있기 때문이다.

북쪽의 호족은 말을 타고 다니는 것이 편하고, 남쪽 월나라 사람은 배를 타는 것이 편하다. 모습이 다르고 종족이 다른데, 만일 호족과 월나라 사람에게 일을 서로 바꾸어 하라고 한다면, 모든 것이 뒤죽박죽 어긋나게 될 것이다." 〔출전: 『회남자』 「주술(主術)」〕

위무제 조조는 명령을 내려 말했다. "내가 찾아 쓰고자 하는 선비는 반드시 행실이 좋아야 할 필요가 없으며, 행실이 좋다고 해서 반드시 찾아 쓰지도 않을 것이다. 진평에게 어디 독실한 덕행이 있었으며, 소진이 무슨 신의를 지켰던가? 그러나 진평은 한(漢) 왕조의 창업에 기초를 세웠고, 소진은 약소국인 연나라를 곤경에서 구했으니, 바로 그들 각자의 장점을 보고 임용했던 것이다." 〔출전: 『삼국지』「무제기(武帝紀)」〕

昔伊尹興土工也, 强脊者使之負土, 眇者使之推, 傴者使之塗. 各有所宜, 而人性齊矣.

管仲曰: "升降揖讓, 進退閑習, 臣不如隰朋, 請立以爲大行. 闢土聚粟, 盡地之利, 臣不如甯戚, 請立以爲大司田. 平原廣牧, 車不結轍, 士不旋踵, 鼓之而三軍之士視死如歸, 臣不如王子城父, 請立以爲大司馬. 決獄折中, 不殺不辜, 不誣不罪, 臣不如賓胥無, 請立以爲大理. 犯君顔色, 進諫必忠, 不避死亡, 不撓富貴, 臣不如東郭牙, 請立以爲大諫. 君若欲治國强兵, 則五子者存焉; 若欲覇王, 則夷吾在此."

黃石公曰: "使智, 使勇, 使貪, 使愚. 智者樂立其功, 勇者好行其志, 貪者決取其利, 愚者不愛其死. 因其至情而用之, 此軍之微權也."

淮南子曰: "天下之物, 莫凶於奚毒. 然而良醫槖而藏之, 有所用也. 麋之上山也, 大章不能跂, 及其下也, 牧竪能追之, 才有修短也. 胡人便於馬, 越人便於舟, 異形殊類, 易事則悖矣."

魏武(詔)[令]曰; "進取之士, 未必能有行; 有行之士, 未必能進取. 陳平豈篤行, 蘇秦豈守信耶? 以陳平定漢業, 蘇秦濟弱燕, 任其長也."

이로써 살펴보면, 만일 한신에게 장막 안에서 전략이나 짜도록 시키고 대신 동중서에게 군대를 끌고나가 싸우도록 시키거나, 또 우공(于公, 서한 때의 옥리, 공정한 판결로 이름이 남)에게 제후국을 돌아다니며 유세를 하도록 맡기면서 대신 육가(陸賈, 한고조 유방을 도왔으며, 변설에 뛰어나 남월에 사신으로 가서 조타를 복속시킴)에게 송사와 판결을 관장하도록 했더라면, 그들은 당대의 그 뛰어난 공훈을 세우지 못했을 것이며, 그들의 명성은 결코 오늘에까지 전해질 수 없었을 것이다.

그러므로 각자가 지닌 장점을 찾아 임용하는 도리를, 세심하게 살피지 않을 수 없는 것이다. 〔출전: 『육경』의 「전어」 일문, 『군서치요』에 수록〕

由此觀之, 使韓信下幃, 仲舒當戎, 于公馳說, 陸賈聽訟, 必無曩時之勳, 而顯今日之名也. 故任長之道, 不可不察.

제3편 품목(品目)

인재의 유형을 살펴라

천하에서 가장 귀한 보배로운 그릇은 천하일통의 대업을 이루는 것이니, 임금은 뛰어난 인재를 찾아 그 능력을 분별하여 뽑는데 지혜를 다하고 모든 노력을 기울이지 않으면 안 되는 것이다. 그렇게 뛰어난 인재를 찾아 임용함으로써 비로소 나라의 다스림과 민생의 안정을 이룰 수 있다. 〔출전: 『인물지』「자서(自序)」〕

그러므로 공자는 말한다. "사람은 그 품행으로 보아 다섯 가지의 유형으로 나눌 수 있으니, 용렬한 사람(庸人)과 선비(士人), 군자와 성인 그리고 현인이다. 이 다섯 가지 종류의 사람을 제대로 판별할 수 있다면, 세상을 다스리는 도리는 여기에 다 들어 있다고 할 것이다.

이른바 용렬한 사람은 마음속에 삼가고 조심하며 일관하는 규범이 없고, 입으로는 상식에 맞고 법도에 맞는 말을 내뱉지 않으며, 몸을 맡길만한 현명한 사람을 선택할 줄도 모르고, 열심히 노력하지 않아 스스로 정해 놓은 목표를 이루지 못한다. 작은 일에는 밝지만 큰

일에는 어두워 자기가 힘써 해야 할 일이 무언지 알지 못하고, 물이 흘러가듯이 시류에 좇아가서 자기가 반드시 지켜야할 것이 무엇인지를 알지 못하니, 이런 사람을 일컬어 용렬한 사람이라고 한다.

선비는 마음속에 정해진 신념이 있고 계획하는 바를 지키는 원칙이 있으며, 비록 도덕과 학술의 근본을 완전히 터득하지 않았더라도 반드시 준수하는 것이 있으며, 비록 모든 아름다운 덕행을 두루 갖추지 못해도 반드시 스스로 지키는 떳떳한 법도가 있다. 그렇기 때문에 많이 알려고 힘쓰지 않아도 반드시 자기가 알고 있는 것에 대해서는 힘써 살피고, 말을 많이 하려고 하지 않지만 자기가 말한 것의 핵심이 무엇인지 세심하게 파악하고 있으며, 많은 일을 하려고 하지 않지만 왜 그 일을 해야 하는지 세밀하게 살펴 판별한다. 지혜로워서 알아야할 것을 알고, 말은 말해야 할 것을 말하고, 행동에는 반드시 떳떳한 도리가 있으니, 타고난 성품이 자기 몸과 하나가 된 것처럼 바뀌지 않는 것이다. 부귀하게 된다고 해도 더 낫다고 여기지 않고, 빈천하게 된다고 해도 그 뜻을 훼손할 수 없으니, 이들을 일컬어 선비라고 한다.

군자는 말에는 반드시 충심과 신의가 있고 마음속에는 원망하고 거리끼는 바가 없다. 인의를 몸으로 체득하고 있어 얼굴에는 한 점도 자랑하는 빛이 없으며, 사려함이 이치에 밝고 투철하며 입에서 나오는 말에는 한 점도 전횡하거나 허투루 내뱉는 말이 없다. 독실하게 행동하고 도를 성실하게 받들어 지키고, 스스로 힘써 노력하여 쉼이 없으며, 구름이 뭉게뭉게 피어오르듯 서서히 발전하여 그를 뛰어넘을 것 같지만, 막상 해보면 끝끝내 따라 잡을 수없는 사람, 이런 사람이 바로 군자이다.

이른바 현인은, 품덕이 법도를 넘지 않고 일거일동에 규범이 있고 법도에 들어맞으며, 그가 하는 말은 천하 사람들이 본받는 준칙이 되어 말로써 그 몸을 해치는 법이 없으며, 그의 도는 가히 천하 백성을 교화할 수 있으며 사물의 근본을 상하게 하지 않는다. 천하를 부유하게 만들 뿐 재물을 쌓아놓지 않고, 세상에 베풀어 천하 백성이 가난함을 걱정하지 않게 되니, 이런 사람이 바로 현인이다. 성인은 품덕이 천지의 법칙에 부합하고, 변화하고 통달함에 다함이 없으며, 세상 만물의 처음과 끝, 즉 생성과 소멸의 원리를 궁구하여, 만사만물의 자연한 이치에 능히 화합한다. 지극한 이치와 대도를 널리 크게 펴서 백성들로 하여금 본성의 발전을 이루게 하니, 그 밝기는 해와 달처럼 빛나고, 그의 교화는 신령하여 순식간에 이루어진다. 이 때문에 천하의 백성이 그 은택을 받아도 그의 덕인 줄 알지 못하고, 보고자 하여도 그 은덕의 한계가 어디인지를 알아차리지 못하니, 이런 사람을 가리켜 성인이라 한다."〔출전: 『공자가어』 「오의(五儀)」〕

夫天下重器, 王者大統, 莫不勞聰明於品才, 獲安逸於任使.

故孔子曰: "人有五儀; 有庸人, 有士人, 有君子, 有聖, 有賢. 審此五者, 則治道畢矣.

所謂庸人者, 必不存愼終之規, 口不吐訓格之言, 不擇賢而託身, 不力行而自定, 見小闇大而不知所務, 從物如流而不知所執, 此則庸人也.

所謂士人者, 必有所定, 計有所守, 雖不能盡道術之本, 必有率也. 雖不能徧百善之美, 必有處也. 是故智不務多, 務審其所知; 言不無多, 務審其所謂; 行不無多, 務審其所由. 智旣知之, 言其得之, 行旣由之, 則若性命形骸之不可易也. 富貴不足以益, 貧賤不足以損, 此則士人也.

所謂君子者, 言必忠信而心不忌, 仁義在身而色不伐, 思慮通明而辭不專. 篤行信道, 自强不息, 油然若將可越, 而終不可及者, 此君子也.

所謂賢者, 德不踰閑, 行中規繩. 言足法於天下, 而不傷其身; 道足化於百姓, 而不傷於本. 富則天下無菀財, 施則天下不病貧, 此則賢者也.

所謂聖者, 德合天地, 變通無方, 窮萬事之終始, 協庶品之自然. 敷其大道, 而遂成情性, 明並日月, 化行若神, 下民不知其德, 覩者不識其隣, 此聖者也."

『검경(鈐經)』에서는 이렇게 말한다. "만일 어떤 사람이 있어, 그의 덕은 먼 곳의 사람들까지 포용할 수 있고, 신의는 각양각색의 사람들을 하나로 합쳐 함께하도록 만들 수 있고, 식견은 옛날 일을 거울삼을 수 있으며, 재능은 세상의 인재들 가운데서도 으뜸이라면, 그는 사람 중의 영웅이라 할 수 있다.

또 어떤 사람이 있는데, 세상 사람들을 교화시킬 수 있는 법도를 지니고 있고, 행실은 의로움을 닦을만하며, 어질고 백성을 사랑하여 족히 많은 사람의 마음을 얻을 수 있으며, 총명해서 아랫사람들을 보살필 수 있다면, 그런 사람은 사람 중의 준걸이라 할 것이다.

풍채는 사람들의 본보기가 될 만하고, 지혜는 혐의를 분별하여 판결할 수 있고, 조행은 탐욕스럽고 비천한 사람들을 경계하여 채찍질할 수 있으며, 신망이 있어 생활 습성이 다른 사람들까지도 받아들여 품을 만하다면, 이는 사람 중의 호걸이라 할 수 있다.

또 어떤 사람이 있는데, 절개를 지켜 흔들림이 없고 의리로 처신하여 뜻을 굽히지 않으며, 비방이나 의심을 받는 일이 있어도 구차하게 면하려 하지 않으며, 이익을 보아도 구차하게 얻으려 하지 않는다면, 이런 사람은 사람 중의 인걸이라 할 것이다." 〔출전: 『검경』이라 하나 미상. 혹시 병법서로 알려진 옥검경(玉鈐經)이 아닐까? 주빈(周斌) 교수는 『열선전』에 "강태공 여상이 일찍이 「옥검」 6편을 지었다."라고 하였고, 『후한서』 권82 「방술전」의 이현의 주에서 "병법에 「옥검」 6편이 있다."라 하였는데, 비슷한 문장이 『소서』 「정도(正道)」편에 있으니, 『옥검경』은 혹시 『소서(素書)』의 다른 이름이 아닐까라고 추정한다.〕

'鈐經'曰: "德足以懷遠, 信足以一異, 識足以鑒古, 才足以冠世, 此則人之英也. 法足以成教, 行足以脩義, 仁足以得衆, 明足以照下, 此則人之俊也. 身足以儀表, 智足以決嫌疑, 操足以厲貪鄙, 信足以懷殊俗, 此則人之豪也. 守節而無撓, 處義以不(怒)[回], 見嫌不苟免, 見利不苟得, 此則人之傑也."

『공자가어』에서는 이렇게 말한다. "고대의 밝은 왕들은 천하의 훌륭한 선비들의 이름을 다 알고 있었으며, 그들의 명망을 알았을 뿐만 아니라 그들의 명망과 능력이 실제에 부합되는지를 꿰뚫고 있었으며, 그런 연후에 국가가 정한 작위를 주어 이들을 존귀하게 대우하니, 천하가 잘 다스려졌다." 〔출전: 『공자가어』 「왕언(王言)」〕

바로 인재의 품행을 잘 판별하여 임용하는 도리를 말한 것이다. 〔조유의 말〕

‘家語’曰: “昔者, 明王必盡知天下良士之名, 旣知其名, 又知其實, 然後用天下之爵以尊之, 則天下理也.” 此之謂矣.

제4편 양재(量才)

인재의 그릇을 헤아려라

대개 사람의 재능은 서로 달라 크고 작음이 같지 않다. 마치 되에 일 곡(斛, 열말)의 곡식을 담을 수 없는 것과 같아서, 되를 채우고 흘러넘친 곡식은 전부 버려야 할 것이다. 그 자리에 맞지 않는 사람을 임명해서 쓰면, 어찌 위태롭지 않겠는가? 〔출전: 『육도』 「용도(龍韜)」의 일문, 『군서치요』의 『육도』 「용도」에 수록됨〕

夫人才能, 參差大小不同, 猶升不可以盛斛, 滿則棄矣. 非其人而使之, 安得不殆乎?

그러므로 이윤은 말한다. "지혜로움은 큰 도에 통하고, 사물의 변화에 순응함이 끝이 없으며, 만물의 실정을 분별할 수 있고, 그의 말은 족히 음양을 조화시키고 사시를 바르게 하며 바람 불고 비 내리는 자연의 법칙을 파악해서 때맞춰 적용할 수 있는, 이런 사람을 천거하여 삼공의 지위를 맡게 하면, 삼공이 하는 모든 일이 항상 도에 맞게 이뤄질 것이다.

사계절의 변화를 놓치지 않고 땅의 이치에 통달해서 토지 자원을 충분히 이용할 줄 알며, 막혀서 통하지 않는 곳을 통하게 하고 이롭지 않다고 버리는 것을 활용하여 이롭게 만드는, 이런 사람을 천거하여 구경(九卿)의 직책을 맡게 하면, 구경의 일이 모두 항상 덕에 맞을 것이다.

인사에 통달하고 행실이 반듯하고 규범이 있으며, 전지의 소출에 세금을 거두는 일에 통달하여 국가의 곳간을 튼실하게 채울 줄 아는 재정에 능력이 있는 사람을 천거하여 대부(大夫)의 직책을 맡기면, 대부가 하는 모든 일이 항상 인에 들어맞을 것이다.

충성스럽고 정직하고 힘써 간언을 올리고 간사함과 거짓이 없으며, 사사로움을 없애고 공을 내세우며 말에는 법도가 있는, 이런 자질을 갖춘 사람들을 천거하여 사(士, 상사, 중사, 하사의 세 부류가 있다.)의 관직에 임명하면, 사들이 맡은 모든 일이 항상 의에 부합될 것이다. 이렇게 하면 도덕과 인의가 바로 세워져 천하가 바르게 된다." 〔출전: 『설원』「신술(臣術)」〕

故伊尹曰: "智通於大道, 應變而不窮, 辨於萬物之情, 其言足以調陰陽,正四時,節風雨, 如是者, 擧以爲三公, 故三公之事常在於道. 不失四時, 通於地(利)[理], 能通不通, 能利不利, 如是者, 擧以爲九卿, 故九卿之事常在於德. 通於人事, 行猶擧繩, 通於關梁, 實於府庫, 如是者, 擧以爲大夫, 故大夫之事常在於仁. 忠正强諫而無有姦詐, 去私立公而言有法度, 如是者, 擧以爲列士, 故列士之事常在於義也. 故道德仁義定而天下正."

태공은 말한다. "말을 많이 하고 입만 열면 나쁜 말을 하며, 종일토록 험한 말을 하고 잠자리에 들어서도 그치지 않는 사람은, 많은 사람들로부터 미움을 받고 싫어하는 대상이다. 그렇지만 이런 사람에게도 길거리의 치안과 관리를 맡겨, 나쁜 짓 하는 사람을 규찰하고 재난을 예방할 수 있다. 잔재주를 부리고 일에 끼어들기를 좋아하며, 늦게 자고 일찍 일어나며 고생스러워도 원망하지 않으니, 이런 사람도 처자를 거느리며 살 수 있다.

말에 앞서 눈치껏 돌아가는 정황을 잘 살피고, 사람들을 권하여 함께 먹고 실속이 있으면서, 말은 적게 하고 재물이 생기면 공평하게 나눠가지는 사람이라면 열사람을 거느릴 수 있다.

종일토록 조심조심하고 행동거지를 엄숙하게 취하며, 남의 간언을 듣지 않고 엄한 형벌을 자주 사용하며, 형벌을 집행하면 반드시 피를 보며 친척이라 해도 피하지 않고 엄벌을 내린다면, 백 명을 거느릴 수 있는 사람이다.

소송과 논쟁에서 이기기를 좋아하고, 나쁜 짓하는 자들과 남을 짓밟는 자들을 미워하여 반드시 징벌을 가하여 다스리며, 많은 사람을 하나로 통합시켜 아우르고자 한다면, 이는 천 명을 거느릴 수 있는 사람이다.

겉모습을 겸손하게 갖추고 말을 하면 항상 때와 장소에 들어맞으며, 다른 사람들이 배부른지 배가 고픈지 또는 피곤한지 편안한지 그들의 사정을 익히 알고 있다면, 이런 사람은 만 명을 거느릴 수 있다.

매사에 전전긍긍하며 조심하고 하루하루 신중하게 지내며, 어진 사람을 가까이 하고 좋은 계책을 내놓으며, 사람을 부리되 절도 있게 하며, 말이 교만하지 않고 충직한 마음으로 성의를 다하는 사람이라면 십만 명을 거느릴 수 있다.

온화하고 선량하며 후덕하여 장자의 풍도가 있고, 마음을 쓰는 것이 한결 같으며, 어진 사람을 보면 천거하고, 법률을 집행함에 어긋나거나 잘못됨이 없다면, 이런 사람은 백만 명을 거느릴 수 있다.

공적이 혁혁하여 이웃 나라에까지 명성이 알려지고, 출입의 일거일동이 당당하고 호탕하며, 백성들이 친근하게 여기고 성실하고 신의가 있고 관대하며, 세상을 이끌어감에 밝고 지혜로우며, 능히 앞선 사람들을 본받아 큰 공을 세우고 패망으로부터 구해주고 도와주며, 위로는 천문에 밝고 아래로는 지리를 알며, 사해 안의 사람을 모두 자신의 처자와 같이 여기는 사람이라면, 뭇 영웅들을 통솔할 수 있으니 천하의 주인이 된다." 〔출전: 『육도』「용도」의 일문, 『군서치요』에 수록됨〕

〔참조〕 태공(太公): 태공의 원래 뜻은 할아버지를 가리키는 말인데, 여기에서의 태공은 강태공 여상(姜太公 呂尙)을 가리킨다. 서백(西伯, 문왕)이 사냥 나갔다가 위수(渭水) 가에서 여상을 만나 대화를 하고는 크게 기뻐하며 "우리 할아버지께서 선생을 기다린 지 오래였다(吾太公望子久矣)"라고 한데서 여상을 강태공 또는 태공망이라고 부르게 되었다.

太公曰: "多言多語, 惡口惡舌, 終日言惡, 寢臥不絕, 爲衆所憎, 爲人所疾, 此可使要遮閭巷, 察姦伺禍. 權數好事, 夜臥早起, 雖劇不悔, 此妻子之將也. 先語察事, 權勸而與食, 實長希言, 財物平均, 此十人之將也. 忉忉截截, 垂意肅肅, 不用諫言, 數行刑戮, 刑必見血, 不避親戚, 此百人之將也. 訟辯好勝, 嫉賊侵凌, 斥人以刑, 欲整一衆, 此千人之將也. 外貌怍怍, 言語時出, 知人飢飽, 習人劇易, 此萬人之將也. 戰戰慄慄, 日愼一日, 近賢進謀, 使人知節, 言語不慢, 忠心誠畢, 此十萬人之將也. 溫良實長, 用心無兩, 見賢進之, 行法不枉, 此百萬人之將也. 勳勳紛紛, 隣國皆聞, 出入豪居, 百姓所親, 誠信緩大, 明於領世, 能效成事, 又能救敗, 上知天文, 下知地理, 四海之內皆如妻子, 此英雄之率, 乃天下之主也."

『경』에서 말한다. "지혜가 샘물처럼 솟아나고 품행은 남의 본보기가 될 수 있다면, 다른 사람의 스승이 될 수 있다. 지혜가 숫돌과 같아 다른 사람을 면려하도록 해주고 품행은 사람의 부족한 것을 채워주고 잘못을 일깨워줄 수 있다면, 벗이 될 수 있는 사람이다. 법도를 받들고 직분을 지키며 한 점의 잘못도 저지르지 않는다면, 관리가 될 수 있는 사람이다. 눈앞의 방편과 일시적인 즐거움을 찾으며 남이 부르면 '네, 네' 하고 두 번 세 번 대답하는 사람은, 남의 하인이 될 사람이다.

그러므로 상급의 군주는 스승이 될 사람을 보좌로 삼고, 중급의 군주는 벗이 될 만한 사람을 보좌로 삼고, 하급의 군주는 관리가 될 만한 사람을 보좌로 삼으며, 나라를 망하게 하는 군주는 하인 감의 사람을 보좌로 삼는다." 〔출전: 『한시외전(韓詩外傳)』 권5〕

나라가 망할지 아닐지를 살피고자 한다면 반드시 그 수하의 사람부터 살펴야 한다. 그러므로 눈이 밝은 사람들은 서로를 알아보고, 귀가 밝은 사람들은 서로 알아듣고, 뜻이 같은 사람들은 서로 따른다. 현명한 군주가 아니면 현명한 인재를 등용할 수 없으니, 어떤 사람을 임용하여 측근의 보좌로 삼는가 하는 것은, 나라의 존망이 걸린 관건이자 득실의 요체인 것이다. 〔출전: 『한시외전』 일문, 『군서치요』 권8에 인용됨〕

'經'曰: "智如源泉, 行可以爲表儀者, 人師也. 智可以砥礪, 行可以爲輔(警)[弼]者, 人友也. 據法守職, 而不敢爲非者, 人吏也. 當前快意 一呼再諾者, 人隸也. 故上主以師爲佐, 中主以友爲佐, 下主以吏爲佐, 危亡之主以隸爲佐."

欲觀其亡, 必由其下. 故同明者相見, 同聽者相聞, 同志者相從, 非賢者莫能用賢. 故輔佐左右所欲任使者, 存亡之機, 得失之要.

손무(손자)는 이렇게 말한다. "군주 가운데 누구에게 도의가 있는가? 장수 가운데 누가 능력이 있는가? 나는 이것으로서 승부를 미리 알 수 있다." 〔출전: 『손자병법』 「시계(始計)」〕

바로 이를 두고 한 말이다. 〔조유의 말〕

孫武曰: "主孰有道? 將孰有能? 吾以此知勝[負]." [此]之謂矣.

제5편 지인(知人)

사람을 알아보는 안목

신은 이렇게 들었습니다.

군주가 장수를 거느리는 법은, 수하에 있는 영웅들의 마음을 힘써 살피는 것이다. 〔출전: 『삼략』「상략(上略)」〕

그러나 사람은 쉽게 알 수가 있는 것이 아니며, 남을 아는 것 또한 쉽지 않다. 〔출전: 『사기』 권19 「범저채택열전(范蛆蔡澤列傳)」〕

한의 광무제는 남의 말을 경청하는 총명한 군주였으나 방맹(龐萌)을 믿었다가 그릇되었으며, 조맹덕(조조)은 사람을 알아보는데 뛰어난 인물이었는데도 장막(張邈)을 제대로 알아보지 못했다. 〔출전: 미상〕

어째서 그렇게 되는가? 〔조유의 말〕

세상의 사물이 겉모습은 비슷하지만 실질은 그렇지 않아서 세상 사람들이 미혹되어 그릇되는 것이다. 〔출전: 『회남자』「범론(範論)」〕

臣聞: 主將之法, 務覽英雄之心. 然人未易知, 知人未易. 漢光武聽聰之主也, 謬於龐萌; 曹孟德知人之哲也, 弊於張邈. 何則? 夫物類者, 世之所惑亂也.

그러므로 말한다. "교활한 자가 지혜롭게 보이지만 실제로는 지혜롭지 않고, 어리석은 자가 정인군자처럼 보이지만 군자가 아니며, 우직한 자는 용감한 듯 보이지만 실제로는 용감하지 않다. 나라를 망하게 한 군주는 지혜로운 듯 보이고, 나라를 망친 신하는 충성스럽게 보인다.

가라지의 싹은 마치 벼이삭처럼 보이고 검은 소의 황색 무늬는 호랑이처럼 보이며, 백골은 상아처럼 보이고, 붉은 바탕에 흰무늬가 있는 돌(碔砆)은 옥처럼 보인다.

그러나 이것들은 모두 겉으로는 비슷하게 보이지만 실제로는 다른 것, 즉 '사이비'인 것이다. 〔출전: 『전국책』「위책1(魏策一)」〕

故曰: "狙者類智而非智也, 愚者類君子而非君子也, 戇者類勇而非勇也. 亡國之主似智, 亡國之臣似忠, 幽莠之幼似禾, 驪牛之黃似虎, 白骨疑象, 碔砆類玉. 此皆似是而非也."

공자는 말한다. "무릇 사람의 마음이란 산천보다도 더 험하고, 하늘을 알기보다도 더 어렵다. 하늘에는 그래도 춘하추동과 아침저녁이라는 주기가 있거니와, 사람은 용모를 두텁게 꾸미고 진정을 깊이 감추고 있다. 그 때문에 외모는 공손하게 보여도 속마음은 교만한 자가 있으며, 속에 뛰어난 덕을 품고 있으면서도 겉으로는 어리석은 사람처럼 보이는 자가 있으며, 유순하고 성급한 것처럼 보이지만 오히려 사리에 통달한 사람이 있으며, 견실한 것처럼 보이지만 실제로는 산만한 자가 있으며, 느긋하고 여유가 있게 보이지만 실제는 거칠고 조급한 자가 있다."〔출전: 『장자』「열어구(列御寇)」〕

孔子曰: "凡人心險於山川, 難知於天. 天猶有春秋冬夏旦暮之期, 人者厚貌深情, 故有貌愿而益. 有長若不肖, 有順懁而達, 有堅而縵, 有緩而釬."

강태공은 말한다. "선비들 중에는 엄정하게 보이지만 실제로는 못나고 어리석은 사람이 있고, 온화하고 착하게 보이지만 실제로는 도적 같은 사람이 있다. 겉모습은 공손해 보이지만 속마음은 남을 속이고 업신여기는 사람이 있고, 겉으로는 자상하고 성실하게 보이지만 속으로는 성의가 전혀 없는 사람이 있다.

겉으로는 위풍이 늠름하지만 아무 것도 이루지 못하는 사람이 있고, 겉으로는 과단성이 있는 것처럼 보이지만 실제로는 망설이며 결단하지 못하는 사람이 있다. 흐리멍덩해 보이지만 내심은 충실하고 성실한 사람이 있고, 꾸물대고 질질 끄는 것처럼 보이지만 실속 있게 일을 처리하는 사람이 있다. 겉으로는 용맹하고 사납게 보이지만 속으로는 겁이 많은 사람이 있고, 겉으로는 엄숙하고 위엄이 있게 보이지만 도리어 남의 말을 잘 받아들이는 사람이 있다.

어떤 사람은 하지 못하는 일이 없으며 이루지 못하는 일이 없다. 천하의 모든 사람들이 그를 업신여기지만 성인만은 그를 소중하게 여긴다. 평범한 사람들은 알지 못하니 큰 지혜가 있는 사람이 아니고서는 그 참모습을 알아차리지 못한다.

이런 것들이 선비들의 겉모습과 내면의 실정이 일치하지 않는 사례들이다. 〔출전: 『육도』「용도, 선장(龍韜, 選將)」〕

太公曰: "士有嚴而不肖者, 有溫良而爲盜者, 有外貌恭敬[而]中心欺慢者, 有精精而無情者, 有威威而無成者, 有如敢斷而不能斷者, 有恍恍惚惚而反有忠實者, 有倭倭迤迤而有效者, 有貌勇佷而內怯者, 有(夢夢)[肅肅]而反易人者. 無使不至, 無使不遂. 天下所賤, 聖人所貴, 凡人莫知, 非有大明, (乃)[不]見其際. 此士之外貌而不與中情相應者也."

외모와 그 실정이 일치하지 않는 이런 선비들을 정확하게 알아보는 방법이 있다.

암중으로 자세하게 관찰하면서 질문을 툭 던져 그의 말을 살펴라. 추궁하듯이 질문을 던져 임기응변의 능력을 살펴라. 몰래 사람을 붙여 감시하면서 그의 성심을 믿을 수 있는지 살펴라. 명백한 질문을 직설적으로 던져 그의 덕성을 알아보아라.

먼 곳으로 보내 재물과 관련된 일을 처리하도록 하여 그의 청렴 여부를 살펴라. 여색으로 시험하여 지조를 지키는지 살펴라. 어렵고 위험한 일을 할 것이라고 말해 주고 얼마나 용감하게 일을 처리하는 지를 살펴라. 술을 먹여 취하게 하여 태도가 흐트러지는지를 살펴라. 〔출전: 『육도』「용도, 선장」〕

知此士者而有術焉.

微察問之, 以觀其辭; 窮之以辭, 以觀其變; 與之間(諜)[諜], 以觀其誠; 明白顯問, 以觀其德; 遠使以財, 以觀其廉;. 試之以色, 以觀其貞; 告之以難, 以觀其勇; 醉之以酒, 以觀其態.

장자는 말한다. "먼 곳으로 심부름을 보내 그의 충심이 한결같은지를 살펴라. 가까운 곳에서 일을 시켜 맡은 일을 공경하게 성실히 하는지 살펴라. 번거롭고 어려운 일을 시켜 그의 능력을 살펴라. 갑자기 질문을 던져 기지가 있는지를 살펴라. 긴급한 약속을 하여 그가 신용을 지키는지 살펴라. 남녀가 한 곳에 섞여 있도록 해서 호색하는지 살펴라." 〔출전: 『장자』「열어구」〕

'莊子'曰: "遠使之, 而觀其忠; 近使之, 而觀其敬; 煩使之, 而觀其能; 卒然問焉, 而觀其智; 急與之期, 而觀其信; 雜之以處, 而觀其色."

『여씨춘추』는 이렇게 말한다.

"벼슬길에서 잘 나가고 있을 때는 그가 예우를 하여 모시는 사람이 누구인지를 살펴라.

존귀한 지위에 있을 때는 그가 어떤 사람을 천거하는지 살펴라.

부유할 때에는 그가 어떤 사람을 거두어 보살피는지 살펴라.

남의 말을 들을 때는 그런 건의를 받아들여 실행하는지 살펴라.

집에서 한가하게 지낼 때는, 그가 좋아하는 것이 무엇인지를 살펴라.

군주와 친근한 사이가 됐을 때는 그가 진언하는 것이 어떤 말인지 살펴라.

곤궁한 처지가 되었을 때는 합당하지 않는 재물을 받는지를 살펴라.

빈천한 처지가 됐을 때는 합당하지 않은 일을 하는지 아닌지를 살펴라.

기뻐하도록 만들어 놓고 조행을 제대로 지키는 지 그 여부를 시험해 보아라.

즐거워하도록 만들어 놓고 간사한 생각을 하는지 아닌지 시험해 보아라.

일부러 화나게 만들어 놓고 자제력이 있는지 시험해 보아라.

슬프게 만들어 놓고 인애로운 마음이 있는지 살펴라.

고통스럽게 만들어 놓고 굳은 의지를 갖고 있는지 살펴라." 〔출전: 『여씨춘추』「계춘기, 논인(季春紀, 論人)」〕

'呂氏春秋'曰: "通則觀其所禮, 貴則觀其所進, 富則觀其所養, 聽則觀其所行, (近)[止]則觀其所好, 習則觀其所言, 窮則觀其所不(愛)[受], 賤則觀其所不爲. 喜之以驗其守, 樂之以驗其僻, 怒之以驗其節, 哀之以驗其仁, 苦之以驗其志."

『경』에서는 또 이렇게 말한다.

"중용되어 총애를 받는 사람이라면 교만하고 사치스럽지 않은지 살펴라.

소외되거나 버림받은 사람이라면 배반하거나 분수에 넘는 짓을 하지 않는지 살펴라.

높은 벼슬에 오르고 명성이 높은 사람이라면 뻐기거나 과시하지 않는지 살펴라.

임용되지 못하고 곤궁한 처지의 사람이라면 기죽지 않고 열심히 노력하고 있는지 살펴라.

나이가 어린 사람이라면 어른을 공경하고 배우기를 좋아하며, 형제들과 화목하게 잘 지내는지 살펴라.

장년이 된 사람이라면 청렴하고 직무를 충실히 하며 공정무사한지 살펴라.

늙은 사람이라면 생각이 신중하고, 스스로 부족한 것을 채우려고 힘써 노력하며, 법도를 벗어남이 없는지 살펴라.

부자지간이라면 아버지는 자애롭고 자식은 효성스러운지 살펴라.

형제지간이라면 화목하고 우애 있게 지내는지 살펴라.

한 마을 사람들 사이라면 신의가 있는지 살펴라.

군신지간이면 신하가 충성스러운지 또 임금은 은혜로운지를 살펴라.

이렇게 사람을 식별하는 것을 진실함을 살핀다(觀誠)라고 일컫는다.
〔출전: 『일주서(逸周書)』「관인(官人)」〕

'經'曰: "任寵之人, 觀其不驕奢; 疏廢之人, 觀其不背越; 榮顯之人, 觀其不矜誇; 隱約之人, 觀其不懾懼. 少者觀其恭敬好學而能悌; 壯者觀其廉潔務行而勝其私; 老者觀其思愼强其所不足而不踰. 父子之間觀其慈孝, 兄弟之間觀其和友, 鄕黨之間觀其信義, 君臣之間觀其忠惠."

此之謂觀誠.

『인물지』는 말한다.

"골격이 곧으면서도 유연한 것을 홍의(弘毅), 즉 '본성이 탁 트이고 의지가 굳다'라고 하는데, 홍의한 것은 바로 인(仁)의 본질이다.

기질이 맑고 명랑한 것을 일러 문리(文理), 즉 '예의 바르고 절도가 있다'고 한다. 예의와 절도(文理)는 바로 예의 근본이다.

신체가 단정하고 건실한 것을 정고(貞固), 즉 '올곧고 견실하다'고 하는데, 정고(貞固)함은 바로 신의의 기초다.

근맥이 강인하면서도 야무진 것을 용감(勇敢)이라고 하는데, 용감한 것은 바로 의(義)를 결단하는 요인이다.

기색이 평온하고 원활한 것을 은미함을 깨달아 아는 것(通微)라고 하는데, 은미함을 깨쳐 아는 것은 지혜(智)의 근원이다. 사람의 이러한 다섯 가지 자질은 일관된 성질을 갖고 바뀌지 않기 때문에 오상(五常)이라고 부른다.

그러므로 또 말한다. 곧기만 하고 유연하지 않으면 나무토막처럼 뻣뻣하게 된다. 강하기만 하고 다듬어지지 않으면 한갓 죽은 힘이다. 견고하기만 하고 반듯하지 않으면 어리석을 뿐이다. 기혈이 맑지 않으면 넘쳐 방종하게 된다. 심기가 평탄하게 트였으나 평온하지 않으면 방탕하게 된다.

그렇기 때문에 성정이 평탄한지 아니면 편벽한지는 정신의 맑음(神明)에 달려있고, 총명한지 아니면 우매한지는 정기(精氣)에 달려 있고, 기질이 용감하거나 겁이 많은가는 근맥(筋脈)에 달려있다. 신체와 기백이 강하거나 나약한 것은 골격(骨格)에 달려있고, 성질이 조급한지 아니면 침착하고 평정한지는 기(氣)에 달려있다. 괴로워하는지 즐거워하는지는 얼굴빛에 드러나며, 신체가 쇠약한지 아니면 정정한지는 몸가짐에 나타나고, 태도가 억지로 하는지 아니면 자연스러운지는 표정에 드러나며, 정서가 급한지 아니면 느긋한지는 말투에 드러나 알 수 있게 된다.

만약 기질이 소박하고 평온하며 담백하고, 안으로는 총명하고 겉으로는 맑고 활달하며, 근골이 굳세고 정기가 충만하며, 음성이 맑고 안색이 온화하며, 몸가짐과 태도가 장중하고 용모가 단정하다면, 이야말로 순수한 덕성을 갖춘 사람이다." 〔출전: 『인물지』「구징(九徵)」〕

'人物志'曰: "骨植而柔者, 謂之弘毅; 弘毅也者, 人之質也. 氣淸而朗者, 謂之文理; 文理也者, 禮之本也. 體端而實者, 謂之貞固; 貞固也者, 信之基也. 筋勁而精者, 謂之勇敢; 勇敢也者, 義之決也. 色平而暢者, 謂之通微; 通微也者, 智之原也. 五質恒性, 故謂之五常."

故曰: "直而不柔則木, 勁而不精則力, 固而不端則愚, 氣而不淸則越, 暢而不平則蕩. 然則平陂之質在於神, 明暗之實在於精, 勇怯之勢在於筋, 强弱之植在於骨, 躁靜之決在於氣, 慘懌之情在於色, 衰正之形在於儀, 態度之動在於容, 緩急之狀在於言. 若質素平淡, 中睿外朗, 筋勁植固, 聲淸色(澤)[懌], 儀崇容直, 則純粹之德也."

사람에게는 기가 있으니, 기라는 것은 진실함이 마음속 깊이 간직되어 있는 것이어서, 반드시 밖으로 드러나게 되어 있다. 그러므로 심기가 조잡하고 거친 사람은 음성이 가라앉아 있고 산만하며, 심기가 세심하고 차분한 사람은 음성이 온화하고 절도가 있으며, 심기가 비루하고 괴팍한 사람은 음성이 거칠고 사나우며, 심기가 너그럽고 부드러운 사람은 음성이 온화하고 윤택하다. 신의가 있는 사람의 기는 중용을 지키고 편안하며, 의로운 사람의 기는 때에 맞고 느긋하며, 온화한 사람의 기는 간략하고 원만하며, 용감한 사람의 기는 당당하며 굳세다.

이렇게 하는 것을 일컬어 '음성을 듣고 사람의 기질을 관찰하는 법(聽氣)'이라고 부른다. 〔출전: 『일주서』「관인」, 『대대례기』「문왕관인(文王官人)」에도 유사한 내용이 있다.〕

夫人有氣, 氣也者, 謂誠在其中, 必見諸外. 故心氣麤厲者, 其聲沈散; 心氣詳愼者, 其聲和節; 心氣鄙戾者, 其聲麤獷; 心氣寬柔者, 其聲溫潤. 信氣中易, 義氣時舒, 和氣簡略, 勇氣壯立. 此謂之聽氣.

또 찰색의 방법이 있다. 찰색이란 안색을 살펴서 마음속 깊이 갈무리되어 있는 심기, 즉 마음의 기운을 알아내는 것이다. 진실로 지혜로운 사람은 반드시 말로써 다 할 수 없는 기색을 갖추고 있다. 진실로 어진 사람은 반드시 존경심이 우러나오게 하는 기색을 갖추고 있다. 진실로 용감한 사람은 반드시 무엇으로도 위협할 수 없는 기색을 갖추고 있다. 진실로 충성스러운 사람은 반드시 불만한 기색을 갖추고 있다. 진실로 고결한 사람은 반드시 무엇으로도 더럽힐 수 없는 기색을 갖추고 있다. 진실로 올곧은 사람은 반드시 신뢰할 수 있는 기색을 갖추고 있다.

본신이 갖추고 있는 자연스러운 기색은 호탕하고 늠름하며 굳세고 안정되어 있으나, 가식적인 기색은 어지럽고 혼란하게 하며 성가시게 한다.

이런 것을 '얼굴빛을 살펴 사람을 관찰하는 방법(察色)'이라고 한다. 〔출전: 『대대례기』「문왕관인」. 『일주서』「관인」편에도 유사한 내용이 있다.〕

又有察色. 察色, 謂心氣內蓄, 皆可以色取之. 夫誠智必有難盡之色, 誠仁必有可尊之色, 誠勇必有難懾之色, 誠忠必有可觀之色, 誠潔必有難汙之色, 誠貞必有可信之色. 質色浩然固以安, 僞色曼然亂以煩. 此謂之察色.

사람을 식별하는 또 다른 방법으로 고지(考志)가 있다. 고지란 마주 대하여 이야기를 나누면서 그 사람의 뜻을 살피는 것이다.

말하는 어조가 너그럽고 부드러우며, 얼굴빛이 공손하되 아첨하지 않으며, 상대방에 앞서 먼저 예의를 차리고 다른 사람이 말을 다하기를 기다려 자신의 의견을 말하며, 항상 스스로의 부족한 점을 찾아 살피는 사람은 남을 이롭게 하는 사람이다.

만일 사람을 대할 때 기색으로 상대방을 능멸하며, 기가 드세어 상대방을 꺾으려 하며, 말로써 상대방을 이기려하고, 자신의 부족한 점을 변명하고 감추며 자신의 무능함을 덮어버리려 하는 사람은 남에게 손해를 끼치는 사람이다.

만일 겉모습이 솔직하면서도 남을 업신여기지 않고, 말은 항상 올바르며 사사로움이 없고, 자신의 장점을 꾸미려하지 않고 또 자신의 나쁜 점을 숨기려하지 않으며, 자신의 잘못을 변명하지 않는 사람은 순수하고 질박한 사람이다.

만일 태도가 자기의 의사를 굽혀 남에게 비위를 맞추고, 말로는 아첨하며 번드레하게 꾸며대고, 드러난 것들을 애써 꾸미고, 사소한 일에 힘써 잘한 것인 양 남에게 내세우며, 제 잘난 체 득의양양한 사람은 질박하지 않는 사람이다.

사물의 변화에 따라 기뻐하거나 성내거나 하지 않으며 감정을 얼굴에 드러내지 않고, 일이 번잡하고 혼란스럽더라도 그 뜻이 미혹되지 않으며, 이익을 보여 유혹해도 마음이 흔들리지 않으며, 권세로 위협당해도 기가 꺾이거나 머리를 숙이지 않는 사람은 평정심과 갓고 지조를 굳게 지키는 사람이다.

사물의 변화에 따라 기뻐하거나 화내는 등 마음이 쉽게 바뀌고, 일이 번거롭고 혼란스러우면 마음을 다스리지 못하며, 이익을 보여 유혹하면 이익을 탐 하느라 마음이 흔들리고, 권세로 위협하면 겁먹고 두려워하는 사람은 심성이 비루하고 기질이 확고하지 못한 사람이다.

어떤 상황에 처하든 신속하게 대처하고, 돌발적인 상황이 일어나도 재빨리 임기응변하며, 겉으로 꾸미지 않고 내심이 총명한 사람은 지혜롭고 사려 깊은 사람이다. 만약 상황이 바뀌면 대처할 줄 모르고, 말로 권하여 설득하기가 어려우며, 한 가지만 막무가내로 지키면서 변통할 줄 모르고, 자기 의견만 고집하면서 잘못을 고칠 줄 모르는 사람은 어리석고 비뚤어진 사람이다.

만약 다른 사람의 말에 귀를 막고 아예 마음에 새겨두지 않으려 하고, 사사로운 이익을 취하려고 올바른 뜻을 지키지 않고, 옳은 것을 그르다 하며 억지를 부리는 사람은 남을 모함하고 질투하는 사람이다.

이렇게 사람을 식별하는 방법을 '뜻을 살펴 사람을 아는 방법, 즉

고지(考志)'라고 한다. 〔출전: 『일주서』 「관인」〕

又有考志. 考志者, 謂方與之言, 以察其志. 其氣寬而柔, 其色(撿)[儉]而不諂, 其禮先人, 其言(以)[後]人, 每自見其所不足者, 是益人也. 若好臨人以色, 高人以氣, 勝人以言, 防其所不足, 而廢其所不能者, 是損人也.

其貌直而不侮, 其言正而不私, 不飾其美, 不隱其惡, 不防其過者, 是質人也.

若其貌曲媚, 其言諛巧, 飾其見物, 務其小證, 以故自說者, 是無質人也.

喜怒以物而色不作, 煩亂以事而志不惑, 深導以利而心不移, 臨懾以威而氣不卑者, 是平心固守人也.

若喜怒以物而心變易, 亂之以事而志不治, 示之以利而心遷動, 懾之以威而氣恇懼者, 是鄙心而假氣人也.

設之以物而數決, 驚之以卒而屢應, 不文而慧者, 是有智思之人.

若難設以物, 難設以言, 守一而不知變, 固執而不知改, 是愚佷人也.

若屏言而勿顧, 自私而不護, 非是而强之, 是誣嫉人也.

此之謂考志.

또 속마음을 헤아려 보는 측은(測隱)이 있다. 측은의 방법은 다음과 같다.

만약 작게 베풀면서 크게 얻는 것을 좋아하고, 작은 이익을 양보하면서 큰 이익을 얻으려 하고, 말을 공손하게 하여 성실한 척 꾸미고, 자애로움을 가장하여 충후한 것처럼 보이고자 하며, 자신의 행실을 높여서 명성을 구한다면, 이는 인애와 현명함으로 속마음을 숨기는 사람이다.

만약 질문하면 대답하지 않고, 상세하게 말해야 하는데도 다 말하지 않고, 겉모습은 여유로운 척 꾸미고, 도의를 허울로 내세우면서 실제 스스로의 행실은 방종하고, 곤란한 상황에 처하면 짐짓 심오한 체 한다면, 기예와 학문을 이용하여 본심을 숨기는 사람이다.

만약 고매한 말로써 청렴한 척하고, 굳세고 사나운 행동으로 용감한 척 가장하고, 속으로는 두려워하면서도 겉으로는 큰 소리 치고, 자주 스스로 잘난 척 과시하고, 기세가 대단한 듯 허풍을 떨며 남을 무시하는 것은, 청렴과 용감함을 가장하여 본성을 숨기는 사람이다.

만약 임금이나 부모를 섬기면서 자기의 충성과 효성을 남들에게 뽐내려 하고, 겉으로는 그럴 듯하게 꾸미지만 내심은 전혀 충효의 진실함이 없고, 임금이나 부모를 모신다는 명분을 내세우고 있지만 실제로는 자신의 이익을 얻고자 하는 사람이라면, 이는 충효라는 허울로 본심을 숨기는 것이다.

이상은 '속마음을 헤아리는 측은(測隱)'의 방법이다. 〔출전: 상동〕

又有測隱. 測隱者, 若小施而好得, 小讓而大爭, 言愿以爲質, 僞愛以爲忠, 尊其行以收其名, 此隱於仁賢. 若問而不對, 詳而不(詳)[窮], 貌示有餘, 假道自從, 困之以物, 窮則託深, 此隱於藝文也.

若高言而爲廉, 矯厲以爲勇, 內恐外誇, 亟而稱說, 以詐氣臨人, 此隱於廉勇也. 若自事君親而好以告人, 飾其物而不誠於內, 發名以君親, 因名以私身, 此隱於忠孝也.

此謂測隱矣.

만약 말과 행실이 일치하지 않고, 처음과 끝이 어긋나며, 겉모습과 속마음이 같지 않고, 허울로 명분과 예절을 내세우며 다른 사람의 이목을 미혹한다면, 뜻을 해치는 사람이다.

만약 먹고 마시는 것으로 친구를 사귀고, 선물이나 뇌물을 주는 것으로 관계를 맺고, 손해와 이익을 따져 투합하고, 권세와 명예를 얻고자 하며 물욕에 본심을 숨긴다면, 탐욕스럽고 비루한 사람이다.

만약 작은 지식은 있지만 큰 학문은 없고, 작은 재주는 있으나 큰 일은 이루지 못하며, 작은 이익을 꾀하며 인륜의 큰 도리는 알지 못한다면, 허황하고 미덥지 못한 사람이다. [출전: 상동]

夫人言行不類, 終始相悖, 外內不合, 而立假節以感視聽者, 曰毁志者也. 若飮食以親, 貨賂以交, 損利以合, 得其權譽而隱於物者, 曰貪鄙者也. 若小知而[不]大解, 小能而[不]大成, 規小物而不知大倫, 曰華誕者也.

또 덕성을 헤아려 사람을 알아보는 '규덕(揆德)'이 있다. 규덕의 방법은 다음과 같다.

말이 충실하고 행실이 반듯하며, 의지를 굳게 지키고 사사로움이 없으며, 베풀고도 보답을 바라지 않으며, 속마음이 충직하고 세세한 것까지 살피며, 겉모습은 평범하지만 성정이 편안하다면, 어진 마음이 가진 사람이다.

돌발적인 변고가 있어도 능히 처리하며, 곤궁한 처지에 놓여도 능히 발전하며, 몸을 던져 공을 세워 뜻하는 바를 이룰 수 있다면, 지혜로운 사람이다.

부귀를 누리면서도 공손하고 근검하며 베풀기를 즐겨하며, 위엄이 있으면서도 예절로 대하고 교만하지 않다면, 덕이 있는 사람이다.

임용되지 못하고 곤궁한 상황에 처해도 두려워함이 없으며, 안락한 성황에 처해도 사치스럽지 않으며, 공로가 뛰어나다고 해도 태도가 변하지 않으며, 기뻐하거나 화날 때도 마음을 절제할 수 있으면, 품행을 굳게 지켜 변함이 없는 사람이다.

공경하는 마음으로 군주를 섬기고, 은혜와 사랑하는 마음으로 부모를 모시며, 군주와 마음이 어긋나도 배반하지 않으며, 온힘을 다하여 시종일관 어긋남이 없으면, 충성스럽고 효성스러운 사람이라 할 것이다.

이런 것을 '덕성을 헤아려 사람을 아는 규덕(揆德)'이라고 한다. 〔출전: 상동〕

又有揆德. 揆德者, 其有言忠行夷, 秉志無私, 施不求反, 情忠而察, 貌拙而安者, 曰仁心者也. 有事變而能治, 效窮而能達, 措身立功而能遂, 曰有知者也. 有富貴恭儉而能[施], 威嚴有禮而不驕, 曰有德者也. 有隱約而不懾, 安樂而不奢, 勳勞而不變, 喜怒而有度, 曰有守者也. 有恭敬以事君, 恩愛以事親, 情乖而不叛, 力竭而無違, 曰忠孝者也.

此之謂揆德.

성현이 찬미 받는 것은 총명하고 지혜로우며 사리 분별이 밝은 것보다 더 나은 것이 없고, 총명한 것으로서 가장 귀하게 인정받는 것은 사람의 재능을 아는 것보다 더 큰 게 없다. 사람의 됨됨이와 능력을 파악하여 지혜롭게 운용하면, 각양각색의 인재를 각자 적합한 위치에 배치할 수 있고, 이로써 각자가 맡은 일을 잘 처리하여 업적을 내게 할 수 있는 것이다.

그러므로 공자는 '여섯 가지 폐단'을 가르쳐 인재가 어느 한 쪽으로만 치우치는 잘못을 경계하였다. 광자(狂者, 진취적이나 과격한 사람)와 견자(狷者, 고집이 세고 융통성이 없는 사람)의 특성을 헤아려 완고하고 편벽된 결점을 지닌 인재들까지 이끌어 통하도록 했다. 겉으로는 공손하게 보이지만 실제로는 성실하지 않은 폐단을 질책하여, 그럴듯하게 보이지만 사이비인 자는 신뢰를 받기가 어렵다는 점을 분명하게 밝혀 주었다.

그가 편안하게 여기는 바를 살펴보고 행동의 동기를 관찰함으로써, 그 사람의 행동거지가 어떠한지를 알 수 있는 것이다. 〔출전: 『인물지(人物志)』 「자서(自序)」〕

이러한 방법을 활용하여 사람을 잘 살핀다면〔조유의 말〕,

어느 누가 꾸미고 숨길 수 있겠는가? 어떻게 숨길 수가 있겠는가? 〔출전: 『논어』 「위정」〕

夫聖賢之所美, 莫美乎聰明. 聰明之所貴, 莫貴乎知人. 知人識智, 則衆材得其序, 而庶績之業興矣. 是故仲尼訓六蔽, 以戒偏材之失; 思狂狷, 以通拘抗之材; 疾(空空)[悾悾]而無信, 以明爲似之難保. 察其所安, 觀其所由, 以知居止之行.

率此道也, 人焉廋哉? 人焉廋哉?

제6편 찰상(察相)

상을 보고 사람을 판단하라

『좌전』은 이렇게 전한다. 문공 원년(626년) 주 양왕(襄王)이 내사 숙복(叔服)을 노나라에 보내 장례식에 참석하게 했는데, 공손오(公孫敖)는 그가 상을 잘 본다는 말을 듣고 두 아들 곡(穀)과 난(難)을 데려와 보였다. 숙복은 그들을 보고나서 이렇게 말했다. "곡은 당신을 늙도록 잘 봉양할 것이며, 난은 당신의 장례를 잘 치러줄 것입니다. 곡의 아래턱이 풍만하니 그 후손이 반드시 노나라에서 번창할 것입니다." 〔출전: 『좌전』「문공 원년」〕

'左傳'曰: 周內史叔服如魯, 公孫敖聞其能相人也, 見其二子焉. 叔服曰: "穀也食子, 難也收子. 穀也豐下, 必有後於魯國."

『한서』는 이렇게 기록했다. 한고조(高祖)가 유비(劉濞)를 오왕(吳王)으로 세우기로 하고, 책봉을 한 다음 그의 상을 보고 이렇게 당부했다.

"네 얼굴에는 반역의 상이 있는 것 같다. 50년 쯤 뒤에 동남쪽에서 난리가 일으키는 자가 있을 것인데, 어찌 네가 아니겠느냐? 천하는 우리 유씨 일가의 것이니, 신중히 처신하고 배반하지 말아야 한다." 〔출전: 『한서(漢書)』「고제기(高帝紀)」 및 「오왕유비열전(吳王劉濞列傳)」〕

'漢書'曰: 高祖立濞爲吳王, 已拜, 上相之曰: "汝面狀若有反相. 漢後五十年, 東南有亂, 豈非汝耶? 天下一家, 愼無反."

이로서 미루어보면 상을 보아 사람을 살피는 상술(相術)은 그 유래가 매우 오래된 것이다.

그러므로 말한다. "귀하게 될지 천하게 될지를 알려면 그 사람의 골격을 보고, 근심이 있는지 기쁜 일이 있는지를 알려면 얼굴빛을 보아야 한다. 또 일이 성공할 지 실패할지를 알려면 결단을 내릴 수 있는지를 살펴야 한다. 이 세 가지를 참고하여 사람을 판단하면 만의 하나라도 실패할 일이 없을 것이다." 〔출전: 『사기』「회음후열전(淮陰侯列傳)」〕

『경』에서는 이렇게 말한다. "사람의 귀천은 골격에 의해 결정되고, 수명의 길고 짧음은 정기의 허실에 의해 결정되며, 사람의 성품과 영기는 용모와 행동거지를 통해서 드러난다." 〔출전: 미상. 『수서』「경적지」에 기록된 종무예의 『상경(相經)』 또는 소길(蕭吉)의 『상경요록(相經要錄)』에서 나온 구절이 아닐까 추정함〕

이상 설명한 것이 찰상(察相)의 대체적인 도리다. 〔조유의 말〕

由此觀之, 以相察士, 其來尙矣.

故曰: “(富貴)[貴賤]在於骨法, 憂喜在於容色. 成敗在於決斷. 以此參之, 萬不失一.”

‘經’曰: “言貴賤者存乎骨骼, 言脩短者存乎虛實, 言性靈者存乎容止.”

斯其大體.

상을 보는 사람(相人)은 먼저 얼굴을 살펴본다. 얼굴에는 오악(五嶽), 사독(四瀆), 오관(五官), 육부(六府), 구주(九州), 팔극(八極), 칠문(七門), 이의(二儀)가 있다.

만약 권골(顴骨, 양쪽 광대뼈)이 조금 튀어나오고 피부 빛깔이 윤택하면 구품(九品) 관직의 상이다.

보골(輔骨)이 조금 드러나고 코끝이 단정하면 팔품(八品) 벼슬아치의 상이다.

보각(輔角)이 각지고 창(倉)과 고(庫, 아래턱 부분)가 모두 평평하면 칠품(七品) 관직에 오를 상이다.

천중(天中, 이마 위 쪽)이 풍만하게 솟아 있고 인당이 단정하면 육품(六品) 관직의 상이다.

복서골(伏犀骨, 이마 중앙에 작은 돌기처럼 튀어나온 뼈)의 선이 분명하고 보각(輔角)이 풍만하면 오품(五品) 관직에 오른다.

변지(邊地)가 높고 넓게 솟아오르고 복당(福堂)이 넓고 두터우면 사품(四品) 관직에 오를 상이다.

복서골에서 사공(司空) 부위를 거쳐 용각골(龍角骨)까지 이르는 선이 곧으면 삼품(三品) 관직의 상이다.

이마와 정수리가 높고 넓으며 용각과 복서골(龍犀)이 완전한 형태를 이루고 있으면 이품(二品) 관직에 오를 상이다.

네 개의 창(四倉)이 모두 원만하고, 모든 골과 각, 즉 오악사독과 구주팔극 그리고 13개 부위가 모두 완전무결하게 갖추어져 있으면 일품(一品)의 관직에 오를 귀한 상이다. 〔출전: 미상. 종무예의 『상경』 또는 소길의 『상경요록』으로 추정〕

〔참조〕 오악사독: 오악은 산처럼 튀어나온 부분으로 이마, 턱, 코, 좌우의 권골을 가리키고, 사독은 강처럼 움푹 들어간 부분을 가리키는데 코, 입, 눈, 귀이다.

오관육부: 오관은 입, 코, 귀, 눈, 인중을 가리키며, 육부는 두 눈의 윗부분과 좌우 보각, 좌우 권골의 윗부분을 말한다.

구주팔극: 구주는 이마의 좌에서 우로 새겨진 주름을 말하며, 팔극은 콧등을 중심으로 여덟 방향으로 난 주름을 가리킨다.

칠문이의: 칠문은 좌우 간문, 좌우 궐문, 좌우 명문, 중정을 말하며, 이의는 머리와 발인데 머리는 둥글어 하늘을 본받고 발은 모가 져서 땅을 형상하는 것으로 본다.

夫相人, 先視其面, 面有五岳,四瀆,五官,六府,九州,八極,七門,二儀.

若夫顴骨纔起, 膚色潤澤者, 九品之候也. 輔骨小見, 鼻準微端[者], 八品之候也. 輔角成稜, 倉庫皆平者, 七品之候也. 天中豐隆, 印堂端正[者], 六品之候也. 伏犀明峻, 輔各豐穠者, 五品之候也. 邊地高深, 福堂廣厚者, 四品之候也. 犀及司空, 龍角纖直者, 三品之候也. 頭頂高深, 龍犀成就者, 二品之候也. 四倉盡滿, 骨角俱明者, 一品之候也.

골격이 용을 닮으면 문관이 되고, 호랑이를 닮으면 장군이 되며, 소를 닮으면 재상이 될 수 있고, 말을 닮으면 무관이 되며, 개를 닮으면 청관(淸官, 직위는 높으나 할 일이 별로 없는 편안한 관리)이나 한 지방의 수령이 될 수 있다. 〔출전: 미상, 앞과 같이 추정함〕

似龍者爲文吏, 似虎者爲將軍, 似牛者爲宰輔, 似馬者爲武吏, 似狗者爲淸官爲方伯.

천중(天中)은 귀인의 기운을 주관하니, 천중이 넓고 풍만한 사람은 관록을 누릴 수 있다. 천정(天庭, 이마 한가운데)은 상공과 대승상의 기운을 주관하고, 사공(司空, 천정의 바로 아래 부분)은 천관(天官)과 또한 삼공(三公)의 기운을 주관한다. 중정(中正, 상공 바로 아래)은 관료의 기운을 주관하는데 인물의 평가를 담당한다. 인당(印堂, 양 미간 사이)은 천하의 벼슬아치들의 인끈을 주관하고 관리들이 지니는 부절과 관인을 관장한다. 산근(山根, 콧마루와 두 눈썹 사이 움푹 들어간 부위)이 평탄하고 보기 좋으며 특이한 뼈가 튀어나와 있으면 왕실과 혼인 관계를 맺게 되는데, 공주의 부마가 될 수 있다. 〔출전: 미상, 앞과 같이 추정함〕

天中主貴氣, 平滿者宜官錄也. 天庭主上公大丞相之氣, 司空主天(宮)[官] 亦三公之氣. 中正主羣寮之氣, 平品人物之司也. 印堂主天下印綬, 掌符印之官也. 山根平美, 及有奇骨伏起, 爲婚連帝室, 公主壻也.

고광(高廣, 천중에서 횡으로 네 번째 부위)은 지방 수령의 자리를 주관하고, 양척(陽尺, 고광 다음 다섯 번째 부위)은 지방의 보좌관직을 주관하며, 무고(武庫, 양척 다음 여섯 번째 부위)는 병기와 갑주 등 무기 창고 관리직을 주관하고, 보각(輔角, 무고 다음 일곱 번째 부위)은 주의 자사 휘하의 관리직을 주관하며, 변지(邊地, 보각 다음 일곱 번째 부위)는 변방의 주 관리직을 주관한다. 일각(日角, 천정에서 횡으로 첫 번째 부위)은 공작과 후작의 자리를 주관하고, 방심(房心, 횡으로 네 번째 부위)은 경사의 관직을 주관하며, 역마(驛馬, 천정에서 횡으로 아홉 번째 부위)는 급보를 담당하는 관직을 주관한다. 액각(額角, 사공에서 횡으로 두 번째 부위)은 경대부의 직을 주관하고, 상경(上卿, 액각 다음 부위)은 제상과 공경의 직을 주관하며, 호미(虎眉, 중정에서 횡으로 첫 번째 부위)는 대장군 직을 주관하고, 우각(牛角, 호미 다음 두 번째 부위)은 왕이 통솔하는 장군 직을 주관하며, 현각(玄角, 중정에서 네 번째 부위)은 장군의 직을 주관한다. 〔출전: 미상, 앞과 같이 추정〕

高廣主方伯之坐, 陽尺主州佐之官, 武庫主兵甲典庫之吏, 輔角主遠州刺史之官, 邊地主邊州之任, 日角主公侯之坐, 房心主京輦之任, 驛馬主急疾之吏, 額角主卿寺之位, 上卿主帝卿之位, 虎眉主大將軍, 牛角主王之統師小將, 玄角主將軍之相.

사람에게는 여섯 종류의 천한 상(賤相)이 있다. 머리는 작고 몸은 큰 신체발육의 불균형이 첫 번째 천한 상이다. 눈에 광택이 없는 것이 두 번째 천한 상이며, 거동하는데 있어서 불편한 것이 세 번째 천한 상이며, 코의 발달이 좋지 못해서 코끝이 밑으로 쳐져 있는 것이 네 번째 천한 상이며, 다리가 길고 허리는 짧은 것이 다섯 번째 천한 상이며, 입모양이 바르지 못하고 입술이 얇고 옆으로 찢어진 것이 여섯 번째의 천한 상이다. 이상 설명한 바와 같이 귀천의 운명이 골격에 달려 있는 것이다. 〔출전: 미상, 앞과 같이 추정〕

夫人有六賤. 頭小身大, 爲一賤. 目無光澤, 爲二賤. 擧動不(使)[便], 爲三賤. 鼻不成就, 準向前低, 爲四賤. 脚長腰短, 爲五賤. 文策不成, 唇細橫長, 爲六賤.

此貴賤存乎骨骼者也.

오행 가운데 목은 봄을 주관하는데 생장이 이루어지는 때이며, 화는 여름을 주관하는데 만물이 풍성하게 번식하는 시기이며, 금은 가을을 주관하는데 거두어 들여 갈무리하는 계절이며, 수는 겨울을 주관하는데 만물이 엎드려 숨는 때이며, 토는 늦여름을 주관하는데 만물이 열매를 맺는 달이다.

그러므로 말한다. "사람의 눈썹과 눈이 아름답고 손톱이 좋으면 대개 남에게 베풀기를 좋아하는 사람이며, 모발이 광택이 있으며 입술이 붉은 사람은 학문과 예술에 재능이 있으며, 콧구멍이 작고 좁으며 콧등이 아래로 굽어 있으면 인색한 사람이며, 귓구멍이 작고 치아가 잘고 가늘면 간사하고 아첨하는 교활한 사람이며, 귓바퀴가 두텁고 크며 콧등이 원만하고 튼실하며, 유두가 단정하고 아래턱이 넓고 두텁고 크면 충성스럽고 신의가 있으며 신중하고 후덕한 사람이

다. 〔출전: 미상, 앞과 같이 추정〕

이렇게 품성과 영기는 용모와 행동거지에 드러나게 되어 있다. 〔조유의 말〕

夫木主春, 生長之行也; 火主夏, 豐盛之時也; 金主秋, 收藏之節也; 水主冬, 萬物伏匿之日也; 土主季夏, 萬物結實之月也.

故曰, 凡人美眉目, 好指爪者, 庶幾好施人也; 毛髮光澤, 唇口如朱者, 才能學藝人也; 鼻孔小縮, 準頭低曲者, 慳悋人也; 耳孔小, 齒瓣細者, 邪諂姦佞人也; 耳輪厚大, 鼻準圓實, 乳頭端淨, 頦頤深廣厚大者, 忠信謹厚人也.

此性靈存乎容止者也.

사람의 운명과 골상과의 관계는 소리와 메아리의 관계와 같다. 소리가 미미하게 시작하여 울리다가 다하게 되면, 메아리가 호응해서 울리고는 사라진다. 〔출전: 유효표(劉孝標)의 『상경서(相經序)』, 또한 『예문유취』 권75에 보임〕

이는 필연적인 이치인 것이다. 〔조유의 말〕

그렇지만 공자는 이렇게 말한 바 있다. "말과 행동을 보고 그 사람을 판단하지만 재여(宰予)의 경우처럼 실망한 적도 있고, 용모를 헤아려 성품을 판단하지만 자우(子羽)의 경우와 같이 실책을 범한 경우도 있다." 〔출전: 왕랑(王郎)의 『상론(相論)』. 또한 『예문유취』 권75에도 보임〕

『좌전』에서는 이렇게 말한다. "근심할 일이 없는데도 마음으로 근심하면, 근심할 일이 반드시 생기게 되며, 경사스러운 일이 없는데도 즐거워하면 반드시 즐거운 일이 이르게 된다." 이것은 사람의 마음과 정신에는 앞으로 닥칠 일을 미리 알 수 있는 감응이 있으며, 그런 감응은 얼굴빛에 먼저 나타나게 되어 있다는 것을 말한다.

그러므로 편작(扁鵲)은 제환공(桓公)을 보자마자 머지않아 죽을 것임을 알았으며, 초나라 대부인 신숙(申叔)은 무신(巫臣)을 만나보고 진나라의 미녀 하희(夏姬)를 몰래 취해 도망쳤다는 사실을 알았던 것이다. 〔출전: 조식(曹植)의 『상론(相論)』. 역시 『예문유취』 권75에 보인다.〕

어떤 사람은 말을 타고 다니며 산해진미를 맛보고, 어떤 사람은 들짐승처럼 이리저리 떠돌아다니며 고기를 얻어먹는다. 어떤 사람은 초년에는 노예의 신세였지만 만년에는 제후로 봉해지고, 어떤 사람은 젊어서 형벌을 받았으나 말년에는 임금이 되기도 한다.

반면에 어떤 사람(한나라의 등통을 가리킴)은 일찍이 구리광산을 하사받았어도 평생 배불리 먹을 수 없었고, 한 때는 진수성찬도 마다했지만 끝내는 굶어 죽은 경우도 있다. 〔유효표의 『상경서』. 또한 『예문유취』 권75에 보임〕

그런 즉, 상을 보는 사람은 용모를 살피고 골격을 헤아리며 안색을 관찰해서, 상술의 이치를 잘 운용하면 귀천의 운명을 예측할 수 있다. 〔출전: 왕랑의 『상론』〕

따라서 상을 살펴 사람을 판단하는 방법은 가볍게 부정할 수 없는 것이다. 이에 몇 가지 예를 들어 설명했다. 〔조유의 말〕

夫命之與相, 猶聲之與響也. 聲動乎幾, 響窮乎應, 必然之理矣. 雖云"以言信行, 失之宰予; 以貌度性, 失之子羽."

然'傳'稱"無憂而戚, 憂必及之, 無慶而歡, 樂必還之." 此心有先動, 而神有先知, 則色有先見. 故扁鵲見桓公, 知其將亡; 申叔見巫臣, 知其竊妻[而逃].

或躍馬膳珍, 或飛而食肉, 或早隷晩侯, 或初刑末王, 銅巖無以飽生, 玉饌終乎餓死.

則彼度表捫骨, 指色摘理, 不可誣也. 故列云爾.

제7편 논사(論士)

선비를 논하다

신은 이렇게 들었습니다.

황석공은 말한다. "옛날 태평한 때에 제후는 상하(上下)의 이군(二軍)을 거느렸고, 방백(方伯)은 상중하의 삼군(三軍)을, 그리고 천자는 육군(六軍)을 거느렸다. 세상이 혼란해 지면서 반역이 일어났고, 성왕의 은혜가 고갈되자 제후들은 동맹을 맺고 서로 죽이고 정벌을 일삼았다.

제후들이 내세우는 대의가 같고 세력이 비등해서 단번에 승부를 결판내어 상대방을 제압하기가 어렵게 되자, 이에 천하의 영웅들의 마음을 얻으려 했다." 〔출전: 『삼략』의 「중략(中略)」〕

그러므로 옛사람들은 말한다. "인재를 얻으면 나라가 흥하고, 인재를 잃으면 망한다." 〔출전: 미상. 단 『공총자(孔叢子)』 「거위(居衛)」편에 '得士則昌, 失士則亡'이란 구절이 있다.〕

어떻게 이를 증명할 수 있는가? 〔조유의 말〕

제환공이 소신직(小臣稷, 제나라의 처사, 소신은 성, 직은 이름으로 봄)을 만나 보려고 하루에 세 번을 찾아 갔는데도 만날 수 없었다. 측근 시종들이 찾아가는 것을 그만두도록 권유하자, 환공이 이렇게 말했다. "선비로서 관직이나 봉록을 업신여기고 마음에 두지 않는 자는 그 임금조차 가볍게 여긴다. 또한 군주 중에 패왕(霸王)의 지위를 오만하게 여기는 자는 역시 그 선비들을 가볍게 여긴다. 설령 저 선생이 관직과 녹봉을 경시한다고 해도, 내가 어찌 감히 오만한 패왕이 될 수 있겠는가?"

다섯 번째 찾아 간 뒤에야 그를 만나볼 수 있었다. 〔출전: 『신서(新序)』「잡사 5」. 『여씨춘추』「하현(下賢)」 및 『한비자』「난일(難一)」에도 같은 글이 있음〕

臣聞: 黃石公曰: "昔太平之時, 諸侯二師, 方伯三師, 天子六師. 世亂則叛逆生, 王澤竭(明)[則]盟誓相[誅]罰. 德同[勢敵], 無以相加, 乃攬英雄之心." 故曰: "得人則興, 失士則崩."

何以明之?

昔齊桓公見小臣稷, 一日三往而不得見, 從者止之. 桓公曰: "士之傲爵祿者, 固輕其主. 其主傲霸王者, 亦輕其士. 縱夫子傲爵祿, 吾庸敢傲霸王乎?" 五往而後得見.

『상서』는 말한다. "능히 스스로 스승을 얻는 자는 왕이 된다." 〔출전: 『상서』「중훼지고(仲虺之誥)」〕

어떻게 이를 증명할 수 있는가? 〔조유의 말〕

제선왕(齊宣王)이 안촉(顔斶)을 불러 만났을 때 말하기를 "안촉, 앞으로 나오라." 그러자 안촉도 말하기를 "대왕께서 앞으로 나오십시오." 또 말하기를 "저 안촉이 앞으로 나가는 것은 권세를 좇아가는 것이 되지만, 대왕께서 앞으로 나오시는 것은 훌륭한 선비를 구하려고 급히 쫓아 나오는 것이니, 선비인 저 안촉으로 하여금 권세를 좇아가 아첨하도록 만들기보다는, 왕께서 선비를 구하려고 급히 쫓아 나오는 것이 더 낫지 않겠습니까?"

선왕이 이 말을 듣고 안색이 바뀌면서 노기를 띠고 물었다. "왕이 더 귀한가? 선비가 더 귀한가?" 안촉이 대답 했다. "옛날에 진나라가 제나라를 공격했을 때 이런 명령을 내렸다고 합니다. '유하계(柳下季, 춘추시대 노나라의 대부, 계는 그의 자, 유하에 봉해졌기 때문에 유하계라고 호칭되며, 사후 시호가 혜여서 유하혜로도 불림)의 묘지 500보 이내에서 감히 땔나무를 하는 자는 사형으로 죄를 다스릴 것이며, 절대 사면하지 않는다.' 또 명령하기를 '제나라 왕의 머리를 얻는 자는 봉읍 일만 호의 후에 봉하고, 상금으로 황금 천 일(鎰, 황금 이만 냥)을 내리겠다.'라고 했습니다. 이로써 귀함을 따진다면 살아있는 왕의 머리가 죽은 선비의 무덤보다 못한 것입니다."

선왕은 결국 안촉을 스승으로 모셨다. 〔출전: 『전국책』「제책4(齊策四) 제선왕견안촉(齊宣王見顔𣣋)」〕

'書'曰: "能自得師者王."

何以明之?

齊宣王見顔(觸)[𣣋]曰: "𣣋前." 𣣋亦曰: "王前." 議曰: "夫𣣋前爲慕勢, 王前爲趨士, 與使𣣋爲慕勢, 不若使王爲趨士."

宣王作色曰: "王者貴乎? 士者貴乎?" 對曰: "昔秦攻齊, 令曰: '有敢去柳下季隴五百步而樵採者罪, 死不赦.' 令曰: '有能得齊王頭者, 封萬戸侯, 賜金千鎰.' 由是言之, 生王之頭, 曾不如死士之隴." 宣王竟師之.

이런 속담이 있다. "목욕을 하는데 반드시 강이나 바다로 갈 필요가 없으니 때만 씻으면 되는 것이다. 말이라고 해서 반드시 기(騏)나 기(驥)와 같은 천리마가 되어야 하는 것은 아니니 잘 달리기만 하면 된다.

선비라고 해서 반드시 현명하고 능력이 뛰어나야 하는 것은 아니고 도리를 알면 된다. 부인을 얻을 때 반드시 고귀한 신분이어야 하는 것은 아니니, 정절을 잘 지키면 되는 것이다." 〔출전: 『사기』「외척세가(外戚世家)」〕

어떻게 이를 입증할 수 있는가?

순우곤(淳于髡, 전국시대 제나라의 대부로 학문에 해박하고 언변에 능했는데, 은근한 풍자로 왕에게 간하여 내정을 개혁했다)이 제선왕에게 이렇게 말했다. "옛사람들은 말을 좋아했으며, 임금께서도 역시 말을 좋아하십니다. 옛사람들은 맛있는 음식을 좋아했는데 임금께서도 맛있는 음식을 좋아하십니다. 옛사람들은 미인을 좋아했는데 임금께서도 역시 미인을 좋아하십니다. 옛사람들은 또 선비를 좋아했는데, 임금께서는 유독 선비를 좋아하지 않습니다."

선왕이 대답했다. "나라에 선비가 없을 따름이지, 있다면 과인 역시 좋아했을 것이다." 순우곤이 이렇게 말했다. "옛날에는 화(驊), 유(騮), 기(騏), 기(驥)와 같은 천리마가 있었습니다만 지금은 없습니다. 그런대도 임금께서는 여러 말 중에서 좋은 말을 고르니 이는 임금께서 말을 좋아하는 것입니다. 옛날에는 표범과 코끼리의 태반과 같은 진기한 음식이 있었지만 지금은 없습니다. 그런대도 임금께서는 없는 중에도 맛있는 음식을 구하여 드시니 맛을 즐기는 것입니다. 옛날에는 모장(毛嬙), 서시(西施) 같은 미인이 있었지만 지금은 물론 없습니다. 그런데도 임금께서는 많은 여인들 가운데서 미인을 골라 여색을 즐기고 계십니다.

그런데 임금께서는 반드시 요, 순, 우, 탕임금을 모셨던 뛰어난 선비들이 나타나길 기다렸다가 그런 선비들이 나타나면 좋아하시겠다고 하는데, 그렇다면 요, 순, 우, 탕임금을 모셨던 그런 뛰어난 선비들도 역시 임금님을 좋아하지 않을 것입니다."〔출전: 『설원』「존현(尊賢)」〕

諺曰: "浴不必江海, 要之去垢. 馬不必騏驥, 要之善走. 士不必賢也, 要之知道. 女不必貴種, 要之貞好."

何以明之?

'淳于髡'謂齊宣王曰: "古者好馬, 王亦好馬. 古者好味, 王亦好味. 古者好色, 王亦好色. 古者好士, 王獨不好." 王曰: "國無士耳, 有則寡人亦悅之."

髡曰: "古有驊騮[騏驥], 今之無有, 王選於衆, 王好馬矣. 古有豹象之胎, 今之無有, 王選於衆, 王好味矣. 古有毛嬙西施, 今之無有, 王選於衆, 王好色矣. 王必待堯舜禹湯之士而後好之, 則堯舜禹湯之士亦不好王矣."

또 이런 말이 있다. "귀한 옥돌로 만든 배와 노는 강을 건너는데 쓸모가 없고, 금과 옥으로 만든 활은 화살을 쏘아낼 수 없다. 그러므로 홀로 깨끗하여 남과 화합하지 못하면서 정사를 돌보지 않는 사람은 난세를 다스릴 수 있는 인재가 아니며, 풍모가 고아하지만 세상을 다스릴 책략이 없는 선비는 군주를 보필하여 대업을 성취할 인재가 아니다. 〔출전: 『포박자(抱朴子)』「외편, 박유(外篇, 博喩)」 및 『예문유취』 권71「주(舟)」〕

어떻게 이를 증명할 수 있는가? 〔조유의 말〕

위무지(魏无知)가 진평(陳平)을 유방에게 천거하여 유방이 진평을 등용했다. 그러자 주발(周勃)과 관영(灌嬰)이 진평을 참소하기를 "진평은 그 형수와 사통했고 또 뇌물을 받았다고 합니다."라고 말했다.

이에 한왕이 위무지를 책망하자, 위무지가 말했다. "신이 폐하께 말씀드린 것은 그의 능력이고, 폐하가 들은 것은 그의 품행입니다. 지금 미생(尾生)의 신의와 효기(孝己)의 효행과 같은 품행을 갖춘 훌륭한 사람이 있더라도, 승부를 결정짓는 책략에는 도움이 되지 않습니다. 폐하는 어찌 이런 사람을 임용하려 하십니까? 지금 초나라와 한나라가 천하를 놓고 다투고 있는 상황에서, 신이 기발한 책략을 지닌 선비를 추천할 때에는 그의 계책이 진실로 나라에 도움이 되는가를 고려할 뿐입니다. 진평이 형수와 사통하고 뇌물을 받았더라도, 어찌 이로써 그의 능력을 의심하십니까?" 한왕이 말했다. "좋은 말이다." 〔출전: 『한서』 권40「진평전(陳平傳)」〕

語云: "瓊艘瑤楫, 無涉川之用; 金弧玉弦, 無激矢之能. 是以(分)[介]潔而無政事者, 非撥亂之器; 儒雅而乏治理者, 非翼亮之士."

何以明之?

魏無知見陳平於漢王，漢王用之．絳灌等讒平日：“平盜嫂受金.” 漢王讓魏無知，無知日：“臣之所言者，能也．陛下所聞者，行也．今有眉生,孝已之行，而無益於勝負之數，陛下假用之乎？今楚漢相距，臣進奇謀之士，顧其計誠足以利國家耳．盜嫂受金，又安足疑哉？” 漢王日:,“善!”

황석공이 말한다. “청렴결백한 선비는 벼슬이나 봉록으로 얻으려 해서는 안 되며, 절의를 지키는 선비는 위세나 형벌로 협박하지 않아야 한다. 고결한 선비를 불러 오려면 예를 갖춰 대해야 하며, 절의를 지키는 선비를 오게 하려면 군주 자신이 도를 닦고서 모셔야 한다.” 〔출전:『삼략』「하략(下略)」〕

어떻게 이를 증명할 수 있는가? 〔조유의 말〕

곽외(郭隗)가 연(燕)나라 소왕(昭王)에게 다음과 같이 말했다. “제왕으로 호칭되는 군주는 스승으로 받들만한 선비와 함께 거처하며, 왕으로 불리는 군주는 벗들과 함께 지내며, 패자(覇者)로 불리는 군주는 신하들과 함께 거처하며, 나라를 망하게 하는 군주는 잡일을 하는 하인들과 함께 거처합니다.

자신의 뜻을 굽혀 어진 선비를 섬기고 스승으로 대하며 가르침을 받으면, 자기보다 백배나 뛰어난 인재들이 찾아 올 것입니다. 자신이 먼저 급히 찾아가는 수고를 한 뒤에 휴식하며, 먼저 질문하고 뒤에 가르침을 마음속에 간직하면, 자기보다 열 배 나은 인재들이 올 것입니다.

다른 사람이 쫓아가서 예로 대하는 것을 보고서 자신도 쫓아가 예를 갖춰 대하면 자기와 비슷한 능력의 사람들이 올 것이며, 궤장에 기대어 곁눈질로 쳐다보면서 손가락질로 부린다면 잡일하는 소인배들이 찾아올 것입니다.

만일 오만방자하게 화를 내고 때리기도 하며 고함치고 꾸짖는다면, 노예와 같은 사람들만 올 것입니다.

이것이 바로 고대에 도를 닦은 선비들을 잘 받들어 모셔서, 어진 선비들이 찾아오도록 했던 방법입니다." 〔출전: 『전국책』「연책1(燕策一)」〕

黃石公曰: "有淸白之士者, 不可以爵祿得; 守節之士, 不可以威[刑]脅. 致淸白之士, 修其禮; 致守節之士, 修其道."

何以明之?

郭隗說燕昭王曰:, "帝者與師處, 王者與友處, 覇者與臣處, 亡國者與厮役處. 詘指而事之, 北面受學, 則百己者至. 先趨而後息, 先問而後默, 則十己者至. 人趨己趨, 則若己者至. 憑几據杖, 眄視指使, 則厮役之人至. 恣睢奮擊, 呴藉叱咄, 則徒隷之人至矣. 此乃古之服道致士者也."

황석공이 말한다. "예는 선비로 하여금 몸을 의탁하도록 하는 바이며, 상은 선비로 하여금 죽음을 무릅쓰도록 만드는 것이다. 그러므로 선비가 의탁할 만큼 예를 갖추어 초빙하고, 선비가 죽음을 무릅쓸 만큼 작록을 갖추어 놓고 보이면, 구하고자 하는 선비가 모두 찾아올 것이다." 〔출전: 『삼략』의 상략〕

어떻게 이를 증명할 수 있는가? 〔조유의 말〕

위(魏) 문후(文候)의 태자 격(擊)이 전자방(田子方, 위나라의 선비로 문후의 스승이 됨)에게 예를 차렸는데 전자방이 답례하지 않았다. 태자가 불쾌하게 여기며 전자방에게 물었다. "알지 못하여 묻고자 합니다. 빈천한 자가 교만합니까? 아니면 부귀한 자가 교만합니까?"

전자방이 대답했다. "가난하고 비천한 자가 교만합니다. 부유하고 존귀한 자가 어찌 감히 남에게 교만하겠습니까? 임금이 교만하면 나라를 망하게 하고, 대부가 교만하면 집안을 망하게 합니다. 그러나 빈천한 자는 뜻을 이루지 못하면 신을 고쳐 신고 떠나가면 그만입니다. 어디에 간들 가난하고 비천한 것이야 매한가지 아니겠습니까?" 〔출전: 『설원』「존현」〕

黃石公曰: "禮者, 士之所歸. 賞者, 士之所死. 招其所歸, 示其所死, 則所求者至矣."

何以明之?

魏文侯太子擊禮田子方, 而子方不爲禮, 太子不悅, 謂子方曰: "不識貧賤者驕人乎? 富貴[者]驕人乎?" 子方曰: "貧賤者驕人耳, 富貴者安敢驕人? 人主驕人而亡其國, 大夫驕人而亡其家. 貧賤者若不得意, 納履而去, 安往而不得貧賤乎?"

송연(宋燕)이 제나라의 재상으로 있다가 파면당하고 집으로 돌아와서, 가신인 여러 대부들에게 물었다. "여러분들 중에 어느 누가 나와 함께 다른 제후를 찾아가는데 따라갈 수 있는가?" 모두 지팡이를 짚고 나란히 서서 묵묵히 입 다물고 대답하지 않았다. 송연이 말했다. "참으로 슬프구나! 어째서 사대부들은 얻기는 쉬운데 쓰기는 어려운가?"

그러자 진요(陳饒)가 말했다. "사대부가 얻기는 쉽고 쓰기는 어려운 것이 아니라, 귀공이 제대로 쓰지 못한 것입니다. 귀공이 쓸 줄을 모르니 우리들은 원망과 불만을 갖게 됐습니다. 귀공이 스스로 잘못을 저질러 놓고는 도리어 다른 사람을 탓하고 있는 것입니다."

송연이 "그 말은 무슨 뜻인가?"하고 물었다. 진요가 대답했다. "선비들에게는 석 되의 기장마저도 아끼면서 귀공의 집 거위나 오리는 좁쌀을 배불리 먹고 오히려 남기고 있으니, 이것이 귀공의 첫 번째 잘못입니다. 과수원의 배나 밤 등의 과일은 후실의 부녀자들이 서로 던지며 장난칠 정도로 넘쳐나는데도 선비들은 단 한 개도 맛보지 못했으니, 귀공의 두 번째 잘못입니다. 처첩들은 갖가지 화려한 비단 옷으로 사치를 누리고, 내당 처마에는 비단을 치렁치렁 걸쳐 놓아 비바람을 맞아 색이 바래는 형편인데도, 선비들은 헤진 옷의 끝단을 기울 천 조각조차 얻지 못했으니, 귀공의 세 번째 잘못입니다.

무릇 재물은 귀공이 경시하는 것이고, 죽음은 선비가 소중하게 여기는 것입니다. 귀공은 자신이 가볍게 여기는 것조차 주지 않으면서, 선비들에게는 가장 소중히 여기는 목숨을 바치도록 바라고 있습니다. 비유하자면 선비들을 납으로 만든 값싼 칼로 여기며 데리고 있다가, 어느 날 갑자기 간장(干將)과 같은 보검으로 쓰고자 하는 것이니, 어찌 어렵지 않겠습니까?"

송연이 말했다. "그렇다. 나의 잘못이네!" 〔출전: 『한시외전』 권7. 『설원』 「존현」편에도 같은 내용이 실려 있으나 송연이 종위(宗衛)로 되어 있다.〕

宋燕相齊, 見逐罷歸, 謂諸大夫曰: "有能與吾赴諸侯乎?" 皆執杖排班, 默而不對. 燕曰:. “悲乎! 何士大夫易得而難用也?” 陳饒曰: “非士大夫易得而難用, 君不能用也. 君不能用, 則有不平之心, 是失之於己而責諸人也.”

燕曰: “其說云何?” 對曰, “三升之稷, 不足於士, 而君鴈鶩有餘粟, 是君之過一也. 果園梨栗, 後宮婦女以相提挃, 而士曾不得一嘗, 是君之過二也. 綾紈綺縠, 美麗於堂, 從風而弊, 士曾不得以爲緣, 是君之過三也.

夫財者, 君之所輕; 死者, 士之所重. 君不能行君之所輕, 而欲使士致其所重, 譬猶鉛刀畜之, 干將用之, 不亦難乎?” 宋燕曰: “是燕之過也.”

옛 사람들은 이렇게 말했다. “보는 눈이 같이 밝은 사람이라야 서로 보아 알 수 있고, 듣는 귀가 같이 밝은 사람이라야 서로 듣고 알 수 있다.” 또 이렇게 말한다. “서로의 덕성이 부합되면 만나보지 않아도 친할 수 있고, 소리가 같으면 다른 곳에 있어도 서로 호응할 수 있다.” 〔출전: 『한시외전』 일문. 『군서치요』 제8 및 『설원』 「존현」에 인용됨〕

한비자는 말한다. “좋고 싫음의 취사선택이 같으면 서로 합칠 수 있고, 취사선택이 다르면 서로 배척한다.” 〔출전: 『한비자』 「간겁시신(奸劫弑臣)」〕

어떻게 이것을 증명할 수 있는가? 〔조유의 말〕

초양왕(楚襄王)이 송옥(宋玉)에게 물었다. “선생은 품행에 어떤 좋지 못한 점이 있습니까? 어째서 많은 선비와 사람들이 선생을 좋지 않게 여기는 것입니까?”

송옥이 대답했다. "날짐승 중에는 봉황이 있고 물고기 가운데는 고래가 있습니다. 봉황이 한번 날면 구만리 창천으로 곧장 치고 올라가 아득한 하늘 위에서 날아다니며 노닙니다. 조롱 속에 갇힌 메추라기가 천지가 얼마나 높은지를 어떻게 헤아릴 수 있겠습니까? 고래는 아침 일찍 곤륜산을 떠나 저녁에는 맹저(孟諸)에서 쉽니다. 작은 못에 사는 도롱뇽이 강과 바다가 얼마나 큰 지를 어떻게 알 수 있겠습니까?

그러나 날짐승 중에는 봉황만 있고 물고기 중에는 고래만이 있는 게 아닙니다. 선비도 역시 그러합니다. 성인의 뜻과 행동은 뛰어나고 기이하여 초연히 홀로 서 있을 뿐입니다. 세속의 평범한 사람들이 어떻게 신이 하는 일을 알 수 있겠습니까?" 〔출전: 공연(孔衍)의 『춘추후어(春秋後語)』. 『문선』의 「대초왕문(對楚王問)」도 비슷한 내용임.〕

語曰: "夫人同明者相見, 同聽者相聞." "德合則未見而相親, 聲同則處異而相應." 韓子曰: "趣捨同則相是, 趣捨異則相非."

何而明之?

楚襄王問宋玉曰: "先生其有遺行歟? 何事人衆庶不譽之甚?"

宋玉曰: "夫鳥有鳳而魚有鯨. 鳳皇上擊九萬里, 翺翔乎窈冥之上. 夫蕃籬之鷃, 豈能與料天地之高哉! 鯨魚朝發於崑崙之墟, 暮宿於孟(津)[諸]. 夫尺澤之鯢, 豈能與量江海之大哉!

故非獨鳥有鳳而魚有鯨, 士亦有之. 夫聖人瑰琦意行, 超然獨處. 夫世俗之民, 又安知臣之所爲哉!"

이런 말이 있다. "사람을 아는 것도 쉽지 않지만, 남에게 알려지는

것도 쉽지 않다." 〔출전: 『사기』 권79 「범저채택열전(范雎蔡澤列傳)」〕

어떻게 이를 설명할 수 있는가? 〔조유의 말〕

한명(汗明)이 춘신군(春信君, 전국시대 초나라의 재상으로, 제의 맹상군, 조나라 평원군, 위나라 신릉군과 함께 전국사공자로 꼽힌다)에게 유세를 하자 춘신군이 매우 흡족해 했다. 한명이 이어서 다시 의견을 말하려 하자 춘신군은 제지했다. "저는 이미 선생의 뜻을 알았습니다." 그러자 한명은 물었다. "알지 못하겠습니다. 귀공과 요임금을 비교하여 누가 더 지혜롭고 명철합니까?" 춘신군이 대답했다. "제가 어떻게 요임금과 비교할 수 있겠습니까?" 한명이 또 물었다. "그러면 저를 순임금과 비교하면 어떻습니까?" 춘신군이 대답하기를 "선생은 순임금만큼 현명합니다."라고 했다.

한명이 말했다. "그렇지 않습니다. 신이 귀공에게 자세히 말씀 드리고자 합니다. 귀공의 현명함은 요임금보다 못하며, 신의 능력도 순임금에 미치지 못합니다. 순처럼 현명한 사람이 지극히 지혜롭고 밝은 요임금을 모시는데도, 3년이 지나서야 비로소 서로를 알아볼 수 있었습니다. 지금 귀공께서는 잠깐 보고는 저를 다 알았다고 하시니, 그렇다면 귀공은 요임금보다 더 명철하고 신은 순임금보다 더 현명하다는 말이 됩니다." 〔출전: 『전국책』 「초책4(楚策四)」〕

語曰: "知人未易, 人未易知."

何以明之?

汗明說春申君, 春申君說之. 汗明欲[復]談 春申君曰: "僕已知先生意矣." 汗明曰: "未審君之聖孰與堯?" 春申君曰: "臣何足以當堯." [汗明曰:] "然則君料臣孰與舜?" 春申君曰: "先生則舜也." 汗明曰:

"不然. 臣請爲君申言之. 君之賢不如堯, 臣之能不及舜. 夫以賢舜事聖堯, 三年而後乃相知也. 今君一時而知臣, 是君聖於堯而臣賢於舜也."

옛 책에서 이렇게 말한다. "기와 같은 천리마는 오직 백락(伯樂)만이 알아볼 수 있다. 만약 당시에 백락이 알아보지 못했다면 천리마로 인정받지 못했을 것이다. 선비의 능력을 알아보는 것도 역시 마찬가지다."〔출전: 『시자(尸子)』「서(恕)」, 『군서치요』 권36에 인용〕

어떻게 이를 증명할 수 있는가?〔조유의 말〕

공자가 진(陳)과 채(蔡)나라 사이에서 곤액을 겪고 있었을 때 안회(顔回)가 말했다. "선생님의 도는 지극히 크기 때문에 천하가 받아들여 쓸 수 없는 것입니다. 그러나 선생님께서는 도를 추구하며 행하시려고 하고 있으니, 지금 세상이 이를 받아들여 쓰지 못하는 것은 나라를 다스리는 군주들이 못났기 때문입니다. 선생님께서 어찌 걱정할 일이겠습니까?"〔출전: 『공자가어』「재액」〕

『곡량전(穀梁傳)』에서 말한다. "자식을 낳아 놓고서 물과 불의 화를 피하지 못하게 했다면 이는 어머니의 잘못이다. 8살의 동자가 되도록 스승에 나아가 배우지 않았다면 이는 아버지의 잘못이다. 스승에 나아가 배우는데도 학문의 방향을 잡지 못하고 마음과 뜻이 통하지 못했다면 자신의 잘못이다. 마음과 뜻을 세웠는데도 명성이 세상에 들리지 않는다면 벗들의 잘못이며, 명성이 자자한데도 관리가 천거하지 않는다면 유사(有司)의 잘못이다. 유사가 천거했는데도 군주가 등용하지 않는다면 이는 군주의 잘못이다."〔출전: 『춘추곡량전』「소공 19년」〕

'記'曰: "夫驥, 唯伯樂獨知之. 若時無伯樂之知, 則不容其爲良馬也. 士亦然矣."

何以明之?

孔子厄於陳蔡, 顔回曰: "夫子之德至大, 天下莫能容. 然夫子推而行之, 世不我用, 有國者之醜也. 夫子何病焉?"

'穀梁傳'曰: "子旣生, 不免乎水火, 母之罪也. 羈貫成童, 不就師傅, 父之罪也. 就師, 學問無方, 心志不通, 身之罪也. 心志旣通, 而名譽不聞, 友之罪也. 名譽旣聞, 有司不擧, 有司之罪也. 有司擧之, 王者不用, 王者之過也."

『염철론(鹽鐵論)』에서 말한다. "먼 길을 가는 사람은 수레와 말의 힘을 빌려야 하고, 강이나 바다를 건너는 사람은 배를 이용해야 한다. 그러므로 현명한 선비가 공을 세우고 명성을 얻으려면, 여러 가지 객관적 여건과 사물의 힘을 빌려야 한다." 〔출전: 『염철론』「빈부(貧富)」〕

어떻게 이를 증명할 수 있는가? 〔조유의 말〕

공수자(公輸子)는 군주의 목재를 이용하여 궁실과 누대를 지었지만 자기를 위해서는 좁고 작은 집 한 칸도 지을 수 없었으니, (자기를 위한 집을 지을 만큼) 목재가 충분하지 않았기 때문이다. 구야자(歐冶子)는 군주의 구리와 철을 이용해서 금로와 큰 종을 만들었으나 자기를 위해서는 솥이나 쟁반 몇 개도 만들 수 없었으니, 만들어 쓸 재료가 없었기 때문이다. 군자는 군주의 조정에서 정사를 집행함에 힘입어, 백성들을 화목하게 하고 많은 백성들에게 이익과 혜택을 베풀지만 정작 자기 집은 부유하게 만들 수 없으니, 그가 처한 지위가 이를 허용하지 않기 때문이다.

그래서 순 임금이 역산(歷山)에서 밭을 갈 때는 그 은덕이 자신의 고향 마을까지도 미치지 못했고, 태공(太公)이 당년에 조가(朝歌)에서 소를 잡고 있을 때는 이로움이 그 처자에게도 미치지 못했다. 그러나 나중에 그들이 일단 등용되자 은덕은 팔방의 먼 곳까지 퍼져 나갔고, 은택은 사해에 가득 찼다.

그러므로 순임금은 요임금의 등용에 힘입고, 태공은 주(周) 문왕(文王)의 발탁에 힘입어 공을 세울 수 있었다. 군자가 되어서는 바른 도에 의지하여 스스로의 덕행을 닦아야지, 도를 굽히고 재물의 이로움을 이용해서는 안 되는 것이다. 〔출전: 『염철론』「빈부」〕

'論'曰: "行遠道者假於車馬, 濟江海者因於舟楫. 故賢士之立功成名, 因於資而假物者."

何以明之?

公輸子能因人主之材木, 以構宮室臺榭, 而不能自爲專屋狹廬, 材不足也. 歐冶能因國君之銅鐵以爲金爐大鐘, 而不能自爲壺鼎盤盂, 無其用也. 君子能因人主之政朝, 以和百姓,潤衆庶, 而不能自饒其家, 勢不便也.

故舜耕於歷山, 恩不及州里, 太公屠牛於朝歌, 利不及於妻子. 及其用也, 恩流八荒, 德溢四海. 故舜假之堯, 太公因之周文. 君子能修身以假道, 不能枉道而假財.

옛 사람은 이렇게 말했다. "나라를 다스리는 군주는, 온 나라를 통털어도 심모원려를 가진 신하가 한 사람도 없다거나 조정에는 지략이 뛰어난 선비가 없다는 말을, 결코 해서는 안 된다. 관건은 인재에 대해 듣고 살피는 군주의 평가가 정밀한지 아닌지, 또는 세심한지 아닌지의 여부에 달려있는 것이다. 〔출전: 두서(杜恕)의 『체론(體論)』〕

어떻게 이를 증명할 수 있는가? 〔조유의 말〕

옛날 한고조는 신하의 건의를 잘 듣는 밝은 군주였다. 진회(陳恢)의 계책을 받아 들여 남양(南陽)을 함락했으나, 누경(婁敬)의 계책을 쓰지 않아 평성(平城)에 포위되는 곤경을 겪었다. 광무군(廣武君)은 지모가 뛰어난 선비였다. 한신은 그의 계책을 받아 들여 연(燕)과 제(齊)나라를 평정할 수 있었으나, 진여(陳餘)는 그의 계책을 채용하지 않아 지수(泜水)의 싸움에서 패했다. 이로써 살펴본다면 일을 성공적으로 처리할 때는 계책 있는 신하가 있고, 실패할 때는 심모원려의 신하가 없다고 말할 수는 없는 것이다.

우나라 임금(虞公)은 궁지기(宮之奇)의 계책을 받아들이지 않아 진(晉)나라에게 멸망되었고, 구유(仇由)는 적장(赤章)의 간언을 받아들이지 않아 지(智)씨에 의해 망했다. 건숙(蹇叔)의 통곡도 효함(崤函)의 전투에서 진(秦)나라의 패배를 구할 수 없었으며, 조괄(趙括)의 모친의 훈계로도 장평(長平) 전투에서 조(趙)나라의 패배를 막을 수 없었다.

이 모든 실패는 군주가 신하들의 계책을 듣고 치밀하고 신중하게 살피지 않았기 때문이다. 이로써 살펴보면 천하의 모든 나라에는, 충신과 지략이 뛰어난 인재가 없을 수 없는 것이다. 〔출전: 두서의 『체론』〕

황석공은 말한다. "영웅호걸을 모두 끌어 모을 수 있다면 적국은 곤경에 빠질 것이다. 영웅호걸은 나라의 근간이요, 선비와 백성은 나라의 근본이다. 나라의 근간을 얻고 근본의 지지를 받는다면, 정령이 제대로 실행되고 백성들은 원망이 없게 된다." 〔출전: 『삼략』의

「상략」〕

또 말한다. "인재를 알아보는 것은 명철함이니, 유독 제왕에게 가장 어려운 것이 바로 이것이다." 〔출전: 『상서』「고요모(皐陶謨)」〕

신중하고 또 신중해야 할 것이다! 〔출전: 조유의 말〕

語曰: "夫有國之主, 不可謂擧國無深謀之臣, 闔朝無智策之士, 在聽察所考精與不精, 審與不審爾."

何以明之?

在昔漢祖聽聰之主也. 納陳恢之謀, 則下南陽; 不用婁敬之計, 則困平城. 廣武君者, 策謀之士也. 韓信納其計, 則燕齊擧; 陳餘不用其謀, 則泜水敗.

由此觀之, 不可謂事濟者有計策之士, 覆敗者無深謀之臣. 虞公不用宮之奇之謀, 滅於晉; 仇由不聽赤章之言, 亡於智氏. 蹇叔之哭, 不能濟崤黽之覆; 趙括之母, 不能救長平之敗. 此皆人主之聽, 不精不審耳. [由此觀之,] 天下之國, 莫不皆有忠臣謀士也.

黃石公曰: "羅其英雄, 則敵國窮. 夫英雄者, 國家之幹; 士民者, 國家之(半)[本]. 得其幹, 收其(半)[本], 則政行而無怨." "知人則哲, 唯帝難之." 愼哉!

제8편 정체(政體)

정치의 요체

옛날에 제왕을 세운 것은 그의 욕심을 채워 받들려고 한 것이 아니다. 천하 백성들을 위해, 강한 자가 약한 자를 억누르고 간사한 자가 어리석은 사람을 속이기 때문에 천자를 세워 천하를 공평하고 가지런히 만들고자 했던 것이다. 천자 한 사람이 총명하다고 해도 천하를 두루 보살필 수 없기 때문에 삼공구경의 관리들을 세워 천자를 보좌하게 했다.

또 멀리 떨어진 나라와 풍속이 다른 지역의 백성들은 천자의 은택을 받을 수 없기 때문에 각지에 제후들을 세워 가르치고 깨우치도록 했다. 〔출전: 『문자』「자연(自然)」 및 『회남자』「수무(修務)」〕

그러므로 가르치고 깨우치도록 해서 통치하는 것은 유래가 오래된 것이다.

어째서 이렇게 말하는가? 〔조유의 말〕

古之立帝王者, 非以奉養其欲也. 爲天下之人强掩弱,詐欺愚, 故立天子以齊一之. (謂)[爲]一人之明不能徧照海內, 故立三公九卿以輔翼之. 爲絕國殊俗不得被澤, 故立諸侯以教誨之.

夫教誨之政, 有自來矣. 何以言之?

관자는 말한다. "나라를 기울지 않는 땅에 세우고자 하면, 덕이 있는 사람들에게 정치를 맡겨야 한다. 창고에 곡식을 고갈되지 않게 쌓아 두려면 오곡 생산에 힘써야 한다. 창고에 재물을 고갈되지 않도록 비축 하려면 뽕과 삼을 심고 가축을 길러야 한다.

정령이 흐르는 물의 근원에까지 미치게 하려면 민심에 순응해야 한다. 백성들에게 다툼의 여지가 없는 직책에서 일하도록 맡기려면, 각자의 장점을 헤아려 적재적소에 배치해야 한다. 죄를 지으면 반드시 죽는 길임을 명백히 하려면 형벌을 엄격히 집행해야 한다.

백성들에게 반드시 이익을 얻는 문을 열어두려면, 공을 세우면 반드시 상을 준다는 신뢰가 있어야 한다. 불가능한 일을 하지 않으려면 백성들의 힘(民力)을 잘 헤아려야 한다. 얻을 수 없는 것을 얻으려하지 않으려면 백성들이 싫어하는 일을 억지로 시키지 않아야 한다.

오래 지속할 수 없는 곳에 머물지 않으려면 일시적인 편안함을 구차하게 탐내지 말아야 한다. 때에 따라 힘써야 할 일을 아는 사람은 우두머리로 임명할 수 있다. 시세의 흐름을 잘 살피고 재물의 쓰임에 밝으며, 관리의 임용을 잘 할 수 있으면 가히 군주로 받들 수 있다." 〔출전: 『관자』「목민」〕

管子曰: "措國於不傾之地, [授]有德也. 積於不涸之倉, 務五穀也. 藏於不竭之府, 養桑麻,育六畜也. 下令於流水之原, 以順人心也. 使(士)[民]於不諍之官, 使人各爲其所長也. 明必死之路, 嚴刑罰也. 開必得之門, 信慶賞也. 不爲不可成, 量人力也. 不求不可得, 不强人以其所惡也. 不處不可久, 不偷取一世宜也. 知時者, 可立以爲長. 審於時, 察於用, 而能備官者, 可奉以爲君."

그러므로 말한다. "호적을 명확히 관리하고, 향촌의 단위와 조직을 세밀하게 살피고, 장부 한 명이 받는 토지의 규모를 균등하게 한정 짓고, 죄목과 형벌의 원칙을 정하고, 각급 관청에 우두머리(長)를 세운다.

농사와 양잠을 시급히 실행하고, 상업과 공업을 억제하고, 교육을 중시하고, 인재의 재능과 기예를 평가하고, 정부의 기구를 간명하게 한다.

병장기 제조 등 군비를 제대로 갖추고, 금령을 엄격히 집행하고, 신상필벌을 확립하고, 무익한 오락과 유희를 금지하고, 관청이 가혹하게 다스리지 않는지 규찰해야 한다.

이상의 열다섯 가지 조치에 대해서는, 성인이 다시 세상에 나오더라도 반드시 이와 같이 말할 것이다." 〔출전: 중장통(仲長統)의 『창언(昌言)』 「손익」〕

만일 역대 왕조의 흥망과 길고 짧음을 논하고자 한다면, 이상에서 말한 정치의 도리를 '벼리(經)'로 삼아야 할 것이다. 〔조유의 말〕

故曰: "明版籍, 審什伍, 限夫田, 定刑名, 立君長, 急農桑, 去末作, 敦學斅, 核才藝, 簡精悍, 脩武備, 嚴禁令, 信賞罰, 糾游戲, 察苛刻；此十五者，雖聖人復起，必此言也.”

夫欲論長短之變，故立政道以爲經焉.

권2 문중(文中)

제9편 군덕(君德)

군주의 덕을 평가하다

상고 시대에 "삼황(三皇, 복희·여와·신농을 가리킨다)은 아무 말도 하지 않았으나 그들의 교화는 천하 사방에 두루 퍼졌으며, 이 때문에 천하의 백성들은 그 공을 어디로 돌려야 할지를 알지 못했다. 오제(五帝, 황제·전욱·제곡·당요·우순을 가리킨다)는 하늘과 땅의 법칙을 본받아 말로 가르침을 내리고 법령을 반포하니 천하가 태평하게 되었다. 임금과 신하는 공을 서로 사양했으며, 그들의 교화는 천하에 크게 베풀어졌으나, 천하의 백성들은 누구의 은덕으로 그렇게 됐는지 알지 못했다. 그래서 예로 대우하고 공을 세운 자에게 상을 내리지 않고도 신하들을 잘 부릴 수 있었으며, 천하의 백성들은 편안하고 근심 걱정 없이 살아갈 수 있었다.

삼왕(三王, 하·은·주 삼대의 왕조를 세운 우임금·탕임금·문왕을 가리킨다)은 인의의 도로 백성을 다스리고, 백성들의 마음과 뜻을 복종시켰다. 법령과 제도를 제정하여 쇠하여 어지러워질 것에 대비했고, 정치를 밝고 세심하게 살폈으며, 병장기와 갑주를 비축하여 유혈 전쟁과 무기가 사용되지 않도록 예방함으로써 천하는 태평했다. 군주는 신하를 의심하지 않고 신하는 군주를 의심하지 않아, 나라는 평온하고 군주의 자리는 안정 됐으며, 신하는 의리에 따라 나아가고 물러났으니, 천하 백성들은 편안하게 아무런 걱정과 우환 없이 살아갈 수 있었다.

패주(覇主, 춘추 시대 오패인 제환공·진문공·초장왕·오왕합려·월왕구천을 가리킨다)들은 권세로 선비들을 통제하고, 신의와 명예로 선비들을 묶었으며, 포상으로 선비들을 부렸다. 그러나 신의가 쇠퇴해지자 선비들은 멀어져 떠나갔으며, 상벌의 원칙이 허물어지자 선비들을 부릴 수 없게 되었다." 〔출전: 『삼략』「중략」〕

夫三皇無言, 化流四海, 故天下無所歸功. 帝者體天則地, 有言有令, 以天下太平. 君臣讓功, 四海化行, 百姓不知其所以然, 故使臣不用禮賞[有]功, 美而無害.

王者制人以道, 降心服志, 設距備衰, 有察察之政, 兵甲之備, 而無爭戰血刃之用, 天下太平. 君無疑於臣, 臣無疑於主, 國定主安, 臣以義退, 亦能美而無害.

覇王制士以權, 結士以信, 使士以賞, 信[衰]士疏, 賞毁士不爲用.

그러므로 말한다. "나라를 다스리는 근본은 형벌과 덕을 어떻게 사용하느냐에 달려있다. 이 두 가지는 서로 필요한 것으로 나란히 시행돼야 하는데, 서로 보완하면서 이루어 나간다. 마치 하늘이 음양 두 기운의 변화에 의하여 일 년 사계절을 이루듯이, 사람은 형벌과

덕 두 가지로 치국의 도를 이룬다. 그래서 고대의 성인들은 나라를 다스릴 때 어느 한 쪽에 치우쳐 쓰지 않았다.

이렇게 보면, 덕을 많이 쓰고 형벌을 적게 쓴 것은 오제였고, 형벌과 덕을 반반씩 쓴 것은 삼왕이었으며, 형벌에 더 많이 의존하고 덕을 적게 쓴 것은 오패(五覇)였다. 오로지 형벌에만 의존해 강국이 되었으나 곧 망한 것은 진(秦)나라였다. 〔출전: 환범(桓範)의 『세요론(世要論)』〕

故曰: "理國之本, 刑與德也. 二者相須而行, 相待而成也. 天以陰陽成歲, 人以刑德成治. 故雖聖人爲政, 不能偏用也. 故任德多, 用刑少者, 五帝也; 刑德相半者, 三王也; 仗刑多, 任德少者, 五覇也; 純用刑, 强而亡者, 秦也."

어떤 사람이 물었다. "왕도와 패도에 대해서는 이미 가르침을 들었습니다. 감히 묻건대, 한고조(高祖, 유방)와 광무제(光武帝, 후한의 유수)는 모두 지방의 농촌 밭이랑에서 떨치고 일어나 천하의 환란을 말끔히 제거하여 마침내 제왕의 대업을 열었습니다. 고조는 성격이 활달하고 도량이 넓었으며, 광무제는 법령이나 규정 등의 정무에 신중하고 세심했으니, 각자 장점을 발휘하기를 마치 용이 날고 봉황이 춤추듯 했습니다. 그리하여 혼란을 수습하고 인재를 보호하며, 많은 백성을 도탄에서 구제했습니다. 만약 두 사람의 훌륭한 덕과 제왕으로서의 위망을 비교한다면, 누가 더 낫고 누가 못하다고 하겠습니까?

조식(曹植, 조조의 다섯 번째 아들로 자는 자건(子建)이다)이 대답했다. "옛날 한나라가 처음 흥기할 때 고조는 진나라의 포악한 통치로 인하여 의병을 일으켜, 마침내 강포한 초나라의 항우를 죽이고, 왕자의 은덕을 천하에 베풀었습니다. 그 공적은 탕왕과 무왕에 견줄만하며, 왕조를 세워 후손에게 전했으니, 제왕으로서 으뜸가는 공훈을 세웠으며, 군주로서도 성대한 업적을 이룬 것입니다.

그러나 그의 명성은 덕을 계승하지 못했고 품행은 도의에 부합되지 않았습니다. 자신이 죽고 나서 한나라는 거의 망하는 계제에 이르렀습니다. 과연 저 흉악한 여인(여후(呂后)를 가리킴)이 잔혹하고 포악한 본심을 드러내어 제 마음대로 나쁜 짓을 저지르면서, 고조의 총애를 받았던 척(戚)부인에게 '사람돼지(人彘)'로 만드는 잔혹한 형을 가하고, 그 아들 조왕(趙王)을 가두었다가 독살하는 등 고조의 골육에게까지 화를 입혔으며, 여씨(呂氏) 일족이 정권을 전횡하면서, 유씨의 사직이 거의 여씨에게로 넘어갈 뻔 했습니다. 이상의 여러 가지 일은, 고조의 계책이 모자라고 사려가 깊지 않아 불러들인 것이 아니겠습니까?

그러나 수하의 용맹한 장수들과 지략 있는 신하들은 모두 고금에 보기 드문 인재들이었고, 역대에 보기 힘든 기재들이었습니다. 고조는 그들의 재능을 헤아려 맞는 자리에 임용하고 그들의 건의를 받아들여 정사를 세심하게 살핌으로써, 천하를 통일하고 황제의 지위에 오를 수 있었던 것입니다.

세조(世祖, 동한의 광무제 유수)는 하늘의 아름다운 덕성을 체득하고 올곧고 온화한 정기를 받고, 내면으로 도가의 은미한 도리를 깨쳤으며, 성인에 버금가는 미덕과 재능을 겸비했습니다. 그의 덕성은 총명하고 박학다식 하며, 어질고 지혜로워 사람을 포용했으며, 매우 신중하고 주도면밀했으며, 베풀기를 좋아하고 백성을 사랑했습니다. 재앙과 변란이 잇따르고 한 왕조의 기운이 액운을 겪는 시기를 만나, 마치 쾅쾅 우레가 치듯이 위세 당당하게 거사를 일으켰습니다. 무력을 크게 떨쳐 포악한 세력을 물리치고, 의로운 군대를 일으켜 잔당을 쓸어버렸습니다. 광무제의 대군이 남경을 출발하기도 전에 왕망(王莽)은 장안에서 난병들에 의해 죽임을 당했습니다.

묘당에서 필승의 계책을 세운 뒤에 군대를 출동시키고 구체적인 계책을 정한 이후에 군대를 출정시키니, 공격하여 함락하지 못하는 보루가 없었고, 전투에 임하여 도망가는 병졸이 없었습니다. 관대하고 인자한 마음으로 백성들을 화목하게 했으며, 빼어난 덕행으로 먼 곳의 인재들이 찾아오도록 만들었습니다. 그래서 두융(竇融, 후한 때 부풍 평릉 사람)은 그 명성을 듣고 마치 그림자가 형체를 따르는 것처럼 추종했으며, 마원(馬援)은 단 한 번 만나보고 그를 찬탄했습니다. 구족의 친척들과 화목하게 지내는 것은 순임금에 비길 수 있었고, 고상하고 순박하기로는 복희씨와 같은 바탕을 지녔으며, 겸허하게 아래 사람의 말을 받아들이고, 인재를 구하기 위해 주공(周公)과 같이 토포악발(吐哺握髮)의 노고를 마다하지 않았으며, 크고 작은 정무를 돌보느라 아침부터 해가 기울 때까지 부지런히 일했습니다. 그의 공훈을 따져 본다면 업적은 누구보다도 뛰어 났고, 융성함을 비교해 본다면 그의 사적은 특이했으며, 덕성을 표창하자면 그 어떤 흠결도 없었고, 언행에는 때 묻은 바가 없었습니다. 세력을 비교해 따져보면 고조에 비해 그의 세력은 미약했고, 보좌하는 신하들 역시 취약했습니다. 그렇지만 끝내는 하늘의 상서로운 조짐을 받아 천하를 통일하여 마멸되지 않고 길이길이 전해질 업적을 세웠으니, 금석에 빛나는 공적을 새기고, 시와 문장으로 위대한 공훈을 기록하였습니다. 그러

므로 광무제 유수가 더 낫다고 평가합니다."〔출전: 조식의 『한이조 우열론(漢二祖優劣論)』〕

〔참조〕 인체(人彘): 여후가 고조의 총애를 받았던 척부인을 극히 미워하여 고조 사후에 척부인을 잡아다가, 사지를 자르고 눈을 도려내고 귀를 멀게 만들고 혀를 자르고 성대를 찢고는 돼지처럼 뒷간에 가두어놓고 똥오줌을 받아먹게 했다는 참혹한 형벌이다.

或曰: "王覇之道, 旣聞命矣. 敢問高光二帝, 皆拔起壟畝, 芟夷禍難, 遂開王業. 高祖豁達以大度, 光武謹細于條目, 各擅其美, 龍飛鳳翔, 故能掇亂庇人, 拯斯塗炭. 然比大德方天威, 孰爲優劣乎?"

曹植曰: "昔漢之初興, 高祖因暴秦而起, 遂誅强楚, 光有天下, 功齊湯武, 業流後嗣, 帝王之元勳, 人君之盛事也. 然而名不(純)[繼]德, 行不純道, 身沒之後, 崩亡之際, 果令凶婦肆酷虐之心, 嬖妾被人彘之刑, 趙王幽囚, 禍殃骨肉, 諸呂專權, 社稷幾移. 凡此上事, 豈非高祖寡計淺慮以致斯哉? 然其梟將晝臣, 皆古今之所鮮有, 歷代之希覯. (惟)[被]能任其才而用之, 聽其言而察之, 故兼天下而有帝位也.

世祖體乾靈之休德, 稟貞和之純精, 蹈黃中之妙理, 韜亞聖之懿才. 其爲德也, 聰達而多識, 仁智而明恕, 重愼而周密, 樂施而愛人. 値陽九無妄之世, 遭炎精厄會之運, 殷爾雷發, 赫然神擧. 奮武略以攘暴, 興義兵以掃殘. 軍未出於南京, 莽已斃於(東)[西]都. 爾乃廟勝而後動衆, 計定而後行師. 故攻無不陷之壘, 戰無奔北之卒. 寬仁以和衆, 邁德以來遠, 故竇融聞聲而影附, 馬援一見而歎息. 敦睦九族，有唐虞之稱；高尚純朴，有羲皇之素；謙虛納下，有吐握之勞;，留心庶事，有日昃之勤. 是以計功則業殊，比隆則事異，旌德則靡愆，言行則無穢，量(事)[力]則勢微，論輔則臣弱. 卒能效乾圖之休徵，立不刊之遐迹，金石銘其休烈，詩書載其懿動. 故曰：光武其優也.”

어떤 사람이 물었다. “반고(班固)가 평가하기를, 주나라의 가장 뛰어난 제왕은 성왕(成王)과 강왕(康王)이며, 한나라의 가장 뛰어난 황제는 문제(文帝)와 경제(景帝)라고 했습니다. 이 말이 옳습니까?”

우세남(虞世南)이 말했다. “주나라의 성왕과 강왕은 문왕과 무왕이 남긴 업적을 계승하고 주공(周公)과 소공(召公)을 재상으로 삼아, 백성들을 질박하고 돈후하게 교화하며, 인덕을 쌓아 마치 바람이 불면 풀이 눕듯이 백성들이 마음으로 순종하였으니, 그 어떤 말로 그 공덕을 표현하기에는 부족할 것입니다.

한고조는 나라를 개창한 이후에도 정사를 돌보느라 어느 하루도 쉴 겨를이 없었으며, 망한 진나라의 폐해가 여전히 많이 있었습니다. 효문제 태종은 인애와 관용을 근본으로 하고 도가의 청정무위의 법도를 받아들여 지키며, 진시황과 항우가 남긴 잔혹한 형벌을 폐지하고, 황제(黃帝)와 소호(少昊) 시대의 순박한 기풍을 회복하여 형벌을 사용하지 않고 내버려 두는 시대로 거의 되돌아갔다고 할 수 있으니, 이렇게 나라를 다스린 것은 참으로 어려운 일입니다. 만약 효문제가 신원평(新垣平)의 요망한 말에 미혹되지 않고, 꿈에서 본 등통(鄧通)을 과도하게 총애한 사실만 없다면, 엄정하고 늠름한 정치는 삼대의 왕도(王道)에 가까웠다고 할 수 있습니다. 다만 한경제를 주강왕과 비교하면 덕행의 면에서 다소 모자란 점이 있습니다.”〔출전: 우세남

의 『제왕약론(帝王略論)』〕

〔참조〕 신원평: 조나라 출신의 방사로, 한 문제 때 구름의 기운을 보는 방술로 등용되어 벼슬이 상대부에 일렀으나, 뒤에 사술이 들통나 삼족이 주살됨.

등통: 전한 촉군 사람으로, 노를 잘 저어 황두랑이 되었다. 어느 날 효문제가 꿈에서 하늘로 올라가려고 애를 쓰다가 어떤 황두랑이 밀어주는 바람에 하늘에 오를 수 있었다. 잠에서 깨어난 효문제는 꿈속에서 본 황두랑을 찾았는데, 등통의 옷 등 쪽이 터져있는 것을 보고 꿈에서 본 황두랑이라고 여기고, 등통을 가까이 두고 총애하여 부귀가 극에 달했다.

或曰: "班固稱, '周云成康, 漢言文景.' 斯言當乎?

虞南曰: "成康承文武遺跡, 以周召爲相, 化篤厚之氓, 因積仁之德, 疾風偃草, 未足爲喻. 至如漢祖開基, 日不暇給, 亡嬴之弊, 猶有存者. 太宗體玆仁恕, 式遵玄默, 滌秦項之酷烈, 反軒昊之淳風, 幾致刑厝, 斯爲難矣. 若使不溺新垣之說, 無取鄧通之夢, 懔懔乎庶幾近於王道. 景帝之擬周康, 則尙有慙德."

어떤 사람이 물었다. "한무제의 웅대한 재능과 지략은 전대의 어느 황제와 비교할 수 있겠습니까?"

우세남이 말했다. "한무제는 앞선 6대 제왕의 업적을 계승하여 나라는 강성하고 백성들은 부유했으며, 범인을 뛰어 넘는 자질을 타고 난데다, 천하의 영웅이란 영웅들을 모두 불러 들여 거두고는 이들을 적재적소에 임용하고 통솔했습니다. 내정에서는 예악을 흥하게 일으키고 외정에서는 변경을 개척하였으며, 각종의 제도와 법령을 제정하여 그 규모가 빛나고 당당하여, 참으로 역사에 기록하여 찬양할 만합니다. 도량형을 통일한 진시황에 비교해도 더욱 뛰어난 것입니다.

그러나 교만과 사치, 포악함에 있어서도 진시황에 버금갈 정도 입니다. 따라서 공적으로 보면 위대하고도 오히려 남음이 있다고 하겠지만, 덕행으로 보면 부족한 점이 많다고 하겠습니다." 〔출전: 상동〕

或曰: "漢武帝雄才大略, 可方前代何主?"

虞南曰: "漢武承六世之業, 海內殷富, 又有高人之資, 故能總攬英雄, 駕御豪傑. 內興禮樂, 外開邊境, 制度憲章, 煥然可述. 方于始皇, 則爲優矣.

至於驕奢暴虐, 可以相亞. 並功有餘, 而德不足."

(어떤 사람이 물었다.) 옛날 주성왕은 어린 나이에 제통을 계승했는데 관숙(管叔)과 채숙(蔡叔)의 반란이 일어났고, 한소제(昭帝)는 8세에 즉위했는데 역시 연왕(燕王) 단(旦)과 개장공주(蓋長公主), 상관걸(上官桀, 한무제의 유조에 따라 곽광과 함께 대자 불릉을 보좌했으나, 나중에 곽광을 살해하고 황제를 폐위하려는 음모를 꾸몄다가 발각되어 멸족되었다)의 모반이 일어났습니다. 성왕은 주공을 의심하지 않았고 소제는 대장군 곽광(霍光)을 신임하여 정사를 위임했는데, 그 선후를 따진다면 두 사람 중에 누가 앞선다고 할 수 있습니까?

위문제(조조의 아들 조비)가 말했다. "주성왕은 부황인 무제의 훌륭한 기질을 받아 태어났고 현숙한 모친으로 부터 좋은 가르침을 받았으며, 주공과 소공을 태보(太保)와 태부(太傅)로 모시고, 여망(呂望)을 태사(太師)로 삼아 보필케 했습니다. 자라서 말을 하기 시작하자 접빈을 맡은 관원들이 언사를 교육했고, 걸음마를 뗄 무렵부터 시종들이 예의범절을 지도했습니다. 그의 눈은 위엄을 갖춘 아름다운 것들을 싫도록 보았고, 귀는 덕성과 예의를 갖춘 말소리를 지겹도록 들었습니다. 마치 맑은 물에 몸을 푹 담그고 목욕을 하고나서 시원한 바람을 맞는 것처럼 고귀하게 자랐습니다.

그러나 후회해야 할 허물이 있었으니, 관숙과 채숙의 주공에 대한 비방을 듣고는 귀가 얇아 그 말을 곧이듣고는, 주공으로 하여금 동쪽으로 옮겨 가도록 핍박했습니다. 상천이 크게 노하여 성왕의 허물을 밝혀 드러내 보이자 그제야 잘못을 깨닫고 후회했습니다. 주공의 고결한 덕성을 헤아리지 못하고, 금등(金縢)에 감춰진 가르침을 읽고 나서야 비로소 주공을 믿었으니, 이 어찌 어리석지 아니합니까?

그러나 한소제의 경우, 부친은 무왕과 같이 훌륭한 제왕이 아니었고 모친 또한 성왕의 모친인 읍강(邑姜)과 같이 현숙한 부인이 아니었으며, 그를 길러준 사람은 큰누나 개장공주이며, 옆에서 도와준 사람은 상관걸과 곽광뿐이었습니다. 즉, 주공과 같이 인덕과 충효의 자질을 갖춘 스승이 없었고, 여망과 같이 나라를 다스리고 번영시킬 재능을 갖춘 인물의 보필을 받지도 못했습니다. 이른바 구중궁궐 속에서 부녀자들의 손에서 자랐습니다. 그러나 인덕과 품성을 타고 났으며, 성장하면서 품행 또한 갖추게 되었습니다. 14살 때 일찍이 비범한 지혜와 사리분별이 있음을 보였으니, 연왕이 곽광을 모함한 서신이 거짓임을 밝혀내고, 오히려 곽광의 충성을 훤히 드러내 보였습니다. 이 어찌 금등을 열어보고 또 사관의 기록을 읽고 난 뒤에야, 비로소 깨달은 성왕과 같겠습니까?

가령 성왕과 소제가 같은 나이에 즉위했다고 치고, 시대와 교화 그리고 신하들을 서로 바꿔놓고 나라를 다스리게 하고 또 예악 제도를 바꿔놓고 노래하도록 해놓고서 둘을 비교한다면, 한소제를 칭송해야 할 점이 주성왕에 비해 적지 않을 것이며, 성왕이 소제에 비해 칭찬할 점은 많지 않을 것입니다."〔출전: 조비(曹丕)의 『주성한소론(周成漢昭論)』, 조식의 문집에도 비슷한 내용의 글이 있다〕

昔周成以孺子繼統, 而有管蔡四國之變. 漢昭幼年卽位, 亦有燕蓋上官逆亂之謀. 成王不疑周公, 漢昭委任霍光. 二主孰爲先後?

魏文帝曰: "周成王體聖考之休氣, 稟賢妣之(胎)[貽]誨, 周召爲保傅, 呂望爲太師. 口能言則行人稱辭, 足能履則相者導儀. 目厭威容之美, 耳飽德義之聲. 所謂沉漬玄流, 而沐浴淸風矣. 猶有咎悔, 聆二叔之謗, 使周公東遷, 皇天赫怒, 顯明厥咎. 然後乃寤, 不亮周公之聖德, 而信金縢之敎言, 豈不暗哉?

夫漢昭, 父非武王, 母非邑姜, 養惟蓋主, 相則桀光, 保無仁孝之質, 佐無隆平之治, 所謂生於深宮之中, 長於婦人之手. 然而德與性成, 行與體并, 在年二七, 早知夙達. 發燕書之詐, 亮霍光之誠,, 豈將啓金縢信國史, 而後乃寤哉!

使成昭鈞年而立, 易世而化, 貿臣而治, 換樂而歌, 則漢不獨少, 周不獨多也."

또 어떤 사람이 물었다. "한선제(漢宣帝)가 정사를 밝게 잘 살폈으니, 광무제(光武帝)에 비견할 수 있겠습니까?

우세남이 말했다. "한선제는 시정의 골목에서 성장해 백성들의 어려움과 고통을 잘 알고 있었기 때문에 민생을 꼼꼼하게 살피고 백성들의 소리에 귀를 기울였습니다. 어질고 유능한 인재를 발탁해 등용했으며, 관리들에게 그 명칭에 따라 실상이 꼭 들어맞게 책임지도록 요구하고 법령을 준엄하게 집행했습니다. 그 근원을 살펴보면 대개 신불해(申不害)와 한비자(韓非子) 등 법가(法家)의 영향을 크게 받은 것입니다.

옛 사람이 말했습니다. "왕도(王道)정치를 도모하다가 성공하지 못하면 잘못되어도 패주(霸主)는 될 수 있지만, 패도(霸道)를 도모하다가 성공하지 못하고 잘못되면 장차 무엇이 되겠습니까?"

광무제는 인의를 기반으로 왕도를 도모했던 임금이고, 선제는 법치를 기반으로 패도를 도모했던 임금입니다. 오늘날 두 사람을 비교해 본다면 선제는 광무제에 비견할 수 없다고 봅니다." 〔출전: 우세남 『제왕약론』〕

或曰: "漢宣帝政事明察, 其光武之儔歟?"

虞南曰: "漢宣帝起自閭閻, 知人疾苦, 是以留心聽政, 擢用賢良, 原其循名責實, 峻法嚴令, 蓋流出於申韓也. 古語云: '圖王不成, 弊猶足霸; 圖霸不成, 弊將如何?' 光武仁義, 圖王之君也; 宣帝刑名, 圖霸之主也. 今以相輩, 恐非其儔."

어떤 사람이 물었다. "한나라 원제(元帝)는 다재다능하며 예술적 재능도 갖추었으며 온화하고 고아했으니, 문치로 나라를 다스린 훌륭한 군주라고 할 수 있습니까?"

우세남이 평가했다. "군주의 재능은 문덕과 무공, 두 가지를 모두 갖춰야 하는 것입니다. 문덕이란 천지의 법칙을 본받아 각종 법령과 제도, 정책을 제정하는 것이며, 무공이란 폭력을 제지하고 전란을 종식시켜 백성을 편안하고 화목하게 살도록 하는 것입니다. 이것이야말로 제왕이 품어야 할 웅대한 계획입니다.

거문고를 타고 퉁소를 불고, 사와 곡을 짓는 것은 악사나 예인들이 할 일이지, 어찌 황제가 힘써야 할 일이겠습니까?" 〔출전: 상동〕

或曰: "漢元帝才藝溫雅, 其守文之良主乎?"

虞南曰: "夫人君之才, 在乎文德武功而已. 文則經天緯地, 詞令典策; 武則禁暴戢兵, 安人和衆. 此南面之宏圖也. 至于鼓瑟吹簫, 和聲度曲, 斯乃伶官之職, 豈天子之所務乎?"

어떤 사람이 물었다. "신(新)나라를 세운 왕망(王莽)을 보면, 처음에는 겸손하고 예의 바른 사람이어서, 당대의 명사로 불리던 인물이 아니었습니까? 그러나 재상이 되고 황제의 자리에 오르게 되자 교만하고 음란하며 포악한 사람이 되었으니 어째서 (황제가 되기) 이전과 이후가 이처럼 심하게 다를 수 있습니까?"

우세남이 말했다. "왕망은 타고난 자질이 잔인하고 혹독하며 거짓을 꾸미는 간사한 사람이었습니다. 목표를 달성하기 전에는 속마음을 감추고 명분을 따르고 명예를 추구 했으나, 일단 뜻을 이루고 나자 자기의 재능을 믿고 남을 깔보는 교만함을 드러냈습니다. 위장한 가면을 벗어 버리자 본래의 모습이 그대로 드러난 것입니다. 그는 아래 사람의 간언을 받아들지 않고 스스로 잘 난체하여 죽을 때까지도 잘못을 고치거나 뉘우치지 않았습니다. 천하의 백성들의 원성이 비등하게 되어, 결국 광무제에 의해 제거되고 말았습니다." 〔출전: 상동〕

或曰: "觀僞新王莽, 謙恭禮讓, 豈非一代之名士乎? 至作相居尊, 驕淫暴虐, 何先後相背甚乎?"

虞南曰: "王莽天姿慘酷, 詐僞人也. 未達之前, 狥名求譽. 得志之後, 矜能傲物. 飾情旣盡, 而本質存焉. 愎諫自高, 卒不改寤. 海內寃酷, 爲光武之驅除焉."

하(夏)나라의 소강(小康) 임금과 한 광무제는 모두 나라를 중흥한 군주인데, 누가 더 낫다고 하겠습니까?

우세남이 말했다. "두 황제는 모두 선왕들의 공업을 계승하여 부흥하고, 선왕들의 업적을 밝혀 영예롭게 떨쳤습니다. 그렇지만 그 명성은 같아도 그 업적의 내실은 전혀 다릅니다. 무엇 때문입니까? 광무제의 치세는 난리를 진압하여 평안하게 해주기를 바라는 민심에 힘입어 잔혹한 흉적 왕망을 죽이고 혼란을 틈타 도망가는 무리들을 패퇴시킨 것이니, 공을 세우기가 비교적 용이했습니다.

그렇지만 하소강의 경우는, 하씨 왕조가 멸망한 지 이미 2대가 지난 때였습니다. 선조들이 남긴 나라의 기틀은 이미 아득해졌고, 모친은 그를 잉태한 채 도망 다니다 타국에서 그를 낳았습니다. 부친의 가르침을 받은 적이 없고, 세력이 강한 친족도 없었으며, 고향을 등지고 떠돌아 다녀야 하는 전란의 고생을 겪으며 자기 몸 하나 가릴 곳이 없었습니다.

그러나 나라를 잃고 떠돌아다니는 전란의 와중에서 온갖 어려움을 하나하나 극복하고 마침내 제왕의 대업을 이뤘으니, 중흥의 군주로서는 소강을 첫째로 꼽아야 할 것입니다." 〔출전: 상동〕

夏少康, 漢光武, 皆中興之君, 孰者爲最?

虞南曰: "此二帝皆興復先緖, 光啓王業. 其名則同, 其實則異. 何者? 光武之世, 藉思亂之民, 誅殘賊之莽, 取亂侮亡, 爲功差易.

至如少康, 則夏氏之滅已二代矣. 藐然遺體, 身在胎孕, 母氏逃亡, 生於他國. 不及過庭之訓, 曾無强近之親, 遭離亂之難, 庇身非所, 而能崎嶇于喪亂之間, 遂成配天之業, 中興之君, 斯爲稱首."

후한(後漢)이 쇠퇴하고 혼란해진 것이 환제(桓帝)와 영제(靈帝)의 포악한 정치 때문이라고 하는데, 누구의 책임이 더 큽니까?

우세남이 말했다. "환제는 한 번 크게 노여움을 터뜨리고 일어나 (환관들과 함께 모의하여) 오래 동안 정권을 농단해온 외삼촌 양기(梁冀)를 죽여 없앴으니 강단이 있고 기개를 지녔다고 하겠습니다. 그러나 이로 인해 환관들이 제멋대로 권력을 휘두르며 (그들에 반대하는 선비들을 금고에 처하는) 당고(黨錮)의 난을 일으켰으니, 중평(中平, 후한 영제, 소제, 헌제의 연호 184–189) 시기의 혼란이 바로 환제로부터 시작된 것이 아니겠습니까?

옛말에 이르기를 "천하에 백성들이 울부짖는 소리가 가득하면 새 임금이 일어날 수 있는 좋은 기회"라고 했습니다. 영제는 나라와 백성이 피폐해진 때에 제위를 계승하여 오히려 선정을 베풀기가 쉬웠다고도 할 수 있습니다. 천하 백성들이 모두 황제의 말에 귀를 기울이고 나라의 중흥을 갈망하고 있었습니다.

그러나 영제는 환제의 전철을 답습하여 환관들이 정권을 잡고 전횡하도록 했으니 그 혹독한 폐해는 전대보다도 더욱 심했고, 결국은 종묘사직을 뒤엎고 망했습니다. 제왕의 자리에 앉아 이런 짓거리를 해놓고도 하늘이 내린 수명대로 잘 살다가 죽었으니, 그나마 운이 좋았다고 하겠습니다."〔출전: 상동〕

後漢衰亂, 由於桓靈二主凶德, 誰則爲甚?

虞南曰: "桓帝赫然奮怒, 誅滅梁冀, 有剛斷之節焉. 然閹人擅命, 黨錮事起, 非乎[中平]亂階? 始於桓帝. 古語曰: '天下嗷嗷, 新主之資也.' 靈帝承疲民之後, 易爲善政, 黎庶傾耳, 咸冀中興. 而帝襲彼覆車, 毒踰前輩, 傾覆宗社. 職帝之由天年厭世, 爲幸多矣."

화덕(火德)을 지닌 한나라의 정기가 쇠퇴해지면서 국토가 분열되고 천하가 붕괴되자, 조맹덕(曹孟德, 曹操)은 천자를 끼고 제후들을 호령했으며, 유현덕(劉玄德, 유비劉備)은 촉(蜀)땅의 험난한 지형에 의지하고, 손중모(孫仲謀, 孫權)는 장강(長江)과 회하(淮河)의 험고한 지형에 의지하여, 천하를 셋으로 나누어 정립지세(鼎立之勢)를 이루었습니다. 이 세 사람이 모두 왕업의 토대를 닦고 패주의 웅대한 계획을 도모했는데, 이들 세 지역의 군주 가운데, 누가 낫고 못하다고 할 수 있습니까?

우세남이 말했다. "조조의 군사를 다루는 기지와 책략은 어느 누구와도 더불어 비견할 수가 없을 정도로 뛰어났으며, 이로 이해 건국의 토대를 닦을 수 있었습니다. 몸은 비록 한나라의 승상으로 있었지만, 내심으로는 영웅의 지략과 능력을 품고 있었습니다. 그러나 심성이 간사하고 교활하여 종잡을 수 없었으며, 의심과 시기심이 많았습니다. 헌제의 복(伏)황후와 그 일족 백여 명을 살해했고, 의견이 맞지 않는다고 모사인 순욱(筍彧)을 독살했으며, 당대 최고의 명사인 공융(孔融)을 죽이고, 최염(崔琰)의 당당한 행동거지를 시기하여 살해했습니다. 누생(婁生)은 말 한마디 잘못했다고 목이 잘리고, 환소(桓邵)는 무릎 꿇고 빌었으나 목숨을 부지하지 못했습니다. 인덕을 포기하고 형벌을 마음대로 써서 그 포악함이 극에 달했습니다. 그는 평소 스스로를 서백(西伯), 즉 주문왕에게 비견했으나 실제로는 그에 비할 수 있는 사람이 아니었습니다. 동한 말의 저명한 인물 평론가 허소(許劭)가 그를 두고 '태평한 시대에는 유능한 신하이지만 어지러운 시대에는 간교한 영웅'이라고 평한 것이 매우 타당합니다.

유비는 익주 목사 유장(劉璋)을 예를 갖춰 빈객으로 대우했고, 제갈량(諸葛亮)을 군사로 임명한 뒤에는 전혀 의심하지 않았으니, 군주가 지녀야할 덕성으로 보아 참으로 훌륭했습니다. 제갈량은 세상에 이름난 기재로 은의 성탕(成湯)을 보좌한 이윤(伊尹)과 주무왕을 보좌한 여망에 필적합니다. 군주와 신하가 한 마음이니, 마치 물고기가 물을 만난 것에 비유할 수 있습니다. 다만 나라가 작고 군사력이 약해, 변경의 촉 땅에 고립되어 위와 오, 두 나라에 맞서 대항하며 세력의 균형을 유지해야 했습니다. 만일 조조와 처지를 바꾸어 놓고서 자신의 원대한 계획을 펼치고, 관우(關羽)와 장비(張飛)로 하여금 무용을 마음껏 발휘하며, 제갈량으로 하여금 경륜을 마음껏 펼칠 수 있도록 할 수 있었다면, 유비는 패왕의 대업을 달성할 수 있었을 것입니다.

손권은 형 손책(孫策)이 닦아 놓은 기초 위에서, 선대의 문무백관을 임용하고 장강의 천험에 의지하고서도 겨우 자기 나라를 보존하는데 그쳤습니다. 조조와 유비 두 사람에 비교해서는, 이치로 따져 그들에게 미치지 못합니다. 〔출전: 상동〕

自炎精不競，寓縣分崩．曹孟德挾天子而令諸侯，劉玄德憑蜀漢之阻，孫仲謀負江淮之固．三分天下，鼎足而立，皆肇開王業，光啓霸道．三方之君，孰有優劣?

虞南曰: "曹公兵機智算，殆難與敵，故能肇迹開基．居中作相，實有英雄之才矣．然譎詭不常，雄猜多忌，至於殺伏后，鴆荀彧，誅孔融，戮崔琰，婁生斃於一言，桓邵勞於下輩．棄德任刑，其虐已甚．坐論西伯，實非其人．許劭所謂'治世之能臣，亂世之奸雄'，斯言爲當．

劉公待劉璋以賓禮，委諸葛而不疑，人君之德，於斯爲美．彼孔明者，命世之奇才，伊呂之儔匹．臣主同心，魚水爲譬．但以國小兵弱，斗絕一隅，支對二方，抗衡上國．若使與曹公易地而處，騁其長算，肆關張之武，盡諸葛之文，則霸王之業成矣．

孫主因厥兄之資，用前朝之佐，介以天險，僅得自存，比於二人，理不能逮."

진(晉)나라 선제(宣帝, 司馬懿)는 웅대하고 신묘한 책략을 지녔으며, 제갈량은 천하의 으뜸가는 기재인데, 누가 더 뛰어납니까?

우세남이 말했다. "사마의는 일개 서생에서 몸을 일으켜 위나라의 창업을 보좌했고, 나라의 위난을 구제했으며, 조정의 기강을 잡고 왕도정치를 이뤄냈습니다. 문무의 재능과 지략을 다 갖추어 실로 칭송

받을 만합니다. 그러나 음모를 꾸미는 것을 좋아하고 인의를 중시하지 않으며, 시기심과 속임수가 가슴 속에 가득한 사람입니다. 이승(李勝, 위나라의 관리로 낙양령을 역임했다)이 찾아왔을 때 거짓 미친 척하여 조상(曹爽, 위 명제 사후 정권을 잡아 위나라를 농단했다)의 경계심을 풀게 해놓고는 정변을 일으켜 조상의 세력을 도륙했습니다. 위나라의 중신인 하안(何晏, 조조의 부마로 조상이 집권하자 이부상서가 되어 사마의를 쫓아냈다.)을 구금한 뒤 고문하고 삼족을 몰살했으니, 천리를 저버리고 양심에 부끄러운 이런 일은 군자로서는 차마 할 수 없는 일입니다. 사마의는 이처럼 속임수와 거짓된 마음으로 모든 일을 처리했습니다.

만일 위나라와 촉나라가 균등한 세력과 대등한 군사력을 가졌다고 가정하고 중원에서 한 판 결전을 벌이면서, 사마의의 간교한 계모로 제갈량의 절제된 지략에 맞서도록 했다면, 아마도 상대가 되지 못했을 것입니다." 〔출전: 상동〕

晉宣帝雄謀妙算, 諸葛亮冠世奇才, 誰爲優劣?

虞南曰: "宣帝起自書生, 參佐帝業, 濟世危難, 克淸王道, 文武之略, 實有可稱. 而多仗陰謀, 弗由仁義, 猜忌詭伏, 盈諸襟抱. 至如示謬言於李勝, 委鞫獄於何晏, 愧心負理, 君子不爲. 以此僞情, 行之萬物.

若使力均勢敵, 俱會中原, 以仲達之姦謀, 當孔明之節制, 恐非儔也."

어떤 사람이 물었다. "서진(西晉)의 경왕(景王) 사마사(司馬師, 사마의의 맏아들, 사마의가 죽자 대장군 직을 이어 받고, 황제인 조방을 제왕으로 강등, 폐위하고 조모를 새 황제로 세웠다)와 동생인 문왕(文王) 사마소(司馬昭, 사마의의 둘째 아들로 형 사마사가 죽은 뒤 정권을 장악하고 황제 조모를 폐위하고 조환을 황제로 옹립했다가 결국 스스로를 진왕으로 봉했다), 두 형제 중에 누가 더 현명합니까?"

우세남이 이렇게 평가하였다. "하안이 말하기를 '심오한 깨달음이 있어야만 천하의 뜻을 가슴에 품을 수 있으니, 하후태초(夏侯太初, 夏侯玄)가 바로 이런 사람이다. 기미를 알아 차리는 지략이 있어야만 천하의 중임을 이룰 수 있으니, 사마자원(司馬子元, 사마사)이 바로 이런 사람이다.'라고 했다. 이렇게 보면 제왕을 보좌할만한 그의 뛰어난 능력은 젊은 시절에 일찌감치 드러났음을 알 수 있습니다. 사마의가 조상(曹爽)의 세력을 몰살할 때 사마사는 이미 뛰어난 지략을 드러내 보였습니다. 자사 문흠(文欽)과 양주도독 관구검(毌丘儉)이 군사를 일으켜 그를 토벌하려다가 도리어 전군이 몰살되고 말았으니, 이것으로도 그의 영웅적인 원모심려를 충분히 알아볼 수 있습니다.

뛰어난 지략으로 천하를 삼분하여 하나를 차지할 수 있었음에도 불구하고 종신토록 위나라에 충성했으며, 위세와 명망이 군주보다 더 높았어도 신하로서의 절의에 전혀 어긋남이 없었고, 제후의 직책을 수행하며 왕실을 보위했으니, 이런 점은 참으로 찬미할 만합니다.

태조, 즉 사마소는 사마사의 대장군 지위를 계승해 권력을 장악한 후 양주도독 제갈탄(諸葛誕)의 반란을 진압하고, 남방에서 회하(淮河)와 해하(海河) 일대를 안정시키고, 서방에서 용렬한 유선(劉禪)의 촉을 평정했습니다. 군사에 관한 일을 처리함에 시기를 놓치지 않았으니 그 공적은 매우 크다고 할 수 있습니다. 그러나 고귀향공(高貴鄕公) 조모(曹髦)가 제위를 계승한 이후에는, 조위(曹魏) 왕실을 위하여 총명과 지략을 발휘하거나 충성을 다하여 보필하지 않았습니다.

평소 이윤과 주공의 자취를 본받으려 한다고 했으나 오히려 조칙을 위조하여 조모를 모함하여 살해하고는 그 죄를 태자의 문객인 성제(成濟)에게 뒤집어 씌웠습니다. 스스로 절의를 거슬러 악행을 자취를 남기고 대역무도한 죄인이라는 오명을 얻었으니, 그의 오점은 영원히 깎아낼 수 없는 것이 되었습니다." 〔출전: 상동〕

或曰: "晉景文兄弟, 孰賢?"

虞南曰: "何晏稱: '唯深也, 故能通天下之志, 夏侯太初是也; 唯機也, 故能成天下之務, 司馬子元是也'. 故知王佐之才, 著於早日. 及誅爽之際, 智略已宣, 欽儉稱兵, 全軍獨克, 此足見其英圖也. 雖道盛三分, 而終身北面, 威名振主, 而臣節不虧, 侯服歸全, 於斯爲美.

太祖嗣興, 克寧禍亂, 南定淮海, 西平庸蜀, 役不踰時, 厥功爲重. 及高貴纂歷, 聰明夙智, 不能竭忠協贊, 擬迹伊周, 遂乃僞謗士彦, 委罪成濟, 自貽逆節, 終享惡名. 斯言之玷 不可磨也."

동진(東晋)의 원제(元帝, 司馬睿) 이후 어느 황제가 현명하다고 할 수 있습니까?

우세남이 말했다. "진나라가 건강(建康, 지금의 南京)으로 천도한 이후 세력이 있는 명문세족들이 권력을 잡고 좌지우지하여, 황제는 글자 그대로 '팔짱을 끼고 있을 뿐', 정사와 법령은 이미 황제로부터 나오지 않게 되었습니다.

왕돈(王敦)은 반석과 같은 문벌귀족 세력의 우두머리로서 장강 상류의 군사요해지를 점거하여 병권을 장악하고, 스스로의 재능과 지형적인 유리함을 믿고 발호하여, 심지어는 황제가 되고자 하는 야심을 품었습니다. 숙조(肅祖, 명제 司馬紹)가 용단을 내려 토벌에 나서고 승상 왕도(王導)가 충성을 다하지 않았더라면, 아마도 진 왕조는 왕씨에게로 넘어갔을 것입니다.

만일 사마소가 제위에 좀 더 오래 있으면서 유능한 인재를 많이 등용하고, 또 전수(瀍水)와 간수(澗水) 사이, 즉 낙양 일대 유민들의 추대를 받아 황제를 자칭했던 유총(劉聰)과 석륵(石勒)의 세력이 쇠약해진 틈을 잘 이용했더라면, 중원을 수복하려는 계획도 그리 어렵지 않게 이루었을 것입니다." 〔출전: 상동〕

東晉自元帝以下, 何主爲賢?

虞南曰: "晉自遷都江左, 强臣擅命, 垂拱南面, 政非己出. 王敦以盤石之宗, 居上流之要, 負才矜地, 志懷問鼎. 非肅祖之明斷, 王導之忠誠, 則晉祚其移于王氏矣. 若使降年永久, 仗任羣賢, 因瀍澗之遺黎, 乘劉石之衰運, 則克復中原, 不難圖也."

어떤 사람이 물었다. "초왕(楚王)을 자처했던 환현(桓玄)은 원대한 책략을 지닌 기재였지만 결국 패망하고 말았으니, 무엇 때문입니까?

우세남이 이렇게 평가했다. "제왕이 될 그릇이라면 반드시 원대한 도량을 갖고, 욕심을 비우고 자기를 낮추어 사람을 대하며, 천지와 같이 넓은 마음으로 만물을 포용할 수 있어야 합니다. 더우면 더울세라 추우면 추울세라 백성을 알뜰하게 보살피겠다고 한 약속을 반드시 이행해야 하는 것입니다. 그런 뒤에야 만백성이 즐거이 추대하고 싫어하지 않습니다.

그러나 환현과 같은 사람들은 경박하고 교활한 잔재주만 있을 뿐 겸허하고 관대한 덕을 갖추지 못했습니다. 동진 말년에 나라가 쇠퇴하고 내란이 일어나 조정의 위엄이 백성들에게 미치지 못했으니, 이를 틈타 환현이 포악하게 무력을 휘둘러 요행으로 제위를 탈취했습니다. 그러나 신묘한 무략을 지닌 유유(劉裕)가 의군을 일으켜 난적들을 소탕하는 때를 만나, 결국은 멸족의 화를 당했으니, 실로 마땅한 벌을 받은 것이라고 하겠습니다." 〔출전: 상동〕

或曰: 僞楚桓玄有奇才遠略, 而遂至滅亡, 何也?

虞南曰: "夫人君之量, 必[器度宏遠], 虛己應物, 覆載同于天地, 信誓擬于暄寒, 然後萬百姓樂推而不厭也. 彼桓玄者, 蓋有浮狡之小智, 而無含弘之大德. 値晉末衰亂, 威不逮下, 故桓玄得肆其爪牙, 而徼倖之餘, 而逢神武之運. 至于夷滅, 固其宜也."

"남송의 무제(武帝) 유유는 환현을 죽여 멸망시키고 동진의 부흥을 도왔는데, 양(梁)의 배자야(裴子野)는 사마의나 조조보다도 더 뛰어난 인물이라고 평했습니다. 사실이 어떻습니까?"

우세남이 말했다. "위무제 조조는 한나라 환제 때의 환관인 조등(曹騰)의 손자로, 여러 세대에 걸쳐 영예와 부귀를 누렸으며, 삼 대에 걸쳐 30년 동안이나 한 왕조에서 벼슬을 했습니다. 동탁(董卓)이 난을 일으키자 조조는 산동 지역의 많은 호걸들과 함께 군사를 일으켜 원흉인 동탁을 토벌해 멸망시켰습니다. 그러나 이것은 결코 조조 한 사람의 힘으로 이룬 공로가 아닙니다.

진선제 사마의는 조위(曹魏) 왕조에서 대장군과 재상을 역임하면서 '일인지하 만인지상'의 지위에 올라 천하 대권을 장악하고 공고한 세력의 기반 위에서, 황제의 명령을 받든다는 명분을 등에 업고 정벌에 나서 반역자들을 처단했습니다. 그의 막강한 권세는 높은 지붕 위에서 동이의 물을 쏟아 붓는 것에 비유해도 오히려 부족할 정도였습니다.

반면 송고조 유유는 평민 출신으로, 일개 병사에서부터 시작해서 건국의 대업을 이루었으며, 한 달이 채 되지 않아서 동진 왕실을 안정시켰습니다. 일개 주의 절반도 되지 않는 구장(句章)을 근거로 하여 겨우 일개 군 규모의 병사를 이끌고 사천에서 후촉(後蜀)의 초종(譙縱)을 참수하고, 효함(崤函)에서 후진(後秦)의 요홍(姚泓)을 사로잡고, 청부에서 남연(南燕)의 모용초(慕容超)를 격파하고, 영남에서 노순(盧循)의 반란을 평정하고 노순 부자를 참수했습니다. 그의 깃발이 가리키는 곳마다 싸워 이기지 못하는 곳이 없었습니다.

활달한 기상은 한고조 유방의 풍도가 있었고, 적을 헤아려 필승의 계책을 내는 지략은 광무제 유수와 견줄 만했습니다. 애석하게도 그의 재위 기간이 너무 짧아 큰 뜻을 펼치지 못했지만, 그렇지 않았더라면 그의 공적은 헤아릴 수 없었을 것입니다. 이로 보면 조조나 사마의보다 더 훌륭합니다." 〔출전: 상동〕

宋祖誅滅桓玄, 再興晉室, 梁代裴子野優之于宣武, 其事云何?

虞南曰: "魏武, 曹騰之孫, 累葉榮顯, 濯纓漢室三十餘年. 及董卓之亂, 乃與山東俱起, 誅滅元兇, 曾非己力.

晉宣歷任卿相, 位極台鼎, 握天下之圖, 居旣安之勢, 奉明詔而誅逆節, 建瓴爲譬, 未足喩也.

宋祖以匹夫提劍, 首創大業, 旬月之間, 重安晉鼎, 居半州之地, 驅一郡之卒, 斬譙縱于庸蜀, 禽姚(紹)[泓]于崤函, 剋慕容超于青部, 梟盧循於嶺外. 戎旗所指, 無往不捷. 觀其豁達, 則漢祖之風; 制勝胸襟, 則光武之匹. 惜其祚短, 志未可量. 此爲優矣."

"송의 효무제(孝武帝) 유준(劉駿)과 명제(明帝) 유욱(劉彧)은 누가 더 어질다고 하겠습니까?"

우세남이 말했다. "이 두 황제의 잔인한 심성은 겉으로 드러난 모양은 다르지만 본질은 같습니다. 어질고 유능한 신하들을 마음대로 죽이고, 친 혈육마저 죽여 없앴습니다. 안으로는 진평과 주발 같은 재상이 없었고 밖으로는 진나라와 정나라 같이 '순망치한'의 관계로 의지할 이웃 나라도 없었습니다. 나라의 최고 권력을 어리석고 용렬한 자들에게 맡겨 놓고 있었으니 소도성(蕭道成, 남제를 세워 고제로 칭함)이 이런 망국의 조짐을 틈타 대권을 장악하고 좌지우지했으며, 결국 일 년이 지나지 않아 옥새의 주인이 바뀌었습니다.

(장자(莊子)가 말하듯이) '진귀한 보물은 꽁꽁 숨겨놓으면 놓을수록 큰 도적에게 갖다 바치는 꼴'이 된 것입니다. 온갖 꾀를 짜냈지만 모두 실패로 돌아갔으니 참으로 길이 탄식할만한 일입니다. 종묘사직이 전복되고 멸망했으니, 어찌 불행한 일이 아니겠습니까?" 〔출전: 상동〕

宋孝武,明帝, 二人孰賢?

虞南曰: "二帝殘忍之性, 異體同心. 誅戮賢良, 割剪枝葉. 內無平勃之相，外闕晉鄭之親．以斯大寶，委之昏稚，故使齊(民)[氏]乘釁，宰制天下，未踰歲稔，遂移龜玉．
緘縢雖固，適爲大盜之資．百慮同失，可爲長歎．鼎社傾淪，非不幸也."

남북조시대 제(齊)나라의 건원(建元)에서 영명(永明) 연간(429-493)까지를 태평치세라고 하는데 진실로 그렇습니까?

우세남이 말했다. "제고제(齊高帝) 소도성은 창업의 군주로서 백성들이 농사지어 먹고사는 어려움을 알아 입신양명한 뒤에도 검소하게 살았으며, 재위 기간 내내 기거와 의식에서 검약하고 소박하게 살려고 노력했습니다.

무제 소색(蕭賾)은 후궁의 미색에 탐닉하여 궁궐을 화려하게 장식하고 사치함이 도를 넘었습니다. 그러나 정사를 소부인 왕검(王儉)에게 위임하여 조정의 법령과 제도가 모두 왕검으로 부터 나왔습니다. 이 시기에 예악과 교화가 성대하게 일어나 한결같이 영명 연간을 칭송합니다. 소색이 재상을 제대로 임용한 것만큼은 정말 칭찬할 만합니다." 〔출전: 상동〕

齊建元,永明之間，號爲治世，誠有之乎?

虞南曰:"齊高創業之主，知稼穡之艱難．且立身儉素，務存簡約．武帝則留意後庭，雕飾過度，然能委任王儉，憲章攸出，禮樂之盛，咸稱永明．宰相得人，於斯爲美."

"남북조시대 송나라와 제나라 두 왕조에서 폐위된 왕이 다섯 명입니다. 교만하고 황음하며 광포한 점은 비록 시대는 다르지만 모두가 똑같습니다. 어떤 왕은 살해당했고 또 어떤 왕은 종묘사직을 뒤엎어 나라를 망하게 했습니다. 이는 그들의 본성이 흉악하고 완고하여 패망을 자초한 것입니까? 아니면 하늘조차 포기하여, 그들을 이용해 나라를 망하게 한 것입니까?"

우세남이 말했다. "뛰어난 지혜의 성인과 아주 어리석은 소인은 애초에 하늘로부터 타고난 자질이 애초에 특이하지만, 보통의 자질을 타고난 일반 사람들은 훈육과 학습에 의해서 성품이 만들어 집니다. 송나라와 제나라 이후로 태자의 훈육을 맡은 동궁의 사부들은 모두 숫자만 채운 그런 사람들이었습니다. 귀하고 천함은 예교에 따라 나눠지는 것인데 아예 예악의 소양이 없는 자들이니 동궁에서 좋은 교육을 제대로 받을 수 없었습니다. 태자 사부들은 직위에 고하에 의해 선발되었고 스승으로서의 덕성에 의해 임용되는 경우는 매우 드물었습니다.

이들 폐출된 다섯 명의 임금들은 평범한 자질을 타고난 데다 주공이나 소공과 같은 스승이 없었으며, 스승이나 유익한 벗의 훈계와 충고를 멀리하면서 오히려 무람없고 간사한 소인배들과 가까이 하면서 악습에 물들었습니다. 이처럼 용열한 자질을 타고난 데다 비속한 환경 속에서 자라났으니, 나라를 망하게 하고 죽임을 당한 것은 이치상 당연한 결과라 하겠습니다." [출전: 상동]

宋齊二代, 廢主有五, 並驕淫狂暴, 前後如一. 或身被賊殺, 或傾墜宗社, 豈厥性頑凶, 自貽非命? 將天之所棄, 用亡大業乎?

虞南曰: "夫上智下愚, 特禀異氣. 中庸之才, 皆有訓習. 自宋齊已來，東宮師傅，備員而已．貴賤禮隔，規獻無由．多以位升，罕由德進．

此五君者，禀凡庸之性，無周召之師[保]，遠益友之箴規，狎宵人之近習．以斯下質，生而楚言，覆國亡身，理數然也．”

“양(梁) 원제(元帝) 소역(蕭繹)은 총명하고 재주가 있고 학문에도 뛰어났으며, 일찍이 (대장군 후경의) 반란을 평정하기도 했으나, 결국은 나라를 망하게 했으니 무엇 때문입니까?” 우세남이 말했다. “양원제는 총명하고 서화에도 뛰어났으며, 재능은 문무를 겸했습니다. 유리한 형세를 잘 활용하여 후경(侯景)의 반란을 토벌했으며, 간문제(簡文帝)가 피살된 나라의 수치와 가문의 원한을 설욕했으며, 이러한 공을 세워 마침내 제위에 올랐으니 확실히 칭찬할 만한 점이 많습니다.

그러나 국난을 겪고 그 상처가 완전히 회복되기도 전에 강적인 서위(西魏)의 감언이설을 믿었다가 포로로 잡혔고. 초나라 땅인 강한(江漢) 지역을 연연해하여 도읍인 건강을 버렸습니다. 울타리가 되는 종실의 친족들을 모두 멀리 변방으로 쫓아내 스스로 원수를 만들었고, 일단 유사시에 그들은 모두 고립되고 궁벽한 곳에 있었기 때문에 더불어 돕거나 근심을 나눌 수 없었습니다. 끝내 포로로 잡혀 죽임을 당하고 나라를 멸망시켰으며, 수많은 생민들을 도탄에 빠뜨렸으며, 초 땅의 언(鄢)과 영(郢) 일대를 포기해야 했으니, 참으로 애석한 일입니다.” 〔출전: 상동〕

梁元帝聰明才學，克平禍亂，而卒致傾覆，何也?

虞南曰：“梁元聰明伎藝，才兼文武，仗順伐逆，克雪家冤，成功遂事，有足稱者．(但)[値]國難之後，傷夷未復，信强寇之甘言，襲褊心於懷楚．蕃屛宗支，自爲讐敵．孤遠懸僻，莫與同憂，身亡祚滅，生人塗炭，擧鄢,郢而棄之，良可惜也．"

"남북조시대 북제(北齊)의 문선제(文宣帝) 고양(高洋)의 패악스럽고 미친 행적은 걸왕이나 주왕마저도 하지 않았던 것인데도, 나라는 부유하고 백성들은 풍요로워 반란으로 나라가 망하는 지경에 이르지 않았으니, 무엇 때문입니까?"

우세남이 말했다. "옛날 전국시대의 제환공(桓公)은 사치스럽고 음란하며 예를 지키지 않고 인륜도덕마저 저버린 사람이었습니다. 그러나 내정과 외교의 전권을 관중(管仲)에게 위임하여 결국 제후들의 패주가 되었습니다.

제선제 고양의 비열하고 추악함과 잔인하고 포악함은 고금에 비할 바가 없지만, 나라의 모든 정무를 재상 양음(楊愔)과 같은 유능한 인재들에게 위임함으로써 나라와 종족을 온전하게 보호할 수 있었습니다. 이는 그가 인재를 알아보고 적재적소에 임용했던 것으로, 이 때문에 사직을 존속시킬 수 있었던 것입니다." 〔출전: 상동〕

後齊文宣帝，狂悖之跡，桀紂之所不爲，而國富人豐，不至於亂亡，何也?

虞南曰："昔齊桓奢淫亡禮，人倫所棄．假六翮于仲父，遂覇諸侯．宣武帝鄙穢忍虐，古今無比．委萬幾於遵彦，保全宗國，以其任用得才，所以社稷猶存者也．"

진(陳) 무제 진패선(陳霸先)은 평민으로 몸을 일으켜 제왕의 대업을 이루었는데, 근대의 어느 제왕에 비교할 수 있겠습니까?

우세남이 말했다. "무제 진패선은 뛰어난 재능과 원대한 지략을 지니고 천하를 바로잡겠다는 큰 뜻을 품었습니다. 용이 바다에서 용솟음치고 표범이 험준한 산을 뛰어 오르는 것 같은 위세로 천하를 종횡하며, 궁궐에 드리운 어두운 기운을 걷어내고 기강을 바로 잡아 양나라 소씨 황제의 존엄을 회복했습니다. 서쪽으로 북주(北周)에 맞서 싸우고, 북쪽으로 북제 고환(高歡)의 잔당을 멸하였습니다. 웅대한 지모와 원대한 책략을 품고 군대를 움직이면 빈틈이 없는 만전의 계략을 세워 승리를 거두었습니다.

실로 창업의 훌륭한 군주이자 난을 평정한 영웅이었습니다. 비록 남송을 세운 고조 유유에게는 미치지 못하는 점이 있다고 해도, 제나라를 창건한 고제 소도성보다는 훨씬 뛰어납니다."〔출전: 상동〕

陳武帝起自草(荣)[萊], 興創帝業, 近代以來, 可方何主?

虞南曰: "武帝以奇才遠略, 懷匡復之志, 龍躍海隅, 豹變嶺表. 掃重氛於絳闕, 復帝座於紫微. 西抗周師, 北夷齊寇. 宏謀長算, 動無遺策.

實開基之令主, 撥亂之雄才. 比宋祖則不及, 方齊高則優矣."

"수문제(隋文帝) 양견(楊堅)은 일개 평민 출신으로 황제의 보좌에 올랐으며, 서쪽으로 촉을 평정하고 남쪽으로 장강 이남의 후진(後陳)을 멸망시켰습니다. 진무제 사마염(司馬炎)에 비교할만한 인물입니까?"

우세남이 이렇게 평가했다. "수문제는 외척의 큰 세력을 등에 업고 북주 왕조가 쇠약해진 기회를 틈타, 큰 뜻을 품고 재상이 되어 나라의 권력을 좌지우지하다가 끝내 제위에 올랐습니다. 그는 나라를 다스리는데 세심하게 마음을 기울였고, 힘써 백성들에게 은택을 베풀었으며, 이로써 신구 왕조의 고위 관료들을 위무하고 중앙과 지방을 안정시킬 수 있었습니다. 내정과 군사 양면에서 제도를 정비하여 큰 성과를 거두었으니 칭찬할만한 점이 많습니다. 장강과 회하 일대를 평정한 뒤에는 제도와 문물을 통일시켰으니, 당시 천하의 인재들과 백성들은 모두 태평성세를 발돋움하여 갈망했습니다.

그러나 남조의 후진(後陳)을 멸망시킨 이후 그의 심성은 사치와 방종으로 바뀌어, 비록 위엄이 사해에 떨쳤지만 임금으로서 마땅히 돌보아야 할 국정에 더 이상 마음을 두지 않았습니다. 형 땅의 진귀한 보물이 황궁 창고에 가득 쌓였고, 오나라에서 뽑아 온 미인들이 후궁에 가득 찼습니다. 인수궁을 건축하고 장식하는데 국고를 거의 탕진했습니다. 백성들의 재력은 고갈되었고 중산층 백성들의 살림살이는 파산 지경에 이르렀습니다.

게다가 말년에는 의심과 시기심이 날로 심해지고 미신과 무술(巫術)에 미혹되어 사단을 일으키는 일이 많아졌고, 결국 친 아들 양준(楊俊)의 왕비와 귀비들을 죽이고 재상인 양소(楊素)의 모친을 감옥에 가두었습니다. 이로서 조정의 기강은 문란해지고 예악의 교화는 쇠퇴해졌습니다. 심지어는 독고(獨孤)황후가 국사에 간여하여 황실의 친인척들을 죽이고, 무고한 태자 양용(楊勇)을 내쫓고 총애하는 양광(楊廣)을 태자로 세웠습니다. 공신들과 훌륭한 대신들을 마구 죽여 남아있는 신하가 거의 없었습니다.

양견이 말년에 범한 과오는 진 무제 사마염에 비해 훨씬 많았습니다. 수왕조가 오래 가지 못하고 30년 만에 망한 것은, 스스로가 자초한 결과이지, 어찌 하늘의 뜻이겠습니까?" 〔출전: 상동〕

隋文帝起自布衣, 光有神器, 西定庸蜀, 南平江表, 比於晉武, 可爲儔乎?

虞南曰: "隋文因外戚之重, [值]周室之微, 負圖作宰, 遂膺寶命. 留心政治, 務從恩澤, 故能綏撫新舊, 緝寧遐邇. 文武制置, 皆有可觀. 及克定江淮, 咸同書軌,. 率土黎獻, 企佇太平.

自金陵滅後, 王心奢汰, 雖威加四海, 而情墮萬機. 荊璧塡于內附, 吳姬滿于下室. 人壽雕飾, 事將傾宮. 萬姓力殫, 中民産竭. 加以猜忌心起, 巫蠱事興, 戮愛子之妃, 離上相之母. 綱維以紊, 禮教斯亡. 牝鷄晨響, 皇枝剿絕. 廢黜不辜, 樹立所愛. 功臣良佐, 誅翦無遺. 季年之失, 多於晉武. 卜世不永, 豈天亡乎?"

어떤 사람이 물었다. "왕도와 패도에 관한 대략의 설명을 잘 들었습니다. 감히 묻건대, 제왕이 죽은 뒤에 시호를 내리고, 역법을 새로 고치고 복색을 바꾸어 사람들의 이목을 새롭게 바꾸는 것들은 어떤 뜻을 상징하는 것입니까?" 〔조유의 말〕

이렇게 대답한다. "옛날에 시호를 정하는 법(諡法)을 제정한 것은 이로써 후대에 경계하기 위함이다. 사자의 행적에 따라 합당한 명호를 정하였으니 국왕이나 친족이라 하더라도 그 행적을 감출 수 없었다. 그러나 오늘날의 신하들은 실제 행적과 부합되는 지를 따지지 않고 사자를 높이고 숭상하는 데만 힘쓰고 있으니, 옛 사람들이 시법을 제정한 본래의 취지는 이미 사라진지 오래 되었다." 〔출전: 미상〕

예전에 계강자(季康子)가 공자에게 '오제의 덕'이 무엇인지를 묻자 공자는 이렇게 대답했다. "하늘에는 오행이 있으니, 목화금수토입니다. 오행이 사시에 따라 바뀌고 변화하면서, 낳고 길러 만물을 이루는데, 오행을 관장하는 천신이 오제의 씨줄이 됩니다.

옛날 제왕들은 왕조가 바뀌면 국호를 새로 고쳤는데 오행을 본받아 정했습니다. 오행은 번갈아 가며 만사를 주관하며, 시작이 있고 마침이 있으며 상생 상극이 있고, 또한 각각의 의미를 상징하고 있습니다.

그러므로 태어나서 뒤에 밝은 왕이 되었다가 죽으면 오행에 배합했습니다. 이에 따라 태호(太皞)는 목에 배합하고, 염제(炎帝)는 화에 배합하고, 소호(少皞)는 금에, 전욱(顓頊)은 수에, 그리고 황제(黃帝)는 토에 배합했습니다.

제왕들이 국호를 바꾸는 데 있어서, 오행이 상징하는 덕성에 대하여 각자 숭상하는 덕성이 있고, 또 각자 숭상하는 것에서 파생되는 덕성에 따라서 숭상하는 색을 정했습니다. 예를 들어 하후(夏候)씨는 금덕(金德)으로 왕을 칭했으며, (금생수(金生水)의 상생 원리에 따라) 수덕의 색인 흑색을 숭상했습니다. 은나라는 수덕(水德)으로서 왕을 칭하고 (수생목의 원리에 따라 목덕의 청색을 따라야 하지만, 목덕이 숭상하는 청색을 피하기 위해 토생금의 원리에 따라 금덕의 색인) 흰색을 숭상했으며, 주나라는 목덕(木德)으로서 왕을 칭하고 (목생화의 원리에 따라 화덕의 색인) 붉은색을 숭상했습니다. 삼대의 복색이 같지 않는 이유입니다." 〔출전: 『공자가어』 「오제」〕

이후 한(漢)나라 초기에 공손신(公孫臣)과 가의(賈誼)는 한나라는 토덕으로 왕을 칭해야 한다고 주장했는데, 그것은 오행의 차례 바뀜은 상생과 상극의 법칙을 따르기 때문이다. 진(秦)나라는 수덕이었기 때문에 한나라는 (토극수의 상극 원리에 따라) 토덕을 써서 진을 억눌러야 한다는 주장이었다.

또 유향(劉向) 부자는 '제왕은 목덕으로 상징되는 진방(震方, 동방)에서 나온다.'는 이론에 따라 포희(庖犧)씨가 처음으로 목덕을 받았고, 그 이후 어머니가 자식을 낳듯이 상생의 법칙에 따라 목생화, 화생토, 토생금, 금생수, 수생목으로 바뀌고, 끝나면 다시 시작하는데, 신농(神農)에서 부터 황제, 당우삼대를 거쳐 한나라에 이르면 화덕을 얻는다고 보았다. 그러므로 유방이 처음 의병을 일으켰을 때 신모(神母)가 밤에 울었는데, 이는 백제(白帝)가 죽고 적제(赤帝)가 살아난다는 상서로운 조짐을 보인 것이며, 그런 천명에 따라 하늘이 내린 통치권을 받은 것이다.

또 옛날 공공(共工)씨는 수덕으로서 수생목과 수극화의 사이에 끼어 있었고 진나라 또한 같은 운명이었는데, 이들은 모두 올바른 위치에 있지 않았기 때문에 왕조가 오래 갈 수 없었던 것이다. 〔출전: 『한서』 권25 「교사지, 찬(郊祀志, 贊)」〕

이런 법칙으로 따져 보면, 후세의 백대까지라도 그 흥망성쇠를 알 수 있는 것이다. 〔조유의 말〕

或曰: 王霸之畧, 請事斯語矣. 敢問歿而作諡, 及改正朔, 易服色, 以變人之耳目, 其事奚象?

對曰: 古之立諡者, 將以戒夫後代, 隨行受名, 君親無隱. 今之臣子不論名實, 務在尊崇, 斯風替也久矣.

昔季康子問五帝之德於孔子, 孔子曰: "天有五行, 木火金水及土,分時贊化, 育以成物, 其神爲五帝緯. 古之王者易代改號, 取法五行, 五行更王, 終始相生, 亦象其義. 故其生爲明王者, 而死配五行. 是以太皞配木, 炎帝配火, 少皞配金, 顓頊配水, 黃帝配土.

帝王改號於五行之德, 各有所尙, 從其所王之德次焉. 夏候氏以金德王, 而尙黑. 殷人以水德王, 而尙白. 周人以木德王, 而色尙赤. 此三代之所以不同也.

及漢之初, 公孫臣,賈誼以爲漢土德, 以五行之傳, 從所不勝. 秦在水德, 故謂漢據土而克之. 劉向父子以爲帝出於震, 故庖犧氏始受木德, 其後以母傳子, 終而復始. 自神農,黃帝, 下歷唐虞三代, 而漢得火焉. 故高祖始起, 神母夜號, 著赤帝之符, 得天統矣. 昔共工以水德間於木火, 與秦同運, 非其次, 故皆不永也.

以此觀之, 雖百代可知也.

제10편 신행(臣行)

신하의 행실을 평가하다

신하 중에서 일이 아직 싹트지 않고, 형체와 조짐이 드러나기도 전에 국가 존망의 기틀과 득실의 관건을 홀로 훤히 꿰뚫어보는 사람이 있다. 사단이 일어나기 전에 미리 방지하여 군주로 하여금 번성하고 명예로운 자리에 초연히 우뚝 설 수 있게 만드는 그런 신하라면, 성스러운 신하(聖臣)이다.

겸허한 마음으로 온힘을 다하여 군주를 위해 일하고, 날마다 좋은 건의를 올리며, 군주에게 예의를 닦고 장기적인 치국의 계책을 깨우치도록 권면하여, 군주로 하여금 그 아름다운 덕성은 더욱 발양토록 하고, 잘못은 바로잡아 주는 신하라면, 좋은 신하(良臣)이다.

일찍 일어나고 늦게 자면서 정사를 돌보고 훌륭한 인재를 천거하는데 게으르지 않으며, 고금의 역사에 정통하여 자주 옛 성현의 사적을 인용하여 군주로 하여금 이를 따르도록 면려한다면, 이는 충성스러운 신하(忠臣)이다.

은미한 것까지 살펴 일의 성공과 실패를 명확하게 살피고, 일이 벌어지기 전에 미리 방지하여 수습하며, 허점을 틀어막고 사단의 근원을 끊어, 화를 오히려 복으로 바꿈으로써 군주로 하여금 끝까지 근심이 없도록 하는 신하라면, 지혜로운 신하(智臣)이다.

제도를 지키고 법령을 받들고 맡은 바 직무를 충실히 이행하며, 뇌물을 받지 않고 먹고 마시는데 근검절약하는 신하는, 올곧은 신하(貞臣)이다.

나라가 혼란에 빠졌을 때 아첨하지 않고 감히 용안을 거슬러 간언하며, 면전에서 군주의 잘못을 아뢰어 바로 잡는 신하는, 바른 신하(直臣)이다.

이상은 여섯 가지 유형의 올바른 신하(六正)이다. 〔출전: 『설원』「신술(臣術)」〕

夫人臣萌芽未動, 形兆未見, 昭然獨見存亡之機, 得失之要, 豫禁乎未然之前, 使主超然立乎顯榮之處, 如此者, 聖臣也. 虛心盡意, 日進善道, 勉主以禮義, 諭主以長策, 將順其美, 匡救其惡, 如此者, (大)[良]臣也. 夙興夜寐, 進賢不懈, 數稱往古之行事, 以厲主意, 如此者, 忠信也. 明察[幽見]成敗, 早防而救之, 塞其間, 絕其源, 轉禍以爲福, [使]君終已無憂, 如此者, 智臣也. 依文奉法, 任官職事, 不受贈遺, 食飮節儉, 如此者, 貞臣也. 國家昏亂, 所爲不諛, 敢犯主之嚴顏, 面言主之過失, 如此者, 直臣也. 是謂六正.

관직에 안주하며 봉록을 탐내고 공무 수행에는 힘쓰지 않으며, 바람 부는 대로 물결치는 대로 세파의 부침에 따라가며 좌고우면하여 책임지지 않으려 하니, 이런 신하는 자리만 채우는 신하(具臣)이다.

군주가 하는 말은 다 좋다고 하고 군주가 하는 행동은 뭐든지 옳다고 하면서, 군주의 취향을 은밀히 알아내어 좋아하는 대로 맞춰주고, 군주의 눈과 귀를 즐겁게 해서 구차하게 비위를 맞추어 총애를 얻고, 군주와 더불어 향락을 누리며, 나중에 어떤 해악이 닥칠지를 돌보지 않는다면, 이런 신하는 아첨하는 신하(諛臣)이다.

어떤 신하는 속으로는 음험하고 교활하면서도 겉으로는 소심하고 신중하며, 말과 낯빛을 잘 꾸며 남에게 아첨하고 어질고 능력 있는 사람을 시기한다. 자기 편 사람을 천거하기 위해 그의 장점을 크게 자랑하고 허물은 숨기며, 또는 자기 맘에 들지 않는 사람을 몰아내기 위해 그의 과실은 과장해서 떠벌리고 그의 좋은 점은 고의로 은폐하여, 군주로 하여금 신상필벌(信賞必罰)의 원칙을 부당하게 만들어 나라의 정책과 법령이 실행되지 못하게 한다면, 그런 신하는 간사한 신하(奸臣)이다.

잔꾀가 많아 자신의 잘못을 번드레하게 꾸며 숨기고, 간교한 말솜씨로 행실의 잘못을 감추며, 안으로는 부자형제 사이를 이간질하고 조정에서는 현명한 신하를 시기하여 분란을 일으킨다면, 이런 신하는 모함하는 신하(讒臣)이다.

권력을 장악하여 농단하고 가벼이 여겨야할 사리사욕을 중시하며, 사사로이 파당을 결성하고 재산을 모아 자기 집안을 부유하게 만들며, 군주의 명령을 제 마음대로 고쳐 자신의 존귀하게 과시한다면, 이런 신하는 도적 같은 신하(賊臣)이다.

간사하고 그릇된 말로 군주에게 아첨하여 군주를 불의에 빠뜨리고, 파당을 지어 서로 비호하며, 군주의 눈과 귀를 가려 흑과 백을 구별하지 못하고 옳고 그름을 분간하지 못하도록 만들어 놓고, 군주의 그런 허물이 나라 안을 물론 이웃 나라에까지 다 알도록 만든다면, 이런 신하는 나라를 망치는 신하(亡臣)이다.

이상은 여섯 종류의 사특한 신하(六邪)이다. 〔출전: 상동〕

安官貪祿, 不務公事, 與世沉浮, 左右觀望, 如此者, 具臣也. 主所言皆曰善, 主所爲皆曰可, 隱而求主之所好而進之, 以快主之耳目, 偷合苟容, 與主爲樂, 不顧後害, 如此者, 諛臣也. 中實險詖, 外貌小謹, 巧言令色, 又心疾賢, 所以欲進則明其美,隱其惡, 所以欲退則彰其過,匿其美, 使主賞罰不當, 號令不行, 如此者, 奸臣也.

智足以飾非, (辨)[辯]足以行說, 內離骨肉之親, 外妬亂於朝廷, 如此者, 讒臣也. 專權擅勢, 以輕爲重, 私門成黨, 以富其家, 擅矯主命, 以自顯貴, 如此者, 賊臣也. 諂主以佞邪, 墜主于不義, 朋黨比周, 以蔽主明, 使白黑無別, 是非無聞, 使主惡布於境內, 聞于四隣, 如此者, 亡國之臣也. 是謂六邪.

자공(子貢)이 물었다. "춘추 시대 진(陳)나라 영공(靈公)과 그 신하들은 하희(夏姬)를 놓고 서로 사통하여 조정을 문란하게 만들었습니다. 대부인 설야(泄冶)가 이를 간언하자 영공은 자객을 보내 죽였습니다. 설야의 행동은 주(紂)왕 때의 비간(比干)과 같다고 하겠는데, 이를 가리켜 어질다(仁) 해도 되겠습니까?"

공자가 말했다. "비간은 주왕에게 혈연으로는 숙부였고 관직으로는 스승이었다. 그의 충성스럽고 의로운 마음은 오직 은(殷)나라의 종묘사직을 지키기 위한 것뿐이었다. 죽음으로써 간쟁하여 자기가 죽은 뒤에라도 주왕으로 하여금 잘못을 깨달아 뉘우치도록 만들고자 했던 것이니, 그 본마음은 진실로 인에서 나온 것이었다.

그러나 설야는 그와는 다르니, 벼슬은 하급 관리에 지나지 않았고 영공과는 아무런 혈연관계가 없었는데도 스스로 군주로부터 중용되었다는 생각을 품고, 무도한 진나라를 떠나지 않았다. 변변찮은 제 한 몸을 바쳐 군주의 음란함과 용렬함을 바로 잡으려 했으나 목숨을 희생하고서도 아무런 소용도 없었으니, 그저 부질없이 한 몸을 버렸다고 할 수 있다.

시경에 '백성들이 크게 편벽된 길로 나아간다면 그들 스스로 바로 잡도록 만들 길이 없다.'고 했으니 설야의 경우를 두고 이른 말이 아니겠는가?" 〔출전: 『공자가어』「자로초견(子路初見)」〕

子貢曰: "陳靈公君臣宣淫于朝, 泄冶諫而殺之, 是與比干同也, 可謂仁乎?

子曰: "比干於紂, 親則叔父, 官則少師. 忠款之心, 在於存宗廟而已, 故以必死爭之, 冀身死之後而紂悔寤, 其本情在乎仁也.

泄冶位爲下大夫, 無骨肉之親, 懷寵不去, 以區區之一身, 欲正一國之淫昏, 死而無益, 加謂(懷)[捐]矣. '詩'云: '民之多僻, 無自立辟.' 其泄冶之謂乎?"

어떤 사람이 물었다. "숙손통(叔孫通)은 진(秦) 이세(二世) 황제의 뜻에 영합했는데, 옳다고 할 수 있습니까?" 〔조유의 말〕

사마천(司馬遷)이 말했다. "군주의 뜻을 잘 헤아려 조정에 나아가는 것은 옛날의 현철들도 괜찮다고 인정한 바 있다. 숙손통은 세상에서 자신의 재주가 쓰이기를 바라며 분수를 헤아려 할 일을 열심히 했으며, (한고조의 명에 따라) 각종 의례와 제도를 제정하여 나아가고 물러나는 각종 예법과 절차를 시세의 변화에 맞춰 바꾸었으며, 마침내 한왕조에서 유학의 종사가 되었다.

옛날의 군자들은 바르고 곧다고 해도 지나치게 꼿꼿하지 않았고, 구부러질지언정 꺾이지 않았다. 크게 곧은 것은 굽은 것처럼 보이고, 길은 뱀처럼 구불구불하면서 이어진다고 했으니, 바로 숙손통의 처세를 두고 한 말이라 하겠다." 〔출전: 『사기』 권99 「유경숙손통열전(劉敬叔孫通列傳)」〕

或曰: "叔孫通阿二世意, 可乎?"

司馬遷曰: "夫量主而進, 前哲所韙. 叔孫生希世度務, 制禮進退, 與時變化, 卒爲漢家儒宗. 古之君子, 直而不挺, 曲而不撓, 大直若詘, 道同蝼蛇, 蓋謂是也."

어떤 사람이 물었다. "그렇다면 두무(竇武)와 진번(陳蕃)은 조정을 장악한 환관들과 맞서 싸우다가 결국에는 죽임을 당하고 말았으니, 그들이 틀린 것입니까?" 〔조유의 말〕

범엽(范曄, 남북조시대 송의 역사가로 『후한서』를 편찬함)이 평했다. "한나라 환제, 영제의 시기에 진번과 같은 사람들은 모두가 한 시대의 기풍을 세울 수 있는 인재였다. 혼탁한 세속에 맞서 험준한 고산준령을 말을 타고 달리는 것과 같은 위험을 무릅쓰고 부패한 환관 세력에 맞서 싸웠으나, 끝내 죽임을 당했다. 그는 제 한 몸만을 깨끗이 하여 뜻을 지키거나 혼탁한 세상에서 벗어날 수 없어서 그랬던 것이 아니었다. 오히려 당시 세상의 선비들이 혼탁한 세속을 떠나는 것을 고결하게 여기고 서로 돌보는 인륜도덕 마저도 없어지는 것을 안타까워했다. 또 세속을 떠나 은둔하는 것을 의롭지 못한 것으로 믿었기 때문에 여러 번 벼슬이 깎이는 등 배척을 당했으나 물러나지 않았다. 인의의 실현을 자기의 책임으로 여기고 임무는 막중하고 갈 길은 멀어도 뜻을 더욱 굳게 다짐하여 노력했다.

(영제가 어린 나이에 즉위하는 기회를 이용하여) 보정대신인 두무와 모의하고 계책을 짜내어 환관세력을 몰아내려 했으니, 천추만대의 위업을 일거에 이루려고 했던 것이다. (그러나 일이 사전에 누설되어) 끝내 공을 이루지 못하고 죽임을 당했으나 그의 의로움과 신념은 대대손손 세상 사람들의 마음을 이끌어갈 지주가 될 것이다." 〔출전: 『후한서』 권66 「진번전, 론(陳蕃傳, 論)」〕

或曰: "然則竇武陳蕃, 與宦者同朝廷爭衡, 終爲所誅, 爲非乎?"

范曄曰: "桓,靈之世, 若陳蕃之徒, 咸能樹立風聲, 抗論惛俗, 驅馳岨嶮之中, 而與腐夫爭衡. 終取滅亡者. 彼非不能潔情志, 違埃霧也. 憫夫世士, 以離俗爲高, 而人倫莫相恤也. 以遯世爲非義, 故屢退而不去; 以仁心爲己任, 雖道遠而彌厲.

及遭値際會, 協策竇武, 可謂萬代一時也. 功雖不終, 然其信義足以攜持世心矣."

삼국시대에 장홍(臧洪)은 친구인 광릉(廣陵, 지금의 江蘇 揚州 일대) 태수 장초(張超)를 구하려고 애쓰다 죽었으니, 이를 의로운 것이라고 할 수 있겠습니까? 〔조유의 말〕

범엽은 이렇게 평가했다. "조조의 군대가 옹구(雍丘)를 포위하여 장초가 위급한 상황에 처했을 때, 그를 구출하기 위해 나선 장홍의 비분강개한 모습은 참으로 장렬하였다. 맨발로 뛰어 다니며 고함쳐서 병사들을 모으고, 스스로 군사를 거느리고 대적한 그의 행동은 진실로 가엽기조차 했다.

그러나 영웅호걸의 시비선악에 대한 선택은 보통 사람들의 신의를 지키고자하는 마음과는 다르지 않겠는가? 당시의 호걸들은 동맹을 체결하여 합종연횡을 도모하면서도 속으로는 속임수와 계산을 품고 서로 존경하는 척했으나, 실질적인 관심은 오로지 형세와 이해득실뿐 이었다. 하물며 궁벽한 지역의 옹구성은 위험에 빠졌고, 당시에 조조와 원소(袁紹)는 우호적인 관계에 있었는데, 어리석게도 장홍은 원소의 군사를 빌려 조조를 치려했으니, 설령 이것이 성공했더라도 위급한 상황을 잠시 늦추는 것에 지나지 않았을 것이다. 일시적인 분노에 의해 군대를 일으키는 것은 병가에서 꺼리어 피하는 것이다.

장홍의 행동은, (초나라가 오나라의 침략으로 위험에 처했을 때) 진나라에 구원병을 요청하면서 칠 일 밤낮을 통곡했다는 신포서(申包胥)의 절의를 품은 것이라 할 수 있으나, 그렇게 해서 초나라를 존속시켰다는 말을 듣지 못했다." 〔출전: 『후한서』 권58 「장홍전, 론(臧洪傳, 論)」〕

或曰: "臧洪死張超之難, 可謂義乎?"

范曄曰: "雍丘之圍, 臧洪之感憤, 壯矣. (相)[想]其徒跣且號, 束甲請擧, 誠足憐也. 夫豪雄之所趣舍, 其與守義之心異乎? 若乃締謀連衡, 懷詐算以相尙者, 蓋惟勢利所在而已. 况偏城旣危, 曹,袁方睦, 洪徒指外敵之衡, 以紓倒懸之會. 忿悁之師, 兵家所忌. 可謂懷哭秦之節, 存荊則未聞."

어떤 사람이 물었다. "계포(季布)와 같은 장사가 궁지에 몰리자 용맹한 기개를 꺾고 유약하게 변신해서 머리를 깎고 목에 칼을 쓴 채 죄수처럼 위장하고 도망쳐 숨어 있었으니, 이를 옳다고 할 수 있습니까?" 〔조유의 말〕

사마천은 이렇게 평가했다. "초패왕 항우가 '산이라도 뽑을 수 있는 기개'로 천하에 이름을 떨쳤지만, 계포 역시 무용으로 초나라에 이름을 드날렸다. 여러 차례 지휘관이 되어 병사들을 이끌고 적군에 쳐들어가 장수를 베고 깃발을 빼앗아 온 것이 여러 번이었으니, 참으로 장사라 할 만하다. 그러나 항우를 패망시키고 천하를 잡은 한고조는 그를 잡으려고 현상금을 걸었고, 처형당할 위기에 몰리자 계포는 머리를 깎고 노예가 되어 숨어 있을지언정 죽음을 택하지 않았으니, 이처럼 삶을 도모한 것을 두고 비천하다고 할 수 있겠는가? 그는 틀림없이 자신의 재능에 비상한 자부심을 갖고 이런 굴욕을 수치로 여기지 않았으니, 그것은 미처 펼쳐 보이지 못했던 스스로의 능력을 펼칠 기회를 얻고자 했던 때문이다. 그리하여 마침내 한나라의 명장이 되었다.

현명한 사람은 죽음을 진실로 중하게 여기지만, 종이나 첩과 같은 천한 신분의 사람들은 사소한 일에도 감정에 북받쳐 목숨을 끊는데, 이것은 결코 용기 있는 행동이 아니다. 더 이상 어떻게 만회할 수 있는 계획이 없다고 생각하고 포기하는 것일 뿐이다." 〔출전: 『사기』 권100 「계포난포열전(季布欒布列傳)」〕

或曰:“季布壯士, 而反摧剛爲柔, 髡鉗逃匿, 爲是乎?”

司馬遷曰:“以項羽之氣, 而季布以勇顯於楚, 身屨典軍, 搴旗者數矣, 可謂壯士. 然至被刑戮, 爲人奴而不死, 何其下也? 彼必自負其材, 故受辱而不羞, 欲有所用其未足也, 故終爲漢名將.

賢者誠重其死; 夫婢妾賤人, 感慨而自殺者, 非勇也, 其計(盡)[劃]無復之耳.”

남북조 말엽 송나라의 종각(宗慤)이 낙백서생으로 있을 때 동향의 호족인 유업(庾業)으로부터 심한 멸시를 당했으나, 나중에 예주(豫州) 태수의 존귀한 자리에 오르자 오히려 유업을 불러 장사(長史)로 임명했는데, 이를 어떻게 평가합니까? 〔조유의 말〕

배자야(裴子也)는 이렇게 말했다. “어떤 사람들은 가난하다고 해서 마음 아파하지 않고 비천하다고 해서 근심하지 않으며, 편안하고 담박하게 천명을 받아들이며 원대한 이상을 품고 있다. 이러한 덕성은 증자(曾子)나 원헌(原憲) 같은 공자의 제자들이나 갖추고 있는 것이다. 또 어떤 사람들은 불우한 처지에 있을 때 뜻을 굽히고 치욕을 받아들였으며, 눈치를 보고 허리를 굽히며 무뢰배들의 사타구니 사이를 기어가는 굴욕을 참고 견뎌내기도 했다. 그러나 일단 존귀한 지위에 오르자 여러 영웅들의 머리 위를 뛰어넘어 말을 달렸으니, 바로 한신(韓信)이나 경포(鯨布)와 같이 웅지를 품은 사람들이다.

비천할 때 멸시받은 상황은 같다고 하겠지만, 몸을 낮춘 그 마음가짐은 전혀 다르다. 종각은 옛날 유업이 내놓았던 변변치 못한 음식을 결코 부끄럽게 여기지 않았으니 한신과 경포의 풍도를 갖추고 있었다. 또 뜻을 이룬 뒤에는 옛날의 나쁜 일을 마음에 두지 않았으니 증

자와 원헌 같은 덕이 있는 큰 사람(長者)이 아니겠는가?" 〔출전: 배자야의 『송략(宋略)』〕

或曰: "宗慤之賤也, 見輕庾業, 及其貴也, 請業爲長史. 何如?"

裴子野曰: "夫貧而無戚, 賤而無悶, 恬夫天素, 弘此大猷, 曾原之德也. 降志辱身, 俛眉折脊, 忍屈庸曹之下. 貴騁羣雄之上, 韓,黥之志也.

卑身之事則同, 居卑之情已異. 若宗元幹無怍於草具, 有韓.黥之度矣; 終棄舊惡, 長者哉!"

(서한 시기 진평(陳平)과 주발(周勃) 등이 여후(呂后)의 세력을 몰아낼 때) 대신인 역기(酈寄)가 친구인 여록(呂祿)을 속여 교외로 놀러가도록 한 것을 두고, 세상에서는 친구인 여록을 팔았다고 하는데, 도리에 비추어 어떻게 평가할 수 있습니까? 〔조유의 말〕

반고(班固)가 이렇게 평했다. "이른바 친구를 판다는 것은 이익을 얻기 위해 의리를 저버리는 행위를 말한다. 그러나 역기는 개국공신인 부친 역상(酈商)이 붙잡혀 위협받는 상황에 처해서, 비록 친구인 여록을 속였으나 (여후 일족을 몰아내고) 종묘사직을 안정시켰다. 이는 임금과 부친을 보호하기 위한 대의에서 한 일이니, 옳다고 하겠다." 〔출전: 『한서』 권41 「찬(贊)」〕

世稱酈寄賣交, 以其紿呂祿也, 于理如何?

班固曰: "夫賣交者, 謂見利忘義也. 若寄, 父爲功臣而執劫, 雖摧呂祿以安社稷, 義存君親, 可也."

(동한 말년 조조가 서주(徐州) 정벌에 나섰을 때, 장막(張邈)이 반란을 일으키고 휘하에 있던 여포(呂布)가 범현(範縣) 수령 근윤(靳允)의 모친을 구금하고 근윤에게 귀순하라고 협박했다. 조조는 정욱을 범현에 보내 근윤에게 성을 지키도록 설득했다.) 근윤이 모친을 저버리고 성을 지켰는데, 이를 두고 충이라고 할 수 있겠습니까? 〔조유의 말〕

서중(徐衆)은 이렇게 말했다. "당시 근윤과 조조는 아직 군신관계가 이뤄지지 않았다. 더구나 어머니는 가장 가까운 혈육이다. 의리에 비추어 볼 때 근윤은 성을 버리고 모친을 구하러 가야 했다. 예전에 유방의 장군 왕릉(王陵)의 모친이 항우에게 붙잡혔을 때, 왕릉의 모친은 유방이 반드시 천하를 얻을 것이라고 믿고 스스로 목숨을 끊어 왕릉이 뜻을 지킬 수 있도록 했다. 왕릉의 충성된 마음은 얽매인 바가 없게 되어 이후에 주군을 충심으로 모셨으며, 죽을 때까지 충성을 다하여 절의를 지켰다.

이와는 달리, 전국시대 위(衛)나라 공자인 개방(開方)은 제나라에서 벼슬하면서 십 년이 지나도록 고향을 찾지 않았다. 재상인 관중(管仲)은 혈육을 그리워하지 않는 사람이 어떻게 군주를 사랑하겠으며, 더욱이 나라의 재상이 될 수 없다고 생각하고 면직시켰다.

이 때문에 충신은 반드시 효자의 문중에서 찾아야 한다고 하는 것이다. 근윤은 마땅히 먼저 모친을 구해야 했다.

또 서서(徐庶)의 모친이 조조에게 붙잡히자 유비(劉備)는 서서를 고향으로 돌려보냈다. 천하를 얻고자 하는 인물이라면 자식의 부모에 대한 효심을 너그럽게 헤아려야 할 것이니, 조조는 마땅히 근윤에게 모친을 구할 수 있도록 보내주어야 했다." 〔출전: 서중의 『삼국평(三國評)』, 『삼국지』 권14 「정욱전(程昱傳)」의 배주에서 인용함〕

或曰: "靳允違親守城, 可謂忠乎?"

徐衆曰: "靳允於曹公, 未成君臣. 母至親也, 於義應去. 昔王陵母爲項羽所拘, 母以高祖必得天下, 因自殺以固陵志. 明心無所係, 然後可得事人, 盡其死節.

衛公子開方仕齊, 十年不歸, 管仲以其不懷其親, 安能愛君, 不可以爲相.

是以求忠臣必於孝子之門, 允宜先救至親. 徐庶母爲曹公所得, 劉備乃遣庶歸. 欲[爲]天下者, 恕人子之情, 公又宜遣允也."

위문제가 대신 왕랑(王郎) 등에게 물었다. "옛날 춘추전국 시대에 자산(子産)이 정(鄭)나라를 다스릴 때에는 사람들이 자산을 속일 수 없었고, 공자의 제자인 자천(子賤)이 선보(單父) 땅을 다스릴 때에는 사람들이 차마 그를 속이려는 마음을 갖지 않았으며, 서문표(西門豹)가 업도(鄴都)를 다스릴 때에는 사람들이 감히 그를 속이려 하지 못했다고 한다. 이상 세 사람 가운데 누구의 덕이 가장 뛰어나다고 할 수 있는가?"

왕랑이 대답했다. "임금이 덕으로 다스린다면 신하들은 도의에 감화되어 차마 속이려는 마음을 갖지 못합니다. 만약 임금이 아래 사람들의 일을 세밀하게 살피면, 그들은 발각될까 두려워 속일 수가 없습니다. 또 엄한 형벌로 다스린다면 아래 사람들은 죄를 지어 벌을 받을까 두려워 감히 속이려 하지 못합니다. 덕을 베풀어 백성들을 인의로 감화시킨다면, 그것은 바로 '덕으로 이끌고 예의로 가지런히 하면 백성들이 부끄러움을 알고 바른 길을 좇아간다.'는 공자의 도덕정치를 실현하는 것입니다. 규찰과 엄벌에 의지하여 다스리는 것은,

공자가 말한 바 있듯이, '정령으로 인도하고 형벌로 다스리면 백성들이 처벌을 모면하려고만 할 뿐 부끄러움을 모르는 것"이 됩니다. (위의 세 가지 경우에서 백성들이 속이지 않게 된 결과는 겉으로 동일하게 보이지만) 그 우열의 차이는 매우 크다고 할 수 있습니다. 관건은 도의와 형벌의 균형을 잡는데 있으니, 단지 무게를 달아 균(鈞, 30근)과 수(銖, 1근의 1/240)의 차이를 알아차리는 것만으로는 안 됩니다." 〔출전: 『사기』 권126 「골계열전(骨稽列傳)」 및 「배씨집해(裴氏集解)」〕

魏文帝問王郎等曰: "昔子產治鄭, 人不能欺. 子賤治單父, 人不忍欺. 西門豹治鄴, 人不敢欺. 三子之才, (與)[於]君德孰優?"

對曰: "君任德, 則臣感義而不忍欺. 君任察, 則臣畏覺而不能欺. 君任刑, 則臣畏罪而不敢欺. 任德感義, 與夫導德齊禮, 有恥且格, 等趨者也; 任察畏罪, 與夫導政齊刑, 免而無恥, 同歸者也. 優劣之懸, 在於權衡, 非徒鈞銖之覺也."

어떤 사람이 물었다. "노나라의 계문자(季文子)와 한무제 때의 공손홍(公孫弘)은 모두 재상의 지위에 올랐지만 스스로 몸을 낮추고 검소하게 생활했습니다. 그런데도 한 사람은 비난을 받고 다른 한 사람은 칭송을 받는 것은 무슨 까닭입니까?" 〔조유의 말〕

범엽이 이렇게 평했다. "어떤 사람은 일을 처리함에 있어서 인을 이롭게 여기는 것처럼 보이지만 실제로는 인을 수단으로 삼아 이익을 좇아가기도 하고, 의를 행하는 것처럼 보이지만 실제로는 의리에 부합되는 일을 실천하지 않는 경우도 있습니다.

계문자는 첩에게 비단 옷을 입히지 않았는데 노나라 백성들은 이를 아름다운 일이라고 칭찬했습니다. 공손홍도 일신에 베옷을 걸치고 살았습니다. 그러나 감찰어사인 급암(汲黯)은 그가 검소한 것처럼 세상을 속이고 있다고 비난했습니다. 겉으로 보기에 검소하게 생활한 것은 다름이 없지만, 한 쪽은 칭송을 받고 한 쪽은 비판 받는 것은 무엇 때문이겠습니까? 의를 본받아 실천하는 것과 이로움을 좇는 것이 다르기 때문이 아니겠습니까?" 〔출전: 『후한서』 권27 「논(論)」〕

그러므로 옛 전적에서는 이렇게 말했다. "인한 사람은 인을 편안하게 여기고, 지혜로운 사람은 인을 교화에 이로운 것으로 여기며, 죄를 지을까 두려워하는 사람은 억지로 인을 행하는 것이다." 이상 세 가지의 경우를 비교해 보면 드러난 인의 행위는 다름이 없지만, 그들이 인을 실천하는 것을 자세히 헤아려 보면 마음가짐이 전혀 다를 수밖에 없는 것이다. 인에 편안한 사람은 본성이 착한 사람이며, 인을 이롭게 여기는 사람은 힘써 인을 실천하며, 인을 억지로 하는 사람은 부득이해서 그렇게 하는 것이다. 이들 세 가지의 인을 비교하면, 인을 편안하게 여기는 사람이 가장 훌륭하다. 〔출전: 『사기』 권126 「골계열전」 배씨집해〕

或曰: "季文子公孫弘此二人, 皆折節儉素, 而毁譽不同, 何也?"

范曄稱: "夫人利仁者, 或借仁以從利; 體義者, 不期體以合義. 季文子妾不衣帛, 魯人以爲美談. 公孫弘身服布被, 汲黯譏其多詐. 事實未殊, 而毁譽別者, 何也? 將體之與利之異乎?"

故前志云: "仁者安仁, 智者利仁, 畏罪者强仁." 校其仁者, 功無以殊, 核其爲仁, 不得不異. 安仁者, 性善者也; 利仁者, 力行者也; 强仁者, 不得已者也. 三人相比, 則安者優矣.

어떤 사람이 물었다. "장평의 전투에서 진나라 장수 백기(白起)는 투항한 조나라 병사 40만 명을 생매장했으니, 그를 역사상 특이한 장군(奇將)이라고 할 수 있습니까?" 〔조유의 말〕

하안(何晏)이 이렇게 평했다. "백기가 투항한 조나라 병사 40만 명을 항복하면 살려준다고 속이고는 산채로 파묻었으니, 어찌 이를 단지 잔혹하고 포악하다고만 할 수 있겠는가? 그 뒤로 백기는 다시는 뜻을 이루기가 어렵게 되었다. 만일 그때 조나라 병사들이 항복하더라도 반드시 생매장될 것을 미리 알았더라면 끝까지 맞서 싸웠을 것이다. 그들 40만 명의 병사가 맨주먹으로 저항하더라도 엄청 두려운 일이었을 텐데, 하물며 그들은 갑옷을 입고 무기를 든 무장병이 아니었는가?

천하 백성들은 진나라에 투항한 장수의 수급이 산처럼 쌓이고 귀순한 병졸들의 시체가 언덕처럼 쌓인 것을 목격했다. 이후로 진나라와 싸울 때는 항복해도 죽고 싸우다 죽어도 죽는 것은 매 한가지이니, 어느 나라가 기꺼이 항복했겠으며, 어느 성(城)인들 기꺼이 투항하려고 했겠는가? 비록 백기가 조나라 군사 40만 명의 목숨을 일시에 끊을 수 있었으나, 그 이후 천하의 전쟁은 죽기 살기로 싸우는 포악한 싸움으로 악화됐으며, 하루아침에 공을 세우려던 그의 욕심은 천하의 제후들로 하여금 성을 지키려는 결의를 더욱 굳게 갖도록 만들었을 뿐이다.

이로써 진나라 군대는 적을 공격하는 것 같지만 오히려 스스로 기세를 깎아내렸고, 비록 전투에서는 승리하더라도 오히려 국가 대계는 손상을 입었다. 어째서 이렇게 말할 수 있는가? 만약 조나라 병사들이 다시 단합하여 전투에 나서고 마복군(馬服君) 조사(趙奢)와 같은 장수가 다시 나온다면, 훗날의 전투에서는 결코 예전과 같은 상대가 아니었을 것이다. (백기의 만행은) 지금 천하의 모든 제후들의 군대로 하여금 훗날의 조나라 군사들과 같도록 만드는 것이 아닌가?

그 후 진나라가 조나라의 한단(邯鄲)을 포위하고도 끝내 다시 공격을 감행하지 못했던 것은, 평원군(平原君) 조승(趙勝)이 지원군을 이끌고 와서 허점을 보완하는 것을 우려했던 것뿐 아니라, 다른 제후들이 연합해서 구원에 나설 것을 두려워했기 때문이었다. 진나라도 이런 점을 알고 있었겠지만, 다만 꺼리는 바가 있어서 말을 하지 않았을 뿐이다.

장평의 전투가 있기 전에 진나라는 법을 고쳐 15세 이상의 모든 남자는 무기를 들고 군대에 가도록 징발해서 조나라를 공격했던 것이다. 진나라와 같은 강대국도 한 번 전쟁을 치루면 15세 이상의 장정 가운데 절반 이상이 죽거나 다쳤다. 이렇게 보면 백기가 조나라를 깨뜨린 공은 작은 것이고, 진나라의 원기를 손상시킨 실패는 더욱 큰 것이다. 어떻게 백기를 특이한 장수라고 말할 수 있겠는가?" 〔출전: 『사기』 권73 「백기왕전열전(白起王翦列傳)」 배씨집해 '하안왈(何晏曰)'〕

或曰: "長平之事, 白起坑趙卒四十萬, 可謂奇將乎?"

何晏曰: "白起之降趙卒, 詐而坑其四十萬, 豈徒酷[暴]之謂乎? 後亦難以重得志矣. 向使衆人豫知降之必死, 則張虛拳猶可畏也, 况於四十萬被堅執銳哉!

天下見降秦之將頭顱(依)[似]山, 歸秦之衆骸積成丘, 則後日之戰, 死當死耳, 何衆肯服, 何城肯下乎? 是爲雖能裁四十萬之命, 而適足以强天下之戰; 欲以要一朝之功, 而乃更堅諸侯之守.

故兵進而自伐其勢, 軍勝而還喪其計. 何者? 設使趙衆復合, 馬服更生, 則後日之戰, 必非前日之對也, 況今皆使天下爲後日乎? 其所以終不(聽)[敢]復加兵於邯鄲者, 非但憂平原之補(縫)[綻], 患諸侯之救至也, 徒諱之而不言耳.

(但)長平之事, 秦人十五以上皆荷戟而向趙矣. 夫以秦之强, 二十五以上死傷過半, 此爲破趙之功小, 傷秦之敗大也, 又何稱奇哉?"

전국 시대 연(燕)나라의 상장군 악의(樂毅)가 (다섯 나라 연합군을 이끌고 제나라를 공격했을 때) 마지막으로 남은 거성(莒城, 지금의 山東 莒縣)과 즉묵(卽墨, 지금의 산동 平道 東南)의 두 성을 공격하여 함락시키지 않음으로써 대업을 이룰 기회를 잃어버렸으니, 이는 잘못된 것입니까? 〔조유의 말〕

하후현은 이렇게 평가했다. "악의의 「연혜왕에게 드리는 글(與惠王書)」을 읽어 보면, 그는 현묘한 기틀을 깨닫고 대도에 부합하는 경지에 거의 이르렀으며, 처음부터 끝까지 예를 지키고 실천한 인물이었다. 인의도덕의 실현을 극대화하고 천하 구제를 오로지 마음에 두고 힘써 노력하는 인물이었으니, 어찌 눈앞의 형세에 사로잡혀 다른 나라 땅을 빼앗아 패자가 되는 것에 마음을 두고 있었겠는가? 제나라를 겸병하는 것은 악의가 바라는 바가 아니었으며, 연나라를 강대하게 만들되 도의를 저버리는 것은 그가 추구하는 바가 아니었다. 눈앞의 이익을 구차히 바라지 않고 작은 성취를 구하지 않은 것은, 그 뜻이 천하를 통일하는데 있었던 것이다.

(다섯 나라 연합군을 이끌고) 제나라를 공격한 일은 자신의 책략을 운용해서 사해를 흔들어보려 했던 것이다. (또 제나라의 70여 개 성을 함락

시키고) 마지막으로 남은 두 성을 포위만 하고 백성들에게 해를 끼치지 않은 것은, 인의에 바탕을 둔 그의 마음을 가까운데서 부터 멀리까지 전해지도록 하기 위한 것이었다. 은덕을 힘써 베푸는 것으로써 열국을 거두어들인 것은 탕임금과 무왕의 사적에 버금가는 일이라 하겠다.

악의는 넓고 원대한 책략을 품고 두 성을 포위만 하고 공격하지 않음으로써 백성들의 확실한 신뢰를 얻었으며, 민생이 피폐해져서 거성과 즉묵의 백성들이 제나라 군주를 원망하기를 기다렸다. 길을 넓고 크게 열어놓고 제나라 장수 전단(田單)의 무리가 귀순하기를 기다렸으며, 관용과 선의의 기풍을 일으켜 제나라 선비들이 뜻을 펼치도록 기회를 주었다. 저 변두리 동해 가에서 이처럼 인의의 빛을 훤히 밝혀 중원의 나라들을 복속시켰으니, 그 은덕이 마치 봄비처럼 베풀어졌다. 천하의 백성들은 풀이 봄비에 젖어 자양분을 받아들이듯이 악의의 은덕에 젖어들어 연나라 임금을 사모하며 우러렀던 것이다. 이런 사실이 풍문으로 전해지면 남은 두 성의 백성들도 반드시 문을 열고 복종할 것이며, 이렇게 함으로써 왕업이 융성해졌을 것이다. 비록 두 성을 포위해 놓고 오랜 동안 머물렀지만, 이는 오히려 천하일통을 더욱 빨리 이룰 수 있는 지름길이기도 했던 것이다.

불행하게도 변고가 일어나고 형세가 원하지 예기치 못했던 방향으로 바뀌어 마침내 수성(垂成)에서 패했으니, 이는 시세의 변화가 그렇게 만든 것이다. 만약 그가 대군을 투입하여 핍박하고 위세로 겁을 주며, 백성들을 살육하면서 잔혹함을 천하에 드러냈다면, 비록 두 성을 함락시킬 수 있었을지언정 패업을 이루는 일은 아득히 멀어졌을 것이다. 악의가 어찌 두 성을 속전속결로 함락하는 방법을 알지 못했겠는가? 다만 성은 깨뜨릴 수 있어도 대업이 어그러지게 되는 것을 우려했던 것이리라. 또한 속전속결로 성을 함락하지 않으면 변고가 생길 수 있다는 점을 어찌 고려하지 못했겠는가? 일을 서둘러 대업을 그르치는 것이나 변고가 생기는 것은 결국 같은 결과라고 생각했기 때문이다. 이렇게 보면 악의가 두 성을 깨뜨리지 않았던 것은 보통 사람들의 잣대로는 헤아릴 수 없는 일인 것이다." 〔출전: 위 하후현(夏侯玄)의 『악의론(樂毅論)』, 또한 『예문유취』 권22 「품조(品藻)」에도 같은 내용이 있음〕

或曰:, "樂毅不屠二城, 遂喪洪業, 爲非乎?"

夏侯玄曰: "觀樂生'與燕惠王書', 其殆乎知機合道, 以禮終始者歟? 夫欲極道德之量, 務以天下爲心者, 豈其局迹當時, 止於兼并而已哉! 夫兼并者, 非樂生之所屑, 强燕而廢道, 又非樂生之所求. 不屑苟利, 不求小成, 斯意兼天下者也.

擧齊之事, 所以運其機而動四海也. 圍城而害不加於百姓, 此仁心著於遐邇矣. 邁令德以率列國, 則幾於湯武之事矣. 樂生方恢大綱, 以縱二城, 收人明信, 以待其弊, 將使卽墨莒人顧仇其上. 開弘廣之路, 以待田單之徒; 長容善之風, 以申齊士之志. 昭之東海, 屬之華裔, 我澤如春, 人應如草, 思戴燕王. 仰風聲, 二城必從, 則王業隆矣. 雖淹留於兩邑, 乃致速於天下也.

不幸之變, 世所不圖, 敗於垂成, 時變所然. 若乃逼之以兵, 劫之以威, 侈殺傷之殘, 以示四海之人, 雖二城幾於可拔, 則霸王之事, 逝其遠矣.

樂生豈不知拔二城之速了哉? 顧城拔而業乖也. 豈不慮不速之致

變哉? 顧業(速)[乖]與變同也. 由是觀之, 樂生之不屠二城, 未可量也."

어떤 사람이 물었다. "상앙(商鞅)이 위나라를 떠나 천리 길을 걸어 진나라의 효공을 찾아와 황제의 술(帝術)과 왕도의 술(王術), 패자의 술(覇術) 세 종류의 책략과 여섯 나라를 병탄할 종횡의 계책을 갖고 유세했습니다. 효공에 의해 중용되어 변법을 단행하여, 마침내 진나라로 하여금 제업을 이루도록 했으니, 천하일통의 훌륭한 보좌였다고 하겠습니까? 〔조유의 말〕

유흠은 이렇게 평했다. "상앙은 안으로는 농업과 잠업의 발전을 급선무로 하고, 밖으로는 전공이 있는 장병에 대한 상과 봉록을 명확히 했다. 조정 내의 권귀나 총신들에게 아부하지 않았고, 자신과의 관계에 따라 편애하거나 멀리하지 않았다. 『서경』에서 말한 것처럼 '편벽된 마음이 없고 사사로이 파당을 맺지 않았다.' 『시경』에서 말했듯이 '주나라의 법도는 숫돌과 같아 공평하였고, 바르고 곧음은 화살과 같았다.' 또 『사마법』에서 말한 바와 같이 병사들을 후한 상으로 격려했고, 주나라의 후직(后稷)과 같이 농업을 장려하면서, 이 모든 것들을 담은 신법의 시행을 바꿀 수 없도록 했다. 이것이 바로 진나라가 나중에 여섯 나라를 병탄할 수 있었던 까닭이었다.

그러므로 손경(孫卿, 즉 荀子)은 이렇게 평가했다. '진나라가 4대에 걸쳐 다른 나라를 뛰어 넘어 발전할 수 있었던 것은, 요행에 의한 것이 아니라 필연이었다.'

전국 시대의 패자였던 제환공과 진(晉) 문공을 살펴본다면, 제환공은 점령한 노나라 땅을 돌려줌으로써 가읍(柯邑) 회맹의 약속을 어기지 않았고, 진문공은 원읍(原邑)을 포위했을 때 사흘 안에 함락시키지 못하면 물러나겠다고 한 약속을 저버리지 않았다. 이로 인해서 각국 제후들은 환공과 문공을 맹주로 받들고 신뢰했던 것이니, 이는 환공과 무공이 그들을 보좌한 관중과 구범(咎犯, 狐偃)의 책략을 받아들인 때문이다.

그러나 상앙은 뒤에 위나라를 공격했을 때 공자 앙(卬)과의 옛 우정을 배반하고, 군대를 철수시키기로 한 약속을 저버림으로써 공자 앙을 사로잡고, 위나라 삼군을 속이고 습격해서 패배시켰다. 이로부터 각국 제후들은 진나라의 강포함을 두려워하며, 우호관계를 맺으려 하지 않고 신뢰하지 않았다. 만약 진효공이 제환공이나 진문공과 같은 시대에 태어나, 환공이나 문공이 맹주가 되어 제후들을 규합하고 통솔하며, 천하의 군대를 이끌어 진나라 토벌에 나섰더라면, 진나라는 멸망하고 말았을 것이다. 그러나 당시에는 이미 환공이나 문공 같은 현명한 패자가 없었기 때문에, 진나라는 다른 제후국을 겸병할 수 있었다.

상앙은 스스로 왕도와 패업의 도리를 안다고 자처했으나 그의 행적을 근본에서 따져보면 인륜에 어긋난다. 옛날 주나라의 소공(召公)이 선정을 베풀고 세상을 떠나자, 후인들이 그 은덕을 기려 '무성하게 우거진 감당 나무(蔽芾甘棠)의 시'를 지어 칭송했다. 옛날에 소공이 나라를 순행하면서 정사를 펼 적에 감당나무 아래에 잠시 머물렀던 적이 있는데, 백성들은 그의 덕을 그리워하여 잠시 머물렀던 감당나무조차 차마 베지 못했는데, 하물며 소공을 해칠 수 있었겠는가? 제환공이 백씨(伯氏)의 변읍(駢邑) 3백 호를 빼앗아 관중에게 상으로 주었어도 아무런 원망이 없었다.

그러나 상앙은 안으로는 발꿈치를 자르는 잔혹한 형벌로 다스리고, 밖으로는 강한 무력으로 적군을 살육하는 정벌에 나섰다가, 결국에는 그 자신이 사지를 찢어 죽이는 거열(車裂) 형에 처해졌으니, 패왕의 훌륭한 재상이라고 하는 것은 너무나 터무니없는 평가라 하겠다. 그러나 효공의 뒤를 이은 혜왕이 그를 죽인 것 또한 옳지 않다. 마땅히 중용하여 보필로 삼고, 상앙으로 하여금 관대하고 평화롭게 법을 시행토록 하고 은덕을 베풀게 하며 신뢰가 있음을 밝혀 보이도록 했더라면, 아마도 패업을 이루도록 보좌한 훌륭한 재상이 되지 않았겠는가?" 〔출전: 『신서(新序)』 일문. 『사기』 권68 「상군열전(商君列傳)」 배씨집해에서 인용함〕

或曰: "商鞅起徒步, 干孝公, 挾三術之略, 吞六國之縱, 使秦業帝, 可爲覇者之佐乎?"

(劉向)[劉歆]曰: "夫商君內急耕(戰)[織]之業, 外重戰伐之賞. 不阿貴寵, 不偏疎遠. 雖'書'云, '無偏無黨', '詩'云, '周道如砥, 其直如矢', '司馬法'之厲戎士, 周后稷之勸農業, 無以易此, 此所以并諸侯也.

故孫卿曰: '四世有勝, 非幸也, 數也.' 夫覇君若齊桓,晉文子者, 桓不倍柯之盟, 文不負原之期, 而諸侯信之, 此管仲,咎犯知謀也.

今商君倍公子卬之舊恩, 棄交魏之明信, 詐取三軍之衆, 故諸侯畏其强而莫親信也. 藉使孝公遇齊桓,晉文, 得諸侯之統將, 合諸侯之君, 驅天下之兵而伐秦, 秦則亡矣. 天下無桓文之君, 故秦得以兼諸侯也.

衛鞅始自以爲知王覇之德, 原其事, 不倫也. 昔周召公施美政, 其死也, 後世思之, '蔽芾甘棠'之詩是. 嘗舍於樹下, 不忍伐其樹, 況害於身乎? 管仲奪伯氏駢邑三百戶, 無怨言. 今衛鞅內刻刀鋸之刑, 外深鈇鉞之誅, 身死車裂, 其去覇者之佐亦遠矣. 然(孝公)[惠王]殺之, 亦非也. 可輔而用, 使衛鞅施寬平之法, 加之以恩, 申之以信, 庶幾覇者之佐乎?"

제갈량(諸葛亮)은 마속(馬謖)이 가정(街亭)을 지키지 못하자 군법에 따라 참수했다. 그 뒤에 장완(蔣琬)이 제갈량에게 물었다. "전국 시대 진과 초가 다툴 때, 초나라의 원수 득신(得臣)이 핍박에 못 이겨 자살했는데 진문공이 이를 알고 나서 매우 기뻐했다고 합니다. 아직 천하의 형세가 정해지지 않았는데 마속처럼 지략이 뛰어난 장수를 처형했으니 어찌 애석한 일이 아니겠습니까?"

제갈량이 눈물을 흘리며 말했다. "손무(孫武)가 싸우면 반드시 이길 수 있었던 것은 군법을 엄격하고 분명하게 적용했던 때문이다. 그렇기 때문에 진도공(晉悼公)의 동생인 양간(揚干)이 신분을 믿고 군법을 어기자 사마(司馬)인 위강(魏絳)이 그의 마부를 참수했다. 천하가 분열되고 이제 막 전쟁이 시작되었는데, 만일 군법을 제대로 시행하지 않는다면 어떻게 도적을 토벌할 수 있겠는가?" 〔출전: 『삼국지』 권39 「마속전(馬謖傳)」 주에서 인용한 『양양기(襄陽記)』〕

동진(東晉)의 역사가 습착치(習鑿齒)는 이렇게 평했다. "제갈량이 위나라를 겸병할 수 없었던 것은 당연한 일이 아니었는가? 춘추시대 진의 경공(景公)은 순임보(荀林父)가 장차 나라의 큰 동량이 될 인재라고 믿고서 필(邲)의 전투에서 패했는데도 군법을 적용하지 않고 용서해 주어 나중에 큰 공을 세우도록 했다. 반면에 초나라 성왕(成王)은

득신이 패배한 것이 자기를 위해서 한 결과인 줄 알지 못하고, 그를 핍박해서 자살케 하고는 패배를 거듭하게 됐다.

당시 촉나라는 서남쪽의 구석지고 풍속이 비루한 땅에 자리 잡아, 인재가 위나라에 비해 많지 않았다. 그런데도 마속과 같은 뛰어난 인재를 죽이고는 그보다 못한 사람들을 거두어 쓸 수밖에 없었다. 이는 군법을 인재보다 더 중요하게 여긴 것을 명백히 보여준 것이다. 제갈량은 3차에 걸친 북벌의 실패를 교훈으로 삼지 않고 삼국 통일의 대업을 이루고자 했으니, 어찌 어렵지 않았겠는가?" 〔출전: 『삼국지』 권39 「마속전」 주에서 인용한 『한진춘추(漢晉春秋)』〕

諸葛亮以馬謖敗於街亭, 殺之. 後蔣琬謂亮曰: "昔楚殺得臣, 然後文公喜可知也. 天下未定而戮智計之士, 豈不惜哉?" 亮流涕曰: "孫武所以能制勝者, 用法明也. 是以楊干亂法, 魏絳戮之. 四海分裂, 兵交方始, 若復廢法, 何用討賊耶?"

習鑿齒曰: "諸葛亮之不能兼上國也, 豈不宜哉! 夫晉人視林父之後濟, 故廢法而收功; 楚成闇得臣之益己, 故殺之以重敗. 今蜀僻陋一方, 才少上國, 而殺其駿傑, 退收駑下之用. 明法勝才, 不師三敗之道, 將以成業, 不亦難乎?"

한나라 때 주발(周勃)은 여후 세력을 몰아내고 유씨 천하를 회복하여 역사적으로 큰 공을 세운 것으로 평가되고 있는데, 곽광에 비해서는 어떻습니까? 〔조유의 말〕

이렇게 대답한다. "주발은 본래 유방의 공신이고 인망이 높아 많은 사람들의 지지를 받았다. 태위(太尉)의 자리에 있으면서 백만 대군의 군권을 장악했고 진평과 왕릉 등의 조력에다 주허후(朱虛侯) 유장(劉章)을 비롯한 왕자들의 지원을 받았으며, 역기가 여씨 일족과 교유하면서 계책을 써 여씨 세력을 속여 넘기기도 했다. 이처럼 조야의 모든 사람들의 인심이 쏠렸기 때문에 쉽게 성공할 수 있었다.

곽광의 경우는 창졸간에 여덟 살의 어린 임금 소제(昭帝)를 보좌할 중임을 맡게 되었으나, 어린 임금을 보필하여 나라를 평화롭게 안정시켰다. 후에 연왕(燕王) 유단(劉旦)의 반란이 일어나자 반란 세력을 완전히 제거하고 왕실을 안정시켰다. 그 후 소제가 승하하고 창읍(昌邑)의 애왕(哀王)이 즉위했으나 음란하고 우매하였다. 이에 곽광은 조정 대신들과 상의해서 애왕을 폐위하고 무제의 증손자 유순(劉洵)을 맞아 선제(宣帝)로 세웠다.

한 왕조의 중임을 맡아 나라를 번영케 하고 왕실을 안정시킴으로써 그 명성은 이윤이나 주공에 비견할 만하였으니, 참으로 한나라의 현명한 재상이었다. 주발과 곽광의 사적을 미루어 따져 보면 그 우열은 분명히 드러난다." 〔출전: 요신(姚信)의 『사위(士緯)』, 『예문유취』 권22에서 인용함〕

代以周勃功大霍光, 如何?

對曰: "勃本高帝大臣, 衆所歸向, 居太尉位, 擁兵百萬. 旣有陳平王陵之力, 又有朱虛諸王之援, 酈寄游說以譎諸呂. 因衆之心, 易以濟事.

若霍光者, 以倉卒之際, 受寄託之任, 輔弼幼主, 天下晏然. 遭燕王旦之亂, 誅除凶逆, 以靖王室. 廢昌邑立孝宣, 任漢家之重, 隆中興之祚, 參聲伊周, 爲漢賢相. 推驗事效, 優劣明矣."

후한(後漢)의 태위 진번(陳蕃)이 환제(桓帝)에게 상소하여 서치(徐稚), 원굉(袁宏), 위저(韋著) 등 세 사람을 천거했다. 환제가 물었다. "세 사람 중에 누가 더 나은가?"

진번이 대답했다. "원굉은 권문세가의 출신으로 도를 배우고 성인의 가르침에 따라 수양을 쌓았습니다. 위저는 임금께서 가까이 두고 쓸 수 있는 인재로 예의범절이 몸에 배어 있으며, 이른바 '붙잡아 주지 않아도 스스로 곧으며, 새기지 않아도 스스로를 아로새기는 사람'입니다.

서치는 남창(南昌)의 빈한한 집안 출신이지만 몸가짐이 공손하고 검소하여 무리 가운데서 단연 두각을 드러내는 걸출한 인재입니다. 마땅히 서치를 가장 뛰어나다고 해야 할 것입니다." 〔출전: 『후한서』 권53 「서치전(徐穉傳)」〕

後漢陳蕃上疏, 薦徐穉袁閎韋著三人. 帝問蕃曰: "三人誰爲先後?"

蕃曰: "閎生[出]公族, 聞道漸訓; 著長於三輔, 禮儀之俗, 所謂不扶自直, 不鏤自雕; 至於穉者, 爰自江南卑薄之域, 而角立傑出, 宜當爲先."

어떤 사람이 물었다. "동진(東晉) 시기 사안(謝安 자는 安石)은 효무제의 재상이었는데, 그를 어떤 사람과 비교할 수 있겠습니까?"

우세남이 이렇게 평했다. "옛날 삼국시기 동오(東吳)의 재상인 고옹(顧雍)은 자신이 제후로 봉함을 받는 날을 가족도 알지 못하게 했습니다. 그래서 옛 사람들은 그의 질박하고 신중한 인품은 짝할 자가 없다고 칭송했습니다.

사안이 재상으로 있을 때 동진은 날로 쇠퇴해졌고 국경에서는 매일같이 백성을 놀라게 하는 나쁜 소식이 전해졌습니다. 더구나 전진(前秦) 황제 부견(符堅)은 전연(前燕)과 전량(前涼) 등 6개의 군소 왕조를 멸망시킨 뛰어난 군주로, 친히 백만 대군을 이끌고 진격해 왔습니다. 부융(符融)과 같은 뛰어난 장군에게 정예병을 이끌고 선봉에 서도록 하였으며, 호랑이와 승냥이의 발톱과 이빨처럼 사나운 기세로 또 큰 뱀의 독이빨처럼 무섭게 쳐들어 왔습니다. 전투를 치루기도 전에 비수(淝水) 기슭에 빈관을 지어놓고 진나라 임금을 잡아오면 가두어 놓을 준비를 갖추었습니다. 당시 전진과 동진의 군사력을 비교한다면 기러기 털과 태산으로 비교해도 오히려 부족할 정도였습니다.

그럼에도 사안은 태연자약한 모습으로 환충(桓冲)의 지원군을 거절했고, 조카인 사현(謝玄)의 승리했다는 첩보를 받고도 기쁜 기색을 보이지 않았습니다. 승패의 계산은 이미 그의 흉중에 결정되어 있었던 것입니다. 이런 사안에게 보잘 것 없는 일만 호의 후작에 봉한들 어찌 그의 마음이 흔들렸겠습니까? 이와 같은 도량과 수양을 갖고 논한다면, 예로부터 그에게 비견할 만한 사람은 보지 못했습니다." 〔출전: 우세남의 『제왕약론』, 당나라 마총(馬總)의 『통력(通歷)』 권4에도 보임〕

或曰: "謝安石爲相, 可與何人爲比?"

虞南曰: "昔顧雍封侯之日, 而家人不知, 前代稱其質重, 莫以爲偶.

夫以東晉衰微, 堰場日駭, 況永固六夷英主, 親率百萬; 苻融儁才名相, 執銳先駈. 厲虎狼之爪牙, 騁長蛇之鋒鍔, 先築賓館以待晉君, 强弱而論, 鴻毛太山不足爲喩. 文靖深拒桓冲之援, 不喜謝玄之書, 則勝敗之數, 固已存於胸中矣. 夫斯人也, 豈以區區萬戶之封, 動其方寸者歟? 若論其度量, 近古以來未見其匹."

수(隋) 양제(煬帝) 양광(楊廣)이 태자로 동궁에 있을 때 일찍이 하약필(賀若弼)에게 물었다. "양소(楊素)와 한금호(韓擒虎), 사만세(史萬歲)이들 세 장군들은 모두 훌륭한 장수라고 칭송을 받습니다. 이들 세 사람 사이에 우열은 어떻습니까?"

하약필이 이렇게 대답했다. "양소는 용맹한 장군(猛將)이지만, 지략이 뛰어난 장수(謀將)는 아닙니다. 한금호는 투지가 있고 사나운 장수(鬪將)지만, 군대를 잘 통솔하는 장군(領將)은 아닙니다. 사만세는 말을 몰아 적진에 쳐들어가면 대적할 자가 없는 장군(騎將)이지만, 장수들을 잘 거느리고 적재적소에 배치해서 지휘하는 대장군(大將)은 아닙니다."

태자가 말했다. "좋은 말입니다."〔출전: 『수서(隨書)』 권52 및 『북사(北史)』 권68 「하약필전」〕

隋煬帝在東宮, 嘗謂賀若弼曰: "楊素韓擒虎史萬歲三人, 俱稱良將, 其間優劣何如?"

對曰: "楊素是猛將, 非謀將. 韓擒虎是鬪將, 非領將. 史萬歲是騎將, 非大將."

太子曰: "善."

지금까지 '여섯 종류의 바르고 훌륭한 신하(六正)'에서부터 '장군감에 대한 평가(問將)'에 이르기까지, 역대의 이름난 신하들의 인품과 공적에 대하여 그 득실을 자세하게 따져 보았다. 〔조유의 말〕

옛 사람들은 이렇게 말했다. "우는 하나라를 세워 왕이 되었으나 걸(桀)은 하나라를 망하게 했고, 성탕은 은왕조를 열었으나 주(紂)는 은나라를 멸망시켰다. 합려(闔閭)는 오나라를 백전백승의 천하무적으로 만들었으나 그 아들 부차(夫差)는 월왕(越王) 구천(句踐)에게 포로로 잡혔다. 진의 목공(穆公)은 진나라를 가장 부강하고 뛰어난 나라로 만들어 주천자로부터 봉호를 받았으나, 진시황(秦始皇)의 뒤를 이은 2세 황제는 망이궁(望夷宮)에서 조고(趙高)에게 핍박받아 목숨을 끊었다. 그들이 제왕이라는 신분에서는 같지만 공과 업적으로 따지면 같지 않는 것은, 그들이 임용했던 신하가 달랐기 때문이다.

주성왕(周成王)이 강보에 쌓인 채로 천하 제후들의 조례를 받을 수 있었던 것은 주공을 등용하여 정사를 맡겼던 때문이지만, 전국 시기 조(趙) 무령왕(武靈王)이 나이 50세에 사구궁에 갇혀서 산채로 굶어 죽은 것은 이태(李兌)와 같은 자를 임용했기 때문이다. 위나라에는 신릉군(信陵君) 공자 무기(无忌)가 있어서 진나라에 빼앗겼던 국토를 수복했고, 조나라의 인상여(藺相如)는 사신으로 가서 진나라로 하여금 감히 출병할 수 없도록 만들었으며, 초나라의 신포서는 진나라에 가서 칠일 밤낮을 통곡함으로써 구원병을 얻어와 망명했던 소왕을 복위하도록 했다. 또 제나라에는 전단(田單)이 있어서 연나라 군대를 패배시키고 양왕(襄王)을 왕위에 오르도록 했다. 〔출전: 『설원』「존현(尊賢)」〕

위에서 논의한 것을 요약하자면, 나라를 다스리는 군주가 되어서,

세상의 풍속을 바꾸지 못하고, 인재의 재능을 살펴 임용할 줄 모르고, 정의와 사악함의 득실을 분별하지 못하고, 패업과 왕업의 논의에서 교훈을 얻지 못하면서 대업을 이루고 명성을 떨쳤다는 이야기는 일찍이 들어 보지 못했다. 〔출전: 미상〕

故自'六正'至於'問將', 皆人得失之效也.

古語云: "禹以夏王, 桀以夏亡; 湯以殷王, 紂以殷亡. 闔廬以吳戰勝, 無敵於天下, 而夫差而見擒於越; 穆公以秦顯名尊號, 而二世刼於望夷. 其所以君王者同, 而功迹不等者, 所任異也.

是以成王處襁褓而朝諸侯, 周公用事也; 趙武靈王年五十而餓死于沙丘, 任李兌[故]也. 故魏公子無忌, 削地復得; 趙任藺相如, 秦兵不敢出; 楚有申包胥, 而昭王反位; 齊有田單, 而襄王得國."

因斯而談, 夫有國者不能陶冶世俗, 甄綜人物, 論邪正之得失, 撮覇王之餘議, 而能立功成名者, 未之前聞.

제11편 덕표(德表)

덕을 닦고 몸을 바로 세워야

공자는 말한다. "타고난 성품은 비슷하지만 습관에 의해서 서로 멀어진다." 말하자면 사람들의 기호와 욕망은 본성으로 볼 때는 같지만, 교육이나 환경에 따라 물들게 되어 인품이 각각 다르게 된다는 것이다. 뜻을 마음에 깊이 새겨 스스로 경계하면 함부로 행동하지 않지만, 사물에 이끌리게 되면 절제를 잃고 제멋대로 행동한다.

그러므로 성인은 성정을 다스리도록 가르쳐 사람들을 인도하고, 방탕하게 행동하지 않도록 억제했으며, 베푸는데 있어서 신중했고, 어느 한쪽에 치우치는 것을 절제시켰다. 〔출전: 『후한서』 권67 「당고전(黨錮傳)」〕

그러므로 『한서』 「광형전(匡衡傳)」에서는 이렇게 말한다. "사람들이 좋아하고 싫어하는 것을 잘 살피고 성정을 잘 다스린다면, 왕도를 이룰 수 있다." 성정을 다스리는 방법은 자신이 넉넉히 지니고 있는 장점은 반드시 잘 살펴 가늠하고, 부족한 점은 스스로 극복하고 보강하는 것이다.

총명하고 일을 처리함에 있어 막힘이 없는 사람은 지나치게 대충대충 넘어가지 않도록 경계해야 하며, 학문이 적고 견식이 얕은 사람은 이목이 가려져 꽉 막히지 않도록 경각심을 가져야 한다. 용맹하고 강직한 사람은 지나치게 사납거나 조급하게 되지 않도록 삼가야 하며, 어질고 착하며 온화한 사람은 우유부단하지 않도록 경계해야 한다. 성격이 느긋하고 차분한 사람은 시기를 놓치지 않도록 삼가야 하며, 마음이 넓고 호탕한 사람은 일처리를 건성으로 하거나 잊어버리지 않도록 경계해야 한다. 〔출전: 『한서』 권81 「광형전(匡衡傳)」〕

孔子曰: "性相近也, 習相遠也." 言嗜欲之本同, 而遷染之塗異也. 夫刻意則行不肆, 牽物則其志流. 是以聖人導人理性, 裁抑流宕, 愼其所與, 節其所偏.

故'傳'曰: "審好惡, 理情性, 而王道畢矣." 治性之道, 必審其之所有餘, 而强其所不足. 蓋聰明疏通者, 戒於太察. 寡聞少見者, 戒於壅蔽. 勇猛剛强者, 戒於太暴. 仁愛溫良者, 戒於無斷. 湛靜安舒者, 戒於後時. 廣心浩大者, 戒於遺忘.

『인물지』에서는 이렇게 말했다. "엄정하고 강직하며 굳센 사람은 그릇된 것을 바로잡는 재능이 있는 반면에 다른 사람의 결점을 지나치게 거침없이 들추어내는 단점이 있다. 유순하며 너그러운 사람은 너그럽게 포용하는 장점이 있으나 결단성이 부족한 단점이 있다. 씩씩하고 기가 드센 사람은 담대하고 굳센 기개가 있으나 다른 사람의 입장을 고려하지 않고 제멋대로 행동하며 시기심이 많다. 세심하고 선하며 신중한 사람은 언행이 공손하고 삼가는 좋은 점이 있으나 의심이 많은 단점이 있다. 올곧고 의지가 굳센 사람은 나라의 기둥이 될 만한 자질이 있으나 독단적이고 고집스러운 단점이 있다. 말솜씨가 좋고 논리정연한 사람은 이치를 따져 문제를 해결하는 능력이 있으나 언행이 가볍고 말만 앞세우는 단점이 있다.

마음이 넉넉하여 잘 베풀고 도와주는 사람은 남을 감싸주는 넉넉함이 있으나 아무나 가리지 않고 사귀어 혼탁하고 때가 묻기 쉬운 단점이 있다. 청렴결백하고 꼿꼿한 사람은 검소하고 굳은 절개가 있으나 틀에 얽매여 고루한 단점이 있다. 행동거지가 시원시원하고 풍채가 헌걸차고 뛰어난 사람은 진취적이고 목표를 향해 쉬지 않고 나아가는 장점이 있으나 덤벙대고 분수에 넘치는 단점이 있다. 침착하고 조용하며 꼼꼼한 사람은 주도면밀하고 세밀한 장점이 있으나 굼뜨고 머뭇머뭇하는 단점이 있다. 질박하고 솔직한 사람은 진실한 마음 바탕을 지니고 성실한 장점이 있지만 자신의 속내를 다 드러내 보여 감추지 못하는 단점이 있다. 꾀가 많고 속내를 감추는 사람은 지략과 속임수를 발휘하여 임기응변에 능하지만, 언행이 우물쭈물하고 흐리멍덩하여 결단을 내리지 못하는 단점이 있다. 〔출전: 『인물지』 「체별(體別)」〕

위에서 열거한 12가지 유형의 사람은 모두 유용한 인재이긴 하지만, 부족하거나 지나침을 갖고 있으니 중용의 덕을 갖추지 못한 것이다. 〔조유의 말〕

'人物志'曰: "厲直强毅, 材在矯正, 失在激訐. 柔順安恕, 美在寬容, 失在少決. 雄(捍)[悍]桀健, 任在膽烈, 失在(少)[多]忌. 精良畏愼, 善在恭謹, 失在多疑. 强(揩)[楷]堅勁, 用在楨幹, 失在專固. 論辨理繹, 能在釋結, 失在流宕. 普博周洽, (崇)[弘]在覆裕, 失在溷濁. 淸介廉潔, 節在儉固, 失在拘局. 休動磊砢, 業在攀躋, 失在疏越. 沉靜機密, 精在玄微, 失在遲懦. 樸露徑盡, 質在中誠, 失在不微. 多智韜情, 權在譎略, 失在依違."

此拘抗之材, 非中庸之德也.

문자(文子)는 이렇게 말했다. "(노자가 말하기를) 사람의 바른 도리는 다음과 같아야 한다. 마음은 작게 뜻은 크게 하고, 지혜는 원만하게 행동은 반듯하게 하며, 재능은 많게 그러나 일은 적게 해야 한다.

이른바 '마음을 작게 하는 것'은 환난이 일어나기 전에 세심하게 대비해서 화가 일어나지 않도록 경계하고 사소한 일에도 신중하게 대처하며, 욕망을 쫓아 방종하지 않는 것을 말한다. '뜻을 크게 하는 것'은 천하의 모든 나라를 두루 포용하고 제각기 다른 습속을 같게 하여 대동(大同)을 이루고, 시비를 다투는 것을 마치 바퀴살이 바퀴통(轂)으로 모이듯이 한꺼번에 끌어 모아 일거에 처리하는 것이다.

'지혜를 원만하게 하는 것'은 시작과 끝에 경계를 짓지 않아 모든 길을 열어놓고, 지혜가 사방으로 멀리 흐르며 깊은 샘이 마르지 않는 것처럼 한다는 것이다. '행동을 반듯하게 한다는 것'은 올곧게 서서 흔들리지 않고 몸가짐을 깨끗이 하여 때 묻지 않으며, 곤궁한 상황에 처해도 지조를 바꾸지 않고 영달해도 방자하게 행동하지 않는 것이다.

'재능을 많이 갖는다는 것'은 문무를 겸비하고 동정과 출입이 모두 예의와 법도에 들어맞도록 하는 것이며, '일을 적게 한다는 것'은 요점을 잡음으로써 전체를 넓게 다스리고 허정(虛靜, 텅 비고 고요함)에 처함으로써 조급하게 행동하는 것을 경계하는 것이다. 〔출전: 『문자』「미명(微明)」〕

하늘의 법칙(天道)은, 사물의 발전이 극에 이르면 되돌아오고 가득 차면 이지러지는 것이다. 그러므로 총명하고 지혜로우면 몸가짐을 어리석은 듯이 지키고(守以愚), 식견이 넓고 분별력이 좋으면 몸을 낮추어 겸손하게 지켜야 한다(守以儉). 힘이 세고 용맹하며 굳센 사람은 삼가고 두려워하는 마음으로 지키고(守以畏), 부귀함을 크게 떨치게 되면 오히려 절제하고 검약함으로써 몸가짐을 지키며(守以狹), 천하에 널리 덕을 베푸는 지위에 오르게 되면 오히려 겸양으로서 몸가짐을 지켜야 한다(守以讓).

이 다섯 가지는 옛날의 밝은 임금들이 천하를 맡아 다스릴 수 있었던 까닭이다. 〔출전: 『문자』「구수(九守)」편의 수약(守弱)〕

'文子'曰: "凡人之道, 心欲小, 志欲大; 智欲圓, 行欲方; 能欲多, 事欲少. 所謂心小者, 慮患未生, 戒禍慎微, 不縱其欲也. 志大者, 兼包萬國, 一齊殊俗, 是非輻湊中爲之轂也. 智圓者, 終始無端, 方流四遠, 深泉而不竭也. 行方者, 直立而不撓, 素白而不汚, 窮不易操, 達不肆志也. 能多者, 文武備具, 動靜中儀也. 事少者, 執約以治廣, 處靜以待躁也.

夫天道極則反, 盈則損. 故聰明廣智, 守以愚; 多聞博辯, 守以儉; 武力强毅, 守以畏; 富貴廣大, 守以狹; 德施天下, 守以讓.

此五者, 先王所以守天下也."

『좌전』에서는 이렇게 말한다. "혼란을 앞장서 일으키지 말고, 부유함을 믿지 말 것이며, 총애를 의지하지 말 것이며, 공동의 의견을 어기지 말 것이며, 예의 있는 사람에게 오만하게 굴지 말고, 재주가 있다고 교만하지 말고, 같은 일에 한 번 화를 내면 그만이지 두 번 화내지 말 것이며, 도덕에 어긋나는 일을 꾀하지 말 것이며, 정의가 아닌 일을 함부로 범하지 말아야 한다." 이상의 아홉 마디 말은 옛 사람들이 입신양명할 수 있었던 까닭이다. 〔출전: 『좌전』「정공 4년」〕

『옥검경』에서는 이렇게 말한다. "아랫사람을 세밀하게 규찰하여 밝음을 과시하려는 사람은 스스로 어리석고, 허물이 있는데도 깨닫지 못한다면 가려져있는 것이고, 미망에 빠져 헤매면서 바른 데로 돌아오지 못하는 사람은 미혹되어 있는 것이며, 말로써 남에게 원망을 사는 사람은 화를 입게 된다.

명령이 양심에 어긋나면 명령이 이행되지 않고, 뒤의 명령이 이전의 것과 어긋나면 명령이 훼손되고, 화를 내기만 하고 위엄이 없는 사람은 아랫사람에게 모욕을 당하고, 강직함을 좋아하여 남을 욕보이는 사람은 재앙을 받게 되고, 책임을 맡긴 사람을 죽이고 모욕하는 사람은 위태롭다. 공경하게 삼가야 할 일을 태만하게 하는 사람은 흉하고, 겉으로는 영합하면서 속으로는 마음이 떠나 있는 사람은 외롭다. 아첨하는 자를 가까이 하고 충성된 사람을 멀리하면 망하고, 참소하는 자를 믿고 현명한 사람을 내치는 사람은 분별력이 흐린 것이다.

사사로이 친한 자들에게 관직을 주면 정치가 겉돌아 어지럽게 되고, 여자가 총애를 업고 권세를 농간하면 혼란해지고, 많은 아랫사람들이 외면하고 다른 마음을 품게 되면 몰락하며, 아랫사람을 능멸하여 이기려 하는 사람은 오히려 아랫사람들로 부터 모욕을 당하게 된다. 명성은 있으나 실질이 따라 가지 못하면 이름이 사라지게 되고, 자신에게는 후하고 다른 사람에게는 박한 사람은 버림받고, 박하게 베풀면서 후하게 바라는 사람은 보답 받지 못한다. 존귀해졌다고 비천한 때를 잊는 사람은 오래 가지 못하고, 사람을 쓰는데 있어 바르지 못한 사람은 위태롭고, 가까운 사람들을 위해 관직을 챙겨주면 정사가 혼란하게 된다. 자기의 뛰어난 점을 잃어버리면 약해지게 되고, 정책을 결정함에 있어서 어질지 않으면 위험하게 되고, 은밀한 계획이 밖으로 새나면 패망하고, 세금을 많이 거두면서 베풀기는 박하게 하는 나라는 쇠퇴해 진다. 〔출전: 『옥검경(玉鈐經)』. 「열선전(列仙傳)」에 따르면 강태공이 일찍이 「옥검」 6편을 지었다라고 했고, 『후한서』 권82 「방술」편에서 이현(李賢)의 주에 병법서에 「옥검」편이 있다고 했다. 다만 조유가 인용한 『옥검경』이 정확이 어떤 책인지 알 수 없다. 황석공의 『소서』 「준의(遵義)」편에 비슷한 내용을 찾아 볼 수 있는데, 이에 따라 일부에서는 『옥검경』은 바로 『소서』라고 주장하기도 한다.〕

이상은 스스로를 닦아 가는데 있어서의 큰 도리이다. 〔조유의 말〕

'傳'曰: "無始亂, 無怙富, 無恃寵, 無違同, 無傲禮, 無驕能, 無復怒, 無謀非德, 無犯非義. 此九言, 古人所以立身也."

'玉鈐經'曰: "夫以明示[下]者(淺)[暗], 有過不自知者弊, 迷而不反者(流)[惑], 以言取(怒)[怨]者禍, 令與心乖者廢, 後令繆前者毁, 怒而無威者犯, 好(衆)[直]辱人者殃, 戮辱所任者危, 慢其所敬者凶, 貌合心離者孤, 親佞遠忠者亡, 信讒弃賢者惛, 私人以官者浮, 女謁公行者亂, 群下外(恩)[異]者淪, 凌下取勝者侵, 名不勝實者耗, 自厚薄人者弃, 薄施厚望者不報, 貴而忘賤者不久, 用人不得其正者殆, 爲人擇官者[亂], 失[其所强者弱], 決于不仁者險, 陰謀外泄者敗, 厚斂薄施者彫."

此自理之大體也.

그러므로 부자(傅子)는 이렇게 말했다. "덕을 쌓는 근본은 '마음을 바르게 하는 것'보다 더 중요한 것이 없다. 마음이 바른 후에 몸을 바르게 하고, 스스로의 몸이 바른 후에 좌우에 있는 사람들을 바르게 하며, 좌우가 바른 후에 조정을 바르게 하고, 조정이 바른 후에 나라가 바르게 되며, 나라가 바른 후에야 천하가 바르게 된다. 그러므로 천하가 바르지 않으면 나라를 바르게 닦아야 하고, 나라가 바르지 않으면 조정을 정돈해야 하고, 조정이 바르지 않으면 좌우의 신하를 바로 잡아야 하고, 좌우가 바르지 않으면 스스로 몸을 바르게 하고, 스스로의 몸이 바르지 않으면 마음을 닦아야 한다. 가까운데서 닦고 다스릴수록 더욱 멀리까지 구제할 수 있다.

우임금과 탕임금은 잘못을 남에게 돌리지 않고 스스로를 탓했으니, 나라의 흥성이 이로부터 시작되었다. '마음을 바르게 하는 것'을 바로 이를 일컫는 것이다. 〔출전: 『부자』「정심(正心)」〕

故傅子曰: "立德之本, 莫尙乎正心. 心正而後身正, 身正而後左右正, 左右正而後朝廷正, 朝廷正而後國家正, 國家正而後天下正. 故天下不正, 修之[國]家; [國]家不正, 修之朝廷; 朝廷不正, 修之左右; 左右不正, 修之身; 身不正, 修之心. 所修彌近, 所濟彌遠. 禹湯罪己，其興也勃焉，正心之謂也.”

제12편 이란(理亂)

혼란을 다스리는 이치

여섯 가지 유형의 군주를 명확하게 살핌으로써 군주 한 사람 한 사람의 공과를 평가할 수 있다. 아홉 종류의 풍조를 세밀하게 관찰함으로써 나라의 흥망성쇠를 예측할 수 있다. 혼란을 일으키는 네 가지 형세를 찾아보고 위기를 가져올 네 가지 징조를 따져봄으로써, 나라를 다스리고 혼란을 바로잡는 방법을 알 수 있다. 〔조유의 말〕

夫明察'六主', 以觀君德. 審惟'九風', 以定國常. 探其'四亂', 覈其'社危', 則理亂可知矣.

무엇을 여섯 가지 유형의 군주라고 하는가? 〔조유의 말〕

순열(荀悅)은 이렇게 말했다. "행동거지가 바르고 성품이 어질고 너그러우며, 마음과 뜻이 맑고 꿋꿋하며, 백성들을 위하여 움직일 뿐 사욕을 채우려 하지 않는다면, 이는 '왕도를 실천하는 임금(王主)

이다.

사욕을 억제하고 인애를 몸소 실천하며, 부지런히 배우고 힘써 노력하며, 정사를 처리함에 인의를 따르고 사사로운 정을 따르지 않는다면, 이는 '태평성세를 이룰 임금(治主)'이다.

정사에 부지런히 돌보고 왕업을 성실히 지키며, 결코 게으르거나 방탕하지 않으며, 일을 처리함에 공을 앞세우고 사사로움을 내세우지 않는다면, 이는 '나라를 지킬 수 있는 임금(存主)'이다.

도리에 어긋나고 인륜을 거역하며 권력과 이익을 다투고, 공과 사를 구별하지 못하며, 정책의 득실을 판단함에 도의와 법도에 따르지 않는다면 이는 '나라를 쇠퇴하게 하는 임금(衰主)'이다.

정사를 처리함에 사사로운 정에 얽매여 도의를 제쳐 놓으며, 사적인 이익을 공익보다 앞세우고, 제도가 한계를 벗어나고 정치와 예교가 원칙을 잃게 되면 이는 '나라를 위태롭게 만드는 임금(危主)'이다.

아첨하고 간사한 자를 가까이 중용하고 충성스럽고 어진 신하를 내쫓으며, 마음 내키는 대로 방종하게 행동하며 예의와 법도를 무시한다. 행동거지가 방탕하고 놀고 즐기는 것을 좋아하여 예의와 법도에 구속받지 않고, 국가의 재물을 가져다가 측근들에게 사적으로 상을 주는 것이 공용의 지출보다 훨씬 많다. 또 사적인 분노로 형벌을 가하여 법률을 무시하고, 잘못을 저지르고는 교묘하게 꾸며 덮으려 할 뿐 고칠 줄 모르고, 충성된 신하의 의견을 물리치고 직간하는 신하를 죽이니, 이런 군주는 바로 '나라를 망하게 하는 임금(亡主)'이다.
〔출전: 순열(荀悅)의 『한기(漢紀)』「효소기(孝昭紀)」〕

何謂六主?

荀悅曰: "體(故)[正]性仁, 心明志(同)[固], 動以爲人, 不以爲己, 是謂王主. 克己恕躬, 好問力行, 動以從義, 不以從情, 是謂治主. 勤事修業, 不敢怠荒, 動以先公, 不以先私, 是謂存主.

悖逆交爭, 公私竝行, 一得一失, 不純道度, 是謂衰主. 情過於義, 私多于公, 制度踰限, 政教失常, 是謂危主. 親用讒邪, 放逐忠賢, 縱情追欲, 不顧禮度, 出入游放, 不拘儀禁, 賞賜行私, 以越公用, 忿怒施罰, 以踰法理, 遂非文過, 而不知改, 忠言壅塞, 直諫誅戮, 是謂亡主."

무엇을 아홉 가지 풍조라고 하는가? 〔조유의 말〕

군주와 신하가 서로 친애하면서도 예의를 지키고, 문무백관이 의견은 다를지언정 화목하며, 서로 양보하여 다투지 않고, 부지런히 일하며 서로 원망하지 않고, 맡은 바 직책에 책임을 다하면, 이는 '나라가 태평하게 다스려지는 풍조(理國之風)'이다.

예의와 풍속이 가지런하게 정돈되지 않고 관직을 맡고 있는 자들은 존경받지 못하며, 하급 관리들은 서로 참소하고 질시하며, 일반 백성들은 공공연히 불평을 널어놓는다면, 이는 '나라가 쇠퇴하는 풍조(衰國之風)'이다.

〔군주는 책임을 신하들에게 떠넘기기를 좋아하고, 대신들은 무사안일 하기를 바라고, 사대부들은 놀고 즐기고자 하며, 백성들은 다른 나라로 떠나려 한다면, 이는 '나라를 허약하게 만드는 풍조(弱國之風)'이다.〕

군주와 신하가 서로 명예를 다투고, 조정 대신들은 서로 공로를 다투고, 사대부들은 서로 명성을 다투며, 백성들은 서로 이익을 다툰다면, 이는 '상하가 서로 배반하고 불화하는 풍조(乖國之風)'이다.

윗자리에 있는 자들은 욕심이 지나치고, 아랫자리의 관리들은 사단을 자주 일으키며, 법령이 제대로 집행되지 않고, 정책이 여러 갈래에서 나와 일관되지 않으면, 이는 '나라를 혼란에 빠지게 하는 풍조(亂國之風)'이다.

사치를 풍요함으로 여기고, 교만을 고귀한 것으로 여기며, 법도를 무시하는 것을 통달한 것으로 여기고, 예의를 준수하는 것을 구속으로 여기고, 법령을 지키는 것을 고루한 것으로 여긴다면, 이는 '나라를 황폐하게 만드는 풍조(荒國之風)'이다.

가혹하게 규찰하는 것을 세심하게 보살피는 것이라고 여기고, 사사로이 이익을 취하는 것을 공적인 일이라고 생각하고, 백성들을 가혹하게 해치는 것을 능력이라 여기고, 윗사람에게 아부하는 것을 충성이라고 여기면, 이는 '반란이 일어나게 만드는 풍조(叛國之風)'이다.

위아래의 관리들이 서로 소원하여 마음이 이반되고, 조정 안팎이 서로 의심하고, 하급 관리들은 윗사람의 총애를 다투고, 대신들은 권세를 다툰다면, 이는 '나라를 위태롭게 하는 풍조(危國之風)'이다.

윗자리의 관리들은 아랫사람들에게 의견을 구하지 않고, 아랫자리의 관리들은 위에 사실대로 보고하지 않으며, 비빈들이 정사에 간섭하고, 정령을 사사로이 집행하면, 이는 '나라를 망하게 하는 풍조(亡國之風)'이다. 〔출전: 순열의 『신감(申鑒)』「정체(政體)」〕

〔참조〕 "何謂九風?..."이 단락은 순열의 『신감(申鑒)』「정체(政體)」편을 암인한 문장인데, 본래의 문장에는 '이국지풍'을 비롯해서 '쇠국', '괴국', '난국', '황국', '반국', '위국', '망국'지풍 등 8가지의 풍조만을 제

시했다. 원문을 대조해본 끝에 "此衰國之風也" 뒤에 "君好讓, 臣好逸, 士好游, 民好流, 此弱國之風也."의 18자가 누락된 것임을 확인할 수 있었다. 이에 '약국지풍'의 18자를 본래의 자리에 보완함으로써 '아홉 가지 풍조'를 모두 갖추게 되었다.

何謂九風?

君臣親而有禮, 百寮和而不同, 讓而不爭, 勤而不怨, 唯職是司, 此理國之風也.

禮俗不一, 職位不重, 小臣讒疾, 庶人作議, 此衰國之風也.

[君好讓, 臣好逸, 士好游, 民好流, 此弱國之風也.]

君臣爭明, 朝廷爭功, 大夫爭名, 庶人爭利, 此乖國之風也.

上多欲, 下多端, 法不定, 政多門, 此亂國之風也.

以侈爲博, 以伉爲高, 以濫爲通, 遵禮謂之拘, 守法謂之固, 此荒國之風也.

以苛爲察, 以利爲公, 以割下爲能, 以附上爲忠, 此叛國之風也.

上下相疏, 內外相疑, 小臣爭寵, 大臣爭權, 此危國之風也.

上不訪下, 下不諫上, 婦言用, 私政行, 此亡國之風也.

무엇을 네 가지 혼란이라고 하는가? 〔조유의 말〕

관자는 이렇게 말했다. "궁중에 본처를 시기하는 첩이 있으면 이는 '궁을 어지럽히는 것(宮亂)'이다.

집안에 서자가 적자를 시기하고 의심한다면 이는 '집안을 어지럽히는 것(家亂)'이다.

조정에 재상을 시기하는 신하가 있다면 이는 '나라를 어지럽히는 것(國亂)'이다.

무능한 자를 관리로 임용한다면, 이는 '여러 관리들을 어지럽히는 것(衆亂)'이다. 〔출전: 『관자』「군신하(君臣下)」〕

何謂四亂?

管子曰: "內有疑妻之妾, 此(家)[宮]亂也. 庶有疑嫡之子, 此(宗)[家]亂也. 朝有疑相之臣, 此國亂也. 任官無能, 此衆亂也."

무엇을 '네 가지 위태로움'이라고 하는가? 〔조유의 말〕

관자는 또 말했다. "재상과 공경들이 백성들의 마음을 얻지 못하면 나라가 위태롭다.

대신들이 서로 화합하지 못하면 나라가 위험하다.

군을 통솔하는 장수가 위엄을 세울 수 없으면 나라가 위태롭다.

백성들이 생업에 마음을 두지 않으면 나라가 위험하다." 〔출전: 『관자』「입정(立政)」〕

위에 든 것들이 다스림과 어지러움을 알 수 있는 형세입니다. 〔조유의 말〕

何謂四危?

又曰: "卿相不得衆, 國之危也. 大臣不和同, 國之危也. 兵主不足畏, 國之危也. 民不懷其産, 國之危也."

此治亂之形也.

무릇 백성들의 위에 앉은 군주가 되어서, 법령과 금령을 명확히 밝히고 상벌을 어김없이 시행한다면, 비록 많은 정령을 내리지 않아도 나라는 형세의 흐름에 따라 저절로 태평하게 다스려질 것이다. 그러나 법령이 명확하지 않고 신상필벌이 기준에 맞게 시행되지 않으면 비록 날마다 정령과 명령을 내린다 하더라도, 형세의 흐름에 따라 자연적으로 혼란하게 될 것이다.

그러므로 정치의 형세가 태평한 것으로 이루어지면 간섭하지 않고 맡겨 놓아도 어지럽지 않지만, 정국의 추세가 혼란의 방향으로 정해지고 나면 부지런히 노력한다고 해도 태평하게 다스려질 수 없다. 요임금과 순임금은 팔짱을 끼고 가만히 앉아서 굳이 일하지 않아도 오히려 여유가 있었으니, 이는 '다스림의 형세(勢理)'를 이루었기 때문이다. 그러나 호해(胡亥)와 왕망(王莽)은 동분서주하며 노력했으나 오히려 부족함이 있었으니, 이는 '혼란한 형세(勢亂)'가 만들어졌기 때문이었다.

그러므로 (손자병법에서 말했듯이) "전쟁을 잘 하는 사람은 형세에서 승리를 구하지, 사람에게 책임을 지우지 않는다." 그러므로 현명한 임금은 법도를 공정하고 명확하게 밝히고 정령을 반포한다. 이로써 천하는 태평하게 다스려진다. 〔출전: 한(漢) 왕부(王符)의 『잠부론(潛夫論)』「명충(明忠)」〕

凡爲人上者, 法術明, 而賞罰必者, 雖無言語, 而勢自治. 法術不明, 而賞罰不必者, 雖日號令, 然勢自亂. 是故勢理者, 雖委之不亂; 勢亂者, 雖勤之不治.

堯舜拱己無爲而有餘, 勢理也; 胡亥王莽馳騖而不足, 勢亂也.

故曰: "善[戰]者求之於勢, 不責於人." 是故明主審法度而布敎令,則天下治矣.

논한다. 세상을 바로 잡고 나라의 정치를 보좌하는 대신은 무엇보다도 먼저 흥망성쇠의 도리에 밝아야 하며, 성공과 실패의 책략에 정통하여야 한다. 다스림과 혼란의 형세를 명확하게 살필 수 있어야 하며, 인재를 이용하고 내치는 이치에 통달해야 한다. 그런 후에야 변화무쌍한 기미에 직면하여도 미혹되지 않고, 의심스러운 일을 맞아서도 결단을 내릴 수 있다. 임금을 잘 보좌한 고금의 재상들을 살펴보면, 이로부터 말미암지 않은 경우가 없다고 하겠다. 〔출전: 미상이나 조유의 말로 추정함. 『삼략』「하략」, 『설원』「잡언」 및 『소서』「원시」편에 비슷한 내용의 문장이 있다.〕

論曰: 夫能匡世輔政之臣, 必先明於盛衰之道, 通于成敗之數, 審于治亂之勢, 達于用舍之宜, 然後臨機而不惑, 見疑而能斷. 爲王者之佐, 未有不由斯者矣.

권3 문하(文下)

제13편 반경(反經)

반면의 교훈

신은 이렇게 들었습니다.

하, 은, 주 삼대가 멸망한 것은 그 나라의 법이 잘못됐기 때문이 아니라, 법을 운용했던 자들이 그 직책에 합당한 인재가 아니었기 때문입니다. 그러므로 법을 제대로 안다면, 선왕들이 나라를 다스린 자취를 살펴서 진실로 적임자가 아니라면 도를 헛되이 행하지 말아야 할 것입니다. 〔출전: 두서의 『체론』〕

臣聞: 三代之亡, 非法亡也, 御法者非其人矣. 故知法也者, 先王之陳迹, 苟非其人, 道不虛行.

윤문자(尹文子, 전국시대의 제나라의 사상가 윤문의 저술)는 이렇게 말했다. "인의예악명법형상, 이 여덟 가지는 오제(황제, 전욱, 제곡, 당요, 우순)와 삼왕(하우, 상탕, 주문왕)이 천하를 다스린 방법이었다.

인(仁)이란 백성들에게 널리 베푸는 까닭이지만, 오히려 편파적이고 사사로운 욕심을 만들어 내기도 한다.

의(義)란 절조 있는 행동거지의 기준이지만 반대로 겉만 번드레한 위선의 구실이 되기도 한다.

예(禮)란 사람들로 하여금 근엄하고 공경하게 행동하도록 하는 까닭이지만, 외려 사람들을 게으르고 태만하게 만들기도 한다.

악(樂)이란 사람들의 성정과 심성을 온화하게 하는 것이지만, 반대로 욕망이 내키는 대로 방탕하게 만드는 까닭이 되기도 한다.

명(名)이란 본래 귀천과 고하의 질서를 바로 잡는 것이지만, 이로부터 교만과 빼앗고자 하는 욕심이 생겨나기도 한다.

법(法)이란 많은 사람들의 서로 다른 차이를 통일시키는 준칙이지만, 명분을 내세워 법규를 위반하도록 만들기도 한다.

형(刑)이란 순종하지 않는 자들을 위엄으로 복종시키거나 징벌하는 것이지만, 반대로 형벌을 남용하거나 포악한 짓을 저지르기도 한다.

상(賞)이란 충성을 다하고 능력을 발휘하도록 권면하기 위한 것이지만, 또한 비열한 경쟁을 유발시키기도 한다." 〔출전: 『윤문자(尹文子)』 「대도하(大道下)」〕

故尹文子曰: "仁義禮樂名法刑賞, 此八者, 五帝三王治世之術.

故仁者, 所以博施於物, 亦所以生偏私. 義者, 所以立節行, 亦所以成華僞. 禮者, 所以行謹敬, 亦所以生惰慢. 樂者, 所以和情志, 亦所以生淫放. 名者, 所以正尊卑, 亦所以生矜篡. 法者, 所以齊衆異, 亦所以乖名分. 刑者, 所以威不服, 亦所以生凌暴. 賞者, 所以勸忠能，亦所以生鄙爭."

문자(文子, 춘추시대 노자의 제자로 성이 문(文)이고 이름은 미상. 일부에서는 이름이 신연(辛妍)으로, 자가 문자 또는 계연(計然)이라고 추정함)는 이렇게 말했다. "성인이 문자(文字)를 만든 것은 이로써 수백 가지 일을 처리하도록 하고, 어리석은 자는 이를 이용해 잊어먹지 않도록 하고, 지혜로운 자는 이로써 중요한 일을 기록하도록 하기 위한 것이었다. 그러나 성인의 도가 쇠퇴해지자 간사하고 거짓된 자들은 이를 이용해 저네들의 죄는 해명하여 빠져 나가고, 무고한 사람들을 죽이는 도구로 삼았다.

나라에서 원림(園林, 동물을 풀어 키우는 사냥터)을 건설하는 것은 종묘의 제사에 쓰이는 제수를 마련하고 또 군사를 훈련시켜 예상치 못한 변고에 대비하기 위해서였으나, 성인의 기풍이 쇠퇴해지면서 말을 몰아 사냥하느라 백성들을 괴롭히고 농사철을 빼앗게 되었다.

현명한 이를 높은 자리에 임용하여 백성들에게 고르게 교화를 베풀고 형벌의 집행과 판결을 바로 잡으며, 어질고 능력 있는 신하들이 적합한 직책을 맡고 있으니 천하에 은택이 베풀어지고 만백성이 은덕을 흠모했다. 그러나 이러한 기풍이 쇠퇴해지는 지경에 이르자 붕당을 지어 끼리끼리 뭉치고, 각자 뜻이 맞는 자들을 관직에 천거하고, 공익을 팽개치고 사사로운 이익을 추구하며, 내외가 서로 결탁하여 간사한 자들이 권력 있는 자리를 차지하게 되었으니, 어질고 덕이 있는 사람들은 물러나 은거하게 되었다." 〔출전: 『문자』「상례(上禮)」〕

文子曰: "聖人其作書也，以領理百事，愚者以不忘，智者以記事;

及其衰也，爲奸僞，以解有罪而殺不辜.

其作囿也，以奉宗廟之具，簡士卒[以]戒不虞；及其衰也，馳騁弋獵，以奪人時.

其上賢也，以平敎化，正獄訟. 賢者在位，能者在職，澤施于下，萬人懷德；至其衰也，朋黨比周，各推其[所]與，廢公趨私，外內相擧，奸人在位，賢者隱處.”

『한시외전』에서는 이렇게 말한다. “선비들의 행동에는 다섯 가지의 상반되는 측면이 있다.

권세를 얻고 지위가 높아져 존귀하게 되면 남을 사랑하고 인의를 행해야 할 터인데 그렇게 하지 않고, 오히려 포악하고 오만하게 바뀐다.

집안이 부유하게 되면 곤궁한 사람을 구휼하고 가난한 사람을 도와주어야 하는데 그렇지 않고 오히려 도를 넘어 사치하고 낭비한다.

용맹하고 굳센 자질을 타고나면 임금을 보위하고 전투에서는 용감하게 싸워야 하는데 그렇지 않고, 약한 자를 능멸하고 사사로운 싸움질을 일삼는다.

심중에 지혜가 많으면 몸가짐을 단정히 하고 유익한 계책을 내놓아야 하는데 그렇게 하지 않고, 도리어 간사한 짓을 저지르고 교묘하게 꾸며 사람을 속인다.

용모가 좋고 풍채가 훤칠한 선비라면 조정에 나아가 백성들을 잘 다스려야 하는데 그렇지 않고, 여성들을 홀리고 방탕하게 놀아난다.
〔출전: 『한시외전』 권2〕

‘韓詩外傳’曰: “夫士有五反: 有勢尊貴，不以愛人行義理，而反以暴傲；家富厚，不以振窮救不足，而反以侈靡無度；資勇悍，不以衛上攻戰，而反以侵凌私鬪；心智慧，不以端計(敎)[數]，而反以事奸飾(非)[詐]；貌美好，不以統朝莅人，而反以蠱女從欲."

태공은 이렇게 말했다. "형벌이 너무 엄격하면 백성들이 두려워 벌벌 떨고, 이렇게 백성이 두려워하고 무서워하게 되면 변고가 일어나게 된다. 너무 엄격하게 규찰하면 백성들이 혼란해져 불안해하고, 백성들이 흔들리면 거처를 옮기려 하며, 또 이사를 하고나면 살던 곳에 안주하려 하지 않는데, 이렇게 되면 변란이 일어나기 쉽다." 〔출전: 『육도』「호도(虎韜)」 일문, 『군서치요』 권31에 인용됨〕

太公曰："明罰則人畏懾，人畏懾卽變故出．明察則人擾，人擾則人徙，人徙則不安其處，易以成變."

안자(晏子, 춘추시대 제나라의 재상)는 이렇게 말했다. "신하가 군주의 총애를 믿고 전횡하는 것을 불충이라 하며, 자식이 아버지의 편애를 받고 마음대로 행동하는 것을 불효라 하며, 부인이 지아비에게 마구 대하는 것을 질투라고 한다." 〔출전: 『안자춘추(晏子春秋)』 내편 「간하(諫下)」〕

晏子曰："臣專其君，謂之不忠；子專其父，謂之不孝；妻專其夫，謂之嫉妬."

한비자는 이렇게 말했다. "유가의 서생은 붓을 제멋대로 놀려 법과 제도를 어지럽히고, 협객들은 힘으로 문제를 해결하려고 하여 법령을 어긴다." 〔출전: 『한비자』 「오두(五蠹)」〕

韓子曰: "儒者以文亂法, 俠者以武犯禁."

자로(子路, 공자의 제자)가 물에 빠진 사람을 구해주고 소 한 마리를 사례로 받고서 이를 공자에게 고했다. 공자는 "잘했다. 앞으로 노나라 백성들은 위급한 처지에 놓인 사람을 보면 서로 구해주려 하겠구나!"라고 말했다.

또 다른 제자 자공(子貢)은 타국에 노예로 잡혀간 노나라 사람을 몸값을 치르고 찾아 데려 와서는, 관부에서 주는 보상금을 사양하며 받지 않았다. 공자가 이를 듣고 말했다. "앞으로 노나라 백성들은 타국에 잡혀간 노나라 사람들을 다시는 찾아오려 하지 않겠구나!" 〔출전: 『여씨춘추』 「찰미(察微)」〕

자로는 사례를 받음으로써 남들에게 좋은 일을 하도록 권했고, 자공은 보상금을 사양함으로써 오히려 사람들이 선행을 하지 못하도록 막아버렸다. 이로써 본다면, 청렴해야 할 때는 마땅히 청렴해야 하지만, 오히려 그 때문에 공적인 일을 하지 못하는 경우도 있는 것이다. 〔조유의 말〕

子路拯溺而受牛, 謝孔子, 孔子曰: "魯國必好救人于患也." 子貢贖人而不受金于府, 孔子曰: "魯人不復贖人矣."

子路受而勸德, 子貢讓而止善. 由此觀之, 廉有所在而不可公行.

신자(愼子, 전국시대 법가 사상가인 신도(愼到)의 저술)는 이렇게 말했다. "신하가 되어 충성을 다하는 것만으로는 어지러운 시대를 구할 수 없으며, 오히려 혼란을 가중시킬 수도 있다. 그렇다는 것을 어떻게 알 수 있는가?

비유하자면, 순임금의 부친 고수(瞽瞍)는 순이라는 효성스러운 자식을 몇 번이나 사지로 몰아넣었으나 순임금은 부친을 용서했다. 하나라의 걸왕에게도 많은 충신들이 있었으나, 그의 죄악은 천하에 가득 찼다. 이렇게 보면 효자는 자애로운 부모 밑에서 나오지 않으며, 충신은 현명한 임금 밑에서 나오지 않는다.

그러므로 현명한 임금은 신하를 부릴 때, 충성을 하더라도 직책을 넘어 과도하게 하지 않도록 하고, 일을 맡기되 직분을 넘어 과도한 책임을 지지 않도록 했다." 〔출전: 『신자』 「지충(知忠)」〕

愼子曰: "忠未足以救亂代, 而適足以重非, 何以識其然耶?

曰: 父有良子, 而舜放瞽瞍; 桀有忠臣, 而過盈天下. 然則孝子不生慈父之(義)[家], 而忠臣不生聖君之下. 故明主之使其臣也, 忠不得過職, 而職不得過官."

장자는 이렇게 말한다. "상자를 열고, 주머니를 뒤지고, 궤짝을 뜯는 작은 도둑을 막고 지키기 위해서, 사람들은 물건을 궤짝에 넣고 끈이나 줄로 단단하게 묶고 또 빗장과 자물쇠를 튼튼하게 채우는데, 이것이 세상에서 말하는 도둑을 방비하는 지혜이다. 그러나 큰 도둑이 오면 궤짝은 통째로 등에 지고 상자는 손에 들고 보따리는 둘러메고 달아나면서, 오히려 끈과 줄로 묶은 것과 빗장이나 자물쇠가 튼튼하지 않을까를 걱정한다.

그렇다면 앞서 지혜라고 한 것이 오히려 도둑을 위하여 미리 준비해둔 것이 아니겠는가? 또한 이른바 성인이라고 불리는 사람이, 도둑을 위하여 재물을 지켜준 것은 아닌가?

그렇다는 것을 어떻게 알 수 있는가?

옛날 제나라는 이웃 고을 사람들이 서로 마주보고, 닭 우는 소리와 개짓는 소리를 서로 들을 수 있을 정도로 번성하였으며, 그물을 펼치고 보습으로 땅을 가는 곳이 사방 2천 리에 이르렀으며, 사방 국경 안에 종묘와 사직을 세우고, 읍(邑), 옥(屋), 주(州), 여(閭), 향(鄕), 리(里) 등을 설치하여 구석구석 다스림에, 어찌 성인의 법과 제도를 본받지 않았겠는가? 그러나 전성자(田成子)가 하루아침에 제나라 임금을 죽이고 나라를 훔쳤으니, 이른바 훔친 것이 어찌 나라뿐이었겠는가? 그는 성인이 이루어 놓은 법과 제도까지 함께 훔쳤다. 그 때문에 전성자는 비록 도적이라는 이름을 얻었지만, 몸은 요임금과 순임금같이 편안하게 임금 노릇을 했다. 작은 나라는 감히 그 잘못을 비난하지 못했고 큰 나라도 감히 토벌에 나서지 못했다. 그의 12대 후손까지 제나라를 차지했으니, 이는 제나라를 훔쳤을 뿐만 아니라 성인의 훌륭한 법과 제도까지 훔친 것이며, 그렇게 해서 도적의 몸을 지킬 수 있었던 것이 아니겠는가?

도척(盜跖)의 무리 중에 한 사람이 도척에게 물었다. "도둑질에도 도가 있습니까?" 도척이 이렇게 대답했다. "어디에 간들 도가 없겠느냐? 방 안에 감춰진 물건을 멀리서 바라보는 것만으로 짐작할 줄 아는 것은 성(聖)이요, 도둑질 할 때 먼저 들어가는 것은 용(勇)이요, 맨뒤에 나오는 것은 의(義)요, 가능할 지 여부를 미리 아는 것은 지혜

(智)요, 도둑질한 물건을 골고루 나누는 것은 인(仁)이다. 이 다섯 가지를 갖추지 않고 큰 도둑이 된 자는 천하에 아직 없다.

이로써 살펴본다면 착한 사람이 성인의 도를 얻지 못하면 선을 이룰 수 없지만, 도척과 같은 도적도 성인의 도를 얻지 못하면 도적질을 하지 못할 것이다. 천하에는 착한 사람이 적고 착하지 않은 사람이 많으니, 성인이 천하를 이롭게 하는 것은 적고 오히려 천하를 해롭게 하는 것이 많다고 하겠다." 〔출전: 『장자』 「거협(胠篋)」〕

莊子曰: "將爲胠篋探囊發匱之盜, 謂之守備, 則必攝緘縢固扃鐍, 此世俗之所謂智也. 然而巨盜至, 則負匱揭篋, 擔囊而趨, 唯恐緘縢, 扃鐍之不固也. 然則向之所謂智者, 有不爲盜積者乎? 其所謂聖者, 有不爲大盜守者乎?

何以知其然耶?

昔者齊國隣邑相望, 鷄狗之音相聞; 罔罟之所布, 耒耨之所刺, 方二千餘里; 闔四境之內, 所以立宗廟社稷, 治邑屋州閭鄕里者, 曷嘗不法聖人哉?

然而田成子一朝殺齊君而盜其國, 所盜者豈獨其國耶? 并與聖智之法而盜之. 故田成[子]有乎盜賊之名, 而身處堯舜之安, 小國不敢非, 大國不敢誅, 十二代而有齊國, 則是不獨竊齊國, 并與其聖智之法, 以守其盜賊之身乎?

跖之徒問於跖曰: '盜亦有道乎?'

跖曰: '何適其無有道耶? 夫妄意室中之藏, 聖也; 入先, 勇也; 出後, 義也; 知可否, 智也; 分均, 仁也. 五者不備, 而能成大盜者, 天下未之有也.'

由是觀之, 善人不得聖人之道不立, 盜跖不得聖人之道不行. 天下之善人少, 而不善人多, 則聖人之利天下也少, 以害天下也多矣.”

이로 말미암아 말하건대, 인의예악과 명법형상과 같은 치국의 방법과, 충과 효, 현명함과 지혜로움의 도리 그리고 문무의 지략과 형세의 흐름을 명확히 살피는 단서는 어느 누구에게 숨겨 놓은 적이 없으며, 어느 시대에서나 항상 존재해 왔다. 그런 진리는 요임금과 탕임금의 시기가 성군의 시대라고 해서 스스로 훤히 드러났다가, 걸왕과 주왕의 시기는 혼란한 시대라 해서 고의로 사라진 것이 아니다.

사람이 이 도를 얻어 잘 쓰면 천하는 태평스럽게 다스려졌고, 이 도를 잃어버리면 천하는 혼란스러워졌을 뿐이다. 〔출전: 『윤문자』「대도하(大道下)」〕

由是言之, 夫仁義禮樂, 名法刑賞, 忠孝賢智之道, 文武明察之端, 無隱於人, 而常存於代. 非自昭於堯湯之時, 非故逃於桀,紂之朝. 用得其道, 則天下理; 用失其道, 而天下亂.

그러므로 법과 제도라는 것은 있느냐 없느냐가 관건이 아니라, 그것을 쓸 줄 아느냐 모르느냐가 치국의 요체라는 것을 알아야 한다. 〔조유의 말〕

故知制度者, 代非無也, 在用之而已.

제14편 시비(是非)

무엇이 옳고 그른가?

무릇 일에는 덜어냄과 더함이 있듯이 모든 것에는 상반된 방법이 있고, 정치에는 실질을 중시하거나 예악과 같은 형식을 추구하느냐의 상이한 길이 있다. 또 어떤 사람은 권모술수를 날줄과 씨줄로 삼아 나라를 다스려야 한다고 주장하는가 하면, 다른 사람은 도덕적 교화를 돈독히 하여 풍속을 안정시켜야 한다고 주장한다. 그러므로 선인들이 앞서 남겨준 가르침에서, 지금의 우리들은 정반 또는 시비와 같은 모순되는 측면을 발견할 수 있다.

어떻게 이를 설명할 수 있는가? (아래에서 '그렇다'와 '아니다'로 대조하는 방법으로 예를 들어 보겠다.) 〔조유의 말〕

夫損益殊塗, 質文異政, 或尙權以經緯, 或敦道以鎭俗. 是故前志垂敎, 今皆可以理違.

何以明之?

〈그렇다〉『시경』「대아」에서는 이렇게 말했다. “도리에 밝고 사리 분별을 잘 해서 그 몸을 보전한다.”〔출전: 『시경』「대아, 증민(大雅, 烝民)」〕

주역에서는 이렇게 말했다. “천지의 가장 큰 덕은 만물을 낳아 기르는 것이다.”〔출전: 『주역』「계사하(繫辭下)」〕

〈아니다〉 논어에서는 이렇게 말했다. “선비는 위태로움을 보면 목숨을 바쳐야 한다.”〔출전: 『논어』「자장(子張)」〕

또 이렇게 말했다. “군자는 몸을 희생해서 인을 이루는 일은 있으나, 살기를 구하여 인을 해치는 일은 없다.”〔출전: 『논어』「위령공(衛靈公)」〕

是曰: ‘大雅’云: “旣明且哲, 以保其身.” ‘易’曰: “天地之大德曰生.”

非曰: ‘語’曰: “士見危授命.” 又曰: “君子有殺身以成仁, 無求生以害仁.”

〈그렇다〉『관자』는 이렇게 말했다. “오늘의 일에 의문이 있다면 옛일을 살펴보고, 미래의 일을 모르겠거든 과거를 돌이켜보아라.”〔출전: 『관자』「형세(形勢)」〕

또 옛말에 “죽은 사람과 같은 병에 걸리면 살아남을 수 없고, 멸망한 나라에서와 같은 일이 일어난다면 존립할 수 없다.”고 했다. 〔출전: 『한비자』「고분(孤憤)」〕

〈아니다〉『여씨춘추』에서는 이렇게 말했다. “사람이 음식을 먹다가 죽었다고 해서 천하 사람들에게 음식 먹는 것을 금지한다면 이는 잘못된 것이다. 배를 타고 가다가 물에 빠져 죽은 것을 보고 천하의 모든 사람들에게 배 타는 것을 금지한다면 이는 이치에 맞지 않는 것이다. 군대를 출동시켜 전쟁을 벌였다가 나라를 망치는 것을 보고 천하의 모든 군대를 없애자고 한다면 이는 도리에 어긋나는 것이다." 〔출전: 『여씨춘추』「탕병(蕩兵)」〕

두서(杜恕)는 이렇게 말했다. "간신과 도적 같은 신하들은 예로부터 지금에 이르기까지 없었던 적이 없다. 그렇다고 하여, 백 년에 한 사람이 나온 것을 갖고 끊임없이 이어서 나온다고 여기고, 천 리 길에 한 사람을 만난 것을 두고 어깨를 나란히 할 정도로 많은 사람이라고 하면서, 이로써 인재를 천거하는 경계로 삼는다면, 마치 어떤 사람이 음식을 먹다가 목이 메어 죽었다고 하여 음식을 금지시키는 것과 같다. 그러면 목이 메어 죽는 사람은 줄어들겠지만 굶어죽는 사람은 반드시 많아질 것이다." 〔출전: 두서의 『체론』〕

是曰: 管子曰: "疑今者察之古, 不知來者視之往." 古語曰: "與死人同病者, 不可生也; 與亡國同(行)[事]者, 不可存也."

非曰: '呂氏春秋'曰: "夫人以食死者, 欲禁天下之食, 悖矣; 有以乘舟死者, 欲禁天下之船, 悖矣; 有以用兵喪其國者, 欲偃天下之兵, 悖矣." 杜恕曰: "夫奸臣賊子, 自古及今未嘗不有. 百歲一人, 是爲繼踵; 千里一人, 是爲比肩. 而擧以爲戒, 是猶一噎而禁人食也. 噎者雖少, 餓者必多."

〈그렇다〉 『논어』에서는 이렇게 말한다. "남의 사사로운 허물을 들추어내면서 이를 곧은 것으로 여기는 자를 미워한다." 〔출전: 『논어』

「양화(陽貨)」]

〈아니다〉 관자는 이렇게 말한다. "남의 악행을 숨겨 주면서 이를 인으로 여기는 자를 미워한다." 〔출전: 『관자』 「법금(法禁)」〕

위나라의 조희(曹羲)는 이렇게 주장했다. "세상 사람들은 남의 악행을 덮어주고 선행을 선양하는 것을 군자의 대의라 하고, 같은 취미를 가진 사람을 챙기고 널리 드러내는 것을 벗을 사귐에 있어서 지극한 우정이라고 말한다. 그러나 이렇게 말하는 것은, 아마도 저잣거리의 사람들이 하는 허튼소리이거나, 좋아함과 싫어함을 같이 하는 사람들끼리 다른 쪽 사람들을 비방하고자 한 말이기 때문에, 지극한 이치를 담은 독실하고 바른 말이 아니며 어느 쪽에도 치우치지 않게 중용을 취한 공론도 아닌 것이다.

세상의 선비들이 깊은 이치를 헤아리지 않고 몇 마디 말에만 매달리고 있으니 선악을 분별하지 못한다. 〔허물을 감싸주는 것을 도량이 넓은 것으로 여기고, 벗들과의 사귐에서는 대의를 따지지 않고 줏대 없이 남의 의견을 따르는 것을 좋은 것으로 여기고 있다. 선악을 분별하지 못하는데서〕 참으로 세상의 혼란이 이로부터 비롯되며, 줏대 없이 남의 의견을 따르는데서 반드시 실패가 나오게 되는 것이다. 다른 사람의 행동을 놓고 논의를 하는데 있어서는 실사구시를 기준으로 세워야 하며, 지나치게 각박하게 비난하는 것을 귀하게 여기지 않아야 한다.

서로 잘 아는 벗들 사이에는 차별하지 않고 동등한 태도로 사귀어야 하고, 자기주장 없이 남의 주장을 따르는 것을 우정을 돈독히 하는 것으로 여기지 말아야 한다. 그러므로 마음이 활달한 사람은 대의를 살필 뿐 형식을 추구하지 않으며, 마음을 알고자 할 뿐 몇 마디

말에 얽매이지 않는다. 〔위(魏) 조희의 『지공론(至公論)』〕

是曰: '論語'曰: "惡訐(惡)以爲直."

非曰: 管子曰: "惡隱惡以爲仁者." 魏曹羲曰: "夫世人所謂掩惡揚善者, 君子之大義; 保明同好者, 朋友之至交. 斯言之作, 蓋閭閻之白談, 所以(收)[救]愛憎之相謗, 非篤正之至理, 折中之公議也. 世士不料其數, 而係其言, 故善惡不分, [以覆過爲弘; 朋友忽義, 以雷同爲美. 善惡不分], 亂實由之, 朋友雷同, 敗必從焉. 論談以當實爲情, 不以過難爲貴; 相知以等分爲交, 不以雷同爲固. 是以達者存其義, 不察于文, 識其心, 不求於言." [선악불분 뒤에 『지공론』을 참조하여 18자를 보완했다.]

〈그렇다〉 『월절서(越絶書)』에서는 이렇게 말했다. "교태를 부리는 여자는 정결하지 못하고, 자신을 과시하는 선비는 신의가 없다." 〔출전: 『월절서』 권7〕

〈아니다〉 『사기』에서는 이렇게 말했다. "큰일을 이루고자 하는 사람은 소소한 일에 얽매이지 않고, 큰 예의를 행하려는 사람은 작은 일에 겸양하지 않는다." 〔출전: 『한서』에는 이 구절이 없다. 단 『사기』 「항우본기」에 "大行不顧細謹, 大禮不辭小讓"의 구절이 있으니, 본문의 '한서왈'을 '사기왈'로 고친다.〕

是曰: '越絕書'曰: "衒女不貞, 衒士不信."

非曰: (漢書)[史記]曰: "大行不細謹, 大禮不讓辭."

〈그렇다〉 황석공이 말했다. “영토를 넓히는 데만 힘쓰면 오히려 나라를 황폐하게 만들지만, 덕을 널리 베푸는데 힘쓰면 나라를 부강하게 할 수 있다. 자기의 영토를 잘 지키면 편안하지만 남의 영토를 빼앗고자 하면 잔혹하게 된다. 잔혹한 정치는 비록 한때 성공하더라도 반드시 실패하고 만다.” 〔출전: 『삼략』「하략」〕

〈아니다〉 사마조(司馬錯, 전국시대 진의 장수로 혜왕 때 촉도의 군수를 지냄)는 이렇게 말했다. “나라를 부강하게 하려면 영토를 넓히는데 힘써야 하며, 군대를 강대하게 하려면 백성을 부유하게 만드는데 힘써야 하며, 왕이 되어 천하를 다스리고자 하면 덕을 널리 베푸는데 힘써야 한다. 이 세 가지를 갖추면 왕업은 저절로 따라서 이루어진다.” 〔출전: 『사기』 권70 「장의열전(張儀列傳)」〕

是曰: ‘黃石公’曰: “務廣地者荒, 務廣德者强, 有其有者安, 貪人有者殘. 殘滅之政, 雖成必敗.”

非曰: 司馬錯曰: “欲富國者, 務廣其地; 欲强兵者, 務富其人; 欲王者, 務博其德. 三資者備, 而後王業隨之.”

〈그렇다〉 『좌전』에서는 이렇게 말했다. “마음에 실로 흠이 없다면 어찌 집이 없음을 근심하겠는가?” 〔출전: 『좌전』「민공(閔公) 원년」〕

또 이렇게 말했다. “나의 예의에 허물이 없다면 어찌 남들이 하는 말을 걱정하겠는가?” 〔출전: 『좌전』「소공(昭公) 4년」〕

〈아니다〉 옛말은 이렇게 일렀다. “헐뜯는 말도 많이 쌓이면 금을 녹이고, 참소하는 말도 오래 쌓이면 사람의 뼈를 닳게 만들며, 깃털도 많이 실으면 배를 가라앉히고, 가벼운 물건도 많이 실으면 수레의

축을 부러뜨릴 수 있다." 〔출전: 『사기』 권70 「장의열전」〕

是曰: '傳'曰: "心苟無瑕, 何恤乎無家?" 又曰: "禮義之不愆, 何恤乎人言?"

非曰: '語'曰: "積毁鎖金, 積讒磨骨, 衆羽溺舟, 羣輕折軸."

〈그렇다〉 공자는 말했다. "군자는 한 가지 용도로만 쓰이는 그릇이 되지 않으며, 성인은 지혜로 만물에 두루 응할 수 있다." 〔출전: 『논어』 「위정(爲政)」〕

〈아니다〉 열자는 이렇게 말했다. "천지도 완전한 공덕이 있는 것이 아니고, 성인도 완전한 공능이 있는 것이 아니며, 만물도 역시 완전한 쓰임이 있는 것이 아니다. 그러므로 하늘은 만물을 낳아 길러 주는 것을 직분을 삼고, 땅은 만물을 싣고 형체를 이루는 것을 직분으로 삼으며, 성인은 인의와 예악으로 교화하는 것을 직분으로 삼는다." 〔출전: 『열자(列子)』 「천서(天瑞)」〕

是曰: 孔子曰: "君子不器, 聖人智周萬物."

非曰: 列子曰: "天地無全功, 聖人無全能, 萬物無全用. 故天職生覆, 地職載形, 聖職教化."

〈그렇다〉 공자는 말했다. "군자의 마음은 평탄하고 넓으며, 소인의 마음은 항상 근심 걱정에 차있다." 〔출전: 『논어』 「술이(述而)」〕

〈아니다〉 공자는 이렇게 말했다. "진나라의 공자 중이가 패주가 되려는 마음을 품은 것은 조나라와 위나라를 유랑하면서 굴욕적인 대우를 받고나서 생긴 것이며, 월나라 구천이 패주가 되고자하는 마음을 가진 것은 회계에서 오나라 왕 부차(夫差)에게 패배하여 치욕을 당하고 나서 생긴 것이다. 그러므로 굴욕적인 입장에 처하여도 아무런 근심도 하지 않는 사람은 사려가 깊지 않으며, 몸이 곤경에 처하여도 항상 안일하기만을 구한다면 뜻이 크지 않은 것이다." 〔출전: 『공자가어』 「재액(在厄)」〕

是曰: 孔子曰: "君子坦蕩蕩, 小人長戚戚."

非曰: 孔子曰: "晉重耳之有霸心也, 生于曹衛; 越勾踐之有霸心也, 生於會稽. 故居下而無憂者, 則思不遠; 覆身而常逸者, 則志不廣."

〈그렇다〉 한비자는 말했다. "옛 사람은 눈으로 자신의 모습을 볼 수 없기 때문에 거울을 만들어 자기 얼굴을 보았고, 지혜만 갖고는 스스로를 아는데 부족했기 때문에 도를 닦아 자신을 바로 잡았다." 〔출전: 『한비자』 「관행(觀行)」〕

〈아니다〉 조량(趙良, 전국시대 진(秦)나라의 은사)은 이렇게 말했다. "스스로 돌이켜 마음속의 말에 귀 기울이는 것을 귀가 밝다(聰)고 하고, 안으로 성찰할 줄 아는 것을 눈이 밝다(明)고 이르며, 자신을 극복할 줄 아는 것을 강하다(强)고 한다." 〔출전: 『노자』에는 이 글이 없다. 『사기』 권68 「상군열전」에 조량의 말로 기재되어 있으니, '노자왈'은 '조량왈'의 착오로 추정된다.〕

是曰: 韓子曰: "古之人目短于自見, 故以鏡觀面; 智(疑)[短]於自知, 故以道正己."

非曰: (老子)[趙良]曰: "反聽之謂聰, 內視之謂明, 自勝之謂强."

〈그렇다〉 당저(唐且, 전국시대 위나라 사람)는 이렇게 말했다. "전저(專諸)는 송곳 같은 작은 칼을 가슴에 품었으나 (이 칼로 오나라 왕 합려(闔閭)를 암살함으로써) 천하 사람들은 모두 그의 용맹을 칭찬하였고, 서시는 짧게 지은 거친 베옷을 입었어도 천하 사람들이 모두 그 아름다움을 칭송하였다." 〔출전: 『전국책』「초책3(楚策三)」〕

〈아니다〉 신자는 이렇게 말했다. "모장과 서시는 천하의 빼어나게 아름다운 여인들이다. 그렇지만 그들에게 짐승 가죽으로 만든 옷을 입혀놓으면 사람들이 모두 달아날 것이지만, 고운 비단 옷으로 갈아입혀놓으면 길 가던 사람들도 모두 걸음을 멈출 것이다. 이로써 살펴보면 고운 비단 옷이 그들의 미색을 받쳐준 것임을 알 수 있다. 만일 아름답다고 해서 고운 옷을 입지 않는다면 그 아름다움에 손색이 있게 된다." 〔출전: 『신자』「위덕(威德)」〕

是曰: 唐且曰: "專諸懷錐刀, 而天下皆謂之勇; 西施被短褐, 而天下稱美'"

非曰: 愼子曰: "毛嬙,西施, 天下之至姣也. 衣之以皮倛, 則見者皆走; 易之以玄緆, 則行者皆止. 由是觀之, 則玄緆, 色之助也. 姣者辭之, 則色厭矣."

〈그렇다〉 항량(項梁)이 말했다. "먼저 손을 쓰는 자는 다른 사람을 제압할 수 있지만 나중에 손을 쓰는 자는 다른 사람에게 제압당한다." 〔출전: 『사기』 권7 「항우본기」〕

또 『군지(軍志)』에서는 이렇게 말했다. "(적에 앞서) 먼저 공격하면 적의 투지를 빼앗을 수 있다." 〔출전: 『좌전』「선공(宣公) 12년」에 『군지』를 인용함〕

〈아니다〉 사일(史佚, 춘추시대 주나라 사관)은 이런 말을 했다. "화를 먼저 이끌지 말라." 〔출전: 『좌전』「희공(僖公) 15년」〕

또 말했다. "먼저 환란을 일으키는 자는 반드시 죽인다." 〔출전: 『좌전』「정공(定公) 13년」〕

옛말에 이르기를 "앞장서서 환란을 일으키지 말고, 앞장서서 복을 누리지 말라."고 했다. 〔출전: 『장자』「각의(刻意)」〕

是曰: 項梁曰: "先起者制服於人, 後起者受制於人." '軍志'曰: "先人有奪人之心."

非曰: 史佚有言曰: "無始禍." 又曰: "始禍者死." '語'曰: "不爲禍始, 不爲福先."

〈그렇다〉 신자는 말했다. "현명한 사람이 못난 자들에게 굴복하는 것은 권세가 작기 때문이고, 덕과 재능이 모자라는 자들이 현명한 사람에게 복종하는 것은 지위가 존귀하기 때문이다. 요임금이 일개 평민이었을 때는 이웃 사람들마저 부릴 수 없었으나 왕의 지위에 오르자, 명령을 내리면 반드시 행해지고 금하면 반드시 그만두었다. 이로써 본다면 어질고 덕이 있는 것만으로는 사람을 굴복시킬 수 없으나, 권세와 지위는 현명한 사람마저도 굴복시킬 수 있음을 알 수 있다." 〔출전: 『신자』「위덕」〕

〈아니다〉 가의(賈宜)는 이렇게 말했다. "예로부터 오늘날에 이르기까지 백성들과 원수가 된 군주는, 늦거나 빠름이 있거나 할 뿐, 백성들이 반드시 그를 이기고 말았다. 그러므로 주왕은 스스로 하늘이 내린 왕(天王)이라 일컬었고, 걸왕은 스스로 하늘이 내린 아버지(天父)라고 불렀으나, 그들이 멸망한 뒤에 백성들은 예전과 다름없이 욕을 퍼부었다. 이렇게 보면 높은 지위를 차지했다고 해서 반드시 존경받는 것이 아니며, 호칭이 높아졌다고 해서 영화로운 것이 아님을 알 수 있다."〔출전: 가의(賈誼)의 『신서(新書)』「대정상(大政上)」〕

是曰: 愼子曰: "夫賢而屈于不肖者, 權輕也; 不肖而服于賢者, 位尊也. 堯爲匹夫, 不能使其隣家; 及至南面而王, 則令行禁止. 由此觀之, 賢不足以服物, 而勢位足以屈賢矣."

非曰: 賈子曰: "自古至今, 與民爲仇者, 有遲有速耳, 而民必勝之矣. 故紂自謂天王也, 而桀自謂天父也, 已滅之後, 民亦罵之也. 以此觀之, 則位不足以爲尊, 而號不足以爲榮矣."

〈그렇다〉 한경제 때에 원고(轅固)와 황생(黃生)이 임금 앞에서 논쟁을 벌였는데, 황생이 이렇게 말했다. "탕임금과 무왕은 하늘로부터 명을 받은 게 아니라, 걸과 주를 죽이고 왕이 된 것이다." 원고가 이렇게 반박했다. "그렇지 않다. 걸과 주가 황음하고 무도하여 천하 백성들의 마음이 모두 탕임금과 무왕에게로 돌아갔으며, 이에 탕임금과 무왕이 천하 백성들의 마음에 순응하여 걸과 주를 죽인 것이다. 주와 걸의 백성들이 도리어 걸주를 거역하고 탕왕과 무왕에게로 귀의하였고, 탕왕과 무왕은 백성들의 추대를 받아 부득이 왕이 된 것이니 어찌 천명을 받은 것이 아니겠는가?"〔출전: 『한서』 권88「유림전(儒林傳)」]

〈아니다〉 황생이 이렇게 반박했다. "관은 제아무리 헤진 것이라도 반드시 머리에 쓰게 되어있고 신발은 비록 새 것이라도 발에 꿰는 것이다. 어째서 그런가? 모든 것에는 상하의 구분이 있기 때문이다. 지금 걸과 주가 비록 무도한 짓을 했더라도 어쨌든 군주며, 탕왕과 무왕은 영명했으나 필경은 신하였다. 만일 군주의 품행에 잘못이 있다면, 신하는 바른 말로 간하여 과오를 바로 잡고 군주를 존귀하게 섬겨야 하는데 그렇게 하지 않고, 반대로 이를 이유로 정벌하여 죽이고 그들 대신에 왕위에 올랐으니, 이야 말로 죽인 것이 아니고 무엇이겠는가?" 〔출전: 상동〕

是曰: 漢景帝時, 轅固與黃生爭論於上前, 黃生曰: "湯武非受命, 乃殺也." 固曰: "不然. 夫桀紂荒亂, 天下之心皆歸湯武, 湯武與天下之心而誅桀紂. 桀紂之人弗爲使, 而歸湯武, 湯武不得已而立, 非受命爲何?"

非曰: 黃生曰: "冠雖敝必加於首, 履雖新必貫于足. 何者? 上下之分也. 今桀紂雖失道, 然君上也; 湯武雖聖, 臣下也. 夫君有失行, 臣不正言匡過以尊天子, 反因過以誅之, 代立南面, 非殺而何?"

〈그렇다〉 태공은 이렇게 말했다. "징벌이 너무 엄격하면 백성들이 두려워 벌벌 떨게 되고 백성들이 두려워하면 변고가 일어나게 된다. 상을 너무 많이 주면 오히려 백성들이 만족하지 못하게 되고 백성들이 부족하다고 여기면 원망을 품게 된다. 그러므로 현명한 임금은 백성들을 다스림에 있어서 자신이 무엇을 좋아하고 싫어하는지를 알지

못하게 했다." 〔출전: 『육도』 「호도」 일문, 『군서치요』 권31에 수록됨〕

〈아니다〉 문자는 이렇게 말했다. "징벌에 법도가 없으면 아무리 많이 죽여도 위엄이 서지 않으며, 상을 주는데 법도가 없으면 재물을 아무리 많이 베풀어도 은택으로 여기지 않는다. 〔출전: 현행본 『문자』에는 이 글이 없다. 황공의 『손자집주』 권1 「상벌집명」 구절의 두우(杜佑) 주에서 '왕자왈(王子曰)'이라 하여 이 구절을 인용함〕

그러므로 제갈량은 이렇게 말했다. "법령으로 위엄을 세우고 법을 엄정하게 집행하면 백성들은 은덕을 알게 되며, 작록을 상으로 주되 등급으로써 분별하고 그러고 나서 작록을 더해 주면 영예로 받아들인다." 〔출전: 왕은(王隱)의 『촉기(蜀記)』, 『삼국지』 권35 「제갈량전」의 배주(裴注)에서 인용〕

是曰: 太公曰: "明罰則人畏懾, 人畏懾卽變故出. 明賞則人不足, 人不足則怨長. 故明王之理人, 不知所好, 不知所惡."

非曰: 文子曰: "罰無度則戮而無威, 賞無度則費而無恩." 故諸葛亮曰: "威之以法, 法行則知恩; 限之以爵, 爵加則知榮."

〈그렇다〉 문자는 이렇게 말했다. "백성들이 임금의 교화를 따를 때는 그 말을 따르지 않고, 그 행동을 보고 본받는다. 그래서 임금이 용맹을 좋아하면 나라에는 환란이 많이 일어나고, 임금이 색을 좋아하면 나라가 음란하고 혼란해진다." 〔출전: 『문자 「정성(精誠)」』〕

〈아니다〉 진왕이 말했다. "나는 초나라의 철검은 날카로우나 그들의 가무와 놀이는 매우 촌스럽다고 들었다. 검이 날카로운 것은 병사들이 용감하고, 가무와 놀이가 촌스럽다는 것은 사려와 모략이 원대하다는 말이다. 원대한 모략을 갖고 용맹한 병사들을 거느리고 있는 셈이니, 나는 초나라가 우리 진나라를 도모하지 않을까 걱정된다." 〔출전: 『사기』 권79 「범저채택열전(范雎蔡澤列傳)」〕

是曰: 文子曰: "人之化上, 不從其言, 從其行也. 故人君好勇, 而國家多難; 人君好色, 而國家昏亂."

非曰; 秦王曰: "吾聞楚之鐵劍利, 而倡優拙. 夫鐵劍利則士勇, 倡優拙則思慮遠. 以遠思慮御勇士, 吾恐楚之圖秦也."

〈그렇다〉 묵자는 이렇게 말한다. "아무 어진 임금이라도 공을 세우지 못한 신하는 좋아하지 않으며, 아무리 자애로운 부친이라도 쓸모없는 자식은 사랑하지 않는다." 〔출전: 『묵자』 「친사(親士)」〕

〈아니다〉 조자건(曹子建, 조조의 아들 조식)은 이렇게 말했다. "죄지은 자를 용서해주면서 공을 세운 자를 더욱 질책하는 것은 현명한 임금만이 할 수 있는 일이며, 어리석은 자식을 가엽게 여기고 능력 있는 자식에게 사랑을 아끼는 것은 자애로운 부친의 은덕이다. 〔출전: 『삼국지』 권19 「진사왕식전(陳思王植傳)」〕

『삼략』에서는 이렇게 말했다. "큰 뜻을 품은 사람이라면 모두들 그 뜻을 펼 수 있기를 원한다. 그러므로 현명한 임금과 신하라면 스스로를 굽혀서라도 다른 사람이 뜻을 펼칠 수 있도록 해준다." 〔출전: 『삼략』 「상략」〕

是曰: 墨子曰: "雖有賢君, 不愛無功之臣; 雖有慈父, 不愛無益之子."

非曰: 曹子建曰: "舍罪責功者, 明君之(主)[擧]也; 矜愚愛能者, 慈父之恩也." '三略'曰: "含氣之類, 皆願得申其志. 是以明君賢臣, 屈己申人."

〈그렇다〉『좌전』에서 말했다. "사람의 마음이 같지 않은 것은 얼굴이 제각각인 것과 같다."〔출전: 『좌전』「양공(襄公) 31년」〕

'조자건'이 말했다. "사람은 저마다 좋아하는 바가 있다. 난과 채, 꽃창포, 혜초 등의 향기는 많은 사람들이 좋아하는 것이지만, 바닷가에 사는 어부는 남들이 다 싫어하는 비린내를 좋아한다. 많은 사람들은 함지(咸池)와 육영(六英) 같은 삼황오제의 악곡을 찬미하지만, 묵자는 무악을 즐기는 것은 잘못된 것이라고 주장했다. 어찌 천하의 모든 사람들이 같은 것을 좋아할 수 있겠는가?"〔출전: 『조자건집』「여양덕조서(與楊德祖書)」 및 『삼국지』「본전」 배주〕

〈아니다〉 옛말에 이르기를 "마음으로 상대방의 마음을 헤아린다면 바늘 하나 들어갈 틈이 없이 마음이 합쳐질 것이다."라고 했다.〔출전: 미상〕

'공자'는 이렇게 말했다. "아마도 서(恕)일 것이다! 자기가 하고자 하지 않는 것을 남에게 시키지 말라."〔출전: 『논어』「위령공」〕

是曰: '傳'曰: "人心不同, 其猶面也." 曹子建曰: "人各有好尙. 蘭茝蓀蕙之芳, 衆人所好, 而海畔有逐臭之夫; 咸池有六英之發, 而墨子有非之之論. 豈可同哉?"

非曰 '語'曰: "以心度心, 間不容針." 孔子曰: "其恕乎! 己所不欲, 勿施於人."

〈그렇다〉 관자는 이렇게 말한다. "창고가 가득 차면 예절을 알고, 먹고 입는 것이 풍족하면 영예와 치욕을 안다."〔출전: 『관자』「목민(牧民)」〕

〈아니다〉 옛말에 이르기를 "존귀한 지위에 오르고 나면 교만해지려고 하지 않아도 교만이 저절로 찾아오고, 부유해지고 나면 사치하려고 생각하지 않아도 사치함이 저절로 찾아온다."고 했다. 〔출전: 『상서』「주관(周官)의 주(注)」 및 『정관정요』「형법 제31」〕

是曰: 管子曰: "倉廩實, 知禮節; 衣食足, 知榮辱."

非曰: 古語曰: "貴不與驕期, 而驕自至; 富不與侈期, 而侈自來."

〈그렇다〉 옛말에 이르길 "충성을 다하면 보답 받지 않음이 없다."〔출전: 『사기』 권83 「노중연추양열전(魯仲連鄒陽列傳)」〕

〈아니다〉 『좌전』에서 이렇게 말했다. "난세에는 모함하는 말이 정직을 이긴다."〔출전: 『좌전』「양공 5년」〕

是曰: '語'曰: "忠無不報."

非曰: '左傳'曰: "亂代則讒勝直."

〈그렇다〉 한비자가 말했다. "대개 사람의 인정이란 취사선택의 취향이 같으면 서로 옳다고 인정하지만, 취향과 관점이 다르면 서로 배척한다."〔출전: 『한비자』「간겁시신(奸劫弑臣)」〕

『주역』에서는 이렇게 말했다. "같은 소리는 서로 응하고 같은 기운은 서로 구한다. 물은 습한 곳으로 흘러가고 불은 건조한 것으로 나아가며, 구름은 용을 따라 올라 가고 바람은 호랑이를 따라 포효한다." 〔출전: 『주역』「건괘문언전(乾卦文言傳)」〕

〈아니다〉 『주역』에서는 또 이렇게 말했다. "두 여자가 함께 살더라도 그 생각하는 바는 같지 않다." 〔출전: 『주역』「규괘(睽卦) 단사」〕

옛말에 이렇게 일렀다. "한 둥지에 두 마리 수컷이 살 수 없고 〔출전: 원굉(袁宏)의 『후한기(後漢紀)』 권28 「헌제기」 흥평 2년 2월〕, 한 못에 두 마리의 교룡이 있을 수 없다." 〔출전: 『문자』「상덕(上德)」 및 『회남자』「설산(說山)」〕

또 이렇게 말했다. "비슷한 사람들이 서로 질투하는 것은 인지상정이다. 〔출전: 미상〕

그러므로 똑같이 아름다우면 서로 질투하고, 똑같이 존귀하면 서로 해치며, 이익을 같이 하면 서로 시기한다." 〔출전: 『소서(素書)』「안례(安禮)」〕

是曰: 韓子曰: "凡人之大體, 取舍同則相是, 取舍異則相非也." '易'曰: "同聲相應, 同氣相求. 水流濕, 火就燥; 雲從龍, 風從虎."

非曰: '易'曰: "二女同居, 其志不同." '語'曰: "一棲不兩雄, 一泉無二蛟." 又曰: "凡人情以同相妒." 故曰: "同美相妒, 同貴相害, 同利相忌."

〈그렇다〉 한비자가 말했다. "법률에 의한 다스림을 버리고 마음에 맡겨 다스리도록 한다면 요순과 같은 성인이라도 한 나라를 바르게 다스릴 수 없을 것이다. 그림쇠와 자(規矩)를 버리고 마음 내키는 대로 짐작하도록 한다면 해중(奚仲)과 같은 명장이라도 바퀴 한 개를 만들지 못할 것이다. 만일 중간 정도 자질의 임금이라도 그로 하여금 법술을 지켜 다스리도록 하고, 서툰 목수라도 그림쇠와 자를 쥐어주고 바퀴를 만들게 한다면 만에 하나라도 실수하지 않을 것이다." 〔출전: 『한비자』 「용인(用人)」〕

〈아니다〉 『회남자』에서는 이렇게 말했다. "화살이 멀리 날아가서 견고한 과녁을 꿰뚫을 수 있는 것은 활이나 쇠뇌의 힘에 의한 것이다. 그렇지만 목표에 명중하여 작은 것을 산산조각 내는 원인은 사람의 마음에 의한 것이다. 좋은 일에 상을 주고 포악한 짓에 벌주는 것은 정령에 의한 것이지만, 그 정령이 실행되는 까닭은 군주의 정성에 달린 것이다. 그러므로 활시위가 강하다고 해서 그것만으로는 과녁에 맞출 수 없고, 정령이 명백하다고 해서 그것만으로 실행되는 것은 아니다." 〔출전: 『회남자』 「태족(泰族)」〕

두서가 이렇게 말했다. "세상에는 난을 일으키는 사람은 있어도 그 자체가 혼란한 법률은 없다. 만일 전적으로 법률에 의거하여 다스리도록 했다면, 요임금이나 순임금은 후직(后稷)과 설(契)의 보좌가 필요하지 않았으며, 은나라와 주나라는 이윤과 여상의 보필을 귀하게 여기지 않았을 것이다." 〔출전: 『삼국지』 권16 「두서전」〕

是曰: 韓子曰: "釋法術而以心理, 堯舜不能正一國; 去規矩而妄(善)[意]度, 奚仲不能成一輪. 使中主守法術, 拙匠執規矩, (而)[則]萬不失矣."

非曰: '淮南子'曰: "矢之所以射遠貫堅者, 弓弩力也; 其所以中的剖微者, 人心也. 賞善罰暴者, 政令也; 其所以行者, 精誠也. 故弩雖强, 不能獨中; 令雖明, 不能獨行." '杜恕'曰: "世有亂人, 而無亂法.

若使法可專任, 則唐,虞不須稷,契之佐, 殷,周無貴伊,呂之輔矣."

〈그렇다〉 계책을 미리 정해놓지 않으면 돌발적인 사태에 대응할 수 없으며, 군대를 미리 훈련시켜 대비해놓지 않으면 적의 공격에 대응할 수 없다. 〔출전: 『사기』 권67 「중니제자열전(仲尼弟子列傳)」〕

『좌전』에는 이렇게 말했다. "미리 대비하여 걱정이 없었으니 옛날의 훌륭한 정치가 그러했다." 〔출전: 『좌전』 「은공(隱公) 5년」〕

〈아니다〉 『좌전』에는 이렇게 말했다. "진나라의 대부 사위(士蔿)가 진나라 임금에게 말했다. 신이 듣건대, 상사가 없는데 슬퍼하면 우환이 반드시 맞장구를 치듯이 오고, 전쟁이 없는데 성을 쌓으면 원수가 반드시 보루로 삼을 것이라고 했습니다." 〔출전: 『좌전』 「희공 5년」〕

『춘추외전(春秋外傳, 즉 국어)』에서는 이렇게 기록했다. "주 경왕이 대전(大錢)을 주조하려고 하자, 선목공이 말했다. '안됩니다. 옛날에 천재지변이 일어나게 되면, 이에 때맞춰 물자와 화폐의 양을 헤아리고 경제정책의 경중을 균형 있게 조절하여 백성들을 구제했습니다. 화폐를 비축하는 것에는, 재해가 일어나기 전에 마련해놓는 경우도 있고 또 사단이 벌어진 뒤에 수요에 따라 제조해서 구제하는 경우도 있습니다. 이 두 가지의 경우 나름대로 선과 후의 마땅함이 있으니 함부로 섞어서 이야기해서는 안 됩니다.

미리 해야 하는데 대비하지 않는 것을 게으르다(怠)라고 하고, 일이 일어난 뒤에 해야 하는데 미리 하는 것을 재앙을 불러들인다(召灾)라고 합니다. 주나라는 진실로 허약한 나라입니다. 하늘에서 내리는 재앙이 아직 그치지 않고 있는데, 또 백성을 떠나가게 해서 재앙을 더욱 가중시키는 꼴이 되니, 이렇게 해서야 어찌 되겠습니까?" 〔출전:

『국어』「주어하(周語下)」〕

是曰: 慮不先定, 不可以應卒; 兵不先辨, 不可以應敵. '左傳'曰: "預備不虞, 古之善政."

非曰: '左傳'曰: "士蔿謂晉侯曰: '臣聞之, 無喪而戚, 憂必讎焉: 無戎而城, 讎必保焉.'" '春秋外傳'曰: "周景王將鑄[大]錢, 單穆公曰: 不可. 古者天灾降戾, 于是乎量資幣, 權輕重, 以振救人. 夫備預有未至而設之, 有至而後救之, 是不相入也.

可先而不備, 謂之怠; 可後而先之, 謂之召災. 周固贏國也, 天未厭禍焉, 而又離人以佐災, 無乃不可乎?"

〈그렇다〉『좌전』에서는 이렇게 말했다. "옛 사람이 이르기를, 일단 한 번 적을 놓치면 몇 세대의 걱정거리가 된다." 〔출전: 『좌전』「희공 33년」〕

〈아니다〉 진(晉)나라와 초나라 군대가 언릉(鄢陵)에서 만났을 때 범문자(范文子)는 싸우고 싶지 않아 이렇게 말했다. "우리 선군께서 자주 전쟁을 하신 데에는 이유가 있었다. 진(秦)나라, 적(狄), 제나라, 초나라가 모두 당시의 강국이었으니 힘을 다하여 싸우지 않으면 장차 후손들이 쇠약해질 것이기 때문이었다. 그러나 지금은 진, 적, 제 등 세 강국이 이미 복종하였고 적국은 단지 초나라뿐이다.

오직 성인만이 내외 모두에 우환이 없게 할 수 있다고 하는데 우리는 성인이 아니다. 나라 밖이 평온하면 반드시 나라 안에 걱정거리가 생기게 마련이라 하니, 차라리 초군을 풀어주어 바깥의 걱정거리로 삼는 것이 어떻겠는가?" 〔출전: 『좌전』「성공(成公) 16년」〕

是曰: '左傳'曰: "古人有言: 一日縱敵, 數世之患也."

非曰: 晉楚遇于鄢, 范文子不欲戰曰: "吾先君之亟戰也, 有故. 秦, 狄,齊,楚皆强, 不盡力, 子孫將弱. 今三强服矣, 敵楚而已. 唯聖人能內外無患, 自非聖人, 外寧必有內憂. 盍釋楚以爲外懼乎?"

〈그렇다〉『삼략』은 이렇게 말했다. "인자한 사람에게 재물을 관리하도록 하지 말아야 하니, 백성들에게 은혜를 많이 베풀어 그들의 마음을 얻고자 하기 때문이다." 〔출전: 『삼략』「중략」〕

〈아니다〉 도주공(陶朱公, 범려)의 둘째 아들이 사람을 죽여 초나라에 갇혀 있었다. 주공은 막내아들에게 황금 천일을 갖고 초나라로 가서 그를 구해오도록 하고자 했다. 그렇지만 맏아들이 기어코 자기가 가겠다고 청하여 하는 수 없이 맏이를 보냈다. 그러나 맏아들의 구명은 실패했고 결국 둘째 아들은 초나라에서 처형되었다.

주공이 말하기를 "나는 이미 맏아들이 가본들 실패하고 결국에는 동생을 죽게 만들 것임을 알고 있었다. 맏이는 나와 함께 고생하면서 성장을 했고 인생의 어려움을 겪어봐서, 재물을 중하게 여기고 아까워한다. 그러나 막내아들은 태어나면서부터 나의 부유함을 보았고, 튼튼한 수레와 좋은 말을 타고 사냥을 즐기며 자랐으니, 그 많은 재물을 어떻게 해서 모은 것인 지를 알기나 했겠는가? 그러므로 재물을 가볍게 보고 마구 써버린다.

지금 맏이가 굳이 초나라에 가겠다고 우겼지만 (재물을 아끼다가) 끝내 동생을 구해내지 못했으니, 이치가 그렇게 되어 있었던 것이다. 슬퍼할 필요가 없다." 〔출전: 『사기』 권41「월왕구천세가(越王句踐世家)」〕

是曰: '三略'曰: "無使仁者主財, 爲其多恩施而附于下."

非曰: 陶朱公中男殺人, 囚於楚. 朱公欲使其少者裝黃金千鎰往視之, 其長男固請, 乃使行, 楚殺其弟. 朱公曰: "吾固知必殺其弟. 是長與我俱見苦, 爲生之難, 故重其財. 如少弟, 生見我富, 乘堅驅良逐狡兎, 豈知其財所從來? 固輕棄之. 今長者果殺其弟, 事理然也, 無足悲."

〈그렇다〉 옛말에 이르기를 "봉록을 적게 받는 사람을 난리가 일어난 곳에 보내 일을 처리하도록 할 수 없으며, 상을 적게 준 사람에게 어려운 일을 맡길 수 없다."라고 하였다. 〔출전: 『윤문자』〕

신자도 이렇게 말했다. "옛날의 제왕들은 봉록을 받지 않는 자를 신하로 삼지 않았으며, 봉록을 후하게 받지 않는 자에게 어려운 일을 처리하도록 맡기지 않았다." 〔출전: 『신자』「인순(因循)」〕

〈아니다〉 전단(田單)이 제나라의 상장군이 되어 장차 적(狄)을 공격하고자 하여 노중연자(魯仲連子)를 만났더니, 중자가 이렇게 말했다. "장군이 적인을 공격하고자 하나, 이번에는 항복시킬 수 없을 것입니다. 왜 그렇겠습니까? 예전에 장군이 즉묵에 있을 때는 앉으면 흙 나르는 삼태기를 삼고, 일어서면 성곽을 보수하기 위해 삽질을 하며 병사들과 괴로움을 함께 하면서 이끌었기 때문에 연나라를 격파할 수 있었습니다. 그러나 지금 장군에게는 동쪽에 액읍(掖邑)의 봉토가 있고, 서쪽에는 치상(淄上)에서 세금을 바쳐 향락을 제공해주며, 황금 띠를 허리에 두르고, 치수(淄水)와 민수(澠水) 일대를 누비고 다니니, 향락을 누리며 살고자 할 뿐 죽음을 무릅쓰고 싸우겠다는 결의가 없습니다. 그렇기 때문에 이길 수 없는 것입니다." 뒤에 과연 그렇게

되었다. 〔출전: 『설원』 「지무(指武)」, 또 『전국책』 「제책 6」에도 비슷한 내용이 있음〕

是曰: '語'曰: "祿薄者不可與入亂, 賞輕者不可與入難." 愼子曰: "先王見不受祿者不臣, 祿不厚者不與入難."

非曰: 田單將攻狄, 見魯仲子, 仲子曰: "將軍攻狄, 不能下也. 何者? 昔將軍之在卽墨, 坐而織蕢, 立而杖插, 爲士卒倡, 此所以破燕. 今將軍東有掖邑之奉, 西有(蕢)[淄]上之娛, 黃金橫帶, 而馳乎淄澠之間, 有生之樂, 無死之心, 所以不勝夜." 後果然.

〈그렇다〉 옛말에 이렇게 일렀다. "빈천할 때 사귄 벗은 잊어서는 안 되며, 가난할 때 함께 고생한 아내(糟糠之妻)는 내쫓아서는 안 된다." 〔출전: 『후한서』 권26 「송홍전(宋弘傳)」〕

〈아니다〉 옛말에는 이런 말도 있다. "남들과 사귀는 것이 너무 광범위하면 벗에 대한 신뢰가 줄어들며, 작록을 후하게 받으면 임금에 대한 충성심이 점차 줄어든다." 〔출전: 『순자』 「성악(性惡)」〕

是曰: '語'曰: "貧賤之交不可忘, 糟糠之妻不下堂."

非曰: '語'曰: "交接廣而信衰于友, 爵祿厚而忠衰于君."

〈그렇다〉 『춘추후어(春秋後語)』에 이런 이야기가 있다. 초나라의 춘신군이 손자(孫子, 즉 荀子를 가리킨다. 한선제 유순의 이름을 피휘해서 손자로 바꿔 쓴 것이다.)를 난릉의 읍재(邑宰)로 임명했다. 식객 중에 누군가가 춘신군에게 이렇게 말했다. "은나라의 탕임금은 호(毫)를 근거지로 하고, 주나라의 무왕은 호(鎬)를 근거지로 하였는데 모두 사방 백리를 넘지 않는 소국이었으나 나중에 천하를 얻었습니다. 지금 순자는 현인입니다. 주군께서는 그에게 사방 백리의 땅에 해당되는 권세를 맡기시려고 하니, 가만히 생각해보건대 주군에게 위험이 되지 않을까 걱정됩니다." 춘신군이 이 말을 듣고는 "좋은 말이다."라고 하고, 사람을 보내어 순자를 그만두게 했다. 순자는 초나라를 떠나 조나라로 갔고, 조나라에서는 순자를 상경(上卿)으로 임명했다. 〔출전: 현행본 공연(孔衍)의 『춘추후어』에는 이 내용이 누락되어 있다. 『전국책』 「초책4」에 같은 내용의 글이 있다.〕

〈아니다〉 얼마 지나지 않아 또 다른 식객이 춘신군에게 말했다. "예전에 이윤이 하나라를 떠나 은나라로 가자, 은나라는 천하를 얻고 하나라는 망했습니다. 관중이 노나라를 떠나 제나라로 가자, 노나라는 쇠약해지고 제나라는 패주가 되었습니다. 무릇 현인이 어느 나라에 있으면 그 나라 군주는 존경받지 않은 적이 없고, 그 나라는 번영하지 않은 경우가 없었습니다. 지금 순자는 천하의 현인입니다. 주군은 어찌해서 그를 그만두도록 했습니까?" 춘신군은 "옳다"라고 말하고, 다시 사자를 보내 순자에게 돌아오도록 청했다. 〔출전: 상동, 『전국책』 「초책4」〕

是曰: '春秋後語'曰: "楚春申君使孫子爲宰, 客有說春申君曰: '湯以亳, 武王以鎬, 皆不過百里, 以有天下. 今孫子賢人也, 而君藉之百里之勢, 臣竊爲君危之.' 春申君曰: '善.' 於是使人謝孫子, 孫子去之趙, 趙以爲上卿."

非曰: 客又說春申君曰: "昔伊尹去夏入殷, 殷王而夏亡; 管仲去魯入齊, 魯弱而齊强. 夫賢者之所在, 其君未嘗不尊, 其國未嘗不榮也. 今孫子賢人也, 君何爲辭之?" 春申君又曰: "善." 復使人請孫子.

〈그렇다〉 한선왕(韓宣王)이 신하인 규류(摎留)에게 물었다. "나는 공중(公仲)과 공숙(公叔) 두 사람을 동시에 중용하려 하는데, 괜찮겠는가?" 규류가 대답했다. "안 됩니다. 예전에 진나라는 동시에 6경을 중용해서 나라가 분열되었습니다. 제나라 간공(簡公)은 전성자(田成子)와 감지(闞止) 두 사람을 함께 썼다가 자신이 죽임을 당했으며, 위나라는 서수(犀首)와 장의(張儀) 두 사람을 동시에 중용했다가 서하(西河) 밖의 땅을 잃었습니다. 지금 폐하는 두 사람을 함께 쓰고자 하는데, 그렇게 하면 세력이 큰 쪽은 나라 안에 자기의 파당을 키울 것이고, 세력이 적은 쪽은 외국의 힘을 빌려 지지기반으로 삼을 것입니다.

이처럼 신하들이 세력을 좇아 나뉘어져 일부는 안에서 당파를 만들어 임금의 이름을 내세워 권력을 제 마음대로 휘두르고, 또 일부는 밖으로 외국 세력과 결탁해서 나라를 분열시키게 된다면, 폐하의 나라는 위태로워 질 것입니다." 〔출전: 『한비자』「설림상(說林上)」〕

또 말했다. "공손연(公孫衍, 犀首)이 위나라의 장군이 되었을 때 재상인 전수(田需)와 사이가 좋지 않았다. 계문자가 공손연을 위해서 위나라 양왕(梁王)을 만나 말했다. 폐하께서는 소에게 굴레를 씌우고, 천리마인 기를 참마로 삼아 함께 수레를 끌도록 한 것을 보았습니까? 백 걸음도 가지 못할 것입니다. 지금 폐하께서는 공손연이 장군 직을 맡을 수 있다고 여겨 임용했으니 마땅히 그를 활용해야 할 것입니다. 그런데 장군을 제쳐 놓고 군이 재상의 계책만을 듣고 있으니, 이것은 소에게 굴레를 씌우고 천리마를 참마로 묶어 함께 수레를 끌도록 한 것과 같습니다. 소와 말이 모두 지쳐 죽어도 공을 이루지 못할 것이며, 나라는 해를 입을 것입니다. 폐하께서는 밝게 살피소서."〔출전: 『전국책』「위책1(魏策一)」〕

〈아니다〉 부자(傅子)는 이렇게 말했다. "하늘과 땅은 지극히 신묘하지만 똑같은 이치로 만물을 생육할 수 없으며, 성인은 지극히 현명하지만 똑같은 하나의 법도로 천하의 백성을 다스릴 수 없다. 그러므로 길은 달라도 돌아가는 바를 같도록 하는 것이 천지의 법칙이며, 구체적인 실정에 따라 마땅한 대책을 세우는 것이 성인의 다스림이다. 이러한 이치를 깨우친다면 비록 서로 해치는 것이라 하더라도 치국의 큰 도리에 해가 되지 않을 것이다.

물과 불의 성질은 서로 멸하는 상극이지만 이 두 가지를 잘 사용할 줄 아는 사람은, 그 둘 사이에 솥과 정을 걸어놓고 불을 때고 밥을 짓는다. 이처럼 물과 불이 각자 제 기능을 다할 수 있도록 하니 서로 해가 되지 않는다. 천하의 사물 가운데 이 물과 불처럼 유익하게 활용할 수 있는 것이 많다. 어찌 서로 해침을 근심하며, 어찌하여 각자 제 기능을 다 발휘하지 못할까를 걱정하는가?"〔출전: 『부자』「가언(假言)」〕

『주역』에서는 이렇게 말한다. "천지가 서로 어긋나도 만물을 화육함은 같고, 남녀의 성질이 달라도 서로 구하는 뜻은 통하며, 만물이 서로 다르지만 그 일은 같다."〔출전: 『주역』「규괘(睽卦) 단사」〕

是曰: 韓宣王爲摎留曰: "吾欲兩用公仲,公叔, 其可乎?" 對曰: "不可. 晉用六卿而國分, 簡公[兩]用田成,闞止而簡公弑, 魏兩用犀首,張儀而西河之外亡. 今王兩用之, 其多力者內樹其黨, 其力寡者又藉于外權. 羣臣或內樹其黨以擅主命, 或外爲勢交以裂其地, 則王之國危矣." 又曰, "公孫衍爲魏將, 與其相田儒不善, 季文子爲衍說魏王曰: 王獨不見夫服牛驂驥乎? 不可百步. 今王以衍爲可使將, 固用之也; 而聽相之計, 是服牛驂驥之道. 牛馬俱死而不成其功, 則王之國傷矣. 願王察之."

非曰: 傅子曰: "天地至神, 不能同道而生萬物; 聖人至明, 不能一(撿)[檢]而治百姓. 故以異致同者, 天地之道也; 因物致宜者, 聖人之治也. 旣得其道, 雖有傷害之物, 不傷乎治體矣.

水火之性相滅也, 善用之者陳鼎釜乎其間, 爨之煮之而能兩盡其用, 不傷害也. 天下之物爲水火者(靈)[多]矣, 何憂乎傷害? 何患乎不盡其用耶?" '易'曰, "天地睽而其事同也, 男女睽而其志通也, 萬物睽而其事類也."

〈그렇다〉 진등이 여포를 거들려고 조조에게 이렇게 말했다. "여포를 거두는 것은 호랑이를 기르는 것과 같아서, 항상 고기를 배부르게 먹여주어야 합니다. 배부르지 않으면 사람을 잡아먹을 것입니다." 〔출전: 『삼국지』 권7 및 『후한서』 권75 「여포전(呂布傳)」〕

〈아니다〉 조조가 말했다. "경의 말은 옳지 않다. 비유하자면 매를 기르는 것과 같아서, 배가 고프면 사람이 부리는 대로 말을 듣지만, 배가 부르면 날개를 떨치며 날아가 버린다." 〔출전: 상동〕

是曰: 陳登爲呂布說曹公曰: "養呂布譬如養虎, 常須飽其肉, 不飽則噬人."

非曰: 曹公曰: "不似卿言. 譬如養鷹, 饑則爲人用, 飽則颺去."

〈그렇다〉 유비가 조조에게 와서 몸을 의탁하자, 조조는 유비를 예주목에 봉했다. 어떤 신하가 조조에게 말했다. "유비는 웅대한 뜻을 품고 있으니 일찍이 도모하지 않으면 뒤에 반드시 화근이 될 것입니다." 조조가 이일에 대해 모신인 곽가(郭嘉)에게 물었다. 곽가가 대답했다. "일리가 있습니다. 그러나 공께서 검을 잡고 의병을 일으킨 목적은 백성들을 위하여 폭도를 제거하고자 하는 것이며, 이에 진심을 다하고 신의에 의지하여 천하의 호걸을 불러 모으며 혹시라도 그들이 오지 않을까 근심하고 있습니다. 지금 유비는 영웅으로 명망이 있지만, 궁지에 몰려 공에게 귀의했습니다. 만일 그를 해친다면 공은 현명한 인재를 해쳤다는 죄명을 얻게 될 것입니다. 그렇게 되면 지혜와 능력을 갖춘 선비와 장사들이 주군을 잘못 찾은 것인가 하고 스스로 회의하면서, 마음을 바꾸어 다른 주군을 선택할 것입니다. 그러면 공은 누구와 더불어 천하를 평정하시렵니까? 한 사람의 우환을 제거하려다가 천하 인재들의 신망을 잃어버릴 수 있으니, 안위가 걸린 이 문제를 세심하게 살피지 않으면 안 될 것입니다." 조조가 말했다. "옳은 말이다." 〔출전: 『삼국지』 권14 「곽가전郭嘉傳」의 배주에서 인용함〕

〈아니다〉 부자는 이 일을 다르게 말했다. 곽가는 실제로는 조조에게 그와 반대로 말했다는 것이다. "유비는 가슴에 큰 뜻을 품고 많은 백성들의 마음을 얻고 있으며, 관우와 장비 같은 장수는 모두 만인을 대적할 용맹을 갖고 있는데다가 목숨을 바쳐 보좌하고 있습니다. 또 이 곽모가 보기에 유비의 지모는 깊이를 헤아릴 수 없습니다. 옛사람이 말하기를 '어느 하루 적을 놓아주면 뒤에 몇 대에 걸쳐 화근이 된다.'고 했습니다. 일찌감치 조치하는 것이 마땅합니다." 그러나 그때 마침 조조는 천하의 영웅들을 불러 거두어들이면서, 자신이 매우 신의가 있다는 것을 천하에 널리 드러내고 싶었기 때문에서, 곽가의 계책을 따르지 않았던 것이다. 〔출전: 상동〕

是曰: 劉備來奔曹公, 曹公以之爲豫州牧. 或謂曹公曰: "備有雄志, 今不早圖, 後必爲患." 曹公以問郭嘉, 嘉曰: "有是. 然公提劍起義兵, 爲百姓除暴, 推誠仗信, 以召儁傑, 猶懼其未來也. 今備有英雄之名, 以窮歸已而害之, 以害賢爲名, 則智士將自疑, 廻心擇主, 公誰與天下者? 夫除一人之患, 以(阻)[沮]四海之望, 安危之機, 不可不察." 曹公曰: "善."

非曰: 傅子稱, 郭嘉言於太祖曰: "備有雄志而甚得衆心, 關侯,張飛皆萬人之敵也, 爲之死用. 以嘉觀之, 其謀未可測也. 古人有言曰: '一日縱敵, 數世之患.' 宜早爲之所." 曹公方招懷英雄, 以明大信, 未得從嘉謀.

〈그렇다〉 『공자가어』에 이런 기록이 있다. "어느 날 자로가 공자에게 물었다. '옛날의 법도를 버리고 자기의 뜻에 따라 행동해도 되겠습니까?' 공자가 말했다. '옳지 않다. 예전에 동이의 어떤 사람이 중화의 예의와 제도를 부러워했는데, 마침 그의 딸이 과부가 되자 남몰래 서방을 구해주었지만 죽을 때까지 개가하지는 못하게 했다. 개가하지 않았으니 개가하지 않고 정절을 지켰다고 하겠지만, 그러나 이것은 정절을 지키는 진정한 절의는 아니다.

또 창오(倉吾)의 뇨(嬈)라는 사람이 아내를 얻었는데 매우 아름다웠다. 그래서 형에게 아내를 양보했다. 양보를 했으니 양보라고 하겠지만, 이것은 예의에서 나온 겸양은 아니다. 지금 너는 옛 법도를 버리고 너의 뜻대로 하고자 한다. 너의 뜻대로 하는 것이 잘못인데도 너는 그것을 옳다고 여기고 있다는 것을, 네가 어찌 알겠느냐?" 〔출전: 『공자가어』 「육본(六本)」〕

옛말에 이르기를 "옛 법도를 바꾸고 떳떳한 도리를 어지럽히면, 죽지 않으면 망한다."라고 했다. 〔출전: 『사기』 권101 「원앙조조열전(袁盎晁錯列傳)」〕

『상서』에서 이렇게 말했다. "일을 함에 옛 법도를 본받지 않고서 대대로 오래도록 간다는 것은, 제가 그런 말을 들어본 적이 없다." 〔출전: 『상서』 「설명하(說命下)」〕

〈아니다〉 조나라의 무령왕(武靈王)이 호인의 복장으로 복식을 바꾸려 하자 숙부인 공자 성(公子成)이 즐겨 받아들이지 않았다. 무령왕이 말했다. "의복을 입는 것은 생활에 편리하고자 하는 것이며, 예의라는 것은 일을 편하게 하기 위한 것입니다. 성인도 어느 지방에 가면 그 지방의 풍속을 살펴보고 맞춰 순응하고, 일의 구체적인 실정에 따라 예의를 제정한다고 합니다. 이는 백성을 이롭게 하고 나라를 부유하게 하기 위한 것입니다. 머리를 자르고 문신을 새기며 옷깃을 왼쪽으로 여미는 것은 월나라 지역의 풍습이며, 치아를 검게 물들이고 이마에 무늬를 그리고 복어 가죽으로 거칠게 기운 관을 쓰는 것은 오나라 지역의 풍속입니다. 그러므로 예의와 복장은 같지 않지만, 편리함을 위한 목적은 같습니다.

지방이 다르면 사용하는 물건도 달라지고, 사정이 달라지면 예의도 바뀌는 것입니다. 그렇기 때문에 성인들은 나라에 이익이 될 수 있는 것만을 추구하였지 굳이 그 용도를 하나로 통일하려 하지 않았으며, 예의에 있어서도 편리함을 추구하였을 뿐 옛 법도에 얽매이지 않았습니다.

유자의 경우 같은 스승을 모시더라도 제자들의 습속은 다르며, 중원 여러 나라들의 경우 예의와 제도가 같은데도 교화는 같지 않으니, 하물며 산골짜기에 사는 백성들의 풍속이야 더 말해 무엇 하겠습니까? 그러므로 풍속을 버리느냐, 지니고 가느냐 하는 것은 시세에 따라 바뀌는 것으로 지혜로운 사람이라도 하나만 고집할 수 없으며, 멀고 가까운 지방의 복장은 성인이라도 똑같게 만들 수 없습니다. 궁벽한 지방에는 특이한 풍속이 많으며, 정도를 벗어난 삿된 학문에는 변설이 여러 가지로 많습니다.

지금 숙부님의 말은 일반적인 풍속에 대한 것이고, 제가 말하고자 하는 것은 새로운 풍속을 제정하자는 것입니다. 숙부님께서는 복식을 바꾸었다는 오명을 듣기를 싫어하지만, 이는 일의 실질을 본받아야 한다는 것을 망각하는 것이니, 제가 바라는 바가 아닙니다." 공자성은 이 말에 설득 당해 마침내 호복을 입었다. 〔출전: 『춘추후어』. 『전국책』「조책(趙策)」 및 『사기』「조세가(趙世家)」에도 비슷한 내용이 실려 있음〕

是曰: '家語'曰: 子路問孔子曰: "請釋古之道, 而行由之意, 可乎?" 子曰: "'不可也. 昔東夷慕諸夏之禮, 有女而寡, 爲內私壻, 終身不嫁. 不嫁則不嫁矣, 然非貞節之義矣. 倉吾嬈取妻而美, 讓與其兄. 讓則讓矣, 然非禮讓之讓也. 今子欲捨古之道, 而行子之意, 庸知子意以非爲是乎?" '語'曰: "變古亂常, 不死則亡." '書'云: "事不師古, 以克永代, 匪說攸聞."

非曰: 趙武靈王欲胡服, 公子成不悅, 靈王曰; "夫服者所以(使國)[便用], 禮者所以(使)[便]事. 聖人觀鄕而順宜, 因事而制禮, 所以利其人而厚其國. 夫剪髮文身, 錯臂左袵, 臨越之人也; 黑齒雕題, 鯷冠秫縫, 大吳之國也. 故禮服莫同, 而其便一也. 鄕異而用變, 事異而禮易.

是以聖人謀可以利其國, 不一其用; 謀可以便其禮, 不法其故. 儒者一師而俗異, 中國同禮而離敎, 况於山谷之便乎? 故去就之變, 智者不能一; 遠邇之服, 聖賢莫能同. 窮鄕多異俗, 曲學多殊變辯. 今叔父之言, 俗也; 吾之所言, 以制俗也. 叔父惡變色之名, 以忘效事之實, 非寡人之所望也." 公子成遂胡服.

〈그렇다〉 세상의 풍속을 바꾸는 데는 예악을 바로 잡는 것보다 더 나은 것이 없다. 〔출전: 『설원』「수문(修文)」 및 『한서』「예문지(藝文志)」〕

〈아니다〉 신자(愼子)는 이렇게 말한다. "천도는 자연의 법칙을 따르면 크게 발전하지만, 인위적인 교화를 행하면 미약해진다. '천도를 따른다는 것'은 자연의 법칙을 본받고 사람의 정(情)에 순응하는 것이다." 〔출전: 『맹자』에는 이 문장이 없다. 『신자』「인순(因循)편」에 이 글이 있으니, 『맹자』는 『신자』로 고쳐야 할 것이다.〕

是曰: 移風易俗, 莫善於樂.

非曰: (孟子)[愼子]曰: "天道因則大, 化則細. 因也者, 因人之情也."

〈그렇다〉 이심(李尋, 서한 애제 때의 학자로 음양술에 능함)이 말했다. "기쁨이나 노여움의 그때그때 기분에 따라 상이나 벌을 주면서, 시시때때로 돌이켜보고 언행을 삼가지 않는다면, 비록 요순의 마음을 지녔더라도 천하를 평화롭게 다스릴 수 없다. 옛 일을 잘 아는 사람이라면 반드시 현재에 도움이 되는 것을 말해야 하며, 천도에 대해 잘 아는 사람이라면 반드시 사람들에게 징험이 되는 것을 말해줘야 한다. 예를 들어 농사일에 뛰어난 농부가 겨울에 농사를 짓고자 해서, 웃통을 걷어 부치고 깊이 밭을 갈고 땀을 뻘뻘 흘리며 파종을 한들, 곡물이 자라나지 않는다. 이것은 사람의 마음 씀씀이가 지극하지 않아서가 아니라, 농사에 맞는 철이 아니었기 때문이다.

『주역』에서 이렇게 말했다. '그칠 때가 되어 그치고 행할 때가 되어 행하며, 움직이고 가만히 있음에 그때를 잃지 않으니 그 도가 밝게 빛난다.'

『상서』에서는 이렇게 말했다. '백성의 농사철을 공경히 주셨다.' 그러므로 고대의 제왕들은 천지의 법도와 음양의 변화를 존중하고, 사계절의 절기를 엄격하게 지켜 좋은 정치를 베풀어 순응함으로써, 상서로운 기운을 불러 이르게 할 수 있었다. 비유하자면 북채로 북을 치자마자 곧바로 소리가 울리는 것과 같다." 〔출전: 『한서』 권75 「이심전(李尋傳)」〕

〈아니다〉 태공이 무왕에 말했다. "하늘은 전쟁의 승리에 아무런 도움이 되지 않습니다. 그러나 많은 장수들이 하늘에 얽매이는 것으로 아홉 가지가 (병폐가) 있습니다.

군법과 명령이 제대로 시행되지 않고 마음 내키는 대로 무고한 자를 죽이는 것, 덕행을 돈독하게 닦지 않으면서 음양의 술수에 의지하는 것, 적의 강약에 따라 순응하지 않고 하늘의 요행을 기대하는 것, 지모와 책략을 내지 않고 하늘의 징조나 기운만 살피는 것, 병사들의 사기를 고무시키지 않고 하늘이 복을 내려주기만 바라는 것, 지형의 이점을 제대로 살피지 못하면서 때가 좋지 않다고 탓하는 것, 적군이 겁먹고 있는데도 용감하게 진격하지 못하고 거북점으로 길흉을 점치는 것, 병사들이 용맹하지 않는데도 조치를 취하지 못하고 귀신에게 제사지내는 것, 매복을 정교하게 하지 못하여 적군이 마음먹는 대로 빠져 나가게 하는 것 등입니다. 천지의 귀신은 보려하여도 보이지 않고, 들으려 하여도 듣지 못하기 때문에 전쟁의 승패를 결정지을 수 없는 것입니다. 그러므로 뛰어난 장수는 이런 것들에 얽매이지 않습니다." 〔출전: 『육도』「용도(龍韜)」 일문, 『군서치요』에 수록됨〕

그러므로 사마천은 말했다. "음양가들은 사람들로 하여금 얽매이게 하고 꺼리는 바가 많게 만든다." 〔출전: 『사기』 권130 「태사공자서(太史公自序)」〕

범엽은 말했다. "음양술의 폐단은 사람을 현혹시키는 것이다." 〔출전: 『후한서』 권30 「양해전, 론(襄楷傳, 論)」〕

是曰: 李尋曰: "夫以喜怒賞誅, 而不顧時禁, 雖有堯舜之心, 猶不能致和平. 善言古者, 必有效於今; 善言天者, 必有徵於人. 設上農夫欲(今)冬田, 雖肉袒深耕, 汗出種之, 猶不生者, 非人心不至, 天時不得也.

'易'曰: '時止則止, 時行則行. 動靜不失於時, 其道光明.' '書'曰: '敬授人時.' 故古之王者, 尊天地, 重陰陽, 敬四時, [嚴]月令, 順之以善政, 則和氣可立致, 猶枹鼓之相應也."

非曰: 太公謂武王曰: "天無益于兵勝, 而衆將所居者九: (自)法令不行而任侵誅, 無德厚而用日月之數, 不順敵之强弱而幸于天[道], 無智慮而候氛氣, 少勇力而望天福, 不知地形而歸過於時, 敵人怯弱不敢擊而信龜策, 士卒不勇而法鬼神, 設伏不巧而任背向之道. 凡天地鬼神, 視之不見, 聽之不聞, 不可以決勝敗, 故名將不法."

司馬遷曰: "陰陽之家, 使人拘而多忌." 范曄曰: "陰陽之道, 其弊也巫."

〈그렇다〉 익봉(翼奉, 서한 원제 때 박사, 간의대부를 지냄)이 말했다. "나라를 다스리는 요체는 아랫사람들이 간사한지 아니면 바른지를 잘 파악하는 데 있다. 만약 성심으로 올바른 방향으로 나아가고자 하는 사람이라면 비록 좀 우둔하더라도 쓸 수 있지만, 만약 간사한 마음을 품고 있는 사람이라면 똑똑하면 똑똑할수록 오히려 해가 될 것이다." 〔출전: 『한서』 권75 「익봉전(翼奉傳)」〕

〈아니다〉 군주는 자기를 아끼는 사람을 사랑하지 않는 경우가 없으니, 스스로 자기를 아낄 줄 모르는 사람은 사랑할 가치가 없는 것이다. 〔출전: 유익(劉廙)의 『정론(政論)』, 『군서치요』에도 보인다.〕

그러므로 환담(桓譚)은 이렇게 말했다. "맹수를 잡는 포수는 미인에게 맹수사냥을 거들도록 시키지 않으며, 큰 고기를 낚는 사람은 어린아이가 가볍게 끼어들지 못하도록 한다. 그들을 믿지 못해서가 아니라 그들의 힘으로는 감당하지 못하기 때문이다. 만승의 군주가 되어 어떻게 사람을 가려 쓰지 않겠는가? 〔출전: 환담(桓譚)의 『신론(新論)』 「구보(求輔)」〕

그러므로 또 이렇게 말한다. "맹견이 사나운 것은, 이상한 것을 보면 사납게 짖어대고 또 낮밤을 가리지 않고 짖어대기 때문이다. 이렇게 하는 것이 맹견으로서는 주인에 대한 지극한 충성이다.

옛날 송나라에 술을 파는 사람이 있었는데 늘 술이 쉬어 팔리지 않아 버리곤 했다. 무엇 때문인가? 바로 사나운 개를 기르고 있었기 때문이었다. 맹견은 그 주인을 위해 충성할 줄만 알았지, (사나운 개가 있기 때문에 사람들이 술을 사러 오기를 꺼려해) 술이 상해서 팔지 못하고, 그 때문에 주인이 근심하고 있다는 사실을 알지 못했다. 개는 그런 생각을 할 정도로 총명하지 못한 것이다."〔출전: 유익의 『정론』〕

是曰: 翼奉曰: "治道之要, 在知下之邪正. 人誠向正, 雖愚爲用; 若其懷邪, 智益爲害."

非曰: 夫人主莫不愛[愛]己也, 莫知[愛]己者不足愛也. 故桓子曰: "捕猛獸者不令美人擧手, 釣巨魚者不使稚子輕預. 非不親也, 力不堪也. 奈何萬乘之主而不擇人哉?"

故曰: "夫犬之爲猛, 有非則鳴吠, 而不遑于夙夜, 此自效之至也. 昔宋人有沽酒者, 酒酸而不售, 何也? 而有猛犬之故. 夫犬知愛其主, 而不能爲其主慮酒酸之患者, 智不足也."

〈그렇다〉 옛말에 이르기를 "간교하고 거짓된 것은 어리석더라도 성실한 것만 못하다."고 했다. 〔출전: 『한서』 권75 「정욱전」에 부자(傅子)의 말로 인용됨.〕

〈아니다〉 진혜제(晉惠帝)가 태자로 있을 때 중서령 화교(和嶠)가 무제에게 간했다. "도의가 쇠퇴한 지금의 말세에는 거짓이 넘쳐 험악한데, 태자는 고상하고 신의는 있으나 천하의 군주가 되기에는 부족합니다. 폐하의 기업을 잇지 못할까 우려됩니다." 무제는 이 말을 듣지 않았다. 나중에 과연 혜제는 나라를 패망으로 이끌었다. 〔출전: 『진서(晉書)』 권45 「화교전」〕

是曰: '語'曰: "巧詐不如拙誠."

非曰: 晉惠帝爲太子, 和嶠諫武帝曰: "季世多僞, 而太子尙信, 非四海之主, 憂不了陛下家事." 武帝不從, 後惠帝果敗.

〈그렇다〉 『좌전』에 이렇게 기록되어 있다. "공자가 일찍이 자산(子産)을 칭찬하며 말했다. 말로써 뜻을 이루고 문채로 말을 수식한다는 말이 있으니, 말을 하지 않으면 누가 그 뜻을 알 수 있겠는가? 말에 문채가 없다면 말을 해도 그 퍼져 나감이 멀리까지 이르지 못한다. 진(晉)나라가 패주인데 정(鄭)나라가 마음대로 진(陳)나라를 침입했으니 (자산의 뛰어난) 문사가 아니었으면 (진(晉)나라에 전리품을 바쳐 침입을 무마하는 일을) 성공하지 못했을 것이다. 문사는 신중해야 할 것인저!" 〔출전: 『좌전』 「양공 25년」〕

『논어』에 이런 말이 있다. "시 삼백 편을 외우더라도 정사를 맡겼을 때 잘 처리하지 못하고, 사방에 사신으로 나가 혼자서 응대하지 못한다면, 비록 시를 많이 외운들 또한 무엇에다 쓰겠느냐?" 〔출전: 『논어』 「자로」〕

〈아니다〉 한 문제가 상림원(上林園)에 행차하여 호랑이를 보러 갔다. 호랑이 사육장을 지키는 일꾼이 말재주가 좋았는데, 문제가 이를 좋게 보아 상림원의 관리 책임자인 상림령(上林令)으로 임명하려고 했다. 장석지(張釋之, 서한 문제 때 정위 벼슬에 있으며 법을 공정하게 집행한 것으로 명망이 높음)가 앞으로 나가 말했다. "폐하께서는 강후(絳侯) 주발(周勃)을 어떤 인물이라고 평가하십니까?" 문제가 말했다. "덕이 높은 사람이다." 장석지가 또 물었다. "동양후(東陽侯) 장상(張相)은 어떤 인물입니까?" 문제가 답하기를 "덕이 높은 사람이다"라고 했다. 장석지가 말했다. "이 두 사람은 능력은 뛰어 나지만 일을 아뢸 때는 말문이 막혀 말을 제대로 하지 못합니다. 이 호랑이 사육장의 일꾼처럼 재잘재잘 대면서 입에 발린 말로 척척 대답하는 말재주를 어찌 따라갈 수 있겠습니까?

옛날 진(秦)나라의 문서를 관리하던 도필리(刀筆吏)들은 문서를 얼마나 재빨리 또 세밀하게 처리하는 지를 갖고 서로 경쟁했습니다. 그러나 그 폐단은 헛된 글자로 서류만 채웠을 뿐, 백성을 측은히 여기는 진정성이 없었던 것입니다. 그렇게 되어 진 황제는 자신의 잘못을 지적하는 간언을 들을 수 없게 되었으며, 그런 폐단이 점차 심해져서 마침내 2세에 이르러 결국 진의 천하가 무너지고 말았습니다.

지금 폐하께서는 호랑이 사육장 일꾼의 말재주에 혹해서 몇 단계를 뛰어넘어 발탁하려 하십니다. 신은 천하가 이런 풍조를 좇아가고, 또 이런 풍조가 만연하여 말재주나 다툴 뿐 실질이 없어지지나 않을까 걱정합니다. 또한 아랫사람이 윗사람의 영향을 받아 바뀌는 것은 그림자나 메아리보다도 더 빠르다고 하오니, 이번의 인사에 문제가 없는지 신중하게 살피지 않으면 안 될 것입니다." 이에 문제는 임명을 그만두었다. 〔출전: 『한서』 권50 「장석지전(張釋之傳)」〕

是曰: '左傳'曰: "孔子嘆子産曰, 言以足志, 文以足言, 不言誰知其志? 言之無文, 行而不遠. 晉爲伯, 鄭入陳, 非文辭而不爲功, 愼辭也哉?" '論語'曰: "誦詩三百, 授之以政, 不達; 使於四方, 不能專對, 雖多, 亦奚以爲?"

非曰: 漢文帝登虎圈, 美嗇夫口辯, 拜爲上林令. 張釋之前曰: "陛下以絳侯周勃何如人也?" 上曰: "長者." 又問曰: "東陽侯張相如何如人也?" 上復曰: "長者." 釋之曰: "且兩人言事, 曾不能出口, 豈效此嗇夫喋喋利口捷給哉! 且秦以任刀筆之吏, 爭以亟疾苛察相高, 然其弊, 徒文具耳, 亡惻隱之實, 以故不聞其過, 陵遲至于二世, 天下土崩. 今陛下以嗇夫口辯以超遷之, 臣恐天下隨風而靡, 爭口辯, 無其實. 且下之化上, 疾於影響, 擧錯之間, 不可不審." 帝乃止.

〈그렇다〉 태사공(사마천)은 이렇게 말했다. 『춘추』는 지극히 은밀한 사실을 추론하여 밝혀내고, 『역경』은 은미함을 본원으로 추구하여 드러내 보인다. 『시경』의 「대아」편은 왕공대인의 덕을 말하여 그들의 덕화가 백성들에게 미치게 하고자 하며, 「소아」편은 소인들의 잘잘못을 풍자하여 위로 왕공대인의 정사에 영향을 미치고자 했다. 그 말하는 것이 겉으로는 다르지만 덕에 부합하는 것은 모두가 한 가지이다. 사마상여의 글은 비록 공허한 문사와 함부로 하는 말이 많긴 하지만, 그러나 그 요지는 절제와 검소함으로 귀결되도록 이끌고 있다. 그렇다면 『시경』의 풍간과 무엇이 다르겠는가?" 〔출전: 『사기』 권117 「사마상여열전(司馬相如列傳)」〕

〈아니다〉 양웅(揚雄)은 이렇게 말했다. "부(賦)를 짓는 목적은 풍간에 있다. 그러나 사람들이 부를 지음에 반드시 유형에 따라 안배하며, 극히 화려한 문사로 수식하고 매우 사치스럽고 화려한 형식으로 서술하여, 더 이상 어떻게 수식할 수 없는 경지에 이른다. 그런 지경에 이르게 되고나면 풍자로 간하여 바로 잡는다는 본래의 취지로 돌아가려고 하더라도, 일단 읽어보고 나면 정도를 지나치게 되어 아무런 도움이 되지 않는다.

예전에 한무제(漢武帝)가 신선술을 좋아하자 사마상여가 「대인부(大人賦)」를 지어 올려 무제에게 풍간하려고 했으나, 그 결과는 오히려 무제로 하여금 속세를 떠나 아득히 구름 위 신선세계에서 노닐고자 하는 뜻을 더욱 굳게 갖도록 만들었을 뿐이었다. 이로써 말한다면, 부라는 형식을 빌려 권할 수는 있지만 그만두게 하지 못한다는 것은, 명백하다. 부를 짓는 것은 자못 희극배우와 비슷하여 법도로 그렇게 하도록 시킬 수도 없고, 현인군자가 시부를 짓는다고 해서 일을 바로 잡을 수도 없는 것이다. (이 때문에 양웅은 다시는 부를 짓지 않았다.)"
〔출전: 『한서』 권87하 「양웅전(揚雄傳)」〕

是曰: 太史公曰: "'春秋' 推見至隱, '易' 本隱以之顯, '大雅' 言王公大人而德逮黎庶, '小雅' 譏小己之得失, 其流及上. 所言雖殊, 其合德一也. 相如雖虛辭濫說, 然其要歸引之節儉, 此與'詩'之諷諫何異?"

非曰: 揚雄以爲: "賦者將以諷也, 必推類而言, 極麗靡之辭, 閎侈鉅衍, 競於使人不能加也. 旣乃歸之于正, 然覽其過矣. 往時武帝好神仙, 相如上'大人賦'以諷帝, 帝反(漂漂)[縹縹]有凌雲之志. 由是言之, 賦勸而不止, 明矣. 又頗類俳優, 非法度所存, 賢人君子, 詩賦之正也."

〈그렇다〉 『한시외전(韓詩外傳)』에서는 이렇게 말했다. "동해에 탑(鰈)이라고 부르는 물고기 가 있는데 (눈이 한쪽에 몰려있기 때문에) 언제나

두 마리가 짝을 지어 눈을 합쳐야 돌아다닐 수 있다. 북방에는 누(蔞)라고 부르는 몸이 반쪽인 짐승이 살고 있는데 두 놈이 짝을 짓고 다니며 서로 교대로 한 놈이 먹을 동안 다른 놈은 옆에서 망을 본다. 남방에는 겸(鶼)이라 부르는 새가 있는데 날개가 한 짝씩 밖에 없기 때문에 날개를 합쳐서 날아다닌다. 이처럼 새, 짐승, 물고기마저도 남의 힘을 빌려 상부상조하는 것을 아는데, 하물며 만승의 임금이야 더 말할 것이 있겠는가?

만일 임금이 천하의 영웅호걸들의 힘을 빌리고 그들과 함께 협력하여 천하를 다스릴 줄을 모른다면, 어찌 통탄할 일이 아니겠는가?" 〔출전: 『회남자』에는 이 문장이 없다. 『한시외전』 권5에 있으니, 『회남자』는 착오이며 응당 『한시외전』으로 고쳐야 할 것이다.〕

〈아니다〉 호권자(狐卷子, 전국시대 위나라 문후 때 중신)는 이렇게 말했다. "아버지로서는 요임금보다 더 어진 이가 없지만 그 아들 단주(丹朱)는 유배되었고, 형으로서는 순임금보다 더 어진 이가 없었지만 동생인 상(象)은 오만방자하였고, 동생으로서는 주공(周公)보다 더 어진 이가 없으나 관숙은 반란을 일으켰다가 죽임을 당했고, 신하로서는 탕임금이나 무왕보다 더 어진 신하가 없었지만 걸왕(桀王)과 주왕(紂王)은 그들에게 토벌되었다. 하물며 군주가 되어 천하를 다스리고자 한다면, 또한 반드시 자기 스스로에서부터 시작하는 것이니, 그 어떤 사람을 믿을 수 있겠는가?" 〔출전: 『한시외전』 권8〕

是曰: ('淮南子')['韓詩外傳']曰: "東海之魚名鰈, 比目而行; 北方有獸名曰蔞, 更食更候; 南方有鳥名曰鶼, 比翼而飛. 夫鳥獸魚鰈猶知假力, 而況萬乘之主乎? 獨不知假天下之英雄俊士, 與之爲伍, 豈不痛哉?"

非曰: 狐卷子曰: "父賢不過堯, 而丹朱放; 兄賢不過[舜, 而象傲; 弟]賢不過周公, 而管(蔡)[叔]誅;, 臣賢不過湯武, 而桀紂伐. 況君之欲治, 亦須從身始. 人何可恃乎?"

〈그렇다〉 공자가 말했다. "지위가 없음을 근심하지 말고, 스스로 지위에 서지 못하는 것을 근심해야 한다." 〔출전: 『논어』「이인(里仁)」〕

〈아니다〉 공자가 진(陳)과 채(蔡)나라 사이에서 곤액을 당했을 때 자로가 노여운 얼굴로 이렇게 물었다. "예전에 선생님께서는 좋은 일을 많이 쌓으면 하늘이 복으로 보답한다고 말씀하였습니다. 지금 선생님께서는 의를 쌓으시고 덕을 품어 실천한 지 오래 되었는데 어떻게 이런 궁지에 처하게 되었습니까?"

공자가 말했다. "유야, 너는 아직 모르고 있구나. 내가 너에게 말해 주겠다. 너는 어진 사람이라면 반드시 다른 사람들이 믿는다고 생각하느냐? 그렇다면 백이와 숙제는 수양산에서 굶어 죽지 않았을 것이다. 너는 지혜로운 사람이라면 반드시 남에게 임용된다고 생각하느냐? 그렇다면 왕자 비간(比干)은 심장을 도려내 보이지 않았을 것이다. 너는 충성스러운 사람이라면 반드시 보답을 받는다고 생각하느냐? 그렇다면 걸왕의 충신인 관룡봉(關龍逢)은 처형되지 않았을 것이다. 너는 또 충간을 하면 임금이 반드시 들어줄 것이라고 생각하느냐? 그렇다면 오자서(伍子胥)는 죽임을 당하지 않았을 것이다.

그러므로 현자가 기회를 만나거나 만나지 못하는 것은 시운에 달린 것이며, 현명한 지 아니면 불초한 지는 개인의 재능에 달린 문제이다. 군자로서 학문이 넓고 지모가 깊다고 해도 때를 만나지 못하는 사람이 너무 많으니, 어찌 나 혼자뿐이겠느냐?" 〔출전: 『공자가어』「재액(在厄)」. 『설원』「잡언」 및 『한시외전』 권7에도 비슷한 내용의 글이 있다.〕

是曰: 孔子曰: "不患無位, 患己不立."

非曰: 孔子厄於陳蔡, 子路慍見曰: "昔聞諸夫子, 積善者天報以福. 今夫子積義懷仁久矣, 奚居之窮也?"

子曰: "由, 未之識也? 吾語汝. [汝]以仁者必信耶? 則伯夷叔齊爲不餓首陽. 汝以智者爲必用耶? 則王子比干不見剖心. 汝以忠者爲必報耶? 則關龍逢不見刑. 汝以諫者爲必聽耶? 則伍子胥不見殺.

夫遇不遇者, 時也, 賢不肖者, 才也. 君子博學深謀, 而不遇時者衆矣, 何獨丘哉!"

〈그렇다〉 신농(神農)씨는 백성들에게 농사법을 가르치느라 용모가 초췌해졌고, 요임금은 나라를 다스리느라 몸이 수척해졌으며, 순임금은 천하를 두루 살피느라 얼굴이 까맣게 탔고, 우임금은 홍수를 다스리느라 손발에 못이 박혔다. 이윤은 솥을 메고 다니면서 탕임금에게 등용되기를 구했고, 여상(呂尙)은 소를 잡으며 세월을 기다려 주 문왕의 부름을 받았다. 묵적(墨翟)은 천하를 위해 동분서주하느라 굴뚝에는 그을음이 낄 새가 없었고, 공자는 앉은 자리가 데워질 겨를이 없이 천하를 돌아다녔다.

그들이 이렇게 수고한 것은 복록이나 지위를 탐낸 것이 아니었으며, 천하 백성들을 풍요롭게 하고 만백성들을 위해 재해를 없애기 위해서였다. 〔출전: 『문자』「자연(自然)」〕

〈아니다〉 이사(李斯)가 진나라 2세 황제에게 글을 올려 이렇게 말했다. "신불해(申不害)가 말하기를 천하를 차지하고서도 제 마음대로 하지 못한다면, 이를 일러 '천하를 질곡(차꼬와 수갑)으로 삼은 것'이라고 했습니다. 요임금과 우임금이 바로 그렇게 했으니, 천하를 자기의 질곡으로 삼았습니다. 가령 남이 자기를 따르고 희생한다면 자기는 존귀해지고 남은 비천해 집니다. 자기가 남을 따르면 자기는 비천해지고 남은 존귀해 지는 것입니다. 그러므로 남을 따르는 자는 비천하고 남을 따르게 만드는 자는 존귀하니, 예로부터 지금에 이르기까지 그렇지 않은 적이 없었습니다.

요임금과 우임금은 천하를 위해 자신의 몸을 희생했으니, 천하를 자기의 질곡으로 삼았다는 말이, 과연 마땅하지 않습니까?" 〔출전: 『사기』 권87 「이사열전(李斯列傳)」〕

是日: 神農形悴, 唐堯瘦臞, 舜黎黑, 禹胼胝, 伊尹負鼎而干湯, 呂望鼓刀而入周. 墨翟無黔突, 孔子無煖席. 非以貪祿位, 將欲起天下之利, 除萬人之害.

非曰: 李斯以書對秦二世云, "申子曰: '有天下者而不恣睢, 命之曰以天下桎.' 若堯,(舜)[禹]然, 故謂之桎也. 夫以人狥己, 則己貴而人賤; 以己狥人, 則己賤而人貴. 故狥人者賤, 而所狥者貴. 自古及今, 未有不然.

夫堯禹以身狥天下, 謂之桎者, 不亦宜乎?"

〈그렇다〉 『논어』에서는 말한다. "숨겨진 인재를 천거하여 쓰니 천하 백성의 마음이 귀의하였다." 〔출전: 『논어』 「요왈(堯曰)」〕

위(魏)나라 문후(文侯)는 공자의 제자인 자하에게 가르침을 받았으며, 또 다른 제자인 단간목(段干木)을 존경했다. 수레를 타고 단간목이 사는 마을 앞을 지날 때면 수레 앞턱의 가로대를 잡고 몸을 굽혀 예를 표하지 않은 적이 없었다. 이 무렵 진(秦)나라는 위나라를 정벌하려고 했는데, 어떤 신하가 간했다. "위나라 군주는 현명하고 백성들은 어진 임금이라고 칭송하고 있으며 위아래가 화합하고 있습니다. 공격할 생각은 하지 않는 것이 좋습니다." 이에 진왕은 정벌을 그만두었고, 이로 인하여 위문후는 제후들 사이에서 명예를 얻게 되었다. 〔출전: 『사기』 권44 「위세가(魏世家)」〕

〈아니다〉 『한비자』에서는 이렇게 말한다. "만약 사슴을 닮은 말이 있다면 그 말은 천금의 가치가 있을 것이다. 그러나 이 세상에는 천금의 값이 나가는 말은 있어도 천금의 가치가 있는 사슴은 없으니 무엇 때문인가? 그 이유는 말은 사람에게 쓰임이 있지만 사슴은 쓸모가 없기 때문이다.

지금 초야에 묻혀 있는 선비가 임금에게 발탁되어 임용되지 못한다면 그들은 사슴과 같은 신세라 할 것이다. 그래서 강태공은 봉국인 제나라에 도착하자마자 말만 화려하게 떠벌리는 선비들을 참수했고, 공자는 사구(司寇)가 되자 소정묘(少正卯)를 처형했다." 〔출전: 『한비자』 「외저설우상(外儲說右上)」〕

조(趙)나라의 주보(主父), 즉 무령왕(武靈王)이 이자(李疵)를 시켜 중산국(中山國)을 공격해도 좋은지 어떤지를 살피도록 했는데, 돌아와서 이렇게 보고했습니다. "공격해도 괜찮습니다. 중산국의 임금은 바위굴에 숨어 있는 은사나 초야에 묻혀 있는 선비들을 불러 만나기를 좋아 합니다." 무령왕이 물었다. "너의 말대로라면 그는 어진 군주인데 어떻게 해서 공격해도 좋다고 하는가?"

이자가 대답했다. "그렇지 않습니다. 군주가 바위굴에 숨어 지내는 은사를 존경한다면 병사들은 전장에서 힘들게 싸우려하지 않고, 군주가 학자를 존중하면 농부는 농사일을 게을리 하게 됩니다. 농부가 게으르면 나라가 가난해질 것이고, 병사가 힘써 싸우지 않으면 군대가 약해질 것입니다. 밖으로는 군대가 약하고 안으로는 나라가 가난하면, 망하지 않은 경우가 없으니 무엇을 기다린단 말입니까?"

무령왕이 말하기를 "옳다."하고 군사를 일으켜, 마침내 중산국을 멸망시켰다. 〔출전: 『한비자』「외저설좌상(外儲說左上)」〕

是曰: '論語'曰: "擧逸民, 天下之人歸心焉." 魏文侯受藝(子)[于]子夏, 敬段干木, 過其(廬)[閭], 未嘗不式. 於是秦欲伐魏, 或曰: "魏君賢, 國人稱仁, 上下和洽, 未可圖也." 秦王乃止. 由此得譽於諸侯.

非曰: 韓子曰: "夫馬似鹿, 此馬値千金. 今有千金之馬, 而無一金之鹿者, 何也? 馬爲人用, 而鹿不爲人用. 今處士不爲人用, 鹿類也. 所以太公至齊而斬華士, 孔子爲司寇而誅少正卯."

趙主父使李疵視中山可攻否, 還報曰: "可攻也. 其君好見巖穴之士,布衣之人." 主父曰: "如子之言, 是賢君也, 安可攻?"

李疵曰: "不然. 夫上尊巖穴之士, 則戰士殆; 上尊學者, 則農夫惰. 農夫惰, 則國貧; 戰士殆, 則兵弱. 兵弱于外, 國貧于內, 不亡何待?" 主父曰: "善" 遂滅中山.

〈그렇다〉 『한서』는 이렇게 기록했다. 진평(陳平)이 말하기를 "나는 음모와 계략을 많이 썼는데 이는 도가에서 금하는 것이다. 우리 집안은 내가 죽으면 모든 것이 끝나버릴 것이니, 끝내 다시 일어설 수 없을 것이다. 그 이유는 내가 음모를 써서 많은 사람을 해쳤기 때문이다." 과연 진평의 현손은 천자의 종묘 제사에 올린 황금이 잘못된 사건에 연루되어 제후의 작위를 박탈당했다. 〔출전: 『한서』 권40 「왕릉전(王陵傳)」〕

〈아니다〉 『후한서』에서 범엽(范曄)은 경엄(耿弇)에 대해 이렇게 논했다. "경엄의 집안은 3대째 장군으로서 전쟁에 나아가 수많은 사람을 죽였으니 이는 도가에서 꺼리는 일이다. 그런데도 경씨 집안은 대를 이어 혁혁한 공명을 이루고 천수를 다했다. 군대를 이끌고 전쟁을 하는 것은, (적은 사람을) 죽임으로써 더 큰 살육을 그치게 하는 것이리라!

그렇지 않다면 어찌해서 유독 경씨 집안만이 영화를 누릴 수 있었겠는가?" 〔출전: 『후한서』 권19 「경엄전(耿弇傳)」〕

是曰: '漢書'曰: "陳平云: '吾多陰謀, 道家所禁. 吾世則廢亡已矣, 終不能復起, 以吾多陰禍也." 其後玄孫坐酎金失侯.

非曰: '後漢書'范曄論耿弇曰: "三代爲將, 道家所忌. 而耿氏累葉以功名自終, 將其用兵, 欲以殺止殺乎! 何其獨能(崇)[隆]也?"

〈그렇다〉 『역경』은 말하기를 "숭고한 것으로는 부귀보다 더 큰 것이 없다." 〔출전: 『역경』 「계사상(繫辭上)」〕

또 말하기를 "성인의 가장 큰 보물은 지위이다." 〔출전: 『역경』 「계사하(繫辭下)」〕

〈아니다〉 손자(순자)가 춘신군(春信君)에게 글을 올려 이렇게 말했다. "속담에 말하기를 '나병환자가 임금을 불쌍히 여긴다.'고 합니다. 이 말은 비록 공손하지는 않지만 옛말에는 거짓이나 틀린 것이 없으니 세심하게 살펴보지 않을 수 없습니다. 이 말은 신하에게 협박을 당하거나 죽임을 당한 임금을 두고 하는 말입니다. 임금이 어린 나이에 왕위에 올라 재주를 뽐내기만 할 뿐 간신을 알아볼 식견이 없으면, 대신들이 권세를 농단하고 사사로운 욕심을 채웁니다. 그러고 나서는 자신들이 나중에 죽임을 당하지 않을까 두려워하여, 현명하고 덕이 있는 임금을 시해하고, 어리고 나약한 임금을 세우거나 적자를 몰아내고 정통이 아닌 서자를 후사로 세웁니다.

『춘추』에는 이렇게 기록되어 있습니다. '초나라 왕자 위(圍)가 정나라에 사신으로 가게 됐는데, 아직 국경을 벗어나지 않았을 때 초나라 왕이 병들었다는 소식을 들었다. 길을 되돌려 돌아와 문병하는 척하면서 갓끈으로 목을 졸라 임금을 죽이고는 스스로 왕위에 올랐다. 제나라 대부인 최저(崔杼)의 아내가 미인이었는데 제나라 장공(莊公)이 그녀와 사통했다. 최저가 그 무리를 이끌고 공격하자 장공은 도망치면서 북쪽 담을 넘다가 허벅다리에 화살을 맞고 최저에게 잡혀 죽임을 당했다. 최저는 장공의 동생을 왕으로 세웠다.'

근래에 일어난 일로는, 조나라의 이태(李兌)가 조정 권력을 휘두르면서 무령왕(武靈王) 주보(主父)를 사구궁(沙丘宮)에 가두어 백일 만에 굶어 죽게 했습니다. 뇨치(淖齒)는 제나라의 정권을 전횡하면서 민왕(閔王)의 힘줄을 뽑아 묘당의 대들보에다 하루 밤을 꼬박 매달아 놓게 해서 죽였습니다.

비록 문둥병은 종기가 나고 진물이 흐르는 고약한 질환이지만, 위로 거슬러 전대의 왕들과 비교해 보면 초왕이나 장공처럼 목이 졸려 죽거나 화살에 맞아 죽임을 당하지 않았고, 아래로 내려와 근대에 비교해도 무령왕이나 민왕처럼 굶어 죽거나 힘줄이 뽑혀 죽지는 않았습니다. 신하에게 협박을 받거나 죽임을 당한 임금들의 정신적인 공포와 우려, 신체적인 곤욕과 고통은 필히 문둥병보다도 더 심했을 것입니다. 이렇게 볼 때 '나병 환자가 임금을 불쌍히 여긴다는 말'은, 일리가 있는 것입니다." 〔출전: 『한비자』 「간겁시신(奸劫弑臣)」〕

是曰: '易'曰, "崇高莫大於富貴." 又曰, "聖人之大寶曰位."

非曰: 孫子爲書謝春申君曰: "鄙諺曰: '厲人憐王.' 此不恭之言也. 雖然, 古無虛謬, 不可不審察也. 此(爲)[謂]劫殺死亡之(生)[主]言也. 夫人主年(牟)少而矜材, 無法術以知奸, 則大臣主斷圖私, 以禁誅於己也. 故(殺)[弑]賢長而立幼弱, 廢正嫡而立不義.

'春秋'戒之曰:, '楚王子(圍)[圍]聘於鄭, 未出境, 聞王病, 反問病, 遂以冠纓絞王殺之, 因自立也. 齊崔杼之妻美, 莊公通之, 崔杼率其黨而攻莊公, 莊公出走, 踰於(外)[北]墻, 射中其股, 遂殺之, 而立其弟. 近代李兌用趙, 餓主父于沙丘 百日而殺之; 淖齒用齊, 擢閔王之筋, 懸于廟梁, 宿昔而死.

夫厲雖腫胞之疾, 上比前代, 未至絞纓射股也; 下比近代, 未至擢筋餓死也. 夫劫殺死亡之主, 心之憂勞, 形之困苦, 必甚於厲矣. 由此觀之, 厲雖憐王, 可也."

〈그렇다〉 『역』에서 말하기를 "물건을 갖추어 쓰임을 다하며, 기물을 이룸으로써 천하를 이롭게 하는 것으로 성인보다 더 큰 사람이

없다.” 〔출전: 『주역』 「계사상」〕

〈아니다〉 장자는 이렇게 말한다. “성인이 죽지 않으면 큰 도둑이 사라지지 않을 것이다. 비록 성인이 거듭 나타나 천하를 다스린다 해도, 이는 도척 같은 도둑을 거듭 이롭게 해주는 일일 뿐이다. 말과 되를 만들어 곡식의 양을 헤아리면 도둑은 되와 말까지 아울러 훔치고, 저울을 만들어 무게를 달면 저울까지 아울러 훔치고, 부절과 인장을 만들어 신표로 삼으면 부절과 인장까지 함께 훔치고, 인의를 만들어 이로써 교화하려고 하면 인의까지 아울러 훔친다.

어떻게 그렇다는 것을 알 수 있는가? 혁대 고리를 훔친 자는 죽임을 당하지만 나라를 훔친 자는 제후가 되며, 제후의 문 안에는 인의가 이르게 된다. 그렇다면 인의와 도덕, 성인의 지혜까지 훔친 것이 아니겠는가? 그 때문에 도둑이라는 악명을 떨쳐 버리고 제후라는 이름을 내세워 인의와 함께 말과 되, 저울, 부절과 인장의 이로움까지 훔치는 자들이란, 비록 높은 관직으로 상을 주어도 선을 권장할 수 없고, 도끼로 목을 친다고 위협하더라도 도둑질을 금할 수 없다. 이는 도척 같은 도둑을 거듭 이롭게 하여 도둑질을 그만두도록 만들지 못하는 것이니, 이는 곧 성인의 잘못인 것이다.

그러므로 ‘나라의 이로운 기물은 사람들에게 보여주어서는 안 된다.’고 하는 것이다. 성인이란 존재는 천하를 이롭게 하는 기물이기에 세상에 밝게 드러내 보일 것이 아니다.” 〔출전: 『장자』 「거협(胠篋)」〕

是曰: ‘易’曰: “備物致用, 立成器以爲天下利者, 莫大于聖人.”

非曰: 莊子曰: “聖人不死, 大盜不止. 雖重聖人而治天下, 則是重利盜跖也. 爲之斗斛以量之, 則并與斗斛以竊之; 爲之權衡以稱之,則并與權衡以竊之; 爲之符璽以信之, 則并與符璽以竊之; 爲之仁義以敎之, 則并與仁義以竊之. 何以知其然耶?

彼竊鉤者誅, 竊國者爲諸侯, 諸侯之門, 而仁義存焉. 則是非竊仁義聖智耶? 故逐于大盜, 揭諸侯, 竊仁義, 并斗斛權衡符璽之利[者], 雖有軒冕之賞弗能勸, 斧鉞之威弗能禁. 此重利盜跖, 而使不可禁者, 是乃聖人之過也. 故曰: '國之利器, 不可以示人.' 彼聖人者, 天下之利器也, 非所以明天下也."

〈그렇다〉 『논어』에서 이렇게 말한다. "군자는 진실로 곤궁할 때가 있나니, 소인은 곤궁하면 별짓을 다 한다." 〔출전: 『논어』 「위령공」〕

〈아니다〉 『역』은 이렇게 말한다. "궁하면 변하고 통하면 오래 간다. 이로써 하늘로부터 도우니, 길하며 이롭지 않음이 없다." 〔출전: 『주역』 「계사하」〕

태사공은 이렇게 말한다. "어떤 비천한 사람이 이렇게 말했다. '무엇이 인의인지를 어떻게 알겠는가? 이익을 누릴 수 있게 해주는 사람이면 그가 바로 덕이 있는 사람이다. 그래서 백이는 주나라가 천하를 얻는 것을 추하게 여겨 수양산에 들어가 굶어 죽었지만, 문왕과 무왕은 이 때문에 나쁜 왕이라고 폄하되지 않았다.

도척과 장갹(莊蹻) 같은 도적들은 포악하고 사나웠지만 그 패거리들은 그들을 신의가 있는 사람이라고 끝없이 칭송했다. 이로써 본다면 '혁대 고리를 훔친 자는 죽임을 당하지만 나라를 훔친 자는 제후가 되며, 제후의 문안에는 인의가 이르게 된다.'는 장자의 말은 허튼 소리가 아니다.

지금 학문에 얽매이고 작으나마 절의를 품은 채 오랜 세월 세상을 등지고 살아가는 것이, 어찌 천박한 의논으로 세상에 영합하고, 세상의 흐름에 따라 부침을 거듭하며 부귀와 영예를 얻는 것만 못하겠는가?" 〔출전: 『사기』 권124 「유협열전(游俠列傳)」〕

是曰: '論語'曰: "君子固窮, 小人窮斯濫矣."

非曰: '易'曰: "窮則變, 通則久. 是以自天佑之, 吉無不利."

太史公曰: "鄙人有言: '何知仁義, 以饗其利者, 爲有德.' 故伯夷醜周, 餓死首陽山, 而文武不以其故貶王; 跖蹻暴戾, 其徒誦義無窮. 由此觀之, '竊鉤者誅, 竊國者爲諸侯; 諸侯之門, 仁義存焉' 非虛言也!

今拘學或抱咫尺之義, 久孤於代, 豈若卑論儕俗, 與代沉浮而取榮名哉?"

〈그렇다〉 동한 시기 동평왕 유창(東平王 劉蒼)은 말했다. "착한 일을 하는 것이 가장 즐거운 일이다." 〔출전: 『후한서』 권42 「동평왕창전(東平王蒼傳)」〕

〈아니다〉 『공자가어』에는 이렇게 기록되어 있다. "세상 사람들 어느 누구도 선을 주장하지 않는 시기에 자기만 홀로 선을 실천하고 있으니, 사람들이 말하기를 이상하지 않으면 망령이 들었다고 했다." 〔출전: 『공자가어』 「현군(賢君)」〕

是曰: 東平王蒼曰: "爲善最樂."

非曰: 語曰: 時不(與)[興]善, 己獨由之. 故曰: 非妖則妄.

〈그렇다〉 삼국 시대의 촉나라의 방통(龐統)은 인륜도덕을 논하기를 좋아하고 인물의 장단점을 평가하는데 뛰어났는데, 그가 사람을 평가하고 칭찬할 때마다 실제 능력보다도 과도하게 좋은 평가를 해주는 경우가 많았다. 당시 사람들이 이를 이상하게 여겨 물었더니 방통은 이렇게 대답했다.

"지금 천하는 크게 어지럽고 정도는 무너졌으며, 착한 사람은 적고 나쁜 사람이 많습니다. 나는 지금 풍속을 일으키고 도덕과 인의를 선양하고자 하는데, 그들을 높게 평가하고 칭찬하지 않는다면, 그들의 명성만으로는 세상 사람들의 흠모를 불러일으키기에 부족할 것입니다. 세상 사람들이 그들의 명성을 흠모하지 않게 된다면 착한 일을 하는 사람들은 점점 더 적어지게 될 것입니다.

지금 열 명을 발탁했다가 다섯 명을 잃어도 절반의 인재를 얻게 되는 것인데, 그들 절반이라도 사람들로부터 존중을 받고 대대로 교화에 매진한다면, 뜻있는 선비들로 하여금 스스로 분발하도록 만들 수 있을 것이니, 이 또한 좋은 일이 아니겠습니까?" 〔출전: 『삼국지』 권37 「방통전(龐統傳)」〕

〈아니다〉 『인물지』는 이렇게 말한다. "군자는 스스로를 깎아 내리는 것이 결국에는 이익이 된다는 것을 알기 때문에, 한 가지 공을 세워도 두 배로 영예를 얻는다. 반면 소인은 스스로의 공을 더하는 것이 결국에는 손해가 된다는 것을 모르기 때문에, 한 가지 공을 자랑하다가 공과 영예 둘 다 잃어버린다. 이로써 보면 공을 자랑하지 않는 것이 결국은 자랑하는 것이 되고, 명리를 다투지 않는 것이 결국은 얻는 것이 되고, 상대에게 양보하는 사람이 결국은 승리를 거두게 된다.

그러므로 춘추시대 진(晉)나라 대부 극지(郤至)는 높은 관직에 올랐으나 결국은 아랫사람들에게 짓밟히는 처지가 됐으며, 주(周)나라의 왕숙(王叔)은 남과 다투기를 좋아했으나 끝내 다른 나라로 도망치는 신세가 되었다. 전국시대 조(趙)나라의 인상여(藺相如)는 수레를 돌려 길을 양보함으로써 결국에는 염파(廉頗)에게 승리를 거두었으며, 후한 광무제 때의 구순(寇恂)은 가복(賈復)과 싸우지 않음으로써 오히려 가복보다 더 어질다는 이름을 얻었다.

사물의 세가 극에 달하면 되돌아가게 되는 법이니, 이것이 바로 군자가 말하는 도이다." 〔출전: 『인물지』 「석쟁(釋爭)」〕

是曰: 龐統好人倫, 勤於長養, 每所稱述, 多過於才. 時人怪而問之, 統曰: "當今天下大亂, 正道凌遲, 善人少而惡人多. 方欲興風俗, 長道業, 不美其談, 則聲名不足慕(也)[企]. 不足慕企, 而爲善[者]少矣. 今拔十失五, 獲得其半, 而可以崇邁代敎, 使有志者自勵, 不亦可乎?"

非曰: '人物志'曰: "君子知自損之爲益, 故功一而美二; 小人不知自益之爲損, 故伐一而並失. 由此觀之, 則不伐者, 伐之也; 不爭者, 爭之也; 讓敵者, 勝之也.

是故郤至上人而抑下滋甚, 王叔好爭而終於出奔, 藺相如以廻車取勝於廉頗, 寇恂以不鬪取賢于賈復. 物勢之反, 乃君子所謂道也."

〈그렇다〉 『효경』에서 말한다. "집에 거처하면서 가정을 잘 다스릴 수 있으면 관직에 나가서도 그 다스림을 적용하여 잘 다스릴 수 있다." 〔출전: 『효경(孝經)』 「광양명장(廣揚名章)」〕

〈아니다〉 한고조를 보좌했던 역이기(酈食其)는 낙백 시절 가족의 의식조차 해결하지 못했다. 〔출전: 『사기』 권97 「역생육가열전(酈生陸賈列傳)」〕

동한의 명신 진번(陳蕃)은 말하길 "대장부는 마땅히 천하를 휩쓸어야 할 것이지, 어느 누가 방이나 쓸고 있는가?"라고 했다. 〔출전: 『후한서』 권66 「진번전(陳蕃傳)」〕

是曰: '孝經'曰: "居家理, 治可移于官."

非曰: 酈生落魄, 無以爲衣食業. 陳蕃云: "大丈夫當掃天下, 誰能掃一室?"

〈그렇다〉 한나라의 대신 공손홍(公孫弘)은 이렇게 말했다. "실행하기를 힘쓰면 인(仁)에 가까워지고, 학문을 좋아하면 지(智)에 가까워지고, 부끄러움을 알면 용(勇)에 가까워진다고 했습니다. 이 세 가지를 알면 스스로를 다스릴 줄 알며, 어떻게 스스로를 다스릴지를 안 연후에 남을 다스릴 줄 알게 됩니다. 자신을 다스리지 못하면서 남을 다스릴 수 있는 사람은 천하에 일찍이 없었습니다. 이것은 백대가 지나더라도 바뀌지 않는 도리입니다. 〔출전: 『사기』 권112 「평진후주보열전(平津侯主父列傳)」 및 『한서』 권58 「공손홍전」〕

〈아니다〉 『회남자』에서는 이렇게 말한다. "털끝 같은 작은 계산에 밝은 사람은 천하를 다스리는 큰 계책에는 반드시 빠뜨림이 있고, 작은 일을 처리하는데 한 점의 실수도 없는 사람은 큰일을 당하면 당혹해 한다.

여기 한 인재가 있어 천하 구주를 평정하고 위태로운 나라를 일으켜 세우려는 큰 뜻을 품고 있는데, 그에게 궁중의 예법으로 시골의 비루한 풍속을 바로잡도록 책임을 지운다면, 이는 도끼로 몸의 털을 깎고 칼로 나무를 베는 것과 같아서 모두 마땅함을 잃고 있는 것이다." 〔출전: 『회남자』「주술(主術)」〕

是曰: 公孫弘曰: "力行近乎仁, 好問近乎智, 知恥近乎勇. 知此三者, 知所自理; 知所以自理, 然後知所以理人. 天下未有不能自理, 而能理人者也, 此百代不易之道."

非曰: '淮南子'曰: "夫審於毫釐之計者, 必遺天下之數; 不失小物之選者, (或)[惑]于大事之擧. 今人才有欲平九州, 存危國, 而乃責之以閨閤之禮, 修鄕曲之俗, 是猶以斧翦毛, 以刀伐木, 皆失其宜也."

〈그렇다〉 진나라의 재상이 된 상앙(商鞅)이 조량(趙良)에게 물었다. "선생께서 보시기에 내가 진나라를 다스리는 것이 오고대부(五羖大夫, 진목공 때의 명신 百里奚)와 비교하여 누가 더 낫다고 생각하십니까?" 조량이 대답하였다. "오고대부는 형(荊, 楚)땅의 미천한 백성이었습니다. 진목공(繆公)이 현명하다는 말을 듣고 찾아가 만나기를 원했으나 길 떠날 노잣돈조차 마련할 수 없었습니다. 그래서 자신을 진나라로 가는 여행객에게 노예로 팔고, 누더기를 걸치고 소를 먹이며 따라갔습니다. 그 후 목공이 백리해의 능력을 알아보고 하루아침에 외양간에서 들어 올려 만백성의 윗자리에 앉혔으니, 진나라 백성들이 감히 쳐다보지도 못했습니다.

그런데 귀하가 효공을 처음으로 알현했던 것은, 효공이 총애하는 시종인 경감(景監)의 문객으로서 그의 천거를 통해서였지, 결코 귀하

의 명성 때문이 아니었습니다." 〔출전: 『사기』 권68 「상군열전(商君列傳)」〕

〈아니다〉 『사기』는 이렇게 기록했다. "인상여는 환관인 목현(繆賢)의 천거로 조나라 왕을 알현했다." 〔출전: 『사기』 권81 「인상여열전(藺相如列傳)」〕

또 이렇게 기록한다. 추연(鄒衍)은 「담천론(談天論)」을 지었다. 그의 말은 터무니없이 광대하여 상식적인 이치에는 맞지 않았다. 그러나 왕공과 대인들은 그를 존경하여 예의로 대우하였다. 위나라로 가자 혜왕은 교외까지 나와 영접하였으며 빈주의 예로 극진히 대우했다. 연나라에 이르자 소왕(昭王)이 몸소 빗자루를 들고 길을 쓸어 안내했다. 공자가 진나라와 채나라 사이에서 제대로 먹지 못해 얼굴빛이 창백해진 일이나, 맹자가 제나라와 위나라에서 곤욕을 겪은 일과 어찌 같이 논할 수 있겠는가?

위나라의 영공이 병법에 관해 묻자 공자는 대답하지 않았다. 양혜왕이 조나라를 침공할 계획을 모의하자 맹자는 지난날 주나라 태왕(고공단보)이 백성들의 피해를 줄이기 위해 오랑캐에게 땅을 내어주고 빈(邠) 땅으로 옮겨간 일을 설명하였다. 네모난 각목을 둥근 구멍 속으로 끼워 넣으려 한들 어떻게 들어갈 수 있겠는가?

어떤 사람은 말한다. 이윤(伊尹)도 처음에는 솥을 짊어지고 요리사가 되어 은나라 탕왕에게 접근하여, 마침내 그를 보좌해 왕업을 이루게 했고, 백리해도 소를 치다가 진나라 목공에게 등용되어 패자가 되게끔 보필하였다. 우선은 접근하기 위해 상대방에게 비위를 맞췄지만, 그 후에는 주군을 인의의 바른 길로 나아가게 이끌었다.

그러니 추연 또한 그 언설이 상식의 틀에서는 벗어났지만, 그 또한 소를 치던 백리해나 솥을 짊어진 이윤과 같은 뜻을 품었던 것은 아니겠는가?" 〔출전: 『사기』 권74 「맹가순경열전(孟軻荀卿列傳)」〕

是曰: 商鞅謂趙良曰: "子之觀我理秦, 孰與五羖大夫賢乎?" 趙良曰: "夫五羖大夫, 荊之鄙人也. 聞繆公之賢而願望見, 行而無資, 自鬻于秦客, 被褐飯牛. 繆公知之, 擧之牛口之下, 而加之百姓之上, 秦國莫敢望焉. 今君之見秦[王]也, 因嬖人景監以爲主, 非所以爲名也."

非曰: '史記'曰: "藺相如因宦子繆賢見趙王." 又曰: "鄒衍作'談天論', 其語閎大不經, 然王公大人尊禮之. 適梁, 梁惠王郊迎, 執賓主之禮. 如燕, 昭王擁彗先驅. 豈與仲尼菜色陳蔡, 孟軻困于齊梁同乎哉?

衛靈公問陣於孔子, 孔子不答. 梁惠王謀攻趙, 孟軻稱太王去邠. 持方枘欲納圜鑿, 其能入乎? 或曰: 伊尹負鼎, 而輔湯以王; 百里奚飯牛, 繆公用霸. 作先合, 然後引之大道. 鄒衍其言雖不軌, 亦將有牛鼎之意乎?"

〈그렇다〉 동한 환제(桓帝) 때의 대부 진중거(陳仲擧, 陳蕃)는 성품이 고고하고 강직하여 제왕의 대신으로서 절개가 있었으며, 같은 시기의 이원례(李元禮, 李膺)는 충성스럽고 정직하여 사직을 보존할 능력을 지녔다. 〔출전: 요신(姚信)의 「사위(士緯)」, 『세설신어』 「품조(品藻)」편 유효표(劉孝標)의 주에 인용됨〕

진류(陳留) 출신인 채백개(蔡伯喈, 蔡邕)는 평하기를 "진중거는 윗사람에게도 대들 정도로 강직하며, 이원례는 아랫사람을 거느리는데 능력이 있다. 윗사람에게 바른 소리하는 것은 어렵고 아랫사람을 잘 거느리는 것은 쉬우니, 진중거를 앞세우고 이원례를 뒤에 두는 것이 마땅하다."라고 했다. 〔출전: 『세설신어』「품조(品藻)」〕

〈아니다〉 진(晉)나라의 요신(姚信)은 이렇게 말했다. "고요가 순임금에게 훈계한 것은 윗사람의 뜻을 거슬러 직언하는 본보기였으며, 순임금이 백관을 통솔하여 잘 다스린 것은 아랫사람을 편하게 거느리는 본보기이다. 그러므로 한고조 때의 승상 진평은 왕릉에게 말하기를 '임금 앞에서 직간을 하고 조정에서 이치에 따라 간쟁하는 데는 내가 당신보다 못하다. 그러나 유씨 왕조를 안정시키는 데는 공이 나보다 못하다.'고 말했다.

만약 윗사람에게 대드는 강직함을 두고 뛰어난 점이라고 인정한다면, 왕릉이 당연히 장량이나 진평보다도 더 뛰어나며, 광무제 유수(劉秀)의 직신이었던 주운(朱雲)이 오한(吳漢)이나 등우(鄧禹)보다 더 뛰어나다고 평가해야 하지 않겠는가?" 〔출전: 요신의 「사위」 일문으로 추정됨〕

是曰: 陳仲擧體氣高烈, 有王臣之節; 李元禮忠(平)[壯]正直, 有社稷之能. 陳留蔡伯喈以仲擧强於犯上, 元禮長於接下. 犯上爲難, 接下爲易, 宜先仲擧而後元禮.

非曰: 姚信云: "夫皐陶戒舜, 犯上之徵也; 舜理百揆, 接下之效也. 故陳平爲王陵言: '面折庭諍, 我不如公. 至安劉氏, 公不如我.' 若犯上爲優, 是王陵當高於良,平, 朱雲當勝於吳,鄧乎?"

〈그렇다〉 『사기』는 이렇게 말한다. "한비자가 평하기를 '유자(儒子)는 문으로 법을 어지럽히고, 협사는 무력으로 법이 금하는 것을 어긴다.'라고 했는데, 이는 선비와 협객 두 부류를 모두 비난한 것이다. 그러나 학문하는 선비들 중에는 세상에서 좋은 평판을 받는 사람도 많다. 학술로서 재상이나 경대부가 되고 군주를 보좌한 인물들에 대해서는 구태여 칭찬하지 않아도 괜찮을 것이다.

그러나 계차(季次, 공자의 제자 公晳哀의 字)나 원헌(원헌, 字는 子思)같은 선비들은 학문을 익히고 홀로 덕행을 닦았으며, 인의를 논함에 세속에 영합하려 하지 않았으나, 당시에 세상 사람들은 그들을 비웃었다.

지금 유협의 경우 그들의 행실이 비록 정의에 부합되는 바른 길을 걷지는 않아도, 그들의 말에는 신의가 있고, 그들의 행동은 과감하며, 한 번 승낙하면 성의를 다해 실천하고 자기 몸을 아끼지 않고 남이 위기와 곤경에 처하면 그들을 구하기 위해 뛰어든다. 그러면서도 그들의 공덕을 자랑하기를 부끄럽게 여겼으니 이들 역시 칭찬받아야 할 점이 많다.

사람이 세상을 살다보면 느긋할 때도 있지만 위급한 경우도 수시로 닥치게 되어있다. 예를 들어 순임금은 우물을 파다가 (동생 때문에) 매장될 뻔했던 곤욕을 겪었고, 이윤은 솥과 도마를 짊어지고 다니며 요리를 했고, 부열(傅說)은 부암에서 흙담을 쌓으며 숨어 있었다. 태공망 여상(呂尙)은 극진(棘津) 나루터에서 소를 잡았고, 이오(夷吾, 管仲)는 수갑과 차꼬를 차고 갇혔으며, 백리해는 노예가 되어 소를 쳤다. 공자는 광(匡) 땅에서 곤액을 당하고 진나라와 채나라 사이에서는 굶주려 얼굴빛이 파랗게 질리기까지 했으니, 이들은 모두 학문을 한 선비로서 도의와 인의를 닦은 사람들이다. 그런데도 이와 같은 재난을 겪어야 했으니, 하물며 평범한 재주를 가진 사람들로서는 난세의 이 혼탁한 흐름을 어떻게 극복할 수 있겠는가? 그들이 재해를 입는 경우를 어찌 일일이 다 말할 수 있겠는가!

유협들은 평범한 백성의 무리로서 은혜를 입으면 반드시 갚고 승낙한 일은 반드시 실천하며, 신의를 지키기 위해 천리 길을 달려간다. 그래서 선비들도 궁지에 몰리면 그들에게 목숨을 맡겼으니, 그들이야 말로 사람들이 말하는 현인이나 호걸이 아니겠는가? 만일 시골의 협객들을 계차나 원헌 같은 선비와 비교하여 그들의 역량을 평가한다면, 당대에 끼친 공적이나 영향이라는 점에서 같은 선상에 놓고 논할 수 없을 것이다. 협객들을 어찌 허투루 볼 수 있겠는가?" 〔출전: 『사기』 권124 「유협열전(游俠列傳)」〕

〈아니다〉 『한서』는 이렇게 주장한다. "천자가 나라를 세우고 제후들이 가문을 세우면서 경대부로부터 일반 백성에 이르기까지 각자의 등급에 서열과 차별이 있게 되었다. 이로써 백성들은 윗사람에게 복종하며 섬기게 되었고, 일반 백성들은 분에 넘치는 요행을 바라지 않게 되었다. 공자가 말하기를 '천하에 도가 있으면 정권이 대부의 수중에 있지 않다."라고 했다. 문무백관과 관리들은 법령을 준수하고 명령을 받들어 시행하며 각자 맡은 바 직책을 수행한다. 월권을 하면 죽임을 당하고 권한을 침해하면 벌을 받는다. 이렇게 함으로써 상하가 서로 순리에 따르고 모든 직무가 조리 있게 다스려졌다.

그러나 주왕실이 쇠약해지자 예악의 제도와 정벌에 대한 권한이 모두 제후로부터 나오게 되었다. 제환공과 진문공 이후에는 대부가 국가의 대권을 장악하고, 중신들이 명령을 집행하였다. 이와 같은 왕권의 쇠퇴는 전국시대에 이르게 되자, 제후들 사이에 합종, 연횡이 시작되고, 각국의 제후들은 위력에 의지해 통치하며 세력의 강함을 놓고 경쟁했다.

이로부터 여러 나라에서 이름난 공자들이 등장했으니, 위나라의 신릉군(信陵君), 조나라의 평원군(平原君), 제나라의 맹상군(孟嘗君), 초나라의 춘신군(春申君) 등이 이른바 '전국사공자'이다. 이들은 모두 왕공의 권세에 의지하며 경쟁하다시피 유협을 행하여, 닭 우는 소리와 개 짓는 소리를 잘 흉내 내는 무리들을 불러 모으느라 서로 경쟁하여 극진한 빈객의 예의를 갖추지 않음이 없었다.

조나라의 승상 우경(虞卿)은 나라의 이익과 주군에 대한 신의를 저버리고 어려운 시기에 사귀었던 위제(魏齊)를 곤경에서 구했으며, 신릉군 위무기(魏无忌)는 병부를 훔쳐 왕의 명령을 마음대로 고친 다음 장군 진비(晉鄙)를 죽이고 군대를 마음대로 출동시켜 평원군 조승(趙勝)을 구하기 위해 조나라로 달려갔다. 그런데도 이들은 모두 각국 제후들의 두터운 신임을 받았으며, 천하에 이름을 떨쳤다. 사람들은 주먹을 불끈 쥐고 팔을 걷어 부치며 협객들을 논할 때면 이들 사공자를 으뜸으로 칭송했다. 이렇게 되자 공론을 저버리고 사사로운 패거리(私黨)를 짓는 의론이 형성되고, 직책을 충실히 지키고 임금을 받드는 대의는 쇠퇴하게 되었다.

이어 한나라가 천하를 통일함에 이르러서도 금령과 법망이 더욱 너그럽게 완화되어 이와 같은 잘못된 풍조를 바로 잡을 수 없었다. 위기후 두영(魏其侯 竇嬰)과 무안후 전분(武安侯 田蚡)의 패거리는 수도인 장안의 한 복판에서 싸움을 벌였고, 곽해(郭解)와 극맹(劇孟)의 무리는 민간에서 저들 멋대로 날뛰고 행패를 부리며, 주와 현, 지방에 이르기까지 위세를 떨쳤으니, 그들의 세력은 제후와 왕공들을 꺾을 수도 있었다. 일반 백성들은 그들의 명성과 행적을 영예롭게 여기며 그들을 우러러보고 흠모했다. 그들은 또 국법을 범하여 형벌을 받더라도, 자기 한 몸을 죽임으로써 계로(季路, 子路, 이름은 仲由)와 구목(仇牧) 같은 명성을 이룰 수 있다고 여겨, 죽임을 당해도 후회 하지 않았다.

증자가 말했다. '위에서 군주가 도를 잃으니 백성이 흩어진 지 오래되었다.' 밝은 군주가 위에서 나라를 다스리면서 좋고 나쁨의 기준을 보이고 예의와 법도로서 바로잡지 않는다면, 백성들이 어떻게 금하는 것이 무엇인지를 알고 바른 길로 돌아갈 수 있겠는가? 고대의 바른 법도에 비춰보면, 춘추 시대의 오패(五霸)는 요, 순, 문왕의 삼왕에게 죄인이며, 전국 시대의 육국(六國)은 춘추오패에게 죄인이며, '전국사공자'는 육국에 대해서 죄인이다. 하물며 곽해와 같은 무리들은 미천한 신분의 필부로서 죽이고 살리는 권한을 훔쳐 휘둘렀으니, 그들의 죄는 죽음으로써도 용서받지 못할 것이다."〔출전: 『한서』 권92 「유협전(游俠傳)」〕

是曰: '史記'曰: "韓子稱: '儒者以文亂法, 而俠士以武犯禁.' 二者皆譏, 而學士多稱於世. 至如以術取宰相卿大夫, 輔翼其世主, 固無可言者. 及若季次,原憲, 讀書懷獨行, 議不苟合當世, 當世亦笑之.

今遊俠, 其行雖不軌於正義, 然其言必信, 其行必果, 已諾必誠 , 不愛其軀, 赴士之扼困, 羞伐其德, 蓋亦有足多者. 且緩急, 人之所時有也. 虞舜窘於井廩, 伊尹負于鼎俎, 傅說匿于傅巖, 呂尙困於棘津, 夷吾桎梏, 百里奚飯牛, 仲尼厄匡, 菜色陳,蔡, 此皆學士所謂有道仁人也. 猶遭此菑, 况以中材而涉(近)[亂]代之末流乎? 其遇害何可勝道哉!

以布衣之徒, 設取予然諾, 千里誦義, 故士窮窘以得委命, 此豈非人之所謂賢豪者耶? 誠使鄕曲之俠, 與季次原憲比權量力, 效功于當代, 不同日而論矣, 曷足小哉!"

非曰: '漢書'曰: "天下建國, 諸侯立家, 自卿大夫而至庶人, 各有等次. 是以人服事其上, 而下無覬覦. 孔子曰: '天(子)[下]有道, 政不在大夫.' 百官有司奉法承令, 以修所職. 越職有誅, 侵官有罰, [夫]然, 故上下相順, 而庶事理焉.

周至旣微, 禮樂征伐出自諸侯; 桓,文之後, 大夫世權, 陪臣執命. 陵夷至於戰國, 合縱連橫, 力政爭强. 由是列國公子, 魏有信陵, 趙有平原, 齊有孟嘗, 楚有春信, 皆藉王公之勢, 競爲遊俠, 鷄鳴狗盜, 無不賓禮. 而趙相虞卿棄國捐君, 以(固)[周]窮交魏齊之厄; 信陵無忌, 竊符矯命, 殺將專師, 以赴平原之急; 皆以取重諸侯, 彰名天下, 搤腕而遊談者, 以四豪爲稱首. 於是背公(死)[私]黨之議成, 守職奉上之義廢矣. 及至漢興, 禁網踈闊, 未之匡改也. 魏其,武安之屬, 競逐於京師; 郭解,劇孟之徒, 馳鶩於閭閻, 權行州域, 力折公侯. 衆庶榮其名跡, 覬而慕之. 雖陷刑辟, 自與殺身成名, 若季路,仇牧, 死而不悔也.

曾子曰: "上失其道, 民散久矣.' 非明王在上, 示之好惡, 齊之以禮法, 人曷由知禁而反正乎? 古之正法; 五伯, 三王之罪人也; 而六國, 五伯之罪人也; 夫四豪者, 六國之罪人也. 況於郭解之倫, 以匹夫之細微, 竊殺生之權, 其罪也不容於誅矣."

〈그렇다〉 시자는 이렇게 말한다. "신하된 사람은 현명한 인재를 천거하는 것을 공으로 여기고, 군주는 현명한 인재를 임용하는 것을 공으로 삼는다." 〔출전: 『시자』 「발몽(發蒙)」〕

『사기』에는 이렇게 기록했다. “포숙아가 관중을 천거하자, 천하 사람들은 관중의 현명함을 칭찬하기보다는 오히려 포숙아의 인재를 알아보는 재능을 칭찬하는 사람이 더 많았다.” 〔출전: 『사기』 권62 「관안열전(管晏列傳)」〕

〈아니다〉 한나라의 우장군 소건(蘇建)은 늘 대장군 위청(衛靑)을 책망했다. “귀하는 지극히 존귀하고 중요한 지위에 올랐지만, 천하의 어진 선비와 대부들 중에는 귀하를 칭송하는 사람이 없다. 바라건대 고금의 명장들이 어진 인재를 초빙하고 천거한 일을 보고 본받으시오.”

대장군 위청은 정중하게 반박했다. “외척인 위기후 두영과 무안후 전분이 빈객들을 후대하여 무리를 짓자 천자는 항상 이를 갈면서 한스럽게 여겼습니다. 사대부를 가까이 하고 어진 사람을 초빙하고 불초한 자를 물리치는 일은 군주의 고유한 권한입니다. 신하된 자는 법을 준수하고 맡은 바 직책을 다하면 그만이지, 어찌 선비를 초빙하는데 간여해야 하겠습니까?” 대장군으로서 그의 마음가짐은 이와 같았다. 〔출전: 『한서』 권55 「찬(贊)」 및 『사기』 권111 「태사공왈」〕

是曰: 尸子曰: “人臣者, 以進賢爲功; 人主者, 以用賢爲功也.” ‘史記’曰: “鮑叔擧管仲, 天下不多管仲之賢, 而多鮑叔之能知人也.”

非曰: 蘇建常責大將軍青曰: “至尊重, 而天下之賢士大夫無稱焉, 願觀古今名將所招選擇賢者.” 大將軍謝曰: “自魏其.武安之厚賓客, 天子(嘗)[常]切齒. 彼親附士大夫, 招賢黜不肖者, 人主之柄也. 人臣奉法遵職而已, 何與招士?” 其爲將如此.

반고는 말한다. "옛날 왕도가 이미 쇠퇴해지자 제후들은 예악을 버리고 위력에 의지하여 통치했으며, 당시의 군주와 제후들은 각자 좋아하고 싫어하는 바가 서로 달랐다. 바로 이 때문에 제자백가들의 학술이 벌떼처럼 일어날 수 있었다. 각자 한 가지 견해를 고집하고 각자의 우수한 점을 내세우며, 열국을 찾아다니면서 유세를 하여 제후들의 마음에 들어 중용되기를 구하였다. 비록 그들의 학설은 달랐으나, 비유하자면 물과 불이 서로 상극이지만 상생할 수도 있는 것과 같았다.

인을 행하며 의를 지키고, 공경하면서 서로 화합하는 것은, 비록 일은 상반되면서도 서로 보완하면서 이루게 하는 것이다. '역'에서 말하기를 "천하는 같은 곳으로 돌아가지만 그 길은 각기 다르며, 진리는 한 가지로 이르지만 생각은 백 가지로 갈라진다."라고 했다. 〔출전: 『한서』 권30 「예문지」〕

바로 이를 두고 하는 말일 것이다. 〔조유의 말〕

班固云: "昔王道既微, 諸侯力政, 時君世主好惡殊方, 是以諸家之術蜂起並作, 各引一端, 崇其所善, 以此馳說, 取(令)[合]諸侯. 其言雖殊, 譬猶火水相滅, 亦能相生也; 仁之與義, 敬之與和, 事雖相反, 而皆相成也.

'易'曰: "天下同歸而殊塗, 一致而百慮." 此之謂也.

제15편 적변(適變)

변화에 따라 적응하라

옛날 선왕들은 당시의 상황에 알맞게 법과 제도를 세웠고, 당면한 임무에 맞추어 일을 처리하였다. 법도가 그 시기의 상황에 합당하여 잘 다스릴 수 있었으며, 일처리가 당시의 임무에 적합하였기 때문에 공을 이룰 수 있었다. 지금 세상이 변했는데도 법과 제도는 바뀌지 않고, 당면 임무가 바뀌었는데도 일처리는 옛 것을 답습하고 있다. 그런 즉 법과 제도는 시대상황과 부합되지 않고, 정책과 임무는 어긋나게 된다. 그리하여 법과 제도를 세워도 세상은 더욱 혼란해지고, 정책을 시행하여도 일처리는 더욱 망치게 되는 것이다.

그러므로 성인은 나라를 다스림에 있어 옛것을 답습하지 않고, 당장의 이익을 좇아가지 않았다. 그때의 상황에 맞게 대처하여 공을 이루었고, 어려운 문제를 만나도 쉽게 해결할 수 있었다. 이로써 살펴보면 (상앙과 같은) 뛰어난 사람은 각자 그 시대의 실제상황에 맞춰 적응함으로써 공을 세우고 덕업을 이룰 수 있었음을 알았다고 할 수

있다. 〔출전: 『상군서』 일문, 『군서치요』 권36에서 인용함〕

어떻게 하여 그렇다는 것을 알 수 있는가? 〔조유의 말〕

昔先王當時而立法度, 臨務而制事. 法宜其時則理, 事適其務故有功. 今時移而法不變, 務易而事以古, 是則法與時詭, 而事與務易. 是以法立而時益亂, 務(無)[爲]而事益廢. (此)[故]聖人之理國也, 不法古, 不(修)[徇]今, 當時而立功, 在難而能免.

由是言之, 故知若人者, 各因其時而建功入德焉.

何以知其然耶?

환자(桓子, 桓譚)는 이렇게 말한다. "삼황은 도(道)로 천하를 다스렸고, 오제는 덕(德)으로 교화했고, 삼왕은 인의(仁義)로 백성을 이끌었으며, 춘추 오패는 권모와 지략(權智)을 활용했다. 오제 이상의 시대는 너무나 오랜 일이어서 경전에서도 전하는 바가 없으며, 오직 왕도와 패도의 융성과 아름다움이 전해질 뿐인데, 그들의 성패와 득실을 살펴 이로써 고금의 천하를 다스리는 이치로 삼을 수 있는 것이다.

왕도의 다스림은 먼저 백성들에게 해를 제거하고 입고 먹을 것을 풍족하게 해주었다. 연후에 예의로 교화하고 형벌로써 위엄을 세워 백성들로 하여금 좋고 나쁨과 해야 할 것과 하지 말아야할 것이 무엇인지를 알도록 했다. 그렇게 하여 인의의 큰 교화로 사방을 화합시키고 천하를 안락하게 만들었으니, 이것이 바로 왕도의 통치술이다.

패주들이 세운 큰 공로는 군주를 높이고 신하는 낮추어 질서를 세우고, 권력이 군주 한 사람으로 부터 나오고 정책과 법령이 여러 갈래로 나오지 않도록 통일했다. 신상필벌을 엄격히 집행하고 법규를 공명정대하게 시행했으며, 백관은 직책을 제대로 수행하고 법령과 명령을 반드시 실행되도록 했으니, 이것은 패도의 통치술이다." 〔출전: 환담의 『신론(新論)』「왕패(王霸)」〕

桓子曰: "三皇以道治, 五帝用德化, 三王由仁義, 五伯用權智. 五帝以上久遠, 經傳無事, 唯王霸二盛之美, 以定古今之理焉.

夫王道之治, 先除人害, 而足其衣食, 然後教以禮儀, 而威以刑誅, 使之好惡去就. 是故大化四湊, 天下安樂. 此王者之術.

霸功之大者, 尊君卑臣, 權統由一, 政不二門, 賞罰必信, 法令著明, 百官修理, 威令必行. 此霸者之術."

『도덕경』은 말한다. "나는 함이 없음(無爲)으로써 백성이 저절로 교화되도록 한다." 〔출전: 『노자』 제57장〕

『문자』는 이렇게 말한다. "이른바 '무위'라는 것은 불러도 오지 않고, 밀어내도 가지 않는 것을 말하는 것이 아니다. 이치에 따라 일을 처리하고, 조건에 따라 공을 세우며, 자연스러운 형세를 밀고 나가는 것을 말한다." 〔출전: 『문자』「자연」〕

그러므로 『회남자』는 이렇게 말한다. "탕왕과 무왕은 성인이었으나 월나라 사람들처럼 작은 배를 타고 강호를 떠돌아다닐 줄은 몰랐다. 이윤은 현명한 재상이었으나 호인들처럼 말을 타고 초원을 치달리며 도(騊)와 도(駼) 같은 명마를 길들일 줄은 몰랐다. 공자와 묵자는 천하의 학문에 두루 통했으나 산사람들처럼 초목이 무성한 숲과 험준한 산간을 누빌 수는 없었다.

이로써 살펴보면 사물에 대처하는 사람의 지혜는 제한적일 수밖에 없다. 그런데도 나라 안을 두루 살피고 천하 만방을 품고자하면서, 도에 의하지 않고, 오로지 자기의 재능에만 의지하려고 한다면 머지 않아 궁지에 몰리게 된다. 그러므로 개인의 지혜만으로는 천하를 다스리기에 부족하고, 개인의 용기만으로는 강대해질 수 없다는 것은, 명백한 이치다.

그러나 한 나라의 임금이 되어 묘당의 높은 자리에 앉아 있으면서도 세상 밖의 일까지 다 알 수 있는 것은, 사물에 의하여 사물을 파악하고, 또 사람으로 인하여 사람을 알 수 있기 때문이다. 겨울에는 양지를 찾고 여름에는 그늘을 찾는 것은 천하 만물이 자연히 그렇게 하는 것이지, 어떤 것이 시켜서 그렇게 되는 것이 아니다. 지극한 정기의 감응으로 부르지 않아도 자연히 오는 것이다. 만일 보는 것을 기다려 비로소 드러내 보이고, 말로 지시해야만 비로소 명령에 따른다면 천하를 다스리기는 어려울 것이다.

고요는 벙어리였으나 형옥을 담당하는 대리(大理)가 되자 천하에는 가혹한 형벌이 없어졌고, 사광(師曠)은 장님이었으나 천관의 으뜸인 태재(太宰) 직을 맡자 진(晉)나라에서 어지러운 정치가 사라졌다. 이처럼 말하지 않고도 명령을 내리고, 보지 않고도 다 보는 것이, 바로 성인들이 스승이 된 까닭이었다. 〔출전: 『회남자』「주술(主術)」〕

이는 황제와 노장, 즉 도가의 통치술이다. 〔조유의 말〕

'道德經'曰: "我無爲而人自化." 文子曰: "所謂無爲者, 非謂引之不來, 推之不往, 謂其循理而擧事, 因資而立功, 推自然之勢也."

故曰: "湯,武聖主也, 而不能與越人乘舲舟,泛江湖; 伊尹賢相也, 而不能與胡人騎原馬,服騊駼; 孔,墨博通也, 而不能與山居者入榛薄,出險阻.

由是觀之, 人智於物淺矣. 而欲以炤海內, 存萬(物)[方], 不因道理之數, 而專己之能, 則其窮不遠. 故智不足以爲理, 勇不足以爲强, 明矣. 然而君人者在廟堂之上, 而知四海之外者, 因物以識物, 因人以知人也. 夫冬日之陽, 夏日之陰, 萬物歸之 而莫之使. 至精之感, 弗召自來. 待目而昭見, 待言而使令, 其於理難矣.

皐陶喑而爲大理, 天下無虐刑; 師曠瞽而爲太宰, 晉國無亂政. 不言之令, 不視之見, 聖人所以爲師."

此黃老之術也.

공자가 한가하게 계실 때 증자에게 말했다. "옛날의 현명한 임금은 안으로 일곱 가지의 가르침(七敎)을 닦고, 밖으로 세 가지의 지극한 일(三至)을 실행했다. 일곱 가지 가르침을 닦아 안으로 나라를 지킬 수 있었고, 세 가지 지극한 일을 실행하여 밖으로 정벌할 수 있었다. 밝은 임금이 나라를 지키는 것으로 말하자면 천리 밖에서도 적의 공격을 격퇴할 수 있고, 또 정벌에 나서는 것으로 말하자면 반드시 승리를 거두고 군사를 온전히 집으로 돌아오게 할 수 있었다."

증자가 물었다. "감히 여쭈어 보겠습니다. 무엇이 일곱 가지 가르침 입니까?" 공자가 대답하였다. "첫째, 임금이 노인을 공경하면 아래 백성들은 더욱 효도하며, 둘째, 임금이 어른을 존경하면 아랫사람들은 어른을 더욱 잘 섬길 것이다. 셋째, 임금이 베풀기를 즐기면 아랫사람들은 더욱 신실해지며, 넷째, 임금이 어진 이를 친애하면 아랫사람들은 좋은 벗을 가려서 사귄다. 다섯째, 임금이 덕을 좋아하면 아랫사람들은 숨기는 것이 없으며, 여섯째, 임금이 탐욕을 미워하면 아랫사람들은 이익을 다투는 것을 부끄러워하며, 일곱째, 임금이 청렴하고 양보하면 아랫사람들은 절도를 알게 된다. 이를 일러 일곱 가지 가르침이라고 한다.

옛날 명철한 임금이 백성을 다스림에 있어서 도리가 있으니, 반드시 땅을 분할하여 제후들에게 봉토를 주고 각자의 속지를 나누어 다스리게 했다. 그런 다음 관리를 파견하여 달마다 시찰하고 정기적으로 고과를 매기도록 하며, 어질고 능력 있는 인재를 천거하고 불초한 자를 물러나게 했다. 홀아비나 과부 등 의지할 곳 없는 사람들을 가엾이 여겨 부양하고, 가난한 사람들을 구휼하며, 부모형제에게 효도하고 화목하게 지내도록 권장하고, 능력 있는 인재를 등용했다. 이상 일곱 가지 도리를 잘 닦으면 온 천하에 형벌 받는 사람이 없게 된다. 윗사람이 아랫사람을 아끼고 사랑함이 마치 손발이 마음을 따르듯 절실하면, 아랫사람도 윗사람을 섬김이 마치 어린아이가 자애로운 어머니를 대하듯 한다. 임금이 신의를 지킴이 마치 사시가 바뀌는 것처럼 어김이 없으면, 백성들 역시 추위와 더위가 번갈아 오는 것을 증험하는 것처럼 임금을 신뢰한다. 군주가 멀리 떨어져 있는 것을 가까이 있는 것처럼 보는 것은 거리가 가까운 때문이 아니라, 군주의 밝은 덕으로 보기 때문이다. 그리하여 군대를 움직이지 않아도 위세를 떨치며, 이로움으로 베풀지 않아도 친하게 여긴다. 이를 일러 현명한 군주의 지킴이라고 하며, '천리 밖에서도 적의 충차를 꺾을 수 있다'는 것이다."

증자가 또 물었다. "세 가지 지극한 일은 무엇입니까?" 공자가 대답하였다. "지극한 예절은 사양하지 않아도 천하가 다스려지고, 지극한 포상은 재물을 허비하지 않아도 천하의 선비들이 기뻐하며, 지극한 음악은 소리를 내지 않고도 천하의 백성을 화목하게 한다. 왜 그런가? 옛날 명철한 군주는 반드시 천하의 어질고 능력 있는 선비들의 이름을 모두 알고 있었고, 그 이름을 알고 또한 그들의 진실한 능력을 알고 있었다. 그들의 실제 능력을 알고 난 연후에 그 능력에 따라 '천하의 작위'를 주어 존귀하게 해주니, 이를 일러 지극한 예절은 사양하지 않아도 천하가 다스려 진다는 것이다. 또 '천하의 녹봉'으로 천하의 선비들을 부귀하게 하니, 이를 일러 지극한 포상은 재물을 쓰지 않아도 천하의 선비들이 기뻐한다고 한다. 이와 같이하면 천하 사람들이 명성과 영예를 소중하게 여기게 되니, 이것이 바로 지극한 음악은 소리를 내지 않고도 천하 사람들을 화목하게 만든다고 이르는 것이다.

그러므로, '인'이란 백성을 사랑하는 것보다 더 중요한 것이 없으며, '지혜'는 능력 있는 사람을 알아보는 것보다 더 큰 것이 없으며, '정치'란 유능한 인재를 선발하여 임용하는 것보다 더 큰 것이 없다.

덕이 있는 군주가 이 세 가지 지극함을 잘 닦는다면, 사해 안의 온 천하가 그 명령에 복종할 따름이다. 이것을 가리켜 '천리 밖에 있으면서도 적의 공격을 격퇴할 수 있다.'고 하는 것이다.

그러므로 또 말한다. 명철한 군주의 정벌은 때맞추어 비가 내리는 것과 같아서, 이르는 곳마다 백성들이 기뻐한다. 이를 일러 '정벌에 나서면 자리에 앉은 채로 반드시 승리하여 군사를 온전히 집으로 돌아오게 한다.'고 하는 것이다." 〔출전: 『공자가어』 「왕언해(王言解)」〕

그러므로 양웅은 이렇게 말한다. "육경의 도리는 나라가 어지러워지기 전에 미리 다스리는 것을 귀하게 여기고, 병법에서의 승리는 전쟁이 일어나기 전에 미리 승리의 계책을 세우는 것을 소중하게 여긴

다." 〔출전: 『한서』 권94하 「흉노전(匈奴傳)」〕

이상은 공씨(孔氏), 즉 유가의 통치술이다. 〔조유의 말〕

孔子閒居, 謂曾參曰: "昔者明王內修七教, 外行三至. 七教修而可以守, 三至行而可以征. 明王之守也, 則必折衝千里之外, 其征也, 還師衽席之上."

曾子曰: "敢問七教?" 孔子曰: "上敬老則下益孝, 上敬齒則下益悌, 上樂施則下益亮, 上親賢則下擇交, 上好德則下無隱, 上惡貪則下恥爭, 上廉讓則下知節, 此之謂七教也.

昔明王之治人也, 必裂土而封之, 分屬而理之, 使有司月省而時考之, 進賢[良], 退不肖, 哀鰥寡, 養孤獨, 恤貧窮, 誘孝悌, 選才能. 此七者修, 則四海之內無刑人矣. 上之親下也如[手足之於]腹心, 則下之親上也如幼子之於慈母矣. 其於信也, 如四時而人信之也, 如寒暑之必驗. 故視遠若邇, 非道邇也, 見明德也. 是以兵革不動而威, 用利不施而親. 此之謂明王之守, 折衝千里之外者也."

曾子曰: "何謂三至?" 孔子曰: "知禮不讓而天下理, 至賞不費而天下之士悅, 至樂無聲而天下之人和. 何則?

昔者, 明王必盡知天下良士之名, 旣知其名, 又知其實. 旣知其實, 然後因天下之爵以尊之 ,此謂至禮不讓而天下治. 因天下之祿以富天下之士, 此之謂至賞不費而天下之士悅. 如此, 則天下之名譽興焉, 此謂之至樂無聲而天下之人和.

故仁者莫大於愛人, 智者莫大於知賢, 政者莫大於官能. 有德之君脩此三者, 則四海之內供命而已矣. 此之謂折衝千里之外. 故曰: 明王之征, 猶時雨之降, 至則悅矣. 此之謂還師衽席之上."

故揚雄曰: "六經之理, 貴于未亂; 兵家之勝, 貴於未戰."
此孔氏之術也.

묵자가 말한다. "상고 시대에 궁실, 즉 집을 지을 줄 몰랐을 적에 백성들은 산이나 언덕에 굴을 파고 살았다. 삼왕의 시대에 와서 비로소 궁실을 짓기 시작했다. 궁실을 짓는 법도는 다음과 같았다. 집의 높이는 빗물과 습한 것을 피할 정도면 충분하고, 사방의 벽은 바람과 추위를 가릴 정도로 충분하며, 담장의 높이는 남녀의 예의를 구별하기에 충분한 정도면 되었다. 이 정도면 그만이었지, 남들이 보기에 좋게 지으려 하지 않았다. 그러므로 천하 백성들은 재물도 필요한 만큼 얻을 수 있으면 충분하다고 여겼다.

그러나 지금의 임금들이 궁실을 짓는 것은 이와는 다르다. 반드시 백성들로부터 무거운 세금을 거두어 들여서 궁실과 누각을 다양한 자태로 짓고 갖가지 색깔로 조각을 하고 장식을 한다. 이처럼 화려하게 궁실을 지으니 좌우 신하들도 모두 이를 본받는다. 이 때문에 나라의 재용은 흉년과 기근에 대비하고, 고아나 과부 등 의지할 곳 없는 사람들을 구제하기에 충분하지 않게 된다. 나라는 빈곤해지고 백성들은 다스리기 어려워진다. 그러므로 궁실을 지음에 절제하지 않으면 안 되는 것이다.

고대에 사람들이 의복을 지을 줄 몰랐을 적에는 짐승 가죽을 입고 풀을 엮어 띠로 둘렀다. 따라서 겨울에 입는 옷은 얇고 따뜻하지 않았고, 여름옷은 두텁고 시원하지 않았다. 밝은 임금은 이것이 실정에 맞지 않는다고 생각하여, 부녀자들에게 길쌈하는 법을 가르쳐 옷을 지어 입도록 했다. 의복을 짓는 법도는 다음과 같았다. 겨울에는 누에에서 실을 뽑아 옷을 지어 가볍고 따뜻하였고, 여름에는 굵은 베옷을 지어 얇고 시원하였다. 다만 이정도면 그만이었으니 보기에 화려하거나, 남에게 아름답게 보이기 위한 것이 아니었다. 그리하여 백성들은 씀씀이를 절약하여 검소하게 살아 다스리기 쉬웠으며, 임금도 재물을 씀에 절제하여 나라의 재용을 쉽게 풍족하게 갖출 수 있었다.

그러나 지금의 군왕들은 의복 제도에 있어서 이와는 사뭇 다르다. 반드시 백성들로부터 세금을 무겁게 거두어들여 무늬와 색깔이 화려한 옷을 짓고, 황금을 녹여 요대의 고리를 만들어 달고, 옥이나 보석을 깎아 패옥장식을 한다. 이렇게 되면 그 의복은 신체를 보호하기 위한 것이 아니라 모두가 보기에 좋게 하기 위한 것이다. 이 때문에 백성들은 음란하고 방탕해져서 다스리기 어렵고, 임금은 사치스러워져서 간언을 받아들이기 어렵게 된다. 사치스러운 임금이 방탕한 백성을 다스리게 되니 나라를 어지럽지 않게 다스리려고 하지만 그렇게 할 수가 없다. 그러므로 의복을 제도에서도 절제하지 않으면 안 되는 것이다." 〔출전: 『묵자(墨子)』「사과(辭過)」〕

이상은 묵적(墨翟, 墨子)의 통치술이다. 〔조유의 말〕

墨子曰: "古之人未知爲宮室, 就陵阜而居, 穴而處, 故聖王作爲宮室. 爲宮室之法; 高足以避潤濕, 邊足以圉風寒; 宮墻之高, 足以別男女之禮. 謹此則止, 不以爲觀樂也. 故天下之人, 財用可得而足也.

當今之王爲宮室, 則與此異矣, 必厚斂於百姓, 以爲宮室臺榭曲直之望, 青黃刻鏤之飾. 爲宮室若此, 故左右皆法而象之, 是以其財不足以待凶饑,振孤寡, 故國貧而[民]難理也. 爲宮室, 不可不節.

古之人未知爲衣服時，衣皮帶茭，冬卽不輕而煖，夏則不輕而淸．聖王以爲不中人之情，故聖人作誨婦人，以爲人衣．爲衣服之法；冬則練帛，足以爲輕煖；夏則絺綌，足以爲輕淸．謹此則止，非以榮耳目，觀於人也．是以其人用儉約而易治，其君用財節而易贍也．

當今之王，其爲衣服則與此異矣．必厚斂於百姓，以爲文彩靡曼之衣，鑄金以爲鉤，珠玉以爲佩．由此觀之，其爲衣服非爲身體，皆爲觀好也．是以其人淫僻而難治，其君奢侈而難諫．夫以奢侈之君，御淫僻之人，欲國無亂，不可得也．爲衣服，不可不節．"

此墨翟之術也．

상앙은 이렇게 말한다. "법령이라는 것은 백성의 생명이며 통치의 근본이다. 토끼 한 마리가 달아나는데 백 사람이 쫓아가는 것은 그 토끼를 백 분의 일로 나누어 갖고자 하는 것이 아니고 (누구의 것인지) 명분이 정해지지 않았기 때문이다. 팔려나온 토끼가 시장에 가득 차 있어도 어느 누가 훔치려 하지 않는 것은 (누구 것인지) 명분이 이미 정해져 있기 때문이다. 그러므로 명분이 정해져 있지 않다면 비록 요, 순, 우, 탕임금이라 하더라도 말을 치달리듯 해서 그것을 쫓아가겠지만, 명분이 이미 정해지고 나면 제 아무리 욕심 많은 도둑이라도 감히 훔치려 하지 않는 것이다.

그러므로 요, 순 같은 성인이 법령을 제정하고, 관직을 설치하여 관리를 배치한 까닭은 바로 명분을 정하기 위해서였다. 명분이 확정되면 아무리 큰 사기꾼이라도 마음을 바르게 갖고 신의를 지키며, 큰 도둑이라도 삼가고 성실하게 행동하여, 각자 스스로를 다스리게 될 것이다." 〔출전: 『상군서』 「정분(定分)」〕

신자(申子, 申不害)가 말한다. “군주는 몸과 같고 신하는 손과 같다. 군주는 근본의 틀을 마련하고 신하는 그 말단의 여러 가지 일을 처리한다. 군주가 된 자는 법령과 문서를 갖고서 신하가 명분에 맞게 일하는 지를 살핀다. 명분이란 천지의 벼리이며 성인의 부절이다. 천지의 벼리를 펼쳐 놓고 성인의 부절을 쓰면, 천하 만물은 어디로 간들 숨을 곳이 없다. 움직여야 할 것은 흔들어 움직이게 하고 가만있어야 할 것은 그대로 안정시켜 주면, 명분은 스스로 바로 잡히게 되고 모든 일은 저절로 정해진 대로 이루어질 것이다. 그러므로 도리를 아는 군주는 나라를 다스림에 명분에 맞게 하여 바로 잡고, 일에 맞추어 그 명분을 정한다. 옛날 요임금이 천하를 통치할 적에 바로 이 명분으로써 했으니, 명분이 바르게 서니 천하가 태평스럽게 다스려졌다. 하나라의 걸왕 또한 명분으로써 천하를 통치했으나, 그 명분이 바르지 않고 기울어지니 천하가 어지러워졌다. 이 때문에 성인은 명분이 바름을 중요하게 여기는 것이다.” 〔출전 『신자(申子)』 「대체(大體)」, 『군서치요』에도 기록됨〕

‘이사’가 진 2세 황제에게 보낸 상소에서 이렇게 말했다. “한비자가 말하기를 ‘자애로운 어머니에게는 집안을 망치는 자식이 있으나, 엄격한 집안에는 거역하는 종이 없다’고 했습니다. 무엇 때문 입니까? 주인의 말을 거역하면 반드시 벌을 받기 때문입니다. 상앙(商鞅)은 변법을 시행하여 길에 재를 버리면 벌을 주었습니다. 길에 재를 버리는 것은 가벼운 죄인데도 가해진 형벌은 엄중했습니다. 이처럼 가벼운 죄도 엄중하게 처벌했는데, 하물며 무거운 죄를 지은 경우에는 어떻겠습니까? 이 때문에 백성들은 감히 법령을 어기려하지 않았습니다.

그런데 오늘날 사람들로 하여금 법령을 어기지 못하도록 단속하는데 힘쓰지 않고, 자애로운 어머니가 아들을 망치는 까닭을 본받고 있으니, 이는 역시 성인들의 가르침을 세심하게 살피지 못한 것입니다." 〔출전: 『사기』 권87 「이사열전(李斯列傳)」〕

이상은 상앙과 신불해, 한비자, 즉 법가의 통치술이다. 〔조유의 말〕

商子曰: "法令者, 人之命也, 爲治之本. 一兎走, 百人逐之, 非以兎可分爲百, 由名分之未定也. 賣兎滿市, 盜不敢取者, 由名分之定也. 故名分未定, 雖堯,舜,禹,湯且皆(加務)[如鶩]而逐之; 名分已定, 則(貧)[貪]盜不敢取. 故(堯舜)聖人之爲法令也, 置官也, 置吏也, 所以定分也. 名分定則大詐貞信, 巨盜(原)[愿]慤, 而各自治也."

申子曰: "君如身, 臣如手. 君設其本, 臣操其末. 爲人君者, 操契以責其名. 名者, 天地之綱, 聖人之符. 張天地之綱, 用聖人之符, 則萬物無所逃矣. 動者搖, 靜者安, 名自(名)[正]也, 事自定也. 是以有道者因名而正之, 隨事而定之.

昔者堯之治天下也以名, 其名正則天下治; 桀之治天下也亦以名, 其名倚而天下亂. 是以聖人貴名之正也."

李斯 '書'曰: "韓子稱, '慈母有敗子, 而嚴家無格虜者', 何也? 則罰之加焉必也. 故商君之法, 刑棄灰於道者. 夫棄灰, 薄罪也; 而被刑, 重罰也. 夫輕罪且督[深], 而況有重罪乎? 故人弗敢犯矣. 今不務所以不犯, 而事慈母之所以敗子, 則亦不察於聖人之論矣."

此商鞅申韓之術也.

위에서 보았듯이 천하를 다스리는 법술이 실로 다양함을 알 수 있다. 왕도와 패도가 있고 황노(黃老)의 통치술이 있으며 유가와 묵가 그리고 신불해와 상앙의 법가 등의 통치술이 있어, 그 근원과 방법이 다르다는 것을 보았다. 비록 이론과 법도가 다르고 폐단을 바로잡는 방법 또한 다르지만, 천하의 백성을 편안히 하고 구제하려는 점에서는, 모두가 뜻을 같이하고 있는 것이다. 〔조유의 말〕

오늘날 어떤 사람들은 고대의 법도를 인용하여 폐단을 바로잡는 대책을 비난하는가 하면, 또 다른 사람들은 선대 제왕의 예악풍조를 끌어와서 패도의 통치를 비판하기도 한다. 이들은 시대가 바뀐 것을 논하지 않고, 자기의 주장을 교묘한 말로 꾸미기에 급급하다. 이 때문에 시비의 논의가 분분하게 일어나는 것이다. 〔출전: 『후한서』 권49 「론(論)」에 비슷한 내용의 문장이 있음〕

말이 거짓되면 궤변을 늘어놓고, 순리에 어긋나면 매끄러운 말로 꾸며대고 있으니, 이런 자들은 역사의 죄인이라 할 것이다. 군자라면 결코 해서는 안 될 일이다. 〔조유의 말〕

由是觀之, 故知治天下者, 有王,霸焉, 有黃,老焉, 有孔,墨焉, 有申,商焉, 此其所以異也. 雖經緯殊制, 救弊不同, 然康濟群生, 皆有以矣. 今議者或引長代之法詰救弊之言, 或引帝王之風譏霸者之政, 不論時變, 而務以飾說, 故是非之論紛然作矣.

言僞而辯, 順非而澤, 此罪人也, 故君子禁之.

제16편 정론(正論)

제자백가의 학술

공자는 이렇게 말한다. "육예(六藝), 즉 육경(六經)은 그 내용은 각각 다르지만 세상을 태평하게 다스리고자 하는 뜻에서는 한결같다. 『예기』는 사람의 행동 규범을 일러주고, 『악경(樂經)』은 서로 화합하는 마음을 일으키게 하고, 『서경』은 일을 처리하는 방법을 가르쳐준다. 『시경』은 감정을 표현할 수 있게 하고, 『역경』은 천지간의 신묘한 변화를 알게 하고, 『춘추(春秋)』는 도의를 가릴 수 있게 해준다." 〔조유의 말, 『사기』 「골계열전」과 『사기』 「태사공자서」에도 비슷한 내용의 문장이 있다.〕

孔子曰: "六藝於治一也. 禮以節人, 樂以發和, 書以導事, 詩以達意, 易以神化, 春秋以義."

그러므로 말한다. 어느 나라에 들어가면 그 나라의 교화가 어떻게 행해지는지를 알 수 있다. 그 나라 백성들의 사람됨이 온유하고 돈후하면 『시경』의 교화가 베풀어진 것이고, 정사를 막힘없이 잘 처리하고 멀리 상고 시대의 일을 안다면 『서경』의 교화가 행해진 것이다. 견문이 넓고 성정이 화평하고 양순하면 『악경』의 가르침이 베풀어진 것이고, 심성이 맑고 고요하며 사고가 정밀하고 은미하면 『역경』의 교화가 시행된 것이다. 공손하고 검소하며 의젓하고 공경하는 태도를 가진다면 이는 『예기』의 가르침이 제대로 행해진 것이고, 역사에서 유래된 사실을 가져다가 비유해서 글을 쓰거나 사실을 기록하면 『춘추』의 교화가 베풀어진 것이다.

그러므로 『시경』의 뜻을 잃으면 어리석게 되고, 『서경』의 가르침을 잃으면 거짓말로 남을 모함하게 되고, 『악경』의 뜻을 잃으면 방탕해지고, 『역경』의 가르침을 잃으면 미신에 쉽게 빠지게 되고, 『예기』의 가르침을 잃으면 번거로운 형식만 찾게 되고, 『춘추』의 뜻을 잃으면 자칫 대의를 어지럽게 한다.

그 사람됨이 온유하고 돈후해서 어리석지 않다면 『시경』의 가르침을 깊이 깨달은 것이고, 옛 시대의 일을 잘 알고 정사에 통달하면서도 거짓으로 모함하지 않는다면 이는 『서경』의 가르침에 깊은 것이다. 널리 도리에 밝고 성정이 화평하면서도 사치스럽지 않으면 『악경』에 깊이 통달한 것이고, 맑고 고요하고 정미하면서 미신에 빠지지 않으면 『역경』의 뜻에 깊이 깨달은 결과다. 공손하고 검소하며 장중하고 공경스러우면서 번잡하지 않다면 이는 『예기』의 뜻을 깊이 깨달은 것이며, 언사를 엮어 서로 비교하고 사리판단이 분명하면서도 대의를 어지럽히지 않으면 『춘추』의 가르침을 깊이 통달한 결과이다.
〔출전: 『예기(禮記)』 「경해(經解)」〕

故曰:"入其國, 其教可知也. 其爲人也, 溫柔敦厚, 詩教也; 疏通知遠, 書教也; 廣博易良, 樂教也; 潔淨精微, 易教也; 恭儉莊敬, 禮教也; 屬辭比事, 春秋教也.

故詩之失, 愚; 書之失, 誣; 樂之失, 奢; 易之失, 賊; 禮之失, 煩; 春秋之失, 亂.

其爲人也, 溫柔敦厚而不愚, 則深於詩也; 疏通知遠而不誣, 則深於書也; 廣博易良而不奢, 則深於樂也; 潔淨精微而不賊, 則深於易也; 恭儉莊敬而不煩, 則深於禮也; 屬辭比事而不亂, 則深於春秋也."

공자가 돌아가시자 정미하고 현묘한 말이 끊겼고, 70여 제자들마저 세상을 떠나자 경전의 큰 뜻에 대한 해석이 갈라졌다. 전국 시대에는 종횡술이 세상을 어지럽히고 진위의 논쟁이 끊이지 않았으며, 제자백가의 주장이 분분히 갈라지고 한데 뒤섞여 어지럽게 되었다.

유가학파는 그 기원이 교화를 관장하던 사도(司徒)의 관직에서 나왔다. 군왕을 보좌하여 음양의 변화에 순응하고 교화를 베풀어 밝힌다. 학문은 주로 육경을 공부하고, 뜻은 인의의 실현에 두었다. 요순의 도를 이어 받아 찬술하고 문왕과 무왕의 법도를 크게 선양하며 공자를 스승으로 높여 존중하니, 이것이 그들의 가장 뛰어난 점이다. 그러나 미혹되어 밝지 못한 자가 이 학문을 하면 정미한 뜻을 잃어버리고, 또 마음이 바르지 않는 자는 시세에 영합하여 출사하기도 하고 물러나기도 하여 도의 본뜻을 어기게 되며, 구차히 번드레한 말로 대중에 영합하려하고 권력자의 총애를 얻고자 한다. 이것은 견문이 좁고 고루한 유생들의 병폐이다. 〔출전: 『한서』 권30 「예문지」〕

自仲尼沒而微言絕，七十子喪而大義乖．戰國縱橫，眞僞分爭，諸子之言，紛然(散)[殽]亂矣．

儒家者蓋出於司徒之官．助人君,順陰陽,明敎化者也．遊文於六經之中，留意於仁義之際，祖述堯舜，憲章文武，宗師仲尼，此其最高也．

然惑者旣失精微，而僻者又隨時抑揚，違離道本，苟以譁衆取寵，此僻儒之患也．

도가학파는 사관(史官)의 관직에서 비롯되었다. 역대 왕조들의 흥망과 성패의 교훈을 차례로 기록하여 통치의 요체와 근본을 잡고, 청정무위로 스스로의 본성을 지키고, 자기를 낮추고 유약함으로써 본연의 자기를 견지하니, 이는 군주가 무위로서 남면하는 통치의 도리이다. 도가의 뜻은 '지극히 공손하고 능히 양보하는' 요순의 도와 주역의 '겸손하고 또 겸손한' 뜻에 부합되니, 이것이 도가의 뛰어난 점이다. 그러나 방종한 자가 도가의 도를 닦으면, 예악의 제도를 끊어 없애고 인의를 아울러 버리고자 하여, 말하기를 '다만 청정무위에만 맡겨도 나라를 다스릴 수 있다'고 한다. 이것이 도가의 폐단이다. 〔출전: 상동〕

道家者蓋出於史官．歷紀成敗，秉要執本，淸虛以自守，卑弱以自持，此君人南面者之術也．合於堯之克讓，易之(謙謙)[嗛嗛]，此其所長也．

及放者爲之，則欲絕去禮樂，兼棄仁義，[曰]獨任淸虛，(何)[可]以爲治，此道家之弊也．

음양가들은 대개 고대에 천문과 역법에 관한 일을 관장했던 희(羲)씨와 화(和)씨의 관직에서 배출되었다. 그들은 하늘을 공경하고 순종하며, 일월성신의 운행을 관측하고 추산하여, 삼가 백성들에게 춘하추동 1년 12달의 때를 알려 주었으니, 이것이 음양가의 뛰어난 점이다.

그러나 음양오행에만 얽매인 자들이 이를 행하면, 꺼리고 피하는 금기의 제약에 끌리고 자잘한 잡술에 깊이 빠져들어, 사람이 해야 할 일을 버리고 모든 일을 귀신에게 맡겨 버리니, 이것은 음양가의 병폐이다. 〔출전: 상동〕

陰陽家者蓋出於羲和之官. 敬順昊天, 歷象日月星辰, 敬授人時, 此其所長也. 及拘者爲之, 則牽於禁忌, 泥於小數, 捨人事而任鬼神, 此陰陽之弊也.

법가학파는 그 기원을 형벌을 관장하던 이관(理官, 법관)에 두고 있다. 신상필벌의 법규로 예악제도를 보완하니 이것이 법가의 우수한 점이다. 그러나 각박한 자들이 법가의 통치를 시행하면 교화는 없어지고 인애마저도 버리며 오로지 형법에만 맡기고, 이로써 태평 세상을 이루고자 하니, 부자, 형제의 지친을 해치고, 은혜를 상하게 하고 두터이 해야 할 인정을 각박하게 만드는 지경에 이른다. 이것이 법가의 폐단이다. 〔출전: 상동〕

法家者蓋出於理官. 信賞必罰, 以輔禮制, 此其所長也. 及刻者爲之, 則亡敎化, 去仁義, 專任刑法, 而欲以致治, 至於殘賊至親, 傷恩薄厚, 此法家之弊也.

명가학파는 예악제도를 관장하던 관직(禮官)에서 유래되었다. 고대에는 신분과 지위가 일치하지 않고 예법 또한 절차와 등급이 한결같지 않았다. 공자는 "반드시 명분을 바로잡아야 한다."라고 말했으니, 이것이 명가의 장점이다. 그러나 남의 허물을 들춰내기 좋아하는 사람이 이를 행하면, 세세하게 들추어내고 따지고 들어 어지럽게 만들 뿐이다. 이것이 명가의 폐단이다. 〔출전: 상동〕

名家者蓋出於禮官. 古者名位不同, 禮亦異數. 孔子曰: "必也正名乎?" 此其所長也. 及繳者爲之, 則苟鉤鈲析亂而已, 此名家之弊也.

묵가학파는 고대에 종묘를 섬기던 청묘(淸廟)의 관직에서 나왔다. 그들은 띠 풀로 엮은 지붕에 떡갈나무 서까래를 올린 소박한 집에 살며 검약을 중요하게 여긴다. 삼로오경(三老五更, 주나라 때 천자가 부형의 예로서 대우하던 덕이 있는 노인들)을 봉양하고, 이로써 겸애(兼愛)를 주장한다. 선비(士)를 가려 뽑기 위해 대사례(大射禮, 활을 쏠 때 행하는 의례의 하나)를 행하며 이로써 어진 사람을 높인다. 조상에게 제사지내고 어른을 존경함으로써 귀신을 숭상하고, 사시에 순응하여 정치를 행함으로써 길흉의 운명을 믿지 않는다. 효도로 천하에 모범을 보임으로써, 천자와 하늘에 함께 귀일해야한다는 상동(上同)을 주장하니, 이것이 묵가의 뛰어난 점이다.

그러나 지나치게 묵가의 주장에만 갇혀져 있는 자가 이를 실행하면, 검약의 이로운 점만 보고 이로써 예악제도를 비난하고, 겸애의

뜻을 미루어 행하여 친소의 구별을 세우는 것까지도 잊어버리니, 이것이 묵가의 병폐이다. 〔출전: 상동〕

墨家者蓋出於淸廟之守. 茅屋采椽, 是以貴儉; 養三老五更, 是以兼愛; 選士大射, 是以上賢; 宗祀嚴父, 是以右鬼; 順四時而行, 是以非命; 以孝示天下, 是以上同, 此其所長也.

及蔽者爲之, 見儉之利, 因以非禮, 推兼愛之意, 而不知別親疏, 此墨家之弊也.

종횡가는 대개 외교를 담당했던 행인(行人)의 관직에서 나왔다. 공자도 위(衛)나라 대부 거백옥(蘧伯玉)이 보낸 사자에 대해 "참으로 훌륭한 사자로구나! 훌륭한 사자로구나!"하고 찬탄한 바 있다. 말은 권한에 합당하게 하고 일은 경중을 저울질하여 적절하게 처리하며, 군주로부터 사신의 명령을 받았지만 구체적인 응대의 말은 명령받지 않아도 능숙하게 대처한다. 이것이 종횡가들의 뛰어난 점이다.

그러나 간사하고 그릇된 자들이 여기에 종사하면 오로지 권모술수만을 일삼아 거짓말로 속이는 것을 높이고, 신의를 저버리니, 이것이 종횡가의 폐단이다. 〔출전: 상동〕

縱橫家者蓋出於行人之官. 孔子曰: "使乎, 使乎!" 言當權事制宜, 受命而不受辭, 此其所長也. 及邪人爲之, 則上詐諼, 而棄其信, 此縱橫之弊也.

잡가는 고대에 정치의 득실을 논하던 의관(議官)에서 비롯되었다.

유가와 묵가를 아우르고 명가와 법가의 주장을 합쳐서 치국의 대체가 여기에 있음을 알고 있으며, 나라를 다스리는 제자백가의 통치술을 두루 꿰뚫고 있으니, 이것이 잡가의 뛰어난 점이다. 그러나 방종한 자들이 이를 주장하면 마냥 산만하고 근본을 떠나 돌아올 곳이 없으니, 이것이 잡가의 병폐이다. 〔출전: 상동〕

농가학파는 고대에 농사를 관장하는 농직(農稷)의 관직에서 나왔다. 백 가지 곡물을 파종하고 뽕나무 경작을 권장하여 의식을 풍족하게 한다. 공자도 말하기를 "소중한 것은 백성의 먹을 것"이라고 했으니 이것이 농가의 우수한 부분이다. 그러나 이해에 밝은 비루한 자들이 여기에 종사하면, 임금이나 신하를 가릴 것 없이 나란히 밭을 갈아야 한다고 주장하여 군신관계와 상하의 질서를 깨뜨리니, 이것이 농가학파의 폐단이다. 〔출전: 『한서』 권62 「사마천전(司馬遷傳)」〕

雜家者蓋出于議官. 兼儒,墨, 合名,法, 知國體之有此, 見王理之無不貫, 此其所長也. 及蕩者爲之, 則漫羨而無所歸心, 此雜家之弊也.

農家者蓋出於農稷之官. 播百穀, 勸耕桑, 以足衣食. 孔子曰: "所重人食." 此其所長也. 及鄙者爲之, 則欲君臣之並耕, 誖上下之序, [此]農家之弊也.

『문자』는 이렇게 말했다. "성인들이 일을 함에 있어서 각자 다른 방법에 의해 일을 하지만, 결국에는 같은 곳으로 돌아간다. 진, 초, 연, 위나라의 노래는 각기 곡조는 다르지만 사람을 즐겁게 하는 것은 같으며, 동방의 구이(九夷)와 북방의 팔적(八狄)의 울음은 각기 그 소리는 다르지만 애통한 것은 같다. 노래라는 것은 즐거움을 표현한 것이며 울음은 애통함을 표현한 것이다. 안으로 마음이 화락하고 평화로우면 그 느낌이 밖으로 드러나게 되니, 바로 사람들을 감동하게 만드는 까닭이 여기에 있다." 〔출전: 『문자』「정성(精誠)」〕

범엽(范曄)은 이렇게 말했다. "제자백가의 정치에 관한 담론은 참으로 오래되었다. 그들의 주장은 대체로, 근본을 편안하고 튼튼하게 하고 그 시대의 폐단을 개혁하는 것으로 귀착된다. 그러나 시대가 당면한 운세와 상황이 일정하지 않고 바뀌기 때문에, 각자의 의견이 치우치고 난잡하게 되고, 그에 따라 시비의 주장이 분분하게 갈라지고 뒤섞여 대립하게 되었다.

일찍이 나름대로 이를 논해 본 바 있는데, 지금 시대는 이미 태고적의 혁서(赫胥, 전설 속에 나오는 상고시대의 제왕, 혁연의 덕을 갖추었다고 전해짐)씨나 대정(大庭, 신농씨를 가리킴)씨의 시대가 아니다. 사람들은 '새끼 새가 어미젖만 받아먹듯이' 주어진 자연 상태에 더 이상 만족하지 못하게 되었고, 세상의 이치는 만 가지로 갈라지기 시작했으며, 이로부터 사람들의 욕심이 싹트게 되었다. 만물에 두루 대처할 수 있는 큰 지혜가 있다고 하더라도 시대 상황의 변천을 모두 살필 수 없으며, 제아무리 산이 높고 강이 깊다 하더라도 인심의 곡절과 험난함에는 비할 수 없다. 그러므로 풍속과 세상사의 변화에 적응하려면 고정된 조례와 규정으로는 힘들 것이다. 왜 이렇게 말하는가?

만약 현묘한 덕을 지닌 성인이 세상을 다스린다면 천하는 대동의 지극한 경계에 이를 것이니, 나라가 흥하고 망하는 도리에 당연히 어떤 특수한 법칙이 있을 리 없다. (세상이 그렇지 않기 때문에) 없애거나 더해주는 방법이 상황에 맞게 번갈아 운용되고, 문채의 화려함과 질박함이 교대로 시행된다. 쓰면 밝지만 가만 두면 어두워지니, 지나간 옛 시대와는 어긋나서 가지런하지 않다. 전쟁을 일으키거나 제사를 지내는 것도 옛 시대와는 차이가 있다.

화려한 황제의 수레를 타고 있거나 거친 베옷을 입고 있거나 그 풍족함과 빈곤함이 같지 않지만, 치세를 이루고자 하는 목적은 한결같다. 또 제후의 동족을 용서하면서 태자에게 묵형을 가하는 것은 그 관대함과 가혹함의 차이가 매우 커지만, 잘못된 일을 저지르지 못하도록 방지하고자 하는데서는 반드시 같은 것이다. 물이 여러 갈래로 갈라져 흐르지만 그 근원은 같으며, 백 가지의 생각도 결국은 하나로 모이게 된다. 만약 일반적인 정서를 벗어나서 억지로 쓰임을 바로 잡으려 하고 굽은 것을 펴서 곧게 만들려고 하면 필연적으로 지나침의 폐단이 있게 된다. 그러므로 겨울에 짚신을 신고 눈서리를 밟고 다닌다면 검소함을 지나치게 숭상하는데서 나온 폐단이며, 반대로 화려한 옷을 입고 다닌다면 과도한 사치를 경계해야 한다.

금령을 관대하게 풀어주고 제후들에게 넓은 봉토를 주면, 왕실은 쇠약해지고 제후들이 강대해져서 약자를 능멸하게 된다. 위세로 무거운 세금을 거둬들이고 형벌을 엄격히 하면 그에 따른 가혹한 핍박이 나라의 분열과 붕괴를 초래한다. 『시경』 「국풍」에 나오는 '조풍(曹風)'과 '위풍(魏風)'의 풍자는 그 당시 두 나라의 사회상황을 보여주며, 주(周)나라와 진(秦)나라 말년의 내란은 멸망의 조짐을 드러내 보인 것이다.

어떤 정책을 채택하느냐 폐기하느냐의 단초가 나라의 흥성과 패망의 바탕이 된다. 그러므로 법령을 번잡하게 하느냐 간소하게 하느냐는 그때에 맞추어 결정해야 하며, 관대함과 가혹함이 서로 보완되어야 한다. 형법의 조문을 종정에 새겨 사실을 상세하게 서술할 수 있지만, 약법삼장을 반포한 것은 법령을 간략하게 시행하는 것을 중요하게 여긴 것이다.

태숙(太叔, 游吉, 춘추시대 정나라의 정경)은 가혹한 정치를 표창했지만, 그의 전임자인 국자(國子, 公孫僑, 자는 子産 또는 子美, 춘추 시대 정나라의 정경, 이에 따라 鄭子産으로 불린다)는 인애의 통치를 유언으로 남기며 눈물을 흘렸다. 선맹(宣孟, 趙盾, 춘추시대에 진나라의 정경 趙衰의 아들, 조선자로 불림)은 정권을 잡자 아버지 조최의 겨울의 따스한 햇살과 같은 관용정책을 바꾸어 나라의 기강을 엄정하게 세웠다. 평양후(平陽侯) 조참(曹參)은 소하(蕭何)의 뒤를 이어 승상이 되자 소하가 시행했던 '획일지법(畫一之法, 간명하고 너그러운 법)'을 답습하여 전란에 피폐한 백성들을 쉬게 해주었다. 이러한 사례는 실제로 한 번 늦추고 한 번 당기어 이룬 바를 크게 드러낸 것으로, 아마도 치국의 준칙을 검증할 수 있게 해주는 것이 아니겠는가?

여러 인물들(이번 열전에서 다룬 왕충, 왕부, 중장통을 가리킴)의 당대 정치에 대한 득실의 평론을 모두 검토해 보았다. 그러나 많은 사람들이 위정의 도리가 가르친 교훈에 대해 제대로 이해하지 못하고 있고, 한쪽으로 치우친 논조를 즐겨 주장하고 있다. 청정무위를 주장하는 도가는 유가가 실정에 맞지 않는 진부한 논의를 하고 있다고 여기고, 명분과 실제에 얽매여 있는 명가(名家)는 도가의 주장을 허황한 말이라고 생각한다. 어떤 사람은 전대 삼왕시대의 풍조를 숭상하면서 지금의 세상에도 실행될 수 있다고 하며, 시대의 폐단을 구제하는 옛 시대의 법규를 인용하여 이러한 법규가 후세에 오래도록 전해져야 한다고 주장한다. 그러나 한 가지 독실한 이론에 얽매이게 되면 장차

폐단이 있게 될 것이다. 〔출전: 『후한서』 권49 「왕충왕부중장통열전(王充王符仲長統列傳)의 론(論)」〕

文子曰: "聖人之從事也, 所由異路而同歸. 秦,楚,燕,魏之歌, 異轉而皆樂; 九夷八狄之哭, 異聲而皆哀. 夫歌者, 樂之(微)[徵]也; 哭者, 哀之效也. 愔愔於中, 而應于外, 故在所以感之矣."

論曰: 范曄稱, "百家之言政者尙矣, 大略歸乎寧固根柢, 革易時弊也. 而遭運無恒, 意見偏雜, 故是非之論紛然乖當. 嘗試論之; 夫世非(胥)[胥]庭, 人乖鷇飲, 理迹萬肇, 情故萌生. 雖周物之智, 不能研其推變; 山川之奧, 未足況其紆險. 則應(裕)[俗]適事, 難以常條. 何以言之?

若夫玄聖御代, 則大同極軌, 施舍之道, 宜無殊典. 而損益迭運, 文樸遞行. 用明居晦, 回(遹)[泬]於曩時; 興戈陳俎, 參差於上世. 及至戴黃屋, 服絺衣, 豐薄不齊, 而致治則一. 亦有宥公族,黥國(讐)[儲], 寬躁已隔, 而防非必同. 此其分波而共源, 百慮而一致者也. 若乃偏情矯用, 則枉直必過.

故葛屨履霜, 弊由崇儉; 楚楚衣裳, 戒在窮奢; 疎禁厚下, 以尾大陵弱; 斂威峻法, 以苛薄分崩. 斯曺魏之刺所以明乎國風, 周,秦末軌所以彰于微滅. 故用捨之端, 興敗資焉. 是以繁簡唯時, 寬猛相濟. 刑書鐫鼎, 事有可詳; 三章在令, 取貴能約.

(大)[太]叔致猛政之褒, 國子流遺愛之涕, 宣孟改冬日之和, 平陽(修)[循]畫一之法. 斯實弛張之弘致, 庶可以徵其統乎! 數子之言當世失得, 皆悉究矣. 然多謬通方之訓, 好申一隅之說. 貴淸淨者以席上爲腐議, 束名實者以柱下爲誕辭. 或推前王之風, 可行於當年; 有引救弊之規, 宜流於長世. 稽之篤論, 將爲蔽矣."

이상에서 살펴본 바와 같이, 법이 있느냐 아니면 무법이냐는 시대의 상황에 따라 판단해야 하는 것이다. 〔출전: 『사기』 「태사공자서」〕

(역경에서는) "때가 그쳐야 할 경우에는 그치고 때가 가야할 경우에는 가야하며, 움직임이 때를 잃지 않으니 그 도가 밝게 빛난다."고 했다. 〔출전: 『주역』 「간괘(艮卦) 단사」〕

지극히 지혜로운 사람이 아니라면 어느 누가 시세의 변화에 통달할 수 있겠는가? 〔조유의 말〕

由此言之, 故知有法無法, 因時爲業. 時止則止, 時行則行. 動不失其時, 其道光明.

非至精者, 孰能通於變哉?

권4 패기 상(霸紀 上)

제17편 패도(覇圖)

패주들의 흥망-초한 쟁패에서 당의 통일까지

신은 이렇게 들었습니다.

주나라가 천하를 얻고서 태평 시대가 삼백여 년 간 계속되었다. 그 사이 성왕과 강왕의 융성한 치세가 있었는데, 40여 년 동안 형벌을 받은 사람이 없어서 형법을 놓아두고 쓰지 않았다. 그 후 주나라가 쇠퇴하기 시작하여 역시 삼백여 년 동안 지속되었다. 그 사이에 이른바 '춘추오패'가 번갈아 가며 일어났다. 이들 패자들은 항상 천자를 보좌하여 천하의 백성들을 위해 이로움을 일으키고 해로움을 제거했으며, 포악한 무리를 제거하고 사악한 일을 금지하며, 천하를 바로잡아 천자를 높이고 숭상했다.

그러나 오패가 모두 세상을 떠난 뒤에는 밝고 현명한 임금이 더 이상 나오지 않았고, 천자는 고립되고 약해졌다. 천자가 명령을 내려도 시행되지 않고 제후들이 제멋대로 행동했으며, 강자가 약자를 능멸하고 다수가 소수를 짓밟았다. 전상(田常)은 제나라의 왕위를 찬탈했고, 여섯 명의 경대부가 진(晉)나라를 분할했다. 이로부터 전국시대가 열렸고 천하 백성들의 고난이 시작되었다.

당시에 강한 나라는 약한 나라를 공격하는데 힘썼고, 약한 나라는 나라를 지키기에 급급했다. 합종설과 연횡설이 횡행하고, 질주하는 전차의 바퀴가 서로 부딪힐 정도로 사방에서 전쟁이 벌어져 병사들의 갑옷과 투구에는 이가 들끓었으나, 백성들은 어디에 하소연할 데도 없었다. 〔출전: 『한서』 권64하 「엄안전(嚴安傳)」. 『사기』 권112 「평진후주보열전(平津侯主父列傳)」에도 비슷한 내용의 문장이 있다.〕

臣聞: 周有天下, 其理三百餘年; 成康之隆也, 刑措四十餘年而不用; 及其衰也, 亦三百餘年. 故五伯更起, 伯者常佐天子, 興利除害, 誅暴禁邪, 匡正海內, 以尊天子. 五伯旣沒, 賢聖莫續, 天子孤弱, 號令不行, 諸侯恣行, 强凌弱, 衆暴寡.

田常簒齊, 六卿分晉, 並爲戰國, 此人之始苦也. 於是强國務攻, 弱國務守, 合縱連衡, 馳車轂擊, 介冑生蟣虱 人無所告訴.

진나라가 천하를 잠식하면서 전국시대의 여섯 나라를 모두 병탄하여 천하의 패권을 하나로 통일하고, 각국 제후들의 성을 파괴했다. 진나라의 법은 매우 엄격하고 정치는 가혹했으며, 간사하고 아첨하는 신하들이 많았다. 대장 몽념(蒙恬)으로 하여금 병사를 이끌고 북방의 흉노를 공격하게 하고, 위타를 파견하여 남쪽 월(粤)지역을 수비하도록 했으나, 군대가 주둔하면 쓸모없는 땅이 되니 백성들은 의지하여 살아갈 데가 없었다.

진시황이 죽자 천하 대란이 일어났다. 진승(陳勝)과 오광(吳廣)이 진(陳)땅에서 거병했다. 뒤이어 무신(武臣)과 장이(張耳)는 조(趙)에서, 항량(項梁)은 오(吳)에서, 전담(田儋)은 제(齊)에서, 경구(景駒)는 영(郢)에서, 주시(周市)는 위(魏)에서, 한광(韓廣)은 연(燕)땅에서 각각 군대를 일으켰다. 외진 곳의 산과 골짜기를 가릴 것 없이 사방에서 호걸들이 일제히 봉기하여 진 왕조를 멸망시켰다. 〔출전: 『사기』 권112 「평진후주보열전」 및 『한서』 권64하 「엄안전」〕

及至秦蠶食天下, 并呑戰國, 一海內之政, 壞諸侯之城. 法嚴政峻, 諂諛者衆. 使蒙恬將兵北攻胡, 尉佗將卒以戍粤, 宿兵無用之地, 人不聊生.

始皇崩, 天下大叛, 陳勝,吳廣擧於陳, 武臣,張耳擧於趙, 項梁擧吳, 田儋擧齊, 景駒擧郢, 周市擧魏, 韓廣擧燕. 窮山通谷, 豪傑並起, 而亡秦族矣.

한나라 고조(高祖)는 이름은 유방(劉邦)이요, 자는 계(季)요, 패(沛)현 풍읍(豐邑)사람으로, 일찍이 사수(泗水)의 정장(亭長)을 맡고 있었다. 진승은 진 2세 원년(기원전 209년)에 봉기하여 스스로 나라를 세우고 '초왕(楚王, 또는 진땅에서 봉기했다 하여 진왕이라고도 함)으로 자처했다. 패현의 백성들이 현령을 죽이고 유방을 패공으로 추대했다. 이때 항량은 설(薛)땅에 근거를 두고 있으면서 여러 장수들을 불렀는데, 유방도 설로 가서 항량을 따랐다. 진나라에서 객사한 초나라 회왕(懷王)의 손자 심(心)이라는 사람을 옹립하여 의제(義帝)로 함께 추대했다. 그리고 '먼저 함양(咸陽)에 들어가는 자를 왕으로 삼는다.'고 항량과 약속했다. (2세 황제 2년 9월) 진나라 장군 장한(章邯)이 정도(定陶)에서 항량을 중심으로 한 봉기군을 크게 패배시켰는데 항량은 이 싸움에서 전사했다. 이에 장한은 초나라 군대는 걱정할 것이 못 된다고 여기고 북쪽으로 조(趙)를 토벌하러 갔다. 초왕은 항우 등을 보내 조를 구원하도록 하는 한편, 패공을 정서군의 장수로 임명하여 서쪽으로 관중으로 들어가도록 파견했다. 패공은 완(宛)성을 공격하여 마침내 항복시켰다. 이어 무관(武關)으로 진격하여 진나라 군대를 크게 깨뜨리고 마침내 함양으로 입성했으며, 진나라 백성들에게 약법삼장을 선포했다. 패공은 함곡관(函谷關)에 군사를 파견하여 지키면서 스스로 관중의 왕이 되려고 했다.

이때 항우는 황하 북쪽(河北)에서 진나라 군대를 대패시키고 여러 제후의 군사 도합 40만 명을 이끌고 홍문(鴻門)에 이르러, 패공을 공격하려 했다. 이에 패공은 항백(項伯)의 주선으로 항우에게 나아가 해명하여 목숨을 구했다. 항우는 마침내 함양으로 들어가 항복한 진왕 자영(子嬰)을 죽이고, (스스로 서초패왕(西楚覇王)이라 칭하고) 동쪽의 팽성(彭城)을 수도로 정하였으며, 패공을 한왕(漢王)으로 세우고 파촉(巴蜀)과 한중(漢中)의 왕으로 삼았다. 〔출전: 조유가 『사기』와 『한서』에서 글을 뽑아 엮음〕

漢高祖名邦, 字季, 姓劉氏, 沛國豐邑人, 爲泗上之亭長. 秦二世元年, 陳勝等起, 勝自立爲楚王. 沛人殺其令, 立高祖爲沛公. 時項梁止薛, 沛公往從之, 共立義帝. 約曰: '先入咸陽者王之.'

秦將章邯大敗項梁於定陶, 梁死, 章邯以爲楚不足憂, 乃北伐趙. 楚使項羽等救趙, 遣沛公別將西入關. 沛公遂攻宛, 降之. 攻武關,大破秦軍. 入咸陽, 與秦人約法三章. 遣兵拒關, 欲王關中.

是時項羽破秦軍於河北, 率諸侯兵四十萬, 至鴻門, 欲擊沛公, 沛公因項伯自解於羽. 羽遂殺子嬰, 而東都彭城, 立沛公爲漢王, 王巴漢.

파촉으로 들어간 한왕 유방은 대장군 한신의 계책에 따라 동쪽으로 진출해서, (관중을 삼등분해서 맡고 있던 옹왕(雍王) 장한과 새왕(塞王) 장사흔, 적왕(翟王) 동예의) 삼진(三秦)을 다시 평정했다. 이때 전영(田榮)은 항우가 자기를 제왕(齊王)으로 세워주지 않은데 원망을 품고 전불(田市)을 죽이고 스스로 제왕에 올랐다. 이에 항우는 북쪽으로 진격하여 제나라를 멸망시켰다.

그리고 구강왕(九江王) 경포(黥布)을 시켜 의제(義帝)를 침(郴)땅으로 옮기게 한 뒤 살해했다. 한왕은 소복을 입고 의제의 장례를 치루고 삼일 동안 곡을 한 다음 각 지역의 제후들에게 이 일을 알렸다. 〔출전: 조유가 『한서』의 여러 곳에서 뽑아 엮음〕

한왕은 항우가 제나라를 공격하고 있는 틈을 타 다섯 제후의 군사 56만 명을 거느리고 동쪽으로 초나라를 기습하여, 항우의 수도인 팽성을 깨뜨렸다. 항우는 이 소식을 듣고 휘하 장수를 남겨 제나라 공격을 계속하도록 하고 자신은 3만 명의 정예병을 뽑아 이끌고 유방을 공격하기 위해 팽성으로 향했다. 유방과 항우는 팽성에서 큰 전투를 벌였고, 전세는 유방에게 불리해졌다. 유방은 양(梁)땅을 거쳐 우(虞)땅으로 달아났다.

유방이 좌우 신하들에게 말했다. "누가 회남왕 경포에게 사자로 가서 경포로 하여금 군사를 일으켜 초나라를 배반하도록 할 수 있겠는가? 그렇게 해서 항우를 제나라 공격에 몇 달만 묶어둘 수 있다면, 내가 천하를 얻는데 만전을 기할 수 있을 것이다." 이에 수하(隨何)가 사자로 가기를 청하여, 그를 회남으로 파견해 초나라를 배반하도록 설득했다. 유방은 형양(滎陽)에서 군대를 수습하고, 한신을 보내 위왕(魏王) 표(豹)를 공격하게 해서 사로잡았다. 한나라와 초나라는 마침내 형양에서 대치했다. 초나라 군대가 유방을 포위하여 형세가 매우 불리했다. 유방은 진평의 이간계(離間計)를 써서 포위를 뚫고 달아날 수 있었다. 〔출전: 『한서』 권34 「경포전(黥布傳)」〕

於是用韓信策, 乃東伐, 還定三秦. 田榮怨項王之不己立, 殺田市, 自立爲齊王. 羽北擊滅齊, 而使九江王殺義帝於郴. 漢王爲之縞素發喪, 臨三日, 以告諸侯.

漢王因項羽之擊齊, 率諸侯之師五十六萬, 東襲楚破彭城. 羽聞之, 留其將擊齊, 自以精兵三萬歸擊漢. 漢王與羽大戰彭城下, 漢王不利, 出梁地至虞, 謂左右曰: "孰能爲使淮南王黥布, 令發兵背楚, 留項王於齊數月, 我之取天下可以萬全."

隨何乃使淮南, 說布背楚. 漢王如滎陽, 使韓信擊魏王豹, 虜之. 漢遂與楚相距於滎陽, 楚圍漢王, 用陳平計, 間得出.

유방은 무관으로 들어가 병사를 수습한 뒤 다시 동쪽으로 나가려 했다. 이때 원생(轅生)이 유방에게 말했다. "대왕은 완(宛)과 섭(葉)땅으로 출병하여 항우의 군대로 하여금 남쪽으로 황하를 건너오도록 유인하고, 한신 등으로 하여금 황하 북쪽에 집결하여 항우를 공격하도록 하십시오." 원생의 계책을 받아들여 완과 섭 땅으로 가자, 과연 항우는 원생이 말한 대로 군대를 이끌고 남쪽으로 내려 왔다.

대장군 한신은 장이(張耳)와 함께 수만 병력을 이끌고 동쪽으로 나아가 정형(井陘) 어귀에 군사를 집결시키고 조나라를 공격하여 깨뜨렸다. 조군을 대파한 한신은 승전 소식을 유방에게 보고하고 장이를 조왕으로 삼아 그 나라 백성들을 위무할 것을 청하니, 유방이 이를 받아들였다.

그해 12월 유방은 성고(成皐)에서 초나라에 저항하면서 군사를 배불리 먹이고 나서 전투를 계속하고자 했다. 낭중 정충(鄭忠)이 말했다. "대왕은 참호를 더 깊이 파고 성벽을 견고히 하여 지킬 뿐 싸우지 말아야 합니다. 유가(劉賈)를 파견해 팽월(彭越)을 도와 초나라 진지를 침입하여 초군의 식량과 건초를 불태우도록 하면, 반드시 초군을 대파할 수 있을 것입니다." 계책대로 따르자 항우는 팽월을 치러 가고 조구(曹咎)를 남겨 성고를 지키도록 했다. 이때 유방의 군대는 형양과 성고에서 초군에게 여러 차례 패했다. 유방은 성고 이동의 땅을 포기하고 공성(鞏城)과 낙성(洛城)을 거점으로 군대를 집결시켜 초군에 저항하려고 했다. 그러다가 역이기(酈食其)가 좋은 계책을 내놓아 마침내 성고를 다시 빼앗아 굳게 지켰다. 〔출전: 조유가 『한서』의 글을 뽑아 엮음〕

入關, 收兵欲復東, 轅生說漢王出軍宛葉, 引項王南渡, 使韓信等得集河北. 羽果引兵南渡, 如其策.

韓信與張耳以兵數萬, 東下井陘擊趙, 破之. 乃報漢, 因請立張耳爲趙王, 以撫其國, 漢王從之. 十二月, 漢王拒楚於成皐, 饗師欲復戰. 郎中鄭忠說曰: "王高壘深壁勿與戰, 使劉賈佐彭越入楚地, 焚其積聚, 破楚師必矣.” 項羽乃東擊彭越, 留曹(無)咎守成皐.

時漢數困滎陽,成皐, 計欲捐成皐以東, 屯鞏,洛以拒楚, 用酈生計, 復守成皐.

항우가 동쪽으로 팽월을 치러 갈 때 조구에게 성고를 지키게 하면서 “한나라 군사가 싸움을 걸어오더라도 결코 싸워서는 안 된다. 한나라 군대가 동쪽으로 나아가지 못하도록 막아야 한다.”라고 신신당부했다. 그러나 조구는 한군의 유인책에 걸려들어 출전했다가 죽고 말았고, 유방은 군사를 진격시켜 성고를 빼앗았다.

항우는 조구가 패했다는 소식을 듣고 군대를 다시 서쪽으로 돌려 광무(廣武)에 진을 치고 대치했다. 항우는 높이 단을 쌓고 유방의 부친 태공을 올려놓고 삶아 죽이겠다고 위협했다. 유방은 후공(侯公)을 사자로 보내 항우를 설득하여 태공을 구출해 오도록 했다. 마침내 항우와 유방 사이에 강화 협약이 이루어져 천하를 반으로 나누기로 하고, 홍구(鴻溝)강을 경계로 그 서쪽을 한나라, 그 동쪽을 초나라로 정하고, 유방의 부모와 부인 여씨 등을 돌려보냈다.

항우는 진채를 풀고 동쪽으로 가고 유방은 서쪽으로 돌아가고자 했다. 이때 장량(張良)이 진언하였다. “지금 한나라가 천하의 절반을 얻었고 각지의 제후들이 귀순해오고 있습니다. 반면 초나라 군사들은 피로해 있고 군량은 다 떨어졌으니, 이것은 하늘이 초나라를 망하게 하려는 때입니다. 동쪽으로 돌아가고 있는 틈을 타 초나라 군대를 추격하여 공격하는 것보다 더 좋은 계책이 없습니다.” 한왕은 장량을 계책을 받아들여 군사를 돌려 항우의 군대를 추격하는 한편, 제나라 왕 한신과 위나라 재상 팽월과 기일을 정해놓고 함께 초군을 공격하기로 했다. 그러나 한신과 팽월은 약속에 맞춰 오지 않았다. 한왕은 장량의 계책을 써서 한신과 팽월에게 사자를 보내 영지를 주겠다는 약속을 했고, 그제야 한신 등은 군대를 이끌고 나와 해하(垓下)에서 항우를 포위했다.

마침내 항우를 멸망시켰다. 낙양(洛陽)을 도읍으로 정했다. 나중에 누경(婁敬)의 헌책을 받아들여 장안(長安)으로 도읍을 옮겼다. 〔출전: 조유가 『사기』와 『한서』의 여러 곳에서 글을 뽑아 엮음〕

羽初東, 囑曹咎曰: "漢挑戰, 愼勿與戰, 勿令漢得東而已." 咎乃出戰, 死, 漢王遂進兵取成皐. 羽聞咎破, 乃還軍廣武間, 爲高壇, 置(大)[太]公於其上. 漢王遣侯公說羽, 求(大)[太]公, 羽乃與漢約, 中分天下, 割鴻溝以西爲漢, 以東爲楚, 歸漢王父母及呂氏.

項王解以東, 漢王欲西. 張良曰: "今漢有天下大半, 而諸侯皆附, 楚兵疲, 食盡, 此天亡楚之時, 不如因其東而取之." 漢王乃追羽, 與齊王韓信,魏相彭越期會擊楚, 皆不會. 用張良計, 信等皆進兵圍羽垓下, 遂滅項氏. 都洛陽, 用婁敬策, 徙都長安.

초왕(楚王) 한신이 모반을 꾀했다는 고발이 있었다. 한고조는 진평의 계책을 채용하여 한신을 유인해 사로잡고, 왕의 작위를 폐하고 회음후(淮陰侯)로 강등했다. 또 대(代)땅의 재상인 진희(陳豨)가 한신, 왕황(王黃) 등과 함께 모반하여 스스로 대왕이 되었다. 고조가 친히 군대를 거느리고 가서 진희의 군대를 깨뜨렸다. 위타(尉佗)가 남월(南越)에서 스스로 왕을 치하며 반란을 일으켰다. 고조는 육가(陸賈)를 사신으로 보내 위타에게 인수(印綬)를 하사하여 남월왕으로 봉했고, 위타는 스스로 신하라고 칭하면서 한나라에 대한 복종을 약속했다. 〔출전: 조유가 『사기』와 『한서』에서 뽑아 엮음〕

有告楚王韓信反, 用陳平計擒之, 廢位淮陰侯. 陳豨爲代相, 與韓信,王黃等反, 豨自立爲代王, 上自往破之. 尉佗王南越, 反. 高祖使陸賈賜尉佗印綬, 爲南越王, 令稱臣, 奉漢約.

고조는 재위한 지 12년 만에 세상을 떠났으니 향년이 62세였다. 태자 영이 황제에 오르니 혜제(惠帝)이다. 모후인 여후(呂后)가 섭정하여 정사를 돌보았다. 경제(景帝) 때에 오왕과 초왕이 반란이 일으켰는데 군대를 보내 이를 평정했다. 〔출전: 『사기』와 『한서』 등〕

高祖在位十二年, 崩, 年六十二. 惠帝立, 呂后臨政. 景帝時, 吳楚反, 征平之.

경제가 붕어하자 태자 철(徹)이 황제에 올랐으니 무제(武帝)이다. 무제가 붕어하고 아들 불릉(弗陵)이 황제 위에 오르니 소제(昭帝)이다. 소제가 붕어하자 무제의 손자인 창읍왕(昌邑王) 유하(劉賀)를 황제로 옹립했으나 (제위에 오르기도 전에 음란한 소행 때문에 폐위되고) 무제의 증손자인 순(詢)을 황제로 세웠으니 선제(宣帝)이다.

선제가 붕어하자 태자 석(奭)이 즉위하니 원제(元帝)이며, 원제가 붕어하자 태자 오(鰲)가 제위에 오르니 성제(成帝)이다. 성제가 붕어하자, 선제의 손자이자 정도공왕(定陶恭王)의 아들인 흔(欣)이 즉위하여 애제(哀帝)가 되었고, 애제가 붕어하자 동생인 중산효왕(中山孝王) 간(衎)

을 황제로 세우니 평제(平帝)이다. 〔조유의 말〕

崩, 太子徹立. 崩, 子(勿)[弗]陵立. 崩, 立武帝孫昌邑王賀. 廢, 立武帝曾孫詢. 崩, 立太子奭. 崩, 立太子驁. 崩, 立宣帝孫定陶恭王子欣. 崩, 立帝弟中山孝王衎.

신(新)이라는 가짜 나라를 세운 왕망(王莽)은 성제의 장인인 왕만(王曼)의 아들이며, 원제의 왕황후(王皇后 또는 元后로 불림)의 조카이다. 원제가 붕어하고 성제가 즉위하자 외숙인 왕봉(王鳳)을 대사마에 임명하고 그의 동생 다섯 명을 모두 제후로 봉했다. 왕망의 아버지 왕만은 일찍 죽었고, 왕봉이 죽을 무렵 조카인 왕망을 태후에게 부탁하여 마침내 신도후(新都侯)에 봉해졌다. 왕봉의 동생들로 제후가 된 다섯 후들은 분수에 넘치는 화려한 생활을 하며 다투어 아름다운 궁실을 지었다. 왕망은 어려서부터 외롭고 가난하게 자랐기 때문에, 홀로 분수를 지키며 공손하고 몸가짐을 삼갔다. 이로써 당대의 명사들로부터 좋은 평판을 받자 성제는 왕망을 현자라 여기고 시중으로 삼았다.

이때 성제는 허황후를 폐하고 신분이 미천한 조비연(趙飛燕)을 황후로 세웠다. 조비연의 여동생도 소의(昭儀)가 되었는데, 이 소의가 후궁의 황자를 해침으로써 성제는 후사가 없게 되었다. 그래서 정도왕의 아들 흔을 태자로 세웠다. 왕망은 당시 실권을 잡고 있던 정릉후 순우장(淳于長)이 허귀인과 사통하고 있는 사실을 고발하여 옥에 가두었고, 순우장은 결국 옥중에서 죽었다. 이 공으로 왕망은 대사마(大司馬)가 되었다. 당시 왕망은 38세였다.

성제가 붕어하자 애제가 즉위하였다. 조모인 부후(傅后)는 황태후(皇太后)가 되고, 부후의 아버지인 부안(傅晏)은 공향후(孔鄕侯)로, 모친인 정후(丁后)는 공황태후(恭皇太后)로, 외숙인 정명(丁明)은 안양후(安陽侯)로 각각 봉해졌다. 왕망은 외척 세력인 정씨, 부씨를 피해 사직을 청했다.

애제가 붕어했을 때 왕망은 사저에 머무르고 있었다. 태황태후인 원후는 왕망을 불러들여 장례를 집행하도록 하고, 다시 대사마에 복귀시키고 중산왕을 맞아 황제로 세우니 이가 평제이다. 태황태후가 칭제임조(稱帝臨朝, 황제 대신에 조칙을 내리고 조의에 임하는 것)하고, 국정의 실권은 왕망이 장악했다. 문무백관이 모두 왕망의 명령을 받들었다. 〔조유가 『한서』와 『사기』에서 글을 뽑아 엮음〕

僞新室王莽者, 成帝舅王曼之子, 元帝王皇后之姪也. 元帝崩, 成帝卽位, 以元舅鳳爲大司馬, 兄弟五人皆爲侯. 曼早卒, 鳳將薨, 以莽託太后, 封爲新都侯. 五侯競爲僭, 起治第舍. 莽幼孤貧, 獨折節恭謹, 當世名士多爲莽言, 上由是賢之, 拜爲侍中.

時成帝廢許后, 立趙飛燕. 飛燕女弟爲昭儀, 昭儀害后宮皇(太)子. 帝無嗣, 乃立定陶王欣爲皇太子. 莽以發定陵侯淳于長大姦, 拜爲大司馬, 時年三十八.

成帝崩, 哀帝卽位, 立皇后傅侯, 封后父傅晏爲孔鄕侯, 帝母丁后曰恭皇太后, 舅丁明爲安陽侯. 莽乞骸骨, 避丁,傅也.

哀帝崩, 時莽以侯在第, 太皇太后令莽備佐喪事, 復爲大司馬, 徵立中山王爲帝. 太皇太后臨朝, 莽秉政, 百官總己, 以聽於莽.

평제가 붕어하자 선제의 현손인 광성후(廣成侯) 자영(子嬰)을 황제로 세웠는데, 겨우 세 살이었다. 왕망은 왕위 찬탈을 위해 모략을 짜내 마침내 섭정이 되어 조정의 정사를 장악했으니, 이는 주공의 고사를 본 딴 것이었다. 동군태수(東郡太守) 적의(翟義)가 반란을 일으켰으나 실패하고 죽임을 당했다.

왕망은 스스로 위엄과 공덕이 성대해져서 하늘과 사람의 도움을 받았다고 자처하면서, 구리로 만든 궤를 하늘에서 내린 부명(符命)이라고 내세워 명분을 쌓고는, 마침내 진짜 황제(眞天子)의 자리에 올랐다. 〔출전: 조유가 『한서』에서 글을 뽑아 엮음〕

平帝崩，莽徵宣帝玄孫廣成侯子嬰立之，年三歲，遂謀居攝，如周公故事．東都太守翟義反，敗死．莽自謂威德遂盛，獲天人之助，用銅匱符命，遂卽眞．

왕망 9년에 적미(赤眉) 떼의 반란이 일어났고, 14년에 유수(劉秀, 나중에 즉위하여 세조광무제로 칭함)가 의군을 일으켜, 녹림군 지도자인 왕광(王匡)등과 함께 유성공(劉聖公 이름은 玄)을 경시제(更始帝)로 옹립했다. 왕망은 대사공 왕읍(王邑)과 사도 왕심(王尋)을 파견하여 경시제를 공격케 했으나 두사람은 곤양(昆陽) 전투에서 유수에게 대패했다.

마침내 한군(漢軍)이 장안으로 진격하자 모두가 항복했으며, 왕망은 미앙궁의 연못 안에 있는 점대(漸臺)로 달아나 북쪽의 구석방에 숨어 있다가 잡혀 죽임을 당했다. 교위 공빈취(公賓就)가 왕망의 목을 잘라 경시제가 있는 완(宛)으로 보냈다. 〔출전: 상동〕

其九年, 赤眉賊起. 十四年, 世祖起兵, 與王匡等, 共立劉聖公爲更始皇帝. 莽遣王尋,王邑擊更始, 二人兵敗於昆陽. 漢兵遂入城中, 人皆降. 莽走漸臺, 藏於室中北隅間, 校尉孫賓就斬莽, 遂傳首詣更始於宛.

세조광무제(世祖光武帝)는 이름은 수(秀)이고, 자는 문숙(文叔)이며 남양군(南陽郡) 채양(蔡陽)사람으로 고조 유방의 구대손이다. 왕망 말년에 몇 해를 잇달아 기근과 황충(蝗蟲)의 재앙이 발생했으며 각지에서 도적떼들이 벌떼같이 일어났다. 그 무렵 유수는 관리들의 추적을 피하여 신야(新野)로 몸을 피했고, 이런 연고로 완(宛)땅에서 곡물을 팔며 살았다. 이때 완땅 사람 이통(李通)이 도참설의 예언을 갖고 유수를 설득했다.

그리하여 유수는 완에서 이통과 그 동생 이질(李軼) 등과 함께 의병을 일으키고, 유수의 형 백승(伯升 이름은 縯)은 용릉(舂陵)에서, 등신(鄧晨, 유수의 자형)은 신야에서 각각 군대를 일으켰으며, 각자의 군사들을 한데 집결시켜 장취(長聚)를 공격했다. 〔출전: 『후한서』 권1 「광무제기상(光武帝紀上)」〕

世祖光武皇帝諱秀, 字文叔, 南陽蔡陽人, 高皇帝之九代孫也. 王莽末天下連歲灾蝗, 寇盜蜂起. 時世祖避吏新野, 因賣穀宛, 宛人李通以圖讖說世祖. 世祖於是與通弟李軼起於宛, 兄伯升起於舂陵, 鄧晨起於新野, 會衆兵擊長聚.

신시(新市)사람인 녹림군 지도자 왕광(王匡) 등은 유성공(劉聖公)을 추대하여 천자로 세우고, 유백승을 처형했으며, 연호를 바꿔 경시(更始) 원년(元年)이라고 했다. 경시제는 유수를 편장군에 임명하고 곤양 등의 지역을 순행하며 공격하도록 했다. 왕망은 반란군이 한나라 종실을 황제로 세웠다는 소식을 듣고 크게 두려워하여 대사도 왕심과 대사공 왕읍에게 백만 대군을 거느리고 곤양에서 유수를 공격하도록 파견했다.

유수는 불과 만여 명의 병력으로 왕읍의 수십만 대군을 궤멸시켰다. 수도 장안 주변 삼보(三輔)지역의 호걸들도 함께 거병하여 왕망을 주살하고 그의 수급을 들고 완으로 가서 경시제를 배알했다. [조유가 『후한서』의 여러 곳에서 문장을 취합하여 서술함]

新市人王匡等立劉聖公爲天子, 而害伯升, 號更始元年. 更始(便)[使]世祖爲偏將軍, 徇昆陽. 王莽聞漢帝立, 大懼, 遣大司徒王尋大司空王邑, 將兵百萬, 擊世祖於昆陽, 世祖破之. 三輔豪杰共誅王莽, 傳首詣宛.

경시제는 유수에게 대사마 직을 겸하도록 하고, 부절을 내려 북으로 황하를 건너 북방의 여러 주와 군을 진압하고 위무하도록 했다. 하북에서는 왕랑(王郎)이 한(漢) 성제(成帝)의 아들인 자여(子輿)라고 사칭하면서 스스로 천자 자리에 올라 한단(邯鄲)에 도읍을 정하고, 사자를 파견하여 하북의 몇 개 군을 투항시켰다. 유수는 왕랑의 군대를 깨뜨리고 왕랑을 죽였다.

유수의 위엄과 명성이 나날이 높아지자 경시제는 유수를 의심하기 시작했다. 사자를 보내 유수를 소왕(蕭王)으로 봉하면서, 군대를 해산하고 공을 세운 여러 장수들과 함께 장안으로 귀환하도록 명령했다. 그러는 한편 묘증(苗曾)을 파견하여 유주(幽州) 목사를 맡고, 위순(韋順)을 상곡(上谷) 태수로 삼아 북방 지역을 관리하도록 했다.

그러나 세조는 봉작을 사양하고 장안으로의 귀환을 거부한 다음, 경시제가 파견한 묘증 등을 참수했다. 이때부터 비로소 경시제와 다른 길을 걷게 되었다. 〔출전: 『후한서』 권1 「광무제기상」〕

更始以世祖行大司馬事, 持節北渡河, 鎭慰州郡. 王郎詐爲成帝子子輿, 立位天子, 都邯鄲, 遣使降下郡國, 世祖滅之.

世祖威聲日盛, 更始疑慮, 乃遣使立世祖爲蕭王, 令罷兵, 與諸將有功者還長安, 遣苗(魯)[曾]爲幽州牧, 韋順爲上谷守, 並北之(郡)[部].

世祖辭不就徵, 斬苗(魯)[曾]等. 自是, 始貳於更始.

이때 장안의 정치는 혼란스러웠고, 사방에서 호걸들이 경시제를 배반하고 군사를 일으켜 저마다 왕을 자처했는데, 유수는 이를 모두 평정했다. 적미군이 함곡관으로 침입해와 경시제를 공격했다. 경시제와 적미군의 전투로 인한 혼란을 틈타 유수는 등우(鄧禹)를 서쪽으로 진격시켜 관중을 평정하도록 했다. 〔출전: 『후한서』 권1 「광무제기상」〕

是時, 長安政亂, 四方背叛, 皆平之. 赤眉賊入函關, 攻更始, 世祖遣鄧禹引兵而西, 以乘更始赤眉之亂.

이때 여러 장수들이 유수를 황제로 옹립하기로 하고, 관리들에게 호(鄗)현 남쪽 교외의 천추정(千秋亭) 오성맥(五成陌)에 제단을 쌓도록 하고 즉위식을 거행하여, 마침내 유수는 황제 자리에 올랐다.

그해(AD 25년) 10월 어가는 낙양에 입성하여 수도로 정했고, 이어 적미군이 투항했다. 그리고 농서 방면의 외효(隗囂)를 평정하고 촉땅의 공손술(公孫述)을 멸망시켜 비로소 천하를 크게 안정시켰다. 낙양의 남궁에서 붕어하니 향년 62세였다. 〔출전: 『후한서』 권1 「광무제기」〕

於是諸將上尊號, 乃命有司, 設壇於鄗南千秋亭五成陌, 卽皇帝位. 十月, 駕東幸洛陽, 赤眉降. 平隗囂, 滅公孫述, 天下大定. 崩於南宮, 是年六十(三)[二].

후한 말엽 영제(靈帝)는 조절(曹節) 등 환관을 중용 했는데, 이들 환관들은 황제의 교지를 마음대로 바꿔 태부 진번(陳蕃)과 이응(李膺) 등을 주살하고 그들을 따르던 태학생 등 당인(黨人) 수 천 명을 평생 관직에 등용되지 못하게 하는 금고처분에 처했다. 중평 원년(AD 184년)에 황건적이 봉기하였다.

영제가 붕어하고 태자 변(辯)이 즉위했다. 이때 동탁(董卓)이 조정에 들어와 실권을 잡고는 어린 황제를 폐하여 홍농왕(弘農王)으로 삼고, 아홉 살의 협(協)을 헌제(獻帝)로 세웠다. 동탁의 부장 출신인 이각(李傕)은 황제를 핍박하여 동쪽의 장안으로 천도했으나, 조조(曹操)가 군사를 거느리고 와 헌제를 허창(許昌)으로 모시고 가서 도읍으로 정하였다. 조조가 죽은 뒤 헌제는 조비(曹丕)에게 황제 자리를 물려주었

다. 〔출전: 『후한서』 권8, 9 「영제기(靈帝紀)」 및 「헌제기(獻帝紀)」〕

末孫靈帝用奄人曹節等, 矯制誅太傅陳蕃,李膺, 其黨人皆禁錮. 中平(九)[元]年, 黃巾賊起.

靈帝崩, 太子辯卽位, 董卓入朝, 因廢帝爲弘農王, 而立獻帝. 李傕逼帝東遷, 曹操遷帝都許. 操薨, 帝遜位曹丕.

위(魏)나라 태조무황제(太祖武皇帝)는 패국(沛國) 초(譙)현 사람으로 성은 조(曹), 이름은 조(操), 자는 맹덕(孟德)이다. 영제 때 전군교위(典軍校尉)를 지냈다. 한나라 말년에 환관들이 정권을 잡고 전횡하자 대장군 하진(何進)이 환관들을 주살하려고 모의했으나 태후가 동의하지 않았다. 이에 하진은 사방의 맹장들에게 각기 군사를 이끌고 수도 낙양으로 오도록 불러들여 태후를 협박하려고 했다. 동탁이 낙양에 도착하여 황제를 폐위하여 홍농왕으로 삼고 헌제를 세우니, 수도 낙양 일대가 매우 혼란해졌다.

이때 조조는 관소, 호뢰관(虎牢關)을 넘어 빠져나와 진류(陳留)에 도착하여, 가산을 처분하고 의병을 소집했으며, 기오(己吾)로 가서 각지의 의병들과 합류했다. 후장군 원술(袁術), 기주목(冀州牧) 한복(韓馥), 예주(豫州)자사 공주(孔伷), 연주(兗州)자사 유대(劉岱), 발해태수 원소(袁紹) 등과 함께 의병을 일으켰는데, 그 숫자는 각기 수만의 병력이었고 원소를 맹주로 추대했다. 조조는 분무장군(奮武將軍)의 직을 겸했다.

동탁은 토벌군이 일어났다는 소식을 듣고 천자를 서쪽의 장안으로 옮기고 수도로 삼았고, 동탁은 남아 군대를 주둔시키고 낙양을 지키도록 했다. 동탁이 장안으로 돌아오자 사도 왕윤(王允)이 여포(呂

布)와 공모하여 동탁을 죽였다. 양봉(楊奉)과 한섬(韓暹)이 천자를 모시고 낙양으로 돌아왔다. 마침 조조는 낙양에 도착하여 수도를 호위하니 한섬은 슬그머니 도망가 버렸다. 조조는 낙양이 불에 타 파괴된 것을 이유로 천자를 모시고 동쪽의 허도(許都)로 가 이곳을 수도로 정했다. 〔출전: 『삼국지』 권1 「무제기(武帝紀)」〕

그리고 조칙을 내려 원소가 땅이 넓고 군대가 강한 것을 믿고 당파를 짓고 사사로운 이익만 추구할 뿐 왕실을 위하여 충성을 다하지 않는다고 견책했다. 이에 원소가 허도를 공격했다. 조조는 관도(官渡)의 전투에서 원소의 군대를 대파했다. 원소는 싸움에 진 이후 병이 나서 피를 토하다가 죽었다. 〔출전: 『후한서』 권74 「원소전(袁紹傳)」〕

魏太祖武皇帝, 沛國譙人也, 姓曹, 諱操, 字孟德. 靈帝時, 爲典軍校尉. 漢末, 奄豎擅權, 何進謀誅奄豎, 太后不聽. 進乃召四方猛將, 使引兵向京師, 欲以恐劫太后. 董卓至, 廢帝爲弘農王, 而立獻帝. 京師大亂.

太祖亡出關, 至陳留, 散家財, 合義[兵]於已吾. 與後將軍袁術, 冀州(刺史)[牧]韓馥, 豫州刺史孔伷, 兗州刺史劉岱, 渤海太守袁紹, 同時俱起[兵], 衆(合)[各]數萬, 推紹爲盟主. 曹公行(稱)奮武將軍.

卓聞兵起, 乃徙天子都長安, 卓留兵屯洛陽. 司徒王允與呂布殺卓. 楊奉,韓暹以天子還洛陽, 太祖至洛陽衛京邑, 暹遁去. 太祖以洛陽燒焚殘破, 奉天子都許.

下詔責袁紹, 以地廣兵强, 專自樹黨, 不聞勤王之師. 紹遂攻許, 太祖破之官渡, 紹嘔血死.

조조는 이어 여양(黎陽)을 근거로 원소의 아들 원담(袁譚)과 원상(袁尙)이 반란을 일으키자 토벌에 나섰고 원상은 차남인 원희(袁熙)와 함께 요동으로 도망쳤다. 요동태수 공손강(公孫康)은 원상과 원희 형제를 참수하고 그 머리를 보내왔다. 이로써 하북을 평정했다. 〔출전: 『삼국지』 권1 「무제기」 및 「원소전부담상전(袁紹傳附譚尙傳)」〕

조조가 남쪽으로 형주(荊州)의 유표(劉表)를 정벌하러 갔는데 때마침 유표가 죽었다. 아들 종(琮)이 항복했다. 〔출전: 『삼국지』 권32 「선주전(先主傳)」〕

太祖討紹子譚尙於黎陽, 尙與熙奔遼東. 太守公孫康斬尙熙, 送其首, 遂平河北.

太祖征劉表, 會表卒, 子琮降.

관중의 여러 장수들, 마초(馬超), 한수(韓遂), 성의(成宜) 등이 반란을 일으켰으나 조조는 이를 모두 깨뜨렸다. 〔출전: 『삼국지』 권1 「무제기」〕

關中諸將馬超,韓遂,成宜等反, 曹公破之.

천자는 조조를 위왕(魏王)으로 책봉했다. 건안(建安)25년(AD 220년) 낙양에서 붕어했다. 아들 비(丕)가 후사를 이었으며, 헌제로부터 황제의 자리를 선양받았다. 문제 조비가 붕어하자 아들 예(叡)가 뒤를 이어 명제가 되었으며, 명제가 붕어하자 아들인 제왕 방(芳)이 즉위했다.

그러나 조방은 폐위되고, 고귀향공(高貴鄕公) 모(髦)가 황제로 세워졌다가 역시 폐위되고, 상도향공(常道鄕公) 황(璜)이 즉위했으나 결국 사마염(司馬炎)에게 제위를 선양했다. 이로부터 진(晉)나라 시대가 시작되었다. 〔조유가 『삼국지』의 문장을 뽑아서 엮음〕

天子策命公爲魏王. 二十五年, 薨於洛陽. 子丕嗣, 受漢禪. 崩, 子睿嗣. 崩, 子齊王芳立. 廢, 高貴鄕公髦立. 廢, 常道鄕公璜立, 璜禪晉.

진고조선황제(晉高祖宣皇帝)로 추존된 사마의(司馬懿)는 하내(河內) 온(溫)땅 사람으로 자는 중달(仲達)이다. 위무제, 조조 시대에 벼슬길에 나아가 문제와 명제를 섬기면서 대장군과 승상의 자리에 있었으며, 맹달(孟達)의 반역을 평정하고 공손탁(公孫度)을 멸하고 반군의 수령 왕릉(王凌)을 사로잡았다.

위명제는 임종 시에 유조를 내려 사마의를 태위(太尉)로, 조상(曹爽)을 대장군으로 삼아 여덟 살의 어린 군주 방(芳)을 보좌하도록 했다. 얼마 후 사마의는 (고평릉(高平陵)의 사변을 일으켜) 조상을 주살하고 전권을 장악했다. 〔출전: 『진서』 권1 「선제기(宣帝紀)」〕

晉高祖宣皇帝, 名懿, 字仲達, 姓司馬, 河內溫人也. 仕於魏武之世, 歷文明二帝, 居將相之位, 平孟達, 滅公孫度, 擒王凌. 魏明帝崩, 遺詔使帝爲太尉, 與大將軍曹爽輔少主, 帝誅曹爽.

사마의가 죽은 뒤 아들 사마사(司馬師)가 승상의 자리를 이었다. 진동(鎭東)대장군 관구검(毌丘儉)과 양주(楊州)자사 문흠(文欽)이 반란을 일으키자 정벌에 나서 이를 평정했다. 〔조유의 말〕

宣帝崩, 子師代爲相. 鎭東[大]將軍毌丘儉,揚州刺史文欽反, 征平之.

사마사가 죽자 동생 사마소(司馬昭)가 대신하여 승상이 되었으며, 보정(輔政)으로서 사공 직을 겸했다. 제갈탄(諸葛誕)이 수춘(壽春)을 거점으로 반란을 일으키자 사마소는 황제의 칙명을 받들고 군대를 이끌고 나가 평정했다. 촉한(蜀漢)을 토벌하고 후주(後主) 유선(劉禪)을 사로잡았다.

이때 위나라의 정령은 권신, 즉 사마씨로 부터 나왔으며, 임금은 다만 종묘의 제사만 주관할 뿐이었다. 위나라 임금 조모(曹髦)는 이를 용납할 수 없어 친히 군사를 거느리고 승상부를 공격했다. 사마소는 장사(長史)인 가충(賈充)의 계책을 채택하여 맞서 싸웠는데, 사인(舍人)인 성제(成濟)가 조모를 창으로 찔러 죽였다. 〔조유의 말〕

景帝崩, 弟昭代爲相, 輔政爲司空. 諸葛誕據壽春反, 奉詔征平之. 伐蜀擒劉禪, 於時政出於權臣, 人君主祭而已. 魏帝不能容, 自勒兵攻相府. 太祖用長史賈充計, 逆戰, 舍人成濟執殺魏帝.

사마소가 죽은 뒤에 아들인 사마염(司馬炎)이 위나라의 제위를 선양받았다. 무제, 즉 사마염은 제위에 오른 후 장군 양호(羊祜)와 두예(杜預)의 계책을 채택하여 오나라 정벌에 나서 평정했다.

재위 25년 만에 무제가 붕어하자 아들인 충(衷)이 즉위하니 혜제(惠帝)이다. 혜제는 별로 총명하지 못했는데 가충(賈充)의 딸인 가비(賈妃)가 황후가 되자 조정의 권력을 잡고, 태후의 아버지인 양준(楊俊)에게 모반죄를 씌워 죽이고 태후를 폐위했다. 또 태재(太宰)인 여남왕(汝南王) 사마량(司馬亮)과 태보(太保)인 위관(衛瓘)을 처형하고, 초왕(楚王) 사마위(司馬瑋)를 참수하고 태자인 사마휼(司馬遹)을 죽였다. 가황후는 조왕(趙王)인 사마윤(司馬倫)을 상국으로 임용했다. 사마윤은 사공인 장화(張華)와 복야(僕射)인 배위(裴頠)의 정직함을 미워하여 황제의 조칙을 위조하여 이들을 죽였다.

조왕 사마윤은 가황후 일족을 처단하고 제위를 찬탈했다. 이에 제왕 사마유(司馬攸)의 아들인 경(冏)과 혜제의 동생인 성도왕(成都王) 영(穎) 등이 군사를 일으켜 사마윤을 잡아 죽였다. 사마영은 자신의 거점인 업(鄴)으로 수도를 옮겼다. 병주(幷州)자사인 동영공(東瀛公) 사마등(司馬騰)과 안북(安北)장군인 왕준(王浚) 등이 군사를 일으켜 사마영을 토벌하려 나섰다. 사마영은 전투에서 패하자 혜제를 끼고 업에서 낙양으로 도망가 저항했다. 이후 혜제가 복위되자 동생인 장사왕 예(乂)가 또 제왕 경을 참소해서 죽였다. 〔조유가 『진서(晉書)』에서 문장을 뽑아 엮음〕

太祖崩, 子炎受魏禪. 旣受魏禪, 用羊祜,杜預計, 征吳平之.

立二十五年崩, 太子衷立. 惠帝不慧, 妃賈充女爲皇后. 后秉權, 殺楊駿, 廢太后, 誅太宰汝南王亮,太保衛瓘, 戮楚王瑋, 殞太子遹, 用趙王倫爲相國. 倫惡司空張華,僕射裴頠正直, 矯詔誅之.

倫遂簒帝位. 於是, 齊王攸之子冏, 與帝弟成都王穎等, 起義兵誅倫. 穎於是鎭鄴. 并州刺史東瀛公騰,安北將軍王浚, 又起兵討穎. 穎敗, 挾天子南奔洛[陽]. 後惠帝復位, 帝弟長沙王又譖冏誅之.

이때부터 서융과 북적의 부족들이 분분히 들고 일어나 각지에서 어지럽게 할거했으니, 진나라는 무려 36개의 나라로 나뉘어졌다.

혜제가 재위 14년 만에 붕어하고, 동생인 예장왕(豫章王) 치(熾)가 즉위하니 회제(懷帝)이다. 장안으로 수도를 옮겼다. 한왕(漢王)으로 자칭했던 남흉노의 맹주 유연(劉淵)의 아들 유총(劉聰)에 사로 잡혀갔다가 피살되었다. 회제가 죽자 오왕(吳王) 안(晏)의 아들 업(業)이 제위에 오르니 바로 민제(愍帝)이다. 민제 역시 유총의 공격을 받아 죽임을 당했다. 〔조유의 말〕

由是戎狄並興, 四方阻亂, 遂分爲三十六國.

惠帝立十四年, 崩. 弟豫章王熾立, 都長安, 爲劉聰所殺. 懷帝崩, 立吳王晏子業, 是爲愍帝, 亦爲劉聰所殺.

동진(東晉)의 중종원황제(中宗元皇帝) 사마예(司馬睿)가 강동에서 흥기했다. 재위 6년 만에 붕어하고 태자 소(紹)가 즉위했다. 호족인 왕돈의 위세가 조정 안팎에 떨쳤고 장차 역모를 꾀하려 했다. 숙종(肅宗, 明帝)이 친히 정벌하여 깨뜨렸다. 재위 4년 만에 숙종이 붕어하였다. 이후 간문제(簡文帝)에 이어 그 셋째 아들인 창명(昌明)이 즉위하니 효무제(孝武帝)이다. 저족(氐族) 출신의 전진왕(前秦王) 부견(符堅)이 회남을 침입하자, 동진의 관군장군 사현(謝玄)등이 비수(淝水)에서 부견의 군대를 대패시켰다. 부견은 장안으로 돌아갔다. 효무제는 재위 24년에 붕어하였다.

이후로 천하는 어지러워져 전쟁이 잇따랐다. 안제(安帝) 때에는 환현(桓玄)이 모반을 일으켜 안제를 폐하고 제위를 찬탈했으나, 참군(參軍)인 유유(劉裕, 나중에 유송의 태조가 됨)가 환현의 반란을 평정했다. 공제(恭帝) 때에 이르러 결국 유유에게 제위를 선양했다. 〔조유의 말〕

中宗元皇帝睿, 乃興於江東. 帝在位(十)六年, 崩, 太子紹立. 王敦威振內外, 將謀爲逆, 肅宗征破之. 三年, 肅宗崩. 至簡文皇帝第三子, 孝武帝昌明立. 羝賊符堅寇淮南, 晉冠軍將軍謝玄等, 大破堅於淝水, 堅還長安.

二十(一)[四]年, 帝崩. 自後, 遂干戈相繼. 至安帝, 爲桓玄所簒, 宋祖劉裕平玄. 至恭帝, 遂禪于宋.

남송의 고조무황제(高祖武皇帝) 유유는 자가 덕여(德輿)이며 팽성(彭城) 사람이다. 환현이 동진의 제위를 찬탈했을 때 유의(劉毅), 하무기(何无忌) 등과 함께 환현을 제거하고 동진 왕조를 다시 세우기로 은밀히 모의하여, 군사를 일으켜 환현의 난을 평정했다. 황제를 받들고 동진을 바로 세워 장상의 중임을 맡았으며 예장군공(豫章郡公)에 봉해졌다. 〔조유의 말〕

高祖武皇帝姓劉名裕, 字德輿, 彭城人. 桓玄簒晉, 高祖與劉毅, 何無忌等, 潛謀匡復, 起兵平玄, 奉天子反正, 因居將相之任, 封豫(州)[章]郡公.

족의 초종(譙縱)이 자립하여 왕을 칭하자 유유는 수하 장수를 보내 토벌했다. 요홍(姚泓)이 서경(西京, 장안)을 점거하고 대진(大秦)을 세우자 유유는 친히 군대를 이끌고 가서 평정하고 요홍을 사로잡았다. 〔조유의 말〕

蜀賊譙縱稱王, 高祖遣將征平之. 姚泓僭號於西京, 高祖征平之, 擒泓.

선비(鮮卑)족인 모용초(慕容超)가 청주를 거점으로 연왕(燕王)이라 자칭하였는데 유유가 이를 토벌하고 모용초를 사로잡아 건강으로 데려와 죽였다. 노순(盧循)은 남해에 할거하였는데 유유가 북벌에 나선 틈을 타 비어있는 건업(建業, 建康)을 습격했다. 유유는 즉각 군사를 돌려 와서 노순을 토벌했다. 유의(劉毅)가 형주를 점거하고 두 마음을 품고 모반하자 유유는 수하 장수를 보내 평정하고 유의를 죽였다. 형주자사인 사마휴(司馬休)가 반란을 일으키자 역시 토벌했다.

동진 황제는 유유를 상국으로 삼아 문무백관과 정사를 총괄하도록 하고, 양주목(揚州牧)으로 봉해 열 개 군을 봉토로 주고 작위를 높여 송공(宋公)으로 삼았다. 〔출전: 『남사(南史)』 권1 「무제기」 및 『송서(宋書)』 권2 「무제기」 중〕

鮮卑慕容超據守青州, 稱燕王, 高祖征, 擒超. 賊盧循據南海, 因高祖北伐, 乘虛下襲建業. 高祖還, 乃平之. 劉毅據荊州, 貳於高祖, 高祖遣將征, 誅毅. 荊州刺史司馬休之反, 征之.

晉帝加高祖爲相國, 總百揆, 揚州牧, 封十郡, 爲宋公.

동진의 안제가 붕어하고 대사마인 낭야왕(琅琊王)이 즉위했는데, 유유를 조정에 들어오게 하여 정무를 보좌하도록 했다가, 결국 제위를 선양했다.

영초(永初) 원년 6월 정묘일에 남교에서 즉위했다. 단을 쌓고 섶을 태워 하늘에 고하고 황제가 되었다. 즉위식이 끝난 후 어가를 타고 건강궁(建康宮)으로 행차했고, 태극전에서 정무에 임하여 대사령을 내리고 연호를 고쳤다. 재위 3년 만에 붕어했다. 태자 의부(義符)가 제위를 이어 받았으나 피살되고, 셋째 아들인 의도왕(宜都王) 의륭(義隆)이 즉위하니 바로 문제(文帝)이다. 문제가 시역되자 무릉왕(武陵王) 준(駿)이 제위에 오르니 효무제이며, 효무제가 붕어하자 태자 자업(子業)이 계승했으나 살해 되었다. 상동왕(湘東王) 욱(彧)이 제위에 오르니 명제이다. 명제가 붕어하자 태자 욱(昱)이 뒤를 이었는데 살해되었다.

셋째 아들인 안성왕(安成王) 준(準)이 제위에 올라 순제(順帝)가 되었으나, 끝내 제나라를 세운 소도성(蕭道成)에게 황제 자리를 물려주었다. 〔출전: 조유가 『송서』 및 『남사』에서 두루 뽑아 엮은 글〕

유송(劉宋)은 8대에 걸쳐 60년 간 존속했다. 〔조유의 말〕

晉安帝崩, 大司馬琅琊王卽位, 徵帝入輔, 禪位於宋.

永初元年六月丁卯, 卽帝位於南郊. 設壇, 柴燎告天. 禮畢, 備法駕幸建康宮, 臨太極前殿, 大赦改元. 在位三年, 崩. 立太子義符. 廢, 立宜都王義隆. 弑, 立武陵王駿. 崩, 立太子子業. 崩, 立湘東王彧. 崩, 立太子昱.

崩, 立順帝準, 遜位於齊蕭道成. 凡八代六十年.

남제를 세운 태조고황제(太祖高皇帝) 소도성은 동해 난릉(蘭陵) 사람으로 보국장군(輔國將軍)이었다. 유송 명제 초에 회계(會稽)태수로 있던 심양왕(尋陽王) 유자방(劉子房)이 동쪽의 여러 군과 함께 반란을 일으키고, 서주(徐州)자사 설안도(薛安都)는 팽성을 거점으로 할거하다가 위(魏)로 귀순하면서 조카 색아(索兒)를 파견하여 회음을 공격케 했다. 진안왕(晉安王) 유훈(劉勛)은 임천내사(臨川內史)인 장엄(張淹)을 보내 파양도(鄱陽道)로부터 삼오(三吳) 지역을 침입하도록 했다. 소도성은 이 모든 반란을 토벌했으며, 명제는 회음을 진압하도록 했다. 명제7년 소도성은 황제의 부름을 받아 수도로 돌아가 상시(常侍)에 임명되었다.

명제는 임종 때 소도성에게 유조를 내리고 상서령 원찬(袁粲)과 함께 정사를 관장하도록 고명(顧命)했다. 강주(江州)자사로 있던 계양왕(桂陽왕) 휴범(休範)이 반란군을 일으키자 이를 토벌했다.

소도성은 중령군(中領軍)으로 승진했는데, 창오왕(蒼梧王, 후폐제인 욱)은 소도성을 매우 의심하고 시기했다. 창오왕은 평소에 측근인 양옥부(楊玉夫)에게 직녀성을 관찰하여 직녀성이 나타나면 보고하도록 시켰는데, 마침 그날 밤이 칠석이었다. 양옥부는 두려운 마음에 소 잡는 칼로 창오왕을 살해했다. 소도성은 명제의 셋째 아들을 순제(順帝)로 세웠다. 형주(荊州)자사 심유지(沈攸之)가 반란을 일으켰으나 이를 토벌했다. 〔출전: 『남사(南史)』 권4 「고제기(高帝紀)」〕

齊太祖高皇帝, 諱道成, 姓蕭氏, 東海蘭陵人也, 爲輔國將軍. 宋明帝初, 會稽太守尋陽王子房及在東諸郡起兵; 徐州刺史薛安都據彭城, 歸魏, 遣從子索兒攻淮陰; 晉安王勛遣臨川內史張淹, 自鄱陽道入三吳. 帝並討平之, 使鎭淮陰.

七年, 徵還都. 至拜常侍, 明帝崩, 遺詔使與袁粲共掌機事. 江州刺史桂陽王休範擧兵反, 帝討平之. 遷中領軍, 蒼梧王深相猜忌. 常語左右楊玉夫: "伺織女度, 報我." 是夜七夕, 玉夫懼, 取千牛刀殺之. 帝乃迎立順帝. 荊州刺史沈攸之反, 帝討之.

순제는 소도성을 상국으로 승진시키고 제공(齊公)으로 봉하며 구석(九錫)의 예를 갖추어 아홉 가지 기물을 하사했다.

그해(AD 479년) 4월에 순제는 소도성에게 제위를 선양했다. 갑오일에 남교에서 섶을 태워 하늘에 고하고 황제로 즉위했다. 즉위의 예가 끝난 후 어가는 건강궁에 행차했고, 태극전에서 집정에 임하여 대사령을 내리고 새 연호를 반포했다. 재위 4년 만에 붕어하고, 태자 색(賾)이 뒤를 이으니 무제이다. 〔출전: 『남제서(南齊書)』 권1 「고제기상(高帝紀上)」〕

進位相國, 封齊公, 備九錫.

四月, 宋帝禪位於齊. 甲午, 卽皇帝位於南郊, 柴燎告天. 禮畢, 備法駕幸建康宮, 臨太極前殿, 大赦, 開元建元. 四年, 崩, 立太子賾.

무제가 붕어하고 손자인 소업(昭業)이 즉위했고, 소업이 죽자 동생인 소문(昭文)이 뒤를 이었으나 폐위되고 서창후(西昌侯) 소란(蕭鸞)이 즉위하니 명제이다. 명제가 붕어하고 태자 보권(寶卷, 동혼후)이 세워지고, 보권이 죽자 동생인 보융(寶融)이 뒤를 이으니 화제(和帝)이다. 화

제는 마침내 양(梁)을 세운 소연(蕭衍)에게 제위를 선양했다. 〔조유의 말〕

崩, 立太孫昭業. 崩, 立弟昭文. 廢, 立西昌侯鸞. 崩, 立太子寶卷. 崩, 立和帝寶融, 以位禪梁.

양(梁)을 세운 고조무황제(高祖武皇帝) 소연(蕭衍)은 파릉왕(巴陵王)의 사법 관리로 출발하여, 경릉왕(竟陵王) 자량(子良)의 이른바 '팔우(八友)'로 불리는 문인 학자 집단의 일원이 되었다. 북위의 장군 왕숙(王肅)이 사주(司州)를 침공해 오자 이를 깨뜨렸고, 이 공로로 건강군남(建康郡男)에 봉해졌다.

남제의 명제가 붕어하고 동혼후(東昏侯, 태자 보권)가 즉위했는데, 명제는 유언으로 소연에게 도독 및 옹주(雍州)자사를 겸하도록 조칙을 내렸다. 〔출전: 『양서(梁書)』 권1 「무제기 상」〕

梁高祖武皇帝名衍, 姓蕭氏, 爲巴陵王法曹, 後爲竟陵王子良八友. 魏將王肅攻司州, 帝破之, 以功封建康郡男. 齊明帝崩, 東昏卽位, 遺詔以帝爲都督,雍州刺史.

장형인 소의(蕭懿)가 동혼후에 의해 살해되자 소연은 이를 명분으로 군사를 일으켰다. 무신일에 소연은 양양(襄陽)에서 출병했으며, 영(郢)과 노(魯) 지역의 여러 성의 장수들이 모두 소연에 투항했다. 임오일에 소연은 건강 서쪽의 석두성(石頭城)에 진을 치고 6개의 성문을 모두 포위하도록 명령했다. 궁전의 위위(衛尉)인 장직(張稷)이 동혼후를 참수하고 그 목을 누런 기름종이에 싸서 소연의 군진으로 보냈다.

수도를 평정하고 나서 화제(和帝)를 세웠으나, 결국 화제로부터 선양받아 황제위에 올랐다. 〔출전: 『양서』 권1 및 『남사』 권6 「무제기 상」〕

長兄懿被害, 帝起義. 戊申, 帝發自襄陽, 郢,魯諸城及諸將並降. 壬午, 帝鎮石頭, 命衆軍圍六門. 衛尉張稷斬東昏, 以黃油裹首送軍. 平京邑, 齊和帝以位禪梁, 帝卽位.

양무제 태청 원년(AD 547년) 북제(北齊)의 사도로 있던 후경(侯景)이 하남의 13개 주를 들고 귀순해왔다. 그 후 후경이 반란을 일으켜 수도를 함락시켰고, 무제는 유폐되어 있다가 죽었다. 후경이 태자 강(綱)을 세우니 바로 간문제(簡文帝)이다. 간문제 역시 후경에 의해 살해되었다. 상동왕(湘東王) 역(繹)이 형주에서 왕승변(王僧辯)등에게 토벌군을 일으키도록 하여, 후경의 군대를 대패시켰다. 달아나던 후경을 잡아 그 목을 강릉으로 보냈다.

병자일에 상동왕이 강릉에서 즉위하니 원제(元帝)이다. 서위(西魏)가 만뉴(萬紐)와 우근(于謹) 두 대장을 파견하여 양을 공격했다. 악양군왕(岳陽郡王) 소찰(蕭詧)은 군사를 이끌고 서위군에 귀순해 버렸다. 원제는 사로 잡혀 위군에게 죽임을 당했다.

강릉이 함락되자 왕승변과 진패선(陳霸先) 등은 협의하여 원제의 아들인 방지(方智)를 옹립하기로 하고, 강주에서 맞이하여 건업으로 모셔와 제위에 오르게 하니 경제(敬帝)이다. 경제는 태평 2년에 결국 진패선에게 제위를 선양했다. 〔조유가 『남사』의 문장을 취합하여 엮

음]

太淸元年, 齊司徒侯景以十三州內屬. 侯景反, 至京師, 幽帝而崩. 侯景立武帝太子綱爲帝, 又爲景所殺. 湘東王繹於荊州使王僧辯等平侯景, 傳首江陵. (景)[丙]子, 湘東王卽位於江陵. 魏使萬紐,于謹來攻, 梁王蕭察率衆會之. 帝見執, 魏人戕帝.

江陵旣陷, 王僧辯,陳霸先等議立帝子方智, 於江州奉迎至建業卽位. 太平二年, 禪位于陳.

진(陳)을 세운 고조무황제(高祖武皇帝) 진패선은 오흥군(吳興郡) 장성 사람이다. 양 무제 때에 직각장군(直閣將軍)이 되어, 후경이 모반하자 군사를 이끌고 큰 싸움을 벌여 후경을 패사시켰다. 상동왕이 즉위하고 나서 남서주자사로 임명했고, 진패선은 돌아가 경구(京口)를 지키고 있었다. 승성(承聖) 3년(AD 554년) 서위가 서대(西臺)를 공격하고 함락시키자, 진패선은 왕승변과 함께 진안왕(晉安王) 방지를 옹립하여 제위에 오르게 했다.

그런데 사공 왕승변이 북제와 연합하여 정양후(貞陽侯) 연명(淵明)을 황제로 맞아들이고 경제는 황태자로 격하시켰다. 진패선은 이를 불의한 일이라고 여기고 몰래 군대를 석두성으로 보내 왕승변을 습격하여 패퇴시키고 그날 밤 목을 매달아 죽였다. 정양후는 퇴위하고 경제가 다시 제위에 올랐다. 서사휘(徐嗣徽)가 북쪽에서 북제의 군대를 끌어들이는 한편 소궤(蕭軌)등 46명의 장군들을 이끌고 장강을 건너 막부산(莫府山)에 이르러 반란을 일으켰으나, 진패선이 모두 무찔렀다.

이 공로로 승상에 임명되고 진왕(陳王)으로 봉해졌다. 영정(永定) 3년(AD 557년) 경제는 제위를 진패선에게 선양했다.

무제가 재위 3년 만에 붕어하고 조카인 천(蒨)이 뒤를 이어 문제가 되었다. 문제가 붕어하자 태자 백종(伯宗)이 뒤를 이었으나, 숙부인 안성왕(安成王) 욱(頊)에 의해 폐위되고 욱이 즉위하니 선제(宣帝)이다. 선제가 붕어하자 태자 숙보(叔寶)가 뒤를 이었으니 후주(後主) 장성공(長城公)이다. 〔출전: 『진서(陳書)』 권1 「고조 상」 및 『남사』 권9 「무제기」〕

陳高祖武皇帝姓陳氏名霸先 吳興長城人也, 梁武帝時爲直閣將軍. 侯景反, 高祖率所領與侯景大戰, 侯景敗死. 湘東王卽位, 授南徐州刺史, 還鎭京口. 承聖三年, 西魏攻陷西臺, 高祖與王僧辯立晉安王進帝位.

司空僧辯又與齊氏和新納貞陽侯, 高祖以爲不義, 潛師襲王僧辯于石頭, 克之. 是夜, 縊僧辯, 貞陽侯遜位, 晉安王復立. 徐嗣徽北引齊師, 遣蕭軌等四十六將, 濟江至莫府山, 高祖並破之.

進帝位丞相, 進爵爲陳王. 永定三年, 梁帝禪位於陳.

三年, 上崩. 立弟子是蒨. 崩, 立太子伯宗. 廢, 立頊. 崩, 立太子叔寶, 是爲長城公也.

진숙보는 태자로 있을 때는 학문을 좋아하고 문화 예술에 소양도 있었지만 즉위한 후에는 주색에 빠져 살았다. 수(隋)문제(양견)는 처음 북주(北周)의 정제(靜帝)로부터 제위를 선양받았을 때 이웃 나라와의 우호관계를 돈독히 하는데 힘썼다. 진(陳)선제가 붕어하자 사신을 보내 조문하며, 대등한 관계의 국가에 대한 의전으로 예의를 갖추었는데, 국서에 이름을 쓰고 돈수(머리를 조아림)라는 정중한 표현을 썼다. 이에 후주(後主, 숙보)는 한껏 교만해져서 답서에서 말하기를 "그대가 나라를 이처럼 제대로 다스린다면 천하가 태평해지리라."라고 했다.

수문제는 매우 불쾌해 하면서 이 답서를 조정 대신들에게 보이자 하약필(賀若弼), 양소(楊素) 등 대신들은 문제가 모욕을 받은 것이라고 여기고, 이 죄를 물어 진후주를 토벌할 것을 청했다. 문제는 "내가 천하 백성의 부모가 되어, 어찌 강을 함께 끼고 있는 이웃의 백성들을 구제하지 않을 수 있겠느냐?"라고 하면서 이를 허락했다.

전선을 건조하도록 명령을 내리고, 진왕(晉王)인 양광(楊廣)을 원수로 삼아 80명의 행군총관(行軍總管)을 독려하여 토벌에 나서도록 했다. 한금호(韓擒虎)가 군사를 이끌고 남액문(南掖門)으로 들어가자 문무백관들은 저마다 도망치느라 경황이 없었고, 후주는 사로 잡혔다. 진왕 양광은 대성을 점령하고 일단 후주를 동궁에 가두었다. 기사일에 후주와 왕공, 문무백관들을 모두 건업에서 출발시켜 장안으로 보냈다.

수문제는 이미 장안에 도착해 있으면서, 진나라의 의복과 수레 등을 진열해 놓은 가운데 후주와 왕공들을 끌어다 놓고, 조서를 읽게 하여 후주를 질책하니, 후주는 숨도 제대로 쉬지 못한 채 한 마디 대꾸도 하지 못했다. 장성공으로 봉했는데, 인수(仁壽) 4년에 낙양에서 생을 마쳤다. 〔출전: 『남사』 권10 「후주기(後主紀)」〕

叔寶在東宮, 好學有文藝; 及即位, 耽酒色. 隋文帝初受周禪, 甚敦隣好. 宣帝崩, 遣使赴弔, 修敵國之禮, 書稱名頓首. 而後主驕奢,書末云: "想彼統內如宜, 此宇宙淸泰."

隋文帝不悅, 以示朝臣, 賀若弼,楊素等以爲主辱, 再拜請罪, 並求致討. 文帝曰: "我爲(人)[百姓]父母, 豈可限一衣帶水而不拯之乎?"

命作戰船, 以晉王廣爲元帥, 督八十總管以致討. 韓擒虎入自南掖門, 文武各官皆遁出, 擒後主. 晉王廣入據臺城, 送後主於東宮. 己[巳], 後主與王公百司, 發自建鄴之長安. 及至京師, 列陳輿服, 引後主及王公, 使宣詔讓後主, 後主屛息不能對, 封長城公. 至仁壽四年, 終於洛陽.

수나라를 세운 고조 양견(楊堅)은 북주 무제 초에 수주(隋州)자사로 임명되었고, 그의 딸은 태자비가 되었다. 북주 선제(宣帝)가 즉위하자 대사마에 임명되어 군권을 장악했다. 선제가 붕어하고 정제(靜帝)가 즉위한 후 수왕(隋王)으로 봉해졌으며, 마침내 제위를 선양받고 연호를 고쳐 개황(開皇) 원년으로 선포했다. 개황 9년에 진나라를 평정했다. 태자 용(勇)을 폐위하여 서인으로 만들고 진왕 광을 황태자로 세웠다.

고조가 붕어하고 태자가 즉위하니 양제(煬帝)이다. 양제는 무도하고 포악했다. 사방에서 호걸들이 분분히 봉기했다. 재위 13년에 화려한 용선을 타고 강도(江都)로 내려가 유람했다. 이밀(李密)은 공(鞏)땅에서 단을 쌓아 하늘에 제사지내고 거병하여 스스로 위공(魏公)이라고 칭했다. 양사도(梁師都)는 하주(夏州)을 거점으로, 유무주(劉武周)는 태원(太原)유수 왕인공(王仁恭)을 죽이고 군사를 일으켜 모반했다. 또 두건덕(竇建德)은 자립하여 하왕(夏王)으로, 또 주찬(朱粲)은 초왕으로 자칭했으며, 유원지(劉元進)은 오도(吳都)를 거점으로 반란을 일으켰다.

수양제는 여러 곳에서 반란이 일어났다는 소식을 듣고 크게 두려워하며, 풍자명(馮慈明)으로 하여금 동도(東都, 낙양)로 가서 병사를 징집하도록 하고, 당국공(唐國公) 이연(李淵)에게 조칙을 내려 태원유수로 임명하고 태원을 지키도록 했다. 〔조유가 『수서(隋書)』 및 『남사』에서 관련 기사를 뽑아 엮음〕

隋高祖姓楊氏名堅, 周武帝初爲隋州刺史, 女爲太子妃. 周宣帝立, 拜爲大司馬. 宣帝崩, 立(靖)[靜]帝, 進爵爲隋王, 遂禪位焉. 改號開皇元年. 九年, 平陳. 廢太子勇爲庶人, 立晉王廣爲皇太子. 高祖崩, 太子卽位.

煬帝無道, 盜賊蜂起. 十三年, 幸江都. 李密設壇於鞏, 自署爲魏公, 梁(歸)[師]都據夏州, 劉武周殺太元留守王[仁]恭, [擧]兵反, 竇建德自號夏王, 朱粲自號楚王, 劉元進據吳都.

煬帝聞羣賊起, 大懼, 使馮慈明徵兵東都, 詔唐國公淵鎭太原.

5월 갑자일(AD 617년)에 당공 이연은 의군을 일으켜 양제를 태상왕으로 높이고 대왕(代王) 양유(楊侑)를 천자로 추대했다. 그리고 이윤과 곽광(霍光)의 고사를 본받아 천하에 격문을 반포하여 대의를 밝혔는데, 이 소식을 듣고 많은 사람들이 봉기하여 호응해왔다. 그해 가을 7월 이연은 서쪽으로 수도 장안을 도모하고자 하여, 태원의 들판에 백기를 세우고 군사들에게 서약했으니, 갑주를 입은 군사가 3만 명이었다. 공자 원길(元吉)을 태원에 남겨 지키도록 하고, 의군은 진격하여 곽읍(霍邑)에 진을 쳤다. 수나라의 무아랑장(武牙郎將) 송노생(宋老生)이 이연의 의군에 저항했다. 그때 연일 비가 내려 날이 개이지 않았고,

군량은 제때에 보급되지 않았으며, 돌궐 군대가 태원을 기습할 것이라는 소문까지 돌고 있었다.

이연은 두려워한 나머지 군대를 돌려 태원으로 돌아가려 했으나, 둘째 아들 세민(世民)의 간언을 받아 들여 그만두었다. 송노생이 성을 등지고 일전을 벌였으나 패하여 참수되고, 의군은 마침내 곽읍을 평정했다. 겨울 10월에 장락궁에 진주했다. 위문승(衛文升)이 대왕(代王, 양유)을 옆에 끼고 성에 올라가 끝까지 저항했다. 11월에 마침내 장안을 점령했다. 이연은 대왕을 높여 천자로 옹립하고 연호를 의녕(義寧)으로 고쳤다.

그때 수양제는 단양(丹陽)으로 가려했는데 대신들과 장수, 병사들이 모두 북쪽 출신이어서 남쪽으로 가기를 원하지 않고, 모두가 고향으로 돌아가고자 했다. 친위군의 우문화급(于文化及)은 백성들이 명령을 따르지 않는 모습을 보고 강도에서 양제를 살해하고, 왕공을 비롯한 양씨 일족을 노소를 가리지 않고 모조리 죽였다. 수문제의 손자인 진왕(秦王) 양호(楊浩)를 천자로 세우고, 우문화급은 승상이 되었다. 〔조유가 『대당창업기거주(大唐創業起居注)』에서 여러 문장을 뽑아 엮음〕

五月, 甲子, 唐公擧義兵, 遙尊煬帝爲太上皇, 立代王侑爲天子, 行伊,霍故事. 傳檄天下, 聞之響應.

秋七月, 唐公將西圖長安, 仗白旗, 誓衆於太原之野, 被甲三萬. 留公子元吉守太原, 義師次霍邑. 隋武牙郎將宋老生拒義師. 時連雨不霽, 糧運不給, 又訛突厥將襲太原,

唐公懼, 命旋師, 用秦王諫, 乃止. 老生背城, 一戰斬之, 平霍邑.

冬十月，義師次長樂宮，衛文升挾代王乘城拒守．十一月，平京師，尊代王爲天子，改元義寧．時煬帝將之丹陽，而大臣將卒皆北人，不願南遷，咸思歸．

宇文化及因百姓之不堪命，殺煬帝於江都，隋室王侯，無少長皆斬之，立嗣王浩爲天子，化及爲丞相．

이듬해(AD 618년) 5월 무오일에 공제 양유는 별궁에서 당공 이연에게 황제 자리를 선양했다. 당은 장안을 수도로 삼았다. 기사일에 왕세충(王世充)과 단달(段達) 등은 낙양에서 월왕(越王)인 통(侗)을 천자로 세웠다. 6월에 우문화급은 강도를 떠나 팽성(彭城)으로 진격하여 여양(黎陽)을 거점으로 자립하여 나라 이름을 허(許)라고 칭했다. 〔조유가 『수서』「구당서(舊唐書)」 등 여러 사서의 문장을 취합하여 엮음〕

五月，戊(子)[午]，天子侑遜位於別宮，禪位於唐，都長安．己巳，王世充,段達等立越王侗爲皇帝於洛陽．六月，宇文化及自江都至彭城，據黎陽稱許．

이밀은 대군을 이끌고 청기(淸淇)땅에 보루를 세웠다. 돈황(敦煌)의 장수일(張守一)은 이밀과 우문화급의 군대가 서로 충돌하고 있음을 이용하여 월왕 통에게 이밀을 토벌할 것을 권했다. 그러나 월왕은 장수일의 이밀 토벌책을 듣지 않고 오히려 맹종(孟琮)의 계책을 받아들여 이밀을 귀순시켜 연합하려고 했다.

이밀은 동도 즉 낙양으로부터 왕세충(王世充)의 공격 위험이 없어지자, 예봉을 우문화급에게로 돌려 패배시켰다. 이밀은 우문화급을 깨뜨린 후부터 더욱 교만해졌다. 월왕은 왕세충에게 명을 내려 이밀을 공격하도록 했다. 이밀은 조군언(祖君彦)의 계책을 받아들이지 않고 왕세충과 싸움을 벌였다가 대패했다. 이밀은 서쪽 장안으로 달아나 이연에게 몸을 의탁했으나, 얼마 후 모반을 꾀하다가 죽임을 당했다.

대당 무덕(武德) 2년(AD 629년) 왕세충은 낙양에서 월왕 통을 죽이고 스스로 제위에 올라 나라 이름을 정(鄭), 연호를 개명(開明)이라고 칭했다. 이로써 수나라는 멸망했다. 〔조유가 여러 사서에서 관련 기사를 뽑아 엮음〕

李密率大軍壁淸淇, 敦煌張守一聞密之拒化及也, 說越王以討, 越王不用其策, 用孟琮計與密連和. 李密無東都之慮, 盡銳攻化及, 破之. 密自敗化及, 益以驕傲. 越王命王世充擊密, 密不用祖君彦計, [密]師敗績, 遂西奔京師, 尋謀反, 殺之.

大唐武德二年, 王世充殺越王侗於洛陽, 僭稱尊號, 隋氏滅矣.

논한다.

간보(干寶)는 이렇게 말했다. "제왕이 흥기함은 반드시 천명을 기다려야 한다. 비록 왕조의 교체가 있었다 하더라도 그것은 사람의 힘으로 이뤄진 일이 아니다. 요임금과 순임금이 내정한 계승자에게 제위를 선양한 것은 문덕을 체현한 것이며, 한나라와 위나라 때 다른 성씨에게 제위를 선양한 것은 대의명분에 순응한 것이다.

은나라의 탕임금과 주나라 무왕의 혁명은 하늘과 백성의 뜻에 부응한 것이며, 한나라 고조와 동한 광무제의 쟁투와 토벌은 공훈과 업적을 확립한 것이다. 각자는 그 운세에 따라서 천하를 얻을 수 있었으니, 그 시기의 대의에 순응함이 참으로 위대하도다." 〔출전: 간보의 「진기, 논진무제혁명(晉紀, 論晉武帝革命)」, 『육신주문선』 권49에 기재됨〕

범욱(范煜 즉 범엽)은 이렇게 논했다. "고대로부터 나라를 세운 대업을 잃고 종묘제사가 끊긴 데는, 반드시 나라가 쇠약해지고 재앙과 패망을 불러온 원인이 있었으며, 그런 원인은 알게 모르게 조금씩 자랐던 것이다. 하은주 삼대에는 미색에 빠져 화를 불렀으며, 진나라는 사치와 포악한 정치로 재앙을 불러들였고, 서한은 외척 세력의 발호 때문에 천자의 자리를 잃었으며, 동한은 환관들의 전횡으로 나라가 망했다.

왕조의 성공과 패망의 유래에 대해서는 전대의 많은 사가들이 평가하고 토론한 것이 오래 되었다." 〔출전: 범엽의 『후한서』 권78 「논」〕

진, 한 이래로 수나라에 이르기까지 왕조의 흥망성쇠를 살펴보면 비록 하늘의 운수가 작용하고 있음을 알 수 있지만 또 다른 요인이 있다. 대체로 천하를 얻은 것은 현명한 인재와 호걸을 얻어 그들의 보좌를 받고, 백성들을 위하여 이로움을 일으키고 해로움을 제거한 데서 비롯된 것이다. 반면 나라를 잃게 된 것은 소인배들을 중용하고 사치하고 무도한 짓을 행하는데서 비롯되지 않음이 없는 것이다. 〔조유의 말〕

그래서 공자는 말했다. "자신의 언행을 단속하고도 잘못을 범하는 자는 드물다." 〔출전: 『논어』 「이인」〕

또 말하기를 "아첨하는 자를 멀리하며, 편벽되고 나쁜 점을 찾아 버려라."라고 하였다." 〔출전: 『논어』 「위령공」〕

참으로 깊은 뜻이 있다고 하겠다. 〔조유의 말〕

論曰: 干寶稱: "帝王之興, 必俟天命. 苟有代謝, 非人事也. 堯,舜內禪, 體文德也; 漢,魏外禪, 順大名也; 湯,武革命, 應天人也; 高,光爭伐, 定功業也. 各因其運而得天下, 隨時之義大矣."

范煜曰: "自古喪大業,絕宗禋, 其所以致削弱禍敗者, 蓋漸有由矣. 三代以嬖色取禍, 嬴氏以奢虐致災, 西京自外戚失祚, 東都緣閹尹傾國. 成敗之來, 先史商之久矣."

自秦,漢迄於周,隋, 觀其興亡, 雖亦有數, 然大抵得之者, 皆因得賢豪, 爲人興利除害; 其失之也, 莫不因任用羣小, 奢汰無度.

孔子曰: "以約失之者, 鮮矣." 又曰: "遠佞人, 去僻惡."

有旨哉!

권5 패기 중(霸紀 中)

제18편 칠웅략(七雄略)

전국 칠웅의 책략

신은 이렇게 들었습니다.

"천하는 큰 그릇이며, 백성은 그 안에 담긴 귀중한 재산이다." 천하라는 그릇은 너무나도 크기 때문에 혼자서 다스릴 수 없으며, 백성이라는 재산은 너무나도 많고 또 귀중하기 때문에 스스로 지킬 수 없다. 그렇기 때문에 땅을 나누고 경계를 구획했으니, 이는 제후를 세워 다스리도록 하는 것이 이롭기 때문이다. 또 친하거나 소원한 나라들을 서로 견제하도록 했으니, 여기에 나라의 흥망성쇠가 달려있기 때문이었다. 〔출전: 간보의 『진기총론(晉紀, 總論)』, 『문선』 권49에서 인용함〕

臣聞: "天下, 大器也; 羣生, 重蓄也." 器大不可以獨理, 蓄重不可以自守. 故劃野分疆, 所以利建侯也; 親踈相鎮, 所以關盛衰也.

옛날 주나라는 하나라와 은나라 두 왕조의 경험을 거울로 삼아, 다섯 등급의 작위(공, 후, 백, 자, 남의 작위)를 제정하고, 800여 개의 제후국을 분봉했다. 그 중에 55개 봉국에는 같은 성씨로 제후를 세워, 나라의 근본을 깊고 튼튼하게 해서 쉽게 뽑히지 못하도록 했다. 이에 따라 나라가 흥성했을 때는 주공과 소공이 천자를 보좌해서 다스렸고, 나라가 쇠퇴해졌을 때는 오패가 함께 쇠약해진 주 왕실을 떠받쳤다.

이처럼 제후들이 힘을 합쳐 주 왕실을 좌우에서 보좌하면서 그 시대를 장악해서 다스리도록 했으니, 바로 주문왕과 무왕, 주공 세 성인이 봉건제를 제정한 본래의 뜻이다. 〔출전: 『한서』 권14 「제후왕표(諸侯王表)」〕

그러나 제후신하들을 후하게 대우하는 주의 봉건제는, 꼬리 즉 제후들의 세력이 지나치게 강대해지는 폐단을 발생시켰다. 유왕(幽王)과 평왕(平王) 이후로 주 왕실은 날로 쇠약해져서 작록과 포상이 왕실의 측근 대신들로부터 나오고, 정벌의 명령이 천자로부터 나오지 않게 되었다. 〔조유의 말〕

오나라는 월나라에 병탄되고, 진(晉)은 세 개의 나라로 나누어지고, 정(鄭)은 한(韓)나라에 병합되고, 노(魯)나라는 초(楚)나라에 의해 멸망되니, 천하에는 절대적 권위를 가진 주인이 없게 되었다.

이러한 상태가 40여 년 계속되다가 전국(戰國)시대가 열리게 되었다. 이중에 진(秦)나라는 험요한 지세에 의지하고 교활한 작전에 능한 군대를 지휘하여 산동의 여섯 나라를 잠식해 들어가니, 산동의 나라들이 이를 심각하게 걱정했다. 〔출전: 조경(曹冏)의 「육대론(六代論)」, 『문선』 권52에 보임. 또한 『삼국지』 권20 「광평애왕엄전」의 배주에

서 인용한 『위씨춘추』에도 조경의 이 글을 수록함〕

소진(蘇秦)은 낙양 사람으로 6국의 제후들이 연합해 합종(合縱)함으로써 진에 대항할 것을 주장했고, 장의(張儀)는 위나라 사람으로 제후들의 합종을 깨뜨려 분산시키고 진나라와 연횡(連橫)할 것을 주장했다. 이로써 합종설과 연횡설이 일어나 대립하게 되었다. 〔조유의 말〕

昔周監二代, 立爵五等, 封國八百, 同姓五十五, 深根固本, 爲不可拔者也. 故盛則周召相其治, 衰則五覇扶其弱, 所以夾輔王室, 左右厥世. 此三聖制法之意.

然厚下之典, 弊於尾大, 自幽,平之後, 日以陵夷, 爵祿多出於陪臣, 征伐不由於天子. 吳并於越, 晉分爲三, 鄭兼於韓, 魯滅於楚, 海內無主, 四十餘年而爲戰國矣. 秦據勢勝之地, 騁狙詐之兵, 蠶食山東, 山東患之.

蘇秦, 洛陽人也, 合諸侯之縱以賓秦; 張儀, 魏人也, 破諸侯之縱以連橫. 此縱橫之所起也.

소진이 합종설을 품고 먼저 연(燕)나라로 갔다.

연나라 문후(文侯)에게 다음과 같이 설득했다. "연나라의 동쪽에는 조선과 요동이 있고, 북쪽에는 임호(林胡)와 누번(樓煩)이 있으며, 서쪽에는 운중(雲中)과 구원(九原)이 있고, 남쪽에는 호타하(呼沲河)와 역수(易水)가 있습니다. 땅은 사방 2천여 리나 되고, 무장한 병사가 수십만 명에 전차가 600승, 전마가 6천 필이 있으며, 군량은 몇 년 동안 먹을 수 있을 만큼 충분합니다. 남쪽으로는 갈석(碣石)과 안문(雁門)

같이 물산이 풍부한 곳이 있고, 북쪽으로는 대추와 밤 같은 이로운 작물이 있어 백성들은 밭을 갈지 않아도 대추와 밤에서 얻는 이익만으로도 풍족합니다. 이른바 '하늘이 내린 창고'라 할 수 있을 것입니다. 대내적으로는 평안 무사하고 대외적으로는 싸움에 지고 장수를 죽이는 일이 없는 것이, 연나라보다 더 나은 나라가 없습니다.

대왕께서는 이렇게 된 까닭을 아십니까? 연나라가 무장한 외적의 침입을 받지 않는 까닭은 조(趙)나라가 연나라의 남쪽을 가로막고 있기 때문입니다. 진나라와 조나라가 여러 번의 싸움으로 쌍방이 모두 피폐해졌지만, 대왕께서는 연나라를 온전히 지키면서 그 배후를 견제하고 있습니다. 이것이 연나라가 적의 침범을 받지 않는 까닭입니다. 만약 진나라가 연나라를 공격하려면 반드시 운중과 구원을 넘어 대(代)와 상곡(上谷)을 거쳐야 하니 장장 수천 리 길이며, 설령 연나라의 성을 얻는다 하더라도 진나라로서는 어떤 계책을 써든 지킬 수 없습니다. 진나라가 연나라를 해칠 수 없다는 것은 참으로 명백한 것입니다.

그러나 지금 조나라가 연나라를 치기로 한다면, 출전명령을 내린 지 열흘도 안 되어 수십만 대군이 동원(東垣)에 진을 칠 것입니다. 또 호타하와 역수를 건너면 나흘이나 닷새도 되지 않아 수도에 다다를 수 있습니다. 그렇기 때문에 진나라가 연나라를 치려면 천리 밖에서 싸워야 하지만, 조나라가 연나라를 공격하면 백리 안에서 싸우게 되는 것입니다. 백리 안에 있는 우환을 걱정하지 않고 천리 밖에 있는 진나라를 중시한다면, 이보다 더 잘못된 계책이 없을 것입니다. 이런 이유로 신은 대왕께서 조나라와 합종하고, 천하의 제후들과 하나로 동맹을 맺기를 바라는 것입니다. 그러면 연나라에는 반드시 걱정할 일이 없을 것입니다." 이에 연나라 문후는 합종하여 진나라에 대항하자는 제안을 받아들였다. 〔출전: 『사기』 권69 「소진열전(蘇秦列傳)」〕

蘇秦初合縱至燕, 說燕文侯曰: "燕東有朝鮮,遼東, 北有林胡,樓煩, 西有雲中,九原, 南有呼沱,易水. 地方二千餘里, 帶甲數十萬, 車六百乘, 騎六千匹, 粟支數年. 南有碣石,鴈門之饒, 北有棗栗之利, 民雖不田作而足於棗栗矣, 此所謂天府者也. 夫安樂無事, 不見覆軍殺將, 無過燕者. 大王知其所以然乎?

夫燕所以不犯寇被甲兵者, 以趙爲之蔽其南也. 秦趙相斃, 而王以全燕制其後, 此所以不犯寇也. 且夫秦之攻燕也, 踰雲中,九原, 過代,上谷, 彌地數千里, 雖得燕城, 秦計固不能守也. 秦之不能害燕, 亦明矣.

今趙之攻燕也, 發號出令, 不至十日, 而數十萬之軍, 軍於東垣矣. 渡呼沱, 涉易水 不至四五日而距國都矣. 故曰秦之攻燕也, 戰於千里之外; 趙之攻燕也, 戰於百里之內. 夫不憂百里之患, 而重於千里之外, 計無過於此者. 是故, 願大王與趙從親, 天下爲一, 則燕國必無事矣."

燕文侯許之.

소진은 다음으로 조나라로 가서 조나라 숙후(肅侯)에게 이렇게 설득했다.

"신이 삼가 대왕을 위하여 계책을 말씀드린다면, 백성들을 편안하게 하고 나라에 별다른 일이 없도록 하는 것이 가장 좋은 것입니다. 그러므로 새로운 일을 벌여 백성들을 번거롭게 하지 말아야 합니다.

백성을 편안하게 하는 근본적인 계책은 이웃 나라를 선택하는데 있습니다. 이웃 나라를 잘 선택하여 우호관계를 맺는다면 백성들은 안정될 수 있지만, 이웃 나라를 잘못 선택하여 좋은 관계를 맺지 못한다면 백성들은 종신토록 안정되지 못할 것입니다.

청컨대 나라 밖의 걱정거리에 대하여 말씀 드리고자 합니다. 제나라와 진나라 두 나라가 조나라의 적이 되면 조나라 백성들은 편안하게 살 수 없습니다. 또 진나라와 한 편이 되어 제나라를 쳐도 백성들이 편안할 수 없고, 제나라와 한 편이 되어 진나라를 공격하더라도 백성들이 안정될 수 없습니다. 그렇지만 대왕께서 진실로 제 말을 들어 주신다면, 연나라는 반드시 모직물과 털가죽, 좋은 말과 개가 생산되는 땅을 바칠 것이며, 제나라는 생선과 소금이 나는 바닷가 땅을 바칠 것이며, 초나라는 귤과 유자가 생산되는 동산을 바칠 것이며, 한(韓)나라와 위(魏)나라, 중산(中山) 등의 나라는 모두 왕실에서 부세를 거둘 수 있는 탕목읍(湯沐邑)을 바칠 것입니다. 그리하여 대왕의 종족과 인척들은 모두 제후로 봉해질 것입니다. 다른 나라의 땅을 빼앗아 이익을 취하는 것은 춘추오패가 적군을 쳐서 깨뜨리고 적장을 사로잡으면서 전쟁을 벌여서라도 구했던 것이며, 왕실의 귀족과 인척을 제후로 봉하는 것은 탕왕과 무왕이 폭군을 내쫓거나 죽이고서야 쟁취할 수 있었던 것들입니다. 지금 대왕께서는 팔짱을 끼고 높이 앉아 계시면서도 이 두 가지를 모두 얻을 수 있게끔 하는 것이, 바로 신이 대왕을 위해 이루고자 하는 일입니다.

진나라가 지도(軹道, 섬서성 함양면의 동북 지역)로 내려오면 남양(南陽)이 위태롭게 되고, 한나라를 위협하면서 주나라를 포위하면 조나라도 스스로 무기를 잡아야 할 것입니다. 위(衛)나라를 점거하여 기(淇)

와 권(卷)땅을 빼앗으면, 제나라는 반드시 진나라에 입조하여 신하의 예로써 섬길 것입니다. 진나라가 만일 산동(山東, 태행산 이동의 땅)을 얻고자 한다면 반드시 군대를 일으켜 조나라를 목표로 할 것입니다. 진나라 군대가 황하를 건너고 장수(漳水)를 넘어 파오(番吾)를 차지한다면, 진나라와 조나라 군사들은 수도 한단(邯鄲)의 턱밑에서 싸우게 될 것입니다. 이것이야말로 신이 대왕을 위해 걱정하는 일입니다.

지금 산동에 세워진 나라들 가운데 조나라보다 더 강한 나라는 없습니다. 땅은 사방 2천 리에 무장한 군사가 수십만 명이며, 전차가 일천승에 일만 필의 전마가 있으며, 군량은 몇 년간 먹고 견딜 만합니다. 서쪽으로는 상산(常山)이 있고, 남쪽으로는 황하와 장수(漳水)가 있고, 동쪽으로는 청하(淸河)가 있으며 북쪽으로는 연나라가 있습니다. 연나라는 본디 약소국이니 두려워할 존재가 아닙니다. 진나라에서 본다면 천하통일에 방해가 되는 나라로서 조나라만한 나라가 없습니다.

그런데도 진나라가 감히 군대를 일으켜 조나라 정벌에 나서지 못하는 이유는 무엇이겠습니까? 한나라와 위(魏)나라가 그 배후를 치지나 않을까 두려워하기 때문입니다. 그렇다면 한나라와 위나라는 조나라에게 남쪽의 방패막이가 되는 셈입니다. 만일 진나라가 한나라와 위나라를 공격한다면 큰 산이나 깊은 강과 같은 험한 장애가 없기 때문에 마치 누에가 뽕을 갉아먹듯이 야금야금 땅을 차지하여 그들의 수도에 이르고서야 그칠 것입니다. 한과 위나라가 진나라에 저항하지 못하게 된다면 그들은 반드시 진나라를 신하의 예로서 섬길 것입니다. 진나라에 한, 위 두 나라의 배후견제가 없어지게 되면 그 화는 반드시 조나라로 집중될 것입니다. 이것이 바로 신이 대왕을 위해 근심하는 것입니다.

신이 듣건대 요임금은 300묘의 땅도 없었고, 순임금은 지척의 땅도 없었지만 천하를 얻었고, 우임금은 거느린 무리가 백 명도 안 되었지만 왕이 되어 제후들을 거느렸으며, 상나라의 탕왕과 주나라 무왕은 거느린 무사가 3천 명을 넘지 않았고 전차는 불과 300대, 보졸이 겨우 3만 명에 지나지 않았으나 천자로 세워졌으니, 이는 진실로 천하를 얻는 도리를 알았기 때문입니다. 그렇기 때문에 밝은 임금은 밖으로 적의 강약을 헤아리고 안으로 병사들의 능력이 뛰어난 지 아닌지를 살펴서, 두 나라가 군대가 서로 대치하기를 기다리지 않고도 전쟁의 승패와 존망의 기틀이 이미 가슴 속에 나타나 있게 됩니다. 그러니, 어찌 용렬한 자들의 말에 총명이 가려져 국가 대사를 흐리멍덩하게 결정할 수 있겠습니까?

신이 삼가 천하의 지도를 살펴 보건대, 여러 제후들의 땅을 합치면 진나라보다 다섯 배나 크고, 제후들의 군사를 헤아려 보니 진나라 군사보다도 열 배나 많습니다. 여섯 나라가 힘을 합쳐 서쪽으로 함께 진나라를 치면 진나라를 반드시 깨뜨릴 수 있을 것입니다. 그러나 각국이 서쪽을 향해 진나라를 섬기고자 하면, 모두가 진나라의 신하가 될 것입니다. 다른 나라를 깨뜨리는 것과 다른 나라에 패배 당하는 것, 또한 다른 나라를 신하로 삼는 것과 다른 나라의 신하노릇 하는 것을 어떻게 같은 기준에 놓고 얘기할 수 있겠습니까?

연횡을 주장하는 자들은 모두 제후들의 땅을 떼어주고 진나라와 화합하고자 합니다. 진나라와의 연횡이 이루어지고 나면, (상급으로 받은 돈으로) 그들은 높은 누대와 정자를 세우고 궁실을 호화롭게 꾸미고 생황과 피리의 연주를 들으며 즐길 것입니다. 자기 나라가 진나라에게 화를 입더라도 나라의 우환을 함께 나누려 하지 않을 것입니다. 그렇기 때문에 연횡을 주장하는 자들은 밤낮으로 진나라의 권세를 갖고 제후들을 협박하여 땅을 떼어 진나라에 바치게 하려고 힘쓰고 있으니, 대왕께서는 이점을 심사숙고하시기 바랍니다.

신이 듣건대, 현명한 임금은 의심을 끊어버리고 참소를 믿지 않으며, 유언비어가 떠돌지 못하게 하고, 붕당을 짓지 못하도록 그 문을 닫아버린다고 합니다. 그렇게 하기에 왕을 높이고 부국강병의 계책을 지닌 신하가 임금 앞에서 충심을 아뢰게 되는 것입니다. 대왕을 위해여 삼가 계책을 세워 본다면, 한, 위, 제, 초, 연, 조 여섯 나라가 합종하여 진나라에 대항하는 것보다 더 나은 계책이 없습니다. 천하의 장군과 재상들을 원수(洹水)에 소집하여 회맹하고, 서로 인질을 교환하고 백마를 죽여 그 피를 입에 바르고 맹약합니다. 그 맹약은 이렇게 해야 합니다.

"만일 진나라가 초나라를 침공하면, 제나라와 위나라는 각자 정예병을 출동시켜 싸움을 돕고, 한나라는 진나라의 군량 보급로를 끊고, 조나라는 황하와 장수를 건너고, 연나라는 상산 이북을 수비한다.

진나라가 한나라와 위나라를 공격하면, 초나라는 그 배후를 끊고, 제나라는 정예병을 보내 싸움을 돕고, 조나라는 황하와 장수를 건너고, 연나라는 운중(雲中)을 지킨다.

진나라가 제나라를 공격하면 초나라는 그 후방을 끊고, 한나라는 성고(成皐)를 지키며, 위나라는 군량 보급을 차단하고, 조나라는 황하와 장수를 건너 박관(博關)으로 향하고, 연나라는 정예병을 출동시켜 전투를 돕는다.

진나라가 연나라를 공격하면, 조나라는 상산을 지키고, 초나라는 무관(武關)에 진을 치며. 제나라는 발해(渤海)를 건너고, 한나라와 위나라는 각기 정예병을 보내 싸움을 돕는다.

진나라가 조나라를 침공하면, 한나라는 의양(宜陽)에 군대를 주둔시키고, 초군은 무관에 진을 치고, 위나라 군대는 하외(河外)에 주둔하며, 제나라는 청하를 건너고. 연나라는 정예병을 파견하여 싸움을 돕는다.

만약 제후 가운데 이 맹약을 지키지 않는 자가 있으면, 나머지 다섯 나라 군대가 공동으로 토벌한다."

이렇게 여섯 나라가 합종하여 진나라에 대항하면, 진나라 군대가 감히 함곡관(函谷關) 밖으로 나와 산동을 해치지 못할 것입니다. 이와 같이 하면 대왕의 패업이 이루어질 것입니다."

조왕은 "좋은 계책이다."라고 말했다. 〔출전: 상동〕

蘇秦如趙, 說趙肅侯曰: "臣竊爲君計, 莫若安民無事, 且無庸有事民爲也. 安民之本在於擇交, 擇交而得則民安, 擇交而不得則民終身不安. 請言外患; 齊秦爲兩敵而民不得安, 倚秦攻齊而民不得安, 倚齊攻秦而民不得安.

君誠能聽臣, 燕必致氈裘狗馬之地, 齊必致魚鹽之海, 楚必致橘柚之園, 韓,魏,中山皆可使致湯沐之奉, 而貴戚父兄皆可受封侯. 夫割地包利, 五伯之所以覆軍擒將而求也; 封侯貴戚, 湯,武所以放弑而爭也. 今君高拱而兩有之, 此臣之所爲君願也.

夫秦下軹道則南陽危, 劫韓包周則趙自操兵, 據衛取淇,卷則齊必入朝秦. 秦欲已得乎山東, 則必擧兵而嚮趙矣. 秦甲渡河踰漳, 據番吾, 則兵必戰於邯鄲之下矣. 此臣之所爲君危也.

當今之時, 山東之建國莫强於趙. 趙地方二千餘里, 帶甲數十萬, 車千乘, 騎萬匹, 粟支數年. 西有常山, 南有河漳, 東有淸河, 北有燕. 燕固弱國, 不足畏也. 秦之所害於天下莫如趙, 然而秦不敢擧兵而伐趙者, 何也? 畏韓,魏之議其後也. 然則韓,魏, 趙之南蔽也. 秦之攻韓,魏也, 無名山大川之險, 稍稍蠶食之, 傅國都而止. 韓,魏不能支秦, 必入臣於秦. 秦無韓,魏之規, 則禍必中於趙矣. 此臣之所爲君患也.

臣聞堯無三夫之分, 舜無咫尺之地, 以有天下; 禹無百人之聚, 以王諸侯; 湯,武之士不過三千, 車不過三百乘, 卒不過三萬, 立爲天子, 誠得其道也. 是故明主外料其敵之强弱, 內度其士卒賢不肖, 不待兩軍相當, 而勝敗存亡之機, 固已形於胸中矣, 豈掩於衆人之言, 而以冥冥決事哉!

臣竊以天下之地圖按之, 諸侯之地五倍於秦, 料度諸侯之卒十倍於秦. 六國并力, 西面而攻秦, 秦必破矣. 今西面而事之, 見臣於秦. 夫破人之與見破於人, 臣人之與見臣於人也, 豈可同日而論哉!

夫衡人者, 皆欲割諸侯之地以與秦. 秦成則高臺榭, 美宮室, 聽竽笙之音, 國被秦患而不與其憂. 是故, 衡人日夜務以秦權恐愒諸侯, 以求割地, 願大王熟計之.

臣聞明主絕疑去讒, 屛流言之迹, 塞朋黨之門, 故尊主强兵之臣得陳忠於前矣.

故竊爲大王計, 莫若一韓,魏,齊,楚,燕,[趙]從親, 以叛秦. 合天下之將相會於洹水之上, 通質刑白馬而盟, 約曰: '秦攻楚, 齊,魏各出銳師以佐之, 韓絕其糧道, 趙涉河漳, 燕守常山之北; 秦攻韓,魏,則楚絕其後，齊出銳士以佐之，趙涉河漳，燕守雲中；秦攻齊，則楚絕其後，韓守成皐，魏塞其糧道，趙涉河漳,博關，燕出銳師以佐之；秦攻燕，則趙守常山，楚軍武關，齊涉渤海，韓,魏皆出銳師以佐之；秦攻趙，則韓軍宜陽，楚軍武關，魏軍河外，齊涉清河，燕出銳師以佐之. 諸侯有不如約者，以五國之兵共伐之.' 六國從親以賓秦，則秦甲必不敢出於函谷，以害山東矣. 如此，則霸王之業成矣."

趙王曰: "善."

소진은 이어 한나라로 가서 선왕(宣王)에게 이렇게 설득했다.

"한나라는 북쪽으로 공(鞏)과 낙(洛), 성고(成皐) 등의 견고한 성이 있고, 서쪽으로 의양과 상판(商阪)과 같은 요새가 있고, 동쪽으로 완(宛)과 양(穰), 유수(洧水)가 있고, 남쪽으로 형산(陘山)이 있습니다. 땅은 사방 9백여 리에 무장한 군사가 수십만 명이고, 천하의 강궁과 강한 쇠뇌가 모두 한나라에서 생산됩니다. 한나라 병사들은 발로 밟고 쇠뇌를 쏘는데 뛰어나 백발을 멈추지 않고 연발로 쏠 수 있습니다. 멀리서 쏜 것은 화살대가 가슴을 꿰뚫고, 가까이서 쏜 것은 화살촉이 심장에 꽂힙니다. 한나라의 칼과 창은 용천(龍泉)과 태아(太阿) 같은 보검들로서 육지에서는 소나 말을 한칼에 베고, 물에서는 고니와 기러기를 벨 수 있습니다. 이처럼 병사들의 굳셈과 대왕의 현명함을 갖고서도 서쪽을 향하여 진나라를 섬겨 스스로 두 손을 묶고서 복종한다면, 이는 한나라 사직의 수치요 천하의 웃음거리가 됨이 이보다 더 큰 것이 없을 것입니다. 그러니 대왕께서는 이점을 깊이 헤아려 보시기를 바랍니다.

대왕께서 진나라를 받들어야할 필요가 없는데도 진나라를 섬기기로 한다면, 진나라는 반드시 의양과 성고의 땅을 요구할 것입니다. 금년에 이 땅을 바치면 내년에는 다시 다른 땅을 할양해 줄 것을 요구할 것입니다. 요구대로 땅을 주면 결국에는 줄 땅도 없게 될 것이고, 땅을 주지 않으면 이전에 바친 공은 다 없어지고 뒤탈이 있게 될 것입니다. 대왕의 땅은 다함이 있지만 진나라의 요구는 끝이 없을 것이니, 한정된 땅을 갖고는 끝이 없는 요구를 거스를 수밖에 없습니다. 이는 이른바 '원한을 사고 화를 불러 오는 것'이니, 싸움은 해보지도 못하고 땅은 이미 다 빼앗겨 버리게 되는 것입니다.

항간의 속담에 '차라리 닭의 부리가 될지언정 소의 꼬리가 되지 말라.'라는 말이 있습니다. 지금 대왕께서 스스로 두 손을 묶고 진나라를 신하의 예로서 섬기고자 한다면, 소의 꼬리가 되는 것과 무엇이 다르겠습니까? 대왕의 현명함에다 강한 한나라 병사를 갖고서도 '소의 꼬리'라는 이름을 얻게 된다면, 이는 생각건대 대왕의 수치가 될 것입니다."

한나라 왕은 발끈하여 안색이 바뀌더니 검을 어루만지며 긴 한숨을 내쉬면서 말했다. "과인이 비록 어리석지만 진을 섬길 수는 없소." 그리고 소진의 계책을 따랐다. 〔출전: 상동〕

蘇秦如韓, 說韓宣王日: "韓北有鞏,洛,成皐之固, 西有宜陽,商阪之塞, 東有宛,穰,洧水, 南有陘山. 地方九百餘里, 帶甲數十萬, 天下之强弓勁弩皆從韓出. 韓卒超足而射, 百發不暇止, 遠者栝洞胸, 近者鏑掩心. 韓之劍戟則龍泉,太阿, 皆陸斷牛馬, 水截鵠雁. 夫以韓卒之勁與大王之賢, 乃西面而事秦, 交臂而服焉, 羞社稷而爲天下笑, 無大於此者也. 是故, 願大王熟計之.

大王無事秦, 事秦必求宜陽,成皐. 今茲効之, 明年又復求割地. 與之, 則無地以給之; 不與, 則棄前功而受後禍. 且夫大王之地有盡, 而秦之求無已. 以有盡之地而逆無已之求, 此所謂市怨結禍者, 不戰而地已削矣.

臣聞鄙諺曰: '寧爲鷄口, 無爲牛後.' 今王西面交臂而臣事秦, 何異於牛後乎? 夫以大王之賢, 挾强韓之兵, 而有牛後之名, 竊爲大王羞之."

韓王勃然作色, 按劍太息曰: "寡人雖不肖, 不能事秦." 從之.

소진은 위나라로 가서 양왕(襄王)에게 이렇게 설득했다.

"대왕의 땅은 남쪽으로는 홍구(鴻溝)와 진(陳), 여남(汝南)이 있고, 동쪽으로는 회수(淮水)와 영수(潁水), 자조(煮棗)가 있고, 서쪽으로는 장성을 경계로 삼았고, 북쪽으로는 하외(河外)와 권(卷), 연(衍)이 있으며, 땅은 사방 천리입니다. 이름난 지방은 얼마 안 되지만 곳곳에 논밭이 있고 농사를 짓는 집들이 밀집해 있어서, 일찍부터 꼴을 베고 가축을 풀어 기르는 황무지가 없습니다. 백성도 많고 수레와 말도 많아서 밤낮을 가리지 않고 끊임없이 오가는데, 수레가 덜컹거리고 행인들의 왁자지껄하는 소리가 마치 삼군의 군사들이 행진하는 것처럼 참으로 요란합니다. 위나라는 천하의 강국이며, 대왕께서는 천하의 현명한 군주이십니다.

그런데 지금 대왕께서는 서쪽을 향하여 진나라를 섬기며, 스스로 '동쪽의 울타리(東藩)'라고 칭하고, 진나라 왕을 위한 행궁을 짓고, 진나라의 관과 허리띠를 받아쓰고, 봄가을로 진나라에 제사를 올리려 하고 있습니다. 신은 삼가 대왕을 위해 이를 부끄럽게 여깁니다.

신이 듣건대, 월왕 구천(句踐)은 지친 군사 3천 명으로 오왕 부차(夫差)를 간수(干遂)에서 사로잡았고, 주나라 무왕은 무사 3천 명과 전차 300대로 목야(牧野)에서 상나라의 주왕(紂王)을 제압했습니다. 어찌 그들의 병사가 많아서 이긴 것이겠습니까? 진실로 스스로 분발하여 위세를 떨쳤기 때문입니다.

신이 듣건대, 대왕의 군사는 무사가 20만 명, 푸른 두건을 쓴 병졸이 20만 명, 정예병이 20만 명, 병참군졸이 10만 명이며, 전차 600대에 말이 5천 필입니다. 이 정도면 월왕 구천이나 주나라 무왕의 병력에 비해 훨씬 많은 것입니다. 그런데 지금 대왕께서는 여러 신하들의 말을 듣고 진나라를 신하의 예로 섬기려고 합니다. 만일 진나라를 섬긴다면 반드시 땅을 떼어 바쳐 성의를 보여주어야 할 것입니다. 이렇게 되면 군대를 동원해 싸워 보지도 못한 채, 이미 영토를 잃어버리게 되는 셈입니다. 신하된 자로서 군주에게 땅을 떼어주고 외교를 하자고 주장하는 자들은, 한 때의 공로를 구하려 들 뿐 나중에 닥쳐올 환란을 돌아보지 않는 자들입니다. 또 나라를 무너뜨려 자기 가문의 이익을 구하려 하고, 밖으로 강대한 진나라의 세력을 끼고 안으로 자기의 군주를 위협하여 땅을 떼어줄 것을 요구하고 있으니, 대왕께서는 이점을 세심하게 살펴보시기 바랍니다.

『주서(周書)』에서 말하기를 '처음에 싹을 자르지 않고서 넝쿨이 무성하게 얽혔을 때 어찌할 거나? 털끝처럼 작을 때 베지 않으면 장차 도끼를 써야 하리.'라고 했습니다. 미리 깊이 생각하고 작정해두지 않았다가 나중에 큰 우환이 있게 되면 어떻게 하시겠습니까? 대왕께서 진실로 신의 계책을 받아들여 여섯 나라가 합종하여 뜻을 하나로 하고 힘을 합친다면, 진나라가 제아무리 강하더라도 걱정할 필요가 없을 것입니다. 그러므로 조나라 왕께서 신을 보내 어리석은 계책을 바치고, 명확한 약속을 받들어 올리도록 했습니다. 이에 대왕의 의견을 듣고자 합니다."

위왕이 말했다. "삼가 그대의 의견을 따르겠소." 〔출전: 상동〕

蘇秦如魏, 說魏襄王曰: "大王之地, [南]有鴻溝,陳,汝南, 東有淮,潁,煮棗, 西有長城之界, 北有河外,卷,衍, 地方千里. 地名雖小, 然而田舆舍廬, 曾無芻牧之地. 人民之衆, 車馬之多, 日夜行不絕, 輷輷殷殷, 若有三軍之衆. 魏, 天下之强國也; 王, 天下之賢主也. 今乃有意西面而事秦, 稱東藩, 築帝宮, 受冠帶, 祠春秋, 臣竊爲大王耻之.

臣聞越王句踐戰弊卒三千, 擒夫差於干遂; 武王卒三千, 革車三百乘, 制紂於牧野. 豈其卒衆哉, 誠能奮其威也.

今竊聞大王之卒, 武士二十萬, 倉頭[二十萬], 奮擊二十萬, 厮徒十萬, 車六百乘, 騎(六)[五]千匹. 此過越王句踐,武王遠矣, 今乃聽於羣臣之說, 以欲臣事秦. 夫事秦, 必割地而(効)[效]實, 故兵未用而國已虧矣.

夫爲人臣, 割其主之地以外交, 偷取一旦之功而不顧其後, 破公家而成私門, 外挾强秦之勢以內劫其主, 以求割地, 願大王熟察之. 周書曰: '綿綿不絕, 蔓蔓奈何? 毫氂不伐, 將用斧柯?' 前慮未定, 後有大患, 將奈之何?

大王誠能聽臣, 六國從親, 專心並力, 則必無强秦之患. 故敝邑趙王使臣効愚計, 奉明約, 在大王詔之."

魏王曰: "謹奉教."

소진은 다음에 제나라로 가서 선왕(宣王)을 만나 이렇게 설득했다.

"제나라는 남쪽으로는 태산(泰山), 동쪽으로는 낭야(琅邪), 서쪽으로는 청하(清河), 북쪽으로는 발해(渤海)가 있으니, 사방이 천연의 요새로 이뤄진 나라입니다. 수도인 임치(臨淄)는 풍요롭고 튼실하고, 백성들은 생황과 피리를 불고 북을 치고 금과 슬과 축(筑)을 타며 닭싸움과 개 경주를 즐기며, 쌍륙(雙六)을 놀고 축국(蹴鞠)을 즐기지 않는 사람이 없습니다. 임치의 도로는 수레바퀴가 서로 부딪히고 행인들의 어깨가 서로 닿을 만큼 복잡하고, 사람들의 옷자락을 이으면 휘장을 이루고 옷소매를 치켜들면 장막이 될 것이며, 사람들이 흘리는 땀을 뿌리면 마치 비가 내리는 것 같습니다. 집집마다 풍족하고 넉넉하며 백성들의 뜻이 높고 기운도 한껏 드날립니다. 여기에다 대왕의 현명함과 제나라의 강성함은 천하의 그 누구도 당할 수 없습니다. 그런데 지금 서쪽을 향하여 진나라를 섬기려 하니, 신은 대왕을 위해 참으로 부끄럽게 여기는 바입니다.

한나라와 위나라가 진나라를 두려워하는 것은, 그들이 진나라와 국경을 맞대고 있기 때문입니다. 쌍방이 군대를 출동시켜 싸우게 되면, 열흘이 지나지 않아서 전쟁의 승패와 나라의 존망의 기틀이 결판날 것입니다. 가령 한나라와 위나라가 싸워 진나라를 이긴다 하더라도 병력의 절반을 잃게 될 것이니, 사방의 국경을 안전하게 지킬 수 없게 됩니다. 더군다나 싸워서 진나라를 이기지 못한다면 나라는 이미 위태롭게 되고, 멸망이 뒤따르게 될 것입니다. 그렇기 때문에 한나라와 위나라는 진나라와 싸우는 것을 매우 어렵게 여기는 반면, 진나라의 신하가 되는 것을 가볍게 여기는 것입니다.

그러나 지금 진나라가 제나라를 치려고 할 경우 사정은 달라집니다. 진나라가 공격해 온다면 배후에 한나라와 위나라의 위협이 있고, 위(衛)나라의 양진(陽晉)과 항보(亢父)의 험한 땅을 지나와야 하는데, 그곳은 수레 두 대가 나란히 지나갈 수 없고 말이 나란히 달릴 수 없습니다. 백 명이 험한 길목을 지키면 천 명의 군사가 감히 지나 갈 수 없습니다. 또 진나라가 깊숙이 침공하려 해도, 겁이 많은 이리가 항상 뒤를 돌아다보는 것처럼 한나라와 위나라가 배후에서 습격하지나 않을까 걱정해야 할 것입니다. 그러므로 진나라는 두려워하여 주저하면서도 허세를 부리며 큰소리치고, 뽐내며 거들먹거릴 뿐 감히 진격해 오지 못하는 것입니다.

이처럼 진나라가 제나라를 어떻게 할 수 없다는 사실을 깊이 헤아려보지 않고 서쪽으로 진나라를 섬기려고 하니, 이는 여러 신하들의 계책이 잘못된 것입니다. 지금 진나라의 신하라는 오명을 없애고 나라를 강성하게 만들 실리를 드리려고 합니다. 이에 신은 대왕께서 이 점을 조금 마음에 두어 헤아리시기를 바랍니다."

제선왕은 소진의 말을 듣고 "그대의 말이 매우 좋다."라고 말했다. 〔출전: 상동〕

蘇秦如齊, 說齊宣王曰: "齊南有泰山, 東有琅邪, 西有清河, 北有勃海, 此四塞之國也. 臨淄甚富而實, 其民無不吹竽鼓瑟, 彈琴擊筑, 鬪鷄走狗, 六博蹴(踘)[鞠]者也. 臨淄之途, 車轂擊, 人臂摩, 連衽成帷, 擧袂成幕, 揮汗成雨, 家殷人足, 志高氣揚. 夫以大王之賢與齊之强, 天下莫能當也. 今乃西面事秦, 竊爲大王羞之.

且夫韓,魏之所以畏秦者, 爲與秦接境壤界也. 兵出相當, 不出十日, 而戰勝存亡之機決矣. 韓,魏戰而勝秦, 則兵半折, 四境不守; 戰而不勝, 則國已危, 亡隨其後也. 是故韓,魏之所以重與秦戰, 而輕爲之臣也.

今秦之攻齊則不然. 倍韓,魏之地, 過衛陽晉之道, 徑於亢父之險, 車不得方軌, 騎不得比行, 百人守險, 千人不敢過也. 秦雖欲深入, 則狼顧, 恐韓,魏之議其後. 是故恫疑虛喝, 驕肯而不敢進.

夫不深料秦之無奈齊何也, 以欲西面事之, 是羣臣之計過也. 今無臣秦之名, 而有强國之實, 故願大王少留意計之."

齊王曰: "善."

소진은 이번에는 초나라로 가서 위왕(威王)을 설득했다.

"초나라는 천하의 강국이며, 대왕께서는 천하의 현명한 군주입니다. 초나라는 서쪽으로는 검중(黔中)과 무군(巫郡)이 있고, 동쪽으로는 하주(夏州)와 해양(海陽)이 있고, 남쪽으로는 동정호(洞庭湖)와 창오(蒼梧)가 있으며, 북쪽으로는 형새(陘塞)와 순양(郇陽)이 있습니다. 땅은 사방 5천 리에 무장한 군사가 백만 명, 전차가 천대, 말이 일만 필이며, 군량은 10년을 버틸 수 있습니다. 이 정도면 패왕(霸王)이 될 수 있는 바탕입니다. 초나라의 이와 같은 부강함에다 대왕의 현명함까지 더하여 천하의 그 누구도 당할 나라가 없습니다. 그런데 지금 초나라가 서쪽을 향해 진나라를 섬기로 한다면, 천하의 제후들 가운데 어느 누가 진나라를 섬기지 않겠으며, 진나라 궁궐의 장대(章臺) 아래에서 조배(朝拜)하지 않을 자가 어디에 있겠습니까?

진나라에서 볼 때는 초나라만큼 방해가 되는 나라가 없습니다. 초나라가 강해지면 진나라는 약해지고, 진나라가 강해지면 초나라가 약해지니 두 세력은 양립할 수가 없는 것입니다. 그렇기 때문에 신은 대왕을 위하여 계책을 생각해보건대, 여섯 나라가 합종하여 진나라를 고립시키는 것보다 더 나은 계책이 없습니다.

만일 대왕께서 이웃 나라들과 화친을 맺지 않는다면, 진나라는 반드시 두 갈래로 군사를 일으켜, 한쪽 군대는 무관(武關)으로 나오고 다른 쪽 군대는 검중으로 내려올 것입니다. 그렇게 되면 언(鄢)과 영(郢) 일대가 모두 동요할 것입니다. 신이 듣건대, '모든 일은 어지러워지기 전에 다스려야 하고, 일이 일어나기 전에 대비해야 한다.'고 합니다. 우환이 닥치고 난 뒤에 걱정해봐야 제때에 대처할 수 없습니다. 그러므로 대왕께서는 이점을 속히 숙고하시기 바랍니다.

대왕께서 진실로 신의 계책을 들어 주신다면, 신은 산동의 제후국들로 하여금 춘하추동 철따라 공물을 초나라에 바치도록 하고, 대왕의 밝은 조칙을 받들도록 하고, 그들의 사직과 종묘의 제사를 모두 초나라에 들어 맡기도록 하며, 병사들을 강하게 훈련시켜 대왕께서 마음대로 쓸 수 있도록 해드리겠습니다.

그러므로 합종이 이루어지면 초나라가 천하의 왕이 되며, 연횡이 성사되면 진나라가 제왕이 될 것입니다. 지금 패왕의 대업을 버리고 다른 사람을 섬긴다는 오명을 뒤집어쓰려고 하니, 신은 결코 이것이 대왕께서 취할 바가 아니라고 생각합니다.

진나라는 호랑이나 이리와 같은 나라로 천하를 집어삼키겠다는 야심을 갖고 있습니다. 그래서 진은 천하의 원수가 되어있습니다. 연횡을 주장하는 자들은 모두 나라의 땅을 떼어 바치고 진나라를 섬기자고 하는데, 이것은 이른바 '원수를 길러주고 받들어 모시는 것'입니다. 참으로 '도리를 거스르고 충성스럽지 않은(大逆不忠)' 것으로, 이보다 더 잘못된 것이 없습니다.

합종을 하여 화친을 맺게 되면 제후들은 땅을 떼어 초나라를 섬길 것이고, 연횡이 이루어져 합치면 초나라 땅을 떼어 진나라를 섬기게 되는 것입니다. 이 두 가지 계책은 그 차이가 매우 큽니다. 두 가지 중에, 대왕께서는 어느 것을 선택하시렵니까? 저희 조나라 왕께서는 신을 보내 어리석은 계책을 바치고 분명한 맹약을 받들어 올리도록 했습니다. 대왕께서는 가르침을 내리소서."

초왕이 말했다. "좋소. 삼가 초나라 사직을 받들어 그대의 계책에 따르겠소." 〔출전: 상동〕

蘇秦如楚, 說威王曰: "楚, 天下之强國也; 王, 天下之賢主也. 西有黔中,巫郡, 東有夏州,海陽, 南有洞庭,蒼梧, 北有陘塞,郇陽. 地方五千餘里, 帶甲百萬, 車千乘, 騎萬匹, 粟支十年. 此霸王之資也. 夫以楚之强, 大王之賢, 天下莫能當也. 今乃西面而事秦, 則諸侯莫不西面而朝章臺之下矣. 秦之所害莫如楚, 楚强則秦弱, 秦强則楚弱, 氣勢不兩立. 故爲大王計, 莫如從親以孤秦. 大王不從親, 秦必起兩軍, 一軍出武關, 一軍下黔中, 則鄢,郢動矣. 臣聞治之其未亂也, 爲之其未有. 患至而後憂之, 則無及也. 故願大王早熟計之.

大王誠能聽臣, 臣請令山東之國奉四時之獻, 以承大王之明詔, 委社稷, 奉宗廟, (陳)[練]士厲兵, 在大王所用之. 故縱合則楚王, 橫成則秦帝. 今釋霸王之業, 而有事人之名, 竊爲大王不取也.

夫秦, 虎狼之國也, 有吞天下之心. 秦, 天下之仇讎也. 衡人皆欲割諸侯之地以事秦, 此所謂養仇而奉讎. 大逆不忠, 無過此者.

故從親則諸侯割地而事楚, 衡合則楚割地而事秦, 此兩策者相去遠矣. 二者, 大王何居焉? 故敝邑趙王使臣効愚計, 奉明約在大王之詔, 詔之."

楚王曰: "善. 謹奉社稷以從."

마침내 여섯 나라의 합종이 이루어졌고, 소진은 맹약의 우두머리가 되었다. 북쪽으로 조나라에 합종이 성사되었음을 알리자 조나라 숙후는 소진을 무안군(武安君)에 봉했고, 이어 합종의 맹약서를 진나라로 보냈다. 그로부터 진나라 군대는 15년 동안 감히 함곡관 밖을 넘보지 못했다. 〔출전: 상동〕

六國旣合縱, 蘇秦爲縱約長. 北報趙, 趙肅侯封秦爲武安君, 乃投縱約書於秦, 秦不敢闚兵函谷 十五年.

그 후에 장의(張儀)가 진나라를 위해 연횡책(連橫策)을 품고 위나라로 가서 애왕(哀王)을 설득했다.

"위나라는 국토가 사방 천리가 되지 않고, 병졸은 겨우 30만 명입니다. 땅은 사방이 평탄하여 사방의 제후국들과 모두 길이 통하고, 마치 바퀴살이 가운데 바퀴통으로 몰려들듯이 사람과 물산이 모여드는 곳이며, 이름난 높은 산이나 큰 하천이 요새가 되어 막아주지도 않습니다. 신정(新鄭)에서 대량(大梁)까지는 겨우 200여 리로, 수레와 말을 몰고 달리면 지루하다고 느끼기 전에 이미 도착합니다.

위나라는 남쪽으로 초나라와 국경을 접하고 있고, 서쪽으로는 한나라와 국경을 맞대고 있고, 북쪽으로는 조나라와 이웃하고 있으며, 동쪽으로는 제나라와 국경을 맞대고 있습니다. 병졸들이 사방의 국경을 수비하고 변방의 관문과 성채를 지키려면 병사들이 10만 명 아래로 내려가서는 안 됩니다. 위나라의 지리적 형세는, 본래 병법에서 말하는 '서로 차지하려고 다투는 땅'인 것입니다.

위나라가 남쪽으로 초나라와 손을 잡고 제나라와 외교관계를 맺지 않는다면, 제나라가 동쪽을 공격할 것입니다. 동쪽으로 제나라와 우호관계를 맺으면서 조나라와 손을 잡지 않으면, 조나라가 북쪽을 침공할 것입니다. 한나라와 불화가 있다면 한나라는 서쪽을 공격할 것이며, 초나라와 화친하지 않으면 남쪽을 침공할 것입니다. 이것을 일러 바로 갈기갈기 찢기는 '사분오열의 지세'라고 합니다.

제후들이 합종을 맺는 것은, 사직을 편안하게 하고, 임금을 높이고, 군대를 강하게 하여 이름을 드날리고자 하는 것입니다. 지금 합종의 맹약은, 천하를 통일시켜 각국 제후들이 형제가 되기를 약속하고, 원수(洹水) 가에서 백마를 잡아 그 피로 맹세하고 연합을 굳게 다지기로 약속한 것입니다. 그러나 한 부모에게서 난 형제도 재물을 놓고 서로 다툽니다. 그런데 여러 제후들은 간교한 속임수를 일삼으며 이랬다저랬다 하는 소진의 계책을 믿고 매달려 있으니, 합종의 맹약이 성공할 수 없다는 것은 명백한 일입니다.

만일 대왕께서 진나라를 섬기지 않는다면, 진나라는 군대를 내려보내 하외를 공격하고, 권과 연, 산조를 거점으로 하여 위(衛)를 위협하며 양진을 취할 것입니다. 그러면 조나라는 남쪽으로 군대를 보내 위나라를 도와줄 수 없을 것입니다. 조나라 군대가 남쪽으로 내려올 수 없다면 위나라도 북상할 수 없으며, 위나라가 북쪽으로 올라갈 수 없다면 합종의 길은 끊기고 말 것입니다. 합종의 길이 한 번 끊기게 되면, 대왕의 위나라는 위태로운 처지에 빠지지 않기를 바라더라도 그렇게 되지 않을 것입니다. 만일 진나라가 한나라를 위협하여 위나라를 공격하도록 요구하면, 한나라는 진나라의 협박에 굴복하지 않을 수 없을 것입니다. 진나라와 한나라가 연합하여 한 편이 된다면, 위나라의 멸망은 곧바로 뒤따르게 될 것은 뻔한 일입니다. 이점이 바로 신이 대왕을 위해 걱정하는 것입니다.

대왕을 위해 계책을 생각해보건대, 진나라를 섬기는 것보다 더 나은 것이 없습니다. 위나라가 진나라를 섬긴다면, 초나라와 한나라는 감히 함부로 움직이지 못할 것입니다. 초나라와 한나라의 침공 우려가 없게 된다면, 대왕께서는 베개를 높이 하고 편안히 주무실 수 있고 나라에도 아무런 우환이 절대 없을 것입니다. 그러나 만일 대왕께서 진나라를 섬기지 않기로 하신다면 진나라는 군대를 출동시켜 동쪽으로 정벌에 나설 것이며, 그때는 진나라를 섬기려 해도 그럴 수 없게 될 것입니다. 또한 합종을 주장하는 자들은 큰소리만 칠뿐 믿을 만한 점이 별로 없습니다. 한 명의 제후만 설득하면 후(侯)에 봉해지는 기반을 이룰 수 있기 때문에, 천하의 유세하는 자들이 밤낮을 가리지 않고 팔을 걷어붙이고 눈을 부릅뜨고 이를 갈면서 합종의 이로움을 말하며 각국의 군주를 설득하고 있습니다. 군주들은 그들의 변설을 현명하다고 여기고 그들의 설득에 끌려들고 있으니, 어찌 현혹되지 않을 수 있겠습니까?

신이 듣건대, 깃털도 많이 쌓이면 배를 가라앉히고, 가벼운 물건도 많이 실으면 수레의 축이 부러지며, 많은 사람의 말은 무쇠도 녹인다고 합니다. 그러므로 대왕께 깊이 살피시어 의논을 정하시기 바랍니다."

이에 위나라 왕은 합종의 맹약을 저버리고, 진나라에 화친을 청했다. 〔출전: 『사기』 권70 「장의열전(張儀列傳)」〕

後張儀爲秦連橫, 說魏王曰: “魏地方不至千里, 卒不過三十萬. 地四平, 諸侯四通條達輻湊, 無名山大川之限. 從鄭至梁二百餘里, 車馳人走, 不待倦而至. 梁南與楚境, 西與韓境, 北與趙境, 東與齊境, 卒戍四方, 守亭障者不下十萬. 梁之地勢, 固戰場也.

梁南與楚不與齊, 齊攻其東; 東與齊不與趙, 趙攻其北; 不合於韓, 則韓攻其西; 不親於楚, 則楚攻其南, 此所謂四分五裂之道也.

且諸侯之爲縱者, 將以安社稷,尊主,强兵顯名也. 今爲縱者一天下, 約爲昆弟, 刑白馬以盟洹水之上, 以相堅也. 而親昆弟同父母, 尙有爭錢財, 而欲恃詐僞反覆蘇秦之謀, 其不可成, 亦以明矣. 大王不事秦, 秦下兵攻河外, 據卷,衍,酸棗, 刦衛取陽晉, 則趙不南, 趙不南則梁不北, 梁不北則縱道絕. 縱道絕則大王之國欲無危, 不可得也. 秦折韓而攻梁, 韓怯於秦, 秦韓爲一, 梁之亡立可須也. 此臣之所爲大王患也.

爲大王計, 莫如事秦. 事秦則楚,韓必不敢動, 無楚,韓之患, 則大王高枕而臥, 國必無憂矣. 大王不聽秦, 秦下甲士以東伐, 雖欲事秦, 不可得也.

且夫從人多奮辭而少可信, 說一諸侯而成封侯之業, 是故, 天下之遊談士, 莫不日夜, 扼腕瞋目切齒以言縱之便, 以說人主. 人主賢其辯而牽其說, 豈得無眩哉!

臣聞之, ‘積羽沉舟, 羣輕折軸, 衆口鑠金.’ 故願大王審計定議.”

魏王於是倍縱約, 以請成於秦.

장의는 초나라로 가서 회왕(懷王)을 설득했다.

“진나라의 영토는 천하의 절반을 차지하고 있고, 막강한 군사력은 사방의 제후국에 대적할 수 있고, 험준한 산에 둘러싸여 있고 황하가 띠처럼 둘러쳐져 있어, 사방이 천연의 요새로 막혀 견고합니다. 호랑이처럼 용감한 병사가 백만 여명에, 전차가 천 대, 말이 일만 필, 식량은 산처럼 쌓여 있으며, 법령이 엄정하게 시행되고 사졸들은 어려운 일도 편안히 여기고 죽음조차도 즐겁게 받아들입니다. 군주도 현명하고 위엄이 있으며, 장수들은 지모가 많은데다가 용감합니다. 비록 군대를 출동시키지 않더라도 항산(恒山)의 험준한 지역을 석권하고 반드시 천하의 척추가 되는 요지를 장악할 것이니, 천하의 제후들 가운데 늦게 복종하는 자는 먼저 망할 것입니다.

또한 합종을 주장하는 자들은 양떼를 몰아서 호랑이를 공격하는 것과 다를 바 없는데, 양이 호랑이와 대적할 수 없음은 명백한 것입니다. 지금 대왕께서는 호랑이와 손잡지 않고 양떼의 편에 있으니, 신은 대왕의 계책이 잘못된 것이라 생각합니다.

대체로 천하의 강국은 진나라가 아니면 초나라이고, 초나라가 아니면 진나라입니다. 두 나라가 서로 경쟁하고 있으니 그 형세가 양립할 수 없습니다. 대왕께서 진나라와 손잡지 않는다면, 진나라는 군대를 출동시켜 의양(宜陽)을 점거할 것이고 그렇게 되면 한나라의 상당(上黨) 지역과는 길이 끊어질 것입니다. 또 군대를 하동(河東)으로 내려 보내 성고(成皐)를 점거하면 한나라는 반드시 진나라에 투항할 것이며, 그러면 위나라는 바람이 부는 대로 따라 움직이게 될 것입니다. 진나라가 초나라의 서쪽을 공격하고 한나라가 북쪽을 침공한다면, 사직이 어찌 위태롭지 않겠습니까?

신은 병법에서 말하기를 '무력이 모자라면 도전하지 말고, 군량이 모자라면 오래 싸우지 말아야 한다.'고 들었습니다. 진나라는 서쪽으로 파(巴)와 촉(蜀) 지역을 차지하고 있는데, 큰 배에 군량을 가득 싣고 문산(汶山)에서 출발하여 강을 타고 내려와 초나라에 도착하는 데 3천여 리가 됩니다. 배를 두 척씩 나란히 띄우고 배 한 척 당 병사 50명씩 태워 강을 따라 내려오면 하루 300리를 갑니다. 비록 3천여 리가 멀다고는 하지만 소나 말의 힘을 빌리지 않고도 열흘이 채 안되어 한관(扞關)에 도달할 것입니다. 한관 일대가 놀라 요동치면, 국경의 동쪽 지역의 여러 성은 단지 지키기만 할 뿐이며, 검중(黔中)과 무군(巫郡)은 더 이상 대왕의 소유가 아닐 것입니다.

또 진나라가 군대를 이끌고 무관을 나와 남쪽으로 진공하면, 북부의 땅은 교통이 끊어질 것입니다. 진나라 군대가 초나라를 공격하면 그 위태로운 상황은 석 달 안에 끝날 것인데, 초나라가 제후들의 구원을 받으려면 반년 이상을 기다려야 할 것이니, 그 형세가 필요한 때에 들어맞지 않습니다. 약한 나라의 구원을 믿고서, 강한 진나라의 침략을 잊고 있고 있으니, 이것이 바로 신이 대왕을 위해 우려하는 바입니다.

대왕께서는 일찍이 오나라와 싸운 일이 있는데, 다섯 번 싸워 세 번을 이겼으나 병사들을 모두 잃었습니다. 멀리 외진 변방에 새로 쌓은 성을 지키느라 살아남은 백성들마저 고통을 겪고 있습니다. 신은 듣건대, '공이 크면 위험에 빠지기 쉽고, 백성들이 피폐해지면 윗사람을 원망한다.'고 합니다. 위험에 빠지기 쉬운 공을 지키려고 강대한 진나라를 거스르고 있으니, 신은 대왕을 위해 참으로 위험한 일이라고 생각합니다.

천하의 제후들이 신의로서 합종의 맹약을 하자고 주장한 자가 소진입니다. 소진은 그 공으로 무안군에 봉해졌습니다. 소진은 연나라의 재상도 겸했는데, 연나라 왕과 은밀히 모의하여 제나라를 쳐서 깨뜨린 뒤에 제나라 땅을 나누어 갖기로 했습니다. 이에 따라 죄를 지은 것처럼 가장해 연나라를 탈출하고는 제나라로 들어갔고, 제나라 왕은 소진을 받아들여 재상으로 삼았습니다. 2년 뒤 음모가 발각되었고, 제나라 왕은 몹시 노하여 소진을 저잣거리에서 사지를 찢어 죽이는 거열형에 처했습니다. 한낱 사기꾼에 지나지 않는 소진이 천하를 마음대로 경영하고 제후들을 하나로 통합하려 했으니, 그의 계책이 애초 성사될 수 없었다는 것은 분명히 드러났습니다.

지금 진나라와 초나라는 국경을 맞대고 있으니, 본래 그 형세로 보아도 친하게 지내야 하는 나라입니다. 대왕께서 진실로 신의 말을 들어주신다면, 신은 진나라 태자로 하여금 초나라에 와서 인질이 되도록 하겠습니다. 그러면 초나라도 역시 태자를 진나라에 인질로 보내도록 하십시오. 또 진나라의 왕녀를 데려와 대왕의 시첩이 되도록 하고, 일만 호(戶)의 큰 읍을 바쳐 대왕의 탕목읍(湯沐邑)으로 삼도록 하겠습니다. 그렇게 해서 오래도록 형제의 나라가 되어 영원히 쳐들어가는 일이 없도록 할 것입니다. 신이 헤아려 보건대 이보다 더 나은 계책은 없습니다."

마침내 초나라 왕은 진나라를 따르기로 하고 화친을 맺었다. [출전: 상동]

張儀說楚懷王曰:"秦地半天下, 兵敵四國, 被山帶河, 四塞以爲固. 虎賁之士百有餘萬, 車千乘, 騎萬匹, 粟如丘山. 法令旣明, 士卒安樂, 主命以嚴, 將智以武, 雖無出甲, 席卷常山之險, 必折天下之脊, 天下後服者先亡矣. 且夫爲縱者, 無以異驅羣羊而攻猛虎, 虎之與羊不格, 明矣. 今王不與虎而與羣羊, 臣竊以爲大王之計過也.

凡天下强國, 非秦而楚, 非楚而秦, 兩國交爭, 其勢不兩立. 大王不與秦, 秦下甲據宜陽, 韓之上地不通. 下兵河東,成皐, 韓必入臣, 則梁亦從風而動. 秦攻楚之西, 韓攻其北, 社稷安得無危?

臣聞: '兵不如者勿與挑戰, 粟不如者勿與持久.' 秦西有巴,蜀, 大船積粟, 起於汶山, 浮江而下, 至楚三千餘里. 舫舟載卒, 一舫載五十人, 日行三百里, 里數雖多, 然不費牛馬之力, 不至十日而拒扞關矣. 扞關驚, 則從境以東盡城守矣, 黔中,巫郡非王之有也.

秦舉甲出武關, 南面而伐, 則北地絕. 秦兵之攻楚也, 危難在三月之內, 而楚待諸侯之救, 在半歲之外, 此其勢不相及也. 夫待弱國之救, 忘强秦之禍, 此臣爲大王患也.

大王嘗與吳人戰, 五戰而三勝, 陣卒盡矣. 偏守新城, 存民苦矣. 臣聞: '功大者易危, 而人弊者怨上.' 夫守易危之功, 而逆强秦之心, 臣竊爲大王危之.

凡天下而信約從親者蘇秦, 封爲武安君也. 蘇秦相燕, 則陰與燕王謀伐齊, 破齊而分其地, 乃佯爲有罪出走入齊, 齊王因受而相之. 居二年而覺, 齊王大怒, 車裂蘇秦於市. 夫一詐僞之蘇秦, 而欲經營天下, 混一諸侯, 其不可成, 亦明矣.

今秦與楚接境壤界, 固形親之國也. 大王誠能聽臣, 臣請使秦太子入質於楚, 楚太子入質於秦. 請以秦女爲大王箕帚之妾, 効萬室之都以爲湯沐之邑, 長爲昆弟之國, 終身無相攻. 臣以爲, 計無便於此者."

楚王乃與秦從親.

장의는 한나라로 가서 선왕을 만나 설득했다.

"한나라의 땅은 험악하고 백성들은 산지에 살고 있습니다. 생산되는 곡식이라야 콩 아니면 보리이고, 땅은 사방 900백 리에 지나지 않으며, 2년을 견딜만한 식량이 없습니다. 대왕의 군사를 헤아려 보건대, 모두 합쳐서 30만 명이 채 안되는데, 그 중에는 밥을 짓고, 말을 돌보고, 잡일하는 일꾼까지 포함되어 있습니다.

지금 진나라는 무장한 군사가 백만 명에, 전차가 천 대, 말은 일만 필이 됩니다. 맨발에 투구도 쓰지 않은 채 적진에 뛰어들고, 화살이 턱을 꿰뚫어도 창을 휘두르는 용맹한 병사들이 이루 셀 수도 없을 만큼 많습니다. 산동의 군사들은 갑옷을 입고 투구를 쓰고 싸우지만, 진나라 군사는 갑옷을 벗어 던지고 맨발에 웃통을 벗고 어깨를 드러낸 채로 적진에 뛰어 들어 왼손으로는 적군의 머리채를 잡아끌고, 오른손으로는 산채로 포로를 잡아 옆구리에 낍니다. 진나라 군사들이 산동의 병사들을 물리치는 것은 마치 맹분(孟賁, 전국시대 진무왕의 장사)이 겁쟁이와 싸우는 것 같고, 진나라 군사가 산동의 군사를 무거운 힘으로 덮치는 것은 마치 오확(烏獲, 전국시대 진나라의 장사)이 어린아이를 상대하는 것과 같습니다. 제후들은 땅이 작고, 식량이 적은 것을 헤아리지도 않고 합종을 주장하는 유세객들의 달콤한 말과 교묘한 언변에 빠져들고, 신하들은 패거리를 지어 서로 치켜 주고 말을 꾸며대어 그들의 군주를 속이고 있으니, 이보다 더 잘못된 일은 없습니다.

만일 대왕께서 진나라를 섬기지 않는다면, 진나라는 군대를 출동시켜 의양을 점거하고, 한나라 상당 일대의 교통을 끊을 것이며, 동쪽으로는 성고와 형양(滎陽)을 빼앗을 것입니다. 그렇게 되면 홍대(鴻

臺)의 이궁(離宮)과 상림원(上林苑)은 더 이상 왕의 소유가 아닐 것입니다. 성고를 봉쇄하고 상당의 교통을 차단해 버리면 대왕의 나라는 쪼개질 것입니다.

대왕을 위하여 헤아려 보건대, 진나라를 섬기는 것보다 더 나은 계책이 없습니다. 진나라가 약화시키려 하는 나라는 초나라가 최우선이며, 초나라를 약화시킬 수 있는 나라는 다만 한나라 밖에 없습니다. 이는 한나라가 초나라보다 더 강해서가 아니라, 지리적 형세가 그렇기 때문입니다. 지금 대왕께서 서쪽을 향하여 진나라를 섬기고 초나라를 친다면, 진나라 왕께서는 필히 기뻐할 것입니다. 초나라를 쳐서 그 땅을 차지한다면, 이는 전화위복이며 또 진나라를 기쁘게 하는 것이 되니, 이보다 더 유리한 계책은 없습니다."

한나라 선왕은 이에 따르기로 하였다. 〔출전: 상동〕

張儀如韓, 說韓宣王曰: "韓地險惡山居, 五穀所生非菽而麥, 地方不過九百里, 無二年之食. 料大王之卒, 悉擧不過三十萬, 而厮徒負養在其中矣.

今秦帶甲百萬, 車千乘, 騎萬匹, 虎賁之士跿跔科頭貫頤奮戟者, 不可勝數. 山東被甲蒙冑以會戰, 秦人捐甲徒裼以趨敵, 左挈人頭, 右挾生虜. 秦逐山東之卒, 猶孟賁之與怯夫; 以輕重相壓, 猶烏獲之與嬰兒. 諸侯不料地之弱,食之寡, 而聽縱人之甘言好辭, 比周以相飾, 詿誤其主, 無過此者.

大王不事秦, 秦下甲據宜陽, 斷韓之[上]地, 東取成皐,滎陽, 則鴻臺之宮,上林之苑非王有也. 夫塞成皐, 絕上地, 則王之國分矣.

故爲大王計, 莫如爲秦. 秦之所欲弱莫如楚, 而能弱楚者莫如韓.

非以韓能强於楚也，其勢然也. 今西面而事秦以攻楚，秦王必喜. 夫攻楚而私其地，轉禍而悅秦，計無便於此者.

宣王聽之.

장의는 제나라로 가서 민왕(湣王)을 만나 이렇게 설득했다. 천하의 강국 가운데 제나라를 뛰어넘을 나라가 없습니다. 조정대신들과 왕족들은 살림이 번성하고, 부유하고 안락하게살고 있습니다. 그러나 대왕을 위하여 계책을 내는 자들은 모두 한 때의 솔깃한 논의만 할 뿐, 백대의 이익을 고려하지 않고 있습니다.

합종설로 대왕을 설득하는 자들은 반드시 말합니다. '제나라는 서쪽으로 강한 조나라가 있고, 남쪽으로 한나라와 위나라가 있습니다. 또 제나라는 바다를 등지고 있는데다가 땅은 넓고 백성도 많으며 군대는 강하고 병사들은 용감하니, 비록 진나라가 백 개나 있더라도 제나라를 어떻게 해볼 수 없습니다.' 대왕께서는 이런 말을 좋다고 여기고 그 실상을 따져보지 않으십니다.

신이 듣건대, '제나라는 예전에 노나라와 세 번을 싸웠는데, 노나라가 세 번 모두 이겼으나, 그것 때문에 노나라는 위태로운 처지에 빠지고 멸망이 곧 뒤따랐다.'라고 합니다. 비록 전쟁에서 승리했다는 명성은 얻었지만 실제로는 나라가 망하고 말았습니다. 이는 무엇 때문이겠습니까? 제나라는 크고 노나라는 작았기 때문입니다.

지금 진나라와 제나라의 처지는 제나라와 노나라의 관계와 같습니다. 지금 진나라와 초나라는 서로 딸을 시집보내고 며느리를 맞아오는 형제의 나라가 되어 있습니다. 한나라는 의양을 진나라에 바치고, 위나라는 하외(河外)를 바치고, 조나라는 민지(澠池)에 들어와 입조하고 하간(河間)땅을 떼어 바쳐 진나라를 섬기고 있습니다. 만일 대왕께서 진나라를 섬기지 않는다면, 진나라는 한나라와 위나라의 군대를 몰아 제나라의 남쪽을 공격하게 하고, 조나라로 하여금 군대를 총동원하여 청하(淸河)를 건너 박관(搏關)으로 진공하게 한다면, 임치(臨菑)와 즉묵(卽墨)은 더 이상 대왕의 소유가 아닐 것입니다. 제나라가 일단 공격을 받게 되면 그때는 진나라를 섬기려 해도 그렇게 할 수 없을 것입니다. 대왕께서는 이 점을 깊이 헤아리시기 바랍니다."

제나라 왕은 장의의 말을 따르기로 하였다. 〔출전: 상동〕

張儀說齊湣王曰: "天下强國無過齊者, 大臣父兄殷衆富樂. 然爲大王計者, 皆爲一時之說, 不顧百代之利.

縱人說大王者, 必曰: '齊西有强趙, 南有韓,梁. 齊, 負海之國也. 地廣民衆, 兵强士勇, 雖有百秦, 將無奈齊何也?' 大王賢其說, 而不計其實.

臣聞齊與魯三戰, 而魯三勝. 國以危, 亡隨其後, 雖有戰勝之名, 而有破亡之實. 是何也? 齊大而魯小也. 今秦之與齊也, 猶齊之與魯也. 今秦,楚嫁女娶婦, 爲昆弟之國. 韓獻宜陽, 魏効河外, 趙入朝(歌)澠池,割河間以事秦. 大王不事秦, 秦驅韓,梁攻齊之南地, 悉趙兵渡淸河, 指博關, 臨淄,卽墨非王有也. 國一旦見攻, 雖欲事秦, 不可得也. 是故, 大王熟計之."

齊王許之.

장의는 이어 서쪽으로 조나라로 가서 숙후에게 이렇게 유세했다.

"저희 진나라 왕께서 신으로 하여금 대왕께 어리석은 계책을 바치도록 했습니다. 대왕께서 천하의 제후들을 거두어 진나라에 대항하자, 그 이후 진나라 군대는 감히 함곡관을 넘어오지 못하고 있으니, 대왕께서는 위엄을 산동에 떨치고 있습니다. 저희 진나라가 두려워하며 엎드리고, 무기를 수선하고 병사를 훈련시키고 있는 것은, 대왕께서 진나라의 잘못을 꾸짖으려는 뜻을 갖고 있기 때문입니다.

지금 진나라는 대왕과 맞서는 가운데, 파, 촉을 얻고 한중을 병합했으며, 서주와 동주의 옛 땅을 거두어들이고, 구정(九鼎)을 옮겨오고, 요충인 백마진(白馬津)을 지키게 되었습니다. 진나라는 비록 한쪽에 치우쳐있는 먼 나라이지만, 마음속으로 원한과 분노를 품어온 지가 오래 되었습니다. 이제 진나라는 갑옷은 헤지고 군사들은 지쳤지만, 민지에 주둔해 있으면서, 황하를 건너 파오(番吾)를 점거하고, 갑자일에 수도인 한단성 아래에서 조나라 군대와 한판 결전을 바라고 있습니다. 이는 바로 무왕이 은나라의 주왕을 토벌한 고사를 본받으려 하는 것입니다. 이에 신을 보내서 먼저 대왕의 좌우에 이를 알려드리는 것입니다.

대왕께서 합종책을 신뢰한 까닭은 소진을 믿었기 때문입니다. 그러나 소진은 제후들을 현혹시켜 옳은 것을 그르다 하고, 그른 것을 옳다고 했습니다. 또 제나라를 전복하려는 음모를 꾸몄다가, 저잣거리에서 거열형에 처해지는 죽음을 자초했습니다. 천하를 하나로 연합할 수 없다는 것 역시 너무나도 분명해졌습니다.

지금 초나라는 진나라와 형제의 나라가 되었고, 한나라와 위나라는 '동쪽 울타리의 신하'라고 자칭하며, 제나라는 어물과 소금이 나는 땅을 바쳤으니, 이는 조나라의 오른쪽 팔을 잘라 버린 셈입니다. 오른 팔이 잘린 채 다른 나라와 싸우려 하고, 동맹국을 잃고 고립돼 있으면서 위태롭지 않기를 바란들, 그것이 어찌 가능하겠습니까?

지금 진나라가 삼군을 출동시키려 합니다. 일군은 오도(午道)를 봉쇄하고, 제나라에 통보하여 군대를 일으켜 청하를 건너 수도 한단의 동쪽에 진을 치도록 할 것입니다. 다른 일군은 성고에 주둔하면서 한나라와 위나라 두 나라 군대를 몰아 하외로 진군하게 할 것입니다. 또 다른 일군은 민지에 진을 칠 것입니다. 이렇게 네 나라가 하나로 뭉쳐 조나라를 공격하면, 조나라는 반드시 항복할 것이며, 그렇게 되면 조나라 땅을 네 나라가 나누어 갖기로 약속했습니다. 그래서 신은 우리의 의도와 정황을 감히 숨기지 않고, 미리 대왕의 좌우에게 알려 드리는 것입니다.

신이 대왕을 위해 헤아려 보건대, 대왕께서 진나라 왕과 민지에서 만나, 서로 얼굴을 맞대고, 친히 말로서 맹약을 맺고, 군대를 멈추게 하여 공격하지 않도록 요청하는 것보다 더 나은 계책이 없습니다. 대왕께서는 계책을 결정하시기 바랍니다."

조나라 숙후는 장의의 말을 따르기로 했다. 〔출전: 상동〕

張儀說趙王曰: "敝邑秦王使臣効愚[計]於大王. 大王收天下以賓秦, 秦兵不敢出函谷關, 是大王之威行於山東. 敝邑恐懼懾伏, 繕甲厲兵, 唯大王有意督過之也. 今以大王之力, 擧巴,蜀, 并漢中, 包兩周, 遷九鼎, 守白馬之津.

秦雖僻遠, 然而心忿含怒之日久矣. 今有敝甲彫兵軍於澠池, 願渡河據番吾, 會戰邯鄲之下, 以甲子合戰, 以正殷[紂]之事, 故使臣先以聞於左右.

凡大王之所信爲縱者恃蘇秦. 蘇秦熒惑諸侯, 以是爲非, 以非爲是，欲反覆齊國，而自令車裂於市．夫天下之不可一混齊，亦明矣．今楚與秦爲昆弟之國，而韓,梁稱爲東藩之臣，齊獻魚鹽之地，此斷趙之右臂也．夫斷右臂而與人鬪，失其黨而孤居，求欲無危，豈可得乎?

今秦發三軍；其一軍塞午道，告齊使興師渡[淸]河，軍於邯鄲之東；一軍，軍於成皐，驅韓,梁軍於河外；一軍，軍澠池．約四國而攻趙，趙服，必四分其地．是故，不敢匿意隱情，先以聞於左右．

臣竊爲大王計，莫如與秦王遇於澠池，面相見而口相約，請案兵無攻．願大王定計．"

趙肅侯許之．

장의는 연나라 소왕(昭王)을 만나 이렇게 설득했다.

"대왕께서 가장 믿고 친하게 지내는 나라 가운데 조나라보다 더 믿는 나라가 없습니다. 그러나 지난 날 조양자(趙襄子)는 자신의 손위 누이를 대(代)나라 왕에게 시집보내고는, 대나라를 집어삼키려 했습니다. 그래서 대왕과 구주산(句注山)의 요새에서 만나 마음 터놓고 마시기로 약속하고는, 대장장이를 시켜 쇠로 국자를 하나 만들되, 사람을 타격할 수 있도록 손잡이를 길게 만들도록 했습니다. 조양자는 대왕과 만나 술을 마시기 전에 미리 요리사에 말하기를 '술자리가 한창 홍이 오르거든 뜨거운 국을 내오고, 국을 올리면서 국자를 돌려 잡고 대나라 왕을 타격하라'고 했습니다. 이에 술자리가 무르익었을 무렵 요리사는 뜨거운 국을 내오고 이를 담아 올리는 척하다가 국자를 돌려 잡고는 대왕을 쳐서 죽였습니다. 대왕의 뇌수가 땅바닥에 홍건히 흩어졌습니다. 그의 누이는 이 소식을 듣자 비녀를 날카롭게 갈아 목을 찔러 자살했습니다. 이로 인해 마계산(磨笄山)이란 이름이 지금까지 전해지고 있습니다.

조나라 왕이 이리처럼 마음이 비뚤어지고 인정이 없다는 것을 대왕께서도 훤히 알고 있는데도, 조나라와 친근하게 지낼 수 있다고 생각하십니까? 일찍이 조나라는 군대를 일으켜 연나라를 공격하고, 두 번이나 연나라 도읍을 포위하고 대왕을 위협하여, 결국 성 열 개를 떼어 바치고 사과까지 했습니다. 지금 조나라 왕은 이미 민지에서 진나라에 입조하고, 하간의 땅을 바쳐 진나라를 섬기고 있습니다.

만일 대왕께서 진나라를 섬기지 않는다면, 진나라는 군대를 운중(雲中)과 구원(九原)으로 출동시키고, 조나라 군대를 몰아서 연나라를 공격토록 할 것입니다. 그러면 역수(易水)와 장성(長成)은 더 이상 대왕의 소유가 아닐 것입니다.

이제 진나라를 섬기기로 한다면, 진나라 왕은 매우 기뻐하고, 조나라는 감히 함부로 움직이지 못할 것이니, 이렇게 되면, 서쪽으로는 강한 진나라의 지원이 있고 남쪽으로는 제나라와 조나라의 침공 우려가 없어지게 됩니다. 그러하오니 대왕께서는 깊이 살펴보기를 바랍니다."

연왕은 장의의 말을 따르기로 하였고, 이에 장의는 진나라로 돌아와 연횡이 이루어졌음을 보고했다. 〔출전: 상동〕

張儀說燕昭王曰: "大王之所親信, 莫如趙. 昔趙襄子嘗以其姊爲代王妻, 欲并代, 約與(趙)[代]王遇於句注之塞. 乃令工人作爲金斗, 長其尾, 令可以擊人. 與代王飮, 陰告廚人曰: '卽酒酣樂, 進熱啜, 反斗以擊之.' 於是酒酣樂, 取熱啜, 廚人進斟, 因反斗擊代王, 殺之, 肝脇塗地. 其姊聞之, 因磨笄以自殺, 至今有磨笄之山, 天下莫不聞.

夫趙王之狼戾無親, 大王之所明見, 且以趙爲可親乎? 趙興兵攻燕, 再圍燕都而刦大王, 大王割十城以謝. 今趙王已入朝澠池, 効河間以事秦.

今大王不事秦, 秦下甲雲中,九原, 驅趙而攻燕, 則易水,長城非王有也. 今王事秦, 秦王必喜, 趙不敢妄動, 是西有强秦之援, 南無齊趙之患. 是故, 願大王熟計之."

燕王聽張儀, 張儀歸報秦.

이때 초나라 출신인 이사(李斯)와 위나라 출신인 울료(尉繚)가 진나라 왕에게 말했다. "진나라 효공(孝公) 이래 주나라 왕실은 쇠약해지고, 제후들은 서로 다른 나라를 병합하여 함곡관 이동에는 여섯 나라가 남게 되었습니다. 진나라는 승세를 타고 제후국들을 침략한 지 벌써 여섯 대가 지났습니다. 지금 제후국들은 진나라에 복종하여 마치 진나라의 군이나 현처럼 되어 있습니다. 〔출전: 『사기』 권87 「이사열전」〕

제후국들의 임금과 신하들은 모두 진나라의 강성함을 두려워 하지만, 혹시라도 그들이 합종하여 예상치 못하게 진나라에 쳐들어 올 수도 있는 것입니다. 이것이 바로 지백(智伯)과 부차(夫差) 그리고 민왕(湣王)이 패망한 까닭입니다. 원컨대 대왕께서는 재물을 아끼지 마시고, 제후국의 호족과 권신들에게 뇌물을 주어 그들의 계책을 어지럽게 흔들어 놓으십시오. 진나라는 불과 30만 금만 쓰고도 제후국들을 모조리 합병하여 소멸시킬 수 있을 것입니다." 〔출전: 『사기』 권6

「진시황본기(秦始皇本紀)」〕

진왕은 그들의 계책을 따르기로 하고, 은밀히 모사들에게 황금과 주옥을 갖고 가서 제후들에게 유세하도록 했다. 제후국의 명사들 중에 뇌물로 움직일 수 있는 자에게는 후하게 뇌물을 주어 결탁하고, 말을 듣지 않는 자들은 자객을 보내 예리한 칼로 찔러 죽였다. 이렇게 해서 임금과 신하들을 이간시키고는, 뒤를 이어 뛰어난 장수를 파견하여 토벌하도록 했다. 이렇게 해서 마침내 여섯 나라를 모두 병합했다. 〔출전: 『사기』 권87 「이사열전」〕

於是, 楚人李斯,梁人尉繚說於秦王曰: "秦自孝公已來, 周室卑微, 諸侯相兼, 關東爲六國, 秦之乘勢侵諸侯, 蓋六代矣. 今諸侯服秦, 譬若郡縣.

其君臣俱恐, 若或合縱而出不意, 此乃智伯,夫差,湣王所以亡也. 願王無愛財, 賂其豪臣以亂其謀. 秦不過亡三十萬金, 則諸侯可盡."

秦王從其計, 陰遣謀士賚金玉以遊諸侯. 諸侯名士可與財者, 厚遺結之; 不肯者, 利劍刺之. 離其君臣之計, 乃使良將隨其後, 遂并諸侯.

진나라가 천하를 집어 삼키고 주나라가 멸망한 근본적 원인은 주나라가 쇠약해져서 사직을 빼앗기게 된 것이다. 〔출전: 『한서』 「이성제후왕표서(異姓諸侯王表序)」〕

진나라는 천하를 통일한 후 삼대의 제도를 비웃으며 옛 법도를 다 쓸어 없애고, 5등급 작위의 봉건제를 폐지하고 군현제로 바꾸었다. 진왕은 스스로 황제(皇帝)라고 칭하며, 왕실 자제들을 (제후로 봉하지 않고) 일반 백성으로 대우했다. 이 때문에 안으로는 피를 나눈 형제나 친척들의 보좌가 없고, 밖으로는 지척이라도 땅을 받은 제후와 속국의 호위를 받을 수 없었다.

진승(陳勝)과 오광(吳廣)이 몽둥이를 들고 일어나자, 유방(劉邦)과 항우(項羽)가 뒤따라 의군을 일으켜 결국 진나라를 패망시켰다. 그러므로 '주나라는 음양가들이 점친 나라의 수명을 다 살았으나, 진나라는 그 운수에 미치지 못했다.'고 하니, 그것은 나라의 형세가 그러했기 때문이다.

한(漢)나라가 일어난 초기에, 천하는 막 새롭게 평정되었고, 같은 성씨의 종실 인척은 얼마 되지 않았다. 진왕조가 왕실의 고립으로 패망한 것을 경계로 삼아, 땅을 나누고 왕(王)과 후(侯)로 2등급의 작위를 세워, 개국공신인 후에게는 백여 개의 성읍을 봉토로 주고, 왕실 자제들은 아홉 나라의 제후왕으로 봉해 주었다. 제후 나라 중에 큰 것은 주를 넘어 몇 개의 군을 겸병하고 수십 개의 성읍을 갖기도 했으니, 이는 구부러진 것을 바로 잡으려다가 도를 지나치어 오히려 더 나쁘게 된 셈이었다.

그러나 고조가 나라를 창업한 초기에는 여기에 눈을 돌릴 겨를이 없었다. 뒤 이은 효혜제(孝惠帝)는 나라를 다스린 기간이 짧았고, 이어 고조의 황후인 여후(呂后)가 섭정을 했는데, 이때까지만 해도 나라 안은 비교적 태평스러웠고 사리분별을 못하는 제후국들의 반란 우려도 없었다. 얼마 후 여후와 그 외척세력을 신속히 제거하고 태종 문제(文帝)를 제위에 올려 왕실을 안정시켰는데, 이 또한 전적으로 제후들의 도움에 의지했던 것이었다.

대체로 '뿌리가 튼튼하면 가지가 무성하게 자라고, 물이 많으면 넘쳐흐르게 되는 법'이다. (의도했던 것과 다르게 오히려 지방의 제후국들이 왕실보다 더 강성하게 되어 폐단이 싹트게 되었으니) 작게는 절제를 잃고 주색에 빠져 법을 어기는 정도였지만, 크게는 서로 반목하고 모반을 꾀하여 끝내 몸을 망치고 나라를 잃는 지경에 이르게 되었다.

이 때문에 문제는 가의(賈誼)의 건의를 받아들여 제나라와 조나라 같은 큰 제후국의 땅을 여러 개로 분할했고, 경제(景帝)는 조조(晁錯)의 계책에 따라 오나라와 초나라 등 동성 제후의 봉지를 삭감하여 세력을 약화시켰다. 또 무제(武帝)는 주보언(主父偃)의 계책에 따라 추은령(推恩令, 제후왕이 죽으면 적장자 이외의 모든 아들들에게 봉토을 나누어주고 열후로 승격시킴)을 반포하여, 제후왕의 적장자 뿐 아니라 아들 모두가 저마다 왕위를 승계하고 봉지를 받도록 했다. 이에 반발하여 경제 때에 이른바 '칠국의 난'이 일어났으나, 경제는 제후들을 억누르고 제후왕들에게 소속된 관리들을 대폭 줄이고 쫓아냈다.

무제 때는 회남왕(淮南王)과 형산왕(衡山王)의 모반이 일어났으나 진압하고, 좌관율(左官律, 제후국에 파견된 관리가 제후왕과 사사로이 군신관계를 맺는 것을 금지한 규정)과 부익법(附益法, 제후왕을 위해 별도의 조세를 만들지 못하게 금지한 법)을 제정하여 제후 세력을 견제했다. 이제 제후들은 먹고 입는데 필요한 조세만 거둘 뿐 국정에는 참여할 수 없었다.

애제(哀帝)와 평제(平帝) 시대에 이르게 되면, 제후국의 세습이 먼 후손들에게 이어져 같은 유씨지만 종족간의 관계도 소원하게 되고, 왕궁의 담장 안에서만 생활하다보니 백성들로부터 존경을 받지도 못하게 되었다.

그리하여 왕망(王莽)은 한나라 왕실이 안팎으로 운수가 다하고, 중앙의 왕실과 지방의 제후들이 모두 쇠약해졌음을 알고는, 거리끼는 바 없이 간교한 야심을 드러냈다. 태후의 권력에 의지하여 정권을 잡고는, 이윤과 주공의 고사를 가탁하여 묘당의 윗자리에 올라 형벌과 상을 마음대로 휘두르며, 계단을 내려와 서지 않고 천하의 일을 전횡하였다. 찬탈의 모의가 성사되자 마침내 남면하여 황제라 자칭하며, 관직을 다섯 등급으로 나누고 새로 임명한 관리들을 전국에 파견하여 부명을 반포하고 시행했다. 한나라 왕실의 제후들은 무릎을 꿇고 머리를 조아리며 옥쇄를 바치고, 혹시라도 뒤쳐질까 두려워했다.

이 어찌 슬프지 않는가? 〔출전: 『한서』「제후왕표서(諸侯王表序)」〕

秦既呑天下, 患周之敗, 以爲弱見奪. 於是姍笑三代, 蕩滅古法. 削去五等, 改爲郡縣, 自號爲皇帝, 而子弟爲匹夫. 內無骨肉本根之輔, 外無尺土蕃翼之衛. 吳,陳奮其白梃, 劉,項隨而斃之. 故曰: “周過其歷, 秦不及其數”, 國勢然也.

漢興之初, 海內新定, 同姓寡少. 懲亡秦孤立之敗, 於是割裂疆土, 入爵二等, 功臣侯者, 百有餘邑; 尊王子弟, 大啓九國. 國大者跨州兼郡, 連城數十, 可謂矯枉過正矣.

然高祖創業, 日不暇給. 孝惠享國之日淺, 高后呂主攝位, 而海內晏然, 無狂狡之憂. 卒折諸呂之難, 成太宗之基者, 亦賴之於諸侯也. 夫原本以末大, 流濫以致溢. 小者淫荒越法, 大者睽孤橫逆以害身喪國.

故文帝采賈生之議分齊,趙, 景帝用晁錯之計削吳,楚 武帝施主父之策,推恩之令. 景遭七國之難, 抑諸侯, 減黜其官. 武有淮南,衡山之謀, 作左官之律, 設附益之法. 諸侯唯得衣食租稅, 不與政事. 至於哀,平之際, 皆繼體苗裔, 親屬疏遠, 生於帷[墻]之中, 不爲士民所尊.

故王莽知漢中外殫微, 本末俱弱, 無所忌憚, 生其姦心. 因母后之權, 假伊,周之稱, 專作威福廟堂之上, 不降階序而運天下. 詐謀旣成, 遂據南面之尊. 分遣五威之吏馳傳天下, 班行符命. 漢諸侯王厥角稽首, 奉上璽紱, 唯恐居後. 豈不哀哉!

왕망이 멸망함에 이르러 천하는 구름처럼 다시 어지러워졌다. 〔출전: 『한서』「서전(敍傳)」 및 『송서』「부서지(符瑞志)」〕

광무제(光武帝)가 한나라를 다시 일으켜 유씨 황실을 계승하고 융성하게 했다. 그러나 서한이 멸망하게 된 경험과 교훈을 거울삼지 못하고 오히려 그 잘못을 답습하고, 나라를 망하게 만든 오래된 폐단을 오히려 더욱 키웠다. 근근이 몇 대를 이어 갔으나, 간신배가 조정을 가득 채우고, 끝내는 간신들이 조정을 장악하고 전횡하자 천하는 바람에 풀이 쓸리듯이 권세를 좇아 빌붙었다. 일단 반란이 일어나면 성을 지키는 자들이 뿔뿔이 도망가 버리니 성은 저절로 무너졌다. 어찌 동한도 위태롭지 않겠는가? 〔출전: 『문선(文選)』 및 『진서』「육기전(陸機傳)」 소재 육기의 「오등론(五等論)」〕

及莽敗, 天下雲擾. 光武中興, 纂隆皇統, 而猶遵覆渠之遺轍, 養喪家之宿疾. 僅及數世, 姦宄充斥, 卒有强臣專朝, 則天下風靡; 一夫縱橫, 則城池自夷. 豈不危哉!

주나라가 쇠퇴한 시기에 왕실을 다시 일으키기는 어려워졌다. 조정을 보좌한 대신이 7명, 섭정한 대신이 3명이었는데, 천자는 이들에게 구정(九鼎)을 맡겨 다스리도록 했다. 반란군이 도읍을 점거하자 전쟁의 신호인 징과 북소리가 궁궐을 진동하고, 대궐 안에는 화살이 날아 다녔다. 그러나 환란이 경사 주변에 국한되고 전국으로 미치지는 않아 천하는 그런대로 평안했다. 미리 나라를 잘 다스려 혼란에 대비했기에 주선왕(宣王)은 공화(共和) 시기에 왕실을 중흥할 수 있었다. 양왕(襄王)과 혜왕(惠王) 때는 진(晉)나라와 정(鄭)나라의 보좌에 힘입어 위엄을 떨쳤다.

조정이 잠깐만 흔들려도 사해가 끓는 냄비처럼 되고, 간사한 신하가 아침에 조정에 들어오면 저녁에는 천하의 끝 구복(九服)까지 혼란스러워졌던 동한과 서한의 양한과 어찌 같을 수 있었겠는가? 멀리는 왕망의 제위 찬탈이 있었고, 가까이는 동탁(董卓)이 국정을 농단한 때를 살펴볼 수 있으니, 억조창생이 슬퍼하고 어리석은 사람이든 총명한 사람이든 함께 애통해 한다. 어찌 당대에 어질고 능력 있는 신하가 없었겠으며, 천하를 구제하고 바로잡겠다는 장한 뜻을 지닌 선비가 없었겠는가? 원대한 계략은 시대가 같지 않아 꺾이게 되고, 웅대한 뜻은 형세가 기울어 좌절되고 말았을 따름이리라. 〔출전: 상동, 육기의 「오등론」〕

在周之[衰], 難興王室也, 放命者七臣, 干位者三子, 嗣王委其九鼎, 凶族據其天邑, 鉦鼙震於閫宇, 鋒鏑流於絳闕. 然禍止畿甸, 害不覃及, 天下晏然, 以治待亂, 是以宣王興於共和, 襄,惠振於晉,鄭.

豈若二漢階闥蹔擾而四海已沸, 孽臣朝入而九服夕亂哉! 遠惟王莽簒逆之事, 近覽董卓擅權之際, 億兆悼心, 愚智同痛. 豈世乏曩時之臣, 士無匡合之志歟? 蓋遠績屈於時異, 雄心挫於卑勢耳.

위나라 태조 무황제(太祖 武皇帝) 조조(曹操)는 몸소 지혜롭고 총명한 자질을 타고났고 또 신묘한 무략을 겸비했다. 초(譙)땅 패현(沛懸)에서 큰 뜻을 품고 일어나, 연주(兗州)와 예주(豫州) 일대에서 위세를 떨쳤다. 오대 왕조의 흥망성쇠를 보았으나, 오히려 앞선 왕조의 좋은 점을 취하지 않았고, 또 바로 앞 한나라의 멸망을 목격했으나 이를 경계로 삼아 제도를 바꾸지도 않았다. 동성인 조씨 자제들에게는 쓸모없는 땅을 봉토로 주었고, 종실 자제들을 파견하여 다스리도록 하지도 않았다. 자제들의 권세는 일반 평민 백성들과 다를 바 없었다. 이렇게 되니 안으로는 뿌리를 깊게 내려 절대 뽑히지 않는 견고함이 없었고, 밖으로는 반석과 같은 종실 동맹의 도움을 받을 수 없었다. 이것이 바로 사직을 안정시키고 만세에까지 이어질 업적을 세우지 못한 까닭이었다.

또한 지금의 주목(州牧)이나 군수들은 고대의 방백(方伯)이나 제후라 할 수 있는데, 이들은 모두 천리의 땅을 차지하고 군사에 관한 권한까지 한 몸에 지니고 있으면서, 혹 몇 명이 결탁하여 당파를 맺기도 하고, 혹은 형제들끼리 땅을 나누어 제각기 한 지방을 점거하기도 했다. 그런데도 종실 자제들은 어느 누구 한 사람도 여기에 끼어들거나 맞서 대항하지 못하고, 서로 제자리를 지킬 뿐이었다. 이는 근본을 튼튼히 하고 가지를 약화시키며 또 만일의 사태에 대비하는 방법이 아니었다. 〔출전: 『문선』 조경의 「육대론(六代論)」 및 『삼국지』 권20의 배주(裴注)〕

때에 맞게 좋은 계책을 쓰지 않는다면, 쇠퇴와 멸망이 뒤따를 뿐이다. 이상에서 주나라와 진나라, 한나라, 조위(曹魏) 등이 나라를 세웠을 때의 형세를 서술했다. 이들 왕조의 시작과 끝, 흥망과 성쇠의 변

화를 귀감으로 삼아 깊이 연구해보면, 오늘의 우리에게 경계가 될 것이다. 〔조유의 말〕

魏太祖武皇帝, 躬聖明之姿, 兼神武之畧; 龍飛譙沛, 鳳翔兗豫; 觀五代之存亡而不用其長策, 覩前車之傾覆而不改其轍迹. 子弟王空虛之地, 君[有]不使之人; 權均匹夫, 勢齊凡庶; 內無深根不拔之固, 外無磐石宗盟之助; 非所以安社稷爲萬歲之業也.

且今之州牧郡守, 古之方伯諸侯; 皆跨有千里之土, 兼(武軍)[軍武]之任; 或比國數人, 或兄弟並據; 而宗室子弟, 曾無一人閒厠其間, 與相維持; 非所以强幹弱枝, 備萬一之虞也.

時不用其計, 後遂凌夷. 此周,秦,漢,魏立國之勢, 是以究其始終强弱之勢, 明鑒戒焉.

논한다.

주나라 천하가 800여 년 계속되었는데 후대에 들어와 왕실이 쇠약해지자, 제후들이 번갈아 일어나 합종하고 또 연횡하면서 전란이 끊이지 않았다. 마지막 난왕(赧王)이 서인으로 강등될 때까지 각지의 제후들은 가지와 잎처럼 서로 지탱해주었으니, 이름만은 그래도 제후들이 함께 받들어 모시는 천하의 주인(天下共主)이었다. 〔조유가 『한서』에서 여러 문장을 뽑아서 엮음〕

당시에 이미 초나라는 구정의 경중을 물어 천하를 차지하고자 하는 야심을 드러냈고, 진(晉)나라 제후는 천자의 예법인 수도(隧道)를 파도록 해줄 것을 청했다. 이들이 비록 주 왕실을 넘보았으나 동성인 희씨(姬氏) 제후들에 의해 저지되었다. 어찌 간웅이 없었겠냐마는 오직 제후들의 도움에 힘입어 왕실이 유지될 수 있었던 것이다. 옛말에 이르기를 '다리가 백 개 되는 벌레가 죽어도 쓰러지지 않는 것은, 지탱해주는 다리가 많기 때문'이라고 하니, 이를 두고 하는 말이 아니겠는가? 〔출전: 육기의 「오등론」 및 조경의 「육대론」〕

영씨(嬴氏)의 진나라가 천하를 오로지하게 되자 주나라의 실패를 경계로 삼아, 다섯 등급의 봉건제를 폐지하고 군현제를 실시했다. 황제 한 사람이 천하를 소유했으며 종실 자제들은 일반 백성과 다름이 없었다. 건국 공신들은 몸을 바쳐 열심히 일하고 나라 안팎을 지켜도 한 치의 봉토도 받을 수 없었다. 진시황 한 사람이 천하를 장악하고 다스렸으며, 이익 또한 홀로 차지했다. 그러니 진시황이 죽는 바로 그날 천하가 무너졌다.

진승이 웃통을 벗어젖히고 앞장서서 소리치자, 유방이 칼을 치켜들고 의군을 일으켜 뒤를 이었다. 호랑이가 으르렁거리고 용이 울부짖듯 뭇 영웅들의 활약으로 마침내 진나라를 멸망시켰다. 유방과 진승 같은 여러 호걸들은 평민 출신으로, 오나라와 초나라 같은 세력도 없었고 송곳을 세울만한 한 조각 땅도 없었다. 그러나 아무런 훈련도 받지 않은 백성들을 이끌고 감히 천하를 놓고 다투었다. 백성들은 전란이 평정되기를 바랐으나, 왕실을 보위하지 못하는 것을 부끄러워하는 제후는 누구 하나 없었다. '정치의 혼란과 형벌의 가혹함은 영웅들이 일어날 수 있는 바탕이며 스스로 화를 불러들인 원인'이라는 말이, 바로 이를 두고 하는 말일 것이다. 〔출전: 미상〕

뿌리가 깊은 나무를 자르는 것은 어렵지만 시들고 썩은 나무를 베는 것은 쉬운 일이다. 〔출전: 『삼국지』 권20 배주에서 인용한 『위씨춘추』에 수록된 조경의 「육대론」〕

오등급의 작위를 바탕으로 한 봉건제는 뿌리 깊은 나무이고, 진시황의 군현제는 시들고 썩은 나무다. 그러므로 진나라 이래 후주와 수나라에 이르기까지, 신기(神器), 즉 천자 자리를 잃는 자는 반드시 나라가 쇠약해졌기 때문이 아니며, 천하를 얻은 자도 오래 지속될 수 없었다. 나라의 형세가 그러했기 때문이다.

오호라! 군현제로 다스리니 일반 백성이 천하를 얻고자 하는 야심을 일으켰고, 다섯 등급의 봉건제로 다스리니 제후들이 합종연횡으로 혼란을 불러들였다. 〔출전: 미상〕

그러므로 그 어떤 법과 제도든 모두 그 나름의 폐단이 있음을 알 수 있다. 봉건제의 제후와 방백이 전란을 막을 수 있는 부적이 아니며, 군현을 설치한다고 해서 천하를 태평하게 다스릴 수 있는 도구가 아닌 것이다. 다만 복을 더 많이 가져오게끔 시도해보고, 그렇게 함으로써 재앙을 적게 하려는 고려라는 점에서 본다면, 군현제가 그래도 봉건제보다는 나은 것이다. 〔출전: 육기의 「오등론」〕

현명한 임금들은 이러한 도리를 잘 알았기 때문에 항상 두려워하고 삼가며, 매일 매일 삼가고 조심한다. 덕을 닦아 스스로를 다스리면서, 현명한 인재를 뽑아 정사를 돌보게 했다. '덕으로 정사를 베풀고 현명한 인재를 선발하며, 백성들이 즐겁게 본업을 하며 편안하게 살도록 하는 것', 이것은 탕임금이나 무왕 같은 성인이라도 반드시 이룰 수 없는 것일진대, 하물며 미미한 일반 백성으로서, 어느 누가 감히 웃통을 벗어젖히고 고함치며 반란을 일으키겠는가? 이 점은 세심하게 살펴보지 않을 수 없는 것이다. 〔출전: 미상, 아마도 조유의 말이 아닐까?〕

論曰: 周有天下八百餘年, 後代衰微, 而諸侯縱橫矣. 至末孫王赧, 降爲庶人, 猶能枝葉相持, 名爲天下共主. 當是時也, 楚人問鼎, 晉侯請隧, 雖欲闞周室而見阨諸姬, 夫豈無姦雄, 賴諸侯以維持之也. 故語曰: "百足之蟲, 至死不僵, 扶之者衆." 此之謂乎?

及嬴氏擅場, 懲周之失, 廢五等, 立郡縣, 君有海內, 而子弟爲匹夫. 功臣効勤, 而干城無茅土; 孤制天下, 獨擅其利. 身死之日, 海內分崩.

陳勝偏袒唱於前, 劉季提劍興於後. 虎嘯龍睇, 遂亡秦族. 夫劉, 陳諸傑, 布衣也, 無吳楚之勢,立錐之地, 然而驅白徒之衆, 得與天子爭衡者, 百姓思亂, 無諸侯勤王之可憚也. 故語曰: "夫亂政虐刑, 所以資英雄而自速禍也", 此之謂矣.

夫伐深根者難爲功, 摧枯朽者易爲力. 今五等, 深根者也; 郡縣, 枯朽者也. 故自秦以下迄於周,隋, 失神器者非侵弱, 得天下者非持久, 國勢然也.

嗚呼! 郡縣而理則生布衣之心, 五等御代則有縱橫之禍. 故知法也者, 皆有弊焉; 非謂侯伯無可亂之符, 郡縣非致理之具; 但經始圖其多福, 慮終取其少禍. 故貴於五等耳.

聖人知其如此, 是以兢兢業業, 日愼一日, 修德以鎭之, 擇賢而使之. '德修賢擇, 黎元樂業', 雖有湯,武之聖, 不能興矣; 况於布衣之細, 而敢偏袒大呼哉! 不可不察!

권6 패기 하(覇紀 下)

제19편 삼국권(三國權)

촉오위(蜀吳魏) 삼국의 쟁패

논한다. 신은 이렇게 들었습니다.

옛날 동한 말년, 왕실의 기강이 무너지고 법망이 느슨해지자 흉악하고 교활한 반역의 무리들이 사방에서 일어났다. 원소(袁紹 자는 本初)는 하삭(河朔 황하 이북 지역을 가리킴) 지방을 호시탐탐 노렸고, 유표(劉表 자는 景升)는 형주(荊州)에서 기회를 노리고 있었고, 마초(馬超), 한수(韓遂) 등은 관서(關西, 함곡관 또는 동관의 서쪽 지역을 가리킴) 지역에서 웅거했고, 여포(呂布)와 진궁(陳宮)은 동하(東夏, 중국 동부 지역)에서 할거했다. 요하(遼河) 유역과 해대(海岱, 발해와 태산의 사이, 지금의 산동성) 일대에서는 십여 명의 왕공과 귀족들이 군사를 일으켰는데, 그들의 군사는 백만에 철갑으로 무장한 말이 수천 필이며, 서로 힘을 합치고 맹약을 맺어, 한 때의 영웅호걸로 이름을 떨쳤다.

그러나 조조가 이른바 '천자를 끼고 제후들을 호령'하는 그 6, 7년 동안에 각지의 제후들 중 열에 여덟, 아홉을 멸망시키고, 겨우 오(吳)

와 촉(蜀) 두 개의 작은 나라만 남게 되었다. 지도에서 살펴보면 이들 두 나라는 겨우 네 개 주를 차지하고 있을 뿐이어서, 중원의 큰 도읍 하나만도 못한 정도였다. 또 그 지역 백성들은 나라를 위한 전쟁에는 겁을 내지만 사사로운 이익이 걸린 싸움에는 오히려 용감하며, 전투가 벌어지면 쉽게 도망가고 패배를 대수롭지 않게 여기니 중화의 군사들에게 필적할 수 없었다.

그들의 장단점과 대소, 재주와 세력 등을 하나하나 비교해 따져보면 손권(孫權)과 유비(劉備)는 왕년의 원소, 원술 형제와 유표, 여포 등의 강성함에 견줄 수 없었다. 그럼에도 이들 두 영웅은 이제 막 새로 일어나 역량을 채 모으지도 못한 나라를 기반으로 해서 비견할 수 없는 불리한 형세를 무릅쓰고, 칼을 어루만지고 사방을 둘러보면서 당당하게 맞서 조조와 패권을 다투었다.

말을 치달리고 군대를 지휘하며 강남과 서촉을 점거하고 지리적 이점을 다 활용했으니, 무슨 까닭인가? 바로 지리적 형세가 같지 않았던 때문이니, 그들이 차지한 지역의 특수한 형세가 그렇게 되게끔 했던 것이다. 〔출전: 미상, 조유의 말로 추정함〕

그러므로 『역경』은 이렇게 말한다. "왕과 제후는 험한 지세에 의지하여, 이로써 나라를 지킨다." 〔출전: 『주역』 「감괘(坎卦) 단사」〕

또 옛 사람은 이렇게 말했다. "사방 일 리의 땅만 얻으면, 이로부터 움직여 천 리의 땅을 취할 수 있는 권모를 쓸 수 있으니, 바로 지리적 이점을 이용하는 것이다." 〔출전: 미상〕

조비(曹丕, 조조의 아들, 뒤에 위를 건국하여 문제가 됨)가 장강에 이르러 넘실넘실 용솟음치는 파도를 보고 말하기를 "이야말로 하늘이 마련해 놓은 남과 북의 경계로구나!"라고 탄식했다. 〔출전: 『삼국지』 권47

「오주전(吳主傳)」 주에서 인용한 『오록(吳彔)』]

손자(孫資)는 남정(南鄭), 즉 파촉을 가리켜 "천옥(天獄, 하늘이 만든 감옥)"이라고 불렀고, 사곡도(斜谷道)를 일러 "오백 리의 바위 구덩이"라고 말했다. 〔출전: 『삼국지』 권14 「유방전(劉放傳)」 주에서 인용한 『손자별전(孫資別傳)』〕

예전의 기록을 살펴보면 모두 이 촉 땅을 가리켜 "깊은 골짜기와 험준한 요해지로 사람을 두렵게 한다."라고 했다.

비록 '천도에 순응하면 지리적 이점은 사람들이 서로 화합하는 것(人和)보다 더 중요하지 않다.'라는 말이 있지만, 만일 중간 정도의 능력을 지닌 인재가 지키기만 했더라도, 수십 년에 불과했던 왕조의 수명을 훨씬 더 연장시킬 수 있었을 것이다. 어찌 저 보잘 것 없는 등애(鄧艾)와 왕준(王濬) 같은 자들의 위세에 촉이 망했겠는가?

이것으로 미루어보면 승패의 관건은 인화에 있는 것이지 지리적 이점에 있는 것이 아니다. 오호라! 제 아무리 지혜로운 사람의 계책이라도 반드시 이해에 얽히게 되는 법이다. 그러므로 '용병의 해로움을 완전히 이해하지 못한다면, 용병의 이로움을 충분히 발휘할 수 없다.'는 말이, 예로부터 전해온 내력이 있는 것이다.

이에 삼국의 역사에서 가장 중요한 내용을 뽑아 『삼국권(三國權)』 일편을 짓는다. 오호(五湖)를 쓸어 담아 강남을 통일하고 촉을 석권하는 과정을 통해서, 용병의 해로움 속에 있는 이로움을 대략이나마 파악하고, 이로써 조조의 책략을 밝혀보기로 한다. 〔출전: 미상, 조유의 말로 추정함〕

論曰: 臣聞, 昔漢氏不綱, 網漏凶狡. 袁本初虎視河朔, 劉景升鵲起荊州，馬超,韓遂雄據於關西，呂布,陳宮竊命於東夏，遼河,海岱王公十數；皆阻兵百萬，鐵騎千羣，合從締交，爲一時之傑也.

然曹操挾天子令諸侯，六七年間，夷滅者十八九，唯吳,蜀蕞爾國也，

以地圖案之，纔四州之土，不如中原之大都；人怯於公戰，勇於私鬪，輕走易北，不敵諸華之士；角長量大，比才稱力，不若二袁,劉,呂之盛. 此二雄以新造未集之國，資逆上不侔之勢，然能撫劍顧眄，與曹氏爭權，躍馬指麾，而利盡南海，何哉? 則地利不同，勢使之然耳.

故'易'曰："王侯設險，以守其國." 古語曰："一里之厚而動千里之權者，地利也."

故曹丕臨江，見波濤洶涌，嘆曰："此天所以限南北." (劉)[孫]資稱南鄭爲"天獄"，斜谷道爲"五百里石穴". 稽諸前志，皆畏其深阻矣.

雖云天道順，地利不如人和. 若使中材守之，而延期挺命可也，豈區區艾,濬得奮其長策乎?

由是觀之，在此不在彼. 於戲! "智者之慮，必雜於利害"，故"不盡知用兵之害，則不能知用兵之利"，有自來矣.

是以采摭其要，以爲此權耶. 夫囊括五湖，席卷全蜀，庶知害中之利，以明魏家之略焉.

촉(蜀)

천제(天帝)는 방(房)과 심(心)수의 분야(예주 지역)에서 정사를 베풀고, 다스려 태평성대를 이루는 지역은 삼(參)과 벌(伐)이니, 삼과 벌의 분야는 익주(益州)에 해당된다. 〔출전: 미상, 『화양국지(華陽國志)』「서지(序志)」에 『촉기(蜀紀)』를 인용한 비슷한 문장이 있음〕

『직방지(職方志)』에 따르면 옹주(雍州) 지역이라고 하고, 상서의 「우공(禹貢)」편에 따르면 양주(梁州) 지역에 해당된다. 땅은 사방 5천 리에 대략 40여 개 군을 거느리고 있으니, 실로 하나의 나라를 세울만한 땅이다. 예로부터 익주를 일러 '하늘이 내려 준 창고이며 비옥한 논밭이 천 리에 이른다.'라고 하니, 그럴만한 내력이 있는 것이다. 〔출전: 미상, 『삼국지』「제갈량전」에서 이 문장을 인용함〕

天帝布政房心, 致理參伐, 參伐則益州分野. 按'職方'則雍州之境, 據'禹貢'則梁州之域. 地方五千里, 提封四十郡, 實一都會也. 故古稱, '天府之國, 沃野千里', 其有以矣.

왕망 정권의 말년에 공손술(公孫述)이 촉 땅을 점거하고 있었다. 공조(功曹)인 이웅(李熊)이 공손술에게 말했다. "바야흐로 천하가 물결처럼 요동치고 있고, 저잣거리의 필부도 함부로 천하대사를 논하고 있습니다. 장군은 사방 천 리의 땅을 점거하고 있으니 다스리는 땅은 탕임금과 무왕의 열 배나 됩니다. 만일 떨치고 일어나서 위엄과 덕으로 민심을 얻고 하늘이 준 이 기회를 잘 이용한다면, 패업을 이룰 수 있을 것입니다.

지금 산동 지역은 기근이 들어 백성들이 서로 잡아먹고, 병란을 만나 백성들은 도륙되고 성읍은 폐허로 바뀌었습니다. 그러나 촉 땅은 비옥한 들이 천리에 이르고, 땅은 기름지며, 온갖 과일이 생산되고 있어 백성들은 곡식이 아니어도 배불리 먹을 수 있습니다. 부녀자들이 베를 짜고 옷을 지으면 천하 백성들이 다 입기에 충분합니다. 귀한 목재, 대나무 화살, 활과 창 같은 무기도 풍부하게 쌓여 있어 이루 다 쓸 수 없을 정도입니다. 또한 백성들은 어업과 소금생산, 제철 등에 종사하여 이익을 얻고, 강을 이용한 수운의 편리함을 지니고 있습니다.

북쪽으로 한중(漢中)을 점거한다면 포성(褒城)과 사곡(斜谷)의 험준한 지형이 가로막고 있으며, 동쪽으로 파군(巴郡)을 지키면 한관(捍關)의 길목을 막을 수 있습니다. 땅은 사방 수천 리에 병사는 백만에 모자라지 않습니다. 유리한 시기라고 판단되면 군대를 출동시켜 땅을 빼앗고, 이익이 없다고 판단되면 굳게 지키면서 농사일에 전력을 다합니다. 동쪽으로 한수(漢水)를 타고 내려가 진(秦) 땅을 노릴 수 있고, 장강의 흐름을 따라 남쪽으로 내려가 형(荊)과 양(揚) 땅을 위협할 수 있습니다. 이른바 '천시와 지리'를 모두 이용할 수 있으니 반드시 성공할 수 있는 바탕입니다. 지금 장군의 명성은 천하에 알려져 있으나 아직 나라를 세우지 않고 있으니, 천하의 뜻있는 선비들이 주저하며 마음을 결정하지 못하고 있습니다. 마땅히 왕위에 오르시어 멀리 있는 인재들이 모두 찾아오도록 하십시오."

공손술은 마침내 건무(建武) 원년 4 월 스스로 제위에 오르고 국호를 성가(成家)라고 칭하며, 백색(白色)을 숭상했다. 〔출전: 『후한서』 권 13「공손술전(公孫述傳)」〕

王莽末, 公孫述據蜀. (益部)功曹李熊說述曰: "方今四海波蕩, 匹夫橫議. 將軍割據千里, 地什湯,武. 若奮發威德以投天隙, 霸王之業成矣.

今山東饑饉，人民相食；兵所屠滅，城邑丘墟．蜀地沃野千里，土壤膏腴，果實所生，無穀而飽．女工之業，覆衣天下．名材竹幹，器械之饒，不可勝用．又有魚鹽銅鐵之利，浮水轉漕之便．

北據漢中，杜褒斜之隘；東守巴郡，拒捍關之口；地方數千里，戰士不下百萬．見利則出兵而略地，無利則堅守而力農．東下漢水以闚秦地，南順江流以震荊,揚．所謂用天因地，成功之資．今君王之聲聞於天下，而位號未定，志士狐疑，宜卽大位，使遠人有所歸依．”

建武元年，四月，遂(立自)[自立]爲天子，號成家，色尙白．

경시제 유현(劉玄)이 실패한 이후, 광무제 유수(劉秀)는 마침 산동 지역에 대한 정벌에 전념하고 있어서 서쪽에 대한 토벌을 생각할 겨를이 없었다. 이때 관중의 여러 호걸들이 무리를 이끌고 공손술에게 귀순했다. 그 뒤, 평릉(平陵) 사람 형한(荊邯)이 장차 유수가 동방을 평정하고 나면 군대를 돌려 서쪽에 대한 정벌에 나설 것임을 예견하고, 공손술에게 간했다. “군대는 제왕의 대업을 위한 가장 큰 도구이니, 고금을 막론하고 없앨 수 없는 것입니다. 지금 외효(隗囂)가 시운을 만나 옹주(雍州) 지역에서 할거하고 있는데, 군대가 강하고 많은 선비들이 귀부해오고 있어 산동의 유수에게 위협을 가하고 있습니다. 그러나 외효는 이 좋은 시기에 승세를 타고 나아가 천하 대권을 놓고 유수와 싸우려 하지 않고, 오히려 물러나 서촉을 지키고만 있습니다. 외효는 서백(西伯)이었던 주문왕의 고사를 본받아 무기를 내려놓고 전쟁을 멈추고, 몸을 낮추어 겸손한 언사로 한나라를 섬기면서, 스스로를 문왕이 다시 세상에 나온 것으로 여기며 만족하고 있습니다.

만약 유수가 관중과 농서(隴西)지역에 대한 우려를 내려놓고 오로지 산동 정벌에 전념한다면, 천하를 넷으로 나누어 그 중 셋을 차지할 것입니다. 만일 서쪽 여러 주군의 호걸들이 모두 산동의 유수에게로 마음을 기울이고, 또 이간질 잘하는 사자를 파견하여 딴 마음을 가진 자들을 회유한다면, 천하를 다섯으로 나누어 그 중 넷을 차지할 것입니다. 또 만약 군대를 일으켜 천수(天水)를 공격하면 천수는 반드시 무너질 것인데, 천수가 일단 평정되면 유수는 천하를 아홉으로 나누어 그 중 여덟을 소유하게 될 것입니다.

그렇게 되면 폐하는 양주 땅 하나만을 갖고 안으로는 나라의 살림살이 비용을 부담하고 밖으로는 삼군에 군량과 무기를 공급해야 하니, 백성들은 근심하고 고통스러워하며 위로부터의 명령을 듣지 않고 있습니다. 장차 왕망과 같이 스스로 궤멸하는 변고가 있지 않을까 합니다.

신이 어리석은 계책을 말씀드리자면, 마땅히 천하 백성들의 희망이 완전히 사라지지 않고 아직도 영웅호걸들을 초빙할 수 있는 이 시기를 잘 이용해야 할 것입니다. 급히 정예병을 출동시켜 전융으로 하여금 강릉(江陵)을 점거하고 강남의 번화한 지역으로 진격해서, 무산(巫山)의 험고한 지세에 의지하고 성채와 보루를 쌓아 견고하게 지키면서, 오와 초 일대에 유수 토벌의 격문을 돌리면, 장사(長沙) 이남은 바람에 풀이 쓸리듯이 귀순해 올 것입니다. 또 연잠(延岑)을 파견해 한중으로 나아가 삼보(三輔)를 평정하면, 천수와 농서의 여러 군은 반드시 두 손을 맞잡고 항복할 것입니다. 이처럼 천하에 위엄을 떨치고 흔들어놓으면, 큰 이익을 기대할 수 있을 것입니다."

그러나 공손술은 형한의 계책을 받아들이지 않았다. 유수는 잠팽(岑彭)과 오한(吳漢)으로 하여금 촉을 정벌토록 하여 형문(荊門)을 깨뜨리고, 기동력이 뛰어난 기병을 이끌고 곧장 강관(江關)으로 쳐들어갔다. 군대가 성도에 이르자 공손술이 출전했으나 싸움에 패하고, 창에 가슴이 꿰뚫려 죽었다. 공손술의 처자는 모두 죽임을 당하고 궁실은 불태워졌다. 〔출전: 상동 공손술전〕

自更始敗後, 光武方事山東, 未遑西伐, 關中豪傑多擁衆歸述. 其後, 平陵人荊邯見東方將平, 兵且西向, 說述曰: "兵者, 帝王之大器, 古今所不能廢也. 隗囂遭遇運會, 割有雍州, 兵强士附, 威加山東; 不及此時, 推危乘勝以爭大命. 而返欲爲西伯之事, 偃武息戈, 卑辭事漢, 喟然自以文王復出也.

(今)[令]漢帝釋關隴之憂, 專精東伐, 四分天下而有其三; 使西州豪傑咸居心於山東, 發間使, 招携貳, 則五分而有其四; 若擧兵天水, 必至沮潰, 天水旣定, 則九分而有其八. 陛下以梁州之地, 內奉萬乘, 外給三軍, 百姓愁困, 不堪上命, 將有王氏自潰之變.

臣之愚計以爲, 宜及天人之望未絕, 豪傑尙可招誘, 急以此時發國內精兵, 令田戎據江陵, 臨江南之會, 倚巫山之固, 築壘堅守, 傳檄吳,楚, 長沙以南必隨風而靡. 令延岑出漢中, 定三輔, 天水,隴西拱手自服. 如此, 海內震搖, 冀有大利.

述不聽邯計, 光武乃使岑彭,吳漢伐蜀, 破荊門, 長驅入江關. 軍至成都, 述出戰, 兵敗, 被刺洞胸死, 夷述妻子, 焚其宮室.

동한 말 영제 시대에 이르러 조정 기강이 무너지고 나라가 쇠약해지면서, 왕실에 여러 차례 변고가 일어났다. 〔출전: 『삼국지』 권31 「촉서1 유언전(劉焉傳)」〕

각지에서 영웅호걸들이 할거하여 천하를 놓고 각축전을 벌였으며, 나라는 사분오열로 나뉘어졌다. 〔출전: 『삼국지』 권6 「위서6 원술전(袁術傳)」의 주에서 인용한 『위서(魏書)』〕

이때 유언(劉焉)은 익주목(益州牧)이 되었다. 유언이 죽고 아들 유장(劉璋)이 뒤를 이었다. 그 후 유비에 의해 포위되었고, 마침내 투항했다. 〔조유의 말〕

至靈帝時, 政理衰缺, 王室多故. 雄豪角逐, 分裂疆宇. 以劉焉爲益州牧. 焉死, 子璋立. 爲劉備所圍, 遂降.

앞서 유비는 예주목이 되었으나 조조에게 패배하고는 신야(新野)로 달아나 주둔하고 있었다. 이때 제갈량(諸葛亮)이 남양(南陽)에서 몸소 농사를 짓고 있다는 소문을 듣고, 제갈량의 초려를 세 번 찾아가 비로소 만났다. 사람들을 물리치고 나서 유비가 말했다. "한나라 왕실은 기울고 무너졌으며 간신들이 황제의 명령을 도용해서 전횡하고, 황제는 수도를 떠나 피신했습니다. 나는 스스로의 덕과 역량을 헤아리지 못하고 진실로 천하에 대의를 펼쳐보려 했으나, 지혜와 계책이 짧고 부족하여, 끝내 여러 차례 좌절을 맛보고, 오늘 이 지경에 이르렀습니다. 그러나 그 뜻은 아직 버리지 않았으니, 그대는 장차 어떻게 해야 할지 계책을 말해 주겠소?"

제갈량이 대답하였다. "동탁이 난을 일으킨 이래 사방에서 호걸들이 일제히 일어나 몇 개의 주와 군을 점거하고 있는 자들이, 이루 헤아릴 수 없을 정도입니다. 조조는 원소에 비하면 명성도 미미하고 병력도 적었지만, 결국에는 원소를 무찌르고 약자에서 강자가 될 수 있었습니다. 이는 단지 시운 때문만은 아니고 역시 사람이 꾸민 지략이 맞아 떨어졌기 때문입니다. 지금 조조는 백만 명의 병사를 거느리고 천자를 끼고 제후들에게 호령하고 있으니, 진실로 조조와 창칼을 맞대고 승패를 다툴 수는 없습니다. 또 손권은 강동 지역에 할거한 지 이미 삼대가 지났고, 지세는 험준하고 백성들은 믿고 따르며, 현명하고 능력 있는 인재를 임용하고 있으니, 그를 지원 세력으로 끌어들일 수는 있으나 도모할 수는 없습니다.

형주는 북쪽으로 한수와 면수(沔水)에 의지하고, 남쪽으로는 남해(南海)의 풍부한 자원을 충분히 이용할 수 있고, 동쪽으로는 오군(吳郡)과 회계(會稽)로 연결되며, 서쪽으로는 파군(巴郡)과 촉군(蜀郡)으로 통하고 있으니, 병법에서 말하는 '반드시 차지하기 위해 서로 싸우는' 전략요지입니다. 그러나 현재의 주인은 이를 지킬 능력이 없습니다. 아마 장군이 가져다 쓰도록 하늘이 내려준 바탕이 아닌가 합니다.

익주는 지세가 험준하고 기름진 들판이 천리에 걸쳐 '하늘이 내려준 창고'라고 불리는데, 한고조 유방도 여기를 기반으로 하여 제업을 이루었습니다. 지금 이 땅의 주인인 유장은 어리석고 유약하며, 장로(張魯)가 북쪽에서 위협하고 있고, 인구가 많고 나라는 부유하지만 백성을 보살필 줄 모릅니다. 그래서 지혜롭고 능력 있는 선비들은 현명한 군주가 나타나기를 기대하고 있습니다.

장군은 이미 황실의 후예이며, 신의로 온 나라에 명망이 높으며, 사방의 영웅들을 널리 초빙하면서, 현명한 인재를 구하기를 목마른 자가 물을 찾듯 합니다. 우선 형주와 익주를 차지하고 험준한 요지를 지키며, 서쪽으로 서융을 비롯한 여러 부족들과 화친하고, 남쪽으로 이월(夷越)의 여러 부족을 아우르며, 밖으로 동오의 손권과 동맹을 맺고 안으로 정치를 정비해야 합니다. 일단 천하 정세에 변화가 일어나면, 뛰어난 장군들에게 명하여 형주의 군대를 이끌고 완현(宛縣)과 낙양으로 진군토록하고, 장군은 친히 익주의 병사를 인솔하고 진천(秦川)으로 진격한다면, 백성들이 어찌 '도시락에 밥을 담고 호로병에 장을 담아' 장군을 환영하지 않겠습니까? 진실로 이와 같이 한다면 패업을 이룰 수 있고, 한 왕실도 부흥할 수 있을 것입니다. 〔출전: 『삼국지』 권35 「촉서5 제갈량전(諸葛亮傳)」〕

初, 劉備爲豫州牧也, 爲曹公所破, 走屯新野. 聞諸葛亮躬耕南陽, 乃三詣亮於草廬之中, 屏人言曰: "漢室傾頹, 姦臣竊命, 主上蒙塵. 孤不度德量力, 欲信大義行於天下, 而智術淺短, 遂用猖獗, 至於今日. 然意猶未已, 君謂計將安出?"

亮答曰: "自董卓已來, 豪傑並起, 跨州連郡者, 不可勝數. 曹操比於袁紹, 名微而衆寡, 然遂能克紹, 以弱爲强者, 非唯天時, 抑亦人謀也. 今操已擁百萬之衆, 挾天子而令諸侯, 此誠不可與爭鋒. 孫權據有江東, 已歷三代, 國險而民附, 賢能爲用, 此可與爲援而不可圖也.

荊州北據漢,沔, 利盡南海, 東連吳會, 西通巴蜀, 此用武之國, 而其主不能守, 此殆天所以資將軍也. 益州險塞, 沃野千里, 天府之國, 高祖因之以成帝業. 劉璋闇弱, 張魯在北, 民殷國富而不知卹, 智能之士思得明后.

將軍旣帝室之胄, 信義著於四海, 總覽英雄, 思賢如渴, 若跨有荊, 益, 保其(嚴)[巖]岨, 西和諸戎, 南撫夷越, 結好孫權, 內修政理;

天下有變，則命上將將荊州之軍，以向宛,洛，將軍身率益州之衆，出於秦州，百姓孰不簞食壺漿以迎將軍者乎？誠如是，則霸業可成，漢室可興矣.”

이때 조조는 형주를 공격해 깨뜨렸고, 유비는 오나라 땅으로 도망갔다. 유비는 제갈량의 계책을 채택하여 손권과 동맹관계를 맺고 함께 조조에 대항해 적벽(赤壁)에서 조조를 깨뜨렸다. 조조는 북쪽으로 돌아갔고, 손권은 유비에게 형주 땅을 빌려주어 이를 기반으로 삼도록 해주었다. 〔조유의 말〕

이때 방통(龐統)이 유비에게 이렇게 건의했다. "형주는 전란으로 황폐해지고 무너졌으며, 인구는 줄고 물산도 탕진되었습니다. 동쪽에는 손권이 있고 북쪽에는 조조가 있어 삼국정립(三國鼎立)의 계책을 이루기가 어렵습니다. 지금 익주는 나라는 부유하고 백성이 강하며, 인구는 백만 호에 병마도 충분하며, 온갖 물산이 나라 안에 다 갖춰져 있어, 보물과 재물을 굳이 나라 밖에서 구할 필요가 없습니다. 지금이야 말로 권도를 써서 익주를 빌려 기반으로 삼으면 대사를 결정지을 수 있을 것입니다."

유비가 말했다. "지금 지적한 바와 같이 나와 조조는 물과 불처럼 서로 용납할 수 없는 사이요. 조조는 조급하지만 나는 너그럽고, 조조는 포악하지만 나는 어질고, 조조는 속임수가 많지만 나는 진실하오. 모든 일 하나하나마다 조조와는 반대로 해왔고, 이로써 대사를 이룰 수 있었다 생각하오. 지금 작은 이익 때문에 천하 사람들에게 신의를 잃게 된다면, 그것은 내가 바라지 않는 바이오."

방통이 다시 말했다. "지금과 같은 권도와 임기응변의 시기에는,

진실로 한 가지 원칙만 고집해서는 대사를 이룰 수 없습니다. 약소국을 겸병하고 어리석은 임금의 땅을 병합하는 것은, 춘추 시대 오패가 했던 일입니다. 상리를 벗어나는 수단으로 빼앗더라도 정당한 수단으로 지켜주고, 인의의 도리에 맞게 상대방에게 보답하며, 대사가 이루어진 뒤에 큰 나라에 봉해준다면, 어찌 신의를 저버리는 일이겠습니까? 지금 익주를 취하지 않으면, 결국은 다른 사람의 이익이 될 뿐입니다." 이에 유비는 관우(關羽)로 하여금 형주를 지키게 하고, 친히 군대를 이끌고 촉을 취하려 익주로 들어갔다. 〔출전: 『삼국지』 권37 「촉서7 방통전(龐統傳)」의 배주에서 인용한 『구주춘추(九州春秋)』〕

時曹公破荊州, 先主奔吳. 備用亮計, 結好孫權, 共拒曹公於赤壁, 破之. 曹公北還, 權乃以荊州業備.

龐統說備曰: "荊州荒殘, 人物(單)[殫]盡, 東有吳孫, 北有曹氏, 鼎足之計難以得志. 今益州國富人强, 戶口百萬, 郡中兵馬, 所出畢具, 寶貨無求於外. 今可權借以定大事."

備曰: "今指與吾爲水火者, 曹操也. 操以急, 吾以寬; 操以暴, 吾以仁; 操以譎, 吾以忠; 每與操反, 事乃可成耳. 今以小故而失信義於天下者, 吾所不取也."

統曰: "權變之時, 固非一道所能定也. 兼弱吞昧, 五伯之事. 逆取順守, 報之以義, 事定之後, 封以大國, 何負於信? 今日不取, 終爲人利耳."

備乃使關羽守荊州, 欲自取蜀.

이때 마침 유장은 조조가 장로를 토벌하기 위해 한중으로 진격할 것이라는 소식을 듣고, 내심 매우 두려워했다. 별가(別駕)종사로 있는 장송(張松)이 유장에게 건의했다. "조조의 군대는 강성하여 천하에 대적할 자가 없는데, 만일 이번 장로의 일을 핑계로 이용하여 촉을 취하려 한다면 누가 이를 막을 수 있겠습니까?

유예주(劉豫州)는 주군의 종실이며 조조와는 철천지원수입니다. 그를 시켜 장로를 토벌토록 한다면 장로는 반드시 격파될 것입니다. 장로가 패하면 익주는 강해질 것이고, 비록 조조의 군대가 오더라도 어떻게 할 수 없을 것입니다."

유장은 그 말이 옳다 하고 법정(法正)을 보내 유비를 맞아오게 하였으며, 유비는 부현(涪縣)에서 유장과 회담했다. 〔출전: 『삼국지』 권32 「촉서2, 선주전(先主傳)」〕

會劉璋聞曹公向漢中討張魯, 內懷恐懼. 別駕張松說璋曰: "曹公兵强, 無敵於天下, 若因張魯之資以取蜀土, 誰能禦之? 劉豫州, 使君之宗, 而曹公之深讐也. 若使之討魯, 魯必破. 盧破, 則益州强, 曹公雖來, 無能爲也."

璋然之, 遣法正迎先主, 先主與璋會涪.

유장이 성도로 돌아간 뒤, 유비는 유장을 위해 북쪽으로 한중의 장로를 토벌하러 가려고 했다. 이때 방통이 다시 설득했다. "은밀히 정예병을 뽑아 밤낮을 가리지 않고 길을 달려 지름길로 성도를 습격하십시오. 유장은 본래 무용이 없고 평소 아무런 대비도 하지 않았으니, 대군이 갑자기 들이닥치면 일거에 바로 평정할 수 있습니다. 이것이 최상의 계책입니다. 양회(楊懷)와 고패(高沛) 등은 유장의 이름난 장수들인데 각자 강병을 거느리고 주요 관문을 지키고 있습니다. 듣자하니 이들은 여러 차례 유장에게 글을 올려 '장군을 형주로 돌려보내야 한다.'고 간했다고 합니다. 장군은 도착하기 전에 미리 사람을 보내 소문을 퍼뜨리기를 '형주에 위급한 일이 생겨 돌아가 구원하려고 한다.'라고 하고, 아울러 행장을 꾸리며 겉보기에 짐짓 돌아가는 것처럼 꾸미십시오. 이들 두 장군은 이미 장군의 영명을 우러르고 있고 또 장군이 돌아간다는 말에 기뻐서, 반드시 가벼운 차림으로 장군을 만나러 올 것입니다. 장군께서는 이 기회를 틈타 두 장군을 붙잡아 놓고, 그들의 군사를 빼앗아 성도로 진공하십시오. 이것이 중급의 계책입니다.

다음으로는, 물러나서 백제성(白帝城)으로 돌아간 뒤 형주와 협동작전을 하며 천천히 일을 도모하는 것입니다. 이것이 마지막 하급 계책입니다. 만일 깊이 생각만 하다가 결단을 내리지 못해 나아가지 않는다면, 장차 큰 어려움에 빠져 오래 버티지 못할 것입니다."

유비는 중간 계책을 받아들여, 곧바로 양회 등의 목을 베고 가맹(葭萌)으로부터 성도로 유장을 공격했다. 〔출전: 『삼국지』 권37 「촉서 7 방통전」〕

이때 정탁(鄭度)이 유장에게 건의하였다. "유비가 우리를 공격하는데 군사는 만 명이 채 안 되며 또 병사들은 믿고 따르지 않고, 들녘의 곡식에 의존할 뿐 군량도 없습니다. 계책을 낸다면, 파서(巴西)와 재동(梓潼)의 백성들을 모두 쫓아내 부수(涪水) 서쪽으로 옮겨가도록 하고, 창고와 들녘의 곡식을 모조리 불태우고, 보루를 높이 세우고 참호를 깊이 파고는 움직이지 않고 기다리는 것이, 최상입니다. 또 저들이 싸움을 걸어와도 응하지 마십시오. 오래 버틸 물자가 없으니 백

일이 지나지 않아 틀림없이 스스로 물러날 것입니다. 달아날 때 뒤쫓아 추격하면 반드시 사로잡을 것입니다." 그러나 유장은 정탁의 계책을 쓰지 않았다.

유비는 먼 길을 치달려 신속하게 진격하면서 지나가는 곳마다 승리를 거두고, 마침내 파촉을 차지했다. [출전: 『삼국지』 권37 「촉서7 법정전(法正傳)」]

璋既還成都, 先主當爲璋北征漢中, 統(後)[復]說備曰: "陰選精兵, 晝夜兼道, 徑襲成都; 璋既不武, 又素無豫備, 大軍卒至, 一擧便定; 此上計也.

楊懷,高沛, 璋之名將, 各仗强兵, 據守關頭, 聞素有牋來諫璋, 使發遣將軍; 未至, 遣與相聞, 說荊州有急, 欲還救之, 並使裝束, 外作歸形; 此二子既服將軍英名, 又喜將軍之去, 必乘輕騎來見, 將軍因此執之, 進取其兵, 乃向成都; 此中計也.

返還白帝, 連引荊州, 西還圖之; 此下計也. 若沉吟不去, 將至大困, 不可久矣." 先主然其中計, 卽斬懷等, 自葭萌而還, 取璋.

時鄭度說璋曰: "左將軍襲我, 兵不滿萬, 士衆未附, 野穀是資. 計莫若盡驅巴西,梓潼人內涪水以西, 其倉廩野穀一皆燒除, 高壘深溝, 靜以待之. 彼請戰, 不許. 久無所資, 不過百日, 必將自走. 走而擊之, 則必禽矣." 璋不用度計, 先主遂長驅, 所過必克, 而有巴蜀.

여러 신하들이 유비에게 제(帝)로 칭하기를 권했으나 유비는 허락하기 않았다. 제갈량이 설득했다. "예전에 오한(吳漢)과 경순(耿純) 등이 세조(동한의 광무제 유수)에게 제위에 오를 것을 권하자, 세조가 사양한 것이 전후로 네 번쯤 됩니다. 경순이 나아가 간하기를 '천하의 영웅들이 주공을 우러러 따르며, 각자 소망하는 바를 이루고자 기대하고 있습니다. 만일 저 많은 사람들의 의논을 따르지 않는다면 사대부들은 돌아가 각자 주인을 찾아 갈 테니, 주공을 따르는 이가 없을 것입니다.'라고 하였다. 세조는 경순의 말이 매우 깊고 지극하다고 여기고 마침내 승낙했습니다.

지금 조조가 한나라 왕조를 찬탈하여 천하에 주인이 없어졌습니다. 대왕께서는 유씨의 후예이며, 조상을 이어 대업을 일으켰으니, 제위에 오르는 것이 마땅합니다. 사대부들이 함께 오래도록 고난을 겪은 것도, 역시 경순의 말처럼 작으나마 공과 이름을 세우기를 바라고 있기 때문입니다." 그리하여 유비는 제위에 올랐다. 〔출전: 『삼국지』 권35 「촉서 5 제갈량전」〕

羣臣勸先主稱尊號, 先主未許. 諸葛亮曰: "昔吳漢,耿純等勸世祖卽帝位, 世祖辭讓, 前後數四. 耿純進言曰: '天下英雄喁喁, 冀有所望. 如不從議者, 士大夫各歸求主, 無爲從公也.' 世祖感純言深至, 遂然諾之.

今曹氏簒漢, 天下無主, 大王劉氏苗族, 紹世而起, 卽帝位乃其宜也. 士大夫久勤苦者, 亦望尺寸之功名如純言耳." 先主於是卽帝位.

그 뒤 조조가 장로를 무찌르고 한중을 차지했다. 이때 법정이 유비에게 건의했다. "조조가 일거에 장로를 패배시키고 한중을 평정했는데, 이러한 승세를 타고 파와 촉을 도모하지 않은 채 하후연(夏侯淵)과 장합(張郃)을 주둔케 하여 지키도록 하고 자신은 급거 북쪽으로 돌아갔습니다. 이것은 지략이 미치지 못했거나 힘이 부족해서가 아니라, 틀림없이 나라 안에 황급한 걱정거리가 있었기 때문입니다.

지금 하후연과 장합의 재능과 책략을 비교해보면 우리 장수들보다 낫지 못하니 군대를 출동시켜 토벌하면 반드시 이길 것입니다. 일단 그들을 무찌르고 한중을 취하면, 농업을 크게 진작시켜 양식을 쌓아놓고 틈을 엿보고 기회를 기다리십시오.

상책으로는 조조의 위나라를 멸망시키고 한 왕실을 부흥하여 높일 수 있을 것이며, 중책으로는 옹주(雍州)와 양주(凉州)를 잠식하여 영토를 넓히고 땅을 개척할 수 있을 것이며, 하책으로는 전략적 요충지를 굳게 지켜 지구전을 꾀할 수 있을 것입니다. 아마도 이것은 하늘이 우리에게 내려준 기회이니 때를 놓쳐서는 안 될 것입니다."

유비는 이를 훌륭한 계책이라 여기고 여러 장수와 병사들을 이끌고 한중으로 진군했고, 법정도 또한 따라 갔다. 유비는 양평(陽平)에서 출발하여 남쪽으로 면수(沔水)를 건너 산을 따라 우회해 조금씩 진군하여 정군산(定軍山)과 홍세(興勢)에 영채를 세우고 진을 쳤다. 하후연이 병사를 이끌고 나와 싸움을 걸었다. 법정이 "공격해도 되겠습니다."라고 말하자 유비는 황충(黃忠)에게 명해 높은 곳에 올라 북을 높이 울리고 공격하도록 했다. 하후연의 군대를 크게 깨뜨리고, 하후연 등 장수들의 목을 베었다. 이로써 양주와 한중 일대를 차지했다.
〔출전: 『삼국지』 권37 「촉서7 법정전」〕

時曹公拔漢中, 法正說先主曰: "曹操一擧降張魯, 定漢中, 不因此勢以圖巴,蜀, 而留夏侯淵,張郃屯守, 身遽北還, 此非其智不逮, 力不足也, 將內有憂逼故耳.

今算淵,郃才略, 不勝國之將率, 擧衆往討, 則必克之. 克之日, 廣農積穀, 觀釁伺隙, 上可以傾覆寇敵, 尊奬王室; 中可以蠶食雍,凉, 廣境拓土; 下可以固守要害, 爲持久之計. 此盖天以與我, 時不可失也." 先主善其策, 乃率諸將進兵漢中, 正亦從行.

先主自陽平南渡沔水, 緣山稍前, 於定軍興勢作營, 淵將兵來爭其地. 正曰: "可擊矣." 先主命黃忠乘高鼓譟攻之, 大破[淵軍], 淵等授首, 遂奄有梁漢.

그때 조조는 하후무(夏侯楙)로 하여금 장안을 지키도록 했는데, 촉나라 장수인 위연(魏延)이 제갈량에게 군사를 요청하면서 말하기를 "포중(褒中)에서 출병하여 진령(秦嶺)을 따라 동쪽으로 나아가 자오곡(子午谷)에 이르러 다시 북쪽으로 올라가 장안을 습격할 수 있습니다." 라고 했으나, 제갈량은 이를 허락하지 않았다. 〔출전: 『삼국지』 권40 「촉서10 위연전(魏延傳)」의 배주 인용 『위략(魏略)』〕

그 후 손권이 관우를 기습하여 형주를 빼앗았다. 유비는 동오의 행동에 매우 분노하여 직접 오나라 토벌에 나섰으나 대패하고 촉으로 돌아왔으며, 영안(永安)에서 붕어했다. 후주 유선(劉禪)이 뒤를 이어 제위에 올랐다. 〔조유의 말〕

時魏使夏侯楙鎭長安, 蜀將魏延就諸葛亮請兵, 從褒中出, 循秦嶺而東, 當子午而北, 以襲長安. 亮不許.

其後吳孫權襲關侯, 取荊州. 先主怒吳, 伐之, 敗績. 還蜀, 至永安而崩. 後主禪卽位.

이보다 앞서 오나라의 손권이 화친을 청해왔다. 승상 제갈량은 손권이 유비의 죽음을 알게 되면 아마도 다른 마음을 갖게 될 것이라고 우려했다. 이에 등지(鄧芝)를 파견하여 손권과 우호관계를 맺도록 했다. 손권은 과연 의심하고 있던 터라, 차일피일 미루며 등지를 만나주지 않았다. 등지는 스스로 표를 올려 알현을 청했다.

손권은 등지를 만나 이렇게 말했다. "과인은 진실로 촉과 화친하기를 바라지만, 촉나라 군주는 아직 어리고 약하며, 땅은 작고 형세가 궁색한데, 위나라가 이틈을 타서 쳐들어오면 스스로 보전하지 못할까 걱정하고 있소. 이 때문에 주저하며 미루고 있는 것이오."

등지는 이렇게 대답했다. "오와 촉 두 나라는 네 주의 땅(揚州, 梁州, 荊州, 益州)을 차지하고 있고 대왕은 일세의 뛰어난 영웅이시며, 제갈량은 이 시대의 호걸입니다. 촉나라는 첩첩이 험준한 관문의 견고함이 있어 굳게 지킬 수 있고, 오나라는 장강을 비롯한 세 강이 천연적인 요새가 되어 막아주고 있습니다. 이 두 가지 장점을 합치고, 함께 '입술과 이'와 같은 긴밀한 관계를 맺는다면, 나아가서는 천하를 겸병할 수 있으며, 물러나서는 삼국정립의 형세를 유지할 수 있을 것입니다. 이것은 이치와 형세 상 자연히 그렇게 될 수밖에 없는 것입니다.

만일 지금 대왕께서 위나라에 인질을 보내 섬기기로 한다면, 위나라는 반드시 위로는 대왕의 입조를 바랄 것이며, 아래로는 태자를 인질로 보내 위나라 왕을 옆에서 모시도록 요구할 것입니다. 만약 이를 따르지 않는다면 위나라는 반란을 토벌한다는 명분을 받들고 나올 것이며, 촉나라는 시세의 흐름에 순응해 기회를 엿보다가 오를 침공할 수도 있을 것입니다. 이렇게 된다면 강남땅은 다시는 대왕의 차지가 되지 못할 것입니다." 손권은 한동안 잠자코 있다가 말했다. "그대의 말이 옳다." 마침내 자진하여 위나라와의 관계를 단절하고 촉나라와 동맹관계를 맺었다. 〔출전: 『삼국지』 권45 「촉서15 등지전(鄧芝傳)」〕

이때 위나라의 사도 화흠(華歆)과 사공 왕랑(王郎) 등이 제갈량에게 서한을 보내, 천명을 논하며 촉이 나라를 들어 바치고 스스로 위나라의 속국으로 부르기를 요구했다. 제갈량은 직접 답장을 보내지 않고, 「정의(正議)」 일편을 지어 이렇게 말했다.

"지난 날 서초패왕 항우가 의군을 일으켰을 때 인의와 도덕이 아닌 무력에 의존했기 때문에, 중원을 차지하고 제왕의 위세를 잡았으나 졸지에 물이 끓는 가마솥에 몸을 던지듯 자멸하고 말았습니다. 이 점은 후세 사람들에게 경계가 될 만합니다. 그러나 지금 위나라는 항우의 자멸을 깊이 교훈으로 받아들이지 않고 오히려 항우의 뒤를 따라가고 있습니다. 지금 조조는 요행히 화를 피할지 몰라도, 그 멸망의 교훈은 반드시 그 후손들에게 미치게 될 것입니다.

여러분 몇 사람은 저에게 보낸 서한에서 소진과 장의의 궤변을 현란하게 칭찬하며, 상고 시대 하늘에 사무칠 정도의 큰 죄를 저지른 환두(驩兜)의 나쁜 말을 높이 받들고 있으니, 이는 요임금을 모함하고 욕하는 것이며 우임금과 후직(后稷)을 조롱하고 헐뜯는 것입니다. 여러분은 한갓 헛되이 화려한 문장을 늘어놓고 필묵을 휘두르는 수고를 하고 있을 뿐이니, 대인군자라면 도저히 할 수 없는 일입니다.

또 옛 병법인 '군계(軍誡)'에 이르기를 '일만 명의 군사가 죽기를 각오하고 싸운다면 천하를 마음대로 휘어잡을 수 있다.'고 했습니다. 상고에 황제(黃帝) 헌원(軒轅)씨는 불과 수만 명의 훈련된 병사만으로 사방을 제압하고, 천하를 평정했는데, 하물며 지금 촉나라는 수십만 명의 정예병이 있고, 하늘의 바른 도를 행하며 죄 있는 자들을 토벌하려고 하니, 천하의 그 누가 우리를 가로막을 수 있겠습니까?" 〔출전: 『삼국지』 권35 「촉서5 제갈량전」의 배주에서 인용한 『제갈량집』〕

先是, 吳主孫權請和. 丞相諸葛亮慮權聞先主殂, 有異計, 乃遣鄧芝修好於權. 權果狐疑, 不時見芝, 芝自表請見. 權語芝曰: "孤誠願與蜀和親, 然恐蜀主幼弱, 國小勢逼, 爲魏所乘, 不自保全, 以此猶豫耳."

芝對曰:, "吳蜀二國, 四州之地, 大王命世之英, 諸葛亮一時之傑也. 蜀有重關之固, 吳有三江之阻, 合此二長, 共爲脣齒, 進可兼并天下, 退可鼎足而立, 此理勢之自然也. 大王今若委質於魏, 魏必上望大王之入朝, 下求太子之內侍. 若其不從, 則奉辭伐叛, 蜀必順流見可而進. 如此, 江南之地非復大王之有也." 權默然良久曰: "君言是也." 遂自絶魏, 與蜀連和.

時司徒華歆,司空王朗等與諸葛亮書, 陳天命, 欲使擧國稱藩.

亮不答書, 作'正議'曰: "昔在項羽起, 不由德, 雖處華夏, 秉帝者之勢, 卒就湯鑊, 爲後來戒. 魏不審鑒, 今次之矣. 免身爲幸, 戒在子孫. 而二三者多逞蘇,張詭靡之說, 奉進驩兜滔天之辭, 欲以誣毁唐帝, 諷解禹,稷, 所謂徒懷文藻, 煩勞翰墨, 大雅君子所不爲也. 又'軍(志)[誡]'曰: '萬人必死, 橫行天下.' 昔軒轅氏整卒數萬, 制四方, 定海內, 況以數十萬之衆, 據正道而臨有罪, 可得干擬者哉!"

제갈량이 죽은 후 위나라는 등애(鄧艾)를 파견하여 촉을 정벌토록 했고, 촉나라 군대는 패했다. 후주 유선은 초주(譙周)의 계책을 받아들여, 위나라에 투항했다. 〔조유의 말〕

亮死後, 魏令鄧艾伐蜀, 蜀兵敗. 後主用譙周策, 降魏.

남북조 시기 진(晉)왕조 때 이특(李特)이 다시 촉 땅을 점거하고 반란을 일으켰으나, 진나라의 환온(桓溫)이 이를 멸망시켰다. 그 후 의희(義熙) 연간에 초종(譙縱)이 성도에서 거병하여 익주자사 모거(毛璩)를 죽이고 성도왕(成都王)이라 자칭했다. 남송의 유유(劉裕)는 장군 주령석(朱齡石)을 파견하여 멸망시켰다.

이상이 촉나라의 흥망과 형세이다. 〔조유의 말〕

晉時, 李特復據蜀, 晉桓溫滅之. (宋)至義熙中, 譙縱又殺益州刺史毛璩於成都, 稱成都王. 宋使朱齡石滅之.

此蜀國形也.

오(吳)

축(丑)은 황도의 12궁 가운데 첫 번째 성기(星紀)로 오월(吳越)의 분야를 관할한다. 〔출전: 『진서(晉書)』「천문지 상」 12차도수(十二次度數)〕

위로 하늘에서는 28수(宿) 중에 두(斗)와 우(牛)의 두 별자리가 이에 해당되며, 아래로 땅에서는 사상 가운데 소양(少陽)의 자리에 해당된다. 〔출전: 『삼국지』 권57 「오서12 우번전(虞翻傳)」의 주에서 인용한 '회계전록(會稽典錄)'〕

옛사람이 말하기를 "장강의 남쪽, 다섯 개의 호수(五湖)의 사이에서 생활하며, 사람들은 경박하며 뿔뿔이 흩어져 있다. 양주는 유리한 지형에 의지하고 있는데, 하, 은, 주 삼대에는 요복(要服, 왕성에서 요원한 지역을 가리킴)으로 교화가 미치지 못한다."라고 했다. 〔출전: 『한서』 권63 「무오자전, 광릉여왕유서전(武五子傳, 廣陵厲王劉胥傳)」〕

따라서 '나라를 다스림에 도가 있으면 마지막에 귀순할 것이며, 나라에 도가 없으면 맨 먼저 배반할 것이다.'라고 했다. 〔출전: 『한서』 권64 「가연지전(賈捐之傳)」〕

또 『좌전』에는 기록하기를 "오나라는 큰 멧돼지나 큰 뱀과 같아서 항상 중원의 나라들을 잠식하려 한다."라고 했다. 〔출전: 『좌전』 「정공 4년」〕

이처럼 중원의 근심거리가 된 것이, 하루 이틀이 아니라 유래가 오래된 것이다. 〔출전: 『한서』 권64상 「엄조전(嚴助傳)」〕

丑, 爲星紀, 吳越之分, 上應斗牛之宿, 下當少陽之位. 古人有言曰: "大江之南, 五湖之間, 其人輕心. 揚州保强, (恃)三代要服, 不及以正." 國有道則後服, 無道則先叛.

故傳曰: "吳爲封豕長蛇, 荐食上國." 爲上國之患, 非一日之積也.

한고조 때 회남왕 영포(英布)가 반란을 일으켰다. 고조는 반란이 일어났다는 보고를 듣고는 여러 장군들을 소집하여 물었다. "영포가 반란을 일으켰으니 어찌 해야 하는가?" 여음후(汝陰侯) 등공(滕公)이 대답하기를 "신의 문객 중에 초나라 영윤이었던 설공(薛公)이 책략에 능하니 불러 물어볼 수 있을 것입니다."라고 했다. 고조가 설공을 불러 계책을 물었다.

설공은 이렇게 대답했다. "영포가 반란을 일으킨 것은 이상한 일이 아닙니다. 만일 영포가 상책을 쓴다면 산동(山東)땅은 더 이상 한나라의 소유가 아닐 것이고, 중책을 쓴다면 승패의 운수를 예측할 수 없을 것이며, 하책을 쓴다면 폐하께서는 베개를 높이 베고 누워 있어도 될 것입니다."

고조가 물었다. "무엇을 상책, 중책, 하책이라 하는가?" 설공이 대답하였다. "동쪽으로 나아가 오나라를 취하고 서쪽으로 초나라를 빼앗고, 제나라를 병합하고 노나라를 차지한 다음, 연나라와 조나라에 격문을 돌리고 점령한 땅을 굳게 지킨다면, 산동은 더 이상 한나라의 소유가 아닐 것입니다."

고조가 또 물었다. "무엇을 중책이라 하오?" 설공이 대답하였다. "동쪽으로 오나라를 취하고 서쪽으로 초나라를 공략하며, 한나라와 위나라를 병합하고, 오창(敖倉)의 곡창을 점거하여 성고(成皐)의 어귀를 틀어막는다면, 승패의 운수를 예측할 수 없습니다."

고조가 물었다. "무엇을 하책이라 하오?" "동쪽으로 오나라를 취하고 서쪽으로 하채(下蔡)를 차지하고, 월나라에 방어의 중점을 두고 자신은 장사로 가서 지킨다면, 폐하께서는 베개를 높이 베고 편안히 누워 계셔도 한나라는 별일이 없을 것입니다."

고조가 물었다. "영포가 장차 어떤 계책을 쓸 것 같소?" 설공이 대답하였다. "하책을 쓸 것입니다." 고조가 물었다. "어째서 상책과 중책을 버려두고 하책을 쓸 것이라고 하오?" 영윤 설공이 말했다. "영포는 본래 역산에서 노역을 하던 죄수의 무리로서 자수성가하여 만승의 군주가 됐습니다. 그러나 영포는 지금껏 자기 한 몸 잘되기 위해서 살아왔을 뿐, 뒷날을 생각하고 만대를 고려해서 한 일이 없습니다. 그렇기 때문에 하책을 쓸 것이라고 말씀드리는 것입니다.” 고조가 말했다. “좋은 말이오.” 과연 설공이 말한 계책대로 되었다. 〔출전: 『사기』 권91 「경포열전(黥布列傳)」〕

漢高帝時, 淮南王英布反. 反書聞, 上召諸將問: “布反, 爲之奈何?” 汝陰侯滕公曰: “臣客, 故楚令尹薛公有籌策可問.” 上乃召見, 問薛公.

薛公對曰: “布反不足怪也. 使布出於上計, 山東非漢之有也; 出於中計, 勝敗之數未可知也; 出於下計, 陛下安枕而臥矣.”

上曰: “何謂上中下計?” 令尹曰: “東取吳, 西取楚, 并齊取魯, 傳檄燕,趙, 固守其所, 山東非漢之有也.” “何謂中計?” “東取吳, 西取楚, 并韓取魏, 據敖倉之粟, 塞成皐之口, 勝敗之數未可知也.” “何謂下計?” “東取吳, 西取下蔡, 歸重於越, 身歸長沙, 陛下安枕而臥, 漢無事矣.”

上曰: “是計將安出?” 令尹對曰: “出下計.” 上曰: “何謂廢上,中計而出下計?” 令尹曰: “布故酈山之徒也, 自致萬乘之國, 此皆爲身, 不顧其後爲萬歲慮者, 故曰出下計.” 上曰: “善.” 果如策.

그 후 오왕인 유비(劉濞)가 태자로 있던 아들이 장안에서 맞아 죽은 일로 원한을 품고 있다가 결국 반란을 일으켰다. 막 반란을 일으켰을 때 대장군 전녹백(田祿伯)이 이렇게 주청했다. “대군이 한데 뭉쳐서 서쪽으로 나아가고 있는데, 달리 기발한 계책이 없으면 공을 이루기 어려울 것입니다. 원컨대 신에게 기병 5만 명을 주십시오. 저는 따로 장강과 회수를 거슬러 올라가 회남(淮南)과 장사(長沙)를 거두어 넣고 무관(武關)으로 진격하여 그곳에서 대왕과 만나고자 합니다. 이것이 또한 기발한 계책이 될 것입니다." 그러나 오왕의 태자가 반대했다. "대왕께서 모반의 명분을 세우고 군사를 일으킨 만큼, 군사를 남에게 빌려주는 것은 곤란합니다. 다른 사람 역시 대왕을 배반할 수 있는 것입니다." 이에 오왕은 전녹백의 주청을 허락하지 않았다.

젊은 장수인 환(桓)장군이 다시 왕을 설득했다. "오나라에는 보병이 많은데 보병에게는 험난한 지형이 유리합니다. 한나라 군대는 전차와 기병이 많은데 전차와 기병에게는 평탄한 땅이 유리합니다. 원컨대 대왕께서는 지나가는 성읍 중에 함락되지 않는 것이 있으면 마땅히 그대로 내버려 두고 신속하게 서쪽으로 달려가서, 무엇보다 낙양의 무기고를 차지해야 합니다. 이어 오창을 점령해서 거기에 비축된 양곡을 먹으며 산하의 험난한 지형에 의지한 채 할거하면서 제후들에게 명령을 내리십시오. 비록 함곡관을 통해 들어가지 않더라도 천하는 이미 평정된 것이나 다름이 없을 것입니다.

만일 대왕께서 서서히 진군하면서, 머물러 성읍을 함락시키고 있는 사이에, 한나라의 전차와 기병이 내려와 양나라와 초나라의 들판으로 치달려 온다면, 일을 그르치게 될 것입니다."

오왕이 이를 듣고 연로한 장수들에게 물으니 그들은 대답하기를 "이것은 젊은 장수들이 기세만 믿고 밀어붙여 적의 예봉을 잠시 꺾는 계책일 뿐, 어찌 원대한 계략이 될 수가 있겠습니까?"라고 했다. 오왕은 환장군의 계책을 받아들이지 않고, 친히 군대를 거느리고 나아갔다.

한나라는 태위 주아부(周亞夫)로 하여금 오나라와 초나라를 공격하도록 했고, 주아부는 부친의 문객이 낸 계책을 써서 마침내 오나라 군대를 패배시켰다. 〔출전: 『사기』 권106 「오왕비열전(吳王濞列傳)」〕

是後, 吳王劉濞以子故而反. 初發也, 其大將田祿伯曰: “兵屯聚而西, 無他奇道, 難以就功. 臣願得奇兵五萬人, 別循江,淮而上, 收淮南,長沙, 入武關, 與大王會, 此亦一奇也.” 吳王太子諫曰: “王以反爲名, 此兵難以藉人, 人亦且反王.” 吳王不許.

其少將桓將軍復說吳王曰: “吳多步兵, 步兵利險阻; 漢多車騎, 車騎利平地. 願大王所過城邑不下, 宜棄去, 疾西據雒陽武庫, 食敖倉之粟, 阻山河之險, 以令諸侯. 雖無入關, 天下固已定矣. 則大王徐行, 留下城邑, 漢車騎至, 馳入梁楚之郊, 事敗矣.”

王問諸老將, 老將曰: “此年少推鋒之計耳, 安知大慮!” 吳王不從桓將軍之計, 乃自并將其兵. 漢以太尉周亞夫擊吳,楚, 亞夫用其父客計, 遂敗吳.

회남왕 유안(劉安)은 그의 부친 여왕(勵王) 유장(劉長)의 죽음에 대해 원망을 품고 모반을 모의하고 있었다. 유안은 오피(伍被)를 불러 물었다. “내가 군사를 일으켜 서쪽으로 나아가면 제후들 가운데 반드시 호응하는 자가 있을 것이오. 그러나 호응하는 제후가 없다면 어떻게 해야 하겠소?”

오피가 말했다. “남쪽으로 형산(衡山)을 빼앗고 여강(廬江)을 공격하며, 심양(潯陽)을 점령해 군선을 차지해서 하치(下雉)성을 굳게 지키며, 구강(九江)의 포구를 연결하고 예장(豫章)의 어귀를 끊으십시오. 또 용맹한 궁수들을 장강의 기슭에 배치하여 지키도록 하여 남군(南郡)의 군대가 이남으로 내려오지 못하도록 막아야 합니다. 동쪽으로 강도(江都)와 회계(會稽)를 거두고 남쪽으로 강한 월나라와 손을 잡고, 장강과 회수 사이에서 물러가고 나아감을 신축성 있게 조절하며 지키십시오. 그렇게 하면 일거에 시간을 늦추어 오래도록 지탱할 수 있을 것입니다."

유안은 "좋은 계책이다"라고 했다. 그러나 모반을 일으키기 전에 일이 누설되어 잡혀 죽임을 당했다. 〔출전: 『사기』 권118 「회남형산열전(淮南衡山列傳)」〕

淮南王劉安怨望其父勵王長死, 謀爲叛逆. 問五被曰: "吾擧兵西嚮, 諸侯必有應者; 卽無, 奈何?" 被曰: "南收衡山, 以擊廬江, 有潯陽之船, 守下雉之城, 結九江之浦, 絕豫章之口, 强弩臨江而守, 以禁南郡之下, 東收江都,會稽, 南通勁越, 屈强江,淮間, 猶可一擧得延歲月之壽."

王曰: "善." 未得發, 會事泄誅.

그 후 동한의 영제와 헌제 때에 환관들이 조정의 일을 마음대로 처리하며 천하를 그들 손아귀에 넣고 흔들었으며, 정치는 유력 가문들이 손에 넘어갔다. 이때 장사태수인 손견(孫堅)이 남양태수 장자(張杏)를 죽였고, 원술(袁術)은 이를 틈타 남양을 점거했다. 손견과 원술은 연합하여 형주(荊州)를 빼앗기 위해 유표(劉表)를 습격했다. 그러나 손견은 전투 중 날아온 화살에 맞아 전사하였다.

손견 사후 아들 손책(孫策)이 군대를 통솔하여 양주자사 유요(劉繇)를 공격하여 깨뜨리고, 강동을 차지하여 근거로 삼았다. 조조와 원소(袁紹)가 관도(官渡)에서 대치중이라는 소식을 듣고 손책은 이를 틈타 강을 건너 허창(許昌)을 습격할 계획을 세웠다. 그러나 강을 건너기도 전에 허공(許貢)이 보낸 자객에 의해 암살되었다. 손책이 죽자 그의 동생 손권(孫權)이 형의 뒤를 이어 휘하 장병을 이끌었다. 〔조유가 『후한서』와 『삼국지』에서 두루 뽑아 엮은 글〕

至後漢靈,獻時, 閹人擅命, 天下提(契)[挈], 政在家門. 時長沙太守孫堅殺南陽太守張咨, 袁術得據其郡. 堅與術合縱, 欲襲奪劉表荊州. 堅爲流矢所中, 死.

孫堅死, 子策領其部曲, 擊揚州刺史劉繇, 破之, 因據江東. 策聞魏太祖與袁紹相持於官渡, 將渡江襲許, 未濟, 爲許貢客所殺. 策死, 弟權領其衆.

마침 조조가 원소를 격파하자 조조군의 위세는 날로 강성해졌다. 조조는 조서를 보내 손권을 힐책하면서 인질을 요구했다. 장소(張昭) 등 대신들이 회의를 거듭했으나 결론을 내리지 못했다. 손권은 단지 주유(周瑜)만을 데리고 모친 앞으로 나아가 대책을 결정하기로 했다. 주유가 말했다. "옛날 초나라를 형산(荊山)의 귀퉁이에 봉했을 처음에, 땅은 사방 백리가 되지 못했으나, 현명하고 능력 있는 군주가 대를 잇고, 변경을 개척하고 영토를 넓히어 영(郢)땅에 기반을 세웠고, 마침내 형주와 양주를 점거하고 이제는 남해에까지 이르렀습니다. 왕조가 전해져 이어온 지 구백여 년이 되었습니다.

지금 장군께서는 부친과 형의 뛰어난 자질을 이어 받았고, 여섯 군의 백성을 거느리고 있으며, 병사들은 잘 훈련받은 정예병이며 군량도 충분하며, 장수들은 언제라도 목숨을 바칠 각오로 있습니다. 산에서는 광석을 캐내 철을 주조하고 해안에서는 소금을 구워내니, 나라 안의 살림살이는 부유하고 백성들은 난리를 생각하지 않고 있습니다. 강에는 배들이 가득 떠있고 돛을 올려 아침에 출발하면 저녁에 도착할 수 있으며, 백성들의 기풍은 굳세고 용맹하니 앞으로 나아감에 대적할 자가 없습니다. 그런데 무엇 때문에 핍박을 받아 인질을 보내려 합니까?

인질을 한번 보내면 부득불 조조와 함께할 수밖에 없는데, 그러면 조조가 명령을 내려 부르면 가지 않을 수 없습니다. 이것은 곧 남에게 통제를 받게 되는 것인데, 그렇게 되고나면 어찌 남면하여 왕이라 칭하는 것과 같을 수 있겠습니까? 인질을 보내지 않고 천천히 시세의 변화를 지켜보는 것만 못합니다.

만약 조조가 대의를 따르며 천하를 바로 잡으려 한다면, 그때 가서 조조를 섬겨도 늦지 않습니다. 그러나 만일 조조가 포악한 전란을 꾀하는 것이라면, 전쟁이란 거센 불과 같아서 경거망동하다가는, 반드시 그 자신이 불길에 휩싸여 타죽고 말 것입니다. 우리의 용맹과 세력을 감추고 천명을 기다릴 것이지, 무엇 때문에 인질을 보내려 합니까?"

손권의 모친이 말했다. "공근(公瑾, 주유의 자)의 의견이 옳다." 결국 인질을 보내지 않았다. [출전: 『삼국지』 권54 「주유전(周瑜傳)」의 주에서 인용한 『강표전(江表傳)』]

屬曹公破袁紹，兵威日盛，乃下書責孫權，求質．張昭等會議不決，權乃獨將周瑜詣其母前定議．瑜曰："昔楚國初封於荊山之側，不滿百里之地. 繼嗣賢能, 廣土開境, 立基於郢. 遂據荊,揚, 至於南海, 傳業延祚九百餘年.

今將軍乘父兄餘資, 兼六郡之衆, 兵精糧多, 將士用命, 鑄山爲銅, 煮海爲鹽, 境內富饒, 人不思亂. 汎舟擧帆, 朝發夕到, 士風勁勇, 所向無前, 有何逼迫而欲送質?

質者一入, 不得不與曹氏, 曹氏命召不得不往, 便見制於人也, 豈與南面稱孤同哉? 不如勿與, 徐觀其變. 若曹氏率義以正天下, 將軍事之未晩. 若圖爲暴亂, 兵猶火也, 不戢必將自焚. 韜勇抗威以待天命, 何送質之有!"

權母曰: "公瑾議是也." 遂不送質.

그 후 조조가 형주를 침공하자 유표의 아들 유종(劉琮)은 수하 병사를 이끌고 투항했다. 조조가 형주의 수군을 얻게 되자 수군과 보졸을 합쳐 수십만 명의 대군이 되니, 오나라 장사들이 이 소식을 듣고 모두 두려워했다. 손권은 신하들을 불러 모아 계책을 물었다.

논의에 참여한 신하들이 하나 같이 말했다. "조조는 승냥이와 호랑이처럼 잔인합니다. 한나라 승상이라는 명의를 내세우며 천자를 끼고서 사방을 정벌하고 조정의 명령을 앞세워 군대를 움직이고 있습니다. 지금 조조에게 저항한다면 일이 더욱 순조롭지 못할 것입니다. 또한 장군이 유리한 형세로 조조에게 대항할 수 있는 것은, 바로 장강입니다. 그런데 지금 조조가 형주를 점령하여 그 땅을 차지하고 있습니다. 유표는 수군을 잘 훈련시켰고 몽충(蒙衝)이나 전함이 수천 척인데, 조조가 이 모든 전함을 장강을 따라 띄워놓고, 겸하여 보병도 출동시켜 수륙 양면으로 내려온다면, 이는 장강의 험고한 이점을 이미 조조군이 우리와 공유하게 된 것입니다. 게다가 쌍방의 군사력의 많고 적음은 다시 논의할 필요가 없습니다. 저희들의 어리석은 계책으로는, 조조를 맞아들이고 귀순하는 것보다 더 나은 것이 없다고 생각합니다."

주유가 나서서 말했다. "그렇지 않습니다. 조조는 비록 한나라 승상의 명의를 내세우고 있지만, 실제로는 한나라의 역적입니다. 장군께서는 신령스런 무위와 웅대한 재략을 지니고 있는데다가, 부친과 형의 유업을 이어 받아 강동에 할거하여 사방 수천 리의 땅을 차지하고 있습니다. 용맹한 정예병에 식량은 풍족하고 영웅들은 기꺼이 대업을 이루기를 바라고 있으니, 오히려 큰 뜻을 품고 천하를 횡행하며, 한나라 왕조를 위해 잔학하고 더러운 간적을 제거해야 마땅할 것입니다. 하물며 조조가 스스로 죽으려고 사지로 들어왔는데, 어찌 그에게 귀순할 수가 있겠습니까?

장군들이 양해해준다면 형세를 한번 분석해 보고자 합니다. 만약 지금 북방을 이미 안정시켜 놓았다면 조조로서는 안으로 걱정거리가 없으니, 시일을 끌면서 지구전을 펼칠 수 있을 것입니다. 또한 멀리 남쪽으로 내려 와서 싸워야 하고 또 물에서 배를 타고 우리의 수군과 승부를 겨루어야 하는데, 그렇게 할 수 있다고 칩시다. 그러나 지금 북방은 아직 안정되지 않았고 마초(馬超)와 한수(韓遂)는 여전히 동관 서쪽에서 활약하고 있어 조조의 우환이 되고 있습니다.

또한 말안장에서 내려와 배를 타고 노를 저으며, 오월 지역 군사와 싸우는 것은, 본래 중원 사람들이 잘 하는 일이 아닙니다. 또한 지금 날씨가 몹시 추워 말에게 먹일 꼴이 없고, 중원 출신의 병사들을 강을 건너 멀리 강남땅으로 내몰았으니, 이곳의 물과 땅에 익숙하지 못하여 반드시 병이 날 것입니다. 이상의 네 가지는 용병에서 꺼리는 근심거리입니다. 그러나 조조는 이 모든 것을 무시하고 함부로 움직였습니다. 장군께서 조조를 잡을 수 있는 때는, 마땅히 오늘입니다. 신 주유는 청컨대 정병 삼만 명만 주시면, 하구(夏口)로 나아가 주둔하면서, 장군을 지키기 위해 조조 군을 깨뜨리고자 합니다."

손권이 말했다. "늙은 역적이 한나라 왕실을 폐하고 스스로 왕이 되고자 한 지는 오래되었소. 다만 두 명의 원씨와 여포, 유표 그리고 나를 꺼렸던 것이오. 이제 그 영웅들은 이미 모두 사라지고, 오직 나 하나만이 아직 남아 있소. 나와 늙은 역적은 양립할 수 없는 형세요. 마땅히 공격해야 한다는 그대의 말은 과인의 뜻에 꼭 들어맞으니, 이는 하늘이 그대를 나에게 보내 도우는 것이오." 〔출전: 『삼국지』 권54 「오서9 주유전(周瑜傳)」〕

後曹公入荊州, 劉琮擧衆降. 操得其水軍, 船步卒數十萬, 吳將士聞之皆恐. 孫權延見羣下, 問以計策.

議者咸曰: "曹公豺虎也, 託名漢相, 挾天子以征四方, 動以朝庭爲辭, 今日拒之, 事更不順. 且將軍大勢可以拒操者, 長江也. 今操得荊州, 奄有其地, 劉表治水軍, 蒙衝鬪艦乃以千數, 操悉浮以沿江, 兼有步兵, 水陸俱下, 此爲長江之險已與我共之矣. 而勢力衆寡, 又不可論. 愚謂大計不如迎之."

周瑜曰: "不然. 操雖託名漢相, 其實漢賊. 將軍以神武之雄才, 兼仗父兄之烈, 割據江東, 地方數千里, 精兵足用, 英雄樂業, 尙當橫行天下, 爲漢家除殘去穢. 況操自送死, 而可迎之耶?

請爲將軍籌之; 今使北土已安, 操無內憂, 能曠日持久; 來爭疆埸,又能與我校勝負於舟楫, 可也. 今北土旣未安, 馬超,韓遂尚在關西, 爲操後患.

且捨鞍馬,仗舟楫, 與吳越爭衡, 本非中國所長; 又今盛寒, 馬無藁草, 驅中國士衆遠涉江湖之間, 不習水土, 必生疾病. 此數四者, 用兵之患也, 而操皆冒行之. 將軍擒操, 宜在今日. 瑜請得精兵三萬人, 進住夏口, 保爲將軍破之."

權曰: "老賊欲廢漢自立久矣, 徒忌二袁,呂布,劉表與孤耳. 今數雄已滅, 唯孤尚存, 孤與老賊勢不兩立. 君言當擊, 甚與孤合, 此天以君授孤也."

주유가 이끄는 수군 삼만 명은 유비의 병력과 힘을 합쳐 조조와 맞서 싸웠다. 주유는 황개(黃盖)의 화공책을 써서 조조를 적벽에서 대패시켰다. 조조는 패배하자 곧장 지름길로 북방으로 돌아갔고, 손권은 드디어 장강 이남의 패권을 노려보게 되었다. 〔조유의 말〕

周瑜等水軍三萬, 與劉備并力拒曹公. 用黃盖火攻策, 遂敗曹公於赤壁. 曹公敗, 徑北還, 權遂虎視江表.

앞서 주유는 노숙(魯肅)의 재능이 군주를 보좌할 만 하다고 여겨 손권에게 추천했다. 손권은 곧바로 노숙을 모셔와 함께 술을 마시며 물었다. "지금 한나라 왕실은 기울어 위험한 상태이고 사방은 구름이 피어나듯 어지러운데, 과인은 부친과 형의 유업을 이어받아 제나라 환공(桓公)과 진나라 문공(文公)과 같은 공을 세우려 생각하고 있소. 선생이 고맙게도 과인을 돌아보고 이렇게 찾아 오셨으니, 어떻게 도와주려 하오?"

노숙이 대답했다. "옛날 한고제가 진실한 마음으로 초나라 의제(義帝)를 받들어 섬기고자 했으나 그 뜻을 이루지 못했던 것은, 항우가 중간에서 방해했기 때문입니다. 지금 조조는 바로 옛적의 항우와 같습니다. 장군께서 제환공과 진문공의 공훈을 세우고자 하나 (조조가 방해할 것이니) 어찌 그렇게 이룰 수 있겠습니까? 제가 생각하기에 한나라 왕실은 다시 일어설 수 없으며, 조조는 쉽사리 제거되지 않을 것입니다. 장군을 위하여 계책을 말씀 드린다면, 오직 강동을 차지하여 조조, 유비와 함께 정족의 형세를 이루고서 천하 정세의 변화를 관찰하는 것뿐입니다. 지금 이만한 규모를 이루었으니 스스로 부족하다 탓할 것이 없습니다. 연후에 연호를 세우고 황제라 칭하며 천하 통일을 도모하는 것, 이것이 바로 한나라 고제가 이룬 대업과 같은 것입니다."

그 후 손권이 강남 일대를 평정하고 제왕이라 칭하기에 이르러, 단위에 올라가 공경들을 돌아보며 말했다. "예전에 노자경(魯子敬, 노숙)은 일찍이 내가 제위에 오를 것이라고 말했으니, 참으로 천하 형세에 밝았다고 하겠소." 〔출전: 『삼국지』 권54 「오서9 노숙전(魯肅傳)」〕

初, 周瑜薦魯肅才宜佐時, 權卽引肅對飮, 曰: "今漢室傾危, 四方雲擾, 孤承父兄遺業, 思有桓,文之功. 君旣惠顧, 何以佐之?"

肅對日: "昔高帝區區欲尊事義帝而不獲者, 以項羽爲害也. 今之曹操, 猶昔項羽, 將軍何由得爲桓,文乎? 肅竊料之, 漢室不可復興, 猶曹操不可卒除. 將軍爲計, 唯有鼎足江東, 以觀天下之釁. 規模如此, 亦自無嫌. 然後建號帝王, 以圖天下. 此高帝之業也."

及是平一江滸，稱尊號，臨壇顧謂公卿曰：“昔魯子敬嘗道此，可謂明於事勢矣.”

황무(黃武) 원년 위나라의 대사마 조인(曹仁)이 보병과 기병 수만 명을 이끌고 유수(濡須)로 진격했으나, 유수 도독 주환(朱桓)이 이를 대파했다.

또 황무 7년에 대사마 조휴(曹休)에게 기병 10만을 주어 공격하게 했는데, 조휴는 환성(皖城)에 이르러 파양(鄱陽)태수 주방(周魴)의 귀순을 기다렸다. 그러나 주방의 귀순은 거짓 계략이었다. 조휴는 아무런 공도 없이 돌아갔다. 〔출전: 『삼국지』 권56 「오서11 주환전(朱桓傳)」 및 권60 「오서15 주방전(周魴傳)」〕

黃武元年，魏使大司馬曹仁步騎數萬向濡須，濡須督朱桓破之. 七年，又使大司馬曹休騎十萬，至皖城迎周魴，魴欺之，無功而返.

손권이 붕어하자 아들 호(皓)가 즉위했다. 그는 황음무도하고 사치가 극에 달했으며, 백성들을 착취하고 마음대로 해쳤으며, 간신들을 좋아하고 충간하는 대신들을 해쳤다. 진나라 세조(世祖)가 두예(杜預) 등을 보내, 오나라를 멸망시켰다.

진 영가(永嘉) 연간에 중원이 다시 전란에 빠져 들었다. 진 원제(元帝, 司馬睿)는 장강을 건너 와 강남에서 동진(東晉)을 세웠다. 뒤를 이어 송, 제, 양(梁), 진(陳) 등의 남조 왕조들이 여기에 도읍을 정했다.

이상은 오나라의 정세가 바뀌어온 역사이다. 〔조유의 말〕

至權蕘, 皓卽位, 窮極淫侈, 割剝蒸人, 崇信姦回, 賊虐諫輔. 晉世祖令杜預等伐吳, 滅之.

至晉永嘉中, 中原喪亂, 晉元帝復渡江王江南, 宋,齊,梁,陳皆都焉. 此吳國形也.

위(魏)

옛날에 천자의 수위(守衛) 하는 일은 사방의 오랑캐를 회유하여 중원을 지키는데 있었는데, 천자의 권위가 약화되면서 수위하는 일이 제후국에 있게 됐다. 〔출전: 『좌전』「소공 23년」〕

한나라 말엽이 되자 간신들이 조정의 대권을 마음대로 좌우하고 천하의 아홉 주가 편안하지 않게 되었으며 사방에서 전란이 일어났다. 제후들을 다시 경사로 불러들여 조정의 정사에 참여토록 했으나, 그들 각자가 모두 속으로 야심을 감추고 있었고, 저마다 바라지 않아야 할 큰 꿈을 도모하고 있었다.

위 태조 조조는 불세출의 웅재대략을 지니고 신령스런 무용은 당대의 으뜸이었다. 한나라 왕조가 쇠퇴하여 어둡고 혼미한 시기에 천하 사방에서 난리가 일어나는 어지러운 때를 맞아, 눈을 부릅뜨고 용맹을 떨치며 맨 먼저 정의의 깃발을 세우고 군사를 일으켰다. 〔출전: 미상〕

당시 한섬(韓暹)과 양봉(楊奉)이 헌제(獻帝)를 끼고 하동을 떠나 낙양으로 돌아왔다. 조조가 헌제를 받들어 영접하고 허창(許昌)에 수도를 정하는 문제를 상의하자, 어떤 신하가 말하기를 "산동이 아직 평정되지 않았으니 불가하다."고 했다.

그러나 순욱이 조조에게 이렇게 권했다. "옛적에 진문공이 주나라 양왕(襄王)을 수도로 맞아들이자 제후들이 그림자처럼 따랐으며, 한 고조 유방이 동쪽으로 항우를 토벌하러 가면서 항우에게 살해된 의제를 위하여 상복을 입자, 천하의 민심이 모여 들었습니다. 천자가 수도를 떠나 사방으로 떠돌아다니게 되자 장군은 맨 먼저 의로운 군대를 일으켰습니다. 그러나 산동 지역이 아직 평정되지 않았기 때문에 멀리 동관의 서쪽 지역으로 원정갈 수 없었습니다. 그러나 군사를 나누어 장수를 파견하고 위험을 무릅쓰고 사신을 보내 천자에게 연락했습니다. 비록 외적의 환란을 막느라 여력이 없었으나, 마음만은 왕실의 안위에 두고 있지 않은 적이 없었으니, 이는 장군께서 천하를 한 번 바로 잡겠다는 평소의 일관된 뜻입니다. 이제 어가가 수도로 돌아오니 의로운 선비들은 한 왕조의 근본을 보존하려는 생각을 품고, 백성들은 옛 생각에 더욱 슬퍼합니다. 진실로 이 기회를 이용하여 황제를 받들어 모시고 백성들의 바라는 뜻을 따른다면 이는 천도에 순응하는 것입니다. 지극히 공정한 원칙으로써 천하의 영웅과 호걸을 복종시킨다면 이는 원대한 지략입니다. 인의를 지키고 크게 떨쳐 천하의 영웅과 준걸들을 불러 쓴다면 위대한 공덕인 것입니다. 비록 천하에 반역의 무리가 있다지만 근심거리가 되지 않을 것은 분명합니다. 한섬, 양봉 등이 어찌 감히 방해가 되겠습니까? 만일 때가 이르렀는데도 결단하지 않는다면 사방의 호걸들이 다른 마음을 품을 것이니, 그런 뒤에는 걱정한다고 해도 대처하지 못하게 될 것입니다." 〔출전: 『삼국지』 권10 「순욱전(荀彧傳)」〕

이에 조조는 낙양으로 가서 천자를 받들어 모시고 허창으로 천도했다. 이완되고 문란해진 조정의 기강을 바로 잡고, 실권이 없어진 왕실의 모습을 되찾게 하며, “나로 하여금 한 왕실의 옛 보물을 잃어 버리지 않도록 했다.”라고 말했다. 〔출전: 미상〕

古者, 天子守在四夷, 天子卑弱, 守在諸侯.

當漢之季, 姦臣擅朝, 九有不澄, 四郊多壘. 雖復諸侯釋位以閒王政, 然皆包藏禍心, 各圖非冀. 魏太祖畧不世出, 靈武冠時, 値炎精幽昧之期, 逢風塵無妄之世, 瞋目張膽, 首建義旗.

時韓暹,楊奉挾獻帝, 自河東還洛陽. 太祖議迎都許, 或以爲山東未定, 不可. 荀彧勸太祖曰: “昔晉文納周襄王, 而諸侯景從; 高祖東伐爲義帝縞素, 天下歸心. 自天子播越, 將軍首唱義兵, 以山東擾亂, 未能遠赴關右. 然猶分遣將帥, 蒙險通使, 雖禦外難, 乃心無不在王室, 是將軍匡天下之素志也.

今車駕旋軫, 義士有存本之思, 百姓感舊而增哀. 誠因此時奉主上以從人望, 大順也; 秉至公以服雄傑, 大畧也; 扶弘義以致英俊, 大德也. 天下雖有逆節, 不能爲累名矣. 韓暹,楊奉其敢爲害. 若不時定, 四方生心, 後雖慮之, 無及.”

太祖至洛陽, 奉天子都許. 維其弛紊, 紉其贅旒, 俾我漢家不失舊物矣.

이때 조조는 책략을 십분 활용하고 사방에 군대를 출동시켜 나라 안을 깨끗이 정리했다. 북쪽으로 원소를 격파했고, 남쪽으로 유종을 사로잡았고, 동쪽으로 공손강(公孫康)을 복종시켰으며, 서쪽으로 장로(張魯)를 토벌했다. 천하의 아홉 주(州) 백 개의 군 가운데 십 분의 팔을 차지하게 됐다. 그러나 웅지와 대업을 다 이루지 못하고 중도에

세상을 떠났다. 〔출전: 미상〕

천하의 위기를 다스려 안정시킬 수 있는 자는 천하의 가장 편안한 자리를 차지하고, 천하의 근심을 제거할 수 있는 자는 천하의 가장 큰 즐거움을 누리며, 천하의 우환을 구제할 수 있는 자는 천하의 가장 큰 복을 얻는다. 〔출전: 『삼략』「하략」〕

조조가 대의를 내세우고 전란을 평정한 그 공적은 대대로 기록되어 전해졌다. 위문제 조비(曹丕) 대에 이르러 하늘과 백성의 뜻에 순응하여 마침내 한나라 헌제로부터 선양받아 제위에 올랐다. 〔출전: 미상〕

於是運籌演謀, 鞭撻宇內, 北破袁紹, 南虜劉琮, 東擧公孫康, 西夷張魯. 九州百郡, 十并其八, 志績未究, 中世而殞. 夫能扶天下之危者, 則據天下之安; 能除天下之憂者, 則享天下之樂; 能救天下之禍者, 則得天下之福. 曹氏率義撥亂, 代載其功. 至文帝時, 天人與能矣, 遂受漢禪.

위나라 왕실은 비록 안정되었으나 촉과 오 두 나라가 아직 귀순하지 않았다. 이에 문제는 가후(賈詡)를 불러 물었다. "나는 명령을 따르지 않는 나라를 정벌하여 천하를 통일하고자 하는데, 오나라와 촉나라 둘 중에 어느 쪽을 먼저 토벌해야 하오?"

가후가 대답했다. "공격하여 땅을 빼앗으려는 사람은 용병의 권모를 우선으로 여기며, 근본을 세우려 하는 사람은 덕으로 행하는 교화를 숭상합니다. 폐하께서는 시운에 응하여 선양을 받고, 천하의 백성들을 거느리고 나라를 통치하고 있습니다. 만약 문치의 덕으로 평안하게 다스리며 정세의 변화를 지켜보시면, 두 나라를 평정하는 것이 그렇게 어렵지 않을 것입니다.

오나라와 촉나라는 비록 매우 작은 나라지만 험준한 산과 강이 가로막고 있습니다. 촉의 유비는 웅재대략을 지니고 있고 제갈량이 나라를 잘 다스리고 있으며, 오나라의 손권은 허실을 알아보는 안목이 있고 육손(陸遜)은 용병에 뛰어나며 험준한 지형에 의지하여 요충지를 지키고 강과 호수에 가득 전선을 띄우고 있습니다. 때문에 두 나라 모두 단번에 평정하기는 어렵습니다.

용병의 핵심은 먼저 필승의 계책을 세운 뒤에 싸우고, 적의 세력과 장수들의 능력을 정확하게 판단하는 것입니다. 그렇기 때문에 일단 군사를 일으켜 싸우면 실책이 있을 수 없습니다. 신이 삼가 여러 신하들의 능력을 헤아려 보건대. 유비나 손권에 대적할 만한 사람은 없습니다. 비록 폐하께서 하늘의 위엄을 업고 다스리고 있지만, 만에 하나도 실패가 없는 승리의 형세는 아직 보이지 않습니다.

옛날 순임금이 방패와 도끼를 들고 간척무(干戚舞)를 추자 유묘(有苗)가 항복했다고 합니다. 신이 생각하기에 지금은 마땅히 문덕을 앞세우고 무력은 뒤에 써야 할 것입니다." 그러나 문제는 가후의 의견을 받아들이지 않았다. 뒤에 정벌에 나섰으나 과연 아무런 공도 세우지 못했다. 〔출전: 『삼국지』 권10 「위서10 가후전(賈詡傳)」〕

王室雖靖, 而二方未賓, 乃問賈詡曰: "吾欲伐不從命, 以一天下, 吳,蜀何先?"

對曰: "攻取者先兵權, 建本者尙德化. 陛下應期受禪, 撫臨率土, 若綏之以文德, 而俟其變, 則平之不難矣. 吳,蜀雖蕞爾小國, 依阻山水. 劉備有雄才, 諸葛亮善治國; 孫權識虛實, 陸遜見兵勢, 據險守要, 泛舟江湖; 皆難卒平也.

用兵之道, 先勝後戰, 量敵論將, 故擧無遺策. 臣竊料羣臣, 無權, 備對, 雖以天威臨之, 未見萬全之勢. 昔舜舞干戚而有苗服, 臣以爲當今宜先文後武." 文帝不納, 後果無功.

감로(甘露) 원년(256년)에 이르러 등애(鄧艾)가 진서장군에 임명되어 촉나라 장군 강유(姜維)와 맞서 싸웠다. 촉군이 패배하자 강유는 검각(劍閣)으로 후퇴하여 지키고 있었다. 종회(鍾會)가 강유를 공격했으나 이기지 못했다.

이때 등애는 상소를 올려 이렇게 말했다. "지금 적군의 힘이 꺾이고 좌절되었으니 마땅히 이 승세를 타고 진격해야 합니다. 음평(陰平)으로부터 좁은 샛길을 달려 한중의 덕양정(德陽亭)을 지나 부성(涪城)으로 나아가면, 검각에서 서쪽으로 백리 거리이고 거기서 성도까지 3백여 리 입니다. 기병(奇兵)을 보내 적군의 심장부를 들이쳐야 합니다. 이렇게 하면 검각의 수비군은 부성을 지원하기 위해 돌아갈 것이니 종회는 적군이 지나간 길을 따라 진공할 수 있을 것입니다. 만일 검각의 수비군이 돌아가지 않는다면 부성을 지키는 군사는 적은 숫자일 것입니다. 옛 병서인 『군지(軍志)』에 이르기를 '적이 방비하지 않는 곳을 공격하고, 적이 생각하지 못하는 곳에 군대를 출동시켜야 한다.'고 했습니다. 지금 적군의 텅 빈곳을 기습하면 그들을 깨뜨리는 것은 틀림없을 것입니다."

그해 겨울 10월에 등애는 음평을 떠나 사람이 없는 땅을 7백여 리나 행군했다. 산을 뚫어 길을 냈으나 산은 높고 골짜기는 깊었다. 등애는 모전(毛氈, 털로 만든 담요)으로 자신의 몸을 감싸고 산비탈을 굴러 내려갔다. 장수와 병사들은 나무에 매달리고 낭떠러지를 기어오르며, 꼬챙이에 꿴 생선처럼 한 줄로 늘어서서 전진했다. 선발대가 강유(江由)에 도착했다.

촉나라 장수 제갈첨(諸葛瞻)이 부성에서 나와 면죽(綿竹)으로 돌아와 진을 펼치고 등애의 군대를 기다렸다. 등애는 아들인 등충(鄧忠) 등을 출전시켜 촉군을 대파하고 제갈첨의 머리를 베었다. 군사를 진격시켜 낙현(雒縣)까지 이르자, 마침내 유선이 투항했다. 〔출전: 『삼국지』 권28 「위서28 등애전(鄧艾傳)」〕

至甘露元年, 始以鄧艾爲鎭西將軍, 距蜀將姜維. 維軍敗, 退守劍閣. 鍾會攻維, 不能克.

[鄧艾]乃上言曰: "今敵摧折, 宜遂乘之, 從陰平由邪徑 經漢德陽亭趣涪, 出劍閣西百里, 去成都三百餘里, 奇兵衝其腹心. 劍閣之守必還赴涪, 則會方軌而進. 劍閣之軍不還, 則應涪之兵寡矣. '軍志'有之: '攻其不備, 出其不意.' 今掩其空虛, 破之必矣."

冬十月, 艾自陰平行無人之地七百餘里, 鑿山通道. 山高谷深, 艾以氈自裹, 推轉而下. 將士皆攀木緣崖, 魚貫而進, 先登至江由.

蜀將諸葛瞻自涪還綿竹, 列陣待艾. 遣子忠等出戰, 大破之, 斬瞻. 進軍到雒縣, 劉禪遂降.

진(晉) 말년에 초종(譙縱)이 촉땅을 다시 차지하고 성도왕이라 자칭했다. 남송의 유유(劉裕)는 주영석(朱齡石)을 보내 촉을 토벌토록 했다. 유유는 내수(內水)로부터 군대를 출동시켜 성도를 취할 것이라고 크게 소문을 내면서, 노약자와 부상병들을 수구(水口)로 파견하여 주둔케 했다. 과연 초종은 유유의 군대가 내수로부터 쳐들어오는 것이 아닌지 의심하여, 전군을 신성(新城)에 집결시켜 대비했다.

이에 유유는 주영석 등에게 정예병을 이끌게 하고, 외수(外水)에서 곧장 성도를 공격토록 안배했다. 이렇게 해서 싸우지 않고 초종을 사로잡을 수 있었다. 〔조유가 『남사』와 『송서』에서 두루 뽑아 엮은 말〕

이상이 촉나라가 멸망한 정황이다. 〔조유의 말〕

至晉末, 譙縱復竊蜀, 宋劉裕使朱齡石伐蜀, 聲言從內水取成都, 敗衣羸老進水口. 譙縱果疑其內水上也, 悉軍新城以待之. 乃配朱齡石等精銳, 逕從外水, 直至成都, 不戰而禽縱.

此滅蜀形也.

위나라 가평(嘉平) 연간에 손권이 붕어했다. 정남대장군 왕창(王昶)과 정동대장군 호준(胡遵), 진남대장군 관구검(毌丘儉) 등이 표를 올려 오나라 정벌을 주장했다. 그렇지만 세 장군의 오나라 정벌계획이 각기 달랐기 때문에 황제는 조서를 내려 상서인 부하(傅嘏)를 불러 의견을 물었다.

부하는 이렇게 대답했다. "옛날 오나라의 부차(夫差)는 제나라를 이기고 진(晉)나라를 꺾어 중원에 위세를 떨쳤으나 고소대(姑蘇臺)에서의 최후를 피할 수 없었고, 제나라의 민왕(閔王)은 변방을 개척하고 영토를 병합하여 국토를 천리나 확장했지만 나라가 전복되어 패망하는 운명을 구할 수 없었습니다. 시작이 좋다고 해서 끝이 반드시 좋은 것이 아니라는 것은 고대의 사례들이 분명히 입증해주고 있습니다.

손권은 친히 촉을 깨뜨리고 형주를 병합한 후에 야심이 넘치고 욕심이 가득 차서 흉악함이 이미 극에 이르렀습니다. 상국(相國)이셨던 선문후(宣文侯, 사마의)께서는 일찍이 혼란을 자초하여 망국에 이르는 도리를 깨닫고, 대사를 도모하는 원대한 계책을 세운 바 있습니다. 지금 손권이 죽고 어린 임금을 제갈각(諸葛恪)에게 부탁했습니다. 만약 오나라가 손권의 포악함을 바로 잡고 가혹한 정치를 없애 백성들에게 혹독한 고통을 면하게 하고, 안정을 구하고 새롭게 선정을 베풀며, 조정 안팎에서 근심을 함께하고 같은 배를 탄 사람처럼 함께 걱정한다면, 비록 끝까지 나라를 보존할 수는 없더라도 그나마 장강 이남에서 사직을 붙들고 멸망의 시기를 연장시킬 수는 있을 것입니다.

지금 논의를 들어 보면, 어떤 사람은 전선을 띄워 강동으로 건너가 강남 지역을 휩쓸어버리자고 주장하고 또 어떤 사람은 네 갈래로 군대를 일제히 진격시켜 그들의 성채와 보루를 공격하자고 주장하며, 또 어떤 사람은 변경에 크게 둔전을 설치하고 정세를 지켜보다가 기회를 타서 군대를 일으키자고 주장합니다. 이와 같은 3가지 주장은 모두 적을 공격하여 토벌하는 통상적인 계책입니다. 그러나 계책을 베푸는 것은 마땅히 시기에 맞아야만 공을 이룰 수 있으며, 만일 때에 맞지 않는다면 반드시 후환이 있을 것입니다. 군사를 정돈하여 출병한 이래 작전을 벌인지 3년이 되었으니, 전면적인 기습으로 쓸어버릴 수는 없습니다.

적은 최고 통솔자를 잃어버렸으니 물러나 굳게 지키는 것이 이롭습니다. 만약 적군이 요충지인 여러 포구에 배를 벌여놓고 성을 굳게 지키며 청야(淸野)작전을 쓴다면, 강남 지역을 일거에 휩쓸자는 계책으로는 아마도 승리를 얻기가 매우 어려울 것입니다. 적들이 강동을 차지한 지 어언 60년이 되었는데, 그들 나름대로 임금과 신하를 세우고 상하가 동고동락하며 환란을 헤쳐 왔습니다. 만일 제갈각이 손권의 잘못을 제거하고 나라를 바로잡는다면, 하늘이 오나라에 대한 미움으로 붕괴의 징벌을 내리는 것이 갑작스럽게 닥칠 것이라고 기대해서는 안 될 것입니다.

지금 적군은 그물을 치듯 감시망을 설치하고 매우 엄밀히 지키고 있어 간첩들이 활동하지 못하고 척후들도 적군의 동정을 제대로 살피지 못합니다. 군대가 척후도 없이 적군의 정세를 자세하게 정찰하지 못한 채, 대군을 일으켜 위험한 지역에 출병하는 것은 요행으로 공을 세우기를 바라는 것이며, 결과를 헤아리지도 않고 우선 싸워놓고 뒤에 승리를 구하는 것은 군대를 온전히 하며 승리를 얻는 좋은 계책이 아닙니다.

오직 변경에 대규모로 둔전을 설치해놓고 시세의 변화를 지켜보는 것만이, 흠이 없고 완전한 최선의 계책입니다. 백성들의 뜻에 맞추어 출병하고 적으로 하여금 추호도 범하지 못하게 합니다. 앉아서 쌓아놓은 곡식을 먹으니 군량을 운반하느라 병사들을 수고롭게 하지 않으며, 기회를 틈타 기습 작전을 벌여서 먼 길을 원정하는 노고와 피폐함이 없도록 하는 것, 이것이 바로 군사상의 급선무입니다. 둔전을 운영하며 성채를 쌓아 적군을 핍박하고, 교묘하면서 또 어리석게 보이는 계책을 두루 운용하면서, 계책을 시행해보아서 그 좋고 나쁨을 파악하고, 전투를 벌여 자기편의 장단점과 적군의 실정과 속임수를 파악할 수 있다면, 적이 장차 어디로 도망갈 수 있겠습니까?

적은 수의 군사로 많은 수의 적군을 상대하면 싸움을 자주 벌여야 하고 병사들의 힘은 고갈됩니다. 가난한 나라가 부유한 나라와 대적하려면 세금을 무겁게 거두어 들여야 하며 나라의 재정은 탕진되고 말 것입니다. 그러므로 병서에서 말하기를 '적이 편안하게 있으면 피로하게 만들어야 하며, 배불리 먹고 있으면 그들을 배고프게 만들어야 한다.'고 하니, 바로 이를 두고 하는 말입니다. 그런 연후에 사기가 왕성하고 용맹한 군사를 보내 위세를 떨치고 은혜를 베풀고 상급을 배로 하여 적군을 투항시키며, 여러 방면으로 또 광범위하게 의군을 배치하여 적군으로 하여금 의심을 품게 만들어야 합니다. 적이 생각하지 못한 길에서 군대를 진격시키고, 적군이 경계하지 못한 틈을 노려 공격합니다. 이렇게 하면서 3년을 기다린 뒤 좌우에서 치고 들어가면 적군은 마치 얼음이 녹아 흩어지듯이 와해되고 말 것이니, 편안히 적의 피폐를 기다리며 앉아 있어도 반드시 승리를 얻게 될 것입니다.

옛날 한나라가 대대로 흉노의 침략을 항상 근심하면서 조정 대신들과 책사들이 이른 아침부터 늦도록 묘당에서 대책을 논의했는데, 갑옷을 입은 장수들은 토벌을 주장했고 공경 귀족들은 모두 화친을 주장했으며, 용맹한 전사들은 몸을 던져 싸울 것을 원했습니다. 번쾌(樊噲)는 10만 대군으로 흉노 땅을 휩쓸어버리자고 주장했으나, 계포는 면전에서 출병의 잘못을 지적한 바 있습니다. 또 이신(李信)은 20만 대군을 청하여 초나라를 공격했으나, 결과는 진나라 군대에 의해 패배를 당했습니다. 지금 여러 장군들이 장강을 건너 험지를 공격하자는 주장하는 것은, 고립된 군대가 적의 경내로 깊숙이 진입하는 것으로서 옛적 번쾌와 이신이 저지른 실책과 같은 것입니다.

폐하의 성스러운 덕과 대신들의 충성과 어진 신하들의 보필에 따라 법령을 엄격히 밝히고 군사들을 조련하여, 필승의 계책을 적의 땅에 베풀고 원대한 전략으로 적을 제어한다면, 오랑캐의 패망은 필연적입니다. 그러므로 병서에서 말하기를 '적군을 굴복시키되 싸우지 않고, 적의 성을 함락하되 성을 공격하지 않는 것이 용병의 묘'라고 했습니다. 만약 묘당에서 필승의 책략을 세우는 이치를 저버리거나 만의 한 가지라도 완전하지 못한 계책을 실행하지나 않을까 하는 점이, 어리석은 신이 참으로 우려하는 바입니다. 그러므로 변경에 대규모로 둔전을 설치하여 적을 핍박하는 것이 최선의 계책이라고 말씀 드리는 바입니다."

그러나 조정은 부하의 의견을 받아들이지 않고, 조직을 내려 왕창 등 장군들에게 오나라 정벌을 명했다. 오나라 장군 제갈각이 위나라 군대에 맞서 싸워 동관(東關)에서 위나라 군대를 크게 패배시켰다. 〔출전: 『삼국지』 권21 「위서21 부하전(傅嘏傳)」의 주에서 인용한 사마표(司馬彪)의 『전략(戰略)』〕

魏嘉平中, 孫權死. 征南大將軍王昶,征東大將軍胡遵,鎭南將軍毌丘儉等表征吳, 朝廷以三征計異, 詔訪尙書傅嘏.

嘏對曰: "昔夫差勝齊陵晉, 威行中國, 不能以免姑蘇之禍; 齊閔辟土兼國, 開地千里, 不足以救顚覆之敗. 有始不必善終, 古事之明效也.

孫權自破蜀兼荊州之後, 志盈欲滿, 凶亢已極. 相國宣文王先識取亂侮亡之義, 深(達)[建]宏圖大擧之策. 今權已死, 託孤於諸葛恪. 若矯權苛暴, 蠲其虐政, 民免酷烈, 偸安新惠, 外內齊慮, 有同舟之懼, 雖不能終自保完, 猶足以延期挺命於深江之外矣.

今議者或欲汎舟徑濟, 橫行江表; 或欲(倍)[四]道並進, 攻其城壘;

或欲大佃疆場, 觀釁而動; 此三者, 皆取賊之常計. 然施之當機, 則功成; 若苟不應節, 必貽後患. 自治兵已來, 出入三載, 非掩襲之軍也.

賊喪元帥, 利存退守, 若羅船津要, 堅城淸野, 橫行之計, 其殆難捷也. 賊之爲寇, 幾六十年, 君臣僞立, 吉凶同患, 若恪蠲其弊, 天奪之疾, 崩潰之應, 不可卒待也.

今賊設羅落, 又持重密, (閒)[間]諜不行, 耳目無聞. 夫軍無耳目, 校察未詳, 而擧大衆以臨巨險, 此爲希幸邀功, 先戰而後求勝, 非全軍之長策也.

唯有大佃, 最差完牢. 兵出民表, 寇鈔不犯, 坐食積穀, 不煩運士, 乘釁計襲, 無遠勞弊, 此軍之急務也. 夫屯壘相逼, 巧拙得用, 策之而知得失之計, 角之而知有餘不足, (之處)[虜之]情僞, 將焉所逃?

夫以小敵大, 則役煩力竭; 以貧敵富, 則斂中財匱. 故'敵逸能勞之, 飽能饑之', 此之謂也. 然後盛衆厲兵以振之, 參惠倍賞以招之, 多方廣似以疑之. 由不虞之道, 以閒其不戒. 此及三年, 左提右挈, 虜必氷散瓦解, 安受其弊, 可坐算而得也.

昔漢氏歷世常患匈奴, 朝臣謀士早朝晏罷, 介冑之將則陳征伐, 搢紳之徒咸言和親, 勇奮之士思展搏噬. 故樊噲願以十萬橫行匈奴, 季布面折其短; 李信求以二十萬獨擧楚人, 而果辱秦軍. 今諸將有陳越江陵險, 獨步虜庭, 卽亦向時之類也.

以陛下聖德, 輔相忠賢 法明士練, 措計於全勝之地, 振長策以御之, 虜之崩隤, 必然之數. 故兵法曰: '屈人之兵而非戰也, 拔人之城而非攻也.' 若釋廟勝必然之理, 而行萬一不全之略, 誠愚臣之所慮也. 故謂大佃而逼之計最長."

時不從嘏言, 詔昶等征吳, 吳將諸葛恪距之, 大敗魏軍於東關.

위나라는 이후 세력이 쇠약해졌고 결국 진나라에 선양하여 세조 무황제 사마염이 즉위했다. 〔조유의 말〕

세조 때에 정남대장군 양호(羊祜)가 표를 올려 오나라 평정을 주청했다. "선제는 천명과 시운에 순응하여 서쪽으로 파촉을 평정하고 남쪽으로 동오와 화친하여, 마침내 천하의 전란을 그치게 하고 천하 백성들은 편안히 생업을 즐기는 마음을 갖게 되었습니다. 그러나 오나라가 다시 배신하여 변방에서 다시금 전란이 일어나게 만들었습니다. 운수는 비록 하늘이 내려준 것이지만 공적과 대업은 반드시 사람으로 말미암아 이루어지는 것입니다. 크게 군사를 일으켜 일거에 오나라를 멸망시키지 못한다면, 백성들은 어느 한 순간도 평안을 얻을 수가 없습니다. 또한 선제의 공훈을 빛나게 하고 무위(無爲)로 다스리는 덕화를 이루기 위해서라도 그래야 하는 것입니다. 그렇기에 요임금은 단수(丹水)를 토벌했고, 순임금은 유묘(有苗)를 정벌했습니다. 이 모두는 천하를 평안하게 하고 전쟁을 그치게 하여 백성들이 화락하게 살도록 하고자 했던 것입니다.

촉을 평정하자 천하 사람들은 모두 오나라도 당연히 함께 멸망할 것이라고 말했습니다. 그로부터 13년이 지났습니다. 말하자면 12년의 지지(地支)가 한 번 돌았으니, 오나라를 평정할 시기가 지금 다시 돌아온 것입니다. 논의하는 자들은 항상 말하기를 "오와 초는 천하의 다스림에 도가 있으면 맨 마지막에 귀순하며, 질서가 어지럽게 되면 가장 먼저 강폭하게 나설 것"이라고 합니다. 그러나 이는 춘추전국시대 제후들이 쟁패하던 시기에 해당되는 말이지, 지금 천하가 통일된 만큼 옛날과 같이 논할 수 없는 것입니다. 일반적인 도리를 따지는 주장은 모두 정세의 변화에 적절하게 대응하지 못하기 때문에,

비록 여러 가지 계책을 주장하더라도 마지막에 결단을 내려 쓰는 계책은 한 가지일 뿐입니다.

대개 험고한 지형에 의지하여 생존을 유지하는 나라는 적대국과 쌍방의 세력이 비슷할 때는 스스로의 힘으로 충분히 지킬 수 있습니다. 그러나 역량의 경중이 같지 않고 강약의 세력에 차이가 있게 되면, 지혜로운 책사라 해도 계책을 내놓지 못하고 험고한 지형만으로는 나라를 지킬 수가 없습니다.

촉나라의 지형은 험하지 않은 것이 아닙니다. 높은 산들은 하늘로 솟아올라 구름과 무지개 속에 가려 있고 깊은 골짜기에는 햇빛도 들지 않습니다. 험한 산길을 행군하기 위해서는 말발굽을 싸매고 수레를 단단히 동여매고 나서야 겨우 진입할 수 있었습니다. 모두들 말하기를 한 명의 장부가 창을 잡고 지키면 천 명의 병사도 감당할 수 없다고 했습니다. 그러나 정작 병사들이 진입했을 때 가로막는 장애물은 전혀 없었습니다. 장수를 베고 깃발을 뽑아 버리고 수만 명의 적군을 죽였으며, 승세를 타고 우리 군사들은 촉 땅을 석권하고 곧장 성도로 진격했습니다. 한중의 성채를 지키는 장수들은 모두 성안에 숨어 감히 출동할 엄두를 내지 못했습니다. 그들 모두가 싸울 마음이 없었던 것이 아니라 참으로 힘이 모자라 맞서 싸울 수가 없었기 때문입니다. 유선이 투항하는 지경에 이르자 성들 지키던 장수들은 서로 뿔뿔이 흩어져 도망가 버렸습니다.

지금 강, 회 지역을 공격하는 것이 어렵다고 하지만 촉의 검각을 공격하는 것보다 더 어렵지는 않을 것이며, 오나라의 산천이 험하다고 하지만 민산(岷山)과 한수보다 더 험하지는 않을 것입니다.

오왕 손호(孫皓)의 포악함과 사치는 유선보다도 더욱 심하고, 오월 지역 백성들의 고통은 파촉 백성들보다 더욱 심합니다. 우리 대진(大晉)의 병력은 이전 시대보다 훨씬 많고 비축한 물자와 기계장비도 과거에 비해 훨씬 풍족합니다. 지금 바로 이때 오나라를 평정하지 않고 또 다시 군대를 변경에 주둔시켜 지키기만 한다면, 징집된 병사들은 요역에 시달리며 매일 전투를 생각하느라 지치게 되고, 그러면서 시간이 지나면 왕성한 사기도 점점 떨어지게 되니 오래 전쟁을 벌일 수가 없습니다. 마땅히 적시에 결단해서 천하를 통일해야 할 것입니다.

지금 양주(梁州)와 익주의 군사를 이끌고 수륙 양면으로 남하하고, 형초(荊楚)의 군사들은 강릉으로 진격케 하고, 평남(平南)과 예주(豫州)의 군대는 곧장 하구(夏口)로 진격하며, 서주(徐州), 양주(揚州), 청주(青州), 연주(兗州)의 군대는 말릉(秣陵)으로 나아가게 하며, 전고를 울리고 깃발을 휘날려 적군을 미혹케 만들고 다방면으로 군대를 출동하여 적을 오판에 빠지도록 만들어야 합니다. 귀퉁이의 일개 소국인 오나라가 천하의 군대에 대항하려면 군사력을 분산시켜 여러 곳을 방어해야 할 것이니, 지키는 곳마다 급박한 형편이 됩니다. 이때 파촉과 한중의 기병(奇兵)으로 하여금 적의 허약한 빈틈을 공격토록 하여, 한 곳만 허물어지게 되면 오나라 전체가 큰 혼란에 빠질 것입니다.

오나라는 본래 장강을 따라 나라를 세워 내륙이 따로 없고, 동서로 수천 리며 자연적인 경계를 울타리로 삼고 있기 때문에, 지켜야할 전선이 광대하여 어느 하루도 편안하게 쉴 수가 없습니다. 손호는 성정이 방종하여 마음 내키는 대로 저지르고 아랫사람을 시기하여 명신과 용맹한 장군들도 더 이상 신뢰하지 않습니다. 그렇기 때문에 손수(孫秀)와 같은 왕족들도 핍박을 두려워하여 귀순해왔습니다. 조정

대신들은 의심을 받고 선비들은 재야에서 곤궁하게 지내고 있으니, 나라를 보존하여 대를 이어갈 계책을 내놓지 않고, 한결같은 충성의 마음도 없습니다. 평상시에도 남아 있을까 도망갈까를 회의하고 있으니 전쟁에 임하게 되면 반드시 투항해오는 자들이 있을 것입니다. 오나라의 상하가 합심하여 죽음을 무릅쓰고 끝까지 싸우지 못할 것임을, 이미 예견할 수 있습니다.

오나라 사람들의 습성이 조급하여 지구전을 벌일 수 없으며, 궁노와 창과 방패 등의 무기가 중원보다 못하고, 다만 수전에서만 유리한 점이 있을 뿐입니다. 아군이 일단 오나라 땅에 진입하면 장강은 더 이상 견고한 장애가 되지 못할 것이며, 오나라 군대가 성으로 돌아가 성채를 지킨다면 그것은 수전의 우세라는 장점을 버리고 단점을 취하는 것입니다. 아군이 점점 더 깊숙이 적의 땅으로 진격함에 따라 우리 장병들은 결사의 의지로 싸울 것이지만, 오나라 병사들은 그들의 땅에서 싸우기 때문에 성채에 의지하여 지키려는 마음을 품게 됩니다. 이렇게 된다면 싸움을 오래도록 끌지 않고 오나라를 패배시키는 것은 틀림없습니다. 〔출전: 『진서』 권34 「양호전(羊祜傳)」〕

세조는 양호의 건의를 매우 흡족하게 받아들여 왕준(王濬) 등으로 하여금 군사를 이끌고 오나라를 평정토록 했다. 이로써 천하가 다시금 통일되어 '천하가 같은 글자를 쓰고 수레바퀴의 폭도 같은 규격'이 되었다. 〔출전: 『진서』 권5 「효민제기(孝愍帝紀)」〕

魏後陵夷, 禪晉, (太)[世]祖卽位.

至世祖時, 羊祜上平吳表曰: "先帝順天應時, 西平巴,蜀, 南和吳, 會, 海內得以休息, 兆庶有樂安之心. 而吳復背信, 使邊事更興. 夫期運雖天所授，而功業必由人而成．不一大擧掃滅，則衆役無時得安．亦所以隆先帝之勳，成無爲之化也．故堯有丹水之伐，舜有有苗之征，咸以寧靜宇宙，戢兵和衆者也．

蜀平之後，天下皆謂吳當并亡，自此來十三年，是謂一周，平定之期復在今日．議者常言，吳,楚有道後服，無禮先强，此乃諸侯之時耳．當今一統，不得與古同論．夫適道之論，皆未應權，是故謀之雖多，而決之欲獨．

凡以險阻得存者，謂所敵者同，力足自固．苟其輕重不齊，强弱異勢，則智士不能謀，而險阻不可保也．蜀之地，非不險也，高山尋雲霓，深谷肆無景，束馬懸車，然後能濟，皆言一夫荷戟，千人莫當．及進兵之日，曾無藩籬之限，斬將搴旗，伏屍數萬，乘勝席卷，徑至成都，漢中諸城皆鳥棲而不敢出．非皆無戰心，誠力不足相抗．至劉禪降服，諸營堡者索然俱散．

今江,淮之難，不過劍閣；山川之險，不過岷,漢．孫皓之暴，侈於劉禪；吳越之困，甚於巴,蜀．而大晉兵衆，多於前世；資儲器械，盛於往時，今不於此平吳，而更阻兵相守，征夫苦役，日尋干戈，經歷盛衰，不可長久，宜當時定，以一四海．

今若引梁,益之兵水陸俱下，荊楚之衆進臨江陵，平南,豫州直指夏口，徐,揚,靑,兗並向秣陵，鼓旆以疑之，多方以誤之，以一隅之吳，當天下之衆，勢分形散,，所備皆急．巴,漢奇兵出其空虛，一處傾壞，則上下震蕩．

吳緣江爲國，無有內地，東西數千里，以藩籬自持，所敵者大，無有寧息．孫皓恣情任意，與下多忌，名臣重將不服自信，是以孫秀之徒皆畏逼而至．臣疑於朝，士困於野，無有保世之計，一定之心．平常之日，猶懷去就；兵臨之際，必有應者．終不能齊力致死，已可知也．

其俗急速，不能地久，弓弩戟楯不如中國，唯有水戰是其所便．一入其地，則長江非復所固，還保城池，則去長入短．而官軍懸進，人有致節之志，吳人戰於其地，有憑城之心．如此，軍不逾時，克可必矣．"

帝深納言，乃令王濬等滅吳，天下書同文，車同軌矣．

진 말엽 혜제는 용렬하고 유약했다. 북쪽 호족이 중원을 침입하여 소란을 일으켰으며 천자는 수도를 버리고 강남으로 피신하는 수모를 겪어야 했다. 이로부터 천하는 다시 분열되어 이른바 다섯 왕조가 번갈아 바뀌는 '오대 시기'가 300여 년간 계속되었다. 〔조유의 말〕

至晉惠庸弱，胡亂中原，天子蒙塵，播遷江表．當時，天下復分裂矣．出入五代，三百餘年．

수 문제가 도참을 받고 즉위한 뒤 비로소 남조의 진(陳)나라 토벌을 계획했다. 일찍이 고영(高熲)을 불러 계책을 물었고, 고영은 이렇게 계책을 올렸다. "강북은 기후가 한랭하여 농작물의 수확이 비교적 늦으나, 강남은 기후가 고온다습하여 무논의 곡식이 일찍 익습니다. 저들의 수확 시기를 잘 헤아린 다음, 병사와 전마를 징발하면서 전면적인 기습을 감행할 것이라고 소문을 내면, 저들은 반드시 둔전의 병사를 소집해서 성채를 굳게 지킬 것입니다. 이렇게 하면 저들의 농사철을 망치기에 충분할 것입니다. 저들이 둔병을 소집하면 우리는 무장을 풀고 해산합니다. 이런 일을 두세 번 하고나면 적은 이를 통상적인 일로 여기게 됩니다. 그런 뒤에 다시 군대를 소집하면 저들은 필경 믿지 않을 것인데, 이처럼 저들이 머뭇거리는 틈을 타서 아군은 이미 강을 건너 육지에 올라 곧바로 공격을 펼치게 되면, 우리 병사들은 용기백배할 것입니다.

또 강남은 토질이 척박하여 대나무나 띠로 이은 집이 많고, 농작물을 쌓아둘 때에 땅 밑에 움집을 파서 저장하는 경우가 없습니다. 몰래 사람을 파견하여 바람을 타고 불을 놓게 하십시오. 저들이 불탄 집을 수리하거나 다시 짓는 때를 기다려 다시 불을 지르게 합니다. 이렇게 하면 몇 해가 지나지 않아 저들의 재물과 힘은 고갈되고 말 것입니다." 문제는 이 계책을 실행에 옮겼으며 진나라는 날로 피폐해졌다. [출전: 『수서』 권41 및 『북사』 권72의 「고영전(高熲傳)」]

그 후 문제는 정벌군을 일으켜 설도형(薛道衡)을 회남도행대상서이부랑(淮南道行臺尚書吏部郎)으로 임명하고 공문서의 출납도 겸하여 관장토록 했다. 수나라 군대가 장강에 이르렀을 때 고영은 설도형을 깊은 밤에 막사로 불러 물었다. "이번에 정벌군을 일으킨 것으로 강동을 평정할 수 있을 것인지? 아닌지? 그대의 의견을 듣고 싶소."

설도형은 이렇게 대답했다. "무릇 대사의 성공과 실패를 논함에 있어서는 무엇보다도 먼저 명백하고 객관적인 이치로 헤아려 판단해야 할 것입니다.

『우공(禹貢)』에 기재된 구주(九州)는 본래 임금들에게 분봉해준 땅이었습니다. 후한 말기에 이르러 많은 영웅들이 다투어 일어나 할거했을 때 손권의 형제가 오와 초 땅을 차지했습니다. 진(晋) 무제가 천명을 받고 즉위한 뒤 토벌하여 병탄했습니다. 그 후 동진의 영가(永

嘉) 연간에 강남으로 천도하면서 다시 이 지역이 분열되었습니다. 그 이래 전쟁이 끊이지 않았습니다. "비색함이 극에 이르면 다시 태평시대로 돌아온다."는 것은 천도의 일정한 이치입니다. 곽박(郭璞)이 일찍이 말하기를 "강동이 홀로 왕을 칭한 지 300년이 지나면 중원에 통일될 것"이라고 했습니다. 지금 그 300년 운수가 다 찼습니다. 그러므로 운수로 따져 말하더라도 진나라를 반드시 멸망시킬 수 있을 것이니, 이것이 첫 번째 이유입니다.

유덕자는 번창하고 무도한 자는 패망한다고 하니, 고금의 흥망성쇠가 모두 이 도리를 벗어나지 못했습니다. 주상께서는 몸소 공손하시고 근검절약을 실천하며 백성을 걱정하며 노고를 다하여 정사를 보살피고 계십니다. 그러나 진숙보(陳叔寶, 진후주)는 높은 누각을 세우고 화려하게 칠하고 조각하는 사치를 부리며 주색에 빠져 황음하게 놀고 있습니다. 상하의 인심이 모두 떠났고 사람과 신령이 함께 분노하고 있으니, 진을 반드시 패배시킬 수 있는 두 번째 이유입니다.

나라를 다스리는 대체는 현명한 자를 임용하여 일을 맡기는 데 있습니다. 그러나 저들의 공경대신들은 그저 숫자나 채울 뿐입니다. 소인인 시문경(施文慶)에게 정사를 맡겨놓고, 상서령인 강총(江總)은 오직 술 마시고 음풍농월하는데 빠져있을 뿐 본래 경국제세의 책략을 지닌 인재가 아닙니다. 소마하(蕭摩訶)와 임만노(任蛮奴)가 저들의 대장들인데 중임을 맡기에는 부족한 필부들이니, 진을 반드시 멸망시킬 수 있는 세 번째 이유입니다.

우리는 도리를 지키며 큰 나라이지만, 저들은 덕이 없으며 작은 나라입니다. 적의 병사를 계산해보면 10만 명을 넘지 않는데, 서쪽으로 무협(巫峽)에서 동쪽으로 창해(滄海)에 이르기까지 병력을 분산해 배치하면 고립되어 세력이 약해질 것이고, 병력을 한 곳에 집결시키면 한 곳은 지키겠지만 다른 곳은 잃게 될 것이니, 진을 패배시킬 수 있는 네 번째 이유가 됩니다. 아군이 강남 지역을 석권할 것임을 미리 점칠 수 있는 것은, 형세판단에서 미혹되지 않는데 있습니다."

고영은 매우 기뻐하며 말했다. "그대의 성공과 실패에 관한 의논은 참으로 그 이치가 분명하오. 나는 이제 마음이 활짝 열리듯 깨달았소. 본래 그대가 재주와 학식이 있다 하여 몇 가지 의견을 물어보려 했는데, 그대의 도략과 계책이 이런 경지에 이른 줄은 생각지도 못했구려." 〔출전: 『수서』 권57 「설도형전(薛道衡傳)」〕

마침내 군대를 진격시켜 진숙보를 사로잡았다.

이상이 강남 오나라의 흥망성쇠의 형세이다. 〔조유의 말〕

隋文帝受圖, 始謀伐陳矣. 嘗問高熲取陳之策, 熲曰: "江北地寒, 田收差晩; 江南土熱, 水田早熟. 量彼收穫之際, 微徵士馬, 聲言掩襲, 敵必屯兵堅守, 足以廢其農時. 彼旣聚兵, 我便解甲. 再三如此, 敵以爲常; 後更集兵, 彼必不信; 猶豫之頃, 我乃濟師登陸而戰, 兵氣益倍. 又江南土薄, 舍多竹茅, 所有儲積皆非地窖. 密遣行人因風縱火; 待其修立, 復更燒之. 不出數年, 自可財力俱盡." 上行其策, 陳人益弊.

後發兵, 以薛道衡爲淮南道行臺尙書[吏部郎], 兼掌文翰. 及王師臨江, 高熲召道衡夜坐幕下, 因問曰: "今師之擧, 克定江東以不? 君試言之."

道衡答曰: "凡論大事成敗, 先須以至理斷之. '禹貢'所載九州, 本是王者封域. 後漢之季, 羣雄競起, 孫權兄弟遂有吳,楚之地. 晉武受命，尋卽呑并．永嘉南遷，重此分割．自爾已來，戰爭不息．否終斯泰，天道之恒．郭璞有云：‘江東偏王三百年，還與中國合.’ 今數將滿矣．以運數而言，其必克，一也．

有德者昌，無德者亡，自古興滅，皆有此道．主上躬履恭儉，憂勞庶政；叔寶峻宇雕墻，酣酒荒色，上下離心，人神同憤．其必克，二也．

爲國之體在於任寄，彼之公卿，備員而已．拔小人施文慶委以政事，尙書令江總唯事詩,酒，本非經畧之才；蕭摩訶,任蠻奴是其大將，一夫之用耳．其必克，三也．

我有道而大，彼無德而小．量其甲士不過十萬，西自巫峽，東至滄海，分之則勢懸而力弱，聚之則守此而失彼．其必克，四也．席卷之兆，其在不疑.”

熲欣然曰：“君言成敗，理甚分明，吾今豁然矣．本以才學相期，不意籌略乃至此也.”

遂進兵，虜叔寶．此滅吳形也．

수 문제 개황(開皇) 10년 경술년(590년)에 진을 멸망시킨 때로부터, 지금 당 현종 개원(開元) 4년(716년)에 이르기까지 126년 간 천하는 통일되어 있다. 〔조유의 말〕

自隋開皇十年庚戌歲，滅陳．至今開元四年丙辰歲，凡一百二十六年，天下一統．

논한다:

『좌전』에서는 이렇게 기록했다. "국도 이외의 도성의 담장이 백치(百雉, 한 치는 길이가 세 길 높이가 한 길인 담을 가리킨다)를 넘는 것은 나라의 해가된다." 또 말했다. "큰 도읍의 성이 국도의 성만큼 큰 것은 화란의 근본이다." 〔출전: 『좌전』「은공 원년」 및 「민공 2년」〕

옛날 제후의 봉지는 사방 백리를 넘지 않았고, 산과 바다가 있는 지역에는 영지로 분봉해주지 않았으며, '오랑캐를 가까이 하여 친족을 멀리하지 말라.'고 했다. 〔출전: 『사기』 권106 「오왕비열전」〕

여기에는 그럴만한 이유가 있었을 것이다. 무엇 때문일까? 〔조유의 말〕

가의(賈誼)는 이렇게 말했다. "신이 삼가 옛일의 자취를 살펴보니 대체로 세력이 강대한 제후가 가장 먼저 모반을 일으켰습니다. 회음왕 한신(韓信)이 초왕으로 칭하며 최고로 강성했기 때문에 가장 먼저 모반을 일으켰습니다. 한왕(韓王) 신(信)은 흉노의 세력에 의지해 모반했고, 관고(貫高)는 조나라의 우세한 물자를 믿고 모반했고, 진희(陳豨)는 용맹한 정예병을 믿고 반란을 일으켰고, 팽월(彭越)은 양(梁)나라의 힘을 믿고 모반했고, 경포(黥布)는 회남의 세력에 의지하여 모반을 일으켰습니다. 그리고 노관(盧綰)은 세력이 가장 약했기 때문에 맨 마지막에 모반을 일으켰습니다.

그러나 장사왕(長沙王) 오신(吳臣)은 봉지 안의 인구가 2만 수천 호에 지나지 않았고 공로도 가장 적었으나 가장 온전하게 나라를 보전했으며, 세력이 약했기 때문에 조정에 가장 열심히 충성했습니다. 그것은 오신의 성품이 유독 다른 제후들과 달랐기 때문이 아니라 형세가 그러했기 때문에 그럴 수밖에 없었던 것입니다. 만약 옛적에 번쾌와 역이기, 주발, 관영 등이 수 십 개의 성읍을 소유한 제후였더라면, 지금은 모두 멸망해버렸을 것입니다. 또 가령 한신과 팽월 등이 철후(徹侯, 최고 작위지만 봉읍이 없는 제후로서 일종의 명예직))이었다면, 아마도 지금까지 존재할 수 있었을 것입니다.

그렇다면 천하를 다스리는 대계가 어떠해야 하는지, 또한 명백히 알 수 있습니다. 제후들로 하여금 저마다 충성하고 복종하도록 만들고자 한다면, 장사왕처럼 세력이 약한 제후로 봉해주는 것보다 더 나은 계책이 없습니다. 신하들로 하여금 소금에 절이는 극형에 처해지지 않기를 바란다면, 번쾌와 역이기처럼 열후(철후 또는 통후)로 봉하되 제후왕으로 봉해주지 않는 것이 최상입니다. 또 천하를 오래도록 태평스럽게 다스리고자 한다면 세력이 약한 제후국을 많이 세워, 그들의 세력을 약소하게 만드는 것보다 더 나은 계책이 없습니다." 〔출전: 『한서』 권48 「가의전(賈誼傳)」〕

이로서 살펴본다면, 지금 한 지역을 관장하는 제후들은 그들이 관장하는 영토가 사방 천리에 달하고 수많은 백성들을 소유하고 있으니, 이는 단지 '사방 백리만 되어도 모반을 일으킨다.'는 정도의 작은 기반이 아닌 것이다. 또 그들은 능력 있는 자를 관리로 임명하여 심복으로 만들고 있으니 그렇다면 이는 단지 '오랑캐를 가까이 하여 친족을 멀리하지 말라.'고 해서 되는 정도가 아닐 것이다. 오나라는 장강과 오호를 경계로 의지했고, 촉나라는 험고한 지세가 막아주었으나, 이들은 다만 산과 바다의 유리한 지형적 조건에만 의지했던 것이 아니었다.

지금 제후들은 몇 개의 주와 군을 겸하는 광대한 지역을 관장하고 있는데, 땅의 형세가 사람을 속박하고 제약을 가하는 법이니, 이는 단지 '성읍이 수도의 성만큼 크면 나라에 해가된다.'는 정도에 그치지 않을 것이다. 만일 나라에 큰 변고가 일어나거나 '칠국의 난'과 같은 변란이 일어난다면, 나라를 존속시키지 못하게 될 것이다.

그러하니 나라를 다스리는 군주라면 그 이치를 세심하게 살피지 않으면 안 될 것이다. 〔출전: 환관(桓寬)의 『염철론(鹽鐵論)』「조성(詔聖)」〕

論曰: '傳'稱, "都城過百雉, 國之害也." 又曰: "大都偶國, 亂之本." 古者諸侯[地]不過百里, 山海不以封, "毋親夷狄, [以疏其屬]", 良有以也. 何者?

賈生有言: "臣竊跡前事, 夫諸侯大抵强者先反. 淮陰王楚最强, 則最先反; 韓信倚胡, 則又反; 貫高因趙資, 則又反; 陳豨兵精, 則又反; 彭越因梁, 則又反; (黔)[黥]布用淮南, 則又反; 盧綰最弱, 最後反.

長沙迺在二萬數千戶耳, 功少而最完, 勢疏而最忠, 非獨性異人也, 亦形勢然也. 曩令樊,酈,絳,灌據數十城而王, 今雖以殘亡可也; 令信越之倫列爲徹侯而居, 雖至今存可也.

然則天下之大計亦可知已. 欲諸侯之皆忠附, 則莫若令如長沙王; 欲臣子之勿菹醢, 則莫若令如樊,酈等; 欲天下之治安, 則莫若衆建諸侯而少其力."

以此觀之, 令專城者皆提封千里, 有人民焉, 非特百里之資也; 官以才, 屬肺腑, 非特毋親之疏也; 吳據江湖, 蜀阻天險, 非特山海之利也; 跨州連郡, 形束壤制, 非特偶國之害也. 若遭萬歲之變, 有七子之禍, 則不可諱. 有國者不可不察!

권7 권의(權議)

제20편 구계(懼誡)

두려워하고 경계하라

『역경』은 이렇게 말한다. "탕임금과 무왕이 혁명을 해서, 하늘에 순하고 사람의 뜻에 응했다." 〔출전: 『주역』 「혁괘(革卦) 단사」〕

『상서(尙書)』에서는 이렇게 말한다. "나를 어루만져주면 임금이고, 나를 학대하면 원수이다." 〔출전: 『상서』 「진서하(秦誓下)」〕

시자(尸子)는 이렇게 말했다. "옛날 주공이 어린 성왕에게 정사를 돌려준 것을 두고 공자는 이를 그르다고 여겨 말하기를, '주공은 성인이 아닌가? 천하를 양보함으로써 천하백성을 위하지 않았다.'고 했다." 〔출전: 『시자(尸子)』 일문. 『삼국지』 권2 「문제기(文帝紀)」 배주에서 『허지주운(許芝奏云)』의 이 구절을 인용함〕

동중서(董仲舒)는 이렇게 말했다. "비록 치국의 대체를 이어받고 교화를 지키는 군주가 있다 하더라도, 성인이 하늘의 천명을 받는 것을 해칠 수는 없다." 〔출전: 『한서』 권75 「휴홍전(眭弘傳)」에서 동중서의 이 문장을 인용함. 『삼국지』 권2 「문제기」의 배주가 인용한 「헌제전

(獻帝傳)」에서도 『춘추대전(春秋大傳)』의 이 문장을 인용함〕

옛 사람들은 전하길 "궁지에 몰리게 되면 쥐도 고양이를 물고 필부도 임금에게 덤벼든다."고 했다. 〔출전: 환관의 『염철론』 권10 「조성」〕

또 황석공(黃石公)은 이렇게 말했다. "군주는 덕이 없으면 안 된다. 덕이 없으면 신하가 배반한다." 〔출전: 『삼략』의 「중략(中略)」〕

손경(孫卿, 荀子)은 이렇게 말했다. "우환을 제거할 수 있으면 복이 되지만, 우환을 제거하지 못하면 도리어 해치게 된다." 〔출전: 『순자』 「대략(大略)」〕

어찌하여 이를 입증할 수 있는가? 〔조유의 말〕

'易'曰: "湯武革命, 順乎天而應乎人." '書'曰: "撫我則后, 虐我則讐." 尸子曰: "昔周公反政, 孔子非之, 曰: 周公其不聖乎? 以天下讓, 不爲兆人也." 董子曰: "雖有繼體守文之君, 不害聖人之受命." 古語曰: "窮鼠嚙狸, 匹夫奔萬乘"

故黃石公曰: "君不可以無德, 無德則臣叛." 孫卿曰: "能除患則爲福, 不能則爲賊."

何以明之?

옛날 문왕이 풍(酆)땅에서 태공을 불러 이렇게 물었다. "상(商)나라 주왕(紂王)이 무고한 사람에게 죄를 뒤집어씌워 죽이고 있소. 공은 부디 백성의 일을 근심하는 나를 도와주어야하니, 지금 나는 어떻게 해야 하겠는가?"

태공이 대답했다. "대왕께서는 스스로 덕을 닦으시어 현명한 선비에게 몸을 낮추고, 백성들에게 은혜를 베풀면서 하늘의 도(天道)를 잘 살피십시오. 하늘이 아직 재앙을 내리지 않았다면 상나라 토벌을 먼저 주장하지 마십시오. 정치의 혼란 같은 인재(人災)가 일어나지 않았다면 서둘러 거사를 도모하지 마십시오. 반드시 하늘이 재앙을 내리거나 또 인재가 일어나는 것을 보고 나서 비로소 토벌을 도모해야 합니다. 백성들과 더불어 이익을 함께하고, 이익을 같이 나누며 서로 구해주고, 마음을 같이하여 서로 이루게 해주고, 백성들과 함께 미워하며 서로 도와주고, 좋아함을 같이하며 서로 손잡고 나아가야 합니다. 이렇게 하면 갑옷이나 무기가 없어도 싸워 이길 수 있고 성을 깨는 충거(衝車)가 없어도 성을 무너뜨릴 수 있으며, 해자와 참호가 없어도 성을 굳게 지킬 수 있습니다.

천하를 이롭게 하는 자에게 천하는 길을 열어 주고, 천하를 해롭게 하는 자에게 천하는 그를 가로 막습니다. 천하는 군주 한 사람의 천하가 아닙니다. 천하를 차지하는 것은 마치 들판에서 짐승을 사냥하는 것과 같아서, 짐승을 잡으면 천하의 모든 사람이 그 잡은 고기를 나누어 갖고자 하는 것입니다. 또한 함께 배를 타고 물을 건너는 것과 같아서, 물을 잘 건너면 모든 사람들이 함께 이로움을 얻지만 배가 뒤집히면 모두가 함께 해를 입게 되는 것입니다. 그런 즉 천하의 사람들과 이로움을 함께 하면 모든 사람이 길을 열어주며 가로 막는 자가 있지 않을 것입니다.

군주가 백성들로부터 이익을 빼앗아가지 않으면 백성들의 마음을 얻을 것이며, 군주가 나라의 이익을 독차지하지 않으면 나라를 얻게 될 것이며, 천하의 이익을 빼앗아가지 않으면 온 천하를 얻을 것입니다. 백성을 얻으면 백성들이 그를 이롭게 하며, 나라를 얻게 되면 나라가 그를 이롭게 하며, 천하를 얻게 되면 천하가 그를 이롭게 할 것입니다.

그러므로 천하를 얻은 도는 보통 사람들이 볼 수 없는 곳에 있고, 천하를 얻는 일은 보통 사람들이 들을 수 없는 데에 있으며, 승리는 사람들이 알지 못하는 곳에 있습니다. 참으로 미묘하고도 현묘합니다.

매와 같은 사나운 새가 먹이를 낚아채려할 적에는 낮게 날면서 날개를 거두고, 맹수가 먹이를 덮치려할 때에는 귀를 붙이고 낮게 엎드립니다. 마찬가지로 성인이 장차 행동을 하려할 때에는 반드시 어리석은 태도를 짓는 것입니다. 오직 교화와 덕화가 있을 뿐이니 누가 이를 본받아 행하겠습니까? 자세히 살피지 않으면 볼 수가 없으니 어떻게 지극한 도리를 알 수 있겠습니까?

지금 저 상나라를 살펴보면 여러 사람들의 말이 서로 미혹되고 어지럽습니다. 그 들판을 살펴보면 잡초와 왕골이 곡식보다 더 무성하게 우거져 있고, 그 백성들을 살펴보면 간사하고 부정한 자들이 정직한 자를 억누르고 있으며, 그 관리들을 살펴보면 포악하고 잔혹하게 백성들을 괴롭히고 법은 무너지고 형벌이 어지러워졌는데도 윗자리와 아랫자리에 있는 자들이 모두 깨닫지 못하고 있습니다. 이는 반드시 나라가 망하게 될 이치인 것입니다."

문왕이 "좋은 말이다."라고 했다. 〔출전: 『육도』「무도, 발계(武韜, 發啓)」〕

昔文王在酆召太公, 曰: "商王罪殺不辜, 汝尙助余憂人, 今我何如?"

太公曰: "王其修身,下賢,惠人, 以觀天道. 天道無殃, 不可以先唱;

人道無灾，不可以先謀．必見天殃，又見人灾，乃可以謀．與民同利，同利相救，同情相成，同惡相助，同好相趨．無甲兵而勝，無(衡)[衝]機而攻，無渠塹而守．

利人者天下啓之，害人者天下閉之．天下非一人之天下也．取天下若逐野獸，得之而天下皆分有分肉；若同舟而濟，皆同其利，舟敗皆同其害．然則皆有啓之，無有閉之者矣．

無取于民者，取民者也；無取於國者，取國者也；無取於天下者，取天下者也．取民者民利之，取國者國利之，取天下者天下利之．故道在不可見，事在不可聞，勝在不可知．微哉！微哉！

鷙鳥將擊，卑身翕翼；猛獸將搏，(俛身)[弭耳]俯伏；聖人將動，必有愚色．惟文惟德，誰爲之式？弗觀弗視，安知其極？

今彼殷商，衆口相惑．吾觀其野，草茅勝穀；吾觀其羣，衆曲勝直；吾觀其吏，暴虐殘賊，敗法亂(利)[刑]．而上不覺，此亡國之則也．”

文王曰“善”

초나라 공왕(共王)이 붕어하고 아들 영왕(靈王)이 즉위했다. 여러 공자들이 직위를 잃은 여러 왕족들의 힘을 빌려 영왕을 살해하고 자간(子干)을 왕으로 세웠다. 자간이 즉위하기 전에 동생인 기질(棄疾)이 자간을 살해하고 스스로 왕위에 올랐다. 당초 진(晉)나라에 머물던 자간이 초나라로 돌아왔을 때 한선자(韓宣子)가 숙상(叔向)에게 “자간이 성공하겠는가?”하고 물었다. 숙상향이 대답하기를 “어려울 것입니다.”라고 하였다.

한선자가 말했다. “(영왕을 함께 죽인 자들이) 미워하기를 함께 하며 뜻을 같이하기를 구하는 것이, 마치 장사치들이 물건을 파는 것같이

하는데, 무슨 어려움이 있겠는가?"

숙상이 대답했다. "좋아하기를 더불어 하는 자가 없는데 누가 미움을 그와 함께 하겠습니까?

나라를 얻는 데는 다섯 가지 어려움이 있습니다. 총애는 있으나 함께 할 인재가 없다는 것이 첫째이고, 쓸 만한 사람이 있어도 도와주는 주인이 없는 것이 둘째이고, 주인은 있으되 계책이 없는 것이 셋째이고, 계책은 있으나 백성이 없는 것이 넷째이며, 백성은 있는데도 은덕이 없는 것이 다섯째 어려움입니다. 자간이 진나라에 있은 지가 13년이 되었습니다. 진나라와 초나라 사람으로 그를 따르던 사람 중에 현달한 자가 있다는 말을 듣지 못했으니, 쓸 만한 사람이 없다고 하겠습니다. 가족이 모두 피살되고 친척이 배반했으니 주인이 없다고 이를 수 있습니다. 초나라 정세에 틈이 없는데도 움직였으니 계책이 없다고 할 수 있습니다. 일생을 나그네로 외국에서 지냈으니 백성이 없다고 하겠습니다. 망명했는데도 그를 애석해하는 조짐이 없으니 덕이 없다고도 하겠습니다. 초나라 왕이 비록 포악하지만 각박하지 않은데, 초나라가 자간을 왕으로 세우려면 이상의 다섯 가지 난관을 극복하고 옛 군주를 죽여야 하니, 어느 누가 해결할 수 있겠습니까?

초나라를 가지는 자는 아마도 기질일 것입니다. 그는 진(陳)과 채(蔡)를 아울러 다스렸으니 성 밖의 지역이 모두 그에게 귀속되었습니다. 가혹하거나 사특한 일을 짓지 않았으니 도적이 엎드려 숨었으며, 사사로운 욕심은 있어도 예를 어기지 않았으니 백성들이 원망하는 마음이 없습니다. 먼저 신령이 그에게 천명을 내렸고 백성들이 그를 신임합니다. 초나라 미씨(芈氏) 일족에 난이 일어나면 반드시 막내를 임금으로 세웠으니, 초나라의 정해진 법도였습니다. 신령의 도움을 받은 것이 첫째 이점이고, 지지하는 백성을 가진 것이 둘째이며, 아름다운 덕행이 셋째이고, 총애를 받아 귀한 자리에 오른 것이 넷째이며, 법도에 맞는 것이 다섯째입니다. 이 다섯 가지 이점을 가지고 다섯 가지 어려움을 없앤다면, 어느 누가 방해할 수 있겠습니까?

자간의 관직은 유윤(右尹)에 불과하고 존귀함과 총애를 따져도 서자(庶子)이며, 신이 천명을 부여한 것으로 말하자면 더욱 뒤쳐집니다. 그는 존귀함도 없고 총애를 잃어버린 것입니다. 백성들이 그를 그리워하지 않고 나라 안에 그의 편에 서는 사람이 없으니, 정차 어떻게 임금이 될 수 있겠습니까?"

한선자가 물었다. "제환공(齊桓公)과 진문공(晉文公)도 역시 그렇지 않았소?" 숙상이 대답했다. "제환공은 위희(衛姬)의 아들로 희공(僖公)의 총애를 받았으며, 포숙아(鮑叔牙)와 빈수무(賓須無), 습붕(隰朋)을 보좌로 삼고, 거(莒)나라와 위(衛)나라를 밖에서 도와주는 주인(外主)으로 두었고, 국씨(國氏)와 고씨(高氏) 일족이 안에서 도와주는 주인(內主)이었습니다. 선한 것을 따르기를 물 흐르듯 하고 일상의 행동은 재빠르고 공경히 하며 부당한 재물을 감추지 않았고, 사욕에 방종하지 않았으며, 은혜 베풀기를 게을리 하지 않고 선을 구하는데 싫증을 내지 않았습니다. 이런 까닭에 제나라를 갖게 되었으니, 이 또한 마땅하지 않습니까?

우리 선군(先君)이신 문공은 호계희(狐季姬)의 아들로 헌공(獻公)의 총애를 받았고, 배우기를 좋아하여 딴 마음을 품지 않았으며, 나이 17세에 어진 선비 다섯 명을 얻었습니다. 선대부 자여(子餘)와 자범(子犯)을 복심으로 삼고, 위주(魏犨)와 가타(賈佗)를 고굉지신(股肱之臣)으로 삼았습니다. 제나라, 송나라, 진나라, 초나라를 바깥의 도움(外主)으로 삼고, 난씨(欒氏), 극씨(郤氏), 호씨(狐氏), 선씨(先氏)를 나라 안의 도움(內主)으로 두었으며, 망명한 19년 동안 처음의 뜻을 더욱 독실하게 지켰습니다. 혜공(惠公)과 회공(懷公)이 백성을 버리고 돌보지 않으니 백성들은 문공을 따르고 함께 했습니다. 헌공의 아들 중에 다른 아들이 없으니, 백성들은 문공 이외에 달리 바랄 곳이 없었습니다. 그때 하늘이 바야흐로 진나라를 도왔으니, 어느 누가 문공을 대신할 수 있었겠습니까?

이들 두 임금과 자간의 경우는 다릅니다. 초공왕에게는 총애하는 아들이 있었고, 초나라에는 오주(奧主, 잠재적으로 내정된 군주)가 있었는데도, 자간은 백성들에게 은혜를 베풀지 않았고, 외국으로부터도 지원세력이 없어서 진나라를 떠날 때에도 호송하는 이가 없었고, 초나라로 돌아왔을 때도 맞이하는 이가 없었으니 어떻게 나라를 얻기를 바랄 수 있겠습니까?"

과연 자간은 제명대로 살지 못하고 죽임을 당했으며 기질이 왕위에 올랐으니, 숙상의 말 그대로 되었다. 〔출전: 『좌전』「소공 13년」〕

楚共王薨, 子靈王卽位. 羣公子因羣喪職之族, 殺靈王而立子干. 立未定, 弟棄疾又殺子干而自立.

初, 子干之入也, 韓宣子問于叔向曰: "子干其濟乎?" 對曰: "難." 宣子曰: "同惡相救, 如市賈焉, 何難?" 對曰: "無與同好, 誰與同惡? 取國有五難; 有寵而無人, 一也; 有人而無主, 二也; 有主而無謀, 三也; 有謀而無民, 四也; 有民而無德, 五也.

子干在晉十三年矣, 晉楚之從, 不聞達者, 可謂無人. 族盡親叛,可謂無主. 無釁而動, 可謂無謀. 爲羈終世, 可謂無(人)[民]. 亡無愛徵, 可謂無德. 王虐而不忌, 楚君子干涉五難以殺舊君, 誰能濟之?

有楚國者, 其棄疾乎? 君陳,蔡城外屬焉. 苛慝不作, 盜賊伏隱, 私欲不違, 民無怨心. 先神命之, 國人信之. 羋姓有亂, 必季實立, 楚之常也. 獲神, 一也; 有民, 二也; 命德, 三也; 寵貴, 四也; 居常, 五也. 有五利以去五難, 誰能害之?

子干之官, 則右尹也. 數其貴寵, 則庶子也; 以神所命, 則又遠之. 其貴亡矣, 其寵棄矣, 民無懷焉, 國無與焉, 將何以立?"

宣子曰: "齊桓,晉文不亦是乎?" 對曰: "齊桓, 衛姬之子也, 有寵于僖. 有鮑叔牙,賓須無,隰朋以爲輔佐, 有莒,衛以爲外主, 有國高以爲內主. 從善如流, 下善齊肅, 不藏賄, 不從欲, 施舍不倦, 求善不厭, 以是有國, 不亦宜乎? 我先君文公, 狐季姬之子也, 有寵于憲公. 好學不貳, 生十七年, 有士五人. 有先大夫子餘,子犯以爲腹心, 有魏犨,賈佗以爲股肱, 有齊,宋,秦,楚以爲外主, 有欒,郤,狐,先以爲內主. 亡十九年, 守志彌篤. 惠懷棄民, [民]從而與之. 獻無異親, 民無異望, 天方相晉, 將何以代之?

此二君者, 異于子干. 共有寵子, 國有奧主. 子干無施於民, 無援於外, 去晉(晉)[而]不送, 歸楚(楚)[而]不迎, 何以冀國?"

子干果不終, 卒立棄疾, 如叔向言.

노소공(魯昭公)이 간후(乾侯)에서 죽었다. 조간자(趙簡子)가 사묵(史墨)에게 물었다. "계씨가 그 임금을 쫓아냈는데도 백성들이 복종하고 제후들이 그를 지지했으며, 임금이 외국에서 죽었는데도 아무도 계씨에게 죄를 묻지 않으니, 어째서 이런가?"

사묵이 이렇게 대답했다. "만물의 생성에는 둘이 있기도 하고, 셋이 있기도 하고, 다섯이 있기도 하고, 배이(陪貳, 따르는 보좌)가 있기도 합니다. 그러므로 하늘에는 삼신(三辰, 日,月,星)이 있고 땅에는 오행(五行, 水, 火, 木, 金, 土)이 있으며, 몸에는 좌우가 있고 사람에게는 각각 비우(妃藕, 배우자, 짝)가 있습니다. 왕에게는 공(公)이 있고 제후에게는 경(卿)이 있으니 모두 그 보좌입니다.

하늘이 계씨를 내어 노나라 군주를 보좌하도록 한지가 오래되었습니다. 백성들이 그에게 복종하는 것이 당연하지 않겠습니까? 노나라 임금은 대대로 안일하게 방종했으나 계씨는 대대로 근면하게 덕을 닦았으니, 백성들이 그 임금을 잊었습니다. 비록 외국에서 죽었으나 그 누가 가엽게 여기겠습니까?

사직에 조상을 받들어 제사지내는 자가 영구히 고정된 적이 없고, 군신 사이에도 그 지위가 항상 고정된 적이 없는 것은, 예로부터 그러했습니다. 그러므로 『시경』에 '높은 언덕 골짜기가 되고, 깊은 골짜기 언덕이 되네.'라고 했으니, 삼후(三侯, 우虞, 하夏, 상商 삼대의 제왕)의 자손이 지금은 서민이 된 것은 주상께서도 아시는 바입니다.

『역경』의 괘에 진괘(震卦)가 건괘(乾卦) 위에 있는 것을 대장(大壯)이라 하니 이것이 하늘의 도입니다. 정권이 계씨에게 있게 된 것이 이번 임금(昭公)에 이르기까지 네 임금이었습니다. 백성들이 그 임금들을 모르는데 그 임금들이 어떻게 나라를 얻었겠습니까? 그러므로 임금이 된 자는 기물(수레와 의복)과 명호(작위의 이름)를 신중히 지켜 남에게 빌려주어서는 안 되는 것입니다." 〔출전: 『좌전』「소공 32년」〕

魯昭公薨于乾侯, 趙簡子問于史墨曰: "季氏出其君, 而民服焉, 諸侯與之. 君死于外, 而莫之或罪, 何也?"

對曰: "物生有兩,有三,有五,有陪貳. 故天有三辰, 地有五行, 體有左右, 各有妃耦. 王有公, 諸侯有卿, 皆其貳也. 天生季氏, 以貳魯侯, 爲日久矣. 民之服焉, 不亦宜乎?

魯君世從其失, 季氏世修其勤, 民忘君矣. 雖死于外, 其誰矜之? 社稷無常奉, 君臣無常位, 自古以然. 故'詩'曰: '高岸爲谷, 深谷爲陵.' 三后之姓, 于今爲庶, 主所知也.

在'易'卦, 雷乘乾曰大壯, 天之道也. 政在季氏, 于此君也四公矣. 民不知君, 何以得國? 是以爲君愼器與名, 不可以假人."

공자가 위(衛)나라에 머물고 있을 때, 제나라의 권신인 전상(田常)이 모반을 계획하고 있었다. 그러나 제나라의 권문세가인 포씨(鮑氏)와 안씨(晏氏) 등의 세력을 두려워했다. 그래서 그들의 세력을 약화시키기 위해 그들의 군사와 함께 노나라를 치기로 했다는 소식을 들었다. 공자가 제자들을 불러 모아 말했다. "노나라는 부모의 나라니, 적의 침공을 받는 것을 차마 지켜보고 있을 수 없다. 나는 전상에게 뜻을 굽혀서라도 노나라를 구하려고 한다. 너희들 중에 누가 사자로 가겠는가?" 자공(子貢)이 사자로 가겠다고 청하자 공자는 이를 허락했다.

자공은 제나라로 가서 전상을 이렇게 설득했다. "지금 귀공은 노나라를 쳐서 공을 세우고자 하지만, 이는 실로 어려운 일입니다. 그렇지만 군대를 오나라로 돌린다면 이는 가할 것입니다.

노나라는 참으로 정벌하기 어려운 나라입니다. 그 나라의 성벽은 두텁지도 않고 낮으며, 해자는 좁고 얕으며, 임금은 어리석은데다가 어질지 않고, 대신들은 위선적이고 쓸모가 없으며, 병사와 백성들은 전쟁을 싫어하고 있으니, 이런 나라와 싸우는 것은 불가합니다. 그러나 오나라는 성벽이 높고 두터우며, 해자는 넓고 깊으며, 무기는 튼튼한데다 새로 만든 것들이며, 병사들은 선발된 정예병이고 배불리 먹고 있으며, 견고한 무기와 정예병을 모두 성안에 배치해 놓고 현명한 대부로 하여금 지키게 하고 있으니, 이런 나라야 말로 쉽게 토벌할 수 있습니다."

전상은 화를 내고 얼굴빛을 바꾸면서 이렇게 말했다. "그대가 어렵다고 하는 것은 남들이 모두 쉽다고 하는 것이며, 그대가 쉽다고 하는 것은 남들이 모두 어렵다고 하는 것이다. 그런 말로 나를 가르치려 드니 무슨 속셈이오?"

자공이 대답했다. "걱정거리가 나라 안에 있는 사람은 강한 적을 치고, 걱정거리가 나라 밖에 있는 사람은 약한 적을 친다고 합니다. 지금 귀공에게는 걱정거리가 나라 안에 있습니다. 제나라 임금께서는 귀공을 세 번이나 봉해주려 했지만 세 번 모두 이루지 못 했는데, 이는 대신들 중에 반대하는 이가 있기 때문이라고 저는 들었습니다. 지금 귀공은 노나라를 쳐서 제나라의 영토를 넓히려 하는데, 전쟁에 승리하면 제나라 임금은 더욱 교만해질 것이고, 적국을 쳐서 깨뜨리면 대신들의 위신만 더 욱 높여줄 뿐입니다. 오히려 귀공의 공로는 인정받지 못할 것이며, 임금과의 관계는 날이 갈수록 더욱 소원해질 것입니다.

말하자면 귀공은 위로는 제나라 임금을 교만하게 만들고 아래로는 대신들을 더욱 방자하게 만들면서 대사를 이루려 하고 있으니, 참으로 어렵습니다. 대대로 임금이 교만해지면 제멋대로 행동하고 신하들이 방자해지면 권력을 다투게 됩니다. 귀공은 위로는 임금과 틈이 벌어지게 되고 아래로는 대신들과 권력을 다투게 될 것이니, 이렇게 되면 귀공의 지위는 위태로워 질 것입니다. 그렇기 때문에 노나라를 공격하기보다는 오나라를 치는 것이 더 낫다고 말씀 드리는 것입니다.

오나라를 쳐서 승리하지 못하더라도 백성들은 나라 밖에서 죽고 대신들은 군대를 이끌고 나가 조정은 텅 비게 됩니다. 이렇게 되면 귀공에게 위로는 대적할 강한 대신이 없어지고 아래로는 백성들의 비난을 받지 않을 것이니, 임금을 고립시키고 제나라를 마음대로 할 수 있는 사람은 오직 귀공만이 남게 될 것입니다."

전상은 이 말을 듣고 말했다. "좋은 말이오. 그렇지만 우리 군대는 이미 노나라로 출발했는데, 오나라로 방향을 돌릴 수 없소. 그러면 어떻게 해야 하오?"

자공이 대답하였다. "귀공은 군대를 붙들어 놓고 공격을 늦추십시오. 그동안 저는 오나라로 가서 구원을 요청하겠습니다. 오나라가 노나라를 구원하기 위해 제나라를 공격하면, 귀공은 그때 오나라 군대를 맞아 싸우면 됩니다." 전상은 그렇게 하겠다고 말했다. 〔출전: 『사기』 권67 「중니제자열전」〕

孔子在衛, 聞齊田常將欲爲亂, 而憚鮑,晏, 因移其兵以伐魯. 孔子會諸弟子曰: "魯, 父母之國, 不忍觀其受敵, 將欲屈節于田常以救魯. 二三者誰使?"

子貢請使, 夫子許之, 遂如齊說田常曰: "今子欲取功于魯, 實難. 若移兵于吳則可也. 夫魯, 難伐之國. 其城薄以卑, (地)[池]狹而(泄)

[淺], 其君愚而不仁, 大臣僞而無用, 其士民又惡甲兵之事, 此不可與戰. 夫吳, 城高以厚, (地)[池]廣以深, 甲堅以新, 士選以飽, 重器精兵盡在其中, 又使明大夫守之, 此易伐也."

田常忿然作色曰: "子之所難, 人之所易; 子之所易, 人之所難. 而以教常, 何也?"

子貢曰: "夫憂在內者攻强, 憂在外者攻弱. 今君憂在內矣. 吾聞子三封而三不成, 是則大臣不聽也. 今君破魯以廣齊, 戰勝以驕主, 破國以尊臣, 而子之功不(不)與焉, 則交日疎于主.

是君上驕主心, 下恣羣臣, 求以成大事, 難矣. 夫上驕則恣, 臣驕則爭, 是君上與主有郤, 下與大臣交爭也. 如此, 則子之位危矣. 故曰不如伐吳. 伐吳而不勝, 民人外死, 大臣內空, 是君上無强臣之敵, 下無民人之過, 孤主制齊者, 唯君也."

田常曰: "善. 然兵業已加魯矣, 不可, 更如何?" 子貢曰: "子緩師, 吾請救于吳, 令救魯而伐齊. 子以兵迎之." 田常許諾.

진시황이 천하 순행에 나서 회계산(會稽山)을 떠나 사구(沙丘)에 이르렀을 때 병이 위독하게 되었다. 시황은 조고(趙高)에게 유조(遺詔)를 써서 공자 부소(扶蘇)에게 보내도록 했다. 유조가 사자에게 전해지기 전에 시황이 붕어했다.

조고는 공자 부소에게 내려진 옥새가 찍힌 조서를 몰래 간직하고, 공자 호해(胡亥)에게 이렇게 말했다. "황제가 붕어했는데, 여러 아들들을 왕으로 책봉한다는 조서를 내리지 않고, 오직 맏아들 부소에게만 유조를 내렸습니다. 부소가 돌아오면 곧바로 황제로 즉위할 것이니 그러면 공자께서는 한 치의 땅도 갖지 못할 것입니다. 이 일을 어찌하시겠습니까?" 호해가 말했다. "당연한 일이오. 내가 듣기로, 현명한 군주는 신하를 잘 알고 밝은 아비는 자식을 잘 안다고 하오. 아버지께서 돌아가시면서까지 자식들을 왕으로 책봉하지 않으셨으니, 자식 된 도리로 무슨 말을 하겠소?"

조고가 말했다. "그렇지 않습니다. 이제 천하의 대권을 잡는 것과 살아남느냐 죽느냐 하는 것은 오로지 공자와 저 조고 그리고 승상 이사(李斯)에게 달려 있으니 공자께서는 고려해 보시기를 바랍니다. 남을 신하로 삼는 것과 남의 신하가 되는 것 또 남을 지배하는 것과 남의 지배를 받는 것, 이를 같은 기준에 놓고 말할 수 있겠습니까?"

호해가 말했다. "형을 폐하고 아우를 세우는 것은 의롭지 못한 것이오. 부친의 유조를 받들지 않고 죽음을 두려워하는 것은 불효한 일이오. 자신의 능력이 적고 재주가 모자라는데도 억지로 남의 공을 빼앗는 것은 해서는 안 되는 일이오. 이 세 가지는 인륜도덕을 거스르는 일이니 천하 백성들이 마음으로 승복하지 않을 것이오."

조고가 반박했다. "신은 이렇게 들었습니다. 탕임금과 무왕이 각기 그 임금을 죽였지만 천하 사람들은 의롭다고 칭송하고 불충하다고 여기지 않았습니다. 위(衛)나라 임금이 그 아비를 죽였는데도 위나라 백성들은 그를 덕이 있다고 추대했으며, 공자도 이를 『춘추』에 기록하면서 불효하다고 여기지 않았습니다. '큰일을 하는 사람은 작은 예절에 얽매이지 않고, 큰 덕을 지닌 사람은 작은 겸양에 연연하지 않는다.'고 했습니다. 향(鄕)과 리(里) 같은 지방의 마을에도 저마다 나름의 풍속이 있고 백관들의 일이라고 해서 그 공이 다 같지 않는 것입니다. 그러므로 작은 일을 돌아보다가 큰일을 잊어버리면 반드시 후환이 닥치며, 의심하며 주저하다가는 반드시 뒤에 후회하게 됩니다. 그러나 딱 잘라 결정하고 과감하게 행동하면 귀신도 피해 달아나고 뒤에 반드시 성공하게 됩니다. 공자께서는 제 의견대로 따르시기 바랍니다."

호해가 크게 탄식하며 말했다. "황제가 막 세상을 떠나 아직 발상도 하지 않았는데, 이 일로 승상을 번거롭게 하는 것이 마땅하겠소?" 조고가 말했다. "때가 때입니다. 조금만 더 지체하다간 아무 일도 못하고 말 것입니다. 건량을 짊어지고 말을 달리듯이 해야 합니다. 가장 두려운 것은 때를 놓치는 것입니다."

호해가 조고의 말을 따르기로 결정하자, 조고는 승상 이사를 찾아가 말했다. "주상께서 돌아가실 때 맏아들 부소에게 조서를 내려, 함양(咸陽)에서 유해를 맞아 장례를 치르도록 하고, 제위에 올라 후사를 잇도록 했습니다. 그러나 그 유조는 아직 보내지 않았고 황제가 붕어한 것을 아는 사람도 없습니다. 장차 이일을 어떻게 하시겠습니까?" 이사가 말했다. "어찌 나라를 망칠 말을 하시오?"

조고가 물었다. "승상은 스스로 헤아려 볼 때, 능력에서 몽념(蒙恬)과 비교하여 누가 더 낫다고 생각합니까? 공을 세운 점에서 몽념과 비교하여 누구의 공이 더 높습니까? 원대한 계책을 세워 실패하지 않는 점에서 몽념과 비교하여 누가 더 낫습니까? 천하 백성들의 원망을 사지 않는 점에서 몽념과 비교하여 누가 더 낫습니까? 맏아들 부소와 오래 사귀어 신임을 받는 것에서 몽념과 비교하여 누가 더 낫다고 생각합니까?"

이사가 대답했다. "이 다섯 가지 점에서 모두 나는 몽념에 미칠 수 없소. 그런데 그대는 어째서 이토록 심하게 나를 질책하는 것이오?"

조고가 말했다. "저는 본래 궁내에서 하찮은 일을 하던 환관에 불과합니다만, 요행하게도 형법을 다루는 아전이 되어 진나라 궁정에 들어오게 되었습니다. 궁에서 일을 맡아 온지 20여 년이 되었는데, 그동안 조정에서 물러난 승상이나 공신 가운데 작위와 봉록을 자기 자식에게 물려준 사례를 한 번도 본 적이 없습니다. 그들 모두 결국에는 형벌을 받고 처형되고 말았습니다. 시황제는 20여 명의 아들을 두었는데 승상께서는 그 모두를 알고 있습니다. 맏아들 부소는 강직하고 용맹하며, 사람들을 신임하고 격려하여 능력을 발휘하게 합니다. 즉위하면 반드시 몽념을 임용하여 승상으로 삼을 것입니다. 승상께서 통후(通侯, 철후 또는 열후)의 인수를 품에 안고 고향으로 돌아가 편안하게 지내는 일은, 끝내 없을 것임이 분명합니다. 저 고는 칙명으로 공자 호해를 가르치고 법률을 익히도록 했습니다. 그는 인자하고 독실하며 재물을 가벼이 여기고 선비를 중하게 여깁니다. 진나라의 여러 공자들 가운데 그에게 미칠만한 사람이 없으니, 후사를 이을 만합니다. 승상은 잘 생각하셔서 결정하십시오."

이사가 말했다. "저 사는 상채(上蔡, 지금의 하남성 채현의 서남지역) 땅의 일개 필부에 지나지 않았으나, 황제의 총애를 받아 승상으로 발탁해주셨으니, 이는 진실로 나라의 존망과 안위를 저에게 부탁한 것입니다. 어찌 그 뜻을 저버리겠습니까? '충신은 죽음을 피하여 구차하게 살아남기를 바라지 않고, 어버이를 극진히 섬기는 효자는 위험한 일에 빠져 어버이 모시는 일을 소홀하게 하지 않는다.'라고 합니다. 그대는 다시 그런 말을 하지 마시오."

조고가 또 말했다. "성인도 처세에 있어서 고정된 원칙에 얽매이지 않고 뜻을 바꾸고, 형세의 변화에 따르고 시의에 좇는다고 합니다. 끝을 보면 근본을 알 수 있으며, 현재의 취지와 행동을 관찰하면 마지막의 결말을 알 수 있습니다. 일체 만물이 본래 그런 것으로, 어찌 변하지 않는 고정된 법칙이 있겠습니까? 이제 천하의 대권과 명운은 호해의 손에 달려 있는데, 저 고는 그를 설득하여 뜻을 이루었습니다. 밖에 있는 자들이 조정을 제어하는 것을 혹(惑), '망상'이라고 하고, 아래의 신하가 윗사람을 통제하는 것을 적(賊), '반란'이라고 부릅니다. 가을에 서리가 내리면 잎과 꽃이 떨어져 시들고, 봄에 날이 따뜻해져 얼음이 녹아 물이 흐르면 만물이 생장하는 법이니, 이는 필연적인 법칙입니다. 승상은 어째서 판단이 이렇게 더디십니까?"

이사가 말했다. "제가 듣기에, 진(晉)나라에서 태자 신생(申生)을 폐하고 태자를 바꾸었다가 헌공, 혜공, 문공 삼대에 걸쳐 나라가 평안하지 못했고, 제나라 환공이 형제들과 왕위를 다투어 서형인 공자 규(糾)가 피살되었고, 은나라 주왕은 친척들을 죽이고 간언을 듣지 않다가 나라가 망하여 폐허가 되었습니다. 이 세 가지 일은 모두 하늘의 도리를 거스른 일로서 종묘사직이 없어지고 제사가 끊어졌습니다. 제가 어찌 그런 사람들과 같을 수가 있으며, 어찌 더불어 모반을 꾀할 수 있단 말이오?"

그러자 조고가 이렇게 말했다. "위아래(위로 호해와 아래의 조고, 이사)가 마음을 합치면 길이 누릴 수 있으며, 안과 밖(궁 안의 조고와 궁 밖의 이사)이 하나가 되면 일에 겉과 속의 차질이 전혀 없을 것입니다. 승상께서 제 계책을 받아들인다면 오래도록 봉후의 지위를 누리고 자자손손 제후가 되어 고(孤)라고 칭할 수 있고, 필히 왕자교(王子喬)와 적송자(赤松子)처럼 장수를 누리고, 공자와 묵자 같은 지혜로운 인물로 추앙받게 될 것입니다. 그러나 지금 이 계책을 포기하고 제 말을 따르지 않으면 재앙이 자손에까지 미칠 것이니, 참으로 한심한 일입니다. 처세를 잘하는 자는 화를 돌려 복으로 만든다고 하니 승상께서는 어떻게 처신하시렵니까?"

이사는 하늘을 우러러 보고 탄식하고 눈물을 흘리며 길게 한숨을 내쉬며 말했다. "이미 죽지도 못하게 되었으니, 어디에 목숨을 맡기겠소?" 마침내 조고의 말에 따르기로 하여 호해를 황제로 세우고, 시황의 옥새가 찍힌 유조를 뜯어고쳐 부소와 몽념을 죽였다. 〔출전: 『사기』 권87 「이사열전(李斯列傳)」〕

秦始皇帝遊會稽, 至沙丘, 疾甚. 始皇令趙高爲書賜公子扶蘇, 未授使者, 始皇崩.

趙高因留所賜扶蘇璽書, 而謂公子胡亥曰: "上崩, 無詔封王諸子, 而獨賜長子書. 長子至, 卽位爲皇帝, 而子無尺寸之地. 爲之奈何?"

胡亥曰: "固然也. 吾聞明君知臣, 明父知子. 父旣捐命, 不封諸子, 何可言也?"

趙高曰: "不然. 方今天下之權,存亡在子與高及丞相耳, 願子圖之. 且夫臣人與見臣于人, 制人與見制于人, 豈可同日而道哉?" 胡亥曰: "廢兄而立弟, 是不義也; 不奉父詔而畏死, 是不孝也; 能薄而材譾, 强因人之功, 是不能也; 三者逆德, 天下不服."

高曰: "臣聞湯,武殺其主, 天下稱義焉, 不爲不忠; 衛君殺其父, 而衛國載其德, 孔子著之, 不爲不孝. 夫大行不細謹, 大德不辭讓, 鄉曲各有宜, 而百官不同功. 故顧小而忘大, 後必有害; 狐疑猶豫, 後必有悔; 斷而敢行, 鬼神避之, 後有成功. 願子遂之也." 胡亥喟然嘆曰: "今大行未發, 豈宜以此事干丞相哉?" 高曰: "時乎, 時乎, 間不及謀! 贏糧躍馬, 唯恐後時."

胡亥旣然高之言 [高]乃謂丞相李斯曰:“上崩, 賜長子書, 與喪俱會咸陽而立爲嗣. 書未行, 今上崩, 未有知者, 事將何如?” 斯曰:“安得亡國之言耶?”

高曰:“君自料才能孰與蒙恬? 功高孰與蒙恬? 謀遠不失孰與蒙恬? 無怨于天下孰與蒙恬? 長子舊而信之孰與蒙恬?” 斯曰:“此五者, 皆不及蒙恬, 而君責之何深也?”

高曰:“高故內官之厮役也, 幸得以刀筆之吏進入秦宮, 管事二十餘年, 未嘗見秦免罷丞相功臣有封及二世者也, 卒皆以誅亡. 皇帝二十餘子, 皆君之所知. 長子剛毅而武勇, 信人而奮事, 卽位必用蒙恬爲丞相. 君侯終不懷通侯之印, 歸于鄕里, 明矣. 高受詔敎習胡亥學法, 仁慈篤厚, 輕財重士, 秦之諸子皆莫及也, 可以爲嗣. 君計而定之.”

斯曰:“斯, 上蔡閭巷布衣也, 上幸擢爲丞相者, 固將以存亡安危屬臣也, 豈可負哉? 夫忠臣不避死而庶幾, 孝子不勤勞而見危. 君其勿復言.”

高曰:“蓋聞聖人遷徙無常, 就變而從時. 見末而知本, 觀指而覩歸. 物固有之, 安得常法哉! 方今天下之權懸命于胡亥, 高能得志焉. 且夫從外制中謂之惑, 從下制上謂之賊. 故秋霜降者草華落, 水風搖者萬物作, 此必然之效也. 君侯何見之晩也?”

斯曰:“吾聞晉易太子, 三世不安; 齊桓兄弟爭位, 身死爲戮; 紂殘賊親戚, 不聽諫者, 國爲丘墟; 三者逆天, 宗廟不血食. 斯其猶人哉? 安足與謀!”

高曰:“上下合同, 可以長久; 中外若一, 事無表裏. 君聽臣之計, 則長有封侯, 世世稱孤, 必有喬,松之壽, 孔,墨之智. 今釋此而不從,禍及子孫, 足爲寒心. 善者因敗爲福, 君何處焉?"

斯乃仰天而歎, 垂涕太息曰: "旣已不能死, 安託命哉?" 乃聽高, 立胡亥, 改賜璽書, 殺扶蘇,蒙恬.

진(秦) 2세 말엽에 진섭(陳涉)이 기주(蘄州, 지금의 안회 숙주)에서 의군을 일으켜 진현(陳縣, 지금의 하남 회양)에 이르렀을 때, 장이(張耳)와 진여(陳餘)는 진섭을 찾아가 이렇게 말했다. "왕께서는 양과 초 땅의 군사를 모두 일으켜 함곡관 안으로 진공하기 위해 애쓰고 있으나, 아직 황하 이북 땅을 거두지 못했습니다. 신은 일찍이 조나라를 돌아다닌 바 있어 그곳의 호걸들을 많이 알고 있습니다. 청컨대 일단의 기병을 내어주시면 조나라를 기습하고자 합니다." 진섭은 이를 옳다고 하여 3천 명의 군사를 주었다.

장이와 진여는 백마진(白馬津, 지금의 하남성 활현의 북쪽)에서 출발해 황하를 건너고, 하북의 여러 현에 이르자 그 지역 호걸들을 만나 이렇게 설득했다. "진나라가 혼란한 정치와 가혹한 형벌로 천하를 해친 지가 오래 되었습니다. 북쪽으로는 만리장성을 쌓는 부역이 있었고 남쪽으로는 오령(五嶺, 월성령, 도방령, 맹저령, 기전령, 대유령)을 지키기 위한 징병이 있었습니다. 이 때문에 나라 안팎으로 큰 소동이 일어났고, 백성들은 지치고 피폐해졌는데도 관리들은 가가호호 사람 수대로 세금을 가혹하게 거두어 들여 군비에 충당했습니다. 재물이 바닥나고 백성들의 힘이 고갈되었는데도, 가혹한 법으로 엄벌을 시행하여 천하의 아버지와 아들들이 삶을 영위해 나갈 수 없는 지경입니다. 이러한 때에 진왕이 팔을 걷어붙이고 천하를 위하여 앞장서서 의군을 일으키니 호응하여 일어나지 않는 곳이 없습니다. 집집마다 분노를 떨치고 일어나 제각기 원한을 갚고자 하여, 현에서는 현령과 현승(縣丞)을 죽이고 군에서는 군수와 군위(郡尉)를 죽였습니다.

지금 진왕은 초나라의 영토를 크게 확장하고 진에서 왕위에 올라, 오광(吳廣)과 주문(周文)에게 백만 대군을 거느리고 서쪽으로 진나라를 공격하도록 했습니다. 이러한 때에 제후에 봉해지는 업적을 세우지 못하는 자는 호걸이라고 할 수 없을 것입니다. 천하 백성들의 힘에 의지하여 무도한 군주를 쳐서 부형들의 원한을 갚고, 땅을 나누어받아 제후의 대업을 이루고자 한다면 바로 지금 이 한 때 뿐입니다."

호걸들은 모두 이 말을 옳다고 여기고 분연히 나섰다. 이에 수만 명의 병사를 거두었으며, 조나라의 성 10여 곳을 함락했다. 〔출전: 『사기』 권89 「장이진여열전(張耳陳餘列傳)」 및 『한서』 권32 「장이진여전」〕

秦二世末, 陳涉起蘄, 兵至陳, 張耳,陳餘說涉曰: "大王興梁,楚, 務在入關, 未及收河北也. 臣嘗遊趙, 知其豪傑, 願請奇兵略趙地." 于是陳王許之, 與卒三千, 從白馬渡河.

至諸郡縣, 說其豪傑曰: "秦爲亂政虐刑, 殘滅天下. 北爲長城之役, 南有五嶺之戍, 外內騷動, 百姓罷敝, 頭會箕斂, 以供軍費, 財匱力盡, 重以苛法, 使天下父子不相聊生.

今陳王奮臂爲天下唱始, 莫不響應, 家自爲怒, 各報其怨, 縣殺其令丞, 郡殺其守尉. 今已張大楚, 王陳, 使吳廣,周文將卒百萬西擊秦. 于此時而不成封侯之業者, 非人傑也. 夫因天下之力而攻無道之君, 報父兄之怨而成割地之業, 此一時也."

豪傑皆然其言, 乃行收兵, 下趙十餘城.

한신이 제나라를 평정하자 유방은 한신을 제나라 왕으로 세웠다. 항우는 이를 두려워하여 우이(盱眙 지금의 안휘 회양도)출신의 무섭(武涉)을 제나라로 보내 한신을 회유하고자 했다. 무섭은 제왕을 만나 한(漢)을 배반하고 초(楚)와 손잡고 천하를 셋으로 나누어 다스리자고 설득했으나, 한신은 이를 거절했다.

무섭이 떠나간 뒤 제나라 사람 괴통(蒯通)은 천하 대권의 향방이 한신에게 달려 있음을 알고, 기발한 계책으로 한신의 마음을 움직여 보려 했다. 괴통은 관상을 잘 본다는 구실로 한신을 만나 이렇게 설득했다. "저는 일찍이 관상 보는 법을 배웠습니다." 한신이 물었다. "선생의 관상술은 어떤 것이오?" 괴통이 대답했다. "귀하게 되느냐 천하게 되느냐는 골상에 달려있고, 기쁜 일이냐 근심스러운 일이냐는 얼굴의 기색에 달려있으며, 성공과 실패는 결단에 달려있습니다. 이런 것을 참조하여 판단하면 만의 하나도 틀리지 않습니다."

한신이 물었다. "선생이 보기에 과인의 상은 어떻소?" 괴통이 대답하기를 "좌우를 물리치고 저에게 한 번 기회를 주셨으면 합니다." 한신이 말했다. "모두 물러 가거라."

괴통이 말했다. "장군의 얼굴을 관찰하면 잘해야 제후로 봉해지는데 불과하고 그것도 위태롭고 불안합니다. 그렇지만 장군의 등을 보면 귀하기가 이를 데 없습니다."

한신이 물었다. "그것이 무슨 말이오?" 괴통이 대답했다. "천하가 처음 어지러워졌을 때, 영웅호걸들이 진나라 타도를 내걸고 일어나 스스로 왕을 칭하며 한 번 큰소리로 외치자, 천하의 뜻있는 선비들이 구름과 안개가 피어오르듯 모여들어 물고기의 비늘처럼 빽빽이 늘어섰으며, 그 기세는 불길이 치솟고 질풍이 몰아치는 것 같았습니다. 이때는 오직 어떻게 하면 진나라를 멸망시키느냐를 걱정할 뿐이었습니다. 그런데 지금 초나라의 항우와 한나라의 유방이 천하를 놓고 서로 다투게 되자, 천하의 무고한 백성들이 살육당해 간과 쓸개가 땅에 쏟아지고, 아버지와 아들이 함께 전사하여 그 해골이 들판에 버려져 나뒹굴고 있는 참상은, 이루 헤아릴 수도 없습니다.

초나라 사람 항우는 팽성(彭城, 지금의 강소 서주)에서 처음 기의한 이래 도처에서 전투를 벌여 승리를 거두고 달아나는 적을 쫓아 한왕 유방을 형양(滎陽, 지금의 하남 형택현 서남 17리)에서 포위했으며, 승세를 타고 중원을 석권하여 그 위세가 천하를 진동시키고 있습니다. 그러나 그의 군대는 경(京, 형양현 동남 21리)과 색(索 지금의 형양현) 사이에서 곤경에 빠지고 서쪽의 험준한 산악 지역에 가로막혀 앞으로 진군하지 못한 지가, 지금까지 3년이나 되었습니다.

한왕 유방은 수십만 명의 병사를 거느리고 공(鞏, 지금의 하남 공현)과 낙양을 점거하고 험준한 산과 황하의 지세에 의지하여 초나라 군대에 저항하고 있습니다. 하루에도 몇 차례의 전투를 벌였으나 한 치의 땅도 얻지 못한 채, 오히려 초나라 군대에 패하여 도망 다니며 아무런 구원도 받지 못하고 있습니다. 형양에서 패배하고 성고(成皐, 지금의 하남 이수현 서북)에서 큰 손상을 입고, 남쪽으로 달아나 완성(宛城, 지금의 호북 형문현 남 60리)과 섭현(葉縣, 지금의 하남 엽현 남쪽) 사이에 머물고 있습니다. 이른바 지혜와 용맹이 모두 완전히 고갈되어 어찌할 수 없는 지경에 처해 있는 것입니다. 병사들의 예기는 험준한 산과 강에 가로막혀 꺾이고, 성 안에서는 저장한 양식이 바닥나고, 백성들은 극도로 지쳐 원한에 사무쳐 있지만, 돌아가 기댈 곳조차 없습니다. 신이 생각하건대, 이러한 형세는 천하의 성인이 아니고서는 진실로 천하의 대환란을 그치게 할 수 없는 것입니다..

지금 항우와 유방의 운명이 바로 족하의 손에 달렸습니다. 족하께서 한나라 편에 서면 한왕이 승리하고, 초나라의 편을 들면 초왕이 이길 것입니다. 신은 제 속마음을 터놓고 간과 쓸개를 다 드러내놓고 어리석은 계책을 바치고자 합니다만, 족하께서 받아들이지 않을까 걱정됩니다. 족하께서 진실로 저의 계책을 써주신다면, 한과 초, 양측을 모두 이롭게 하여 함께 존속시키면서, 천하를 셋으로 나누는 '삼분천하(三分天下)의 계책보다 더 나은 계책이 없을 것입니다. 세 개의 솥발이 벌려선 형세인 정족지세(鼎足之勢)로 웅거한다면 그 형세로 보아 항우와 유방, 어느 누구도 감히 먼저 움직이지 못할 것입니다.

족하께서는 현명함과 뛰어난 능력을 지니고 수십만의 무장된 병사를 거느리며, 강력한 제나라를 거점으로 두고 있습니다. 연나라와 조나라를 복종시켜 배후에 두고, 주인이 없는 땅을 거두어들이고 항우와 유방 양측의 후방을 제압하면서, 백성들이 바라는 대로 서쪽으로 출병하여 양측에 싸움을 끝내도록 요구하여 백성들의 목숨을 구해준다면, 천하가 바람처럼 일어나 메아리처럼 호응해 올 테니, 어느 누가 감히 족하의 말을 듣지 않을 수 있겠습니까?

그런 다음 큰 나라는 땅을 나누고 강한 나라는 세력을 약화시키며, 봉건제를 채택하여 제후를 세우십시오. 제후들이 땅을 나누어 각자 나라를 세우게 되면, 천하의 제후들은 모두 복종하며 그 은덕을 제나라로 돌릴 것입니다. 또 제나라가 점령한 땅을 안정시키고, 나아가 교하(膠河, 지금의 산동 교현 서남)와 사수(泗水) 유역을 차지하고,

인덕으로 제후들을 품고 예의와 겸양으로 대하면, 천하의 군주들은 서로 이끌고 와서 제나라에 입조할 것입니다. '하늘이 주는 것을 받지 않으면 도리어 벌을 받고, 때가 이르렀는데도 결행하지 않으면 도리어 재앙을 입는다.'고 들었습니다. 족하께서는 이 점을 깊이 헤아려 보시기를 바랍니다."

그러나 한신은 이렇게 대답했다. "한왕은 나를 매우 후하게 대우했소. 자신의 수레로 나를 태워주고, 자신의 옷을 나에게 입혀주고, 자기가 먹을 것을 나에게 먹여 주었소. 내가 듣건대 '남의 수레를 얻어 타는 자는 남의 우환을 함께 근심하고, 남의 옷을 얻어 입는 자는 남의 근심을 제 마음에 품고, 남의 밥을 얻어먹는 자는 남의 일을 위하여 목숨을 바친다.'고 했소. 내가 어떻게 이익을 쫓아 의리를 저버릴 수 있겠소?"

괴통은 이렇게 말했다. "족하께서는 스스로 한왕과 친하게 잘 지내는 사이라고 생각하고, 만세에 길이 남을 업적을 세우려고 합니다만, 신이 생각하기에 이는 잘못된 것입니다. 처음에 상산왕(常山王) 장이와 성안군(成安君) 진여는 일개 필부였을 때는 생사를 같이하기로 했던 사이였으나, 후에 장염(張黶)과 진택(陳澤)의 일 때문에 다투고, 서로를 원망하게 되었습니다. 상산왕 장이는 뒤에 항우를 배반하고 항영(項嬰)의 목을 베어 들고 한왕에게로 귀순했습니다. 장이는 한왕에게 군사를 빌려 동쪽으로 내려가 마침내 지수(泜水, 지금의 하북 무씨현 사군산중에서 발원함) 남쪽에서 성안군을 죽였습니다. 진여의 머리와 다리가 따로따로 떨어져 흩어져 졸지에 천하의 웃음거리가 되었습니다. 장이와 진여는 천하에 둘도 없이 친한 사이였는데도, 나중에 서로 잡아 먹으려한 것은 무엇 때문이겠습니까? 우환이라는 것은 욕심이 많은데서 생기고, 사람의 마음은 예측할 수 없기 때문입니다.

지금 족하께서는 충성과 신의를 다하여 한왕과 친하게 지내려고 하지만, 그 사귐은 반드시 장이와 진여의 교분보다 더 견고하지 못할 것입니다. 또 족하와 한왕 사이에 틀어진 일은 장염과 진택 사이의 일보다 더 많고 클 것입니다. 그러므로 신은, 족하께서 '한왕이 결코 자신을 위태롭게 하지 않을 것'이라고 믿는 것도, 역시 잘못이라고 생각합니다. 옛날 대부 문종(文種)과 범려(范蠡)는 망하는 월나라를 존속시키고 월왕 구천(句踐)을 춘추 시기 패주로 만들어, 공을 세우고 이름을 떨쳤지만 문종은 피살되고 범려는 외국으로 도망쳐야 했습니다. 속담에 이르기를 '들짐승이 다 없어지면 사냥개는 삶아 먹히고, 적을 깨뜨리고 나면 지모가 있는 신하는 죽게 된다.'고 합니다. 교분으로 말하자면, 장이와 진여의 친한 사이보다 못하고, 충성과 신의로 말하자면 대부 문종이 구천에게 한 일보다 못할 것입니다. 이 두 가지 사례는 잘 살펴볼 가치가 있으니, 족하께서는 깊이 헤아려보시기 바랍니다.

신은 또 이렇게 들었습니다. '용기와 지략이 군주를 떨게 만드는 자는 그 자신이 위태롭고, 공이 천하를 뒤덮을 만큼 큰 자는 상을 받지 못한다.' 신이 삼가 족하의 공로와 지략에 대해 말씀 드린다면, 서하(西河, 지금의 섬서 동주)를 건너 위나라 왕을 포로로 잡고 하열(夏說)을 사로잡았으며, 병사를 이끌고 정형(井陘, 직예 정형현 동북쪽)으로 내려와 진여를 죽이고 조나라를 항복시켰습니다. 연나라를 위협하고 제나라를 평정하고 남쪽으로 초나라 군사 20만 명을 깨뜨리고, 동쪽으로 나아가 용저(龍且)를 죽였으며, 이런 사실을 서쪽의 한왕에게 보고했습니다. 이는 이른바 '공로는 천하에 둘도 없고, 지략은 세상에 그보다 뛰어난 사람이 없다.'는 것입니다.

지금 족하께서는 군주를 떨게 할 만한 위세를 지녔고 상으로 보답할 수 없는 큰 공을 세웠습니다. 초나라로 귀부한들 초나라 사람들이 믿지 않을 것이며 한나라로 돌아가면 한나라 사람들이 떨며 두려워할 것입니다. 족하께서는 이러한 위세와 공로를 지니고 어디로 돌아가려 하십니까? 형세를 보면 남의 신하 자리에 있으되 군주를 떨게 할 위세를 지니고 있고, 그 이름을 천하에 떨치고 있으니, 신은 삼가 족하를 위해 이를 위태롭게 여기는 바입니다." 한신은 감사의 예를 표하면서 말했다. "선생은 잠시 쉬도록 하시오. 내가 이를 생각해 보겠소."

며칠 뒤 괴통은 다시 한신을 설득했다. "남의 의견을 듣는 것은 결정하기 전에 조짐을 알아보는 것이고, 계책을 세우는 것은 일의 성공과 실패의 관건입니다. 잘못된 의견을 받아들이고 계책이 실패하고도 오래도록 편안하게 있는 것은, 드문 일입니다. 진언을 받아들임에 한두 가지의 실수도 없이 정확하게 판단하는 사람은 말로 어지럽힐 수 없으며, 계책을 분별함에 본말을 잃지 않는 지혜로운 사람은 교묘한 말로 분란을 일으킬 수 없습니다. 만약 편안함을 구하여 하인들의 잡역을 하겠다는 자는 만승천자가 될 가능성을 잃어버리고, 적은 봉록을 지키는 데 급급한 자는 경대부의 지위에 오를 수 있는 기회를 잃어버리는 것입니다. 지혜로운 사람은 기회를 맞아 결단을 내리지만, 의심하고 주저하는 자는 일을 망칩니다. 터럭 같은 자질구레한 계책을 꼼꼼히 따지다가 천하 대사의 이로움을 잃어버리고, 지혜가 있어 제대로 알면서도 결단하여 과감하게 행동하지 않는 것은, 모든 일의 화근입니다.

그러므로 '사나운 호랑이라도 머뭇거리고 있으면 벌이나 전갈이 독을 쏘는 만큼도 해치지 못하고, 기기(騏驥) 같은 천리마라도 주춤거리고 있으면 노둔한 말이 느릿느릿 걸어가는 것만 못하다.'라고 합니다. 또 '전국시대의 용사 맹분(孟賁)이라도 여우처럼 의심만 하고 있으면 보통 사람들이 달라붙어 일을 해내는 것만 못하고, 비록 순임금과 우임금의 지혜가 있더라도 우물거리며 말하지 않으면, 벙어리와 귀머거리가 손짓발짓하는 것만도 못 합니다. 대체로 공이란 이루기는 어렵고 실패하기는 쉬우며, 때는 얻기는 어려우나 잃기는 쉽습니다. 때는 한 번 가면 다시 오지 않으니, 족하께서는 이 점을 깊이 살펴보시기 바랍니다."

그러나 한신은 머뭇거리며 한나라를 차마 배반하지 못했다. 내심 자신이 공을 많이 세웠으니 유방이 끝까지 제나라를 빼앗지 않을 것이라고 생각하여, 결국 괴통의 건의를 거부했다.

괴통이 말하기를 "지극히 자질구레한 일에 얽매이는 자와는 더불어 대사를 도모할 수 없고, 남의 신하가 되어 자리에 구애받는 자는 본래 군왕이 될 뜻이 없다."라고 한탄했다. 괴통은 한신이 자신의 계책을 받아주지 않자 결국 떠나가서, 거짓으로 미친 척하며 무당이 되었다. 〔출전: 『사기』 권92 「회음후열전(淮陰侯列傳)」〕

韓信既平齊, 爲齊王. 項王恐, 使盱眙人武涉往說齊王, 使三分天下, 信不聽. 武涉已去, 蒯通知天下權在韓信, 欲爲奇策而感動之, 以相人說韓信曰: "僕嘗受相人之術." 韓信曰: "先生相人如何?" 對曰: "貴賤在於骨法, 憂喜在於容色, 成敗在於決斷. 以此參之, 萬不失一."

信曰:“先生相寡人如何?”對曰:“願請間.”信曰:“左右遠.”蒯通曰:“相君之面, 不過封侯, 又危不安. 相君之背, 貴乃不可言.”

韓信曰:“何謂也?”蒯通曰:“天下初發難, 俊雄豪傑建號一呼, 天下之士雲合霧集, 魚鱗雜遝, 熛至風起. 當此之時, 憂在亡秦而已. 今楚,漢分爭, 使天下無罪之人肝胆塗地, 父子暴骸骨(肉, 流離)于中野, 不可勝數.

楚人起於彭城, 轉鬪逐北, 至于滎陽, 乘利席捲, 威振天下. 然兵困于京索之間, 迫西山而不能進者, 三年于此矣.

漢王將數十萬之衆, 距鞏,洛, 阻山河之險, 一日數戰, 無尺寸之功, 折北不救, 敗滎陽, 傷成皐, 還走宛,葉之間, 此所謂智勇俱困者也. 夫銳氣挫于險塞, 而糧食竭于內藏, 百姓罷極怨望, 無所依倚. 以臣料之, 其勢非天下聖賢, 固不能息天下之禍.

當今兩主之命懸于足下, 足下爲漢則漢勝, 與楚則楚勝. 臣願披腹心, 輸肝膽, 效愚計, 恐足下不用也. 誠能聽臣之計, 莫若兩利而俱存之, 三分天下, 鼎足而居, 其勢莫敢先動. 夫以足下之賢聖, 有甲兵之衆, 據强齊, 從燕,趙, 出空虛之地而制其後, 因民之欲, 西嚮爲百姓請命, 則天下風起而響應矣, 孰敢不聽!

割大弱强, 以立諸侯, 諸侯已立, 天下服聽而歸德于齊. 案齊之故, 有膠,泗之地, 懷諸侯以德, 深拱揖讓, 則天下之君王相率而朝于齊矣. 盖聞天與不取, 反受其咎; 時至不行, 反受其殃. 願足下熟慮之.”

韓信曰:“漢王遇我厚, 載我以其車, 衣我以其衣, 食我以其食. 吾聞之,‘乘人之車者載人之患, 衣人之義者懷人之憂, 食人之食者死人之事.’吾豈可嚮利背義乎?”

蒯生曰:“足下自以爲善漢王, 欲建萬歲之業, 臣竊以爲誤矣. 始常山王,成安君爲布衣時, 相與爲刎頸之交, 後爭張黶,陳澤之事, 二人相怨, 常山王奉項嬰頭鼠竄, 歸于漢王. 漢王借兵東下, 殺成安君泜水之南, 頭足異處, 卒爲天下笑. 此二人相與, 天下至歡, 然而卒相擒者, 何也? 患生于多欲, 人心難測也.

今足下欲行忠信以交于漢王, 必不能固于二君之相與也, 而事多大于張黶,陳澤. 故臣以爲足下必漢王之不危己, 亦誤矣. 大夫種,范蠡存亡越, 伯句踐, 立功成名而身死亡. 諺曰:‘野獸盡而獵狗烹, 敵國破而謀臣亡.’ 夫以交友言之, 則不如張耳之與成安君也; 忠信言之, 則不過大夫種之于句踐也. 此二人者, 足以觀矣, 願足下深慮之.

且臣聞, ‘勇略震主者身危, 而功蓋天下者不賞.’ 臣請願大王功畧, 涉西河, 虜魏王, 擒夏說, 引兵下井陘, 誅成安君, 徇趙,脇燕,定齊, 南摧楚人之兵二十萬, 東殺龍且, 西嚮以報, 此所謂功無二于天下 , 而畧不世出者也.

今足下載震主之威, 挾不賞之功, 以歸楚, 楚人不信; 歸漢, 漢人震恐. 足下欲持是安歸乎? 夫勢在人臣之位, 而有震主之威, 名高天下, 竊爲足下危之.” 韓信謝曰:“先生且休矣, 我將念之.”

後數日蒯通復說曰:“夫聽者事之候, 計者事之機也. 聽過計失而能久安者, 鮮矣. 聽不失一二者, 不可亂以言; 計不失本末者, 不可紛以辭. 夫隨厮養之役者, 失萬乘之權; 守儋石之祿者, 闕卿相之位. 故智者決之斷也, 疑者事之害也. 審毫釐之小計, 遺天下之大數, 智誠知之, 決不敢行者, 百事之禍也.

故猛虎之猶豫, 不如蜂蠆之致螫; 騏驥之跼躅, 不如駑馬之安步; 孟賁之狐疑, 不如庸夫之必至也. 雖有舜,禹之智, 沉吟而不言, 不如瘖聾之指麾也. 夫功者難成而易敗, 時者難得而易失也. 時不再來, 願足下祥察之."

韓信猶豫, 不忍背漢, 又自以爲功多, 漢王終不奪吾齊, 遂謝蒯生.

蒯生曰: "夫迫于苛細者, 不可與圖大事; 拘于臣虜者, 固無君王之意." 說不聽, 因去, 佯狂爲巫.

오왕 비(濞)는 아들이 황태자에게 맞아 죽은 것을 이유로 입조하지 않았다. 봉지의 땅을 삭감하는 조서가 이르게 되자 오왕은 중대부 응고(應高)를 보내 교서왕(膠西王)을 이렇게 선동했다. 응고는 서신 대신에 구두로 오왕의 뜻을 전하며 이렇게 말했다. "저희 오왕은 재주가 부족한데다 어느 때든 들이닥칠 커다란 걱정거리가 있사온데, 감히 신을 외인으로 보지 않고 이렇게 보내 자신의 좋은 말씀을 전하도록 했습니다."

교서왕이 물었다. "어떤 가르침을 주려 하오?" 응고가 말했다. "지금 황상은 간신들에게 현혹당하고 또 사악한 신하들에게 가려져 있습니다. 사소한 좋은 일에 기뻐하며 아첨하는 자들의 말만 듣고 법령을 수시로 마음대로 뜯어 고쳐, 제후들의 영지를 침탈하고 있습니다. 무리한 요구로 거두어 가는 것이 점점 더 많아지며, 선량한 자들을 베어 죽이는 일이 날로 더욱 심해지고 있습니다. 속담에서 이르기를 "쌀겨를 핥다보면 쌀까지 먹게 된다."고 합니다.

오나라와 교서는 이름 있는 큰 나라입니다만, 일단 조정의 감찰을 받게 되면 아마도 편안하게 지낼 수 없을 것입니다. 오왕은 몸에 남모른 병이 있어 입조하여 천자를 알현하지 못한지가 20여 년이 되었습니다. 항상 혐의를 받지 않을까 근심하면서 스스로 결백을 변명하지도 못한 채, 어깨를 움츠리고 두발을 가지런히 모으고 조심조심하면서, 과거의 잘못 때문에 용서받지 못할까 두려워하고 있습니다. 삼가 듣건대, 대왕께서도 역시 작위를 판 일로 처벌을 받아 봉지가 깎일 것이라는 소문을 듣고 있습니다만, 이것이 봉지를 깎을만한 큰 죄는 아니라고 생각합니다. 그렇지만 이를 문제 삼아 아마도 봉지를 삭탈하는 정도에 그치지 않을 것입니다." 교서왕이 말했다. "그렇소. 그런 일이 있었는데, 그대는 어떻게 하자는 것이오?"

응고가 대답했다. "미워하는 것을 같이하면 서로 돕고, 좋아하는 것을 같이하면 서로 붙들어 머무르고, 뜻하는 바가 같으면 서로 도와 이루어주고, 하고자 하는 바가 같으면 서로 좇아가며, 이익을 같이하면 서로 상대방을 위해 죽을 수도 있다고 합니다. 지금 오왕께서는 대왕과 같은 문제를 함께 걱정하고 있다고 생각합니다. 시세에 따르고 도리에 순응하며 자신의 몸을 희생함으로써 천하에 해가 되는 우환을 대왕과 함께 제거하기를 바라고 있습니다. 어찌 옳은 일이 아니겠습니까?"

교서왕이 깜짝 놀라며 말했다. "과인이 어찌 감히 그렇게 할 수 있겠소? 비록 황상께서 급하게 핍박하더라도 다만 죽음이 있을 뿐, 어찌 황상을 뜻을 받들지 않을 수 있겠소?" 응고가 말했다. "어사대부 조조(晁錯)가 천자를 현혹시켜 제후들의 영지를 침탈하고, 충신과 어진 신하들을 가로막고 있습니다. 조정 대신들이 모두 미워하고 원망하며, 제후들은 모두 배반할 마음을 품게 되었으니, '사람의 일' 즉 민심이라는 점에서 보면 이미 극에 달했습니다. 또 천문을 살펴보면, 하늘에는 혜성이 저녁에 출현하고 땅에는 황충(누리)의 피해가 여러 차례 일어났습니다. 이는 만세에 한 번 있는 좋은 기회라 할 수 있습니다. 백성들의 근심하고 고생하는 때야말로 바로 성인이 일어나야 하는 시기인 것입니다.

그러므로 오왕께서는 안으로는 조조 토벌을 명분으로 삼고 밖으로는 대왕의 수레를 뒤따르며 천하를 휩쓸어버리기를 바라고 있습니다. 대군이 가는 곳마다 항복시키고 가리키는 곳마다 함락시키면, 천하에 감히 복종하지 않는 자가 없을 것입니다. 대왕께서 다행히 한마디 말로 승낙해주시면, 오왕께서는 초나라 왕을 이끌고 함곡관을 공략하고, 형양을 지키며 오창의 곡식을 확보한 뒤 한나라 군대에 맞서 싸우면서, 군대가 주둔할 곳을 마련하고 대왕께서 오시기를 기다릴 것입니다. 대왕께서 다행히 친히 임해 주신다면 천하를 차지할 수 있을 것이며, 이후 두 분 군주께서 천하를 나누어 다스리시면, 이것 또한 좋지 않겠습니까?"

교서왕이 말했다. "좋소." 이리하여 '칠국 제후의 난'이 일어났다. 그러나 칠국의 패배로 끝났고 모두 죽임을 당했다. 〔출전: 『사기』 권106 「오왕비열전(吳王濞列傳)」〕

吳王濞以子故不朝, 及削地書至, 於是乃使中大夫應高誂膠西王. 無文書, 口報曰: "吳王不肖, 有宿夕之憂, 不敢自外, 使喩其歡心." 王曰: "何以敎之?" 高曰: "今者主上興于姦雄, 飾于邪臣, 好小善, 聽讒賊, 擅變更律令, 侵奪諸侯之地, 徵求滋多, 誅罰良善, 日以益甚. 語有之曰: '舐糠及米.'

吳與膠西, 知名諸侯也, 一時見察, 恐不得安肆矣. 吳王身有內病, 不能朝請二十餘年, 常患見疑, 無以自白, 今脅肩累足, 猶懼不見釋. 竊聞大王以爵事有適, 所聞諸侯削地, 罪不至此, 此恐不得削地而已.” 王曰: “然, 有之. 子將奈何?”

高曰: “同惡相助, 同好相留, 同情相成, 同欲相趨, 同利相死. 今吳王自以爲與大王同憂, 願因時循理, 棄(驅)[軀]以除患, 害於天下, 抑亦可乎?” 王矍然駭曰: “寡人何敢如是? 今主雖急, 固有死耳, 安得勿戴?” 高曰: “御使大夫鼂錯, 熒惑天子, 侵奪諸侯, 蔽忠塞賢, 朝廷疾怨, 諸侯皆有背叛之意 人事極矣. 彗星夕出, 蝗蟲數起, 此萬歲一時, 而愁勞聖人之所起也.

故吳王內欲以鼂錯爲討, 外隨大王後車, 彷徉天下, 所鄉者降, 所指者下, 天下莫敢不服. 大王誠幸而許之一言, 則吳王師楚王畧函谷關, 守滎陽,敖倉之粟, 距漢兵. 治次舍, 須大王. 有幸而臨之, 則天下可并, 兩主分割, 不亦可乎?”

王曰: “善.” 七國皆反, 兵敗伏誅.

회남왕 유안(劉安)은 부친 여왕(厲王)의 죽음에 대해 원망하면서 내내 모반의 뜻을 품고 있었으나, 그럴 명분이 없었다. 그러나 봉지를 삭감당한 뒤에 더욱 적극적으로 모반을 꾀하여, 밤낮으로 좌오(左吳) 등과 함께 여지도(輿地圖)를 들여다보며 군대의 각급 부서를 편성하고 진격 노선을 배정하는 등 전략을 논의했다.

회남왕은 오피(伍被)를 불러 함께 의논하고자 했다. 오피가 말했다. “황상께서는 대왕을 너그럽게 사면해주셨는데, 대왕께서는 어째서 나라를 망칠 말을 하십니까? 신이 듣건대, 예전에 오자서(伍子胥)가 오왕 부차(夫差)에게 간언했으나 오왕이 받아들이지 않자 이렇게 말했다고 합니다. ‘신은 이제 노루와 사슴이 폐허가 된 고소대에서 뛰어노는 것을 보게 될 것입니다.’ 신도 역시 궁중에 가시덤불이 자라고 이슬이 옷이 적시는 것을 보게 될 것입니다.

신이 듣건대, '귀가 밝은 사람은 소리가 나기 전에 이미 듣고, 눈이 밝은 사람은 형체가 드러나기 전에 이미 본다.'라고 합니다. 그렇기 때문에 성인은 일거일동에 만전을 기하여 잘못이 없도록 했습니다. 옛날 주문왕은 한 번 움직이매 천세에 빛나는 공을 세웠으며, 주나라를 후대인이 칭송하는 삼대(三代)의 하나로 만들었습니다. 이는 이른바 '하늘의 뜻에 순응하여 천하를 교화한 것'으로, 그렇기 때문에 천하의 제후들이 미리 약속을 하지 않았어도 저절로 따랐던 것입니다. 이는 천 년 전의 일이지만 지금도 본받을 수 있는 것입니다. 또 백 년 전 진나라의 멸망과 근세의 '오초칠국의 난의 실패'와 같은 사례 또한 국가 존망의 이치를 깨우쳐 주기에 충분합니다. 신도 감히 오자서와 같이 죽음을 피하지 않을 것이오니, 대왕께서는 오왕 부차와 같이 간언을 받아들이지 않는 일이 없기를 바랍니다.

옛날 진시황이 성인의 도를 끊어 버리고, '시', '서' 등 서적을 불태우고, 인의예악을 버리고, 속임수와 폭력을 숭상하고, 형벌을 마음대로 남용하며 동쪽 연안에서 생산되는 곡물을 모두 거두어 서쪽 변경 지역(西河)으로 실어 보냈습니다. 당시에 남자들은 고생하여 농사를 지어도 술지개미나 쌀겨조차 넉넉히 먹을 수 없었고, 여자들은 힘써 길쌈을 해도 제 몸조차 제대로 가릴 수 없었습니다. 몽염을 파견하여 동서로 수천 리에 걸쳐 장성을 쌓도록 했으니, 비바람과 햇볕에 노출된 채 들판에 내팽겨진 병사들이 항상 수십만 명이었으며, 죽어나간 사람은 이루 다 헤아릴 수도 없었습니다. 버려진 시체가 천 리나 이어졌으며 들판은 피로 물들었습니다. 백성들은 기력이 다하여 견딜 수 없는 지경이 되어 반란을 일으키고자 하는 사람이 열 집 가운데 다섯 집이었습니다.

또 서복(徐福)을 바다로 보내 진기한 보물과 수명을 늘여주는 불사약을 찾도록 했는데, 서복은 돌아와 이렇게 거짓말로 복명했습니다. '신이 바다의 큰 신을 만났는데, 해신이 이르기를 좋은 집안의 동남동녀와 다양한 직종의 장인들을 뽑아 바치면 원하는 것을 얻을 수 있을 것이라고 말했습니다.' 진시황은 크게 기뻐하며 동남동녀 3천 명과 각양각색의 기술을 지닌 장인들을 뽑아 보냈습니다. 그러나 서복은 넓은 들판과 강이 있는 곳을 찾아 그곳에 머물러 왕 노릇하면서 다시 돌아오지 않았습니다. 이렇게 되자 백성들은 비통해 하며 헤어진 가족을 그리워하였으니, 반란을 일으키고자 하는 집이 열 집 가운데 여섯 집이었습니다.

또 위타(尉佗)로 하여금 오령을 넘어 백월(百越, 월나라에는 부족들이 많았기 때문에 이렇게 부른다)을 공격하게 했습니다. 그러나 위타는 중국이 극도로 피폐해 있음을 알고 백월에 머물러 왕 노릇하면서 돌아오지 않았습니다. 위타는 사자를 보내 진시황에게 글을 올리고, 시집가지 않은 처녀 3만 명을 보내 옷을 짓는 등 병사들을 돌보게 해주도록 요청했습니다. 진시황은 처녀 만 5천 명을 보냈습니다. 이에 백성들의 마음이 떠나고 산산이 부서졌으니, 반란을 일으키고자 하는 집이 열 집 가운데 일곱 집이 되었습니다.

이 무렵 어떤 사람이 고황제(유방)를 찾아뵙고 말하기를 '때가 왔습니다.'라고 했다. 그러자 고황제는 '기다려라. 성인이 반드시 동남쪽에서 일어날 것이다.'라고 말했습니다. 그로부터 1년이 못되어 진승과 오광이 난을 일으켰습니다. 이에 고황제가 풍패(豐沛)에서 의군을 일으켜 한번 크게 외치자, 천하 백성들이 기약하지 않았는데도 호응해

오는 자가 이루 헤아릴 수 없이 많았습니다. 이는 소위 '빈틈을 밟고 기회를 엿보는 것'으로서, 진나라 멸망의 추세에 순응하여 몸을 일으킨 것입니다. 백성들이 그의 봉기를 바랐던 것이 마치 가뭄에 단비를 기다리는 것과 같았기 때문에, 행군하는 대오 가운데서 몸을 일으켜 천자가 되셨으니, 그 공적은 삼황(三皇)보다도 높고 그 은덕은 영원토록 후세에 전해졌습니다.

지금 대왕께서는 고황제께서 쉽게 천하를 얻은 것만 보시고, 수십 년 전 '오초칠국의 난'의 실패는 어찌 살펴보지 않으려 합니까? 한 황제는 오왕 비에게 은사를 내려 유씨의 제사를 주관하는 좨주(祭酒)로 삼고 궤장(几杖, 앉을 때 몸을 기대는 안석과 지팡이)를 내리고, 입조하지 않아도 되도록 특권을 주었습니다. 오왕은 4군(東陽, 鄣, 吳, 豫)의 많은 백성을 다스리고 봉지는 수천 리나 되었으며, 안에서는 구리를 캐내 돈을 주조하고 동해에서는 바닷물을 끓여 소금을 만들고, 위에서는 강릉(江陵) 지역의 나무를 베어 배를 만들었습니다. 나라는 부유하고 백성은 크게 번성했습니다.

이를 믿고 반란을 일으켜 서쪽으로 진군했으나, 대량(大梁)에서 격파되고 호보(狐父)에서 대패하여 동쪽으로 도망치다가 단도(丹徒)에서 월나라 사람에게 사로 잡혔습니다. 자신은 죽임을 당하고 조상 제사도 끊어짐으로써, 천하의 웃음거리가 되었습니다. 저 오나라와 초나라의 많은 병사를 갖고도 성공하지 못했던 것은 무엇 때문이겠습니까? 참으로 천도를 거스르고 때를 알지 못했기 때문입니다.

지금 대왕의 군사와 백성은 오나라와 초나라의 10분의 1도 안되고, 천하의 정세는 진시황 때에 비하면 만 배나 더 안정되어 있습니다. 바라건대 대왕께서는 신의 간언을 받아 주십시오. 만일 대왕께서 신의 계책을 따르지 않으신다면, 대왕의 거사는 반드시 성공하지 못할 것이며, 그보다 말이 먼저 새어나갈 것입니다.

신이 듣건대, 옛 적에 미자(微子)는 미(微, 지금의 산서 양산 서북)땅에 봉함을 받고 고국 은나라를 지나가다가 비통한 마음이 북 바쳐 맥수지가(麥秀之歌)를 지었다고 합니다. 이는 은나라의 주왕이 충신인 왕자 비간(比干)의 간언을 따르지 않은 것을 애통해 한 것입니다. 그러므로 『맹자』에서 이르기를, '주왕은 천자의 존귀한 지위에 있었으나 죽어서는 일개 필부만도 못하다.'고 했습니다. 이는 주왕이 스스로 천하를 저버린 것이 오래되었기 때문이지, 죽은 그날에 문득 천하가 그를 떠난 것이 아닙니다.

지금 신은 대왕께서 천승의 존귀한 지위를 버리려 하시니, 장차 목숨을 끊으라는 조서가 내려와서 여러 신하들에 앞서서 바로 이곳 동궁에서 죽게 될 것임을, 삼가 비통하게 여기는 바입니다."

오피의 말이 여기에 이르자, 회남왕은 기가 막히고 분하고 원통한 마음에 울컥하고 답답해져서, 눈물을 글썽이더니 마침내 눈물을 줄줄 흘렸다. (오피는) 일어나 한 걸음씩 한 걸음씩 계단을 밟으며 물러났다.

얼마 후 다시 오피를 불러 물었다. "한나라 조정은 잘 다스려지고 있소? 아니면 어지럽소?" 오피가 대답했다. "신이 삼가 조정의 정치를 살펴보니, 군주와 신하의 의리, 어버이와 자식 간의 친함, 부부 간의 인륜상 구별, 어른과 어린 아이의 질서 등 오륜이 모두 도리에 맞습니다. 황상의 일거일동은 옛 법도를 준수하며, 풍속과 기강에도 흠이 없습니다. 남월이 복종해왔고, 강(姜)족과 북(僰, 지금의 운남, 귀주, 사천 등지에 살던 오랑캐)족이 입조하여 조공을 바쳤고, 동구(東甌, 구강 일대에 살던 오랑캐)가 항복했으며. 장유(長楡, 지금의 내몽고 탁현에서 유림현 일대) 일대의 땅을 넓혔고, 삭방(朔方, 지금의 내몽고 악얼다사) 지역을 개척하니, 흉노는 힘이 크게 꺾이고 원조하는 세력도 없어 힘을 떨치지 못하고 있습니다. 비록 고대의 태평시대에 미치지는 못하더라도, 잘 다스려지고 있다고 하겠습니다.

대왕께서 거사를 일으키고자 하십니다만, 신은 장차 화가 있을 뿐 복되는 일은 없을 것이라는 점을 말씀 드릴 수 있습니다." 회남왕은 크게 화를 냈고, 오피는 죽음으로 죄를 청했다.

회남왕은 또 말했다. "진승과 오광은 송곳 하나 꽂을만한 땅도 없었고 모은 무리가 불과 천 명이었소. 그러나 대택(大澤)에서 의군을 일으켜 팔을 휘두르며 크게 한 번 외치자 천하 백성들이 호응해 왔으며, 서쪽으로 진군하여 희수(戲水)에 이르렀을 때 병사들이 백만으로 늘어났소. 지금 회남이 비록 작은 나라지만 정예병만 해도 10만 명이나 되는데, 이들은 죄를 지어 변경에서 수자리 살던 오합지졸이 아니며, 무기 또한 가시와 나무를 베는 낫이나 끌이 아니오. 공은 어찌하여 화만 있고 복은 없다고 말하는 것이오?"

오피가 대답했다. "진나라는 무도하여 천하 백성들을 해치고 괴롭혔고, 만승의 전차를 동원하고 아방궁을 짓느라 백성들이 수확물의 대부분을 세금으로 거두어 갔으며, 마을의 왼쪽에 사는 빈곤한 백성들(閭左)을 모조리 징발해 변경의 수자리로 보냈습니다. 어버이는 자식을 돌보지 못하고 형은 아우들을 지키지 못했습니다. 정치는 가혹하고 형벌은 준엄해 천하가 마치 활활 타는 불길 속에는 있는 듯 했습니다. 백성들은 모두 목을 길게 빼고 영웅을 기다렸으며, 귀를 기울여 구원의 소리를 듣고자 했으며, 하늘을 우러러 슬프게 부르짖고 가슴을 치며 천자를 원망했습니다. 그렇기 때문에 진승이 한 번 외치자 천하가 호응했던 것입니다.

그러나 지금 황제께서는 천하에 군림해 다스림에, 해내를 통일하여 백성을 두루 사랑하시고 덕을 펴고 은혜를 베풀고 계십니다. 입을 열어 말하지 않아도 그 소리는 우레보다 더 빨리 전해지고, 조령을 내리지 않아도 교화가 속히 이루어지는 것이 신명과 같고, 마음속에 단지 생각을 품고만 있어도 위엄이 만 리 밖으로까지 진동합니다. 아래에서 백성들이 위로 호응하는 것은 마치 그림자가 형체를 따라가고 메아리가 소리에 응하는 것과 같습니다. 또 대장군 위청(韋靑)의 재능은 항우에게 투항했던 장한(章邯)이나 유방에게 패했던 양웅(楊熊)에 비할 바가 아닙니다. 대왕께서는 진승과 오광을 들어 비유하시는데, 신은 이를 잘못이라고 생각합니다."

왕이 말했다. "진실로 공의 말과 같다면 요행조차 바랄 수 없단 말이오?" 오피가 대답했다. "신이 어리석으나마 한 가지 계책이 있습니다." 왕이 물었다. "어떤 것이오?"

오피가 말했다. "삭방(朔方) 지역은 땅이 넓고 물이 풍부하고 초목이 잘 자라지만, 옮겨가서 사는 사람이 많지 않아서 그 땅을 채우지 못하고 있습니다. 승상과 어사대부의 명의로 주청하는 글을 위조하여 여러 군과 제후국의 호걸과 협객, 그리고 내죄(耐罪, 삭발형에 미치지 못하는 경범죄) 이상의 죄인들에게 사면령을 내려 그들의 죄를 면제하고, 그들과 함께 50만 전 이상의 재산을 가진 부자들에게 모두 권속을 데리고 삭방 지역으로 옮겨 가도록 명령합니다. 자주 군사를 파견하여 그들이 기한을 엄수하도록 출발을 다그칩니다. 아울러 좌우도사공(左右都司空)과 상림중도관(上林中都官)의 조옥(詔獄) 문서를 위조하여 각국 제후들의 태자와 총애하는 신하들을 체포합니다. 이렇게 하면 백성들의 원망이 비등하고 제후들은 두려워 할 것입니다. 이때 언변이 뛰어난 변사들을 보내 잘 설득한다면, 혹시 요행으로 십 분지 일의 기회를 잡을 수 있을 것입니다."

왕이 말했다. "이는 해 볼만 하오."

회남왕은 오피의 계책대로 하려고 했다. 사람을 시켜 거짓으로 죄를 지은 것처럼 꾸며 서쪽(장안)으로 들어가 대장군과 승상을 섬기는 척 하다가, 일단 회남왕이 군대를 일으키면, 대장군 위청을 찔러 죽이고 승상을 설득하여 회유하면, 마치 머리쓰개를 벗는 것처럼 쉬울 것이라고 생각했다. 또 구도(求盜, 도둑 잡는 군졸)의 옷을 입혀 우격(羽檄, 새털을 꽂은 격문으로 위급한 상황을 의미함)을 잡고 남쪽으로부터 달려오면서 "남월의 군대가 침범했다."라고 외치게 하고는, 이를 구실로 군대를 일으키려 했다.

그러나 군대를 일으키기도 전에 일이 누설되어 죽임을 당했다. 〔출전: 『사기』 권118 「회남여왕장전(淮南厲王長傳)」〕

淮南王安怨望厲王死, 欲謀叛逆, 未有因也. 及削地之後, 其爲謀益甚, 與左吳等日夜按輿地圖, 部署兵所從入.

召伍被與謀, [被]曰: "上寬赦大王, 王復安得亡國之言乎? 臣聞子胥諫吳王, 吳王不用, 子胥曰: '臣今見麋鹿遊于姑蘇之臺.' 臣今亦見宮中生荊棘, 霧露沾衣也. 臣聞, '聰者聽于無聲, 明者見于未形.' 故聖人萬擧萬全. 昔文王一動而功顯于世, 列位三代, 此所謂因天心以化者也, 故海內不期而隨, 此千歲之可見者. 夫百年之秦, 近世之吳, 楚, 亦足以喻國家之存亡矣. 臣不敢避子胥之誅, 願大王無爲吳王之聽.

昔秦絕聖人之道, 殺術士, 燔詩書, 棄禮義, 尙詐力, 任刑罰, 轉負海之粟, 致之西河. 當是之時, 男子疾耕不足于糟糠 ,女子紡績不足以盖形. 遣蒙恬築長城, 東西數千里. 暴露兵師, 常數十萬, 死者不可勝數. 殭屍千里, 流血頃畝. 百姓力竭, 故欲爲亂者十家而五.

又使徐福入海求異物, 及延年益壽之藥, 還爲僞辭曰: '臣見海中大神, 曰以令名振南女與百工之事, 卽得之矣.' 秦皇大悅, 遣振南女三千人, 資之種種百工而行. 徐福得平原廣澤, 止王不來. 於是百姓悲痛相思, 欲爲亂者十家而六.

又使尉佗踰五嶺, 攻百越, 尉佗知中國勞極, 止王不來. 使人上書求女無夫家者三萬人, 以爲士卒衣補, 秦皇可其萬五千人. 于是百姓離心瓦解, 欲爲亂者十家而七.

客謂高皇帝曰: '時可矣.' 高皇帝曰: '待之, 聖人當起東南間.' 不一年, 陳勝,吳廣發矣. 高皇始於豐沛一唱, 天下不期而響應者, 不可勝數也, 此所謂蹈瑕(侯)[候]間, 因秦之亡而動者也; 百姓願之, 若旱之望雨, 故起于行陣之中, 而立爲天子, 功高三皇, 德傳無窮. 今大王見高皇得天下之易也, 獨不觀近世之吳,楚乎? 夫吳王賜爲劉氏祭酒, 授几杖, 不朝, 王四郡之衆, 地方數千里, 內鑄銅爲錢, 東煮海以爲鹽, 上取江陵木爲船, 國富人衆, 擧兵而西, 破于大梁, 敗于狐父, 奔走而東, 至于丹徒, 越人擒之, 身死絕祀, 爲天下笑. 夫以吳,楚之衆, 不能成功者, 何也? 誠逆天道而不知時也.

方今大王之兵衆, 不能十分吳,楚之一, 天下安寧又萬倍于秦, 願大王從臣之計. 大王不從臣之計. 今見大王事必不成, 而語先泄也. 臣聞微子過故國而悲, 於是作麥秀之歌, 是痛紂之不用王子比干也. 故孟子曰:,‘紂貴爲天子, 死曾不若匹夫.’是紂先自絕于天下久矣, 非死之日而天下去之也.

今臣亦竊悲大王棄千乘之尊, 必且賜絕命之書, 爲羣臣先, 死于東宮也.”于是王氣怨結而不揚, 涕滿匡而橫流, 卽起歷階而去.

後復問伍被曰:“漢政治? 亂?”被曰:“竊觀朝廷之政, 君臣之義, 父子之親, 夫婦之別, 長幼之序, 皆得其理. 上之擧措遵古之道, 風俗紀綱未有所闕. 南越賓服, 羌,僰入獻, 東甌入降, 廣長榆, 開朔方, 匈奴折翅傷翼, 失援不振. 雖不及古太平之時, 然猶爲治也. 王欲擧事, 臣見其將有禍, 而無福也.”王怒, 被謝死罪.

王曰:“陳勝,吳廣無立錐之地, 千人之衆起于大澤, 奮臂大呼而天下響應, 西至于戲, 而兵百萬. 今吾國雖小, 然而勝兵者可得十餘萬, 非直適戍之衆, 鐖鑿棘矜也. 公何以言有禍無福?”

被曰:“秦無道, 殘賊天下, 興萬乘之駕, 作阿房之宮, 收太半之賦, 發閭左之戍. 父不寧子, 兄不便弟, 政苛刑峻, 天下熬然若燋, 民皆引領而望, 傾耳而聽, 悲號仰天, 扣心而怨上. 故陳勝一呼, 天下響應. 當今陛下臨制天下, 一齊海內, 汎愛蒸庶, 布德施惠. 口雖未言, 聲疾雷霆; 令雖未出, 化馳如神; 心有所懷, 威動萬里; 下之應上, 猶影響也. 而大將軍材能, 不特章邯,楊熊也. 大王以陳勝,吳廣喻之, 被以爲過.”

王曰:“苟如公言, 不可徼倖耶?”被曰:“被有愚計.”王曰:“奈何?”被曰:“今朔方之郡, 田地廣, 水草美, 民徙者不足以實其地. 可僞爲丞相,御史請書, 使郡國豪傑任俠及有耐罪以上, 赦令除, 家產五十萬以上者, 皆徙其家屬朔方之郡, 益發甲卒, 急其會日. 又僞爲左右都司空上林中都官詔獄, 逮諸侯太子,幸臣. 如此, 則民怨, 諸侯懼.

卽使辨武隨而說之, 倘可徼倖十得一乎?" 王曰: "此可也."

欲如伍被計, 使人僞得罪而西, 事大將軍,丞相; 一日發兵, 使人卽刺殺大將軍靑, 而說丞相以下如發蒙耳. 又欲令衣求盜衣. 持羽檄從(東)[南]方來, 呼曰 "南越兵入", 欲因以發兵. 未得發, 會事泄, 誅.

동한 때에 영제가 황보숭(皇甫嵩)을 장군으로 임명했다. 황보숭이 황건적을 토벌하여 없애버리자 그의 위명이 천하에 떨쳤다. 그러나 조정은 날로 혼란해지고 나라 안의 재물은 텅 비고 백성들은 더욱 고달프게 되었다.

이때 신도 현령으로 있던 염충(閻忠)이 황보숭에게 이렇게 간했다. "얻기는 어려우나 잃기는 쉬운 것은 시운이며, 때가 이르렀을 때 피하지 않고 잡는 것은 기회라고 합니다. 그러므로 성인은 시운에 순응하여 행동하며, 지혜로운 자는 기회를 잡아 일을 벌입니다. 지금 장군은 얻기 어려운 시운을 맞았고, 백성들을 쉽게 놀라워하게끔 만들 좋은 기회를 만났습니다. 그렇지만 시운을 만났는데도 잡지 않고, 기회가 왔는데도 나아가 행동하지 않는다면, 장차 어떻게 빛나는 이름을 보존하시려 합니까?"

황보숭이 물었다. "무엇 때문에 이런 말을 하는 것이오?" 염충이 말했다. "천도는 공정하여 사사로이 편애하지 않고, 백성들은 능력 있는 사람에게로 옵니다. 지금 장군은 늦은 봄에 출정 명령을 받으면 겨울이 채 다 가기 전에 공을 이뤘습니다. 장군의 용병은 마치 신과 같고 한번 계책을 세우면 다시 살펴볼 필요가 없습니다. 강대한 적을 깨뜨림이 마치 마른 가지를 꺾는 것보다 더 쉽고, 완강한 적을 소탕하는 것이 끓는 물로 눈을 녹이는 것보다 더 쉽습니다. 열 달밖에 안

되는 사이에 병사를 마치 신병(神兵)처럼 이끌고 벼락같이 적을 소탕하여 적군의 시체로 언덕을 쌓고 비석에 공적을 새겼으며, 남쪽으로 승전보를 보내 황상의 은덕에 보답하였고 위엄을 조정에 떨쳤습니다.

영예로운 명성은 해외로까지 신속히 퍼져 나갔습니다. 성탕과 무왕의 위업이라도 장군보다는 높지 않을 것입니다. 지금 장군은 스스로 물질로 포상할 수 없는 큰 공을 세웠고, 일신에는 범인을 뛰어 넘는 덕을 지니고 있는데도, 어리석은 군주를 황제로 모시면서, 어찌 편안함을 구하십니까?"

황보숭이 말했다. "이른 아침부터 밤늦게까지 공무에 전념하면서 심중에 단 한순간도 충성을 잊은 적이 없는데, 공은 무슨 까닭으로 편안하지 않다는 것이오?"

염충이 말했다. "그렇지 않습니다. 예전에 한신은 한고조 유방이 자기를 인정해 준 밥 한 끼의 은혜를 차마 저버리지 못하고 천하삼분(天下三分)의 대업을 포기했다가, 날카로운 칼이 그의 목구멍을 꿰뚫는 순간에 가서야 비로소 독하지 못했던 것을 후회하는 탄식을 내뱉었으니, 이는 기회를 놓치고 계략이 어그러졌기 때문입니다.

지금 장군의 세력은 유방과 항우에 비해서는 훨씬 약하지만, 그 권세는 회음왕 한신보다는 훨씬 더 큽니다. 장군이 지휘하여 명령을 내리면 바람과 구름이 진동할 것이며, 큰 소리로 꾸짖으면 번개와 벼락이 내려칠 것입니다. 장군이 발끈 떨쳐 일어나 지금의 위기를 국면을 틈타 조정을 뒤집어엎고, 앞서 귀부해 오는 자들에게는 은덕을 크게 베풀고 뒤에 오는 자들에게는 무력으로 위엄을 떨쳐 복종시키십시오. 또 기주(冀州) 지역의 군사를 징발하고 일곱 개 주의 백성을 동원하며, 우격을 든 군사를 먼저 파견하여 앞으로 달려가게 하고 그 뒤를 대군이 위풍당당하게 행군합니다. 도도하게 흐르는 장하(漳河)를 건너 맹진(孟津)에서 말에 물을 먹이고, 환관들에게 죄를 물어 목베어 죽이고 백성들의 쌓인 원한을 해소해줍니다.

이렇게 하면 어린 아이들조차도 주먹을 휘두르며 온 힘을 다할 것이며, 어린 소녀들은 치마를 걷어붙이고 목숨을 바칠 터인데, 하물며 곰같이 용맹한 군사들이야 말로, 질풍과 같은 기세로 휩쓸어 버리지 않겠습니까?

공업이 이루어지고 천하가 모두 귀순해온 뒤에, 상제에게 고하고 천명을 받았음을 천하에 드러내 보이며, 천하 사방을 통일한 다음 나라를 세우고 황제를 칭합니다. 새로운 왕조가 흥성할 즈음에 보배로운 기물, 천자의 자리를 옮기고, 망해가는 즈음에 한 왕조를 밀어 무너뜨리는 것입니다. 진실로 하늘이 내려준 절호의 기회가 이른 것이며, 바람처럼 분발하여 몸을 일으킬 좋은 때입니다.

이미 썩은 나무는 조각할 수가 없고 쇠퇴하여 망하는 나라는 보좌하기가 어렵습니다. 만일 보좌가 어려운 조정을 붙들어 돕고자 하고 썩은 나무에 조각을 하고자 한다면, 이는 언덕을 거슬러 굴렁쇠를 굴리는 것이고 물길을 거슬러 노를 젓는 것과 같으니, 어찌 쉽다고 할 수 있겠습니까? 하물며 지금 환관들이 서로 무리를 짓고 함께 악한 일을 저지르는 것이 마치 시정잡배들 같으며, 황제의 명령이 집행되지 않고 권력은 측근 신하들이 장악하고 있으니, 우매한 군주 밑에서 오래도록 벼슬하는 것은 어려울 것입니다. 장군께서 물질로 포상할 수 없는 큰 공훈을 세웠으니 저들은 참소하고 질시할 것이 뻔합니다. 일찍 도모하지 않는다면 뒤늦게 아무리 후회해도 어찌할 수 없을 것입니다."

황보숭이 두려워하며 말했다. "상식을 뛰어넘는 기발한 계책을 일반적인 형세에서는 시행할 수 없소. 나라를 창건하는 대업을 어찌 평범한 재주를 지닌 사람이 이룰 수 있겠소? 황건적은 적은 무리였고, 내 세력은 진나라나 항우의 군대에 필적할 수 없으며, 갓 끌어 모은 군대여서 쉽게 흩어질 수 있으니, 그런 세력에 의지하여 대업을 이루기는 어려운 일이오. 더욱이 백성들은 황제의 은덕을 잊지 않고 있고, 하늘도 반역을 도와주지 않을 것이오. 만약 허황되게 바랄 수 없는 공업을 세우고자 한다면 이는 조만간 화를 불러들일 것이니, 그렇게 된다면 어느 누가 한 왕실을 위하여 충성을 바칠 것이며, 신하의 절개를 지키겠소? 비록 참소가 많다고 하더라도 기껏해야 유배를 가거나 면직당할 뿐이니, 차라리 지금의 명성을 지키고 있으면 죽은 후에도 이름은 영원히 전해질 것이오. 상규를 벗어난 그런 말은 감히 따르지 않겠소."

염충은 말해봤자 받아들이지 않을 것임을 알고 떠나갔다. 〔출전: 『후한서』 권71 「황보숭전(黃甫嵩傳)」〕

後漢靈帝以皇甫嵩爲將軍, 討破黃巾, 威震天下. 而朝廷日亂, 海內虛困.

故信都令閻忠干說嵩曰: "難得而易失者, 時也; 時至不旋踵者, 機也. 故聖人順時以動, 智者因機以發. 今將軍遭難得之運, 蹈易駭之機, 而踐運不撫, 臨機不發, 將何以保大名乎?"

嵩曰; "何謂也?" 忠曰; "天道無親, 百姓與能. 今將軍受鉞于暮春, 收功于末冬. 兵動如神, 謀不再計, 摧强易于折枯, 消堅易于湯雪. 旬月之間, 神兵電埽, 封(戶)[尸]刻石, 南向以報德.

威震本朝，風聲馳海外，雖湯,武之擧，未有高將軍者也．今身建不賞之功，體兼高人之德，而北面庸主，何以求安乎?” 嵩曰：“夙夜在公，心不忘忠，何故不安?”

忠曰：“不然．昔韓信不忍一飧之遇，而棄三分之業，利劍以揣其喉，方發悔毒之嘆者，機失而謀乖也．今主上勢弱于劉,項，將軍權重于淮陰，指揮足以振風雲，叱咤可以興雷電．赫然奮發，因危抵頹，崇恩以綏先附，振武以臨後服，徵冀方之士，動七州之衆，羽檄先馳于前，大軍響振于後，蹈流漳河，飮馬孟津，誅閹宦之罪，除羣怨之積，雖童兒可使奮拳以致力，女子可使褰裳以用命，況厲熊羆之卒，因迅風之勢哉!

功業已就，天下已順，然後請呼上帝，示以天命，混濟六合，南面稱帝，移寶器于將興，推亡漢于已墜，實神機之至會，風發之良時也．

夫旣朽之木不雕，衰世之朝難佐．若欲輔難佐之朝，雕朽敗之木，是猶逆坂走丸，迎流縱櫂，豈云易哉? 且今宦豎群居，同惡如市，上命不行，權貴近習，昏主之下，難以久居，不賞之功，讒人側目，如不早圖，後悔無及.”

嵩懼曰：“非常之謀，不施于有常之勢．創圖大功，豈庸才所致? 黃巾細孽，敵非秦,項，新結易散，(維)[難]以濟業．且民未忘主，天不佑逆，若虛造不冀之功，以速朝夕之禍,，孰與委忠本朝，守其臣節? 雖云多讒，不過放廢，猶有令名，死且不朽．反常之論，所不敢聞.”

忠知說不用，因亡去.

왕망 때에 도처에서 도적이 무리를 지어 일어났다. 왕망은 장군 염단(廉丹)을 파견하여 효산 이동(산동)의 도적떼를 토벌하도록 했다. 염단은 풍연(馮衍)을 초빙하여 막료로 삼고, 함께 정도(定陶)에 이르렀다. 왕망은 뒤 따라 조서를 내려 보내 이렇게 독려했다. "장군은 한 몸에 국가의 중임을 짊어지고 있으니, 전쟁터에서 한 몸을 바치지 않는다면, 나라의 은혜에 보답하지 못하고 직책을 완수하지 못하게 될 것이다." 염단은 조서를 읽고 너무나 두려워한 나머지 늦은 밤이지만 풍연을 불러 조서를 보여 주었다.

풍연은 염단에게 이렇게 말하였다. "저는 이렇게 들었습니다. 시운에 순응하여 대업을 이루는 것은 정도에서 가장 크게 여기는 것이며, 순리를 거슬러 공격하는 것은 권도(權道)에서 가장 귀하게 여기는 것입니다. 그러므로 '대사를 이루고자 하면 그 연유를 묻지 않고, 대체를 논하고자 하면 자질구레한 예절에 얽매이지 않는다.'라고 합니다. 옛적에 제나라의 봉축보(逢丑父)가 제나라와 진나라의 전쟁 중에 제 경공(頃公)과 수레를 바꿔 타고 임금인양 행세하며 경공을 무사히 도망가도록 함으로써 제후들의 칭송을 받았습니다. 또 춘추시대 정(鄭)나라의 채중(祭仲)은 송(宋)나라 장공(莊公)의 협박에 못 이겨 소공(昭公)으로 옹립된 태자 홀(忽)을 폐위하고 공자 돌(突)을 여공(厲公)으로 세웠으나, 나중에 위나라에 망명해 있던 태자 홀을 모셔와 왕으로 복위시킴으로써 "춘추"에서 칭송받고 있습니다.

봉축보가 자신의 희생으로 임금을 살린 것이나 채중이 잠시 임금을 폐위하여 정나라의 사직과 군주를 생존케 한 것은, 모두 군자의 도에 부합되는 일입니다. 많은 사람들의 뜻에 어긋나는 속임수일지라도, 이로써 나라를 평안케 하고 한 몸을 보전할 수 있다면, 현명한 사람의 사려라 할 것입니다.

그러므로 『주역』에서 이렇게 말합니다. "궁하면 변하게 되고, 변하면 통하게 되고, 통하면 오래 간다. 이로써 하늘로부터 도울 것이니, 길하여 이롭지 않음이 없다." 만약 해서는 안 될 일이라는 것을 알면서도 반드시 하려고 한다면, 군대는 패배하고 장병들은 피해를 입고 군주에게도 아무런 도움이 되지 않을 것입니다. 한 몸이 죽는 날에 이르러서 의를 저버려야 한다면, 현명한 자라면 하지 않고 용감한 자라도 감히 행하지 않을 것입니다.

또한 저는 '시운이 왔을 때 그 기회를 잡으려면 조금이라고 지체해서는 안 된다.'고 들었습니다. 장량은 5대에 걸쳐 한(韓)나라의 재상을 지낸 집안이었습니다. 진이 한나라를 멸망시킨 후 박랑사(博浪沙)에서 철추로 진시황을 때려죽이려 했습니다. 그의 용맹은 고대의 맹분(孟賁)이나 하육(夏育)보다 더 뛰어나고 명성은 태산보다도 더 높습니다.

장군의 선조들도 역시, 대대로 한나라를 섬긴 충신의 집안입니다. 신(新) 왕조가 들어섰으나 영웅호걸들은 귀부하지 않았습니다. 지금 천하는 큰 혼란에 빠져있고, 백성들이 한나라의 은덕을 그리워하는 마음은 옛날 주나라 백성들이 소공(召公)을 생각하는 마음보다 훨씬 더 간절합니다. (『시경』에 보면) '소공을 그리워하는 마음이 지극하여 소공이 잠시 쉬었던 감당나무조차 베지 않았다.'고 하는데, 하물며 그 후손들에 대한 마음이야 어떻겠습니까? 백성들이 춤추고 노래하며 빌면 하늘도 반드시 그 뜻을 따른다고 합니다.

지금 장군을 위하여 계책을 올린다면, 일단 큰 군을 점거하여 군대를 주둔시키고, 그 지역의 관리와 사졸들을 편안하게 다스리고 그들의 의지를 단련시키면서, 백리 이내의 백성들에게 고기와 술을 날마다 내려 보내고, 널리 영웅호걸들을 받아들이고 충성스럽고 지혜로운 선비들로부터 계책을 구하며 충심으로 백성들의 마음을 얻은 다음, 여러 정세가 얽히고설키는 변화를 기다리며 지켜보는 것이 최선입니다. 그러면서 사직에 이로운 일을 일으키고 백성들을 해치는 폐단을 제거한다면, 장군의 복록은 무궁하게 전해질 것이며 그 공훈과 업적은 영원히 사라지지 않을 것입니다.

그런데 왜 하필 중원에서 군대를 전멸시키고 들판에 몸을 내던져 시신으로 거름이 되게 하며, 공을 이루지 못하고 명성을 실추시켜, 치욕을 선조에게 안겨 주려 합니까? 성인은 화를 돌려 복이 되게 하고, 지혜로운 사람은 실패를 기회로 삼아 공을 이룹니다. 원컨대 장군께서는 깊이 헤아려 세속의 무리들과 같이하지 말아야 할 것입니다." 그러나 염단은 풍연의 계책을 받아들이지 않았다.

계속 진군하여 수양(睢陽)에 이르렀을 때 풍연이 다시 염단을 설득했다. "제가 듣기로 눈 밝은 사람은 형체가 드러나기 전에 조짐을 보고, 지혜로운 사람은 일이 싹트기 전에 미리 헤아려 본다고 합니다. 하물며 명백히 드러난 사실이야 어떻겠습니까? 대체로 우환은 소홀한 데서 생기고, 재앙은 작은 일에서 일어난다고 합니다. 실패하고 나면 후회해도 소용이 없으니, 때는 결코 놓치지 말아야 합니다. 공손앙(公孫鞅)은 이렇게 말했습니다. '남보다 뛰어난 사람의 행동은 세상으로부터 비난을 받고, 홀로 뛰어난 생각을 지닌 사람은 세상 사람들로부터 미움을 받는다.' 그렇기 때문에 사람들은 어리석은 자들의 의론을 믿고 금석과 같이 좋은 계책을 파기하며, 세상 사람들이 믿는 대로 따라 해서 높고 밝은 덕을 잃어버립니다. 결단을 내리는 것은 지혜를 써서 주재하는 것이며, 의심하는 것은 일에 끌려가는 것입니다. 때는 한 번 가버리면 다시 오지 않으니, 장군은 다시 또 생각하지 말기 바랍니다."

그러나 염단은 따르지 않았다. 진군을 계속하여 무염(無塩)에 이르러 적미군(赤眉軍)과 전투를 벌였고 염단은 전사했다. 이에 풍연은 하동으로 망명했다. 〔출전: 『후한서』 권28하 「풍연전(馮衍傳)」〕

王莽時, 盜寇羣發, 莽遣將軍廉丹伐山東. 丹辟馮衍爲掾, 與俱至定陶. 莽追詔丹曰: "將軍受國重任, 不能捐身中野, 無以報恩塞責." 丹惶恐, 夜召衍, 以書示之.

衍因說丹曰: "衍聞之, 順而成者, 道之所大也; 逆而攻者, 權之所貴也. 是故期于有成, 不問所由; 論于大體, 不守小節. 昔逢丑父伏軾而使其君取飮, 稱于諸侯, 鄭祭仲立突而出忽, 終得復位, 美於'春秋'. 盖以死易生, 以存易亡, 君子之道也. 詭于衆意, 寧國存身, 賢者之慮也.

故'易'曰: '窮則變, 變則通, 通則久, 是以自天佑之, 吉, 无不利.' 若夫知其不可而必爲之, 破軍殘衆, 無補于主, 身死之日, 負義(之世)[于時], 賢者不爲, 勇者不行.

且衍聞之, 得時無怠. 張良以五代相韓, 椎秦始皇于博浪之中, 勇冠乎賁,育, 名高于太山. 將軍之先, 爲漢信臣. 新室之興, 英儁不附. 今海內潰亂, 民懷漢德, 甚于詩人之思召公也, 愛其甘棠, 而況子孫乎?" 民所歌舞, 天必從之.

方今爲將軍計, 莫若屯據大郡, 鎭撫吏士, 砥礪其節, 百里之內, 牛酒日賜, 納雄傑之士, 詢忠智之謀, 要將來之心, 待縱橫之變, 興社稷之利, 除萬人之害, 則福祿流于無窮, 功烈著于不滅. 何爲軍覆于中原, 身膏于草野, 功敗名喪, 恥及先祖哉? 聖人轉禍而爲福, 智士因敗而爲功, 願將軍深計, 而無與俗同."

丹不能從. 進及睢陽,

復說丹曰: "蓋聞明者見于未形, 智者慮于未萌, 况其昭晣者乎? 凡患生羽所忽, 禍發于細微, 敗不可悔, 時不可失. 公孫鞅曰: '有高人之行, 必負非于世; 有獨見之慮, 必見贅于民.' 故信庸庸之論, 破金石之策, 襲當世之操, 失高明之德. 夫決者, 智之君也; 疑者, 事之役也. 時不再來, 公勿再計."

丹不聽, 進及無鹽, 與赤眉戰死. 衍乃亡命河東.

광무제 유수의 사자인 내흡(來歙)이 외효(隗囂)를 거듭 찾아와 아들을 인질로 조정에 보내 임금을 모시도록 하라고 설득했다. 외효의 장군인 왕원(王元)은 생각하기를, 천하가 누구 손에 들어갈지 아직 예측할 수 없는데다, 외효가 아들을 인질로 보내 유수를 온 마음으로 섬기려 하지 않는다는 것을 알고, 이렇게 건의했다.

"전에 경시제(更始帝) 유현(劉玄)이 장안에 도읍을 정했을 때 사방의 호걸들이 호응하여 일어나고 백성들이 우러러 떠받들며, 이제 태평시대가 왔다고 했습니다. 그러나 유현의 위세가 한 번 꺾이게 되자, 장군은 자기 몸 하나 편안히 둘 곳이 없었습니다. 지금 남쪽에는 팽수(彭修 자는 子陽)가 있고 북쪽에는 노방(盧芳 자는 文伯)이 있으며, 장강 일대와 바다와 호수, 태산 등의 지역에는 저마다 왕공을 자칭하는 군웅이 십여 명이 있습니다. 그렇지만 이들은 유수와 화친하라는 유생들의 의론에 이끌려 천승 제후국의 기반을 포기하고 귀부하여 위태로운 나라의 손님과 같은 신세가 되었습니다. 그러면서 만에 하나도 실수가 없는 완전한 계책을 찾고 있으니, 이는 수레가 뒤집힌 길을 따르는 것이며 결코 이룰 수 없는 계책입니다.

지금 천수(天水)군은 전체적으로 모든 것이 풍족하고 병사와 말은 강성합니다. 북쪽으로 서하(西河)와 상군(上郡)을 취하고 동쪽으로 삼보(三輔) 지역을 거두어들이며, 진나라가 통일하던 경로를 따라 산과 강을 안팎의 경계로 삼으십시오. 신 왕원이 청컨대, 한 덩어리의 진흙만으로도 동쪽의 함곡관을 봉쇄할 수 있으니, 이는 만세에 한 번 있는 절호의 기회입니다. 만약 이 계책이 계획대로 이루어지지 않으면, 마땅히 양곡을 저축하고 병사와 말을 기르고, 험한 산천과 관문에 의지하여 스스로 지키면서, 지구전으로 오래도록 버티면서 천하 사방의 정세 변화를 기다려야 합니다.

왕업을 도모하다가 성공하지 못하면 잘못되어도 일방의 패주(霸主)는 될 수 있습니다. 요컨대 물고기는 연못을 벗어날 수 없고, 용도 그 위세를 잃으면 지렁이와 같이 됩니다."

외효는 왕원의 계책이 옳다고 여겼다. 그래서 비록 아들을 인질로 들여보냈으나, 험고한 산천의 지형에 의지하여 일방의 패주가 되고자 해서, 마침내 한을 배반했다. 〔출전: 『후한서』 권13 「외효전(隗囂傳)」〕

來歙說隗囂遣子入侍, 囂將王元以爲, 天下成敗未可知, 不願專心內事, 遂說囂曰: "昔更始西都, 四方響應, 天下喁喁, 謂之太平. 一旦壞敗, 大王幾無所措.

今南有子陽, 北有文伯, 江湖海岱, 王公十數, 而(破)[欲]牽儒生之說, 棄萬乘之基, 羈旅危國, 以求萬全, 此循覆車之軌, 計之不可者也.

今天水完富，士馬最强，北取西河上郡，東收三輔之地，案秦舊迹，表裏山河．元請以一丸泥爲大王東封函谷關，此萬代一時也．若計不及此，宜蓄糗粮，養士馬，據隘自守，曠日持久，以待四方之變．圖王不成，其弊猶足以覇．要之魚不可脫于泉，龍失勢則還與蚯蚓同”

囂然元計，雖已遣子入質，猶負于險阨，欲專制方面，遂背漢．

위(魏)태조 조조가 복양(濮陽)에서 여포(呂布)와 싸웠는데, 전세가 불리했다. 이때 원소(袁紹)가 사람을 보내 조조와 연합을 제안하며, 조조로 하여금 가솔을 이끌고 자신의 근거지인 업(鄴)성으로 옮겨와 살도록 권했다. 조조는 이 제안을 응낙하려 했다.

(이때 사신으로 나갔다가 막 돌아온) 정욱(程昱)이 조조를 찾아가 물었다. “신이 듣건대, 장군께서는 가족을 업성으로 옮겨가 살도록 하고, 원소와 연합하려고 한다고 들었습니다. 진실로 그런 일이 있습니까?” 조조가 말했다. “그렇소.”

정욱이 말했다. “제가 보기에 아마도 장군께서는 어려운 일을 앞두고 두려워하는 것 같습니다. 그렇지 않다면 어찌 이리 생각이 깊지 못하십니까? 원소는 연나라와 조나라 땅을 근거로 하여 천하를 삼키려는 야심을 품고 있지만, 그의 재주로는 성공할 수 없습니다. 장군께서는 스스로 그의 아래에 있어야 한다고 생각하십니까? 장군은 용과 호랑이의 위세를 지니고 있으니 한신이나 팽월(彭越)과 같이 대사를 이룰 수 있지 않겠습니까?

신이 어리석어 장군의 큰 뜻을 알지 못하겠습니다만, 지금 장군의 뜻은 옛날 전횡(田横)에도 미치지 못한 것 같습니다. 전횡은 제나라의 일개 장사일 뿐이었으나, 한고조 유방의 신하가 되는 것을 수치로 여졌습니다. 지금 장군께서 가솔을 이끌고 업성으로 가서 살면, 앞으로 신하가 되어 원소를 주군으로 섬기게 될 것입니다. 장군은 총명한 지혜와 신묘한 무략을 지니고 있으면서도 도리어 원소의 수하가 되는 것을 부끄럽게 여기지 않으니, 신은 삼가 장군을 위하여 이를 부끄럽게 여기는 바입니다.

지금 연주(兗州)는 무너졌지만 아직도 세 개의 성이 남아 있으며, 싸울 수 있는 병사도 만 명 아래로 내려가지는 않았습니다. 만약 순욱(荀彧 자는 文若)이나 저와 같은 신하들과 함께, 그들을 거두어들여 쓴다면, 패왕의 대업을 이룰 수도 있을 것입니다. 원컨대 장군께서는 다시금 헤아려 주시기 바랍니다."

이에 조조는 원소의 제의를 받아들이지 않았다. 〔출전: 『삼국지』 권14 「정욱전(程昱傳)」〕

魏太祖與呂布戰于濮陽, 不利. 袁紹使人說太祖連和, 使太祖遣家居鄴, 太祖許之.

程昱見曰: "竊聞將軍欲遣家居鄴, 與袁紹連和, 誠有之乎?" 太祖曰: "然."

昱曰: "意者將軍殆臨事而懼, 不然, 何慮之不深也? 夫袁紹據燕, 趙之地, 有并天下之心, 而智不能濟也. 將軍自度能爲之下乎? 將軍以龍虎之威, 可爲韓,彭之事耶?

昱愚, 不識大旨, 以爲將軍之志不如田橫. 田橫, 齊一壯士耳, 猶羞爲高祖之臣. 今將軍欲遣家往鄴, 將北面而事袁紹. 夫以將軍之聰明神武, 而反不羞爲袁紹之下, 竊爲將軍恥之.

今兗州雖殘, 尙有三城, 能戰之士不下萬人, 若與文若,昱等, 收而用之，霸王之業可成也．願將軍更慮之．" 太祖乃止．

원소가 동탁 토벌군의 맹주가 되자 교만한 태도를 보였다. 진류(陳留, 지금의 하남성 개봉 일대)태수 장막(張邈)이 바로 잡고자 하여 이를 꾸짖었다. 이에 원소는 장막에게 원한을 품고, 조조에게 장막을 죽이도록 명령을 내렸으나 조조가 따르지 않았다. 그러나 장막은 이일로 마음이 몹시 불안해졌다.

마침 조조가 도겸(陶謙)을 치기 위해 동쪽으로 출병하고, 부장인 진궁(陳宮)을 동군(東郡, 지금의 하남성 복양현 남쪽)에 주둔시켰다. 진궁이 기회를 틈타 장막에게 말했다. "지금 천하는 사분오열되어 무너지고 있고, 영웅호걸들이 분분히 일어나고 있는데, 장군은 10만 병력을 거느리고 사통팔달의 요충지를 차지하고 있습니다. 만약 칼을 잡고 일어나 사방을 노려본다면 족히 인중호걸이 될 수 있습니다. 그런데도 지금 남의 수하가 되어 통제를 받고 있으니, 또한 어리석다고 하지 않겠습니까?

현재 조조가 연주의 군사를 동쪽으로 이끌고 가서 이 지역은 텅 비어 있고, 또 여포는 천하의 장사로 전투에 능하여 그 앞에 대적할 자가 없습니다. 장군께서 여포를 맞아들여 함께 연주를 점거하고, 천하의 형세를 지켜보며 시국의 사태발전과 변화를 기다린다면, 이 또한 천하를 종횡해볼 절호의 시기라 할 것입니다."

장막은 이 말을 받아들여 조조를 배반했다. 〔출전: 『후한서』 권75 「여포전(呂布傳)」〕

袁紹爲盟主，有驕色，陳留太守張邈正義責之．紹令曹操殺邈，操不聽. 邈心不自安.

及操東擊陶謙, 令其將陳宮屯東郡, 宮因說邈曰: "今天下分崩, 雄傑並起, 君擁十萬之衆, 當四戰之地, 撫劍顧盼, 亦足以爲人傑, 而反受制于人, 不亦鄙乎?

今州軍東征, 其處空虛, 呂布壯士, 善戰無前. 君迎之共據兗州, 觀天下之形勢, 俟時事之變通, 此亦縱橫之一時也."

邈從之而反曹公.

종회(種會)와 등애(鄧艾)가 촉나라를 무너뜨리자, 촉의 후주 유선(劉禪)이 투항했다.

종회가 등애를 모함해서, 등애는 죄수를 가두는 함거에 실려 소환되었다. 종회는 암중으로 모반을 꾀하고 있었다. 그래서 투항한 촉나라 장군 강유(姜維)등을 후하게 대우했다. 강유는 종회를 만나보고 그 속셈을 바로 알아차리고는, 내심으로 계략을 잘 꾸며 내부 혼란을 일으키면서, 서서히 촉나라 수복을 도모할 수 있겠다고 생각했다.

이에 속셈을 감추고 궤변으로 종회를 설득했다. "듣기에 장군이 회남에서 출병한 이래 책략을 세움에 한 번의 실책도 없었고, 사마(司馬)씨의 진왕조가 번성하게 된 것은 모두가 장군이 세운 공이라 합니다. 이제 다시 촉을 평정하여 위명을 세상에 떨쳤고 백성들은 장군의 공로를 높이 찬양하고 있으며 주상 또한 장군의 뛰어난 책략을 두려워하고 있는데, 장군은 어떻게 이처럼 편안히 돌아가려 합니까?

예전에 한신은 천하가 혼란한 때에 한왕 유방을 배반하지 않았다가 천하가 평정되자 의심을 받아 죽임을 당했고, 월나라 대부 문종(文種)은 오호(五湖)로 떠나 은거하라는 범려(范蠡)의 말을 듣지 않았다가 끝내 스스로 목숨을 끊어 헛된 죽음을 맞았습니다. 이들을 두고 어찌 사리에 어두운 임금에 어리석은 신하라고 하겠습니까? 이해관계가 얽혀서 그렇게 될 수밖에 없었던 것입니다.

지금 장군은 이미 큰 공적을 세웠고 덕행은 훤히 드러났습니다. 어째서 도주공(陶朱公)이 일엽편주를 타고 오호로 들어가 은거하여, 자신의 공적과 그 몸을 온전히 지킨 일을 본받지 않습니까? 아니면 저 높은 아미산 속으로 들어가 적송자(赤松子)의 자취를 따라 노닐고자 하십니까?"

종회가 말했다. "공의 말은 너무나 고원하여 나로서는 실행할 수가 없소. 또한 목전의 상황 또한 그러기에는 미진한 것 같소." 강유가 말했다. "그 밖에 다른 일은 장군의 지혜와 능력으로 할 수 있는 바이니, 노부는 더 이상 번거롭게 말하지 않아도 되겠습니다."

이로부터 두 사람 사이의 교분은 더욱 깊어졌다. 마침내 종회는 스스로 익주목이라 일컫고 반란을 일으켰고, 강유에게 병사 5만 명을 주어 선봉으로 세웠다.

위나라 장사들이 분발하여 반군을 깨뜨리고, 종회와 강유를 죽였다. 〔출전: 『삼국지』 권44 「강유전(姜維傳)」 및 배주에서 인용한 『한진춘추(漢晉春秋)』〕

鍾會,鄧艾旣破蜀, 蜀主降. 會搆艾, 艾檻車徵. 會陰懷異圖, 厚待蜀將姜維等.

維見而知其心, 謂可搆成擾亂, 徐圖克復也. 乃詭說之曰: "聞君自淮南以來, 算無遺策, 晉道克昌, 皆君爲之. 今復定蜀, 威名震世, 民高其功, 而主畏其謀, 欲以此安歸乎? 夫韓信不背漢于擾攘, 而見疑于既平；大夫種不從范蠡于五湖，卒伏劍而妄死．豈暗主愚臣哉？利害使之然也．

今君大功既立，大德已著，何不法陶朱泛舟絕跡，全功保身，登蛾眉之嶺，而從赤松遊乎？" 會曰："君言遠，我不能行．且爲今之道，或未盡于此也."

維曰："其他則君智力之所能，無煩于老夫矣." 由是情好歡甚，自稱益州牧以叛，欲授維兵五萬人，使爲前驅．魏將士憤發，殺會及維．

진 회제(晉 懷帝) 때에 요동태수 방본(龐本)이 동이(東夷)교위 이진(李臻)을 사적인 원한으로 죽였다. 이에 선비족의 두령인 색연(索連)과 목진(木津)이 이진을 위해 복수한다는 명분으로 군사를 일으켰다. 그러나 이는 구실이고 실제로는 반란을 일으킨 것이었다. 이들은 한나라 장수들이 지키는 요동의 여러 성을 잇달아 함락시켰다.

이때 대선우(大單于) 모용외(慕容廆)의 맏아들인 모용한(慕容翰)이 부친에게 나아가 이렇게 말했다. "제가 듣기로 제후가 되고자 한다면 왕실을 위해 충성을 다 하는 것보다 다 나은 방법이 없다고 합니다. 예로부터 큰일을 이룬 군주치고 근왕(勤王)을 내세우지 않고 대업을 이룬 자가 없었습니다. 지금 색연과 목진 등이 발호하여, 한왕의 군대가 거듭 패배하고 무고한 백성들은 도륙 당하고 있으니, 어찌 이보다 더 심한 재앙이 있겠습니까? 저 몇몇 소인배들은 겉으로 방본 토벌을 명분으로 내세우고 있으나, 내심으로는 요행을 바라며 반란을 일으켜 실제로는 도적이 되었습니다.

요동이 기울어져 무너진 지가 이미 2년이 지났습니다. 현재 중원의 여러 곳에서 전란이 일어나 각주의 군대가 여러 차례 패했으니, 군사를 일으켜 왕을 구하고 대의를 내세울 시기가 바로 지금입니다. 대선우께서는 마땅히 '구벌(九伐, 죄악을 징벌하는 아홉 종류의 토벌)'의 위엄을 밝히고 위기에 처한 한왕조의 명운을 구원하고, 색연과 목진의 죄상을 낱낱이 헤아려 질책하고 의병을 규합하여 이들을 토벌하여 죽이십시오.

이렇게 하면 위로는 요동을 수복하여 부흥시키고, 아래로는 선비의 색연, 목진 2부를 병합하는 것이 됩니다. 조정에는 우리의 충성스럽고 의로운 이름을 빛나게 드러내고, 사사롭게는 우리에게 상당한 이익을 돌릴 수 있을 것입니다. 이는 우리가 저 높은 곳으로 날아오르는 시작이 되어, 끝내는 제후가 되고자 하는 우리의 뜻을 이루게 될 것입니다."

모용외는 이를 좋은 계책이라고 받아들이고, 마침내 색연과 목진의 모반을 엄중하게 질책하며 이들을 토벌하고 붙잡아 목을 베었다. 그리하여 요동군을 다시 세웠다. 〔출전: 『진서』 권108 「모용외재기(慕容廆載記)」〕

晉懷帝時, 遼東太守龐本私憾東夷校尉李臻, 鮮卑索連,木津等爲臻興義, 實因而爲亂, 遂攻陷諸將.

大單于慕容廆之長子翰言于廆曰: "臣聞求諸侯莫若勤王, 自古有爲之君, 靡不仗此以成事業者也. 今連,津跋扈, 王師覆敗, 蒼生屠膾, 豈甚此乎?

豎子外以龐本爲名, 內實幸而爲寇. 遼東傾沒, (乘便)[垂已]二周, 中原兵亂, 州師屢敗, 勤王仗義, 此其時也. 單于宜明九伐之威, 救倒懸之命, 數連,津之罪, 合義兵以誅之.

上則興復遼邦, 下則并呑二部, 忠義彰于本朝, 私利歸于我國, 此則吾鴻漸之始也, 終可以得志于諸侯."

廆善之, 遂誡嚴討連,津, 斬之. 立遼東郡.

진말(晉末) 열국 시기 전진(前秦)왕 부생(符生)이 충신과 어진 신하들을 마음대로 죽이자, 진나라 백성들은 한 시간을 백일보다도 더 길다고 고통스럽게 여겼다.

이때 권익(權翼)이 동해왕 부견(符堅)에게 이렇게 말했다. "지금의 주상은 우매한데다 포학해서 천하 백성의 마음이 떠났습니다. '덕이 있는 자는 크게 일어나고 덕이 없는 자는 재앙을 받는 것'은 하늘의 이치입니다. 일단 천하 정세에 큰 변화가 일어나면, 왕이 아니면 그 누가 이 혼란을 수습할 수 있겠습니까? 왕위와 사직은 엄중한 보물이니, 결단코 다른 자가 취하도록 내버려 두어서는 안 됩니다. 원컨대 왕께서는 탕왕과 무왕이 걸과 주를 토벌한 일을 본받아 행하시고, 백성들의 마음과 뜻을 따르십시오."

부견은 이를 옳다 여기고 권익을 측근 막료로 삼고, 대사를 맡겼다. 마침내 부생을 폐하고 부견을 진왕으로 세웠다. 〔출전: 『진서』 권113 「부견재기(符堅載記)」〕

(後)[前]秦王符生殺害忠良, 秦人度于一時如過百日.

權翼乃說東海王堅曰: "今主上昏虐, 天下離心. 有德者昌, 無德受殃, 天之道也. 一旦有風塵之變, 非君王而誰? 神器業重, 不可令他人取之. 願君王行湯,武之事, 以從民心志."

堅然之，引爲謀主，遂廢生，立堅爲秦王.

남조(南朝) 송 문제 때 원외산기시랑 공희선(孔熙先)은 광주자사 공묵(孔默)의 아들이다. 간교한 재주가 많고 별자리와 운기를 헤아려 점을 잘 쳤는데, 평소 강주(江州, 지금의 강서성과 호북성 일부) 분야에서 천자가 나올 것이며, 지금의 황제는 골육에 의해 시해될 것이라고 말했다. 마침 대장군 팽성왕(彭城王) 유의강(劉義康)이 안성군(安城郡,지금의 강서성 안복현 동남)으로 유폐되었는데, 공희선은 천자가 될 인물이 바로 팽성왕이라고 생각했다.

이에 공희선은 팽성왕의 첨사인 범엽(范曄)을 찾아가 이렇게 설득했다. "예전에 저의 선고께서 광주로 가셨을 적에 조정에서 모함과 비방이 분분했는데, 대장군께서 힘을 다해 도와주고 해명해 주신데 힘입어 가까스로 위험과 어려움을 벗어날 수 있었습니다. 돌아가실 때 유언으로 명을 남겼으니 죽음으로써 그 은덕에 보답하고자 합니다.

지금 주상은 사리에 어둡고 무도하여, 하늘마저도 버린 것 같습니다. 대장군께서는 영명하고 과단성 있고 총명하고 지혜로우며, 백성들과 신명 모두가 귀부하기를 원합니다. 관직에서 쫓겨나 남쪽 변경으로 유배되니 천하 백성들이 분개하고 원망하고 있습니다. 지금 천하의 인심은 소란스럽게 요동치고 하늘의 별자리도 운행이 어그러지고 있으니, 이른바 '시기가 이르면 거역할 수 없다.'는 말이 바로 지금을 두고 하는 말이 아니겠습니까?

천도와 인심에 순응하고 정의를 받들고자 하는 어진 선비들을 거두어들이며, 안으로는 조정의 총애 받는 귀족들과 연합하고 밖으로는 영웅호걸들과 손을 잡고서, 암중으로 안팎이 호응하도록 계획하여, 궁내에서부터 신속하게 거사를 일으키십시오. 그런 다음 뜻을 달리하는 자들을 제거하고 명철한 군주를 모셔다가 천자로 받들고, 백성들의 신망에 의지하여 천하를 호령한다면, 감히 어느 누가 복종하지 않겠습니까?

소인은 일곱 척의 몸과 세치의 혀로 공을 세우고 대사를 성공시킨 다음 그 모든 공을 여러 군자들에게로 돌리고자 합니다만, 어른께서는 어떻게 생각하십니까?" 범엽은 이 말을 듣고 매우 놀랐다.

공희선이 또 말했다. "옛적에 모개(毛玠)는 충성을 다하고 절의를 지켰으나 조조에게 쫓겨났고, 장온(張溫)은 진심을 다해 간언을 올렸으나 손권에 의해 축출되었습니다. 이들 두 사람은 나라의 충신이었고 당대의 준걸이었습니다. 그들의 품행에 어떤 흠이 드러났으며 또 언행에 어떤 흠결이 있었기에, 나중에 그런 해를 입고 치욕을 당해야 했습니까? 두 사람은 모두 청렴하고 강직하고 굳세고 정직했으나 간사하고 비뚤어진 자들에 의해 곤욕을 치러야 했습니다.

고상한 품행과 빼어난 절개가 있다고 해도, 오래도록 용납되지는 못하는 것입니다. 어른께서 지금 왕조로부터 받은 신임은 모개와 장온이 조조와 손권에 입은 은덕에 비해 크지 않을 것입니다. 그러나 백성들 사이의 명예와 칭송은 두 분 충신들보다 훨씬 뛰어납니다. 그래서 참소하는 무리들로 부터 모함과 질시를 받은 지 오래되었습니다. 그런 자들과 어깨를 나란히 하여 충성을 경쟁해야 할 터이니, 어찌 뜻을 이룰 수 있겠습니까?

예전에 은철(殷鐵)의 한 마디 말에 유반(劉班)은 철추에 맞아 머리가 깨졌고, 팽성왕이 쫓겨나 유배를 당하자 서동(徐童)이 또한 의심을 받았습니다. 어찌 이들이 부모의 원수이겠습니까, 아니면 만 대에 걸친 원한이 있었겠습니까? 칼과 창을 뽑아들고 싸우고 죽이는 것을 어릴 적부터 보아왔으니 그렇게 된 것입니다. 그들이 다투는 것은 명예와 권세, 또 이익을 누가 먼저 차지하고 뒤에 하느냐의 차이에 지나지 않습니다. 끝내는 상대방을 더 깊이 모함에 빠뜨리지 못했는지, 또는 좀 더 일찌감치 손을 쓰지 않았는지를 걱정하면서, 백 명을 죽이고서도 만족하지 못하는 지경에 이르게 되었습니다. 어찌 서책에 기록된 일들을 요원한 옛일이라고만 하겠습니까? 참으로 사람의 마음을 얼어붙게 하고 두려워 벌벌 떨게 만들고 있습니다.

지금 큰 공훈을 세우고 현명한 군주를 모셔다 세우는 것은, 어려운 일을 도모하여 쉬운 일로 바꾸고, 편안함으로써 위험을 대체하는 것입니다. 비유컨대 태산으로 쌓아놓는 계란을 치는 것과 같습니다. 어찌 나아가서 취하지 않습니까?

또 밝은 임금을 받들어 세우는 것은 지극한 덕행(至德)이며, 일신이 재상의 직을 오르는 것은 큰 공업(大業)이며, 명을 받아 공을 세운 뒤에 은거하는 것은 숭고한 명성(鴻名)이며. 이윤과 주공의 자취에 비견할만한 칭송을 받는 것은 아름다운 이름(美號)입니다. 지극한 공덕과 큰 업적, 숭고한 명성, 아름다운 칭호, 이 모든 것들은, 바로 고대의 삼왕과 춘추시대 오패(五霸)들이 군대를 패배시키고 장수를 죽이며 다투어 얻고자 했던 것입니다. 이를 하루아침에 모두 갖는 것, 또한 가능하지 않겠습니까? 이 밖에도 더 올릴 말이 있으나 우둔한 제가 감히 말씀 드리지 않겠습니다."

범엽이 물었다. "어떤 말이오?" 공희선이 말했다. "어른은 대대로 벼슬한 지체 높은 가문 출신입니다. 그런데도 황실과 혼인으로 인맥을 맺지 않았고, 조정안의 몇몇 간신들이 짐승처럼 대우했어도 이를 수치로 여기지 않았습니다." 범엽의 품행은 실제로 그렇게 고결하지 않았다. 그렇지만 공희선은 의도적으로 범엽을 격동시키기 위해 이렇게 말했던 것이다. 범엽은 묵묵히 있을 뿐이었다.

이후로 두 사람 사이의 관계는 날로 두터워졌고 함께 음모를 꾸미기 시작했다. 공희선은 팽성왕의 책사가 되어 역모를 꾀했으나, 일이 탄로나 연루된 자들은 모두 죽임을 당했다. 〔출전: 미상, 아마 배자야의 『송략(宋略)』으로 추정함. 『자치통감』 '송기(宋紀) 원가(元嘉) 22년 11월조'에 비슷한 내용의 문장이 있음〕

宋孔熙先者, 廣州刺史默之子也. 有姦才, 善占星氣, 言江州分野出天子, 上當見弑于骨肉. 及大將軍彭城王義康幽于安城郡, 熙先謂爲其人也.

遂說王詹事范曄曰: "先君昔去廣州, 朝謗紛紜, 藉大將軍深相救解, 得免艱危. 曩受遺命, 以死報德. 今主上昏僻, 殆天所棄. 大將軍英斷聰敏, 人神相屬, 失職南垂, 天下憤怨. 今人情騷動, 星文舛錯, 時至則不可拒, 此之謂乎?

若順天人之心, 收慕義之士, 內連寵戚, 外結英豪, 潛圖搆于表裏, 疾雷奮于肘腋; 然後誅除異(義)[我], (嵩)[崇]奉明聖, 因人之望, 以號令天下, 誰敢不從! 小人維以七尺之軀,三寸之舌, 立功立事, 而歸諸君子, 丈人謂爲何如?" 曄甚愕然.

熙先重曰: "昔毛(琢)[玠]竭節, 不容于魏武; 張溫畢議, 見逐于孫權. 彼二人者, 國之信臣, 時之俊乂, 豈疵瑕暴露, 言行玷缺, 然後至于禍[辱]哉? 皆以廉直勁正, 困于邪枉; 高行妙節, 不得久容.

丈人之于本朝, 不深于二主; 人間雅譽, 有過于兩臣. 讒夫側目, 爲日久矣；比肩競逐，庸可遂乎！殷鐵一言而劉班碎首，彭城斥逐，徐童見疑，彼豈父母之讐，萬代之怨？尋戈拔棘，自幼而然，所爭不過榮名勢利先後之間耳．及其末也，唯恐陷之不深，發之不早；戮及百口，猶曰不厭．是豈書籍遠事？可爲寒心悼栗者也．

今建大勳，奉賢哲，圖難于易，以安易危，比之太山而去累卵，何苦不就？且崇樹聖明，至德也；身享宰相，大業也；授命幽居，鴻名也；比跡伊,周，美號也．若夫至德,大業,鴻名,美號，三王五伯所以覆軍殺將而爭之也；一朝包括，不亦可乎？又有(邇)[過]羽此者，愚則未敢道．" 曄曰："何謂?"

熙先曰："丈人奕葉淸華，而不得連姻帝室，國家作禽獸相處，丈人曾未恥之." 曄門無內行，故熙先以此爲激，曄默然．自是情好遂密，陰謀搆矣．熙先專爲謀主，事露，皆伏誅．

남북조 시기 북주(北周)의 대장군 곽영(郭榮)이 왕명을 받고 당시 정주(定州, 지금의 하북성 정현)에 주둔하고 있던 수고조 양견(楊堅, 뒤에 隋文帝가 됨)을 만나러 왔다. 양견이 곽영에게 말했다. "나는 평소 산수와 자연에 노니는 것을 즐기고 관을 쓰고 벼슬하는 것을 좋아하지 않았습니다. 시세가 걷잡을 수 없이 닥치는 바람에 부득이하게 관직을 받았던 것 입니다. 원컨대 적당한 시기가 되면 고향집으로 돌아가 말년을 편안히 보내려 합니다. 어떻게 생각하십니까?"

곽영이 말했다. "지금의 주상은 무도하여 사람들은 모두 위험하고 두렵게 여깁니다. 천명은 영원히 고정되어 있지 않으니, 능력 있는 사람이 대신하여 갖는 것입니다. 명공의 공덕은 옛날 서백(西伯)인 문왕보다도 높고, 신망은 나라의 어떤 인물보다도 뛰어납니다. 마땅히 천하를 차지하여 여민(黎民)들을 위로해야할 터인데, 어떻게 어린 아이나 부녀자들이 구덩이나 함정에 빠졌을 때나 내뱉을 법한 죽는 소리를 본받아 하십니까?" 양견은 매우 놀라며 말했다. "어찌 말을 함부로 하십니까? 잘못하면 멸족 당합니다."

그 후 양견이 재상에 오르게 되었는데, 곽영을 보자 웃으며 말했다. "전에 한 말이 과연 적중했소." 뒤에 결국 양견은 북주를 대신하여 수나라를 세웠다. 〔출전: 미상, 『수서(隋書)』와 『북사(北史)』의 「곽영전(郭榮傳)」에 모두 이 내용의 글이 없다.〕

周大將軍郭榮奉使詣隋高祖, 高祖謂榮曰: "吾雅尙山水, 不好纓紱, 過藉時來, 遂叨明位. 願以時歸第, 以保餘年. 何如?"

榮對曰: "今主上無道, 人懷危懼. 天命不常, 能者代有. 明公德高西伯, 望極國華, 方據六合以慰黎庶, 反效童兒女子投坑落穽之言耶?"

高祖大驚曰: "無妄言, 族矣." 及高祖作相, 笑謂榮曰: "前言果中." 後竟代周室.

수나라 고조 양견이 세상을 떠나자 태릉에 안장했다. 앞서 병중에 있을 때 고조는 옥새가 찍힌 어지를 보내 한왕(漢王) 양량(楊諒)을 장안으로 불렀다. 양량은 당시 정주를 기키고 있었는데, 고조가 세상을 떠났다는 소식을 들었을 때 양소(楊素)가 왕위를 찬탈했다는 소문이 나돌았다. 양량은 크게 놀라 자신을 장안으로 부른 조서를 가짜라고 여기고, 군대를 일으켜 스스로를 지키며, 은밀하게 반란을 꾀하여 남쪽으로 포주(蒲州, 지금의 산서성 영제현)를 습격해서 차지했다.

사병참군(司兵參軍) 배문안(裴文安)이 양량에게 이렇게 건의했다. "용병은 차라리 졸렬하더라도 속전속결을 해야 하며, 잔재주를 부리거나 행동을 지체하고서 성공했다는 말을 듣지 못했습니다. 지금 선왕의 영구가 아직 인수궁에 있고, 토벌군이 동쪽으로 진군하고 있다고 하지만, 여기까지 오려면 열흘에서 한 달 정도 걸릴 것입니다.

만약 용맹이 뛰어난 기병 만 명을 뽑아 갑주로 무장하고 밤을 도와 달려 곧장 장안으로 쳐들어가면, 열흘이 채 걸리지 않아 장안을 점령할 수 있을 것입니다. 승복하지 않는 무리들을 거두어 높은 관직을 내리고, 믿을만한 심복을 뽑아 보내 핵심으로 삼아, 그들로 하여금 함께 장안을 지키게 하면 산동 지역의 여러 부와 현은 우리에게 귀부해 와서 양소의 땅이 아니게 될 것입니다. 그런 후에 대왕께서는 전고를 울리며 서쪽으로 진군해가면 위엄과 기세가 사방을 진동할 것이며, 손짓 한 번에 천하를 평정할 수 있을 것입니다."

그러나 양량은 이 건의를 따르지 않고 친히 대군을 이끌고 병주(幷州)와 개휴(介休) 사이에 주둔해있었다. 〔출전: 미상. 『수서』 권45의 「서인량전(庶人諒傳)」에 이 내용의 글이 나오지 않는다.〕

황상(수양제 양광)이 소식을 듣고 크게 놀라 하약필(賀若弼)을 불러 논의했다. 하약필이 말했다. "한왕 양량은 선제의 아들이고 폐하의 동생입니다. 몇 개의 주와 군을 다스리며 지방관을 총괄하는 중임을 맡고 있으며 명성을 크게 떨쳐 천하 사람들이 모두 그에게 복종하고 있으니, 이번 거사는 필연적이라 할 수 있습니다.

그가 장차 취할 수 있는 계책은 세 가지입니다. 신속하게 말을 달려 함곡관으로 들어온 뒤, 곧바로 장안으로 쳐들어가 점거하고, 서쪽으로 조정의 여섯 군(六軍)에 저항하면서 동쪽으로 산동 지역을 거두어 차지하는 것이 상책입니다. 이와 같이 한다면 천하가 누구의 손에 돌아갈 지 헤아릴 수 없습니다.

대군을 포주(蒲州)에 주둔시킨 채 5천 명의 기병을 파견하여 동관(潼關)을 봉쇄하고, 북제(北齊)의 기반이었던 옛 지역을 수복하여 차지하고 거기에 도읍을 정하는 것이 중책입니다. 만일 이렇게 한다면 사력을 다해 싸워야 할 것입니다.

만약 양량이 자기는 태원(太原)에 머물러 있으면서, 휘하 장령들을 파견하여 진공한다면 이는 하책입니다. 이와 같이 한다면 사로잡을 수 있을 것입니다.

양광이 말했다. "공은 짐을 위하여 그들이 어떤 계책으로 나올 것인지 한 번 따져 보시오." 하약필이 대답했다. "그 휘하의 소마하(蕭摩訶) 장군은 나라를 망칠 장군으로 더불어 대사를 도모할 수 없습니다. 배문안은 나이는 어리지만 매우 현명합니다. 그러나 임용되지 않을 것입니다. 그 나머지는 소인배들이어서 처자식을 연연해하고 구차하게 자신들의 편안함을 구하는 자들이어서 원정에 나설 수 없습니다. 그렇기 때문에 양량은 반드시 군대를 파견해서 포주를 점거토록 하고, 자신은 태원에 머물면서 그곳을 근거지로 삼을 것입니다. 신이 생각건대, 반드시 하책으로 나올 것입니다."

과연 하약필이 추산한 그대로 되었다. 양광은 이에 양소를 장군으로 삼아 양량의 군대를 깨뜨렸다. 〔출전: 미상, 『수서』 권52 및 『북사』 권68의 「하약필전(賀若弼傳)」에 나오지 않는 내용임〕

隋高祖崩, 葬于太陵. 初疾也, 璽書徵漢王諒, 諒聞高祖崩, 流言楊素簒位. 大懼, 以爲詐也. 發兵自守, 陰謀爲亂, 南襲蒲州, 取之.

司兵參軍裴文安說諒曰:“兵以拙速, 不聞巧遲. 今宰宮尙在仁壽, 比其徵兵東進, 動移旬朔. 若驍勇萬騎卷甲宵征, 直指長安, 不盈十日, 不逞之徒擢授高位, 付以心膂, 共守京城, 則山東府縣非彼之有. 然後大王鼓行而西, 聲勢一接, 天下可指麾而定也.”

諒不從, 乃親率大軍屯于并,介之間.

上聞之, 大懼, 召賀若弼議之. 弼曰:“漢王, 先帝之子, 陛下之弟; 居連率之重, 摠方岳之任, 聲名震響, 爲天下所服, 其擧事畢矣.

然而進取之策有三; 長驅入關, 直據京師, 西拒六軍, 東收山東, 上策也. 如是, 則天下未可量.

頓大軍于蒲州, 使五千騎閉潼關, 復齊舊境, 據而都之, 中策也. 如是, 以力爭. 若親居太原, 徒遣其將來, 下策也. 如是, 成擒耳.”

上曰:“公試爲朕籌之, 計將何出?”弼曰:“蕭摩訶, 亡國之將, 不可與圖大事. 裴文安, 少年, 雖賢, 不被任用. 餘皆羣小, 顧戀妻孥, 苟求自安. 不能遠涉, 必遣軍來攻蒲州, 親居太原, 爲之窟穴. 臣以爲, 必出下策.“

果如弼所籌. 乃以楊素爲將, 破之.

수양제가 친히 6군을 거느리고 고구려 정벌에 나서자, 예부상서인 초국공(楚國公) 양현감(楊玄感)이 여양(黎陽, 지금의 하남성 준현)을 거점으로 반란을 일으켰다. 이밀(李密)이 양연감을 만나 말했다. “천자가 요동 밖으로 원정을 갔는데, 그 지역은 유주로부터 천 리나 떨어진 먼 곳 입니다. 남쪽으로는 큰 바다가 가로막고 있고, 북쪽에는 호족(胡族)의 침공을 걱정해야 하며, 중간으로 난 한 가닥 길은 극히 험하고 위태롭습니다.

지금 귀공께서는 군대를 이끌고 그들이 예상치 못하게 군대를 출동시켜, 곧장 앞으로 치달려 계(薊, 지금의 하북성 계현, 삼하현 일대) 땅으로 쳐들어가서, 목구멍이 되는 요충을 꽉 눌러야 합니다. 앞에는 고구려가 있고 뒤로는 퇴각하여 돌아올 길이 없으니, 불과 열흘이 지나지 않아 준비한 군량은 다 떨어질 것입니다. 이때 손짓하며 크게 부르면 수나라 병사들이 스스로 투항할 것이니 싸우지 않고도 이길 수 있습니다. 이것이 상책입니다.

관중 지역은 사방이 모두 천험으로 막혀있고 하늘이 내린 창고라 불리는 풍요한 곳입니다. 지금 형부상서 위문승이 수비하고 있으나 염려할만한 인물이 아닙니다. 만약 지금 군대를 인솔하고 곧장 장안으로 쳐들어가 점령하면, 비록 천자가 귀환하더라도 그는 기반을 잃어버렸고, 우리는 험고한 요새에 의지하여 맞아 지킬 수 있습니다. 그러므로 싸우면 반드시 이기게 되어있는 만전의 계책이니, 이것이 중책입니다.

만약 가깝고 편한 것부터 하고자 하면, 우선 동도, 즉 낙양으로 진군하여 견고한 성 아래에 군대를 주둔시켜놓고 지키면, 승패는 예측할 수가 없습니다. 이것이 하책입니다.

그러나 양현감은 낙양의 보화를 탐내어 이렇게 말했다. "공에게는 하책이 도리어 나에게는 상책이오." 이에 낙양을 포위하고 공격했다. 결국 양현감은 유리함을 모두 잃고 하루 밤사이에 무너졌다. 수나라 군대가 추격해 붙잡아 목을 베었다.

이밀은 달아나 동군 지역의 도적 적양(翟讓)에게로 귀순했다. 〔출전: 『수서』 권70 「이밀전(李密傳)」〕

隋煬帝親御六軍伐高麗，禮部尙書,楚國公楊玄感據黎陽反.

李密說玄感曰: "天子遠征遼左，地去幽州，懸隔千里. 南有巨海之限，北有胡戎之患，中間一道，路極艱危. 今公擁兵，出其不意，長驅入薊，直扼其喉. 前有高麗，退無歸路，不過旬日，資粮必盡. 擧麾一召，其衆自降，不戰而剋，計之上也.

關中四塞，天府之國，有衛文昇，不足爲意. 今若率衆而入長安，天子雖還，失其襟帶，據險臨之，故當必剋，萬全之策，計之中也.

若隨近逐便，先向東都，頓兵堅城之下，勝負俱未可知，此計之下也."

玄感利洛陽寶貨，曰: "公之下策，我之上策也." 遂圍之. 玄感失利，宵潰，王師追斬之. 李密乃亡歸翟讓.

수양제(隋煬帝)는 애초부터 이연(李淵, 뒤의 당 고조)을 시기했다. 이연은 이를 알고 나서 항상 위험과 두려움에 시달렸다. 태원(太原) 태수로 있을 때 돌궐을 토벌했으나 전황이 불리해졌는데, 양제가 이를 견책하지 않을까 매우 두려워하고 있었다. 이때 이세민(李世民, 뒤의 당 태종)은 부친을 따라 종군하고 있었는데, 수나라가 장차 망할 것임을 짐작하고 의거를 일으켜 천하를 안정시킬 것을 암중으로 도모하고 있었다.

이에 부친께 나아가 말했다. "부친께서는 무엇 때문에 그렇게 심히 걱정하고 있습니까? 지금의 주상은 무도하여 백성들은 시달리며 원망하고 있으며, 성문 밖은 모두가 도적이 되어 있다고 합니다. 부친께서 홀로 왕실에 대해 작은 절의를 지키고자 하지만, 머지않아 목숨을 내놓아야할 화가 반드시 닥칠 것입니다. 만약 의로운 군대를 일으킨다면, 이는 실로 백성들이 바라는 바입니다.

또한 이곳 진양(晉陽)은 군대를 일으키기에 적합한 곳입니다. 식량도 풍부하고 병사도 충분히 모을 수 있으니 부친께서 이곳을 차지한다면, 이는 하늘이 우리에게 내려준 것으로, 진실로 이를 기회로 삼아 화를 복으로 바꾸고, 나아가 대업을 이룰 수 있을 것입니다. 하늘이 주었는데 취하지 않으면서 걱정만 한들 무슨 도움이 되겠습니까?" 이연은 크게 놀라, 매우 엄하게 이세민의 건의를 거부했다. 이세민을 빠른 걸음으로 물러났다.

다음날 이세민은 다시 나아가 설득했다. "이는 만의 하나 실패가 없는 계책이며, 멸족의 위기로부터 구제하는 일이 됩니다. 지금 조정은 기강이 무너지고 문란하며 도적이 사방에서 날뛰고 있습니다. 부친께서는 이 도적을 체포하라는 명을 받았는데, 도적을 모두 소탕했습니까? 도적을 모조리 소탕하지 못했으니, 이미 죄를 지었습니다.

또한 세간에서는 이씨가 하늘의 명을 받을 것이라는 도참이 나돌았는데, 이 때문에 명망이 높고 존귀한 집안 출신의 이금재(李金才)가 처형되고 하루아침에 일족이 몰살되었습니다. 부친께서 도적떼를 모두 소탕하더라도 그 공로에 합당한 상을 받기는커녕, 오히려 살길을 구해야 할 것이니, 어찌 가당한 일이겠습니까?"

이연의 뜻이 누그러지면서 이렇게 말했다. "나도 하룻밤 동안 생각해 보았는데 너의 말에 매우 일리가 있다. 이제 거사가 실패하여 집안이 망하고 일족이 몰살되는 것도 너 때문이며, 천하를 차지하여 집안이 나라로 바뀐다면 그것도 너 때문일 것이다." 이로써 계책을 정했다.

이에 이세민과 진양 현령 유문정(劉文靜) 그리고 문객인 장손순덕(長

孫順德), 유홍기(劉弘基) 등에게 명령을 내려 병사를 모으도록 하였다. 열흘 남짓 사이에 그렇게 모은 병사가 만 명이나 되었다. 부유수 왕위(王威)와 고군아(高君雅)를 참수하고, 이연은 진나라 사당(晉祠)에 가서 기우제를 지내는 것처럼 꾸몄다. 이는 사태가 불리하게 돌아갈 경우를 대비한 것이었다. 이연은 진양국의 부감인 배적(裴寂)의 계책을 채택하여, 이윤이 태갑(太甲)을 추방하고 서한 때 곽광(霍光)이 창읍왕 유하(劉賀)를 폐위한 고사를 본받아, 양제를 물러나게 하여 태상황으로 높이고 대왕(代王) 양유(楊侑)를 황제로 옹립하여 수 왕실을 안정시켰다. 이어 모든 군에 격문을 띄우고 의거를 널리 알렸다.

그해 가을 7월, 정예병 3만 명을 보내 서쪽으로 관중을 공격하도록 하고, 이연은 태원 들판에서 백색 깃발을 높이 세우고 장병들에게 훈계한 다음, 군사를 이끌고 출정 길에 올랐다. 마침내 수 왕조를 무너뜨리고 당 왕조를 세웠다. 〔출전: 미상. 현존 『대당창업기거주』와 『구당서』 및 『신당서』에 모두 없는 내용임. 『태종실록』의 문장이 아닐까 추정함〕

隋煬帝初猜忌, 唐高祖知之, 常懷危懼. 爲太原留守, 以討擊不利, 恐爲煬帝所譴, 甚憂之.

時太宗從在軍中, 知隋將亡, 潛圖義擧以安天下, 乃進曰: “大人何憂之甚也? 當今主上無道, 百姓愁怨, 城門之外皆已爲賊. 獨守小節, 必且旦暮死亡. 若起義兵, 實當人欲.

且晉陽用武之地, 足食足兵, 大人居之, 此乃天授, 正可因機轉禍, 以就功業. 旣天與不取, 憂之何益?” 高祖大驚, 深拒之, 太宗趨而出.

明日，復進說曰：“此爲萬全之策，以救滅族之事．今王綱弛紊，盜賊逼天下，大人受命討捕，其可盡乎？賊旣不盡，自當獲罪．且又世傳李氏姓膺圖籙．李(全)[金]才位望隆貴，一朝族滅．大人旣能平賊，卽又功當不賞，以此求活，其可得乎？”

高祖意少解，曰：“我一夜思量，汝言大有道理．今日破家滅身亦由汝，化家爲國亦由汝．”于是定計．

乃命太宗與晉陽令劉文靜，及門下客長孫順德，劉弘基等募兵．旬日之間，衆且一萬．斬留守副王威，高君雅，以其詭請高祖祈雨于晉祠，將爲不利故也．用裴寂計，准伊尹放太甲，霍光廢昌邑故事，尊煬帝爲太上皇，立代王侑，以安隋室．傳檄諸郡，以彰義擧．

秋七月，以精甲三萬西圖關中，高祖仗白旗，誓衆于太原之野，引師卽路，遂亡隋族，造我區夏．

이로써 살펴본다면, 천하는 한 사람의 천하가 아니라, 천하 만 백성들의 천하임을 명백히 알 수 있다. 〔출전: 『육도』「문도 문사(文師)」〕

그러므로 하은주 삼대의 왕들이 왕조가 바뀔 때마다 세수(歲首, 정월)를 달리 세웠다는 사실을 깨달아야 하며, 천명을 받는 사람은 여럿이어서 어느 한 성씨가 혼자 가질 수 없음을 명백히 알아야 한다.

예전에 공자께서 『시경』 가운데 “은나라 선비 중에 품행이 아름답고 민첩한 자들이, 주나라 서울에서 강신제를 도우니(대아 문왕편)” 하는 대목에 이르자, 탄식하여 말했다. “부귀는 영원하지 않다. 만일 그렇지 않다면, 왕공들을 어떻게 경계하고 삼가도록 만들 것이며, 백성들을 어떻게 권면할 수 있겠는가?”

또 『역경』에서 말한다. “편안할 때에 위태로움을 잊지 말고, 존속할 때에 망하는 것을 잊지 않아야 하니, 이로써 몸을 편안히 하고 나라를 온전히 지킬 수 있다." 〔출전: 『한서』 권36 「유향전(劉向傳)」〕

그러므로 두려워할 바가 있고 항상 경계하는 마음을 지녀야 한다는 것을 안다면, 실로 나라를 다스리는 자의 복이라 할 것이다. 〔조유의 말〕

由此觀之, 是知天下者, 非一人之天下也, 天下人之天下也.

所以王者必通三統, 明天命所受者博, 非獨一姓也.

昔孔子論'詩', 至于'殷士膚敏, 裸將于京', 喟然嘆曰: "富貴無常. 不如是, 王公其何以誡愼, 民萌其何以勸勉?"

'易'曰: "安不忘危, 存不忘亡, 是以身安而國家可保也."

故知懼而思誡, 乃有國之福者矣.

제21편 시의(時宜)

시세에 맞춰 대응하라

일의 모습과 진행 방향이 같은 일인데도 실제 결과가 다르게 나타나는 것은, 일 자체가 잘못되거나 어그러진 때문이 아니라, 때의 형세가 바뀌었기 때문이다.

어떻게 이를 입증할 수 있는가? [조유의 말]

夫事有趨同而勢異者, 非事詭也, 時之變耳.

何以明其然耶?

옛날 진(秦) 말년에 진섭(陳涉)이 기(蘄, 지금의 안휘 숙주) 땅에서 의병을 일으켜, 군사를 이끌고 진(陳) 땅에 이르렀다. 진의 여러 호걸들이 진섭에게 이렇게 건의했다. "장군이 몸소 갑옷을 입고 날카로운 칼을 잡고, 병사들을 이끌어 포악한 진나라를 토벌하고 초나라의 사직을 다시 일으켜 세우시니, 그 공덕은 마땅히 왕이 될 만합니다."

진섭이 진여(陳餘)와 장이(張耳)를 불러 이에 대해 묻자 두 사람은 이렇게 대답했다. "장군께서는 눈을 부릅뜨고 용기를 떨치며 일어나, 만 번 죽을지언정 일신의 안위를 돌보지 않는 일생일대의 계책을 세우고, 천하 백성들을 위하여 잔악한 진나라를 없애려 합니다. 이제 막 진 땅을 차지했는데, 바로 왕을 자칭한다면, 이는 천하에 장군의 사적인 욕심을 드러내 보이는 것입니다.

원컨대 장군께서는 왕이 되려하지 말고, 속히 군대를 이끌고 진나라로 진격하십시오. 그러는 한편으로 사람을 파견하여 여섯 나라(한, 위, 연, 조, 제, 초의 육국)의 후예를 찾아 사직을 잇도록 해서, 장군 자신의 무리를 만드십시오. 이렇게 하면 들판에서 더 이상 싸우지 않아도 포악한 진나라를 멸망시킬 수 있을 것이며, 그런 다음 함양(咸陽)을 차지하고 제후들을 호령하면, 제왕의 대업을 이룰 것입니다. 지금 홀로 진땅에서 왕 노릇을 한다면 아마도 천하의 인심이 흩어질까 걱정됩니다." 〔출전: 『사기』 권89 「장이진여열전(張耳陳餘列傳)」〕

초한이 서로 싸우던 시기 역이기(酈食其)가 한왕 유방을 위해 초나라(항우의 세력)를 뒤흔들 계략을 건의했다. "옛날 탕임금이 걸을 토벌한 뒤 그 후손을 기(杞, 지금의 하남 기현)에 봉했고, 무왕이 주를 멸한 후에 그 후손을 송(宋, 지금의 하남 상구현 남쪽)에 봉해주었습니다. 지금 진나라는 덕을 잃고 신의를 저버렸으며, 여러 제후들의 사직을 침범하고 여섯 나라의 후사를 끊어버렸으며, 송곳 하나 꽂을 땅이 없도록 만들었습니다.

만약 폐하께서 여섯 나라의 후예들로 하여금 다시 나라를 세워 뒤를 이을 수 있도록 해준다면, 그들의 군신과 백성들은 모두 폐하의 은덕을 높이 받들 것이며, 폐하의 은덕과 신의를 흠모하지 않는 사람이 없어 기꺼이 신첩이 되기를 원할 것입니다. 이렇게 인덕과 도의로 행하시면 폐하께서는 왕위에 올라 패주를 칭할 수 있을 것이며, 초나라는 반드시 옷깃을 여미고 입조하게 될 것입니다." 한왕이 이를 듣고 말했다. "매우 좋다."

장량(張良)이 이를 알게 되자 나아가 말했다. "폐하께서 만일 문객인 역이기의 계책을 쓴다면, 대사는 끝장입니다." 한왕이 물었다. "무엇 때문이오?"

장량은 여덟 가지의 어려움을 들면서, 대략 이렇게 설명했다. "옛날 탕임금이 걸을 토벌하고 그 후손을 기에 봉해준 것은 걸의 생사 운명을 좌우할 수 있다고 여겼기 때문입니다. 지금 폐하께서는 항적(項籍, 항우)의 생사를 능히 좌우할 수 있습니까? 이것이 그 계책이 불가한 첫째 이유입니다.

무왕이 은나라를 멸망시키고 들어갔을 때, 현인으로 칭송받는 상용(商容)의 마을에 여문(閭門)을 세워 표창하고, 감옥에 갇혀있던 기자(箕子)를 석방하며, 충신 비간(比干)의 분묘에 흙을 돋우어 다듬었습니다. 지금 폐하께서는 성인의 분묘를 돌보거나 여문을 세워 현인에게 경의를 표했습니까? 이것이 육국의 후대를 봉할 수 없는 둘째 이유입니다.

(무왕이 은나라에 들어가서) 거교(鉅橋)의 곡식을 방출하고 녹대(鹿臺)에 쌓아둔 재물을 풀어 빈궁한 백성들을 구휼했습니다. 지금 폐하께서는 창고의 재물을 풀어 빈곤한 백성들에게 나누어줄 수 있으신지요? 이 계책이 불가한 셋째 이유입니다.

무왕은 또 은나라 정벌이 끝나자 전차를 개조하여 타고 다니는 수레를 만들고 창과 방패를 거꾸로 세워 창고에 넣어 놓고, 천하에 다시는 무력을 사용하지 않을 것이라는 뜻을 보였습니다. 지금 폐하께서는 무력을 포기하고 문덕을 닦으며, 다시는 군대를 사용하지 않을 수 있습니까? 이것이 불가한 넷째 이유입니다.

무왕은 주를 토벌한 후 전마를 모두 화산(華山)의 남쪽 언덕에 풀어 놓고 다시는 말을 타고 싸우지 않겠다는 뜻을 보였습니다. 지금 폐하께서는 말을 모두 풀어놓고 다시는 사용하지 않을 수 있습니까? 이것이 다섯째 이유가 됩니다.

무왕은 은나라 정벌이 끝난 뒤 소들도 모두 도림(桃林)에 풀어 놓아 쉬게 하여, 다시는 그 소들에게 군수 물자를 싣고 가도록 하지 않을 것임을 천하에 보였습니다. 지금 폐하께서도 그렇게 할 수 있습니까? 이것이 그 계책이 불가한 여섯째 이유입니다.

또 천하를 떠돌아다니는 책사와 유세객들은 일가친척과 이별하고 조상의 분묘를 버리고 옛 친구들과도 떨어진 채 폐하를 따르면서, 밤낮으로 지척의 땅이나마 얻기를 갈망하고 있습니다. 지금 한, 위, 조, 연, 제, 초의 여섯 나라를 다시 세우고 그 후손들이 뒤를 잇도록 해주시면, 더 이상 다시 세울 나라가 없습니다. 만일 이렇게 한다면 천하의 선비들은 각자 자기 나라로 돌아가 옛 주인을 섬길 것이며, 친척들을 찾고 친구들에게로 돌아갈 것입니다. 그렇게 되면 폐하께서는 누구와 함께 천하를 얻으시려 합니까? 이것이 그 계책을 써서는 안 되는 일곱째 이유입니다.

하물며 지금 초나라보다 더 강한 나라는 없습니다. 폐하께서 복위시켜 준 여섯 나라도 세력이 약해지면 다시 초나라를 따르게 될 것이니, 폐하께서는 어떻게 그들을 신하로 복종시킬 수 있겠습니까? 그 계책이 불가한 여덟째 이유입니다. 폐하께서 진실로 역이기의 계책을 쓰신다면 대업은 끝장입니다."

유방은 그때 마침 밥을 먹고 있던 중이었는데, 입속의 음식을 뱉어 내고는 역이기를 꾸짖었다. "저 풋내기 서생이 대업을 거의 망칠 뻔했구나." 그리고 급히 그에게 내렸던 인장을 돌려받아 녹여 없애도록 명령했다. 〔출전: 『사기』 권55 「유후세가(留侯世家)」〕

형세의 다름이 이와 같은 것이다. 〔조유의 말〕

昔秦末陳涉起蘄, 民至陳, 秦豪傑說涉曰: "將軍披堅執銳, 帥士卒以誅暴秦, 復立楚社稷, 功德宜爲王."

陳涉問陳餘,張耳兩人, 兩人對曰: "將軍瞋目張膽, 出萬死不顧一生之計, 爲天下除殘賊. 今始至陳而王之, 示天下以私. 願將軍無王, 急引兵而進, 遣人立六國後, 自爲樹黨. 如此, 野無交兵, 誅暴秦, 據咸陽以令諸侯, 則帝業成矣. 今獨王陳, 恐天下解也."

及楚漢時, 酈食其爲漢謀撓楚權曰: "昔湯伐桀, 封其後于杞. 武王伐紂, 封其後于宋. 今秦失德棄義, 侵伐諸侯社稷, 滅亡六國之後, 使無立錐之地. 陛下誠能復立六國後, 此其君臣百姓, 必皆戴陛下德, 莫不向風慕義, 願爲臣妾. 德義以行, 陛下南面稱覇, 楚必斂衽而朝." 漢王曰: "善."

張良曰: "誠用客之謀, 陛下事去矣." 漢王曰: "何哉?"

良因發八難, 其略曰: "昔者, 湯伐桀封其後于杞者, 度能制桀之死命也. 今陛下能制項籍之死命乎? 其不可一也. 武王入殷, 表商容之閭, 釋箕子之囚, 封比干之墓. 今陛下能封聖人之墓,褒賢者之閭乎? 其不可二也.

發巨橋之粟, 散鹿臺之財, 以賑貧民. 今陛下能散府庫以賜貧窮乎? 其不可三也. 殷事已畢, 偃革爲軒, 倒載干戈, 示天下不復用武. 今陛下能偃武修文, 不復用兵乎? 其不可四也.

放馬華山之陽, 示無所爲. 今陛下能放馬不復用乎? 其不可五也. 休牛桃林之野, 示天下不復輸積. 今陛下能乎? 其不可六也.

且天下遊士離親戚, 棄墳墓, 去故舊, 從陛下者, 日夜望咫尺之地. 今復六國, 立韓,魏,燕,趙,齊,楚之後, 餘無復立者, 天下遊士各歸事其主, 從親戚, 反故舊. 陛下與誰取天下乎? 其不可七也. 且楚惟無强, 六國(去)[立]者復撓而從之, 陛下安得而臣之哉? 其不可八也. 誠用客之謀 則大事去矣."

時王方食, 吐哺, 罵酈生曰: "豎儒, 幾敗我事." 趣令銷印.

此異形者也.

전국 시대에, 진의 혜왕(惠王)이 유세객 진진(陳軫)에게 물었다. "한나라와 위나라가 서로 전쟁을 벌인지 1년이 지났는데도 화해하지 않고 있소. 어떤 사람은 화해시키는 것이 낫다고 하고, 또 어떤 사람은 화해시키지 않고 그대로 두는 것이 낫다고 하오. 과인으로서는 결정을 내릴 수 없으니, 그대가 과인을 위하여 계책을 내보시오."

진진이 말했다. "예전에 변장자(卞莊子)가 호랑이를 찔러 죽이려 하자 집안의 심부름하는 아이가 말리면서 말하기를 '호랑이 두 마리가 막 소를 잡아먹으려 합니다. 먹어봐서 맛이 좋으면 반드시 다툴 것이고, 일단 다투게 되면 반드시 싸울 것이며, 서로 싸우면 큰 놈은 상처를 입고 작은 놈은 죽게 될 것입니다. 그때 상처 입은 놈부터 찔러 죽이면 한 번에 호랑이 두 마리를 잡았다는 명성을 얻게 될 것입니다.'

지금 한나라와 위나라가 싸움을 벌인 지 1년이 지나도록 화해하지 않았으니, 반드시 큰 나라는 피폐해질 것이고 작은 나라는 망할 것입니다. 기다려 피폐해진 나라부터 정벌한다면 한 번에 두 나라를 차지할 것이니, 바로 변장자가 호랑이 두 마리를 잡은 것과 같은 일입니다." 혜왕이 말했다. "좋은 계책이오." 과연 진진의 말대로 되었다. 〔출전: 『사기』 권70 「장의열전(張儀列傳)」〕

처음에 여러 제후들이 진나라에 대항해 반란을 일으켰을 때, 진 장군 장한(章邯)이 거록(巨鹿)에서 조나라 왕을 포위했다. 초회왕(楚懷王)은 항우와 송의(宋義) 등을 북쪽으로 파견해 조나라 왕을 구하도록 했다. 안양(安陽, 지금의 산동성 조현)에 이르자 송의는 군대를 머물게 하고 진군하지 않았다. 항우가 송의에게 말했다. "지금 진나라 군대가 거록을 포위하고 있으니 서둘러 군사를 이끌고 황하를 건너야 합니다. 우리 초나라 군대가 밖에서 공격하고 조나라가 성안에서 호응하면, 반드시 진나라 군대를 격파할 것입니다."

송의가 말했다. "그렇지 않소. 소등에 앉아 있는 등에(조를 공격하는 진나라 군대를 비유함)는 손바닥으로 쳐서 죽일 수는 있지만, 털 속에 박혀있는 이(관중의 진나라를 비유함)는 죽일 수 없소. 지금 진나라 군대가 조나라를 공격하고 있는데 싸워 이기더라도 병사들이 지치게 될 것이니, 우리는 지친 진나라 병사들을 맞아 싸우면 되는 것이오. 만일 진군이 이기지 못하면, 우리는 병사를 이끌고 북을 울리면서 서쪽으로 진군하여 진나라를 반드시 멸망시킬 수 있을 것이오. 그러므로 진군과 조군이 싸우도록 내버려두는 것보다 더 나은 계책이 없소. 무기를 들고 적군으로 쳐들어가 싸우는 데는 나 송의가 공보다 못하겠지만, 앉아서 계략을 세워 운용하는 데는 공이 나보다 못하오."

항우가 말했다. "장군은 전력을 다해 진나라 군을 공격해야 마땅하거늘, 오랫동안 머물면서 움직이지 않고 있습니다. 올해는 기근으로 백성들이 가난에 시달리고 병사들도 채소와 콩을 섞어 먹는데, 진중에는 군량이 바닥이 났습니다. 그런데 장군은 술을 마시고 거창한 연회나 베풀면서, 군사를 이끌고 황하를 건너 조나라의 양식을 얻고 조나라와 함께 진나라 군대를 공격할 생각은 않고, 그들이 지친 틈을 노린다고 말만 하고 있습니다. 진의 강성한 군대가 갓 세워진 조나라 군을 공격하면, 형세로 보아 반드시 조나라를 무찌를 것입니다. 조나라가 망하면 진나라는 그만큼 더 강해질 것이 뻔한데, 어떻게 진나라 군사가 지친 틈을 노린다는 말입니까.

하물며 우리 군대가 최근에 패배를 당하여 왕이 안심하고 앉아 있지 못하고 경내의 모든 병사를 끌어 모아 장군에게 통솔하도록 했으니, 나라의 안위가 이 한 번의 싸움에 달려 있습니다. 그런데 지금 장군은 병사들을 돌보지 않고 사사로운 일에 매달려 있으니, 이는 사직을 지키는 충신이라 할 수 없습니다."

그날 밤 항우는 송의의 군막으로 몰래 들어가 목을 베어 죽였다. 그리고는 모든 병력을 이끌고 황하를 건너간 뒤, 타고 온 배를 모두 가라앉히고 밥 지을 솥을 깨뜨려 버려, 병사들에게 살아 돌아올 마음이 없다는 필사의 결의를 보이고, 진나라 군대를 대파했다. 〔출전: 『사기』 권7 「항우본기(項羽本紀)」 및 『한서』 권31 「항적전(項籍傳)」〕

(두 호랑이가 싸우는 것을 지켜보는 계책이 전국 시대는 통했으나, 항우는 채택하지 않았으니) 시세의 다름이 이와 같은 것이다. 〔조유의 말〕

七國時, 秦王謂陳軫曰: "韓,魏相攻, 朞年不解. 或曰救之便, 或曰勿救之便. 寡人不能決, 請爲寡人決之."

軫曰: "昔卞莊子方制虎, 管豎子止之, 曰: '兩虎方食牛, 牛甘必爭, 爭必鬪, 鬪則大者傷, 小者死. 從傷而刺之, 一擧必有兩虎之名.' 今韓,魏相攻, 朞年不解, 必是大國傷,小國亡. 從傷而伐之, 一擧必有兩實. 此卞莊刺虎之類也." 惠王曰: "善." 果如其言.

初, 諸侯之叛秦也, 秦將軍邯圍趙王于鉅鹿. 楚懷王使項羽,宋義等北救趙, 至安陽, 留不進. 羽謂義曰: "今秦軍圍鉅鹿, 疾引兵渡河. 楚擊其外, 趙應其內, 破秦軍必矣."

宋義曰: "不然. 夫搏牛之蝱, 不可以破蝨. 今秦攻趙, 戰勝則兵罷, 我承其弊; 不勝, 則我引兵鼓行而西, 必擧(義)[秦]矣. 故不如鬪秦,趙. 夫擊輕銳, 我不如公; 坐運籌策, 公不如我."

羽曰: "將軍戮力而攻秦, 久留不行. 今歲饑民貧, 士卒半菽, 軍無見粮, 乃飮酒高會, 不引兵渡河因趙食, 與并力擊秦, 乃曰承其弊. 夫以秦之强, 攻新造之趙, 其勢必擧趙. 趙擧而秦强, 何弊之承?

且國兵新破, 王不安席, 掃境內而屬將軍, 國家安危, 在此一擧. 今不恤士卒而狥私, 非社稷臣也." 卽夜入義帳中, 斬義. 悉兵渡河, 沉舟破釜, 示士卒必死, 無還心, 大破秦軍.

此異勢者也.

한신이 조나라 정벌을 위해 출병하여 정형(井陘, 지금의 하북성 녹천시 서남쪽 태행산의 험한 관문)의 어귀에 군대를 주둔시켰다. 한신은 가볍게 무장한 기병 2천 명을 선발하여 저마다 붉은 깃발을 한 개씩 지니게 하고, 샛길로 해서 산에 올라가 조나라 군대의 동태를 지켜보도록 하고는, 엄중하게 명령했다. "조나라 군대는 우리 군사가 달아나는 것을 보면 반드시 군영을 비워놓고 우리를 추격할 것이니, 너희들은 재빨리 조나라 군영으로 들어가 조나라 깃발을 모두 뽑아버리고 우리 한나라 군의 붉은 깃발을 세워라."

한신은 군사 만 명을 먼저 보내고, 자신도 출병하여 물을 등지고 이른바 '배수진'을 펼쳤다. 동이 틀 무렵 한신은 대장기를 앞세우고 북을 울리며 정형 어귀로 나아갔다. 조나라 군도 영채를 열고 출격해 한참동안 큰 싸움을 벌였다. 이때 한신은 거짓으로 깃발과 전고를 버리고 강가의 진지로 달아났다. 강가의 군대는 진영의 문을 열어 한신을 맞아들이고, 다시 격렬하게 싸움을 벌였다.

조나라 군사들은 군영을 비워놓고 한나라 군대의 깃발과 전고를 차지하려고 서로 경쟁하면서 한신을 추격했다. 한신은 이미 강가의 진영으로 들어가 버렸고, 한나라 군사들이 저마다 목숨을 내놓고 용맹하게 싸워 도저히 무찌를 수 없었다. 이때 한신이 먼저 파견했던 기병 2천기는 조나라 군대가 군영을 비우고 전리품을 쫓는 틈을 타 조나라 군영으로 신속하게 들어가서, 조군의 깃발을 모두 뽑고 한나라의 붉은 깃발 2천 개를 꽂았다. 조나라 군대는 한신을 사로잡지 못하게 되자 군영으로 되돌아갔다. 그러나 군영에 온통 한나라의 붉은 깃발이 꽂혀있는 것을 보고 매우 놀랐다. 군사들은 조나라 왕과 장수들이 모두 사로잡혔다고 생각하고, 어지럽게 도망치기 시작했다. 조나라 장수들이 달아나는 병사들의 목을 베면서 막으려 했으나 소용이 없었다. 이 틈을 타고 한나라 군대가 공격하여 조나라 군대를 크게 깨뜨리고 병사들을 포로로 잡았다.

한나라 장군들은 수급과 포로를 바치면서 한신에게 축하한 뒤 이렇게 물었다. "병법에는 오른쪽 뒤로 산이나 언덕을 등지고, 왼쪽 앞으로 강이나 못을 바라보게끔 해서 진을 친다고 합니다. 오늘은 이와 반대로 배수진을 치고도 결국 승리하였으니, 이것은 무슨 전술입니까?" 한신이 대답했다. "병법에서 말하지 않았던가요? '죽을 곳(死地)에 빠뜨리면 용감하게 싸워 반드시 살아날 수 있고, 위험한 망지(亡地)에 갇히면 전력을 다해 살아남는다.' 하물며 우리 군사들은 내가 평소 훈련시키고 통솔해 온 병사들이 아니고, 말 그대로 '시장 바닥의 사람들을 끌어 모아 싸움터로 내몬 것'과 같았소. 이들을 죽을 땅에 빠뜨리지 않았다면, 어떻게 저들로 하여금 이처럼 용감하게 싸우도록 만들 수 있었겠소? 만일 오늘 그들을 생지(生地)에 놓아두었다면, 모두 달아나고 말았을 것이니, 어떻게 이들을 써서 승리할 수 있겠소?" 〔출전: 『사기』 권92 「회음후열전」〕

한고조 유방이 다섯 제후들을 위협하여 그들의 병사를 모두 빼앗아 이끌고, 초나라의 도읍인 팽성(彭城, 지금의 강소성 동산현)으로 진격해 들어갔다. 항우가 이 소식을 듣고 제나라에서 군대를 이끌고 와서, 수수(睢水) 가에서 한나라 군대와 큰 싸움을 벌여 한나라를 대파하고 수많은 병사를 죽였다. 그 많은 시체로 인해 수수가 제대로 흐르지 못했다. 〔출전: 『사기』 권8 「고조본기」〕

(같은 배수진을 치고도 한신은 승리했고 유방은 실패했으니) 겉으로 비슷해 보이지만, 형세가 다름을 보여주는 좋은 사례라 하겠다. 〔조유의 말〕

韓信伐趙, 軍井陘. 選輕騎二千人, 人持一赤幟, 從間道昇山而望趙軍. 誡曰: "趙見我走, 必空壁逐我, 若疾入趙壁, 拔趙幟, 立漢赤幟."

信乃使萬人先行出, 背水陣. 平旦, 信建大將之旗鼓, 行出井陘口. 趙開壁擊之, 大戰良久. 于是信棄旗鼓, 走水上軍. 水上軍開入之, 復疾戰. 趙空壁爭漢旗鼓, 逐韓信. 韓信等已入水上軍, 軍皆殊死戰, 不可敗.

信出奇兵二千騎, 共候趙空壁逐利, 則馳入趙壁, 皆拔趙旗, 立漢赤幟二千. 趙軍已不能得信等, 欲還歸壁, 皆漢赤幟, 而大驚, 以爲皆已得趙王將矣. 遂亂, 遁走, 趙將雖斬之, 不能禁也. 于是漢兵乘擊, 大破之, 虜趙軍.

諸將効首虜, 皆賀信, 因問曰: "兵法背右山陵, 前左水澤. 今者反背水陣, 然竟以勝, 此何術也?"

信曰: "兵法不曰: '陷之死地而後生, 置之亡地而後存'? 且信非得素撫循士大夫也, 此所謂 '驅市人而戰之', 其勢非置之死地, 使人人自爲戰; 今與之生地, 皆走, 寧尙可得而用之?"

又高祖劫五諸侯兵, 入彭城. 項羽聞之, 乃引兵去齊, 與漢大戰睢水上, 大破漢軍, 多殺士卒, 睢水爲之不流.

此異情者也.

유방이 한중(漢中)에 있을 때, 한신(뒤의 韓王)이 이렇게 설득했다. "지금 우리 병사들은 모두가 산동 출신입니다. 모두들 발꿈치를 들고 서서 고향으로 돌아가기를 고대하고 있으니, 예봉을 동쪽으로 돌려 정벌에 나선다면 가히 천하를 쟁취할 수 있을 것입니다." [출전: 『사기』 권93 「한신노관열전(韓信盧綰列傳)」]

후한 때 광무제 유수(劉秀)가 북쪽으로 계(薊) 땅에 이르렀을 때, 한단 방면의 군대가 도착했다는 소식을 듣고, 남쪽으로 철군하려고 해서 수하의 관리와 책사들을 불러 이를 상의했다. 경엄(耿弇)이 말했다. "지금 우리 군대가 남쪽에서 부터 올라왔는데 다시 남쪽으로 돌아갈 수는 없습니다. 어양(漁陽)태수 팽총(彭寵)은 공과 같은 고향 출신이고, 상군태수는 신의 부친입니다. 이들 두 군에서 도와준다면, 만 명 이상의 병사와 말을 징발할 수 있을 것이니, 한단 방면의 군대는 염려하지 않아도 될 것입니다.

그러나 유수는 이 건의를 따르지 않고 결국 남쪽으로 철군했는데, 수하의 관속들도 모두들 뿔뿔이 흩어져버렸다. 〔출전: 『후한서』 권19 「경엄전(耿弇傳)」〕

후한 때 이각(李傕) 등이 한나라의 헌제(獻帝)를 추격하여, 황제는 조양(曹陽, 지금의 하남성 협현 서쪽)에서 포위되어 곤경에 처해 있었다. 저수(沮授)가 원소에게 간했다. "장군은 누대에 걸쳐 삼공을 역임하였고 대대로 임금을 충의로 받들어온 명문입니다. 지금 천자는 도망다니며 사방으로 돌아다니고 있고 종묘사직은 훼손되었습니다. 여러 지방의 제후들을 보면, 비록 겉으로는 대의를 내세우고 있으나, 내심으로는 천하를 차지할 욕심 뿐 나라의 사직을 걱정하고 백성들을 구제할 뜻은 전혀 없습니다.

지금 장군은 기주(冀州) 지역을 거의 평정했고, 거느린 군대는 막강하며 많은 장사들이 귀부해 오고 있습니다. 이러하니 서쪽으로 가서 황제를 맞아 들여 업(鄴)땅에 도읍을 정하고, 천자를 옆에 끼고 그 명의로 제후들을 호령하며, 병사를 훈련시키고 말을 길러 복종하지 않는 자들을 토벌한다면, 어느 누가 감히 맞서겠습니까? 만일 일찌감치 계책을 정하지 않으면 반드시 먼저 손을 쓰는 자가 있을 것입니다. 권도의 계략은 때를 놓쳐서는 안 되며 공을 세우려면 신속함을 꺼려해서는 안 되는 것이니, 속히 도모하기 바랍니다." 원소는 이 계책을 따르지 않았다.

그 뒤 조조가 과연 한나라 황제를 맞아 들여, 천자를 옆에 끼고 천하 제후를 호령했으며, 원소는 결국 패망했다. 〔출전: 『후한서』 권74 「원소전」〕

양(梁)무제 소연(蕭衍)이 처음 의군을 일으켰을 때, 두사충(杜思冲)이 소연에게 권유하기를 남강왕(南康王, 남제의 화제 소보융)을 먼저 맞아와서 양양에 도읍을 정하고 존호를 바르게 정하자고 했다. 그러나 소연은 이에 따르지 않았다. 또 장홍책(張弘策)이 말했다. "지금 남강왕이 다른 사람의 수중에 들어가도록 내버려 둔다면, 그 자가 천자를 옆에 끼고 호령을 하게 되고, 그렇게 되면 장군은 그 앞으로 나아가 신하라고 칭하고 남의 부림을 받게 될 것입니다. 어찌 난세를 헤쳐 나갈 계책이라 하겠습니까?"

소연이 말했다. "만일 앞길의 대사를 성공하지 못한다면 '난애동분(蘭艾同焚, 난과 쑥이 함께 불탐. 구분없이 모두 망하는 것을 이른다.)'이라고 했듯이 마땅히 적군과 함께 죽을 것이고, 만일 공을 이루고 나라를 세운다면 어느 누가 감히 복종하지 않겠소? 어찌 어리석게 남의 처분을 기다리고 있겠소? 면수(沔水) 남쪽의 신야(新野)를 점거하여 새로 귀부해오는 병사들을 거두어 군대를 정비할 것이오."

소연은 장홍책의 건의를 따르지 않고 진격하여 건업(建鄴)을 점거하고, 장강 이남을 차지했다. 〔출전: 『남사(南史)』 권6 「무제기상(武帝紀上)」〕

위에서 보듯이, 같은 일인데도 형세와 그 결과가 다른 전형적인 사례이니, 시세의 변화에 따라서 임기응변해야지 한 가지 원칙만 고집

해서는 안 되는 것이다. 〔조유의 말〕

漢王在漢中, 韓信說曰: “今士卒皆山東人, 跂而望歸, 及其鋒東向, 可以爭天下.”

後漢光武北至薊, 聞邯鄲兵到, 世祖欲南歸, 召官屬計議. 耿弇曰: “今兵從南來, 不可南行. 漁陽太守彭寵, 公之邑人; 上郡太守, 則弇父也. 發此兩軍, 控弦萬騎, 邯鄲不足慮也.” 世祖官屬不從, 遂南馳, 官屬皆分散.

後漢李傕等追困天子于曹陽, 沮授說袁紹曰: “將軍累葉台輔, 世濟忠義. 今朝廷播越, 宗廟殘毁; 觀諸州郡, 雖外託義兵, 內實相圖, 未有憂在社稷,卹人之意. 且今州城粗定, 兵強士附, 西迎大駕, 卽定鄴都, 挾天子而令諸侯, 畜士馬以討不庭, 誰能禦之? 若不早定, 必有先之者. 夫權不失機, 功不厭速, 願其圖之.” 紹不從. 魏武果迎漢帝, 紹遂敗.

梁武帝蕭衍初起義兵, 杜思冲勸帝迎南康王, 都襄陽, 正尊號, 帝不從. 張弘策曰: “今以南康置人手中, 彼挾天子而令諸侯, 節下前去, 爲人所使, 此豈歲寒之計耶?” 帝曰: “若前途大事不捷, 故當蘭艾同焚; 若功業克建, 誰敢不從? 豈是碌碌受人處分, 于(江)[沔]南立新野郡以集新附哉!” 不從, 遂進兵, 克建鄴, 而有江左.

此情與形勢之異者也, 隨時變通, 不可執一矣.

권8 잡설(雜說)

제22편 조정(釣情)

마음을 낚다

공자는 말한다. "상대방의 안색을 살피지 않고 말하는 것을 '눈이 멀었다'라고 한다."(출전: 『논어』「계씨(季氏)」)

또 (자하는) 이렇게 말한다. "상대방의 신뢰를 얻지 않고 말하면, 자기를 비방하는 것으로 여길 것이다." 〔출전: 『논어』「자장(子張)」, 그러나 위의 구절은 자하의 말임〕

손경(孫卿, 荀子)은 말한다. "말해야 할 때 말을 해서 그것이 도리에 들어맞는 것은 지혜로운 것이며, 말하지 않아야 할 때 침묵해서 도리에 맞는 것도 역시 지혜로운 것이다." 〔출전: 『순자』「비12자(非十二子)」〕

시자(尸子)는 말한다. "(임금이 신하의) 말을 들을 때 남의 이목을 두려워하지 않고 보고 듣는 것에 온 마음을 기울여 집중하지 않는다면, (신하도) 좋은 말을 해주지 않는다." 〔출전: 『시자』「명당(明堂)」〕

그러므로 말하는 자는 반드시 먼저 상대방의 마음을 낚아야 함을

알아야 하는 것이니, 예로부터 그러했다. 〔조유의 말〕

孔子曰: "未見顔色而言謂之瞽." 又曰: "未信則以爲謗己."

孫卿曰: "語之當, 智也; 默而當, 知也."

尸子曰: "聽言, 耳目不懼, 視聽不深, 則善言不往焉."

是知將語者, 必先鈞於人情, 自古然矣.

한비자(韓非子)는 말한다. "남을 설득하는 것, 유세의 어려운 점은, 설득시켜야할 상대방의 마음을 헤아려 거기에 자기의 의견을 맞출 수 있는가 하는 데 있다.

(명성을 추구하는 임금에게) 많은 이득을 갖고 설득한다면, 지조가 낮은 것으로 여겨 비천하게 대우하고 반드시 쓰지 않고 멀리 내쫓을 것이다.

또 (이익을 추구하는 임금에게) 명예나 고상한 말로 유세한다면, 생각이 부족하고 세상 물정에 어둡다고 보아 반드시 거두어 쓰지 않을 것이다.

일이란 비밀이 유지되어야 성공하고, 말이 새어나가면 실패한다. 자신이 반드시 누설하지 않아도, 말하는 중에 어쩌다 임금이 숨기고 있는 일을 건드리게 되는 경우가 있다. 이렇게 되면 유세하는 자의 신변이 위험하다.

임금이 잘못을 저지른 단서가 있는데 유세하는 자가 공개적으로 도리를 따져서 그 잘못을 추궁하면, 목숨이 위험하다.

임금이 나름대로 계책을 갖고 이로써 공을 세우려 하는데, 유세하는 자가 그것을 알아차리고 간섭하면 몸이 위태롭다.

임금이 할 수 없는 일을 억지로 시키려 하고, 스스로 그만둘 수 없는 일을 그만두도록 시키면, 역시 유세하는 자의 목숨이 위험하다."

한비자는 또 말한다. "임금에게 대신의 일을 비평하면 임금과 신하의 관계를 이간질한다고 여길 것이고, 임금의 측근에 있는 자들에 대해 얘기하면 군주의 권세를 팔아 은혜를 베푸는 것으로 여길 것이다. 임금이 총애하는 사람에 대해 논하면 그들의 힘을 빌리려 한다고 생각할 것이며, 그가 싫어하는 사람에 관해 비평하면 자기를 시험해 본다고 생각할 것이다.

임금의 뜻에 맞추어 의견을 진술하면 겁이 많아서 할 말을 다 하지 못한다고 여길 것이고, 충분히 일을 살펴서 하고 싶은 말을 거침없이 다 하면 비루한 자가 오만하다고 생각할 것이니, 이를 잘 알지 않으면 안 되는 것이다.

임금이 스스로 계략을 안다고 생각하면 그 계책의 잘못된 점을 추궁하지 말아야 하며, 임금이 스스로 용감하고 과단성이 있다고 여기면 그의 잘못을 지적하여 화나게 하지 말아야 한다."〔출전: 『한비자』「세난(說難)」〕

故韓子曰: "夫說之難也, 在知所說之心, 可以吾說當之.

說之以厚利, 則見下節而遇卑賤, 必棄遠矣. 說之以名高, 則見無心而遠事情, 必不收矣.

事以密成, 語以泄敗. 未必其身泄之也, 而說及其所匿之事, 如是者身危.

貴人有過端, 而說者明言善議以推其惡者, 身危. 貴人得計而欲自以爲功, 說者與知焉, 則身危. 强之以其所不爲, 止之以其所不能已者, 身危."

又曰: "與之論大人, 則以爲間己; 與之論細人, 則以爲粥權. 論其所愛, 則以爲借資; 論其所憎, 則以爲嘗己. 順事陳意, 則曰怯儒而不盡; 慮事廣肆, 則曰草野而倨侮. 此不可不知也.

彼自知其計, 則無以其失窮之; 自勇其斷, 則無以其敵怒之."

순열은 말한다. "신하가 임금에게 진언하기가 어려운 것은 무엇 때문인가? 말이 일단 입에서 나오게 되면 문책과 후회가 미치게 되기 때문이다. 그러므로 임금의 과실을 지적하고 잘못을 드러내면 거역한다는 죄를 받고, 임금을 권면하고 가르치면 임금을 깔보고 꾸짖는다는 비난을 듣게 된다.

말한 것이 이치에 들어맞으면 군주는 자기보다 나은 것을 수치로 여기고, 말한 것이 사리에 맞지 않으면 어리석다고 천하게 여긴다. 같은 말을 하더라도 자신을 앞세우면 임금보다 더 총명함을 과시하는 것이라고 미워하고, 같은 말을 하되 자신을 뒤로 하면 그저 순종하기만 하는 것으로 생각한다.

아랫사람의 의견을 거슬러 윗사람의 의견을 따르면 아첨하는 것으로 여기고, 윗사람을 거슬러 아랫사람의 주장에 따르면 줏대 없이 남의 의견을 따르는 것으로 받아들인다. 여러 사람들이 하는 말과 같은 말을 하면 시속에 따라간다고 여기고, 여러 사람들과 달리 홀로 다른 주장을 하면 주제넘게 홀로 잘난 척한다고 받아들인다.

말이 얕고 직설적이면 천박하다고 경시하고, 심오하고 원대하게 말하면 알아듣지 못하고 비난한다. 남달리 독특한 의견과 지혜가 있으면, 많은 사람들이 그들보다 뛰어난 것을 미워하여, 비록 옳은 말이라 해도 절대 칭찬하지 않는다. 많은 사람들과 같은 의견을 내면 주관 없이 대세에 쏠리는 것으로 여겨, 비록 성사되더라도 공으로 인정하지 않는다.

말을 함에 남에게 양보하고 다투지 않으면 실력이 쉽게 드러나기 때문에 그러는 것으로 여기고, 말을 하되 다 하지 않으면 뭔가 숨기는 것이 있다고 받아들이며, 온갖 일에 다 참견하고 끝없이 떠들어대면 자기의 주제를 헤아릴 줄 모르는 것으로 간주된다.

말을 해서 성과가 없으면 원망과 책망을 받고, 말한 대로 성사되면 본래 일이 그렇게 되도록 돼있었다고 여긴다. 윗사람에게 이롭지만 아랫사람에게는 이롭지 않고, 혹은 왼편에는 편한데 오른편에는 불편하고, 또는 앞에서는 사리에 들어맞았는데 뒤에서는 그릇된 경우도 있다. 이런 것들이 바로 아랫사람의 마음이 항상 임금에게 통하지 않는 이유이다.

공자께서도 이를 개탄하여 '나는 더 이상 말하지 않으려 한다.'라고 했으니, 진언의 어려움을 지적한 것이다." 〔출전: 순열(荀悅)의 『한기(漢紀)』 권29 「애제기(哀帝紀)」〕

어떻게 그 어려움을 입증할 수 있는가? 〔조유의 말〕

荀悅曰: "夫臣下之所以難言者, 何也?

言出乎身, 則咎悔及之矣. 故曰: 擧過揭非則有干忤之咎, 勸勵敎誨則有(俠上之議)[刺上之譏]. 言而當則恥其勝己也, 言而不當則賤其愚也. 先己而同則惡其奪己明也, 後己而同則以爲從順也. 違下從上則以爲諂諛也, 違上從下則以爲雷同也. 與衆共言則以爲順負也, 違衆獨言則以爲專美也. 言而淺露則簡而薄之, 深妙弘遠則不知而非之.

特見獨智, 則衆惡其蓋之也, 雖是而不見稱; 與衆同智, 則以爲附隨也, 雖得之不以爲功. 謙讓不爭則以爲易窮, 言而不盡則以爲懷隱, 進說竭情則以爲不知量.

言而不效則受其怨責, 言而事效則以爲固當. 利於上不利於下, 或便於左則不便於右, 或合於前而忤於後, 此下情所以常不通.

仲尼發憤稱'予欲無言'者, 蓋爲語之難也."

何而明其難也?

옛날 송나라에 한 부자가 살았는데 비가 내려 담장이 무너졌다. 그 집 아들이 말했다. "담장을 다시 쌓지 않으면 도둑이 들것입니다." 그 이웃에 사는 노인도 같은 말을 하였다. 날이 저물고 과연 도둑이 들어 많은 재물을 잃었다. 부자 집에서는 그의 아들은 지혜롭다고 여겼으나, 이웃집 노인에 대해서는 의심을 품었다.

정(政)나라의 무공(武公)이 호(胡)나라를 치려는 욕심을 품고, 먼저 딸을 호나라에 시집보냈다. 그러고는 신하들을 불러 물었다. "과인이 군대를 일으키려고 한다. 어느 나라를 토벌할 수 있겠는가?" 대부인 관기사(關其思)가 대답했다. "호나라를 정벌하는 것이 좋겠습니다." 무공은 노하여 관기사를 죽이고 이렇게 말했다. "호나라는 형제의 나라인데, 너는 이를 토벌하라고 하니 무슨 까닭인가?" 호나라 임금이 이 일을 듣고, 정나라는 자기 나라와 매우 친밀하다고 여기고 정나라에 대한 대비를 하지 않았다. 이 틈을 타 정나라 군대가 호나라를 습격해 빼앗았다.

이상 두 가지 일을 보면, 그 지혜로움이 모두 합당했지만, 심한 경우는 죽임을 당했고 가벼운 경우도 의심을 받았다. 사실을 아는 것이 어려운 것이 아니라, 알고 있는 사실로 어떻게 대처하느냐가 어려운 것이다. 〔출전: 『한비자』「세난」〕

위(衛)나라 사람이 신부를 맞았다. 신부는 수레를 타자 마부에게 물었다. "양쪽의 곁말은 누구의 말이냐?" 마부가 대답했다. "빌린 말입니다." 신부가 마부에게 말했다. "곁말은 채찍질해도 되지만 가운데 있는 말은 때리면 안 돼요." 수레가 남편 집에 도착하고 부축을 받아 내려서 보모를 돌려보내면서 타일렀다. "부엌 아궁이의 불을 끄도록. 불이 날지도 모르니까요." 방안에 들어가자 절구가 놓여 있는 것을 보고 말했다. "창문 아래로 옮겨다 놓아라. 드나드는데 방해가 되니까." 주인이 이를 보고 신부를 비웃었다.

신부가 한 세 마디 말은 모두 요령이 있는 말이었다. 그런데도 비웃음을 산 것은, 말해야 할 때를 가리지 못했기 때문이다. 〔출전: 『전국책』「송위책(宋衛策)」〕

이상은 말하는 것의 어려움을 보여주는 사례이다. 〔조유의 말〕

昔宋有富人, 天雨墻壞. 其子曰: "不築且有盜." 其鄰人亦云. 暮而果大亡, 其家智其子, 而疑鄰人之父.

鄭武公欲伐胡, 乃以其子妻之. 因問羣臣: "吾欲用兵, 誰可伐者?" 關其思曰: "胡可伐." 乃戮關其思曰: "胡, 兄弟之國也. 子言伐之, 何也?" 胡君聞之, 以鄭爲親己, 而不備鄭. 鄭人襲胡, 取之.

此二說者, 其智皆當矣. 然而甚者爲戮, 薄者見疑, 非智之難也, 處智則難.

衛人迎新婦, 婦上車, 問: "驂馬, 誰馬也?" 御曰: "藉之." 新婦謂僕曰: “拊驂, 無(苦)[笞]服.” 車至門, (拔)[扶]. 教逆母: “滅(櫓)[竈], 將失火.” 入室見臼曰: “徙牖下, 妨往來者.” 主人大笑之. 此三言皆要言也, 然而不免爲笑者, 早晚之時失矣.

此說之難也.

임금에게 유세하는 자는 설득의 어려움을 알아야 한다. 그러므로 유세하기 전에 반드시 상대방의 속마음을 헤아려, 말을 하면 반드시 그 마음을 낚을 수 있어야 한다. 어떻게 이를 입증할 수 있는가? 〔조유의 말〕

예전에 제나라의 왕후가 죽고 누구를 왕후로 세울지 정해지지 않았다. 왕이 여러 신하들로 하여금 의논하게 했다. 설공(薛公)인 전영(田嬰)이 왕의 속마음을 알고자 하여, 옥 귀고리 열 쌍을 만들어 바치면서 그 중에 한 쌍을 특별히 아름답게 만들어 올렸다. 다음 날 아침 특별히 아름답게 만든 옥 귀고리를 누가 갖고 있는지 탐문하여 알아내고는, 그녀를 추천하여 왕후로 세우자고 건의했다. 제왕은 매우 기뻐하였고, 설공을 더욱 중용했다. 〔출전: 『회남자』 「도응(道應)」. 『한비자』 「외저설우상(外儲說右上)」에도 비슷한 내용의 글이 있음〕

이는 사람의 속마음을 보물로 시험하여 알아낼 수 있음을 보여준다. 〔조유의 말〕

說者知其難也, 故語必有鈞, 以取人情. 何以明之?

昔齊王后死, 欲置后而未定, 使羣臣議. 薛公田嬰欲中王之意, 因獻十珥而美其一. 旦日, 因問美珥所在, 因勸立以爲后. 齊王大悅, 遂重薛公.

此情可以物釣也.

신불해(申不害)가 처음 한(韓)나라 왕을 섬기게 되었을 때, 왕이 무엇을 바라고 있는지를 몰라 자신이 한 말이 왕의 마음에 들지 않을까 걱정했다. 어느 날 왕이 신자에게 물었다. "우리는 어느 나라와 동맹을 맺는 것이 좋겠소?" 신자가 대답했다. "이는 안위가 걸린 중요한 일이고, 국가의 큰일입니다. 청컨대 신이 심사숙고한 뒤에 말씀 드리겠습니다."

그리고는 몰래 조탁(趙卓)과 한조(韓晁)를 불러 말했다. "두 분은 나라에서 뛰어난 변설가인데, 신하가 되어 임금께 올리는 의견이 어떻게 반드시 같을 수 있겠습니까? 충심을 담아 간언을 올릴 뿐입니다." 이에 두 사람은 왕에게 나아가 동맹 문제에 관해 각자의 의견을 진술했다. 신자는 몰래 왕이 기쁘게 받아들이는 의견이 무엇인 지를 살피고는 왕의 마음에 드는 의견을 올리니, 왕이 매우 기뻐했다. 〔출전: 『전국책』「한책1(韓策一), 위지위한단(魏之圍邯鄲)」〕

이는 말로써 시험하여 속마음을 알아내는 좋은 사례이다. 〔조유의 말〕

申不害始合於韓王, 然未知王之所欲也, 恐言而未必中於王也. 王問申子曰: "吾誰與而可?" 對曰: "此安危之要, 國家之大事也, 臣請深(維)[惟]而苦思之." 乃微謂趙卓,韓晁曰: "子皆國之辯士也, 夫爲人臣者, 言何必同, 盡忠而已矣." 二人各進議於王以事, 申子微視王之所說以言於王, 王大悅之.

此情可以言釣也.

오나라가 월나라를 정벌해서 월나라 왕 구천(句踐)이 회계(會稽, 지금의 절강성 소흥)에 포위되어 곤경에 처해있을 때, 구천이 한숨을 쉬며 탄식했다. "나는 여기에서 끝을 마치게 되는 것인가?"

대부 문종(文種)이 말했다. "옛적에 탕임금은 걸왕에 의해 하대(夏臺)에 잡혀 있었고, 주문왕은 주왕에 의해 유리(羑里)에 갇혔으며, 진(晉)의 중이(重耳, 뒤의 문공)는 적(翟)으로 달아났고, 제나라의 소백(小白, 뒤의 환공)은 거(莒)로 도망가 있었습니다. 그러나 이들은 모두 끝내 왕이나 패주가 되었습니다. 이상의 사례에서 보듯이, 어째서 대뜸 전화위복이 되지 않는다고 속단하십니까?"

그 후 구천은 오왕 부차(夫差)로부터 사면을 받아 목숨을 건지고 나서, 오나라에 치욕을 갚기 위해 열심히 노력했다. 대부 문종이 말했다. "신이 보건대 오나라 왕이 교만해져 정치가 흐트러졌습니다. 한 번 시험해보면 합니다." 이에 구천은 오나라에 곡식을 빌려 달라고 청원하여, 일을 점쳐 보기로 하였다.

이때 오나라의 오자서(伍子胥)는 곡식을 빌려 주어서는 안 된다고 간했다. 그러나 오나라 왕은 곡식을 주었다. 오자서가 한탄했다. "왕이 간언을 듣지 않으니, 3년 뒤면 오나라는 폐허가 될 것이다." 태재로 있는 백비(伯嚭)가 이를 듣고 오자서를 참소했다. "오자서는 겉으로는 충성스럽게 보이지만 속마음은 잔인합니다." 마침내 오왕 부차는 오자서에게 죽음을 내려 자결케 했다. [출전: 『사기』 권41 「월왕구천세가(越王句踐世家)」]

이는 일로 시험하여 속마음을 알 수 있는 사례라 하겠다. [조유의 말]

吳伐越, 越棲於會稽, 句踐喟然嘆曰: "吾終此乎?"

大夫種曰: "湯繫夏臺, 文王囚羑里, 重耳奔翟, 齊小白奔莒, 其卒霸王. 由是觀之, 何遽不爲福乎?"

句踐旣得免, 務報吳. 大夫種曰: "臣觀吳王政驕矣, 請嘗之." 乃貸粟以卜其事. 子胥諫勿與, 王遂與之. 子胥曰: "王不聽諫, 後三年, 吳其墟矣." 太宰嚭聞之, 讒曰: "伍員貌忠, 而實忍人." 吳遂殺子胥.

此情可以事鈞也.

한 빈객이 순우곤(淳于髡)을 천거해서 양혜왕(梁惠王)을 만나게 했다. 혜왕은 좌우를 모두 물리치고 순우곤을 두 번이나 만났으나 순우곤은 끝내 아무 말도 하지 않았다. 혜왕은 괴이하게 여겨 빈객으로 하여금 순우곤에게 이 일을 물어 보도록 하였다.

순우곤이 말했다. "내가 처음 왕을 만났을 때 왕은 말을 타고 달리는데 정신이 팔려 있었고, 뒤에 다시 만났을 때는 왕의 뜻은 음악에 쏠려 있었습니다. 그래서 말없이 있었던 것입니다."

빈객이 이 말을 자세하게 왕에게 보고하자, 혜왕은 크게 놀라며 말했다. "순우 선생은 진실로 성인이라 하겠소. 처음에는 어떤 자가 좋은 말을 바쳐서 과인이 막 시험 삼아 타보려는데, 마침 순우 선생이 찾아 왔소. 두 번째는 어떤 자가 노래 잘하는 가인을 바쳤는데 노래를 미처 들어보기 전에 마침 순우 선생이 왔었소. 과인이 사람을 물리치기는 했으나, 사실 마음은 거기에 쏠려있었던 것이오." 〔출전: 『사기』 권74 「맹자순경열전(孟子荀卿列傳)」〕

이는 뜻을 관찰하여 속마음을 알아차릴 수 있음을 보여준다. 〔조유의 말〕

客以淳于髡見梁惠王, 惠王屏左右, 再見之, 終無言. 惠王怪之, 讓客, 客謂淳于髡.

髡曰: "吾前見王, 王志在馳逐; 後復見王, 王志在音聲; 是以默然." 客具以報王, 王大駭, 曰: "淳于先生誠聖人也. 前有獻善馬者, 寡人未及試, 會生來. 後有獻謳者, 未及試, 又會生至. 寡人雖屏人, 然私心在彼."

此情可以志釣也.

춘추시대 진나라 경대부인 지백(智伯)이 한나라와 위(魏)나라 군주를 핍박하여 함께 조나라 정벌에 나섰다. 이에 한, 위 두 나라는 은밀히 조양자(趙襄子)의 가신 장맹담(張孟談)의 계책을 채택하여 지백을 배반하려고 모의했다. 장맹담이 지백을 면담하고 나오다가 원문 밖에서 지과(智果)와 마주쳤다. 지과는 장맹담을 보고나서 곧바로 지백을 만나 말했다. "한, 위 두 나라 군주들이 아마도 모반할 것 같습니다. 신이 들어오다가 장맹담과 마주쳤는데, 살펴보니 의기양양해하며 거동이 오만했습니다. 또 살펴보니 두 군주의 안색이 갑자기 변했습니다. 필시 경을 배반할 것입니다. 그러나 지백은 그 말을 곧이듣지 않았다.

지과는 자신의 간언이 받아들여지지 않는 것을 알고 물러나와 성을 보(輔)씨로 바꾸었다.

장맹담이 조양자를 뵙고 말했다. "신이 원문 밖에서 지과와 마주쳤는데, 그 눈빛에 의심하는 마음이 엿보였습니다. 또 들어가서 지백을 만나고 나와서는 성을 바꿨다고 합니다. 오늘 밤 치지 않으면 반드시 때를 놓칠 것입니다." 조양자가 말했다. "그렇게 하라."

한, 위 두 나라 군사가 제방을 지키고 있는 관리를 죽이고 물길을 터서 지백의 군사를 수몰시켰다. 〔출전: 『전국책』「조책1(趙策一)」〕

이는 보는 것으로 속마음을 탐지할 수 있음을 말해주는 사례이다. 〔조유의 말〕

智伯從韓,魏之君伐趙, 韓,魏用趙臣張孟談之計, 陰謀叛智伯.

張孟談因朝智伯, 遇智果于轅門之外. 智果入見智伯曰: "二主殆將有變. 臣遇張孟談, 察其志矜而行高, 見二君色動而變, 必背君矣." 智伯不從. 智果出, 遂更其姓爲輔氏.

張孟談入見趙襄子曰: "臣遇智果於轅門之外, 其視有疑臣之心, 入見智伯而更其族. 今暮不擊, 必後之矣." 襄子曰: "諾." 因與韓,魏殺水隄之吏, 決水灌智伯軍.

此情可以視鈞也.

은호(殷浩)가 진나라를 섬기고 있을 때 처신으로 그 명성이 자자했다. 당시 사람들은 그가 조정에 나오는지 물러나 은거하는지를 보고, 장강 이동, 진나라의 흥망을 점쳤다고 한다. 〔출전: 『진서(晉書)』 권77 「은호전(殷浩傳)」〕

이는 현명한 선비의 행동을 통해서 나라의 사정을 알아차릴 수 있음을 보여준다. 〔조유의 말〕

殷浩仕晉, 有盛名. 時人觀其出處, 以卜江左興亡.

此情可以賢鈞也.

『검경(鈐經)』에서 이렇게 말한다. "마음이 기쁘면 얼굴에 기뻐하는 빛이 시원스럽게 피어나고, 화가 나면 얼굴에 깔보는 빛이 불끈 나타나며, 마음속에 욕심이 생기면 탐하는 빛이 은근하게 나타나고, 두려움이 있으면 꺼려하는 표정이 나타나 가라앉으며, 근심이 있으면 안절부절못하고 침묵한다." 〔출전: 미상. 『검경』은 아마도 『옥검경』이 아닐까 추정한다.〕

이로써 보면, 얼굴빛을 보고 속마음을 헤아릴 수 있는 것이다.

'鈐經'曰: "喜色洒然以出, 怒色廌然以侮, 欲色嫗然以愉, 懼色憚然以下, 憂色瞿然而靜."

此情可以色鈞也.

이상의 사례를 살펴보면, 사람의 속마음은 말과 행동거지 또는 일에서 드러나게 되어 있으니, 이런 이치를 알 수 있는 사람은, 군주에게 유세하여 마음에 드는 말로 설득할 수 있다. 〔조유의 말〕

由是觀之, 夫人情必見於物, 能知此者, 可以納說於人主矣.

제23편 궤신(詭信)

궤변으로 믿게 하다

공자는 말한다. "군자는 바르고 굳세나 무턱대고 신실(信實)함을 고집하지 않는다." 〔출전: 『논어』 「위영공(衛靈公)」〕

또 유자(有子)는 이렇게 말한다. "약속이 의에 가까우면, 그 말을 이행할 수 있다." 〔출전: 『논어』 「학이(學而)」〕

이로써 말하면 오직 도의에 부합된다고 해서 반드시 신실한 것은 아니다. 어떻게 이를 입증할 수 있는가? 〔조유의 말〕

孔子曰: "君子貞而不諒." 又曰: "信近於義, 言可復也."

由是言之, 唯義所在, 不必信也. 何以明之?

섭공(葉公)이 공자에게 말했다. "우리 고을에 정직함을 몸소 실천하는 궁(躬)이라는 사람이 있는데, 아버지가 양을 훔치자 그는 이를 고발하고 증언해주었습니다." 공자가 말했다. "우리 고을의 정직한 것은 이와는 다릅니다. 아버지는 자식을 위해 숨기고, 자식은 아버지를 위해 숨겨주니, 정직함이 그 속에 있습니다."〔출전: 『논어』「자로」〕

초자(楚子)가 송(宋)나라를 포위했다. 송나라는 진(晉)나라에 구원을 요청했다. 진후(晉侯)는 해양(解揚)을 송나라에 사자로 보내 초나라에 항복하지 말도록 권하며 이렇게 말하라고 명령했다. "진나라 군사가 모두 출발했으니, 곧 도착할 것이다." 그러나 중도에 정나라가 해양을 잡아 초나라 군에 바쳤다.

초나라 임금은 해양에게 많은 뇌물을 주며 송나라 사람들에게 반대로 말하도록 요구했다. 해양은 그렇게 하기로 약속했다. 초나라는 해양을 누거(樓車, 망루를 설치한 수레)에 태우고 송나라 사람들에게 진나라가 구원하러 오지 않는다고 외치도록 시켰다. 그러나 해양은 누거에 올라가서는 진나라가 구원하러 올 것이라고 말해 끝내 진나라 임금의 명령을 수행했다.

초나라 임금이 그를 죽이려 하면서 사람을 보내 말했다. "너는 이미 짐에게 약속해 놓고는, 반대로 말했으니, 무엇 때문이냐? 내가 신의가 없는 것이 아니라, 네가 약속을 저버린 것이다. 속히 가서 네가 받아야 할 형벌을 받아라."

해양이 대답했다. "신이 듣건대, 임금이 명령을 내리는 것을 의(義)라 하고, 신하가 명령을 받드는 것을 신(信)이라고 하며, 신하가 신(信)으로써 임금의 의를 봉행하는 것을 이(利)라 합니다. 이로움을 잃지 않기를 꾀하여 사직을 보위하는 것이 백성의 주인입니다. 의를 지키고자 하는 임금은 신하에게 두 곳에 신을 행하게 하지 않고, 신을 행하고자 하는 신하는 두 임금의 명령을 받지 않습니다. 군왕께서 신을 뇌물로 매수하려 하셨으니, (신을 행하고자 하는 선비는) 두 임금의 명을 받지 않는다는 도리를 알지 못한 것입니다. 신은 임금의 명을 받들고 나왔으니, 죽음이 있을지언정 그 명을 실추시킬 수 없으니, 어떻게 뇌물로 신을 매수할 수 있겠습니까?

신이 군왕께 반대로 말하기로 약속했던 것은, 우리 임금의 명을 완수하기 위한 편법이었습니다. 신은 죽음으로 명을 완수했으니, 이는 신의 복입니다. 우리 임금께는 신의를 지킨 신하가 있고, 아래의 신하는 사명을 완수하고 죽으니, 또 무엇을 더 바라겠습니까?"

초나라 임금은 해양을 사면해 진나라로 돌려보냈다. 〔출전: 『좌전』「선공(宣公) 15년」〕

안솔(顔率)이 공중(公仲, 한(韓)나라의 대신)에게 면회를 청했으나 공중이 만나주지 않았다. 안솔은 공중 휘하의 접빈을 맡은 관원에게 이렇게 말했다. "공중님은 필히 저 안솔을 거짓말쟁이로 여기고 만나주지 않은가 봅니다. 공중님은 여색을 좋아하나 저는 지금껏 공중님은 선비를 좋아한다고 말했고, 공중님은 재물에 인색하지만 저는 재물을 흩어 베푸는 사람이라고 말했습니다. 또 공중님은 행실이 좋지 않은데도 저는 의를 좋아하는 사람이라고 말했습니다. 그러나 이제 오늘부터 저 안솔은 그 분에 대해 바른 말만 하겠습니다."

접빈을 맡은 관원이 공중에게 이 말을 자세히 고하자, 공중은 급히 일어나서 안솔을 불러 만났다. 〔출전: 『전국책』「한책 1 안솔견공중(安率見公仲)」〕

葉公問孔子曰: "吾黨有直躬者, 其父攘羊, 而子證之." 孔子曰: "吾黨之直者異於是, 父爲子隱, 子爲父隱, 直在其中矣."

楚子圍宋，宋求救於晉，晉侯使解揚如宋，使無降楚，曰："晉師悉起，將至矣." 鄭人囚而獻諸楚. 楚子厚賂之，使反其言，許之. 登諸樓車，使呼宋人而告之，遂致其君命. 楚子將殺之，使與之言曰："爾旣許不穀，而反之，何故？非我無信，汝則棄之. 速卽爾刑!"

對曰："臣聞之，君能制命爲義，臣能承命爲信，信載義而行之爲利. 謀不失利，以衛社稷，民之主也. 義無二信，信無二命. 君之賂臣，不知命也. 受命以出，有死無貳，又何賂乎？臣之許君，以成命也. 死而成命，臣之祿也. 寡君有信臣，下臣獲考，死又何求？" 楚子舍之以歸.

顔率欲見公仲，公仲不見.

顔率謂公仲之謁者曰："公仲必以率爲僞也，故不見率. 公仲好內，率曰好士；公仲嗇於財，率曰散施；，公仲無行，率曰好義. 自今以來，率且正言之而已矣." 公仲之謁者以告公仲，公仲遽起而見之.

제나라가 연나라를 정벌하여 성 열 개를 빼앗았다. 연나라 임금은 소진(蘇秦)을 사자로 보내 제나라를 설득하도록 했고, 제나라는 성 열 곳을 연나라에 돌려주었다. 소진이 연나라로 귀환했을 때, 어떤 사람이 그를 헐뜯었다. "소진은 여기저기에 나라를 팔아먹고, 이랬다 저랬다 말을 뒤집는 간신이니 장차 난을 일으킬 것입니다." 이에 연왕이 고의로 소진을 멀리하면서, 버려두고 다시 임용하지 않았다.

소진이 누명을 뒤집어쓸까 두려워하여 연왕을 알현하고 이렇게 말했다. "신은 동주 출신의 비천한 사람입니다. 지척의 공도 세우지 못했습니다만, 대왕께서는 친히 종묘에서 저를 배견하고 조정에서 예의를 갖추어 저를 높여주었습니다. 신은 지금 제나라 군대를 퇴각시키고 성 열 개를 돌려받아오는 공을 세웠으니, 마땅히 신을 더욱 가까이 해야 할 것입니다. 그런데 신이 연나라로 돌아왔지만 대왕께서 저에게 관직을 다시 주지 않는 것은, 틀림없이 어떤 사람이 대왕께 신을 신실하지 않다고 모함했기 때문일 것입니다. 그러나 신이 신실하지 않은 것은 실제로는 대왕의 복입니다.

만일 신이 신실하기가 미생(尾生)과 같고, 청렴하기가 백이와 같고, 효성스럽기가 증삼(曾參)과 같으며, 이상 세 사람의 덕을 모두 지니고 천하에서도 더 할 수 없이 고결하게 실행하면서 대왕을 섬긴다면, 좋겠습니까?" 연왕이 말했다. "좋을 것이오."

소진이 말했다. "이런 덕행을 모두 지니고 있는 신하라면 또한 대왕을 섬기지 않을 것입니다. 효성이 증삼과 같다면, 도리 상 부모를 떠나 하룻밤도 밖에서 묵지 않을 것이니, 대왕은 어떻게 그를 사신으로 삼아 천리 길을 가도록 해서, 약소국 연나라의 위험에 처한 임금을 섬기도록 할 수 있겠습니까?

청렴하기가 백이와 같다면, 고죽군(孤竹君)의 뒤를 잇지도 않았고 무왕의 신하가 되려고도 하지 않아 제후로 봉해주는 것도 거부하고 수양산에서 굶어 죽은 백이를, 도의의 기준으로 삼을 것입니다. 이렇게 청렴한 사람을, 대왕은 어떻게 천리 밖의 제나라로 보내 연나라를 위해 일을 추진하도록 할 수 있겠습니까?

또 미생과 같이 신의 있는 사람은, 다리 밑에서 여자와 만나기로 약속했으나 그 여자가 오지 않자, 물이 불어나는데도 떠나지 않고 기다리다가 결국 다리 기둥을 안고 죽었습니다. 이런 신의를 지닌 사람을, 대왕은 어떻게 사신으로 보내 연나라와 진나라의 위엄을 떨치게 하고, 강한 제나라 군대를 퇴각시키도록 할 수 있겠습니까? 〔출

전: 『사기』 권69 「소진열전」〕

또 신실하게 행동하는 사람은 스스로를 위해 하는 것이지, 남을 위해 하는 것이 아닙니다. 대개 자신을 덮어 감추는(自覆) 방책은 자기를 지키려는 것이지, 나아가 공을 세우려 하는 것이 아닙니다.

하,은,주 삼대가 번갈아 일어나고, 춘추 오패가 교대로 흥성한 것은 모두 스스로를 숨겨 지키는 방책을 취하지 않았기 때문에 가능한 것입니다. 대왕께서는 그렇게 자신을 지키는 방책이 옳다고 생각하십니까? 그렇게 했다면, 제나라는 영토를 영구(營丘, 지금의 산동성 임치, 당시 제나라의 수도) 밖으로 넓히지 못했을 것이며, 대왕께서는 국경을 넘어 변경 밖의 땅을 넘보지 못했을 것입니다.

또한 신에게는 고향 동주에 노모가 계신데도, 노모를 떠나와 전하를 섬기고 있습니다. 스스로를 감추어 지키는 소극적 방책을 버리고, 적극적인 진취의 방책을 행하고 있습니다. 신이 취향 하는 바가 대왕의 뜻과 맞지 않는 것은, 전하는 자기를 지키는 소극주의자고 신은 적극적인 진취주의자이기 때문입니다. 신은 이른바 '충성과 신의를 다하고도 이 때문에 임금에게 죄를 지은 자'가 되었습니다."

연왕이 말했다. "충성과 신의가 어떻게 해서 죄가 된단 말이오?"
소진이 말했다. "전하께서는 알지 못하십니다. 신의 이웃에 먼 곳으로 파견된 관리가 살고 있는데, 그의 처가 몰래 다른 남자와 정을 통하고 있었습니다. 마침 남편이 돌아올 때가 되자 사통하는 남자가 걱정했습니다. 그 처가 말하기를 '그대는 걱정하지 않아도 됩니다. 내가 이미 약을 탄 술을 준비해놓고 기다리고 있습니다.' 이틀 뒤 남편이 도착했습니다. 그 처는 첩으로 하여금 남편에게 술을 따라 올리도록 시켰습니다. 첩은 그 술이 독주임을 알고 있었습니다. 술을 올리면 주인이 죽고, 사실대로 말하면 본부인이 쫓겨날 것이기 때문에, 실수인 척 넘어져 술을 쏟아 버렸습니다. 주인은 크게 노하여 첩을 매질했습니다. 첩이 술을 쏟아 버린 것은, 위로는 주인을 살린 것이고, 아래로는 본부인을 지켜준 것입니다. 충성스러움이 이와 같은데도 매질을 면하지 못했으니, 이것이 바로 충성과 신의를 다한 것이 죄가 되는 것입니다. 신의 일도, 정말 불행하게도 첩이 술을 쏟아버린 일과 같은 것입니다.

또한 신이 전하를 섬겨 신의를 높이 떠받들고 나라를 이롭게 했지만 지금 죄를 얻었습니다. 신은 이후에 전하를 섬기는 사람들이 감히 충성과 신의를 다하지 않을까를 걱정하는 것입니다. 또한 신이 이번에 제나라에 가서 유세하면서, 어찌 그들을 속이지 않았겠습니까? 만일 이후에 제나라에서 유세하는 자들이 신과 같이 필요한 경우에 거짓말이라도 하지 않는다면, 비록 요임금과 순임금의 지혜를 지녔더라도, 감히 그의 주장을 받아들이지 않을 것입니다." 〔출전: 『전국책』「연책1(燕策一)」〕

연왕이 말했다. "좋은 말이오." 다시 소진을 후하게 대우했다. 〔출전: 『사기』 권69 「소진열전」〕

이로써 본다면, 거짓도 신의가 되고 궤변이 충성이 될 수 있으며, 속임수와 궤변을 행하는 것이 충성과 신의의 근본이 될 수 있음을 알 수 있다. 〔조유의 말〕

齊伐燕, 得十城. 燕王使蘇秦說齊, 齊歸燕十城. 蘇秦還燕, 人或毁之曰: "蘇秦左右賣國反覆臣也, 將作亂." 燕王意踈之, 捨而不用.

蘇秦恐被罪, 入見王曰: "臣東周之鄙人也. 無尺寸之功, 而王親拜之於廟，禮之於庭．今臣爲王却齊之兵，而功得十城，宜以益親．今來而王不官臣者，人必有以不信傷臣於王者．且臣之不信，王之福也．使臣信如尾生，廉如伯夷，孝如曾參，三者天下之高行，而以事王，可乎?” 燕王曰：“可也.”

蘇秦曰：“有此臣亦不事主矣．孝如曾參，義不離其親宿昔於外，王又安得使之步行千里，而事弱燕之危王哉? 廉如伯夷，義不爲孤竹君之嗣，不肯爲武王之臣，不受封侯，而餓死於首陽之下．有廉如此者，王又安能使之步行千里，而進取於齊哉? 信如尾生，與女子期於梁柱之下，女子不來，水至不去，抱梁柱而死．有信如此，何肯揚燕,秦之威，却齊之强兵哉?

且夫信行者，所以自爲也，非所以爲人也，皆自覆之術，非進取之道也．且三王代興，五覇迭盛，皆不自覆．君以自覆爲可乎? 則齊[不益]于營丘，足下不窺于邊城之外．且臣之有老母於東周，離老母而事足下，去自覆之術而行進取之道，臣之趨固不與足下合者．足下皆自覆之君也，僕者進取之臣也．臣所謂以忠信得罪於君也.”

燕王曰：“夫忠信又何罪之有也?” 對曰：“足下不知也．臣隣家有遠爲吏者，其妻私人．其夫且歸，其妻私者憂之．其妻曰：‘公勿憂也，吾以爲藥酒待之矣.’ 後二日，夫至，妻使妾奉卮酒進之．妾知其藥酒也，進之則殺主父，言之則逐主母，乃佯僵棄酒．主父大怒而笞之．妾之棄酒，上以活主父，下以存主母．忠至如此，然不免於笞，此以忠信得罪也．臣之事，適不幸而類妾之棄酒也．

且臣之事足下，亢義益國，今乃得罪，臣恐天下後事足下者，莫敢自必也．且臣之說齊，曾不欺之也? 後之說齊者，莫如臣之言，雖堯,舜之智，不敢取之.” 燕王曰：“善.” 復厚遇之．

由此觀之，故知譎卽信也，詭卽忠也；夫譎詭之行，乃忠信之本焉.

제24편 충의(忠疑)

충성도 의심받는다

비방과 찬양, 옳고 그름은 어떤 기준으로 단정할 수 없다. 〔조유의 말〕

웅재대략의 한고조 유방과 뛰어난 책략가인 진평으로서도, 어떤 사람이 진평을 헐뜯자 고조가 진평을 멀리했고, 누군가 진평을 칭찬하자 가까이 했다. 한 문제의 지혜로움과 운중태수 위상(魏尙)의 충성심으로도 법으로 옭아매니 죄인이 되었고, 은덕을 베풀어 중용하니 큰 공을 세웠다. 〔출전: 『후한서』 권28하 「풍연전(馮衍傳)」〕

세상 사람들의 말을 들어 아는 것은 잘못된 것이 많고, 잘못된 것이 많으면 들은 것은 반드시 실제와 어긋나게 된다. 〔출전: 『여씨춘추』 「유시람, 거우(有始覽, 去尤)」의 주〕

어떻게 그렇다는 것을 알 수 있는가? 〔조유의 말〕

夫毁譽是非，不可定矣．以漢高祖之畧，而陳平之謀，毁之則踈，譽之則親.

以文帝之明, 以魏尙之忠, 繩之以法則爲罪, 施之以德則爲功. 知世之聽者多有所尤, 多有所尤, 卽聽必悖矣.

何以知其然耶?

『여씨춘추(呂氏春秋)』에서 이렇게 말한다. "어떤 사람이 도끼를 잃어버렸는데 이웃집 아들을 의심했다. 그의 걸음걸이, 얼굴 빛, 말하는 모습, 동작, 태도 등을 지켜보니 어느 하나도 도끼를 훔친 사람처럼 보이지 않는 것이 없었다. 그러다가 골짜기를 파던 중에 잃어버렸던 도끼를 찾았다. 다음 날 이웃집 아들을 다시 보았더니, 동작이나 태도에서 도끼를 훔친 도둑과 같은 모습은 전혀 없었다. 이웃집 아들이 바뀐 것이 아니라 자기가 바뀐 것이다. 그가 바뀐 것은 다른 이유가 없고, 잘못 판단했기 때문이다.

주(邾)나라에서는 과거에 갑옷의 아랫도리를 지을 때 비단실로 꿰맸다. 공식기(公息己)가 주나라 임금에게 말했다. "명주실을 꼬아 만든 끈목으로 꿰매는 것이 더 나을 것입니다." 주나라 군주가 말했다. "그것이 좋겠다." 명령을 내려 관원들로 하여금 갑옷을 만들 때 꼰 명주실로 꿰매도록 했다. 공식기는 이에 따라 자기 집안에서 모두 명주실을 꼬아 끈을 만들도록 했다. 어떤 사람이 이를 비방했다. "공식기가 끈목을 쓰도록 하고자 했던 이유는 그 집안에서 갑옷 만들 때 끈목을 많이 쓰기 때문입니다." 주나라 군주가 이를 듣고 기분이 언짢아서 그만두도록 했다.

명주 끈을 쓰지 말도록 한 것은 주나라 군주가 잘못 판단한 때문이다. 주나라가 갑옷을 만들 때 명주실을 꼬아 만든 끈목으로 꿰맨 것이 더 편리했다면, 공식기가 제 아무리 끈목을 많이 쓰더라도 무슨 해로움이 있겠는가? 끈목으로 꿰맨 것이 나은 점이 없다면, 공식기가 끈목으로 만들지 않는다고 해서 또한 무슨 이익이 있겠는가? 공식기가 실을 꼬아 끈목을 만들건 말건, 그 것으로 끈목으로 꿰매는 것이 더 튼튼하다는 공식기의 건의에 무슨 잘못이 있는지 설명하기에는 부족하다 할 것이다.

남의 말을 듣는 것이 이러하니, 세심하게 살피지 않아서는 안 될 것이다. 〔출전: 『여씨춘추』「유시람, 거우(有始覽, 去尤)」〕

'呂氏春秋'云: "人有亡鈇者, 意其鄰之子. 視其行步,顏色,言語,動作,態度, 無爲而不竊鈇者也. 竊掘其谷, 而得其鈇. 他日復見其鄰之子, 動作,態度無似竊鈇者也. 其鄰子非變也, 己則變之. 變之者無他, 有所尤矣.

邾之故, 爲甲裳以帛. 公息忌謂邾之君曰: "不若以組." 邾君曰: "善." 下令, 令官爲甲必以組. 公息忌因令其家皆爲組.

人有傷之者曰: "公息忌之所以欲用組者, 其家爲甲裳多爲組也." 邾君不悅, 於是乎止.

無以組, 邾君有所尤也. 邾之故爲甲以組而便也, 公息忌雖多爲組, 何傷? 以組不便, 公息忌雖無以爲組, 亦何益? 爲組與不爲組, 不足以累公息忌之說也.

凡聽言, 不可不察.

누완(樓緩, 전국시대 조나라 대신)이 말했다. "공보문백(公父文伯, 춘추 말기 노나라 관리)이 노나라에서 벼슬하다가 병들어 죽었는데, 그의 시첩들 중에 스스로 목숨을 끊은 여자가 16 명이었습니다. 그의 어머니가 이를 듣고, 소리 내어 곡을 하지 말라고 했다. 집안일을 하는 사람들이 물었다. '아들이 죽었는데도 어찌 곡을 하지 않습니까?'

그 어머니가 말했다. '공자는 현인이다. 노나라에서 쫓겨나 떠났을 때 우리 아들은 따라 가지 않았다. 지금 아들이 죽었는데 많은 시첩들이 그를 위하여 스스로 목숨을 끊었다. 이와 같은 일을 보면, 아들이 필히 덕이 있는 현인에게는 야박하면서도, 시첩들에게는 후하게 대했기 때문일 것이다.' 이 말이 그의 어머니로부터 나왔기 때문에 어진 어머니라고 하겠지만, 그의 부인으로부터 나왔다면 질투심 많은 부인이라는 비난을 면치 못했을 것이다.

그러므로 말은 같더라도 말하는 사람이 다르면, 듣는 사람의 마음도 바뀌게 되는 것이다. 〔출전: 『사기』 권76 「평원군우경열전」 및 『전국책』 「조책 3 진공조어장평(秦攻趙於長平)」〕

악양(樂羊)이 위나라의 장수가 되어 중산(中山)을 공격했다. 그때 마침 악양의 아들이 중산에 머물고 있었다. 중산국의 임금이 그 아들을 삶아 죽이고 국을 끓여 보냈는데, 악양은 이 국을 단숨에 마셨다.

위나라 문후(文侯)가 이를 알고 말했다. "악양이 나를 섬긴 때문에 자식의 고기까지 먹었소." 그러나 도사찬(堵師讚)이 말했다. "그가 자식의 고기까지 먹었으니, 어떤 사람의 고기인들 먹지 않겠습니까?" 악양이 중산을 무찌르고 돌아오자 문후는 상을 내려 공로를 칭찬했으나, 마음속으로는 의심을 품었다. 〔출전: 『전국책』 위책 1 「악양위위장이공중산(樂羊爲魏將而攻中山)」〕

『회남자』에서 말한다. "친어머니가 아들의 머리에 튀어나온 종기를 치료하던 중에, 피가 나서 귀밑까지 흘러 내렸다. 이를 본 사람은 자식 사랑이 지극하다고 여겼다. 만일 계모가 그러는 것을 지나가는 사람이 보았다면 잔인하다고 생각할 것이다. 사정은 같은 것인데도 보는 사람의 관점에 따라 달라지는 것이다.

성 위에서 내려다보면 소는 양처럼 보이고 양은 돼지처럼 보이는 것은, 높은데서 내려다보기 때문이다. 얼굴을 대야 물에 비춰보면 원형으로 보이고, 작은 물 잔에 비춰보면 이지러져 보인다. 얼굴 형태는 바뀌지 않았는데도 원형으로 보이기도 하고 이지러져 보이기도 하는 것은, 비춰보는 그릇이 다르기 때문이다.

이제 내 몸을 바르게 하여 외물을 대하고자 하여도, 세상 사람들이 어떤 관점에서 나를 보는지 어떻게 알 수 있겠는가? 그러므로 천하의 시비가 본래 정해진 바가 없지는 않지만, 세상 사람들은 각자 나름대로의 기준을 갖고 거기에 부합되면 옳다고 여기고, 아니면 옳지 않다고 한다는 것을 알 수 있다. 이제 나는 옳은 것을 택하면 이로써 행하고, 잘못된 것을 택하면 버리고자 하지만, 세상 사람들이 어떤 기준으로 옳고(是) 그름(非)을 가르는지 알지 못하니, 도대체 무엇이 옳고 무엇이 그른 것인가?" 〔출전: 『회남자』 「제속(齊俗)」〕

그렇기 때문에 충성을 다하고도 의심을 받는 경우가 있으니, 세심하게 살피지 않으면 안 되는 것이다. 〔조유의 말〕

樓緩曰: "公父文伯仕於魯, 病而死, 女子爲自殺於房中者二(人)[八]. 其母聞之, 勿哭. 其相室曰: "焉有子死而勿哭乎?"

其母曰: "孔子, 賢人也, 逐於魯而是人弗隨之. 今死, 婦人爲自殺, 若是者, 必其於長者薄, 而於婦人厚." 故從母言之, 是爲賢母; 從妻言之, 是不免於妬妻也. 故其言一也, 言者異則, 人心變矣.

樂羊爲魏將而攻中山, 其子在中山. 中山之君烹其子而遺之羹, 樂羊盡啜之. 文侯曰: "樂羊以我故, 食其子之肉." 堵師贊曰: "其子且食之, 其誰不食?" 樂羊罷中山, 文侯賞其功而疑其心.

'淮南子'曰: "親母爲其子扢禿, 出血至耳, 見者以爲愛子之至也. 使在於繼母, 則過者以爲悷也. 事之情一也, 所從觀者異耳.

從城上視牛如羊, 視羊如豚, 所居高也. 窺面於盤水則圓, 於[杯則]隋. 面形不變其故, 有所圓,有所[隋]者, 所自窺之異也.

今吾雖欲正身而待物, 庸鉅知世之所自窺於我者乎? 是知天下是非無所定也, 世各是其所是, 非其所非. 今吾欲擇是而居之, 擇非而去之, 不知世之所是非者, 孰是孰非哉?"

故有忠而見疑者, 不可不察.

제25편 용무용(用無用)

쓸모없음(無用)의 쓰임

옛사람이 이런 말을 했다. “새를 잡는 것은 단지 그물의 한 눈이다. 그러나 한 눈만 있는 그물을 쳐놓고 있으면 영원히 새를 잡을 수 없다.

새가 멀리 날 수 있는 것은 날개의 축을 이루는 깃촉(翮)의 힘 때문이다. 그러나 6개의 깃촉만 있고 무수히 많은 깃털의 도움이 없다면, 새는 멀리 날 수가 없다.” 〔출전: 『삼국지』 권12 「최염전(崔琰傳)」 주에서 인용한 어환(魚豢)의 『위략(魏略)』〕

이로써 미루어보면, 쓸모없음(無用)의 쓰임(用)이 크다는 것을 알 수 있다. 〔조유의 말〕

古人有言曰: “得鳥者羅之一目, 然張一目之羅, 終不能得鳥矣. 鳥之所以能遠飛者, 六翮之力也, 然無衆毛之助, 則飛不能遠矣.

以是推之, 無用之爲用也, 大矣.

혜자(惠子)가 장자(莊子)에게 말했다. "자네의 말은 아무 쓸모가 없다." 장자가 말했다. "'쓸모없음'을 알아야만 비로소 '쓸모 있음'에 대해 더불어 말할 수 있다. 천지는 넓고 또 크지 않은 것이 아니지만, 사람이 실제 필요로 하는 것은 발로 밟는 크기만큼의 땅뿐이다. 그렇다고 해서 발 디딜 땅만 남기고 그 밖의 땅을 파서 황천까지 내려간다 치면, 사람들에게 여전히 쓸모 있는 땅이 될 수 있겠는가?" 혜자가 대답했다. "쓸모가 없지."

장자가 말했다. "그렇다면 쓸모없는 것이 쓸모가 있다는 것 또한 분명한 사실이다." 〔출전: 『장자』「잡편, 외물(外物)」〕

옛적에 진평은 지모가 너무 많아서 오히려 유방의 의심을 받았으나, 주발(周勃)은 순박하고 충후하여 신임을 받았다. 인의만으로 군신이 서로 신뢰하기에 부족하다면, 지혜로운 자는 지모가 너무 많아서 의심을 받고, 질박한 사람은 그 것이 부족하기 때문에 신임을 받는다. 〔출전: 『후한서』 권18 「오한전, 론(吳漢傳, 論)」〕

동한 때에, 조정이 은거해 있던 선비 번영(樊英)과 양후(楊厚) 등을 초빙해서, 그들을 마치 신명을 모시듯 공경했다. 그러나 모셔다 놓고 보니, 그들은 도대체가 별달리 뛰어난 점이 없었다. 이고(李固)와 주목(朱穆) 등은 이들 처사들이 순전히 명성을 훔쳐 세상을 속인 자들로, 나라에 전혀 도움이 되지 않는다고 비난했다.

그러나 후진들이 그들의 명성을 본받고자 노력하여 큰 그릇이 되었고, 황제가 그들을 예로써 대우하니 더욱 많은 인재를 얻을 수 있었다. 〔출전: 『후한서』 권82상 「방술전상, 론(方術傳上, 論)」〕

故惠子謂莊子曰: "子言無用矣." 莊子曰: "知無用而始可與言用矣.

夫天地非不廣且大也，人之所用容足耳．然則削足而墊之至黃泉，人尙有用乎?” 惠子曰: “無用.” 莊子曰: “然則無用之爲用也，亦明矣.”

昔陳平智有餘而見疑，周勃質樸，忠而見信．夫仁義不足相懷，則智者以有餘見疑，而樸者以不足取信矣.

漢徵處士樊英,楊厚，朝廷若待神明．至竟無他異．李固,朱穆以爲，處士純盜虛名，無益於用．然而後進希之以成器，世主禮之以得衆.

이치를 추구해보면 '쓸모없음'은 또한 '쓸모 있음'의 근원이 된다. 어떤 사람은 발을 딛고 있지 않는 나머지 땅을 쓸모없다고 여기며, '쓸모없음'의 공능을 깨닫지 못한다. 심지어 이를 공허한 말이라고 헐뜯고 비웃어, 나라의 소중한 인재를 업신여기고 배척했다. 〔출전: 『후한서』 권82상 「방술전상, 론」〕

이는 또한 잘못이 아니겠는가? 〔조유의 말〕

原其無用，亦所以爲用也．而惑者忽不踐之地，賒無用之功，至乃誚誇遠術，賤斥國華，不亦過乎?

제26편 은생원(恩生怨)

은혜가 원망을 낳는다

『좌전』은 이렇게 전한다. "옛 사람의 말에 '원망할 대상이 아니면 원망하지 말라.'고 했으나, 과인은 그대를 원망하노라." 이로써 무릇 원망하는 것은 소원하게 여기는 사람에 대해서는 원망하지 않고, 반드시 친밀하게 여기는 사람에 대해서 원망함을 알 수 있다. 〔출전: 『좌전』「양공 26년」〕

어떻게 이를 밝힐 수 있는가? 〔조유의 말〕

'傳'稱: "諺曰 '非所怨勿怨', 寡人怨矣." 是知凡怨者不怨於所疏, 必怨於親密.

何以明之?

고자(高子)가 말했다. "'소반(小弁)'은 소인의 시다." 맹자가 물었다. "무엇 때문에 그렇게 말하는가?" 고자가 말했다. "원망하기 때문이다."

맹자가 말했다. "고루하구나, 고수(高叟, 고자)의 시를 해석함이여! 월나라 사람이 여기에 있어, 활시위를 당겨 나를 쏘려하는데, 자기가 말하고 웃으면서 타이르는 것은, 다름이 아니라, 그 사람을 소원하게 여기기 때문이다. 형제가 활을 당겨 나를 쏘려하는데, 자기가 눈물을 흘리며 타이르는 것은, 다름이 아니라, 그를 친하게 여기기 때문이다. 그런 즉, '소반'의 원망은 어버이를 친하게 여기기 때문에 생긴 것이다. 어버이를 친하게 여기고 사랑하는 것은, 인(仁)이다." 〔출전: 『맹자』 「고자하(告子下)」〕

진(晉)나라 혜공이 한간자(韓簡子)를 사신으로 보내 진(秦)나라 군대를 살펴보도록 했는데, 돌아와 보고했다. "군사는 우리보다 적으나, 투지를 가진 병사는 우리의 배가 됩니다." 혜공이 물었다. "무슨 까닭이냐?"

한간자가 말했다. "임금께서 타국에 나가 계실 때는 진나라의 도움에 의지했고, 진나라에 돌아 올 때는 진나라 임금의 도움을 받았으며, 나라에 기근이 들었을 때는 진나라의 곡식을 먹었습니다. 이렇게 세 번이나 은혜를 베풀었는데도 보답하지 않았기 때문에 저들이 쳐들어 온 것입니다." 〔출전: 『좌전』 「희공(僖公) 15년」〕

두업(杜鄴)이 왕음(王音)에게 유세했다. "신이 듣건대 인지상정이란 말이 있듯이, 아끼고 정이 깊은 사람에 대해서는 그를 봉양함에 더욱 삼가고, 지극히 사랑하는 사람에 대해서는 구하는 바가 오히려 적다고 합니다. 친척인데도 일반 사람과 다르게 더 잘 대해주지 않고, 친한 사이인데도 가깝지 않은 사람과 달리 특별하게 대해주지 않는다면, 누군들 원망을 품지 않겠습니까?

『시경』의 당체(棠棣) 시와 각궁(角弓)의 시를 지은 까닭이 여기에 있는 것입니다." 〔출전: 『한서』 권85 「두업전(杜鄴傳)」〕

이로써 보면, 원망이라는 것은 친근하기 때문에 하는 것이며, 은혜란 오히려 원망이 생기는 근원이 되는 것임을 알 수 있다. 〔조유의 말〕

高子曰: "'小弁', 小人之詩也." 孟子曰: "何以言之?" 高子曰: "怨." 孟子曰: "固哉, 高叟之爲'詩'也. 有越人於此, 關弓而射我, 我則談笑而道之, 無他, 疏之也. 兄弟關弓而射我, 我則泣涕而道之, 無他, 戚之也. 然則'小弁'之怨, 親親也. 親親, 仁也."

晉使韓簡子視秦師, 云: "師少於我, 鬪士倍我." 公曰: "何故?" 對曰: "出因其資, 入用其寵, 饑食其粟. 三施而不報, 所以來也."

杜鄴說王音曰: "鄴聞人情恩深者, 其養謹; 愛至者, 其求(謹)[詳]. 夫戚而不見異, 親而不見殊, 孰謂無怨? 此'棠棣''角弓'之所作也."

由此觀之, 故知怨也者, 親之也; 恩也者, 怨之所生也. 不可不察.

제27편 궤순(詭順)

신하의 도리를 다할 뿐

조유는 말한다.

"무릇 구름이 일고 벼락이 치는 혼돈한 세상, 천하가 누구에게로 돌아갈지 정해지지 않은 이 시기를 맞아, 어떤 임금의 수하가 되고 또 어떤 임금에게 몸을 맡겨 섬기든, 각자 모시는 임금을 위하여 힘을 바쳐 직분을 다하는 것은 신하의 도리이다.

그러므로 한고조는 항우의 부장이었던 계포(季布 또는 경포)를 용서하고 오히려 상을 내려 중용했고, 진(晉) 문공은 자신을 죽이려 했던 시인(寺人, 임금을 곁에서 모시는 근시)의 잘못을 용서했다. 비록 그들로부터 전에 곤욕을 당했으나 이를 원망하지 않았으니, 군주로서의 큰 도리를 깨달았다고 해야 할 것이다." 〔조유의 말〕

趙子曰: "夫雲雷世屯, 瞻烏未定. 當此時也, 在君爲君, 委質事人, 各爲其主用職耳. 故高祖賞季布之罪, 晉文嘉寺人之過. 雖前窘莫之怨也, 可謂通於大體矣."

진 문공 중이(重耳)가 처음 도망쳤을 때, 헌공(獻公)이 시인(寺人) 피(披)를 보내 포성(蒲城, 지금의 산서성 하동 습현)에서 그를 죽이도록 명했다. 중이가 담을 넘어 달아나는데 피가 추격하여 옷소매를 베었다. 그 후 진나라로 돌아오자, 혜공의 옛 신하인 극예(郤芮)와 여생(呂甥) 등이 핍박을 받을까 두려워하여 문공이 머무는 궁에 불을 질러 죽이려 했다.

시인 피가 이 음모를 알고 뵙기를 청하자, 공은 사람을 시켜 꾸짖었다. "포성의 싸움에서 임금(헌공)께서는 하루를 묵으면서 가라고 했는데 너는 즉일로 달려왔다. 그 뒤 내가 적(狄)의 군주와 위수 가에서 사냥할 때, 너는 또 혜공을 위해 나를 죽이려 왔다. 그때 혜공은 너에게 사흘 밤을 묵으며 가라고 명령했는데 너는 이틀 만에 달려왔다. 비록 군명이 있기는 했지만 무엇 때문에 그리 속히 와서 나를 죽이려 했느냐?"

피가 대답했다. "신은 돌아와 임금이 되셨으니 당연히 임금의 도리를 아실 것으로 생각했는데 아직 그 도리를 모르시는 것 같으니, 장차 또 화가 미치게 될까봐 두렵습니다. 임금의 명령을 봉행함에 두 마음을 품지 않는 것이 옛 법도입니다. 임금의 해악을 제거함에는 오로지 힘을 다 하는 것만 보는 것입니다. 그것이 포(蒲)이건 적(狄)이건, 무슨 상관이 있었겠습니까? 이제 임금께서 즉위했습니다만, 앞으로도 어찌 포성과 적에서의 일이 없겠습니까?

제환공은 허리띠를 쏘아 맞춘 원한을 잊어버리고 관중을 승상으로 삼았는데, 만약 임금께서 그와 반대로 옛 원한을 잊지 않으시겠다면, 어찌 사람을 보내 신을 꾸짖는 수고를 끼치십니까? 아마도 떠나는 자가 많을 것이니, 어찌 신을 처벌하는 것으로 그치겠습니까?"

이에 문공이 불러 접견하니 음모를 아뢰었고, 이로써 극예와 여생의 변란을 피할 수 있었다. 〔출전: 『좌전』「희공 24년」〕

昔晉文公初出亡, 獻公使寺人披攻之蒲城, 披斬其袪. 及反國, 郤, 呂畏偪, 將焚公宮而殺之. 寺人披請見, 公使讓之曰: "蒲城之役, 君命一宿, 汝卽至. 其後, 余從狄君以田渭濱, 汝爲惠公來求殺余: 命汝三宿, 汝中宿至. 雖有君命, 何其速也?"

對曰: "臣爲君之入也, 其知之矣; 若猶未也, 又將及難. 君命無二, 古之制也. 除君之惡, 惟力是視. 蒲人,狄人, 余何有焉? 今君卽位, 豈無蒲,狄乎? 齊桓公置射鉤而使管仲相, 君若易之, 何欲命焉? 行者甚衆, 豈惟刑臣."

公見之, 以難告, 得免呂,郤之難.

진진(陳軫)이 장의(張儀)와 함께 진(秦) 혜왕을 모셨는데, 혜왕은 두 사람을 모두 중용하고 신임했다. 두 사람이 총애를 다투었는데, 어느 날 장의가 혜왕에게 진진을 헐뜯어 이렇게 말했다. "진진이 많은 예물을 갖고 가벼운 수레를 타고 사신으로 나가 진나라와 초나라를 자주 왕래하는 것은, 우호관계를 맺기 위해서입니다. 그런데 지금 초나라가 진나라를 관계가 좋지 않은데도 진진에게 잘 대해주는 것은, 진진이 초나라를 위해 이익이 되는 일을 후하게 하고 진나라에게는 박하게 대하기 때문입니다. 진진은 진나라를 떠나 초나라로 가려고 합니다. 왕께서는 어째서 그런 말을 듣지 못했습니까?" 〔출전: 『사기』

권70 「장의열전」)

이에 혜왕이 진진을 불러 묻자 진진이 대답했다. "신은 초나라로 가기를 원합니다. 신이 진나라를 떠나게 된다면, 반드시 초나라로 갈 것인데, 이는 신이 사사로이 초나라를 위해서 일한 것이 아니라는 것을 밝히기 위해서입니다.

예전에 초나라에 두 명의 부인을 거느린 사람이 있었는데, 임금께서는 그 얘기를 들어보신 적이 있습니까?" 혜왕이 말했다. "듣지 못했소." 진진이 말했다. "초나라에 두 명의 부인을 거느린 사람이 있었는데, 어떤 사람이 그 중 나이가 더 많은 부인에게 추파를 던졌는데, 나이 든 부인은 욕을 퍼부었습니다. 또 나이가 젊은 부인에게도 추파를 던졌는데, 젊은 부인은 그의 수작에 호응해왔다고 합니다. 얼마 지나지 않아 그 부인들의 남편이 죽었습니다. 어떤 손님이 부인에게 수작을 걸었던 사람에게 물었습니다. '당신이 아내로 삼는다면 젊은 부인을 택하겠소, 아니면 나이 많은 부인을 취하겠소?'

그 남자가 말했다. '나이 든 부인을 아내로 맞겠소.' 손님이 물었다. '나이 든 부인은 당신에게 욕을 했고, 젊은 부인은 당신의 유혹에 응했는데, 무슨 이유로 나이 든 부인을 택하려 하오?' 그 남자가 말했다. '남의 부인으로 있다면 나의 수작을 받아준 부인을 선택했겠지만, 내 아내가 된다고 하면 추파를 던지는 자를 욕하고 꾸짖는 부인을 택할 것이오.'

지금 초나라 왕은 영특한 군주이며 소양(昭陽)은 현명한 재상입니다. 만일 진진이 진나라의 신하로 있으면서 항상 나라의 정세를 초나라에 밀고했다면, 초나라 왕은 신을 초나라 신하로 삼아 머물게 하지 않을 것이며, 소양도 역시 신과 함께 조정에서 일하려 하지 않을 것입니다. 그러니 신이 어찌 초나라로 가지 않겠습니까? 신이 진나라를 떠나면 반드시 초나라로 가서, 신이 초나라에서 임용되는 지 아닌지를 똑똑히 보여드리고자 합니다."

진진이 물러나자 장의가 뒤따라 들어와 왕에게 물었다. "진진이 과연 초나라로 가겠다고 하지 않았습니까?" 혜왕이 말했다 "그렇소." 장의가 또 말했다. "진진이 초나라를 위해 일하지 않았다면, 초왕이 어떻게 받아들이려 하겠습니까?"

혜왕이 다시 불러 장의의 말을 일러주며 진진에게 물었다. 진진이 대답했다. "그렇습니다." 혜왕이 말했다. "과연 장의의 말이 사실이구나." 진진이 말했다. "그런 말은 장의 혼자만 알고 있는 것이 아니라 길에 다니는 사람들도 다 알고 있는 일입니다. 옛날 오자서는 그 임금에게 충성을 다했기 때문에 온 천하가 다투어 그를 신하로 삼으려 했고, 증삼은 어버이를 친애하고 효도를 다했기 때문에, 천하의 모든 어버이들이 자식으로 삼기를 원했습니다. 그러므로 노비를 팔려고 내어 놓았는데 그 마을을 벗어나지 않고도 사가는 사람이 있다면, 좋은 노비입니다. 시집갔다가 소박맞고 돌아온 부인이 그 마을에서 재혼한다면 반드시 좋은 부인인 것입니다.

지금 진진이 만약 자기 임금에게 충성스럽지 않다면, 초나라 또한 어찌 신하로 삼으려 하겠습니까? 신은 충성을 다하고도 버림을 받게 됐으니 초나라로 가지 않고 장차 어디로 가겠습니까?"

혜왕은 그의 말을 옳다 여기고 그로부터 진진을 더욱 후하게 대우했다. 그러나 결국 혜왕은 장의를 재상으로 임명했고, 진진은 초나라로 망명했다. 〔출전: 『춘추후어』 일문. 『전국책』 진책1, 「진진거초지진(陳珍去楚之秦)」에도 유사한 내용이 수록됨〕

陳軫與張儀俱事秦惠王，惠王皆重之. 二人爭寵，儀惡軫於王曰: “軫重幣輕使秦,楚之間，將爲[國]交也. 今楚不善於秦而善於軫，軫爲楚厚，爲秦薄也. 軫欲去秦而之楚，王何不聽之?”

王乃召軫而問之，軫曰: “臣願之楚. 臣出，必故之楚，且明臣爲楚與不也. 昔楚有兩妻者，王聞之乎?” 王曰: “弗聞.”

軫曰: “楚有兩妻者，人挑其長者，長者罵之; 挑其少者，少者復挑之. 居無幾何，有兩妻者死. 客爲挑者曰: ‘爲汝娶少者乎? 長者乎?’ 挑者曰: ‘娶長者.’ 客曰: ‘長者罵汝，少者復挑汝. 汝何故娶長者?’ 挑者曰: ‘居人之所，則欲其挑我; 爲我之妻，則欲其罵人.’ 今楚王，明主; 昭陽，賢相. 使軫爲臣，常以國情輸楚，楚王將不留臣，昭陽將不與臣從事矣，臣何故之楚? 臣出，必故之楚，足以明臣爲楚與不也.”

軫出，儀入，問王曰: “軫果欲之楚不?” 王: “然.” 儀曰: “軫不爲楚，楚王何爲欲之?” 王復以儀言爲軫，軫曰: “然.” 王曰: “儀之言果信矣.”

軫曰: “非獨儀知之，行道之人盡知之矣. 子胥忠於君，而天下皆爭以爲臣; 曾參，孝己愛於親，而天下皆願以爲子. 故賣僕妾不出閭巷售者，良僕妾也; 出婦嫁於鄉曲者，必善婦也. 今軫若不忠於君，楚亦何以爲臣乎? 忠且見棄，軫不之楚，將何歸乎?”

王以其言爲然，遂厚待之. 惠王終相張儀，軫遂奔楚.

한신이 처음 제왕(齊王)이 되었을 때 괴통이 한신에게, 항우, 유방과 함께 천하를 셋으로 나누어 다스리자고 건의했으나, 한신이 이를 받아들이지 않았다. 그 후 한고조 유방이 자기의 능력을 두려워하고 있음을 알고, 진희(陳豨)와 함께 모반을 모의했으나 일이 누설되었다. 여후(呂后)가 계책을 써서 한신을 사로잡고 막 목을 베려 할 때, 한신이 한탄했다. "내가 괴통을 계책을 듣지 않았던 것을 후회한다. 이렇게 한낱 아녀자에게 속아 사로잡혔으니, 어찌 하늘의 뜻이 아니겠는가?"

고조가 돌아와 제나라에 조서를 내려 괴통을 체포하도록 했다. 괴통이 잡혀오자 고조가 말했다. "네가 회음후에게 모반하도록 부추겼는가?" 괴통이 대답했다. "그렇습니다. 신이 정말 교사했습니다. 그러나 어린아이처럼 못난 저 자가 신의 계책을 쓰지 않았기 때문에, 이제 이처럼 스스로를 죽음으로 내몰았습니다. 만일 저 못난 자가 신의 계책을 썼더라면, 폐하께서 어떻게 그를 죽일 수 있었겠습니까?"

고조가 화를 내며 말했다. "삶아 죽여라." 괴통이 말했다. "아아, 억울합니다. 삶겨 죽이다니요!" 고조가 말했다. "네가 한신에게 모반을 부추겼기 때문인데, 무엇이 억울하다는 말이냐?"

괴통이 말했다. "진나라의 기강이 해이해지고 질서가 무너지자 산동 땅이 크게 혼란해졌고, 성씨가 무엇이든 능력이 있는 자들이 모두 일어나고 영웅호걸들이 까마귀처럼 모여 들었습니다. 황제 자리를 한 마리 사슴으로 비유한다면, 그 사슴을 진나라가 잃어버리자 천하가 모두 그 사슴을 쫓았습니다. 이리하여 능력이 뛰어나고 발 빠른 사람이 먼저 사슴을 차지한 것입니다. 도척(盜跖)이 키우는 개가 요임금을 보고 짖었는데 그 것은 요임금이 선하지 않았기 때문이 아니라, 개는 본디 주인이 아닌 사람을 보면 짖는 법입니다. 그 당시 신은 오직 한신만을 알았을 뿐 폐하는 알지 못했습니다. 또한 천하에는 날카로운 칼을 잡고서 폐하가 했던 것과 똑같이 천하를 차지하고자 하는 자들이, 매우 많았습니다. 다만 힘이 모자라서 그렇게 하지 못했을 뿐입니다. 그렇다면 그들 모두를 삶아 죽이겠습니까?"

고조가 말했다. "그만 놓아주어라." 괴통의 죄를 용서하고 풀어주었다. 〔출전: 『사기』 권92 「회음후열전」〕

韓信初爲齊王時, 蒯通說信, 使三分天下, 信不聽. 後知漢畏其能, 乃與陳豨謀反, 事泄, 呂太后以計禽之, 方斬, 曰: "吾悔不聽蒯通之計, 乃爲兒女子所詐, 豈非天哉!"

高祖歸, 乃詔齊捕通. 通至, 上曰: "若敎淮陰侯反耶?" 曰: "然. 臣固敎之, 豎子不用臣之策, 故今自夷如此. 如彼豎子用臣之計, 陛下安得而夷之乎?" 上怒曰: "烹之." 通曰: "嗟乎! 寃哉, 烹也!" 上曰: "若敎韓信反, 何寃?"

對曰: "秦之綱弛而維絕, 山東大擾, 異姓並起, 英儁烏聚. 秦失其鹿, 天下共逐之, 於是高才疾足者先得焉. 跖之犬吠堯, 堯非不仁, 狗固吠非其主. 當是時, 臣獨知韓信, 非知陛下也. 且天下精銳持鋒欲爲陛下所爲者, 甚衆, 固力不能耳. 又可盡烹耶?" 高帝曰: "置之." 乃釋通之罪也.

오왕 유비(劉濞)가 일곱 나라와 함께 모반을 모의하다가, 일이 발각되었다. 제북왕(濟北王)이 자살하려 했다. 제나라 사람 공손확(公孫獲)이 제북왕을 만류하며 말했다. "청하건대, 신이 대왕을 위해 양왕(梁王)에게 가서 해명을 하고, 우리의 충정을 천자께 전달해주도록 설득해 보고자 합니다. 만일 설득을 해보고 소용이 없으면, 그때 목숨을 끊어도 늦지 않을 것입니다."

공손확이 양왕을 알현하고 이렇게 말했다. "제북의 땅은, 동쪽으로는 강대한 제나라와 접하고, 남쪽으로는 오나라와 월나라의 견제를 받으며, 북쪽으로는 연나라와 조나라의 위협을 받고 있으니, 사분오열(四分五裂)의 나라라 할 수 있습니다. 권세는 스스로를 지킬 수 없고, 역량은 강한 적에 맞설 수 없으며, 또 계책을 내어 어려움을 해결하도록 보좌해줄 기발한 인재도 없습니다. 한 때의 실수로 오나라에 해서는 안 될 말을 했으나, 이는 제북왕의 진정한 뜻이 아닙니다.

옛날 정나라의 채중이 송나라의 핍박에 못 이겨 송나라 여자가 낳은 공자 돌(突)을 임금으로 세우고 소공의 목숨을 살렸으나, 신하의 바른 도리는 아니었습니다. 그러나 『춘추』는 이 일에 대해 기록하기를 '제중이 그렇게 함으로써 소공을 살려 죽음을 삶으로 바꾸었고, 멸망하게 된 정나라를 존속시켰다.'라고 했습니다. 애초에 제북왕이 진정한 뜻을 표명하고 오나라를 따르지 않을 것임을 명백히 밝혔더라면, 오나라는 반드시 제나라를 거쳐 먼저 제북을 점령하고, 연나라와 조나라를 불러 그들 군대와 통합했을 것입니다. 이렇게 했다면 산동 지역의 제후들은 합종의 연맹을 맺어, 공격할 틈이 전혀 없었을 것입니다.

지금 오나라와 초나라 왕은 제후들의 군대를 훈련시키고, 훈련도 받지 않은 오합지졸을 몰아세워, 서쪽으로 나아가 황제와 천하의 패권을 다투려 했습니다. 제북왕은 홀로 절의를 견지하고 굳게 지키며 투항하지 않았습니다. 오나라가 동맹을 잃고 조력을 받지 못한 채 지친 걸음으로 단독으로 진군하다가 결국 '흙이 무너지고 기와가 깨지는 것처럼' 허물어져, 패망하고 구원받지 못했습니다. 이는 제북의 힘이 아니었다면 그렇게 될 수 없었을 것입니다. 만약 애초에 저희 미약한 제북으로 하여금 오나라와 초나라 같은 강한 제후국에 맞서 싸우도록 했다면, 이는 약한 양과 소에게 사나운 호랑이나 이리에게 대적하도록 한 것과 같은 것입니다. 제북왕은 직분을 굳게 지키며 굴복하지 않았으니, 실로 충심으로 일관했다고 할 수 있습니다. 공로와 의로움이 이와 같은데도 황상으로부터 의심을 받고 있으니, 어깨를 움츠리고 고개를 숙이며, 발을 모으고 옷깃을 여민 채 처분만 기다리면서, 오히려 애초에 오나라 편에 서지 않았던 것을 스스로 후회하고 있으니, 이는 사직에 도움이 되지 않는 것입니다. 또한 신은 직분을 충실히 지키는 다른 제후들도 의심을 받지 않을까 하는 마음을 품게 될까봐 걱정합니다.

신이 깊이 헤아리건대, 서산(西山)을 거쳐 장락궁(長樂宮)과 미앙궁(未央宮)으로 나가시어, 황제께 소매를 걷어붙이고 직간하여 의론을 바로잡을 수 있는 분은, 오직 대왕뿐입니다. 대왕께서 충언함으로써, 위로는 천하를 온전히 한 공을 세우고, 아래로는 천하 백성을 편안하게 한 이름을 얻을 것이며, 그 은덕이 골수에까지 젖어 들고 은혜가 무궁토록 미칠 것입니다. 대왕께서 이를 유념하시고 자세히 살펴보아 주기를 원하옵니다."

양효왕은 매우 기뻐하며, 사람을 시켜 급히 말을 달려 주상에게 보고하도록 했다. 이로써 제북왕은 칠국반란에 연좌되는 것을 면할 수 있었으며, 봉지를 옮겨 다시 치천왕(菑川王)으로 봉해졌다. 〔출전: 『한서』 권51 「추양전(鄒陽傳)」〕

初吳王濞與七國謀反, 及發, 濟北王欲自殺. 齊人公孫玃謂濟北王曰: "臣請試爲大王明說梁王, 通意天子. 說而不用, 死未晩也."

公孫獲遂見梁王曰: "夫濟北之地, 東接强齊, 南牽吳,越, 北脅燕,趙, 此四分五裂之國. 權不足以自守, 勁不足以捍寇, 又非有奇佐之士以待難也. 雖墜言於吳, 非其正計也.

昔鄭祭仲許宋人立公子突, 以活其君, 非義也. '春秋'記之, 爲其以生易死, 以存易亡也. 嚮使濟北見情實, 示不從之端, 則吳必先歷齊(軍)[畢]濟北, 招燕,趙而總之. 如此, 則山東之從結而無隙矣. 今吳,楚之王練諸侯之兵, 驅白徒之衆, 西與天子爭衡, 濟北獨底節堅守不下, 使吳失與而無助, 跬步獨進, 瓦解土崩, 破敗而不救者, 未必非濟北之力也.

夫以區區之濟北而與諸侯爭强, 是以羔犢之弱而捍虎狼之敵也. 守職不撓, 可謂誠一矣. 功義如此, 尙見疑於上, 脅肩低首, 累足撫襟, 使有自悔不前之心, 非社稷之利也. 臣恐藩臣守職者疑之. 臣竊料之, 能歷西山, 徑長樂,抵未央,攘袂而正議者, 獨大王耳. 上有全亡之功, 下有安百姓之名, 德淪於骨髓, 恩加於無窮, 願大王留意詳(維)[惟]之."

孝王大說, 使人馳以聞. 濟北王得不坐, 徙封於菑川.

진림(陳琳)이 한때 원소의 수하로 있으면서 문장 짓는 것을 책임졌다. 원소가 패망하고 나서 조조에게 의탁했다. 조조가 말했다. "경이 전에 본초(本初, 본초는 원소의 자)를 위해 격문을 지었을 적에, 단지 짐의 죄상만 열거하는 것으로 그만두어야 했소. 죄악을 성토하는 것은 내 한 몸에서 그쳐야지, 어째서 위로 부친과 조부까지 들추어 악담을 해댔던 것이오?" 〔출전: 『삼국지』 권21 「진림전(陳琳傳)」〕

진림이 사죄하면서 말했다. "예전에 항우와 유방이 승부를 가리지 못했을 때, 괴통이 한신에게 '천하삼분'의 계책을 올렸고, 간시(乾時, 지금의 산동성 익도현)의 전투에서 관중은 공자 규(糾)를 위해 전력을 다해 싸웠습니다. 이들은 모두 주군을 위해 계책을 내고, 군주가 일시에 복을 얻을 수 있도록 도우려 했던 것입니다. 그러므로 도척의 문객은 허유(許由)를 찔러 죽였고, 걸의 개는 요(堯)를 보고 짖어댔습니다.

지금 명공께서 원망을 품었던 마음을 뒤로하고 어진 인재를 중용하며, 전에 총애했더라도 어리석은 자들을 쫓아낸다면, 사방의 영웅호걸들이 태도를 바꾸어 마음으로 귀순해 올 것입니다. 명공은 이를 잘 판단하시기 바랍니다."

조조가 "좋은 말이다."라고 칭찬하고, 진림을 후대했다. 〔출전: 『삼국지』 배주의 일문. 『군서치요』 권26 「위지하(魏志下)」에 배주가 인용한 『문사전(文士傳)』에서 이를 찾아볼 수 있다〕

이로써 보면, 진 혜공이 회공에게 불충했던 이극(里克)을 죽인 것과 한고조 유방이 항우에게 불충했던 정공(丁公)을 죽인 것, 석륵(石勒, 後趙를 세움)이 서진(西晉)에 불충했던 조숭(棗嵩)을 죽인 것 그리고 유비가 유장에 충성을 다하지 않았다 하여 허정(許靖)을 박대한 것은, 충분히 그럴만한 이유가 있었던 것이다. 〔조유의 말〕

그러므로 범엽(范曄)은 이렇게 논했다. "예전의 군주에게 절의를 지킨 사람이라야 새로운 군주도 섬길 수 있으며, 남들이 하는 대로 따라 해서 총애를 받는 것을 부끄럽게 여기는 사람만이 비로소 특별히 큰 사랑을 받을 수 있다.

만약 성심을 다하여 간언하는데도 말을 듣는 군주가 이를 깨닫지 못하는 것은, 아첨하는 말로 구차하게 진언하는 것이 군주를 기쁘게 해서 쉽게 마음에 들게 되고, 마음에 거슬리는 올바른 말은 용납되기 어려운 때문이 아니겠는가?

진실로 사사로운 이익을 버리고 정도를 따르며, 일을 처리함에 방정하게 하고 대의를 굳게 지킨다면, 가히 군자의 기개라 할 것이다."
〔출전: 『후한서』 권29 「포영전, 론(鮑永傳, 論)」〕

陳琳典袁紹文章, 袁氏敗, 琳歸太祖. 太祖謂曰: "卿昔爲本初移書, 但可罪狀孤而已, 惡[惡]止其身, 何乃上及(祖父)[父祖]耶?"

琳謝曰: "楚漢未分, 蒯通進策於韓信; 乾市之戰, 管仲肆力於子糾. 唯欲効計其主, 助福一時. 故跖之客可以刺由, 桀之狗可以吠堯也. 今明公必能進賢於忿後, 棄愚於愛前, 四方革面, 英豪宅心矣. 唯明公裁之." 太祖曰: "善" 厚待之.

由此觀之, 是知晉侯殺里克, 漢祖戮丁公, 石勒誅棗嵩, 劉備薄許靖, 良有以也.

故范曄曰: "夫人守義於故主, 斯可以事新主; 恥以其衆受寵, 斯可以受大寵. 若乃言之者雖誠, 而聞之者未譬, 豈苟進之悅易以情納, 持正之忤難以理求? 誠能釋利以循道, 居方以從義, 君子之槩也."

제28편 난필(難必)

반드시라는 것은 없다

임금은 자기 신하가 충성하기를 바라지 않는 이가 없지만, 충성한다고 해서 반드시 임금의 신임을 얻는 것은 아니다. 그렇기 때문에 오자서는 그 시신이 강물에 떠내려갔고, 장홍(萇弘)은 촉에서 죽었는데 촉나라 사람들이 그 피를 담아 두었더니 삼년이 지나서 벽옥으로 변했다는 말이 전해진다.

세상의 어버이들은 자기 자식이 효도하기를 바라지 않는 이가 없지만 효성이 반드시 어버이의 사랑을 받는 것은 아니다. 그러므로 효자인 효기(孝己, 은나라 고종의 아들)는 계모의 참소로 쫓겨났고, 공자의 제자인 증삼(曾參)은 아버지에게 매 맞고 슬퍼한 것이다. 〔출전: 『장자』「잡편, 외물」〕

이는 생각대로 반드시 그렇게 되기가 어렵다는 사례이다. 어째서 그렇게 말하는가? 〔조유의 말〕

夫人主莫不欲其臣之忠，而忠未必信．故伍員沉於江，萇弘死於蜀，其血三年而化爲碧．凡人親莫不欲其子之孝，而孝未必愛．故孝己憂而曾參悲．

此難必者也．何以言之?

위(魏) 문후가 호권자(狐卷子)에게 물었다. "부자와 군신 사이에 현명함으로서 서로 믿고 의지할 수 있는가?"

호권자가 대답했다. "믿을 수 없습니다. 무엇 때문이겠습니까? 아버지로서 현명하기는 요임금보다 더 뛰어난 이가 없으나 아들 단주(丹朱)를 추방했고, 아들로서 어질기는 순임금보다 나은 이가 없으나 부친 고수(瞽瞍)는 완악했으며, 형으로서 현명하기는 순임금보다 나은 이가 없으나 동생 상(象)은 오만방자했습니다. 동생으로서 현명하기는 주공만한 이가 없으나 형인 관숙(管叔)을 죽였으며, 신하로서 현명하기는 탕임금과 무왕보다 나은 이가 없으나 걸과 주를 토벌했습니다. 남의 도움을 기다려서는 목표를 이룰 수 없으며, 남의 힘을 믿고 의지하는 자는 오래 가지 못하는 것입니다. 임금께서 잘 다스리고자 하면, 역시 스스로를 믿는데서 부터 시작해야지, 무엇 때문에 남에게 기대려 하십니까?" 〔출전: 『한시외전(韓詩外傳)』 권8〕

魏文侯問狐卷子曰: "父子君臣之賢足恃乎?" 對曰: "不足恃也．何者? 父賢不過堯，而丹朱放；子賢不過舜，而瞽瞍(拘)[頑]；兄賢不過舜，而象傲；弟賢不過周公，而管(蔡)[叔]誅；臣賢不過湯,武，而桀,紂伐．望人者不至，恃人者不久．君欲理，亦從身始，人何可恃乎?"

한나라 때 양효왕(梁孝王)이 조정에 죄를 지은 양승(羊勝)과 공손궤(公孫詭)를 궁에 숨겨주었다. 내사(內史)인 한안국(韓安國)이 효왕을 뵙고 울면서 간했다. “대왕께서는 스스로 헤아려 보시기에, 지금 황제(경제, 효왕의 형)와의 관계가, 태상왕과 고황제와의 관계, 그리고 황제와 임강왕(臨江王)과의 관계와 비교해서 어느 쪽이 더 친하다고 보십니까?” 효왕이 말했다. “내가 그들만큼 친하지 않소.”

한안국이 말했다. “태상왕과 고황제, 임강왕과 지금 황제는 친부자 사이입니다. 그러나 고황제께서 ‘삼척검을 들고 일어나 천하를 얻은 자는 짐이다.’라고 했고, 이 때문에 태상왕은 돌아가실 때까지 정사에 관여하지 못하고 역양(櫟陽)에 머물러 있었습니다. 임강왕은 본처가 낳은 적장자로서 태자였지만 모친이 말을 잘못한 탓으로 폐위되어 임강왕이 되었고, 뒤에 궁내의 사적인 일에 얽혀 결국 중위부(中尉府)에서 자살해야 했습니다.

무엇 때문에 그렇게 됐습니까? 천하를 다스리는 군주는 결코 사사로운 정 때문에 국가의 이익을 해칠 수 없기 때문입니다. 속담에 ‘비록 친아버지라 해도, 어찌 그가 호랑이가 되지 않는다고 누가 장담할 것이며, 비록 친형이라 해도 이리가 되지 않으리라는 것을 어찌 알 수 있나?’라고 하지 않습니까?

지금 대왕께서는 제후의 반열에 들어 있으면서, 한낱 간사한 신하의 터무니없는 말에 솔깃해져서 황제의 금령을 어기고, 밝은 법을 어지럽혔습니다. 그런데도 황제께서는 지금 태후께서 대왕을 아끼시는 마음을 짐작해서, 차마 대왕께 법을 집행하지 못하고 있습니다. 태후께서는 밤낮으로 눈물을 흘리면서 대왕께서 스스로 잘못을 알고 회개하기를 바라고 계신데, 대왕께서는 아직도 깨닫지 못하고 있습니다. 만일 태후께서 돌아가시기라도 하면, 대왕께서는 그때는 또 누구에게 매달리려 하십니까?"

말이 끝나기도 전에 효왕은 양승 등을 끌어내도록 했다. 〔출전: 『사기』 권108 「한장유열전(韓長儒列傳)」 및 『한서』 권52 「한안국전(韓安國傳)」〕

漢時, 梁孝王藏匿羊勝,公孫詭. 韓安國泣說梁孝王曰: "大王自度於皇帝, 孰與太上皇與高皇帝, 及皇帝之與臨江王親?" 孝王曰: "弗如也." 安國曰: "夫太上,臨江親父子間, 然而高帝曰: '提三尺劍取天下者, 朕也', 故太上終不得制事, 居櫟陽. 臨江王, 適長太子也, 以言過廢王臨江; 用宮垣事, 卒自殺中尉府. 何者?

治天下終不以私害公. 語曰: '雖有親父, 安知其不爲虎? 雖有親兄, 安知其不爲狼?' 今大王列在諸侯, 說一邪臣浮說, 犯上禁, 撓明法. 天子以太后故, 不忍致法於王. 太后日夜泣涕, 幸大王自改, 而大王終不覺悟. 又如太后[宮]車卽晏駕, 大王尙誰攀乎?" 語未卒, 孝王出羊勝等.

이로써 보면, 세상일에 반드시 그렇게 된다는 것이 어디 있겠는가? 〔조유의 말〕

옛말에 이르기를 "권세와 이익으로 맺어진 사이는 권세와 이익이 다하면 소원해진다."라고 했다. 〔출전: 『사기』 권42 「정세가(鄭世家)」〕

또 이런 말도 있다. "미색으로 남을 섬기는 자는 미색이 쇠하면 총애도 끊긴다." 이는 재물이나 미색도 끝까지 의지하고 믿을 수 없다는 것을 말해준다. 〔출전: 『사기』 권85 「여불위열전(呂不韋列傳)」〕

묵자는 말한다. "비록 인자한 아버지라도 쓸모없는 자식에게는 사랑을 주지 않는다."〔출전: 『묵자』「친사(親士)」〕

황석공(黃石公)은 말한다. "임금은 덕이 없으면 안 된다. 덕이 없으면 신하와 백성들이 모반한다."〔출전: 『삼략』「중략」〕

이는 신하라고 해서 반드시 충성할 것이라고 믿을 수 없음을 말해준다. 〔조유의 말〕

『시경』에 이런 시구가 있다. "스스로 복을 구하시도다."〔출전: 『시경』「노송, 반수(魯頌, 泮水)」〕

의미심장하구나! 참으로 그 뜻이 깊구나! 〔조유의 말〕

由是觀之, 安在其可必哉?

語曰: "以權利合者, 權利盡而交踈." 又曰: "以色事人者, 色衰而愛絕." 此言財色不可必也.

墨子曰: "雖有慈父, 不愛無益之子."

黃石公曰: "王不可以無德, 無德則臣民叛." 此言臣子不可必也.

'詩'云: "自求伊祜." 有旨哉! 有旨哉!

제29편 운명(運命)

운과 천명

천도와 성(性), 명(命)에 대하여 성인은 자주 말하지 않았다. 이에 대해 깨우친 이치가 없었겠냐마는, 구체적으로 설명하기 어려웠기 때문일 것이다. 〔출전: 미상〕

그러나 이리저리 얽힌 고금의 기록을 조사해 살펴보면 '세 가지 형세'로 나누어 대략의 뜻을 알 수 있다고 하겠다. 〔출전: 순열의 『한기』 권6 「고후기(高后紀) 7년 동(冬)」〕

어떻게 그렇게 말할 수 있는가? 아래에서 살펴보기로 하자. 〔조유의 말〕

夫天道性命, 聖人所希言也. 雖有其旨, 難得而詳. 然校之古今, 錯綜其紀, 乘乎三勢, 亦可以彷佛其畧. 何以言之?

동한의 순열은 말한다. "삼광(三光, 해, 달, 별)과 만물의 근원인 정기

(精氣)에 변고와 재앙이 일어나는 것은, 이것이 모두 음양의 정화이기 때문이다. 그 근본은 땅에 있으나 위로 퍼져나가 하늘에 이르니, 나라의 정치에 잘못이 있으면 하늘과 땅에서 변고와 재앙이 나타나게 된다. 어떻게 그렇다고 말할 수 있는가?

지금 세상 사람들이 말하는 『상서』의 홍범(洪範)편은 '구징(咎徵)', 즉 정치의 잘못에 대해 하늘이 보이는 나쁜 징조를 언급하며, 요임금과 탕임금 때에도 홍수와 가뭄의 재앙이 있었음을 들고 있다. 재앙이 소멸되면 또 다른 재이가 일어났으니 주(周)의 선왕(宣王)은 '운한(雲漢)'시에서 '어찌하여 하늘이 나의 기도를 들어주지 아니하시는가.'라고 한탄했다.

『역경』에서는 '좋은 일을 많이 하면 반드시 경사스러운 보답이 있다'고 하지만, 공자의 제자인 안연(顏淵)과 염백우(冉伯牛)는 요절하는 재앙을 만났다. 선악에 대한 보답 또한 천변만화로 갈라지니 일률적으로 같이 볼 수 없다. 그러므로 자기가 보고 들어도 미혹되어 깨닫지 못하는 것이다.

일찍이 이런 말을 들은 바 있다. 공자는 '죽고 사는 것은 명에 달려 있다.'고 했다. 또 말하기를 '온당한 죽음을 얻지 못했다.'라고 했고, 또 '요행으로 죽음을 면했다.'라고 말했다. '죽고 사는 것은 명에 달려 있다.'는 말은 바른 이치이다. '온당한 죽음을 얻지 못했다.'라는 것은 죽지 않아야 하는데 죽었음을 말하는 것이다. '요행히 죽음을 면했다.'는 것은 죽어야 하는데 죽지 않았다는 것이다. 이것이 바로 '성과 명의 세 가지 형세'이다.

이 이치를 미루어 나가 백성을 가르쳐 이끄는 데에도, 역시 똑같은 세 가지 형세가 있다. 사람 중에는 교화하지 않아도 스스로 이루는 사람이 있고, 교화를 받고 나서 비로소 이루는 사람이 있으며, 또 교화를 받아도 끝내 이루지 못하는 사람이 있다. 그러므로 공자는 '상등의 뛰어난 지혜를 지닌 사람과 하등의 어리석은 사람들은 바꿀 수 없고, 중등의 보통사람에 대해서는 선을 행하도록 위로 이끌 수도 있고, 잘못 이끌어 나쁘게 될 수도 있다.'라고 했다.

이 이치를 천도에 미루어 가면, 또한 그와 같다. 하늘이 인과응보의 이치에 따라 재앙과 상서로움을 드러내는 것은 의심할 바가 없다. 따라서 요임금과 탕임금 때에도 홍수와 가뭄이 일어났던 것은 하늘의 뜻인 것이다. '홍범'편에서 말하는 나쁜 징조는 사람의 일을 지적한다. 노(魯)나라 희공(僖公) 때에 연일 장맛비가 내렸으나 기도를 하자 그쳤으니, 이는 재앙을 구제할 수 있음을 보여주는 보응이다.

반면 주선왕 때에 가뭄이 심해 비를 기원했으나 효험이 없었던 것은, 본래 하늘이 내리는 재앙을 바꿀 수 없음을 보여준다. 안연과 염백우가 요절한 것은 정해진 성과 명이 본래 그러했기 때문이다.

『역경』에서 이르기를 "하늘의 도(天道)가 있고, 땅의 도(地道)가 있고, 사람의 도(人道)가 있다."고 했으니 이는 '도가 같지 않음'을 말한다. 또 이르기를 "천, 지, 인 삼재(三才)를 겸하고 둘로 한다."라고 했다. 즉 천도에는 음양이 있고 지도에는 유강(柔剛)이 있고, 인도에는 인의가 있으니, 이는 '도의 같음'을 말하는 것이다. 그러므로 천지의 도에는 '서로 같음'과 '서로 같지 않음'이 함께 있다. '도의 같지 않음'에 근거하여 '도가 서로 통하는 것'을 부정하면, 이는 미혹케 하는 것이다. '도의 서로 같음'을 고집하면서 '도의 차별이 있음'을 구한다면 이는 폐단을 취하는 것이다. 빠르고 느림, 깊고 얕음의 각종 변화가 섞여 있음이 모두 도 가운데 있으니, 가지런하지 않고 뒤섞여 일률적으로 고르지 않다. 하늘과 땅, 사람과 사물의 이치가 모두 이와 같지 않음이 없는 것이다. 그러므로 군자는 마음을 다하고 힘을 다하여 덕을 쌓고 선을 행하여, 명을 맞아 들여야 하는 것이다.

『역경』에 이르기를 "천하의 도리를 궁구하여 이치를 깨치고 타고난 품성을 다하면, 하늘의 명을 알 수 있다."라고 하니, 바로 이를 두고 하는 말이다. 〔출전: 순열의 『한기』 권6 「고후기 7년 동」〕

荀悅云: "凡三光精氣變異, 皆則陰陽之精也. 其本在地而上發於天, 政失於此則變見於彼. 不其然乎?

今稱'洪範'咎徵, 則有堯,湯水旱之災; 消災復異, 則有周宣雲漢, '寧莫我聽'; '易'稱 '積善餘慶', 則有顏,冉短折之凶. 善惡之報, 類變萬端, 不可齊一, 故視聽者惑焉.

嘗試言之. 孔子曰: '死生有命', 又曰: '不得其死', 又曰: '幸而免者'. 夫'死生有命', 其正理也; '不得其死'者, 未可以死而死也; '幸而免者', 可以死而不死也; 此皆性命三勢之理也.

推此以及敎化, 則亦如之. 人有不敎化而自成者, 有待敎化而後成者, 有雖加敎化而終不成者. 故上智與下愚不移, 至於中人, 則可上可下.

推此以及天道, 則亦如之. 災祥之應, 無所疑焉. 故堯,湯水旱, 天數也; '洪範'咎徵, 人事也. 魯僖霪雨, 可救之應也; 周宣旱甚, 難變之勢也; 顏,冉之凶, 性命之本也.

'易'曰: '有天道焉, 有地道焉, 有人道焉', 言其異也. '兼三才而兩之', 言其同也. 故天地之道有同有異, 據其所以異而責其所以同, 斯則惑矣; 守其所以同而求其所以異, 則取弊矣. 遲速深淺, 變化錯乎其中, 是故參差難得而均也. 天地人物之理, 莫不同之. 故君子盡心焉, 盡力焉, 以邀命也.

'易'曰: '窮理盡性, 以至於命.' 此之謂矣.

제30편 대사(大私)

천하를 위한 큰 사사로움

관자는 말한다. "주는 것이 도리어 받는 것임을 아는 것이, 정치의 소중한 이치이다." 〔출전: 『관자(管子)』 「목민(牧民)」〕

『일주서(逸周書)』에서는 이렇게 말한다. "장차 취하려면, 반드시 먼저 주어야 한다." 〔출전: 『일주서』 일문. 주우증(朱右曾)의 『일주서집훈교석(逸周書集訓校釋)』 권11 「일문(逸文)」을 참조〕

어떻게 이 도리를 증명할 수 있는가? 〔조유의 말〕

管子曰: "知與之爲取, 政之寶也." '周書'曰: "將欲取之, 必故與之."

何以徵其然耶?

황석공은 이렇게 말한다. "(전리품을) 얻으면 혼자 갖지 말고, (적이 군주를) 세웠으면 그 나라를 빼앗지 말아야 한다. 국정을 잘 다스리는 것은 자신이지만, 공을 이루는 것은 병사들에게 달려있는 것이니, 이익을 어디에서 얻을 수 있는지를 어찌 꼭 알아야 하겠는가?

저들은 제후로서의 직책을 하고 자신은 천자로서의 임무를 행하여, 저마다 각자의 성을 지키도록 하고 병사들은 스스로 분발하여 적의 성을 취하게 한다. 이것이 천하를 다스리는 임금의 도리이다." 〔출전: 『삼략』「상략(上略)」〕

시자(尸子)는 말한다. "요임금은 어디 하소연할 곳 없는 불쌍한 사람들을 돌보았고, 우임금은 죄지은 사람 중에 억울한 사람이 없도록 보살폈다. 이는 고대의 성왕들이 위태로운 처지의 사람을 편안하게 하고, 멀리 원방에 있는 사람들을 품에 안을 수 있었던 까닭이다.

탕임금은 이렇게 말했다. '짐의 몸에 죄가 있으면 천하 백성들에게 그 죄가 미치지 않게 하고, 천하 백성들에게 죄가 있다면 짐 한 몸이 그 죄를 다 받게 하소서.' 탕임금은 자신의 몸을 사사로이 편애하지 않고, 천하 백성을 사랑했다.

또 주문왕은 말했다. '진실로 어진 사람이 있다면, 하필 주나라 왕실의 친족만을 사랑하겠는가?' 문왕은 그 친족만을 사사로이 편애하지 않고 만방의 백성들을 사랑한 것이다. 선왕들도 사사로움이 없었던 것은 아니지만, 그들이 사사로이 했던 것은 일반 사람들과 같지 않았다. 〔출전: 『시자』「작자(綽子)」〕

이것이 바로 천하 백성들을 위한 '큰 사사로움(大私)'의 도리를 아는 것이다.

이로써 보면, 작은 사사로움을 구하지 않아야 비로소 '큰 사사로움'을 이룰 수 있으며, 개인적인 이익을 탐해서 이익으로 하지 않아야, '큰 이익'을 얻을 수 있는 것이다. 〔조유의 말〕

黃石公曰:“得而勿有, 立而勿取. 爲者則己, 有者則士, 焉知利之所在? 彼爲諸侯, 己爲天子. 使城自保, 令士自取, 王者之道也.”

尸子曰:“堯養無告, 禹愛辜人, 此先王之所以安危而懷遠也. 聖人於大私之中也爲無私. 湯曰:‘朕身有罪, 無及萬方; 萬方有罪, 朕身受之’, 湯不私其身而私萬方. 文王曰:‘苟有仁人, 何必周親’, 文王不私其親而私萬國. 先王非無私也, 所私者與人不同.”

此知大私者也.

由是言之, 夫唯不私, 故能成其私; 不利而利之, 乃利之大者矣.

제31편 패공(敗功)

실패를 딛고 공을 이루다

문자(文子)는 말한다. "공을 세워도 인의에서 멀어지면 반드시 의심을 받게 되고, 죄가 있어도 인심을 잃지 않으면 반드시 신뢰를 얻는다. 그러므로 인의는 '천하의 가장 존귀한 작위'이다." 〔출전: 『문자(文子)』「미명(微明)」〕

어째서 이렇게 말하는가? 〔조유의 말〕

文子曰: "有功離仁義者則見疑, 有罪不失仁心者必見信. 故仁義者, 天下之尊爵也."

何以言之?

옛날 초나라 공왕(恭王)이 병이 위독해지자 대부들을 불러 말했다. "과인이 덕이 없어 어린 나이에 국정을 다스리는 책임을 맡아 선군이 이룩한 훌륭한 업적을 잃었고, 초나라 군대를 패하게 했으니, 모두 과인의 죄이오. 만일 종묘의 신령들이 도와주셔서 목을 잘 보존해서 죽게 된다면, 시호(諡號)를 영(靈, 나라를 어지럽게 했으나, 국토를 크게 잃지는 않는 것)이나 여(厲, 죄가 없는 자를 죽인 경우에 붙이는 시호) 자로 정해주시오." 대부들이 그렇게 하겠다고 했다.

왕이 돌아가고 시호를 논할 때 대부들은 당초 왕이 허락한대로 정하자고 했으나, 자낭(子囊)이 나서 이렇게 말했다. "그렇게 해서는 안 됩니다. 임금을 섬기는 자들은 임금의 훌륭한 것을 앞세워야 하며, 잘못한 일을 따라서는 안 됩니다. 명성과 공적이 혁혁한 초나라를 임금께서 다스리셨고, 그 동안에 남해를 정벌하여 위무했으며 교화가 중화의 여러 나라에까지 미쳤으니, 그 영예로움이 큽니다. 이러한 영예를 이루고서도 자신의 잘못을 알았으니, 공(恭, 기왕의 잘못을 능히 고친 것) 자로 시호를 정할 만하지 않겠습니까?" 대부들이 그대로 따랐다. 〔출전: 『국어(國語)』「초어상(楚語上)」〕

이는 허물로 인하여 오히려 공경을 받게 된 예라 하겠다. 〔조유의 말〕

삼국시대 위(魏)나라 장수 왕창(王昶)과 진태(陳泰)가 오나라 군대에게 패했는데 대장군 사마의(司馬毅)는 이를 자신의 잘못이라고 여겼다. 습착치(習鑿齒)가 이를 두고 이렇게 논평했다. "사마 대장군은 두 차례의 패배를 모두 자신의 잘못이라고 책임을 돌렸다. 이로써 자신의 허물을 없앴을 뿐 아니라 그의 공을 더욱 빛나게 했으니, 참으로 지혜롭다고 하지 않겠는가? 백성들은 그의 실패를 잊어버리고, 부하들은 그 은혜에 보답하는 것만 생각하고 있으니, 비록 자신의 공을 빛나게 내세우려 하지 않아도, 어찌 그 빛나는 공이 드러나지 않겠는가?

만일 실패를 감추고 책임을 남에게 미루며 잘못과 허물에 대해 이런저런 핑계를 찾았다면, 위와 아래 사람들의 마음이 이반되고, 현명하건 어리석든 모두들 군주를 떠났을 것이다. 옛적에 초나라가 두 번 패배하고 진나라가 거듭 두 번 좌절했던 것이 그렇게 했던 때문이니, 그런 행동은 잘못이 매우 큰 것이다.

만약 군주가 이런 도리를 명백히 깨닫는다면 비록 행동에 잘못이 있더라도 오히려 이름을 떨칠 수 있을 것이며, 용병에서 좌절을 겪더라도 전쟁에서는 결국 승리할 것이다. 이렇다면 백 번을 패해도 가할 것인데, 하물며 두 번을 패한 것이야 어떻겠는가?" 〔출전: 『삼국지』 권4 「삼소제기(三少帝紀)」 주에서 인용한 『한진춘추(漢晉春秋)』〕

이상은 실패를 오히려 성공으로 돌린 전형적인 사례이다. 〔조유의 말〕

昔者, 楚(共)[恭]王有疾, 召其大夫曰: "不穀不德, 少主社稷, 失先君之緖, 覆楚國之師, 不穀之罪也. 若以宗廟之靈, 得保首領以沒, 請爲靈若厲." 大夫許諸. 及其卒也, 子囊曰: "不然. 夫事君者從其善, 不從其過. 赫赫楚國, 而軍臨之, 撫征南海, 訓及諸夏, 其寵大矣. 有是寵也, 而知其過, 何不謂之(共)[恭]乎?" 大夫從之.

此因過以爲恭者也.

魏將王昶,陳泰兵敗, 大將軍以爲己過. 習鑿齒論曰: "司馬大將軍引二敗以爲其過, 過鎖而業昌, 可謂智矣. 夫[民]忘其敗, 而下思其報, 雖欲勿康, 其何得乎? 若乃諱敗推過, 歸咎萬物, 上下離心, 賢愚釋體, 是楚再敗而晉再克, 謬之甚矣. 夫人君苟通斯理, 行雖失而名揚, 兵雖挫而戰勝; 百敗猶可, 况再敗乎?"

此因敗以成功也.

이로써 보면 '지혜로운 사람은 일을 함에 있어서, 재앙을 잘 대처하여 오히려 복이 되게 하고, 실패도 성공으로 바꿀 수 있다는 것'을 알 수 있으니, 이는 오랜 옛날부터 그러했다. 〔조유의 말〕

故知, "智者之擧事也, 因禍爲福, 轉敗爲功", 自古然矣.

제32편 혼지(惛智)

이익에 눈이 멀어 지혜를 가리다

정신이라는 것은 지혜의 연못이니, 정신이 맑으면 지혜도 밝다. 지혜란 마음을 갈무리한 창고니, 지혜가 사사로움이 없이 공정하면 마음도 평안하다. 〔출전: 『문자』「구수, 수청(九守, 守淸)」 및 『회남자』「숙진(俶眞)」〕

세상의 선비들이 맑은 정신과 밝은 지혜를 지니고 있는데도 성공과 실패의 이치에 어두운 것은 그들이 어리석어서가 아니고, 가무와 여색, 재물과 이익 그리고 분노와 사랑 등의 감정이 그들의 지혜를 가리어 사리에 어둡게 만들었기 때문이다.

무엇으로 이렇게 말할 수 있는가? 〔조유의 말〕

夫神者, 智之淵也, 神淸則智明; 智者, 心之(符)[府]也, 智公則心平.

今士有神淸智明而闇於成敗者, 非愚也, 以聲,色,貨,利,怒,愛昏其智矣.

何以言之?

옛적에 공자가 대사구(大司寇)로서 재상의 일을 대행하며 임금을 보좌하자, 제나라의 경공이 이 사실을 듣고 두려워하며 말했다. "공자가 정사를 돌보고 있으니, 노나라는 반드시 강성해져서 패주를 칭할 것이오. 노나라가 패주가 되면 우리 제나라가 가까이 있으니, 우리가 가장 먼저 병탄될 것이오."

여저(犁且)가 말했다. "공자를 쫓아내는 것은 털을 훅 불어 날리는 것처럼 쉬운 일입니다. 임금께서는 어찌 후한 녹봉으로 그를 초빙하지 않고, 노나라 애공(哀公)에게는 미녀와 악사를 보내지 않으십니까? 애공이 미녀와 무악을 즐기게 되면 반드시 정사에 태만할 것이고, 공자는 반드시 간하여 제지할 것입니다. 간했는데도 임금이 듣지 않으면, 공자는 반드시 쉽게 노나라를 떠날 것입니다."

이에 제나라는 용모가 아름다운 여인 80명을 뽑아 화려하게 수놓은 비단 옷을 입히고 강락(康樂)의 무곡을 가르친 다음 노나라로 보냈다. 애공은 제나라가 보낸 미녀와 악사를 받고 노래와 춤에 빠진 나머지 정사에 태만해져서, 사흘 동안이나 정무를 돌보지 않았다. 공자가 말했다. "저 여인들의 입으로 인해 쫓겨날 수도 있겠구나." 마침내 위(衛)나라로 떠나갔다. 〔출전: 『사기』 권47 「공자세가」〕

이는 가무와 여색에 빠져, 지혜가 흐려진 사례이다. 〔조유의 말〕

昔孔子攝魯相, 齊景公聞而懼曰: "孔子爲政, 魯必覇, 覇則吾地近焉, 我之爲先并矣."

犁且曰:“去仲尼猶吹毛耳. 君何不延之以重祿, 遺哀公以女樂. 哀公親樂之必怠於政, 仲尼必諫, 諫不聽, 必輕絕魯.” 於是選齊國中女子好者八十人, 皆衣文繡之衣, 而舞康樂, 遺魯君. 魯君受齊女樂, 怠於事, 三日不聽政. 孔子曰:“彼婦之口, 可以出走.” 遂適衛.

此昏於聲色者也.

태사공(太史公, 사마천)은 이렇게 논평했다.

“평원군(平原君, 조나라 공자 조승)은 혼탁한 시대를 풍미한 풍채와 재능이 뛰어난 공자였다. 그러나 치국의 큰 틀을 보지 못했다. 속담에 이르기를 ‘이익에 밝으면 지혜가 흐려진다.’라고 한다. 평원군은 풍정(馮亭, 한나라 상당군 태수)의 간사한 말에 혹한 나머지 장평 전쟁에서 조나라 군사 40만 명을 생매장 당하게 했고, 수도인 한단이 함락 직전까지 내몰리도록 만들었다.” 〔출전: 『사기』 권76 「평원군우경열전」〕

이는 이익에 눈이 멀어 지혜가 어두워진 사례이다. 〔조유의 말〕

太史公曰:“平原君, 翩翩濁代之佳公子也, 然不覩大體. 語曰:“利令智昏. 平原君貪馮亭邪說, 使趙陷長平四十餘萬, 邯鄲幾亡.“

此昏于利者也.

『후한서』 「반고전(班固傳)」에서는 반고에 대해 이렇게 평했다.

“예전에 반고가 사마천을 평하면서, ‘학문이 깊고 견문이 넓었는데도, 그런 지혜로 극형에 처해지는 것을 면하지 못했다.’고 헐뜯었다. 그러나 반고도 역시 (외척인 두씨(竇氏) 세력에 빌붙었다가 붙잡혀 옥사함으로써) 스스로를 큰 치욕에 빠뜨렸다. 그의 지혜도 사마천에 미칠 만

했으나, 제 한 몸을 지키지 못했던 것이다.

그래서 옛 사람들이 '남의 털끝 같은 잘못은 보아도, 자기 눈으로 자기의 속눈썹은 볼 수 없다.'고 한탄했던 것이 아니겠는가?" 〔출전: 『후한서』 권40하 「반고전, 론(班固傳, 論)」〕

이는 권세를 탐해서 지혜가 어두워진 사례이다. 〔조유의 말〕

'後漢, 班固傳'評曰: "昔班固傷司馬遷, 云: '遷博物洽聞, 不能以智免極刑, 然固身亦自陷大戮. 可謂智及之而不能守, 古人所以致論於目睫耶?"

此皆昏於勢者也.

시자는 말한다. "오나라와 월나라에서는 임금이 죽으면 측근의 구실아치와 첩들을 함께 순장하는데, 중원의 군주들이 이를 듣고 잘못된 것이라고 비난했다. 그런데 그들은 화가 나면, 그의 친척이라도 말 한 마디 때문에 죽인다. 지혜가 공정무사(公正無邪)한 마음에 있을 때는 오나라와 월나라의 신첩들까지도 아끼지만, 사사로운 감정에 사로잡히면 친척마저도 잊어버린다. 이는 지혜가 모자라기 때문이 아니라, 분노한 감정이 지혜를 앗아가 버린 때문이다. 좋아하는 마음 또한 그렇게 된다.

속담에 이르기를 '자식의 나쁜 점을 알지 못한다.'고 한다. 지혜가 모자라기 때문이 아니라, 자식을 편애하는 마음이 지혜를 가려버리기 때문이다. 〔출전: 『시자』 「광택(廣澤)」〕

그러므로 귀천을 논하고 시비를 판별할 때는, 반드시 공정 무사한 마음에서 말하고 공정한 마음으로 들은 후에야, 비로소 분명하게 알

수 있는 것이다. 〔조유의 말〕

尸子曰: "夫吳越之國以臣妾爲殉, 中國聞而非之; 及怒, 則以親戚殉一言. 夫智在公則愛吳越之臣妾, 在私則忘其親戚, 非智損也, 怒奪之也. 好亦然矣.

語曰: '莫知其子之惡', 非智損也, 愛奪之也.

是故論貴賤,辨是非者, 必且自公心言之, 自公心聽之, 而後可知也."

범엽은 논한다. "자신에게 아무런 이해관계를 내세우지 않고 일을 헤아리면 지혜롭고, 문제를 고려함에 있어 사사로운 마음을 버리고 시비를 판단하면 정확하다.

다른 사람의 지혜로움을 두루 관찰하고 이를 자신에게로 돌려 스스로를 성찰하는 사람은, 다른 사람을 너그럽게 대할 수 있고 거울에 비춰보듯 스스로를 경계할 수 있다. 〔출전: 『후한서』 권24 「마원전, 론(馬援傳, 論)」〕

故范曄曰: "夫利不在身, 以之謀事則智; 慮不私己, 以之斷義則厲. 誠能廻觀物之智, 而爲反身之察, 則能恕而自鑒."

제33편 비정(卑政)

눈높이를 낮추고 쉬운 말로

『회남자』는 말한다. "물에 빠진 사람을 구하려면 황금과 옥을 주는 것보다 평범한 밧줄을 던져주는 것이 더 나을 것이다." 〔출전: 『회남자』「설림(說林)」〕

한비자는 말한다. "백일을 굶은 사람에게 기름진 밥과 고기를 차려줄 테니 기다리라고 한다면, 굶주린 사람이 기꺼이 받아들이겠는가?" 〔출전: 『한비자』「난세(難勢)」〕

이는 정치를 함에 있어서 백성들의 눈높이에 맞게 낮추고 편하게 하는 것을 귀하게 여겨야, 정사를 제대로 처리할 수 있다는 것을 말해준다.

무엇으로 그렇게 말할 수 있는가? 〔조유의 말〕

'淮南子'曰: "濟溺人以金玉, 不如尋常之纆." 韓子曰: "百日不食以待(梁)[粱]肉, 餓者不肯."

此言政貴卑以濟事者也. 何以言之?

한비자는 말한다. "이른바 지혜롭다는 자들이 말하는 은미하고 심오한 말은 상등의 지혜가 뛰어난 사람도 이해하기 어려운 것이다. 지금 백성들을 위해 법을 만들면서 지혜가 뛰어난 상지의 사람도 이해하기 어려운 말로 만든다면, 백성들은 그 뜻을 좇아 이해할 방법이 없다.

술지게미나 쌀겨도 배불리 먹지 못하는 사람은 기름진 밥과 고기를 배불리 먹으려고 굶으면서 기다리지 않고, 헤진 베옷마저 제대로 갖추지 못한 사람은 화려하게 수놓은 좋은 옷을 바라지 않는다. 이로써 말하면, 세상을 다스리는 일에 있어서, 급하게 해야 할 일을 처리하지 못하면서, 느긋하게 해도 되는 일은 서두르지 않아도 된다는 것이다.

지금 나라를 다스리는 정사도 세상 사람들의 일과 같아서 부부 간에도 분명히 알 수 있는 쉬운 말을 쓰지 않고, 지혜가 상등인 사람도 이해하기 어려운 논의에 마음이 끌린다면, 백성들에게 있어서 이런 정치는 세상 물정에 한참이나 어둡다고 하겠다.

이로써 미묘한 말은, 백성을 대상으로 힘써 해야 할 일이 아닌 것임을 알 수 있다." 〔출전: 『한비자』 「오두(五蠹)」〕

韓非曰: "所謂知者, 微妙之言, 上知之所難也. 今爲衆人法, 而以爲上知之所難也, 則人無從識之矣.

故糟糠不厭者, 不待(粱)[粱]肉而飽; 短褐不完者, 不須文繡而好. 以是言之, 夫治世之事, 急者不得, 則緩者非務也.

今所治之政，人間之事，夫婦之所明知者不用，而慕上知之所難論，則其於人過遠矣.

是知微妙之言，非人務也.”

윤문자(尹文子)는 말한다. “이치로 보아 맞더라도 나라를 다스리는데 도움이 되지 않는 것을 군자는 말하지 않고, 능력이 있더라도 일을 처리하는데 도움이 되지 않는 것을 군자는 하지 않는다. 그러므로 군자들이 말하는 것은 명가와 법가, 권도와 책략을 벗어나지 않고, 그들이 하는 일은 농사와 진을 치고 행군하는 등 군사에 관한 일을 벗어나지 않으며, 각자 적합한 방도를 찾아 일을 이룰 뿐이다.

지금 세상 사람들은 자기의 품행이 홀로 뛰어나게 현명하기를 바라고, 자기의 일 처리 능력이 남과 비교할 수 없게 유능하기를 바라고, 자기의 구변이 뭇 사람 가운데 가장 뛰어나기를 바라며, 자기의 용맹이 다른 사람들과 비교할 수 없게 용감하기를 바란다.

그러나 품행이 뛰어나게 현명한 사람이라고 해서 반드시 교화를 이룰 수는 없으며, 홀로 뛰어난 능력을 갖고 있다고 해서 모든 일을 제대로 처리할 수 없다. 출중한 구변을 지니고 있다고 해서 집집마다 찾아다니며 유세할 수 없으며, 절륜한 용맹을 가졌다 하여 그 한 사람에 의지해서 군대를 이끌고 출정할 수는 없다. 이들 네 가지 뛰어난 점은, 오히려 혼란을 일으키는 근원이 된다.

그러므로 고대의 명철한 임금은 도에 순응해서 위험을 극복하고, 법도를 세워 각기 다른 것들을 순리에 따라 다스릴 수 있었다. 만약 현명하고 우둔한 사람이 같지 않다고 하여 서로를 내치지 않고, 능력 있는 사람과 재주가 모자라는 사람이 함께 일하며 서로를 저버리

지 않는다면, 바로 지극히 큰 다스림을 이루는 방법이다. 〔출전: 『윤문자』 「대도상(大道上)」〕

故尹文子曰: "凡有理而無益于治者, 君子不言; 有能而無益于事者, 君子不爲. 故君子所言者不出于明法權術, 所爲者不出于農稼軍陣, 周務而已.

今世之人, 行欲獨賢, 事欲獨能, (辨)[辯]欲出羣, 勇欲絕衆. 夫獨行之賢不足以成化, 獨能之事不足以周務, 出群之辯不可謂戶說, 絕衆之勇不可與征陣. 凡此四者, 亂之所由生也."

故聖人任道而通其險, 立法以理其差, 使賢愚不相(異)[棄], 能鄙不相遺, 此至理之術."

숙손통(叔孫通)이 의례를 세우려고 하자 한(漢) 고조가 물었다. "어렵지 않게 만들 수 있소?" 숙손통이 대답했다. "무릇 예라는 것은, 시대와 사람들의 정서에 맞추어 만드는 예절과 규범입니다." 〔출전: 『사기』 권99 「유경숙손통열전(劉敬叔孫通列傳)」〕

장석지(張釋之, 한 문제 때 정위廷尉)가 당장 처리해야 할 국사에 관해 말하자, 문제가 말했다. "수준을 낮추어 쉬운 말로 하고, 지나치게 고원한 말로 논하지 마시오. 명령을 내리면 지금 당장 시행이 가능한 일을 말하시오." 〔출전: 『사기』 권102 「장석지풍당열전(張釋之馮唐列傳)」〕

이로써 보면, 나라를 다스리고자 하면서 시속에 따라 급히 해야 할 일을 하지 않고 기이한 논의를 귀하게 여긴다면, 배고픈 사람이 기름진 밥과 고기를 먹기 위해 백일을 굶고 기다리는 것이나 물에

빠진 사람을 당장 구해야 하는데 황금과 옥을 던져주는 것과 같은 잘못이 될 것이다. 〔조유의 말〕

故叔孫通欲起禮, 漢高帝曰: "得無難乎?" 對曰: "夫禮者, 因時世人情而爲之, 節文者也." 張釋之言便宜事, 文帝曰: "卑之, 無甚高論, 令今可施行."

由是言之, 夫理者, 不因時俗之務而貴奇異, 是餓者百日以待粱肉, 假人金玉以救溺者之說矣.

제34편 선망(善亡)

선해도 망한다

『역경』에서 이르기를 "선을 쌓은 집안에는 반드시 좋은 일로 보답이 있다."라고 했다. 〔출전: 『주역』「곤괘, 문언(坤卦, 文言)」〕

또 이르기를 "선을 쌓지 못하면 이름을 이루지 못한다."라고 했다. 〔출전: 『주역』「계사하(繫辭下)」〕

어떻게 이를 입증할 수 있는가? 〔조유의 말〕

'易'曰: "積善之家, 必有餘慶." 又曰: "善不積, 不足以成名."

何以徵其然耶?

맹자가 말한다. "어짐(仁)이 어질지 못함(不仁)을 이기는 것은, 물이 불을 끌 수 있는 것과 같다. 그러나 지금의 인을 행하는 자들은, 한 잔의 물로 한 수레에 가득 실려 있는 장작더미의 불을 끄려는 것과 같다. 그렇게 해서 불이 꺼지지 않으면 물이 불을 끄지 못한다고 말하니, 이는 또한 어질지 못함이 심한 자와 함께하는 것이 된다.

오곡은 종자 중에 좋은 것이지만, 만일 여물지 않으면 피만도 못하니, 인 또한 그것을 익숙히 하는데 달려 있을 뿐이다." 〔출전: 『맹자』 「고자상」〕

시자가 말한다. "사람이 밥을 먹는 것은 살찌기 위한 것이지만, 한 끼를 먹고는 남들에게 '살이 찐 것 같은가?'하고 묻는다면, 듣는 사람들이 모두 웃을 것이다. 나라를 다스리는 것은 그야말로 천하의 대사인데, 지금 사람들은 밥 한 끼를 먹고는 남들에게 '내가 살이 쪘느냐?'하고 묻는 것처럼, 곧바로 효과가 나기를 바란다. 〔출전: 『시자』 「처도(處道)」〕

이로써 보면, 선이란 '하나하나 쌓아가는 것일 뿐'임을 알 수 있다. 지금 세상 사람들은 주나라 목왕 때 서나라의 언왕(徐偃王)이 인의를 주장했으나 그 나라가 망한 것을 보고 '인의는 의지할 것이 못 된다.'라고 말하며, 고대의 승상국(承桑國) 임금이 무를 폐하고 문덕(文德)에 의지했다가 멸망한 것을 두고 '문덕은 믿을 것이 못된다.'라고 한다.

이는 한 잔의 물로 장작더미의 불을 끄려하고, 밥 한 끼를 먹고는 '내가 살이 쪘느냐?'하고 묻는 것과 같아서, 어리석기가 매우 심하다고 하겠다. 〔조유의 말〕

孟子曰: "仁之勝不仁也, 猶水之勝火也. 今之爲仁者, 猶以一杯水, 救一車薪之火也. 火不息則謂水不勝火, 此又與於不仁之甚者也. 又五穀, 種之美者, 苟爲不熟, 不如稊稗. 夫人亦在熟之而已矣."

尸子曰: "食所以爲肥也, 一飯而問人曰: '奚若?', 則皆笑之. 夫治天下大事也, 譬今人皆以一飯而問人'奚若'者也.

由是觀之，故知善也者，在積而已．今人見徐偃亡國，謂仁義不足仗也；見承桑失統，謂文德不足恃也．是猶杯水救火，一飯問肥之說，惑亦甚矣．

제35편 궤속(詭俗)

쓴 약이 사람을 살린다

일을 함에 있어서, 도리에 맞게 한 것이 오히려 도의를 저버린 것이 되고, 남을 사랑한 것이 도리어 해친 것이 되고, 자신에게 해롭게 한 것이 오히려 좋은 일이 되고, 자신에게 이로운 것이 나라에는 손해가 되는 경우가 있다. 〔출전: 『후한서』 권80 하 「유양전(劉梁傳)」〕

어떤 이유로 그렇게 말하는가? 〔조유의 말〕

夫事有順之而爲失義, 有愛之而爲害, 有惡于己而爲美, 有利于身而損于國者.

何以言之?

유양(劉梁, 후한 환제 때 상서령을 지냄)이 말했다. "옛날 초나라 영왕(靈王)은 교만하고 사치하며 포악무도했다. 미윤(芈尹, 今尹)인 신해(申亥)가 영왕의 뜻을 좇아 그를 간계(乾溪, 지금의 안휘 박주)에 장사지내면서 여자 두 명을 함께 순장했다. 이는 왕의 뜻을 순종한 것이지만 도의를 저버린 것이다.

언릉(鄢陵)의 전투에서 초나라와 진나라가 싸울 때, 초왕이 자반(子反)을 불러 대책을 상의하려 하면서 술을 하사하고 가신 곡양(穀陽)에게 술을 갖다 주도록 시켰다. 자반이 이 술을 마시고 취해서 제 시간에 맞춰오지 않았다. 결국 초나라는 대패했고 자반은 이로 인해 핍박을 받아 자살했다. 이는 총애한 것이 오히려 해친 것이다.

장무중(臧武仲, 노나라 대부)이 말했다. "맹손(孟孫)이 나를 미워하는 것은 나에게는 약이나 돌 침(石針)과 같고, 계손(季孫)이 나를 좋아하는 것은 겉보기에는 좋으나 진독(疢毒)이다. 진독은 날로 심해지지만, 맹손의 약과 돌 침이 오히려 나를 살려준다.

이는 남을 미워하는 것이 상대방에게는 도움이 된 사례다. 〔출전: 상동〕

劉梁曰: "昔楚靈王驕淫, 暴虐無度. 芉尹申亥從王之欲, 以殯于乾溪, 殉之以二女. 此順之而失義者也.

鄢陵之役, 晉,楚對戰, 穀陽獻酒, 子反以斃. 此愛之而害者也.

臧武仲曰:, "孟孫之惡我, 藥石也; 季孫之愛我, 美疢也. 疢毒滋厚, 藥石猶生我."

此惡之而爲美者也."

한비자는 말한다.

"오랜 친구를 위하여 사사로이 편의를 베푸는 것을 '친구를 버리지 않는다.'라고 이른다.

국가의 재물을 나누어 주며 베푸는 것을 가리켜 '인한 사람'이라고 한다.

봉록을 가벼이 여기고 자신을 소중히 여기는 사람을 '군자'라고 일컫는다.

법령을 왜곡시켜 친한 사람을 부당하게 도와주는 사람을 두고 '품행이 있다.'고 말한다.

관직을 버리고 친구와의 사귐을 소중하게 여기면 '의협심이 있다.'라고 한다.

속세를 떠나 은둔하는 사람을 '고결하고 기품이 있다.'라고 일컫는다.

남과 다투고 법령을 거스르는 사람을 일컬어 '굳세고 사납다.'라고 한다.

은혜를 베풀어 많은 사람의 마음을 사는 것을 일컬어 '사람을 얻는다.'라고 한다.

그렇지만 '친구를 버리지 않는 사람'은 관리로서는 간특해서 죄를 짓는다. '인한 사람'은 관리가 되면 국가의 재물에 손해를 끼친다. 이른바 '군자'는 부리기가 어려운 사람이다. '품행이 있는 사람'은 법과 제도를 훼손한다. '의협심이 있는 사람'은 관직을 맡으면 일을 내팽개친다. '고결한 사람'은 관직을 맡아 일하려 하지 않는다. '굳세고 사나운 사람'은 군주가 명령해도 이행하지 않는다. '인심을 얻는 사람'은 위로 임금을 고립시킨다.

이상의 여덟 가지 칭찬 받는 사람은, 필부에게는 사적인 명예가 되지만, 임금에게는 큰 해악이 된다." 〔출전: 『한비자』 「팔설(八說)」〕

이로써 보면, 세속에서 말하는 좋고 나쁨은 왕왕 사리에 어긋나는

것이니, 오직 지혜로운 사람만이 이를 분명하게 살필 수 있을 것이다. 〔조유의 말〕

韓子曰: "爲故人行私謂之不棄, 以公財分施謂之仁人, 輕祿重身謂之君子, 枉法曲親謂之有行, 棄官寵交謂之有俠, 離俗遁世謂之高慤, 交爭逆令謂之剛材, 行惠取衆謂之得人.

不棄者, 吏有姦也; 仁人者, 公財損也; 君子者, 人難使也; 有行者, 法制毁也; 有俠者. 官職曠也; 高慤者. 人不事也; 剛材者, 令不行也; 得人者, 君上孤也.

此八者, 匹夫之私譽, 而人主之大敗也."

由是觀之, 夫俗之好惡, 與事相詭, 唯明者能察之.

제36편 식변(息辯)

구변으로 감출 수 없다

〔원주: 논한다. 사람의 품행은 일의 자취에 훤히 드러난다. 어떤 사람의 근본적인 품행은 일 처리의 자취가 그대로 입증해 주기 때문에 좋고 나쁨을 숨길 수 없다. 교묘한 구변으로 꾸민다고 해도, 어찌 그 좋지 못한 본질을 감출 수 있겠는가?〕〔출전: 미상. 아마도 조유의 말이 아닐까?〕

[原注: 議曰, 夫人行皆著于迹, 以本行而徵其迹, 則善惡無所隱矣. 夫辯者, 焉能逃其詐乎?]

『중론(中論)』에서는 이렇게 말한다. "물은 차고, 불은 뜨거우며, 쇠와 돌은 그 성질이 굳세고 강하다. 저들 몇 가지 물건이 스스로의 성질이 그렇다는 것을 말한 적이 없으나, 그것들의 성질이 그렇다는 것을 모르는 사람이 없다. 그것들의 형체에 그 성질이 훤히 드러나 있

기 때문이다. 〔출전: 서간(徐幹)의 『중론(中論)』, 「귀험(貴驗)」〕

그러므로 사람의 품행에는 근본이 있고 일에는 그 자취가 있음을 알 수 있으니, 그 대체를 세심하게 관찰한다면 실상을 가리거나 숨길 수 없는 것이다. 〔조유의 말〕

'中論'曰: "水之寒也, 火之熱也, 金石之堅剛也, 彼數物未嘗有言, 而人莫不知其然者. 信著乎其體."

故知行有本, 事有迹, 審觀其體, 則無所竄情.

무엇을 품행의 근본이라고 말하는가? 〔조유의 말〕

공자는 말한다. "몸을 닦아 자신의 인격을 완성하는 데는 의로움이 있어야 하는데, 효가 근본이 된다. 상(喪)을 치르는 데는 예절이 있어야 하는데, 슬픔이 근본이 된다. 전쟁에 나가 진을 치는 데는 대오의 정렬(整列)이 있어야 하는데, 용맹이 근본이 된다." 〔출전: 『공자가어』 「육본(六本)」〕

태공은 말한다. "백성으로서 각자의 일에 힘을 다하지 않으면 우리의 백성이 아니다. 관리가 되어 공평하고 청렴하게 백성을 사랑하지 않으면 우리의 관리가 아니다. 재상으로서 나라를 부유하게 하고 군대를 강하게 만들지 못하고, 음양을 조화시켜 임금을 편안히 모시지 못하며, 또 여러 신하들을 선발해서 훈련시키고 명분과 실질이 부합되도록 하고 상과 벌을 분명히 시행하지 못하면 우리의 재상이 아니다." 〔출전: 『육도』 「문도, 상현(文韜, 上賢)」〕

이상이 품행의 근본이다. 〔조유의 말〕

何謂行本?

孔子曰: "立身有義矣, 而孝爲本; 喪紀有禮矣, 而哀爲本; 戰陣有列矣, 而勇爲本."

太公曰, "人不盡力, 非吾人也; 吏不平潔愛人, 非吾吏也; 宰相不能富國强兵, 調和陰陽, 安萬乘之主, 簡練羣臣, 定其名實, 明其(令)[賞]罰, 非吾宰相."

此行本者也.

무엇이 일의 자취인가? 〔조유의 말〕

예전에 제나라 위왕(威王)이 즉묵(卽墨, 지금의 산동성 교동도 즉량현)의 대부를 소환해서 말했다. "그대가 즉묵의 대부로 임명되어 직책을 맡은 이래, 그대를 헐뜯는 말이 매일같이 들려왔다. 그러나 내가 사람을 보내 즉묵 지방을 살펴보게 했더니, 논밭을 넓게 개간하고 백성들은 의식이 풍족하고 관청의 일은 지체됨이 없어, 동방 지역이 평안해졌다. 이것은 그대가 내 좌우의 측근들을 잘 챙겨서 칭찬을 받으려 하지 않았음을 말해준다." 위왕은 그에게 만 호의 식읍을 봉록으로 주었다.

또 아(阿, 지금의 산동성 동임도 동아현) 땅의 대부를 소환해서 말했다. "그대가 아 땅을 지킨 이래, 그대를 칭찬하는 말이 날마다 들려 왔다. 그러나 사람을 보내 아를 조사했더니, 논밭을 개간하지 않고 백성들은 가난에 시달리고 있었고, 조나라가 견(甄)을 침공했는데도 그대는 구원하지 않았으며, 위나라가 설릉(薛陵)을 점거했는데도 그대는 이를 알지도 못했다. 이것은 그대가 항상 나의 측근들에게 후한 뇌물을 주어 칭찬 받으려 했던 것임을 말해준다."

그날로 아의 대부와 좌우의 신하들 중에 아의 대부를 항상 칭찬했던 자들을 모두 삶아 죽였다. 그 이래 제나라는 질서정연하게 잘 다스려졌다. 〔출전: 『사기』 권46 「전경중완세가(田敬仲完世家)」〕

한 원제(元帝) 때 중서령 석현(石顯)이 정권을 농단했다. 경방(京房)은 원제가 한가로이 있을 때 은밀히 찾아뵙고 이렇게 물었다. "주나라 유왕(幽王)과 여왕(厲王)이 어떻게 해서 나라를 위태롭게 만들었습니까? 또 그들이 임용한 신하들은 어떤 자들이었습니까?" 원제가 말했다. "그 두 임금이 총명하지 않았고, 말만 번드레하고 아첨하는 자들을 임용했기 때문이오." 경방이 또 물었다. "그들이 교활하고 간사한 자라는 것을 알고 임용한 것입니까, 아니면 그들을 현명하다고 여긴 것입니까?" 원제가 말했다. "현명하다고 여겼겠지."

경방이 물었다. "그렇다면 지금은 그들이 현명하지 않았다는 것을 무엇으로 알 수 있습니까?" 원제가 대답했다. "당시의 세상이 혼란했고 임금을 위험에 빠뜨렸던 것을 보고, 현명한 신하가 아니었다는 것을 알 수 있소." 〔출전: 『한서』 권75 「경방전(京房傳)」〕

〔원주: 경방이 또 말했다. "제나라의 환공과 진나라 이세(二世) 황제도 일찍이 이 두 임금의 일을 듣고, 잘못된 일이라고 비웃었습니다. 그러나 환공은 수조(豎刁)를, 이세 황제는 조고와 같은 간신배들을 임용했고, 그 두 나라의 정치는 날로 혼란해지고 도적 떼가 산속에 가득 들어찼으니, 어째서 유왕과 여왕의 전철을 거울로 삼아 깨닫지 못했습니까?" 원제가 말했다. "도리를 깨친 사람만이 지난 일을 미루어 닥쳐올 일을 알 수 있을 것이오."

경방이 물었다. "폐하께서는 지금을 태평한 때로 봅니까? 아니면 혼란한 때로 보십니까?" 원제가 대답했다. "극히 혼란한 때요." 경방이 또 물었다. "그러면 지금 폐하의 신임을 받아 임용된 사람은 어떤 사람들입니까?" 원제가 말했다. "다행히도 지금의 석현이 수조나 조고보다는 나은 사람이고. 또 정치가 혼란한 책임이 그에게 있지 않다고 생각하오." 경방이 말했다. "전대의 환공이나 이세 황제도 모두 그렇게 생각했을 것입니다. 신은 후세 사람들이 지금의 형세를 평가하는 것이, 지금 우리가 전 시대를 평가하는 것과 같지 않을까, 삼가 두려워합니다."〕〔출전: 상동〕

이상은 일에는 반드시 그 자취가 드러난다는 것을 말해주는 사례이다. 〔조유의 말〕

何爲事迹?

昔齊威王召卽墨大夫而語之曰: "自子之居卽墨也, 毁日至. 然吾使人視卽墨, 田野闢, 人民給, 官無留事, 東方以寧. 是子不事我左右以求譽也." 封之萬家.

召阿大夫而語之曰: "自夫子之守阿也, 譽日聞. 然吾使人視阿, 田野不闢, 人貧苦; 趙攻甄, 子不能救; 衛取薛陵, 子不能知. 是子常以幣事吾左右以求譽也." 是日烹阿大夫及左右常譽之者. 齊國大理.

漢元帝時, 石顯專權. 京房晏見, 問上曰: "幽,厲之君何以危? 所任者何人也?" 上曰: "君不明, 而所任巧佞." 房曰: "知其巧佞而用之也, 將以爲賢?" 上曰: "賢之." 房曰: "然則今何以知其不賢也?" 上曰: "以其時亂而君危知之." [原注; 房曰: "齊桓公,秦二世亦嘗聞此君, 而非笑之. 然則任豎刁,趙高, 政治日亂, 盜賊滿山, 何不以幽,厲卜之而覺悟乎?" 上曰: "惟有道者能以往知來耳." 房曰: "陛下視今爲治也? 亂也?" 上曰: "亦極亂耳." 房曰: "今所任用者誰歟?" 上曰:

"然幸其愈于彼, 又以爲不在此人也." 房曰: "夫前世二君亦皆然耳. 臣恐後之視今, 如今之視前也."]

此事迹者也.

이로써 보면, 입신양명해서 조정에 나아가 벼슬을 하더라도 모든 품행에는 근본이 있고, 태평 시대냐 혼란이냐의 여부는 일의 자취에서 드러난다.

만약 품행의 근본을 잘 지키고 일의 자취를 기준이 되는 원칙으로 삼는다면, 마치 물은 차고 불은 뜨거운 것처럼, 선악의 진실을 감추지 못 할 것이다. 〔조유의 말〕

由此言之, 夫立身從政皆有本矣, 理亂能否皆有迹矣. 若操其本行, 以事迹繩之, 譬如水之寒,火之熱, 則善惡無所逃矣.

제37편 양과(量過)

허물을 헤아려 판단하라

공자는 말한다. "사람이 저지르는 잘못은, 그 부류에 따라 각각 다르다. 그 잘못을 자세히 살펴보면 그가 어떤 부류의 사람인지 알 수 있다." 〔출전: 『논어』「이인(里仁)」〕

어째서 이렇게 말하는가? 〔조유의 말〕

孔子曰: "人之過也, 各於其黨, 觀過斯知仁矣"

何以言之?

'사마천'은 이렇게 논평했다. "옛날 관중이 제나라 재상으로 있으면서 아홉 차례에 걸쳐 제후들의 회맹을 주재하고 일거에 천하를 바로잡았다.

그러나 공자는 관중을 하찮게 평가하면서 '관중의 그릇은, 작구나!'라고 말했다. 주나라의 도가 쇠미해진 가운데 환공이 참으로 현명한 임금이거늘, 환공을 보좌해서 왕업을 이루도록 노력하지 않고, 패자로 칭하도록 만들었는가?" 〔출전: 『사기』 권62 「관안열전(管晏列傳)」 및 『논어』 「팔일(八佾)」 참조〕

우경(虞卿)이 위나라 왕을 찾아가 유세했다. "초나라는 또한 강대국이며, 천하무적입니다. 그렇다면 반드시 연나라를 침공해야 할 것입니다." 위왕이 물었다. "조금 전 그대는 초나라를 천하무적이라고 말하고, 지금은 또 연나라를 침공해야 한다고 하니, 무슨 뜻이오?" 우경이 대답했다. "만약 어떤 사람이 말은 힘이 세다고 하면, 이는 맞는 말입니다. 그러나 말이 천균 즉 3만 근의 무게를 질 수 있다고 한다면, 이는 틀린 말입니다. 왜냐하면 천균의 무게는 말이 감당할 수 있는 무게가 아니기 때문입니다.

지금 초나라가 강대하다고 하면 이는 맞는 말입니다. 그러나 만약 초나라가 조나라와 위나라를 거쳐 넘어가서 연나라와 싸우려 한다면, 어찌 초나라가 능히 감당할 수 있는 일이겠습니까?" 〔출전: 『전국책』 초책4 「우경위춘신군(虞卿謂春申君)」〕

이로써 보면, 관중이 아홉 차례 제후들을 규합하여 일거에 천하를 바로 잡았으나 공자는 오히려 그릇이 작다고 평했고, 초나라가 위나라를 통과해서 연나라를 침공할 수 없는데도 우경은 오히려 초나라를 강대하고 천하무적이라고 말했으니, 이는 결코 궤변이 아니다. 각자 그 부류의 입장에서 하는 말이니, 세심하게 살피지 않으면 안 되는 것이다. 〔조유의 말〕

太史公云: 昔管仲相齊, 九合諸侯, 一匡天下. 然孔子小之, 曰: "管仲之器, 小哉!" 豈不以周道衰, 桓公旣賢, 而不免之至王, 乃稱覇哉?

虞卿說魏王曰:“夫楚亦强大矣, 天下無敵, 乃且攻燕.”魏王曰:“向也子云天下無敵, 今也子云乃且攻燕者, 何也?”

對曰:“今謂馬多力則有之矣, 若曰勝千鈞則不然者. 何也? 夫千鈞, 非馬之任也. 今謂楚强大則有矣, 若夫越趙,魏而(開)[鬪]兵于燕, 則豈楚之任哉?”

由是觀之, 夫管仲九合諸侯, 一匡天下, 而孔子小之; 楚人不能伐燕, 虞卿反以爲强大, 天下無敵, 非詭議也. 各從其黨言之耳, 不可不察.

제38편 세운(勢運)

시세에 따라 움직여라

천하에는 군자도 있고 소인도 있으며, 예의와 사양도 있다. 이런 다양한 정황을 고려하면, 사람의 본성이 반드시 그럴 수밖에 없다고 하거나, 일이 반드시 그렇게 될 수밖에 없다고 해서는 안 된다. 이 모두는 시세(時勢)에 따라서 그렇게 된 것이기 때문이다.

무슨 까닭으로 그렇게 말하는가? 〔조유의 말〕

夫天下有君子焉, 有小人焉, 有禮讓焉. 此數事者, 未必其性也, 未必其行也. 皆勢運之耳.

何以言之?

문자는 말한다. "사람은 여유가 있으면 사양하고 부족하면 다툰다. 사양하면 예의가 생겨나고, 다투면 폭력과 혼란이 일어난다. 재물이 많으면 욕심이 줄어들고, 풍족하게 얻을 수 있으면 다툼이 그친다."

〔출전: 『문자』「상례(上禮)」〕

文子曰: "夫人有餘則讓, 不足則爭. 讓則禮義生, 爭則暴亂起. 物多則欲省, 求贍則爭止.

회남자는 말한다. "헤엄치고 있는 사람이 물에 빠진 사람을 건져 구하지 못하는 것은, 그 자신도 손과 발을 급히 놀려 헤엄쳐야 해서 남을 구할 겨를이 없기 때문이다. 불에 덴 사람이 불을 끄고 사람을 구하지 못하는 것은, 자기 몸에 화상을 입어 매우 아프기 때문에 남을 돌볼 겨를이 없기 때문이다. 숲속에서 땔나무를 팔 수 없고, 호수가에서 물고기를 팔 수 없는 것은 땔감과 물고기를 넉넉하게 갖고 있기 때문이다.

그러므로 세상이 잘 다스려지면 소인이라 하더라도 바른 도를 지키고, 따라서 이익으로써 유혹할 수 없다. 세상이 혼란해지면 군자라 하더라도 간사하게 되어, 형벌로도 이를 막을 수 없다." 〔출전: 『회남자』「제속(齊俗)」〕

그러므로 장자는 말한다. "요임금과 순임금의 시대에는 천하에 곤궁한 사람이 없었으니, 그것은 그들의 지혜가 뛰어나서가 아니었다. 걸과 주의 시대에는 천하에 현달한 사람이 없었으니, 그것은 그들의 지혜가 뒤떨어졌기 때문이 아니었다. 당시의 운세가 그렇게 되도록 만들었을 뿐이었다." 〔출전: 『장자』「외편, 추수(外篇, 秋水)」〕

『신어(新語)』에서는 이렇게 말한다. "하천에 가까운 땅은 습하고, 산에 가까운 곳의 나무는 높이 자란다. 그것은 같은 부류끼리 서로 영향을 미치기 때문이다. 장강, 황하, 회하, 제수 등 고대의 네 강(四瀆)

이 모두 동쪽으로 흘러 바다로 들어가는데, 수많은 소하천과 지류들도 모두 동쪽으로 흐르고 서쪽으로 흘러가지 않는다. 이는 작은 것은 큰 것을 본받고, 적은 것은 많은 것을 따르기 때문이다." 〔출전: 『육가』의 「신어 무위(無爲)」〕

'淮南子'曰: "游者不能拯溺, 手足有所爭急也; 灼者不能救火, 身體有所痛也; 林中不賣薪, 湖上不鬻魚者, 有所餘也. 故世治則小人守正, 而利不能誘也; 世亂則君子爲姦, 而刑不能禁也."

故莊子曰: "當堯,舜而天下無窮人, 非智得也; 當桀,紂而天下無通人, 非智失也. 時勢適然."

'新語'曰: "近河之地濕, 近山之木長者, 以類相及也. 四瀆東流, 則百川無西行者, 小象大而少從多也."

이로써 우리는, 세상에서 말하는 '군자'가 반드시 진정한 군자가 아니고, 세상에서 말하는 '소인'이 반드시 소인이 아니며, 세상에서 일컫는 '예의와 사양'이 반드시 겸양이 아닐 수도 있다는 것을 알 수 있다.

그때의 형편과 운이 그렇게 만들었을 뿐이니, 세심하게 살피지 않으면 안 된다. 〔조유의 말〕

是知世之君子未必君子, 世之小人未必小人, 世之禮讓未必禮讓.

夫勢運者, 不可不察.

제39편 오례(傲禮)

무례함이 오히려 예의가 되다

『좌전』에서는 이렇게 말한다. “예가 있는 사람에게 무례하게 굴지 말아야 한다.” 〔출전: 『좌전』「정공 4년」〕

『예기』「곡례편」에는 이렇게 말한다. “공경하지 않는 것이 없어야 한다.” 〔출전: 『예기』「곡례 상(曲禮上)」〕

그러나 옛 사람들은 오만하고 업신여기는 것이 오히려 예가 된다고 했다. 무슨 이유로 그렇게 말하는가? 상대방의 덕을 더욱 빛나게 드러내려고 했기 때문인 것이다.

어떻게 이를 설명할 수 있는가? 〔조유의 말〕

‘左傳’曰: “無傲禮.” ‘曲禮’曰: “毋不敬.” 然古人以傲爲禮, 其故何也? 欲彰于人德者耳.

何以言之?

옛날 위(魏)나라 은사(隱士)인 후영(侯嬴)이 수도 대량(大梁)의 이문(夷門, 동문)을 지키는 문지기로 있었다. 공자 무기(無忌, 信陵君)가 그가 현인이라는 이야기를 듣고, 성대한 연회를 마련해 놓고 많은 빈객을 초대했다. 손님들이 모두 자리에 앉자, 공자 무기는 마차를 몰고 가서, 상석인 마차의 왼쪽 자리를 비워 놓고 몸소 동문에서 후영을 영접하여 마차에 오르게 하였다. 후영은 공자에게 마차를 몰게 하고 시장을 한 바퀴 돌았다. 그런 다음 공자의 저택에 도착해서 상객(上客)으로 앉아 극진한 대접을 받았다.

술자리가 한창 무르익었을 때 후영이 말했다. "오늘 저는 공자를 위해, 할 만큼 충분히 했습니다. 저는 한낱 동문을 지키는 문지기에 지나지 않는데, 공자께서 친히 마차를 몰고 왕림하셔서 많은 사람들이 모인 곳에서 저를 맞아 주셨습니다. 반드시 거쳐 가야 하는 곳도 아닌데도, 오늘 공자께서는 제가 청하는 대로 시장을 한 바퀴 돌았습니다.

저는 공자의 이름을 높여 드리기 위하여 일부러 마차를 시장 한가운데에 오래도록 세워두고 가만히 공자의 거동을 살폈더니, 공자께서는 더욱 공손한 모습이었습니다. 시장 사람들은 모두 저를 소인이라고 욕하고, 공자를 덕이 있는 장자로서 선비에게 몸을 낮추는 분이라고 여겼을 것입니다." 〔출전: 『사기』 권77 「위공자열전(魏公子列傳)」〕

昔侯嬴爲大梁夷門監, 魏公子聞之, 乃置酒大會賓客. 坐定, 公子從車騎, 虛左, 自迎夷門侯生, 侯生引公子過市. 及至家, 以爲上客.

侯生謂公子曰: "今日嬴之爲公子, 亦足矣. 嬴乃夷門抱關者也, 而公子親枉車騎, 稠人廣衆之中, 不宜有所過, 今公子故過之. 然嬴欲就公子之名，故久立公子車騎市中，以觀公子，公子愈恭。市人皆以嬴爲小人，而以公子爲長者能下士也。"

한나라 때 정위인 장석지가 어느 날 조정에 나가 있었다. 삼공과 구경 등 대신들이 모두 함께 서 있었는데, 처사인 왕생(王生) 노인이 "내 버선이 풀어졌군." 하면서, 장정위를 돌아보며 말했다. "나를 위해 버선을 좀 묶어주시오." (장석지가 무릎을 꿇고 버선을 매어 주었는데) 어떤 대신이 왕생 노인에게 물었다. "도대체 무슨 이유로 장정위를 욕보였습니까?" 왕생이 대답했다. "나는 늙고 비천한 사람이어서, 아무리 생각해도 장정위에게 보탬이 될 길이 없소. 장정위는 지금 천하에 이름난 대신이오. 내가 일부러 그로 하여금 꿇어앉아서 내 버선을 묶도록 욕보인 것은, 그렇게 함으로써 장정위의 명성을 더욱 높여 주려 한 것이오."

여러 대신들은 이 말을 듣고 왕생 노인을 현명하다고 여기고, 장석지를 더욱 존경하게 되었다. 〔출전: 『사기』 권102 「장석지풍당열전(張釋之馮唐列傳)」〕

이로써 보면, 무례하게 구는 것이 오히려 예가 되고, 상대방을 더욱 높이는 방법이 될 수 있는 것이다. 〔조유의 말〕

張釋之在廷中，三公九卿盡會立。王生老人，曰："吾襪解。" 顧謂張廷尉："爲我結襪。" 人或謂王生曰："獨乃何廷辱張廷尉?"

王生曰："吾老且賤，自度終無益於張廷尉。張廷尉方今天下名臣，吾故聊[辱]廷[尉]，使跪結襪，欲以重之。" 諸公聞之，賢王生而重廷尉。

由是觀之, 以傲爲禮, 可以重人矣.

第40편 정명(定名)

명분을 세워라

마음속에 터득한 이치가 있더라도 말로 표현하지 않으면 그 이치를 드러낼 수 없고, 어떤 사물에 이름을 붙여 규정하려고 해도 언어를 통해 말하지 않으면 분별할 수 없다. 말로 표현해서 그 뜻을 드러내지 않으면 서로 소통할 수 없으며, 이름을 붙여 사물을 분별하지 않으면 사물의 본질을 식별해 보이게 할 수 없다.

사물에 어떤 이름이 붙여진 근원을 추구하고 이치가 유래한 근본을 탐구해 나가면, 그 어떤 사물도 저절로 이름이 붙여진 것이 없고, 어떤 이치도 반드시 고정된 한 가지 개념으로 규정된 것이 없다.

사물의 본질을 분별하려면, 반드시 각각 다르게 그 사물에 알맞은 이름을 붙여야 하며, 마음속에 품은 뜻을 밝히려고 하면 분명한 개념을 세워야 한다. 〔출전: 진(晉) 구양건(歐陽建)의 『언진의론(言盡意論)』, 『예문류취』 권19 「인부3, 언어(人部三, 言語)」에서 인용해 수록함〕

夫理得於心，非言不暢；物定於彼，非言不辯．言不暢志，則無以相接；名不辯物，則識鑒不顯．原其所以，本其所由，非物有自然之名，理有必定之稱也．欲辯其實則殊其名，欲宣其志則立其稱．

그래서 이름 지어 부르기를 '도'와 '덕'이라 하고, 또 '인, 의, 예, 지, 신'이라고 일컫는다. 〔조유의 말〕

'도'라는 것은 사람이 밟아 나아가는 원칙이다. 〔출전: 『삼략』의 「하략」 및 『소서(素書)』「원시(原始)」〕

머물러 있을 때는 일의 인과관계를 알고, 나아갈 때는 어디로 가야 하는지 알고, 일을 할 때는 무엇에 의지해야 하는지 알고, 행동할 때는 어디에서 그쳐야 하는지 아는 것을 일컬어, '도'라고 한다. 〔출전: 『문자』「미명(微明)」〕

'덕'이라는 것은, 사람이 체득하여 갖고 있는 것이다. 사람으로 하여금 각기 바라는 것을 얻게 하는 것이, '덕'이다. 〔출전: 『소서(素書)』「원시(原始)」〕

'인'이란, 사랑하는 것이다. 이익을 얻게 하고 해로움을 제거하며, 두루 사랑해서 사사로움이 없는 것을, '인'이라 한다.

'의'란, 마땅함이다. 시비를 분명히 하고, 해도 되는 것과 안 되는 것을 명확하게 정하는 것을, '의'라고 부른다.

'예'라는 것은 몸소 이행하는 것이다. 나아가고 물러남에 법도가 있고, 존귀하고 비천을 구별해서 차례를 정하는 것을 일컬어, '예'라 한다. 〔출전: 『한서』 권58 「공손홍전(公孫弘傳)」〕

'지'라는 것은 사람이 마땅히 알아야 하는 것이다. 득실과 시비를 분별하여 판단할 수 있는 능력을, '지'라고 한다.

‘신’이란 사람이 믿고 따라 행하는 것이다. 명령을 내려 제각각 다른 마음을 하나가 되게 만드는 것을, ‘신’이라 이른다. 〔출전: 두서의 『체론』〕

故稱之曰: 道德仁義禮智信.

夫道者, 人之所蹈也. 居知所(爲)[以], 行知所之, 事知所乘, 動知所止, 謂之道.

德者, 人之所得也. 使人各得其所欲, 謂之德.

仁者, 愛也. 致利,除害,兼愛,無私, 謂之仁.

義者, 宜也. 明是非, 立可否, 謂之義.

禮者, 履也. 進退有度, 尊卑有分, 謂之禮.

智者, 人之所知也. 以定乎得失是非之情, 謂之智.

信者, 人之所承也. 發號施令以一人心, 謂之信.

근본을 보아 장차 이루어질 끝을 알고, 한 가지 이치를 잡아 변화무쌍한 만 가지 일에 응하는 것을, ‘술(術)’이라고 일컫는다. 〔출전: 『문자』「미명」〕

見本而知末, 執一而應萬, 謂之術.

『설원(說苑)』에서 이렇게 말한다. “명령에 순종해서 임금을 이롭게 하는 것을 ‘순(順)’이라고 하고, 명령을 순종하되 임금을 해롭게 하는 것을 ‘유(諛, 아첨)’이라고 한다. 〔원주: 마땅히 말해야 하는데도 말하지 않는 것을 ‘은(隱, 숨김)’이라 하고, 응당 간해야 하는데 간하지 않

은 것을 유(諛)라 한다.〕

명령을 거역하지만 그렇게 해서 임금을 이롭게 하는 것을 '충(忠)'이라 하고, 명령을 거역함으로써 임금을 해롭게 하는 것을 '난(亂)'이라고 한다.

임금에게 잘못이 있고 장차 나라를 위태롭게 할 것 같으면, 능력을 다하여 임금에게 자기 의견을 말하고, 임금이 이를 받아들이면 그대로 머물러 벼슬을 하고 채택되지 않으면 떠나가는 것을 일러 '간(諫)'이라 한다. 자기 의견이 채택되면 그대로 있지만 용납되지 않으면 죽음으로써 뜻을 밝히는 것을, '쟁(諍)'이라 한다.

여러 신하들을 잘 통솔하고 임금에게 간언을 해서 나라의 큰 우환을 해소하고 나라의 큰 해악을 제거하는 것을, '보(輔)'라고 한다. 임금의 명령을 거역하고 임금의 결정에 반대함으로써 나라의 위기를 해소하여 안정시키고 임금이 치욕을 당하지 않도록 하는 것을 일컬어, '필(弼)'이라 한다. 〔출전: 『설원』「신술(臣術)」〕

장자는 말한다. "알아듣는 사람이 없는데 자기 말만 하는 것을 '영(佞, 말재주)'이라 하고, 상대방의 뜻을 엿보아 그에 맞추어 말하는 것을 '첨(諂, 아첨)'이라 한다. 옳고 그른 것을 가리지 않고 상대방을 따르는 것을 '유(諛, 추종)'라고 하고, 남을 헐뜯기 좋아하는 것을 일러 '참(讒, 비방)'이라 한다. 칭찬하는 척하며 실제로는 속여 남을 파멸시키는 것을 '특(慝, 사악함)'이라 한다. 선악을 가리지 않고 양쪽을 다 받아들여 양쪽 모두에게 얼굴을 부드럽게 대하면서 자기가 원하는 것을 훔쳐 갖는 것을 '험(險, 음험함)'이라고 한다. 〔출전: 『장자』「잡편, 어부(雜篇,漁父)」〕

'說苑'曰: "從命利君, 謂之順. 從命病君, 謂之諛. [原注; 又曰: 應言而不言謂之隱, 應諫而不諫謂之諛.] 逆命利君, 謂之忠. 逆命病君, 謂之亂.

君有過失, 將危國家, 有能盡言于君, 用則留, 不用則去, 謂之諫; 用則可, 不用則死, 謂之諍. 能率羣下以諫于君, 解國之大患, 除國之大害, 謂之輔; 抗君之命, 反君之事, 安國之危, 除主之辱, 謂之弼."

莊子曰: "莫之顧而進, 謂之佞; 俙意導言, 謂之諂; 不擇是非而言, 謂之諛; 好言人惡, 謂之讒; 稱譽詐僞以敗惡人, 謂之慝; 不擇善否, 兩容頰適,偸拔其所欲, 謂之險.

옛사람이 말했다. "가능한 방법으로 실행이 불가능한 것을 보완해 구제하는 것을 일컬어 '화(和)'라 하고, 좋아하고 싫어하는 것을 구별하지 않고 똑같이 대하는 것을 '동(同)'이라 한다. [출전: 『후한서』 권80 하 「문원전하, 유양전(文苑傳下, 劉梁傳)」]

어진 사람으로 어진 사람의 일을 대신하게 하는 것을 '탈(奪, 빼앗는다)'이라 부르고, 불초한 사람으로 현명한 사람의 일을 대신하게 하는 것을 '벌(伐, 치다)'이라고 하며, 법령이 느슨한데도 급하게 죽이는 것을 '포(暴, 포학하다)'라고 하고, 남이 잘한 것을 가져와 자기의 것으로 삼는 것을 '도(盜)'라고 한다. [출전: 『공자가어』 「변정(辯政)」]

죄가 있는데도 자기의 허물인 줄 모르는 것을 '학(虐, 사납다)'이라 한다. [출전: 『안자춘추』 「내편, 간상(內篇, 諫上) 제24 경공주해조야인, 안자간(景公欲誅駭鳥野人, 晏子諫)」]

공경하는 태도가 예의에 맞지 않는 것을 '야(野, 촌스럽다)'라고 한다.

〔출전: 『공자가어』「논예(論禮)」〕

금하였는데도 그만두지 않는 것을 '역(逆)'이라 한다. 〔출전: 『관자』「법법(法法)」〕

잘못된 일을 금지시키고 규칙을 확립하는 것을 '법'이라 한다. 〔출전: 『부자』「법형(法刑)」〕

좋은 일인지 알면서도 실행하지 않는 것을 '광(狂)'이라 하고, 나쁜 것인 줄 알면서도 고치지 않는 것을 '혹(惑)'이라고 한다. 〔출전: 『육자(鬻子)』「제14 곡부노주공정갑(曲阜魯周公政甲)」〕

태공은 말한다. "천하의 보물과 아름다운 여자, 황금과 재물, 비단 등을 수탈하는 것을 '잔혹하다(殘)'라고 하고, 포학한 관리를 임용해서 부리면서 무고한 사람을 죽이고 법도를 무시하고 나쁜 짓을 저지르는 것을 '도적(賊)'이라 한다. 〔출전: 『육도』「견도(犬韜)」 일문, 『군서치요』 권31 「견도」에 수록함〕

현명한 인재가 찾아오지 않는 것을 '폐(蔽, 가려지다)'라 하고, 충신이 이르지 않는 것을 '색(塞, 막히다)'이라 한다. 〔출전: 『관자』「법법」〕

겉으로는 인의를 내세우면서 실제로는 인의를 위배하는 것을 '허(虛, 허위)'라 하며, 임금 자신은 신하를 성심으로 대하지 않으면서 신하들에게는 자기를 성심성의껏 섬기도록 기대하는 것을 '우(愚, 어리석다)'라고 한다. 〔출전: 두서의 『체론』 및 『군서치요』 권48〕

천지자연의 도에서 갈라져 나온 것을 일컬어 것을 성(性)'이라 하고, (음양과 강유의 성을 받아) 하나의 형태를 이룬 것을 '명(命)'이라 한다. 〔출전: 『공자가어』「본명(本命)」〕

사람은 모두 금목수화토 오행의 본성을 타고나지만, 사람의 성격에는 강하고 부드러움, 느림과 급함, 음과 소리의 차별이 있는데, 이는 수토의 기운과 환경에 의해 조성되는 것이니, 이를 일컬어 '풍습(風)' 이라 한다. 또 좋아하고 싫어함, 취하고 버림, 움직이고 그침이 일정하지 않고 제각각 다르며, 임금의 성정과 욕망에 따라 결정되는 것이니, 이를 일컬어 '습속(俗)'이라 한다. 〔출전: 『한서』 권28 하 「지리지하(地理志下)」〕

古語曰: 以可濟否, 謂之和; 好惡不殊, 謂之同.

以賢代賢謂之奪, 以不肖代賢謂之伐, 緩令急誅謂之暴, 取善自與謂之盜.

罪不知譽, 謂之虐.

敬不中禮, 謂之野.

禁而不止, 謂之逆.

禁非立是, 謂之法.

知善不行, 謂之狂; 知惡不改, 謂之惑.

太公曰: "收天下珠玉,美女,金銀,彩帛, 謂之殘; 收暴虐之吏, 殺無罪之人, 非以法度, 謂之賊.

賢人不至, 謂之蔽; 忠臣不至, 謂之塞.

色取仁而實違之, 謂之虛; 不以誠待其臣, 而望其臣以誠事已, 謂之愚.

分於道謂之性, 形于一謂之命.

凡人函五常之性, 而剛柔,緩急,音聲不同, 繫水土之[風]氣, 謂之風; 好惡,取舍,動靜無常, 隨君上之情欲, 謂之俗.

어떤 사람이 묻는다. 음악(樂)과 소리(音)는 같은가?

대답한다. 예전에 위(魏)나라 문후(文侯)가 자하(子夏)에게 음악에 대해 물었다. "나는 현단(玄端, 주대의 예복)과 면류관을 갖추어 입고 종묘에서 고악(古樂)을 들으면 누워 잠들어 버리지 않을까 걱정이 되지만, 정(鄭)나라와 위(衛)나라의 신악(新樂)을 들으면 지루한 줄 모르오. 감히 묻건대 고악은 어째서 그러하며, 신악은 어째서 이러한가?"

자하가 대답했다. "지금 임금께서 물은 것은 음악(樂)이며, 좋아하는 것은 악곡이 아니라 단순한 소리(音)입니다. 무릇 악은 음과 서로 비슷하면서도 같지 않습니다."

문후가 또 물었다. "감히 묻건대 어째서 그런가?" 자하가 말했다. "고대에 하늘과 땅은 자연의 법칙에 따라 운행하고 사시는 계절의 질서에 부합되며, 백성들은 덕성을 지니고 오곡은 풍성하게 열매를 맺고, 질병이나 역병이 돌지도 않고 천재지변도 없었으니, 이를 가리켜 대당(大當, 모든 것이 마땅하지 않음이 없는 지극히 태평한 시대)이라고 일컬었습니다. 그 후에 성인이 부자와 군신의 예를 정하여 나라를 다스리는 기강으로 삼고, 기강이 바르게 서자 천하는 태평하게 다스려졌습니다. 천하가 안정된 연후에 육률(六律)을 바로잡고 오성(五聲)을 조화시키고, 금슬에 맞추어 '시'와 '송'을 노래했으니, 이를 '덕음(德音)'이라 합니다. 이 덕음이 바로 지금의 '악'입니다.

『시경』에 노래하기를, '그 덕음을 청정하게 하시니 그 덕이 능히 밝으셨다. 능히 시비를 살피시고 선악을 분류하시며, 어른 노릇도 하시고 군주 노릇도 하셨다. 이 큰 나라의 임금이 되시어, 능히 백성들의 뜻을 순종하고 친하게 하시더니, 문왕에 이르러 그 덕에 여한이 없으시니, 이미 상제의 복을 받아, 자손에게까지 뻗치게 되었도다.'〔『시경』「대아, 황의(大雅, 皇矣)」〕라 했으니, 바로 이를 일컫는 것입니다.

지금 임금께서 좋아하는 것은 덕음이 아니라, 탐닉하는 익음(溺音)이 아니겠습니까? 정음(鄭音)은 지나치게 화려해서 사람의 뜻을 음란하게 만들고, 송음(宋音)은 섬세하고 안락해서 사람의 심지를 유약하게 만들며, 위음(衛音)은 박자가 빨라서 사람의 마음을 초조하고 불안하게 만들고, 제음(齊音)은 오만하고 거칠어서 사람의 마음을 교만하게 만듭니다. 이상 네 나라의 음은 모두 사람으로 하여금 색정에 빠지게 하고 덕성을 해치게 합니다. 그렇기 때문에 제사의 전례에 쓸 수 없는 것입니다. 〔출전: 『사기』 권24 「악서제2(樂書第二)」〕

이것이 음악과 소리의 차이입니다. 〔조유의 말〕

或曰: 樂與音同乎?

對曰: 昔魏文侯問子夏曰: "吾端冕而聽古樂唯恐臥, 聽鄭,衛之音則不知倦. 敢問古樂之如彼, 新樂之如此, 何也?" 子夏曰: "今君之所問者, 樂也; 所好者, 音也. 夫樂者, 與音相近而不同."

文侯曰: "敢問何如?" 子夏曰: "夫古樂者, 天地順而四時當, 民有德而五穀昌, 疾疢不作而無妖祥, 此之謂大當. 然後聖人爲父子君臣以爲之紀綱, 紀綱旣正, 天下大定. 天下大定, 然後正六律,和五聲, 紘歌詩頌, 此之謂德音, 德音之謂樂. '詩'云: '(莫)[貊]其德音, 其德克明. 克明克類, 克長克君. 王此大邦, 克順克(比)[俾]. 比于文王, 其德靡悔. 旣受帝祉, 施于孫子.' 此之謂也.

今君之所好者, 溺音乎? 鄭音好濫淫志也; 宋音燕安溺志也; 衛音趨數煩志也; 齊音傲僻驕志也. 四者皆淫于色, 而害于德. 是以祭祀弗用."

此音樂之異也.

또 어떤 사람이 물었다. "음과 악의 차이에 대해서는 들어서 알게 되었소. 감히 묻건대 의(儀)와 예(禮)는 같은 것인가요?" 〔조유의 말〕

대답한다. 옛날 조간자(趙簡子)가 자태숙(子太叔)에게 읍양주선의 예를 물었다. 자태숙이 말했다. "이는 의식(儀式)이고 예가 아닙니다. 제가 선대부 자산(子産)에게 들으니 '예는 하늘의 규범(經)이고 땅의 준칙(義)이며, 백성들이 본받아 이행하는 것이다.'라고 했습니다. 천지의 규범을 백성들이 실로 본받는 것입니다.

하늘의 밝음을 본받고 땅의 성질을 따르는 것은, 하늘이 육기(六氣, 음양풍우회명)를 내고 오행을 쓰기 때문입니다. 기가 입으로 들어가 오미(五味, 신맛, 짠맛, 매운맛, 단맛, 쓴맛)가 되고, 색깔로 나타나면 오색(五色, 청황적백흑)이 되고 또 표현되어 오성(五聲)이 됩니다. 미, 색, 성을 지나치게 탐하면 백성들이 본성을 해치게 됩니다. 그러므로 예를 제정하여 본성을 받들어 지니게 했습니다.

사람에게 호오(好惡), 희로(喜怒), 애락(哀樂)이 있는 것은, 하늘의 육기에서 생겨난 것입니다. 그러므로 자세하게 살펴 본받고 알맞게 따라 해서, 육지(六志, 호오희로애락의 六情)를 절제해야 합니다. 슬프면 울고 눈물 흘리며, 즐거우면 노래하고 춤추며, 기쁘면 베풂이 있고 노하면 싸우게 됩니다. 슬픔과 즐거움이 예를 잃지 않으면, 천지의 본성과 화합해서, 이로써 오래 갈 수 있는 것입니다.

그러므로 사람 가운데 능히 굽히기도 하고 바르게 세우기도 함으로써 예를 좇아 행하는 사람을 가리켜, 성인(成人)이라고 부릅니다." 〔출전: 『좌전』「소공 25년」〕

或曰: 音與樂旣聞命矣, 敢問儀與禮同乎?

對曰: 昔趙簡子問揖讓周旋之禮於子太叔, 太叔曰: 是儀也, 非禮也. 吉也聞諸先大夫子產曰: '夫禮, 天之經也, 地之義也, 民之行也.' 天地之經, 民實則之.

則天之明, 因地之性, 生其六氣, 用其五行. 氣爲五味, 發爲五色, 章爲五聲. 淫則昏亂, 民失其性, 是故爲禮以奉之.

人有好,惡,喜,怒,哀,樂, 生于六氣. 是故審則宜類, 以制六志. 哀有哭泣, 樂有歌舞, 喜有施舍, 怒有戰鬪. 哀樂不失, 乃能協于天地之性, 是以長久. 故人能曲直以從禮者, 謂之成人.

어떤 사람이 물었다. "그렇다면 무엇을 의식이라고 하는가?" 〔조유의 말〕

이렇게 대답한다. "천자와 공경대부의 자제를 양성하고, 육의(六儀, 여섯 가지 의식)를 가르친다." 〔출전: 『주례』「지관사도, 보씨(地官司到, 保氏)」〕

첫째는 제사지낼 때의 의용(儀容, 몸가짐)이니, 근신하고 성심을 다하며 귀신과 통해야 한다. 둘째는 빈객을 접대하는 몸가짐이니, 공경하고 삼가며 장중해야 한다. 셋째는 조정에서의 몸가짐이니, 의관을 정제하고 거동에 위의가 있어야 한다. 넷째는 상례(喪禮)에서의 몸가짐이니, 초췌하고 애통한 모습을 갖춰야 한다. 다섯째는 출정해서 군영에서의 몸가짐이니, 강단 있고 굳세며 표정이 엄숙해야 한다. 여섯째는 수레나 말을 탔을 때의 몸가짐이니, 기운차고 질서정연한 모습으로 달려가야 한다. 〔출전: 위의 『주례』「지관사도의 정현 주(注)」〕

이상이 예와 의식의 차이이다. 〔조유의 말〕

或曰: 然則何謂爲儀?

對曰: "養國子, 教之六儀." 祭祀之容, 穆穆皇皇; 賓客之容, 儼恪矜莊; 朝廷之容, 濟濟蹌蹌; 喪紀之容, 纍纍顚顚; 軍旅之容, 暨暨詻詻; 車馬之容, 騑騑翼翼.

此禮儀之異也.

이름을 붙여 개념을 정하는데 따르는 폐단은, 글자에 얽매여 하나하나 따지고 말로써 장난치는 것이다. 만일 그런 폐단만 없다면, 이름과 호칭을 정하는 것은 하나의 좋은 방법이 될 수 있다.

그러므로 이렇게 논한다.

반고는 『한서예문지』에서 학파를 구류(九流)로 분류했는데, 그 아홉째가 잡가(雜家)이다. 잡가는 유가와 묵가의 장점을 취하고 명가와 법가를 융합해서 하나의 학파를 이뤘다. 또한 부자(傅子, 傅玄)는 일찍이 구품(九品)으로 사람을 논했다. 그 아홉 번째가 잡재(雜才)인데, 풍자로 간하고 변론에 장점이 있다고 했다. 이로써 보면 각 학파의 설을 두루 취하는 잡가의 장점을 인정한 것은, 옛날부터 그 유래가 오래되었다.

「정명」편을 서술한 의도는 잡가의 설을 빌려 도리를 밝히고 역사적인 사실을 서술함으로써, 후세의 군자들에게 계발됨이 있기를 바라는 것이다. 〔조유의 말〕

夫定名之弊, 在于鉤鉱析辭. 苟無其弊, 則定名之妙也.

論曰: 班固九流, 其九曰, 雜家. 兼儒,墨, 合名,法; 傅子九品, 其九曰, 雜才, 以長諷議.

由是觀之，雜說之益，有自來矣．故著此篇，蓋立理敍事，以示將來君子矣．

권9 병권(兵權)

조유는 말한다:

『시경』에서 노래하기를 "진실로 무덕과 문덕을 갖추시다."라고 했다. 〔출전: 『시경』 「노송, 반수(魯頌, 泮水)」〕

『서경』에 이르기를 "무가 있고 문이 있으시다."라고 했다. 〔출전: 『상서』 「대우모(大禹謨)」〕

공자가 말했다. "군자는 평화적인 수단으로 국가 간 분쟁을 해결하더라도, 반드시 무력으로 대비해야 한다." 〔출전: 『사기』 권47 「공자세가」 및 『공자가어』 「상노(相魯)」〕

『좌전』에는 이렇게 기록했다. "하늘이 금, 목, 수, 화, 토, 다섯 가지 재료를 내려주어 백성들이 아울러 사용하니, 이 중 하나만 없어도 안 되는데, 누가 전쟁을 없앨 수 있겠는가?" 〔출전: 『좌전』 「양공 27년」〕

황제는 염제와 싸웠고 전욱은 공공과 싸웠다. 요는 환두(驩兜)를 토벌했고 순은 유묘(有苗)를 쳤다. 계(啓)는 유호(有扈)를 정벌하고 탕은 유하(有夏)를 토벌했다. 문왕은 숭(崇)을 치고 무왕은 주를 토벌했다. 한고조는 경(京)과 색(索)에서 전투를 벌였고 광무제는 일찍이 곤양(昆

陽)에서 군사를 일으켰다. 위 무제는 관도에서 원소를 깨뜨렸고 진(晉)나라는 동오(東吳)를 평정했다. 〔조유의 말〕

그러므로 『여씨춘추』에서는 말한다. "옛날의 훌륭한 임금들은 정의로운 전쟁을 일으킬지언정, 전쟁을 그만두지는 않았다." 〔출전: 『여씨춘추』「맹추기, 탕병(孟秋紀, 蕩兵)」〕

또 『회남자』에서는 이렇게 말한다. "불의한 자를 없애고 덕이 있는 자에게 나라를 돌려주기 위해서이다." 〔출전: 『회남자』「병략(兵略)」〕

이로써 위세를 떨치고 패주의 자리를 정하는 것이, 무력을 쓰지 않고서 이루어질 수 없었다는 것을 알 수 있다.

예로부터 전해지는 병법서에는 수백 가지의 계략이 기록되어 있으나, 교합하고 변화하는 이치를 알지 못한다면 "비록 많이 외운들, 또한 무엇에다 쓰겠는가?" 그러므로 말한다. "줄이면 얻게 되고, 많게 되면 오히려 혼란스럽다."

이에 병법의 대체와 요점을 추려서 「병권(兵權)」장을 쓰는 바이다. 〔조유의 말, 『논어』「자로」편과 『노자』 제22장의 구절을 인용함〕

(孫)[趙]子曰: '詩'云: "允文允武." '書'稱: "乃武乃文." 孔子曰: "君子有文事, 必有武備." '傳'曰: "天生五才, 民並用之, 廢一不可, 誰能去兵?"

黃帝與蚩尤戰, 顓頊與共工爭; 堯伐驩兜, 舜伐有苗, 啓伐有扈, 湯伐有夏, 文王伐崇, 武王伐紂; 漢高有京,索之戰, 光武興昆陽之師, 魏動官渡之軍, 晉擧平吳之役.

故'呂氏春秋'曰: "聖王有仁義之兵, 而無偃兵."

'淮南子'曰: "以廢不義, 而授有德者也."

是知取威定覇, 何莫由斯!

自古兵書, 殆將千計, 若不知合變, “雖多, 亦奚以爲?” 故曰: “少則得, 多則惑.” 所以擧體要而作‘兵權’云.

제41편 출군(出軍)

군대의 출정

군대란 흉기이고, 전쟁이란 위험한 일이다. 〔출전: 『한서』「조조전(晁錯傳)」〕

전쟁터는 시체를 쌓아놓는 곳이다. 〔출전: 『오자』「치병(治兵)」〕

그러므로 임금은 마지못해 어쩔 수 없는 경우에만 사용해야 한다. 〔출전: 『육도』「문도, 병도(文韜, 兵道)」 및 『울료자』「무의(武議)」〕

혼란한 세상을 구하고 포악한 자를 죽여 없애는 것을 일러 '의로운 군대(義兵)'라 하니, 정의로운 군대를 이끄는 자는 왕이 된다. 적이 나에게 공격을 가해올 경우에 부득이 해서 맞서 싸우는 것을 '대응해서 일어난 군대(應兵)'라 하니, 이처럼 침공에 맞서 나라를 지키는 응병은 반드시 승리한다.

작은 일로 다투고 원한을 품어, 분노를 이기지 못해서 싸움을 일으키는 것을 '분노한 군대(忿兵)'라 하니, 병사들이 분노한 마음으로 싸우면 패배한다. 다른 나라의 땅이나 보화를 탐내서 전쟁하는 것을 일러 '탐병(貪兵)'이라 하니, 장수와 병사들이 탐욕스러우면 패배를 당한다. 나라가 크고 백성이 많은 것을 믿고, 적에게 위엄을 과시하는 것을 '교만한 군대(驕兵)'라 하니, 교만한 군대는 반드시 멸망한다. 〔출전: 『한서』「위상전(魏相傳)」〕

성인이 군대를 일으켜 전쟁을 하는 것은, 전쟁을 즐기기 때문이 아니라, 포악한 자를 죽이고 반란을 일으킨 자를 토벌하기 위해서이다. 의로움으로써 불의한 자를 죽여 없애는 것은, 마치 장강과 대하의 물줄기를 터서 횃불을 끄는 것과 같고, 깊이를 헤아릴 수 없는 연못가에서 사람을 밀어 빠뜨리는 것과 같아, 적을 깨뜨리는 것은 필연적이다. 그러나 성인이 여유롭고 침착하게 있으며 서둘러 움직이지 않는 것은 무슨 까닭인가? 사람과 물건을 해치는 것을 크게 염려하기 때문이다. 〔출전: 『삼략』「하략」〕

그러므로 말한다. "먼 곳의 사람들이 복종하지 않으면, 문덕을 닦아 오게 해야 한다." 〔출전: 『논어』「계씨」〕

덕으로써 회유하는데도 귀순해오지 않으면, 그때에 비로소 장군에게 명령을 내려 군대를 출동시킨다. 〔조유의 말〕

夫兵者 凶器也; 戰者, 危事也. 兵戰之場, 立尸之所. 帝王不得已而用之矣.

故曰: 救亂誅暴, 謂之義兵, 兵義者王. 敵加於己, 不得已而用之, 謂之應兵, 應兵者勝. 爭恨小故, 不勝憤怒者, 謂之忿兵, 兵忿者敗. 利人土地寶貨者, 謂之貪兵, 兵貪者破. 恃國之大, 矜人之衆, 欲見威于敵[者], 謂之驕兵, 兵驕者滅.

是知聖人之用兵也, 非好樂之, 將以誅暴討亂. 夫以義而誅不義,若決江河而漑熒火，臨不測之淵而欲墮之，其克之必也．所以必優游恬泊者何？重傷人物.

故曰:,“遠人不服，則修文德以來之.”

不以德來，然後命將出師矣.

장수는 임금을 보좌하는 사람이며, 〔출전: 『손자병법』「모편(謀篇)」〕

백성들의 생사를 책임지고 있다. 〔출전: 『육도』「용도, 기병(龍韜, 奇兵)」〕

그러므로 말한다. “장수가 용병을 알지 못하면 그 임금을 적에게 내어주고, 임금이 장수를 제대로 선택할 줄 모르면 나라를 적에게 갖다 바치는 것과 같다.” 〔출전: 『한서』「조조전」〕

장수가 용병을 잘 깨치고 있고, 임금이 훌륭한 장군을 선발했다면 임명 절차를 밟는다. 천자는 (자신의 부덕을 반성한다는 의미로) 정전을 피하고 편전(偏殿)으로 옮겨간 뒤, 장군을 불러 다음과 같이 당부한다. “사직의 편안함과 위태로움이 오로지 장군에게 달려 있소. 지금 아무 나라가 신하 노릇을 하지 않고 있으니, 장군이 군대를 거느리고 가서 대응하기를 원하노라.”

이어 천자는 태사에게 명하여 거북점을 치게 하고, 사흘 동안 재계한 뒤 길일을 택해서 장수에게 부월(斧鉞, 도끼)을 수여하는 의식을 거행한다. 천자는 태묘에 들어가서 서쪽을 향해 서고 장군은 북쪽을 향해 선다. 천자는 친히 날이 위로 향한 큰 도끼(鉞)를 들어 머리 부분을 잡고 장군에게는 자루를 건네면서 “여기에서부터 위로는 하늘에 이르기까지 모든 것을 장군이 통제하라.”고 명령한다. 또 날이 아래로 향한 작은 도끼(斧)를 들어 자루 부분을 잡고, 장군에게는 날이 있는 부분을 주면서 명한다. '여기에서부터 아래로 땅 밑 깊은 연못에 이르기까지, 모든 것을 장군이 통제하라.'

장군은 임금의 명령을 받으면 배례하고 답한다. "신이 듣기로 나라의 정치는 밖에서 이래라 저래라 간섭할 수 없고, 출정한 군대는 조정으로부터 통제를 받을 수 없다고 합니다. 장수가 두 마음을 품으면 임금을 섬길 수 없고, 임금이 장군에게 의심을 품으면 적을 맞아 싸울 수 없습니다. 신이 지금 명령을 받고 부월이 지닌 모든 권한을 위임받았으니, 신은 감히 살아서 돌아오기를 바라지 않을 것입니다." 〔출전: 『육도』「용도 입장(立將)」〕

이어 인사를 올리고 출정하는데, (결사의 각오를 다짐하는 의미로) 흉문을 깨뜨리고 나가 출병한다. 〔출전: 『회남자』「병략」〕

夫將者, 國之輔也, 人之司命也. 故曰: 將不知兵, 以其主與敵也; 君不擇將, 以其國與敵也.

將旣知兵, 主其擇將, 天子(居)[避]正殿而召之曰: "社稷安危, 一在將軍. 今某國不臣, 願煩將軍應之." 乃使太史卜, 齋[三日], 擇[吉]日, 授以斧鉞. 君入太廟, 西面而立, 將軍北面而立. 君親操鉞, 持其首, 授其柄曰: "從是以上至天者, 將軍制之." 乃復操柄, 授與刃, 曰: "從是以下至淵者, 將軍制之."

將旣受命, 拜而報曰: "臣聞國不可從外理, 軍不可從中御. 二心不可以事君, 疑志不可以應敵. 臣旣受命, 專斧鉞之威, 臣不敢還請." 乃辭而行, 鑿凶門而出.

『사마법(司馬法)』에서 말한다. "나아가 공격하고 물러나 지키는 것은 오직 시기를 보아 결정하는 것이지, 임금의 뜻을 고려하지 않는다." 〔출전: 『사마법』 일문. 『손자병법』 「모공편(謀攻篇)」 조조의 주에서 이를 인용함〕

손자는 말한다. "장수가 출정해서 군중에 있을 때는 임금의 명령이라 해도 따르지 않을 수 있다." 〔출전: 『사기』 권65 「손자오기열전(孫子吳起列傳)」〕

옛말은 이렇게 전한다. "(임금은 장수에게 출정을 명할 때) 궁궐 안의 일은 과인이 처리할 테니, 궁궐 밖의 일은 장군이 통제하시오."라고 말한다. 〔출전: 『사기』 권102 「장석지풍당열전」 및 『한서』 권50 「풍당전(馮唐傳)」〕

또 『한서』에는 이렇게 기록했다. "오직 장군의 명령만 듣고 따를 뿐이지, 천자의 성지라도 따르지 않는다." 〔출전: 『한서』 권40 「주발전부자업부전(周勃傳附子業夫傳)」〕

병사들을 집결시켜 대오를 편성하고 성 밖에서 명령을 내리고 임무를 맡긴다. 가령 받은 임무가 수레를 미는 것이라 하더라도, 마치 장군이 지휘 깃발을 잡은 것만큼이나 무겁게 받아들여야 한다. 일단 출정하면 장군이든 병사든 전군은 '위로는 하늘로부터 아래로는 땅으로부터도 아무런 제약을 받지 않으며, 앞에는 적군의 견제를 받음이 없고 뒤에는 임금의 간섭도 없이' 오로지 군령에 따라 움직일 뿐이며, 이렇게 함으로써 큰 공을 세울 수 있는 것이다. 〔조유의 말인데, 『육도』 「용도, 입장(龍韜, 立將)」 및 『울료자』 「무의(武儀)」편의 일부 구절을 인용함〕

그러므로 말한다. "장수가 유능하고 임금이 간섭하지 않는 군대는 반드시 승리한다." 바로 이를 두고 하는 말이다. 〔조유의 말인데, 『손

자병법』「모공편」의 구절을 인용함〕

故'司馬法'曰: "進退唯時, 無曰寡人." 孫子曰: "將在軍, 君命有所不受." 古語曰: "閫以內, 寡人制止; 閫以外, 將軍制之."

'漢書'曰: "唯聞將軍之命, 不聞天子之詔."

故知合軍聚衆, 任于閫外, 受推轂之寄, 當秉旄之重. "無天于上, 無地于下, 無敵于前, 無君于後", 乃可成大業矣.

故曰: "將能而君不御者, 勝", 此之謂也.

제42편 연사(練士)

군사 훈련

임금은 군대를 통괄하여 거느린다. 반드시 총명하고 능력이 뛰어난 인재를 선발하여 훈련시키고, 그들의 능력의 고하를 파악해야 한다. 〔출전: 『육도』「용도, 선장(選將)」〕

능력에 따라 알맞은 직책을 주고 각자의 장점을 발휘하도록 해서, 팔다리나 새의 깃털과 날개와 같이 측근 보좌로 삼아야 위엄과 신명을 이룰 수 있고, 이렇게 함으로써 만사를 잘 끝마칠 수 있다. 〔출전: 『육도』「용도, 왕익(王翼)」〕

다음과 같이 보좌를 둔다.

첫째, 마음으로 복종하는 사람(腹心)을 한 명 둔다. 〔원주: 계책 세우는 것을 돕고 갑자기 일어나는 일에 대응하며, 천문을 관측하여 변괴를 없애고, 작전계획을 총괄해서, 나라를 보호하고 백성들의 생명을 온전하게 지키는 것을 주관한다.〕

둘째, 계책에 능한 모사(謀士) 다섯 명을 둔다. 〔원주: 국가의 안위를 책임지고 일이 일어나기 전에 미리 대비하며, 재주와 능력을 평가하고 포상과 처벌을 분명히 시행하며, 관직과 지위를 맡겨주고, 의심스러운 일을 결단하며 계책의 가부를 결정한다.〕

셋째, 천문을 담당하는 사람(天文) 세 명을 둔다. 〔원주: 별을 관측해서 점을 치고 역법을 담당하며, 바람과 기상을 살피고, 날과 시의 길흉을 추정하고, 하늘의 조짐을 헤아리고 천재와 이변을 살피고 천심이 나아가고 떠나는 기미를 파악하는 것을 관장한다.〕

넷째, 지리에 정통한 사람(地形) 세 명을 배치한다. 〔원주: 군대가 전진하고 멈추는 형세와 지세의 이로움과 해로움, 사라지고 불어남을 살피고, 거리의 멀고 가까움과 지형의 험하고 평탄함, 물이 넉넉한지, 산이 얼마나 높은지 등을 조사하여 지형의 이점을 잃지 않도록 하는 것을 주관한다.〕

다섯째, 병법에 밝은 사람(兵法) 아홉 명을 둔다. 〔원주: 적과 아군의 형세를 살펴 그 같음과 다름을 분석하고, 작전의 성공과 실패를 강론하며, 병기 사용을 조련시키고, 진을 치고 활용하는 법을 연습시키고, 군중에서 불법을 저지르는 자를 적발하는 일을 주관한다.〕

여섯째, 군량 보급을 책임지는 사람(通糧) 네 명을 둔다. 〔원주: 병사들이 먹고 마시는 양곡을 계산해서 식량을 미리 비축하며, 수송로를 확보하고 곡물을 제때에 보급해서, 삼군에 군량이 떨어져 곤궁하게 되지 않도록 하는 것을 관장한다.〕

일곱째, 무위가 뛰어난 용사(奮威) 네 명을 둔다. 〔원주: 재주와 힘이 뛰어난 병사를 가려 뽑고 기병과 전차 전술을 가르쳐, 바람처럼 달려가고 벼락이 내려치듯 습격해서, 어디로부터 공격해오는지 알지 못하게 하는 것을 주관한다.〕

여덟째, 북과 깃발을 담당하는 신호책임자(鼓旗) 세 명을 둔다. 〔원주: 이들은 장수를 보좌해서 북과 깃발로 신호를 하고, 군중에 부절과 명령을 내리며, 군대로 하여금 갑자기 가고 갑자기 오도록 해서, 신출귀몰하게 출입하도록 한다.〕

아홉째, 참호와 성채를 구축하는 측근 보좌관(股肱) 네 명을 둔다. 〔원주: 이들은 장수의 깃발을 보관하고, 힘들고 어려운 일을 책임지며, 참호와 해자를 구축하고 영채와 보루를 정비하며 사방에 방어기구를 준비하는 일을 주관한다.〕

열 번째, 언변과 접빈 등 다양한 재주를 지닌 사람(通材) 세 명을 둔다. 〔원주: 장수가 빠뜨린 것을 챙기고 잘못한 것을 찾아 바로잡고, 외국의 사신, 술객, 유세객들을 응대하고, 의론을 하고 또 담소를 해서 막힌 것을 통하게 하고 맺힌 분쟁을 해결하는 것을 관장한다.〕

열한 번째, 권모술수와 전술에 뛰어난 사람(權師) 세 명을 둔다. 〔원주: 이들은 기이한 계책과 속임수를 실행하고 특수한 일을 만들어, 적군으로 하여금 아군의 전략을 알아차리지 못하게 하고, 임기응변의 전술을 끊임없이 구사한다.〕

열두 번째, 귀와 눈의 구실을 하는 정탐 책임자(耳目) 일곱 명을 둔다. 〔원주: 이들은 여러 곳을 다니면서 떠도는 소문을 파악하고 세상 돌아가는 일을 두루 살피고, 군중의 일에 대해서도 사실인지 거짓인지를 살펴 매일 장수에게 보고하는 것을 주관한다.〕

열세 번째, 날카로운 발톱과 이빨 역할을 하는 돌격대(爪牙) 다섯 명을 둔다. 〔원주: 이들은 위세와 무용을 떨쳐 사기를 고무시키고 전군의 병사들을 독려하며, 험난함을 무릅쓰고 앞장서 돌격해서 적의 예봉을 깨뜨려 전군의 병사들을 용맹하게 싸우도록 한다.〕

열네 번째, 새의 깃과 날개 같이 선전, 선동에 능한 사람(羽翼) 네 명을 둔다. 〔원주: 장수의 명성을 드날려 먼 지방에까지 전해지도록 해서 적을 흔들고, 적의 사방 국경에 유언비어를 퍼뜨려 적군의 전투 의지를 약화시키는 일을 주관한다.〕

열다섯 번째, 돌아다니면서 적을 정탐하는 첩보(游士) 여덟 명을 둔다. 〔원주: 이들은 돌아다니며 조짐과 변화를 탐지하고, 적군의 열고 닫는 정세 변화, 즉 그 움직임과 의도를 관찰해서 적의 계략을 파악하는 첩보 활동을 담당한다.〕

열여섯 번째, 음양에 능한 술사(術士) 두 명을 배치한다. 〔원주: 이들은 속임수와 기만전술을 세워 이를 귀신에 가탁해서 도술을 부려 적군을 혼란시키는 일을 맡는다.〕

열일곱 번째, 회계를 담당하는 사람(法算) 두 명을 둔다. 〔원주: 군중에서 회계를 맡고 군대가 필요로 하는 자재와 물품을 관리한다.〕

열여덟 번째, 방술(의술, 연단, 점성술 등)에 능한 자(方士) 세 명을 배치한다. 〔원주: 이들은 의료와 약물 제조를 맡아 부상하거나 병에 걸린 병사를 치료한다.〕 〔출전: 『육도』「용도, 왕익」〕

夫王者帥師, 必簡鍊英雄, 知士高下, 因能授職, 各取所長, 爲其股肱羽翼, 以成威神, 然後萬事畢矣.

腹心一人 [原注; 主贊謀應卒, 揆天消變, 摠攬計謀, 保國全命者也.]

謀士五人 [原注; 主圖安危, 豫慮未然, 論才能, 明賞罰, 授官位, 決嫌疑, 定可否者也.]

天文三人 [原注; 主占星歷, 候豊氣, 理時日, 考符驗, 效灾異,

知天心去就者也.]

地形三人 [原注; 主軍行止, 形勢,利害,遠近,陰陽,水涸,山阻, 不失地理者也.]

兵法九人 [原注; 主講論異同, 行事成敗, 簡鍊兵器, 凡軍陣所用, 刺擧非法者也.]

通粮四人 [原注; 主度飮食, 備畜積, 通粮道, 致五穀, 今三軍不困乏食者也.]

奮威四人 [原注; 主擇材士, 諭兵馬, 風流電擊, 不失所由奇狀也.]

鼓旗三人 [原注; 主佐鼓旗,符節,號令, 倏忽往來, 出入若神.]

股肱四人 [原注; 主出旌杆, 任重持難, 修溝塹, 治壁壘, 四轉守御者也.]

通材三人 [原注; 主拾遺補過, 集會術數, 周流竝會, 應偶賓客, 議論談語, 消息結解.]

權士三人 [原注; 主奇譎殊異, 非人所識, 行無窮之變也.]

耳目七人 [原注; 主往來聽言語, 覽視四方之事, 軍中之情僞, 日列于前也.]

爪牙五人 [原注; 主揚威武, 激厲三軍, 倡難銳攻, 令三軍勇猛也.]

羽翼四人 [原注; 主飛名譽, 震遠近, 動移四境, 以弱敵心者.]

游士八人 [原注; 主相徵祥, 候開闔, 觀敵人爲謀者也.]

(偉)[術]士二人 [原注; 主爲譎詐, 依託鬼神, 以惑敵心.]

法算二人 [原注; 主計會三軍, 領理萬物也.]

方士(二)[三]人 [原注; 主爲藥, 以全傷兵也.]

또 군대 안에, 병사들 가운데 특별히 용기가 대단하고 죽음을 불사하며 전투에서 부상당하는 것을 즐거워하는 병사들을 모아, 하나의 부대를 만든다. 〔원주: 칼날을 무릅쓰는 용사(冒刃之士)라고 부른다.〕

패기가 넘치고 과감하며, 사납고 강한 병사들을 모아, 하나의 부대로 만든다. 〔원주: 적진을 함락시키는 용사(陷陣之士)라고 부른다.〕

기병과 정병의 활용 등 병법을 배워 익히고, 검술과 활쏘기에도 능하며, 행렬을 가지런히 지어 보무당당하게 행진하는 병사를 모아, 한 부대를 편성한다. 〔원주: 절도가 있고 잘 훈련된 정예병(銳騎之士)이라고 부른다.〕

갈고리를 던져 적군의 진형을 무너뜨리고, 사납고 엄청나게 힘이 세어 적진에 뛰어들어 징과 북을 깨뜨리고, 깃발을 뽑아 없애는 병사를 모아 한 부대를 편성한다. 〔원주: 무용이 뛰어난 용사(勇力之士)라고 부른다.〕

높은 성을 뛰어넘고 먼 길을 단숨에 가며, 발이 빠르고 잘 달리는 자들을 모아 한 부대를 편성한다. 〔원주: 발이 빠르고 가장 우수한 용사(冠兵之士)라고 부른다.〕

임금의 신하로 있다가 권세를 잃는 자로서, 공을 세워 윗사람에게 다시 인정받고자 자들로 한 부대를 편성한다. 〔원주: 죽을 각오로 싸워 공을 세우고자 하는 용사(死鬪之士)라고 부른다.〕

전사한 장병의 자식이나 형제로서 적장에게 원수를 갚으려 하는 병사들을 모아 한 부대를 편성한다. 〔원주: 복수를 위해 죽음을 무릅쓰고 싸우는 용사(敢鬪之士)라고 일컫는다.〕

가난에 한을 품고 전공을 세워 뜻을 펴보겠다는 병사들을 모아 한

부대를 만든다. 〔원주: 필사의 각오로 싸우는 용사(必死之士)라고 부른다.〕

데릴사위였거나 포로가 되었던 자로, 지난날의 수치스러운 자취를 가리고, 공을 세워 이름을 빛내려고 하는 병사들을 따로 모아, 한 부대를 편성한다. 〔원주: 사납고 정돈된 병사(厲頓之士)라고 부른다.〕

구변이 좋고 말재주가 있으며, 남을 칭찬하거나 깎아 내리기도 잘하는 자를 모아 한 부대를 편성한다. 〔원주: 간첩활동과 유언비어로 적군을 약화시키는 병사(弱敵之士)라고 부른다.〕

복역하는 죄수가 되었다가 사면 받은 자로 과거의 치욕을 씻고자 하는 자들을 모아 한 부대를 편성한다. 〔원주: 치욕을 씻을 기회를 갖게 된 것을 다행으로 여기는 용사(幸用之士)라고 부른다.〕

가진 재주와 기예가 보통 사람보다 뛰어나며, 무거운 짐을 지고도 수백 리 길을 갈 수 있는 자들을 모아 한 부대를 편성한다. 〔원주: 명령만 내리면 언제든 달려 나가 능력을 발휘하는 용사(待令之士)라고 부른다.〕 〔출전: 『육도』「견도, 연사(犬韜, 練士)」, 다만 현행본 육도와는 구절과 용어에 다소 차이가 있다〕

軍中有大勇,敢死,樂傷者, 聚爲一卒 [名日, 冒(裝)[刃]之士],

有勃氣,壯勇,暴强者, 聚爲一卒 [名日, 陷陣之士],

有學于奇正, 長劍琱弧, 接武齊列資, 聚爲一卒 [名日, 銳騎之士],

有破格舒鉤, 强梁多力, 能潰破金鼓, 絕滅旌旗者, 聚爲一卒 [名日, 勇力之士],

有能踰高超遠, 輕足善走者, 聚爲一卒 [名日, 冠兵之士],

有故王臣失勢, 欲復見其功者, 聚爲一卒 [名日, 死鬪之士],

有死(罪)[將]之人, 昆弟爲其將報仇者, 聚爲一卒 [名曰, 死憤之士],

有貧窮忿怒, 將快其志者, 聚爲一卒 [名曰, 必死之士],

有故贅婿人虜, 欲掩迹揚名者, 聚爲一卒 [名曰, 厲頓之士],

有辯言巧辭, 善毁譽者, 聚爲一卒 [名曰, 間諜飛言, 弱敵之士],

有故胥靡免罪之人, 欲逃其恥者, 聚爲一卒 [名曰, 幸用之士],

有材伎過人, 能負重行數百里者, 聚爲一卒 [名曰, 待令之士].

병졸들은 강한데 장교가 나약한 군을 가리켜 '해이한 군대(弛軍)'라고 하고, 장교들은 강한데 사병들이 겁이 많고 약한 군대를 '함몰하는 군대(陷軍)'라고 하며, 선봉에 서서 쳐들어갈 정예병을 선발하지 못한 군대를 '패배한 군대(敗軍)'라고 하니, 이와 같은 세 부류의 군대는 반드시 패배하도록 되어 있다. 〔출전: 『손자병법』 「지형편(地形篇)」〕

그러므로 말한다. "병력은 어느 편이 더 강한가? 사졸들의 훈련은 어느 편이 더 잘되어 있나? 이런 것들을 알고 있으면 승리하고, 알지 못하면 승리할 수 없다." 〔출전: 『손자병법』 「계편(計篇)」〕

참으로 이를 소홀히 해서는 안 될 것이다. 〔조유의 말〕

夫卒强將弱曰弛, 吏强卒弱曰陷, 兵無選鋒曰北, 必然之數矣.

故曰: "兵衆孰强? 士卒孰練? 知之者勝, 不知之者不勝." 不可忽也.

제43편 결영(結營)

영채를 세우다

태공이 말한다. 군대를 이끌고 나가 전쟁을 벌이려면, 영채를 안전하게 세우고 진법에 따라 진을 쳐야 하는데, 6을 기준으로 한다. 〔원주: 6은 600보가 될 수도 있고, 또한 60보가 될 수도 있다. 사람과 땅의 적절한 거리를 측량하여 정하고, 측량 시간은 12시진을 기준으로 하여 표지를 세운다.〕

장군은 구천의 방위에 거처해야 한다. 〔원주: 청룡이 바로 구천의 자리이다. 만일 행군하다 멈추고 군대가 주둔할 경우, 대장군의 막사는, 월건(月建)의 세 시진 앞에 해당하는 방위에 세워야 하니, 가령 정월이라면 월건이 진(辰)이니 사(巳)방위에 해당된다.〕

열흘이 지나면 다시 방위를 옮겨가야 한다. 아문(牙門, 상아로 장식한 대장군의 깃발, 아기를 세운 문)을 세울 때는 항상 건방(乾方)을 등지고 파(破)를 향해야 한다. 〔원주: 태세와 태음을 향해서는 안 된다.〕

죽은 물(死水)을 마시지 말고, 죽은 땅(死地)에 머물지 말고, 지주(地

柱)에 주둔하지 말고, 지옥(地獄)에 주둔하지 말아야 한다. 천주(天柱)에서 휴식하지 말고, 용수(龍首)에 머물지 않아야 한다. 〔원주: 사수는 흐르지 않는 물이다. 사지는 묘지가 있는 언덕을 가리킨다. 지주는 지세가 낮은 땅에서 위로 솟아오르는 곳이다. 지옥은 높은 지형의 움푹하게 파인 곳을 말한다. 천주는 협곡의 좁은 입구이며, 용수는 산봉우리의 뾰족한 끝을 가리킨다.〕〔출전: 『태공병법(太公兵法)』 일문, 『통전(通典)』 제157권에서 이를 인용 수록함〕

太公曰: "出軍征戰, 安營置陣, 以六爲法. [原注; 六者, 謂六百步, 亦可六十步. 量人地之宜, 置表十二辰也.]

將軍身居九天之上. [原注; 青龍亦爲九天. 若行止頓宿, 居玉帳下, 凡月建前三辰謂玉帳. 假令正月, 巳地是也.]

竟一旬復徙. 開牙門, 常背建向破. [原注; 不向太歲,太陰.]

不飮死水, 不居死地, 不居地柱, 不居地獄. 無休天竈, 無當龍首." [原注; 死水者, 不流水也; 死地者, 丘墓之間; 地柱者, 下中之高; 地獄者, 高中之下; 天竈者, 谷口也; 龍首者, 山端也.]

그러므로 말한다. 영채를 세우고 진을 칠 때, 장군의 막사는 청룡 방위에 세우고, 전고는 봉성의 방위에 배치하고, 병졸들은 명당 방위에 머물게 하고, 복병은 태음 방향에 배치한다. 군문은 천문 방위에 세우고, 장교들은 지호 방위에 거처하고, 목을 베는 형장은 천옥 방위에 설치하고, 죄를 다스리는 법정은 천정 방위에 배치하고, 군량은 천뢰 방위에 쌓아 두고, 무기와 기계 장비는 천장 방위에 보관한다. 〔출전: 당 이전(李筌)의 『태백음경(太白陰經)』 권10 「잡식(雜式)의 추국군

자장법(推國君自將法)」]

이상은 천도의 운행을 본받아 영채와 진을 세우는 법도이다. 이렇게 하면 외부의 자연환경이 군대를 해칠 수 없다. 〔원주: 가령 갑자로 시작하는 10일, 갑자순중(甲子旬中)이라면, 자가 청룡이고, 축이 봉성이고, 인이 명당이고, 묘가 태음이고, 진이 천문이고, 사가 지호이고, 오가 천옥이고, 미가 천정이고, 신이 천뢰가 되며 유가 천장이 된다.〕

故日: 凡結營安陣, 將軍居青龍, 軍鼓居逢星, 士卒居明堂, 伏兵于太陰, 軍門居天門, 小將居地戶, 斬斷居天獄, 治罪居天庭, 軍粮居天牢, 軍器居天藏.

此謂法天結營, 物莫能害者也. [原注; 假令甲子旬中, 子爲青龍, 丑爲逢星, 寅爲明堂, 卯爲太陰, 辰爲天門, 巳爲地戶, 午爲天獄, 未爲天庭, 申爲天牢, 酉爲天藏.]

〔참조〕 병법에 관련된 기본적인 용어를 살펴보기로 하자.

시(時)는 사시(四時, 사계절)이고 일(日)은 날짜의 일진을 말한다. 날짜는 10천간(갑, 을, 병, 정, 무, 기, 경, 신, 임, 계)과 12지지(자, 축, 인, 묘, 진, 사, 오, 미, 신, 유, 술, 해)를 합하여 일진으로 표시한다.

또 10천간을 기준으로 일진을 10일 단위로 끊어, 갑자순중(甲子旬中), 갑술순중(甲戌旬中), 갑신순중(甲申旬中) 등으로 나눈다.

예를 들어 '갑자'로 시작하는 갑자순중(甲子旬中)'에는 '갑자, 을축, 병인, 정묘, 무진, 기사, 경오, 신미, 임신, 계유'의 10일이 있다. 그런데 여기에는 술(戌)과 해(亥)의 일진이 없다(이를 명리학에서는 '공망'이라고 한다). 음양오행설에 따르면 철이나 일진에 도와줌이 없는 것을 고허(孤虛)라 이르고, 기운이 왕성하고 다른 기운이 도와줌이 있는 것을 왕상(旺相)이라 한다.

'갑자순중'에는 술과 해의 일진이 없으므로 고(孤)가 되고, 술과 해의 상대가 되는 진(辰)과 사(巳)가 허(虛)가 되는 것이다. 이렇게 따져 나가면, '갑술순중'에는 신(申)과 유(酉)가 고이고 인(寅)과 묘(卯)가 허가 되며, '갑신순중'에는 오(午)와 미(未)가 고이고 자(子)와 축(丑)이 허가 된다.

또 왕상은 해당 방위와 일진이 왕성한 것을 가리키는 것으로, 자(子)는 북방, 오(午)는 남방, 묘(卯)는 동방, 유(酉)는 서방에 해당된다. 동방은 목(木) 기운에 해당되니 묘가 왕상이고, 남방은 화(火)에 해당되니 오가 왕상이고, 서방 금(金)은 유가 왕상이며, 북방 수(水)는 자가 왕상이 된다.

병법에서 말하기를 '고를 등지고 허를 공격하면 승리한다(뒤의 47편 「천시」를 참조).'라고 했으니, 예를 들어 '갑자순중'에는 고가 되는 '술과 해'의 방위를 등에 지고, 허가 되는 '진과 사'의 방위를 공격하는 것이다. 또 '왕(旺)을 타고 쇠진하는 곳을 공격하면 승리한다.'라고 했으니, 예컨대 봄에 전쟁할 경우에는 목의 기운을 타야하기 때문에 동방을 등지고 서방을 공격하는 것이다.

영채를 세우는 방위에 대해 살펴보면, 청룡을 기준으로 시계 방향으로 봉성, 명당, 태음, 천문, 지호, 천옥, 천정, 천뢰, 천장이 차례로 자리 잡는다. '갑자순중'에는 청룡이 정북방이 되고 일진의 순서대로 방위가 정해진다. 즉 북방의 자에 청룡이 자리 잡고, 일진의 순서대로 축이 봉성, 인이 명당, 묘가 태음, 진이 천문, 사가 지호, 오가 천옥 ,미가 천정, 신이 천뢰 그리고 유가 천장의 방위가 된다.

제44편 도덕(道德)

전쟁의 도와 장수의 덕

군대를 출동시키지 못하는 세 가지 정황이 있으니, 나라 안이 화합하지 못하면 출병할 수 없다. 군대 안이 화합하지 못하면 출병하여 진을 칠 수 없으며, 진영 내부가 화합하지 못하면 나아가 싸우지 못한다. 〔출전: 『손자병법』 「계편(計篇)」〕

夫兵者不可出者三. 不和于國, 不可以出軍; 不和于軍, 不可以出陣; 不和于陣, 不可以出戰.

그러므로 손자는 말한다. "첫째는 '도(道, 전쟁을 하는 올바른 명분)'이다. 도란 백성들로 하여금 임금과 뜻을 함께 하도록 하는 것이다. 그리하여 백성들은 전쟁에 나아가 임금과 함께 죽고 함께 살아서 위험을 두려워하지 않는 것이다." 〔출전: 상동〕

황석공은 말한다. "군대의 영채 안에 우물을 파는데 아직 물이 나오지 않았다면 장수는 목마르다는 말을 하지 말아야 하고, 병사들의 막사가 완성되지 않았다면 장수는 피로하다는 말을 하지 말아야 한다. 또 장수는 겨울에 털가죽 옷을 입지 말고 여름에 부채를 손에 쥐지 않아야 하니, 이것을 일컬어 '장수의 예'라 한다.

장수가 이처럼 병사들과 더불어 편안함과 위태로움을 함께하면, 병사들은 한 마음으로 화합해서 떠나 흩어지지 않는다. 힘든 일을 시키고 나아가 싸우게 하여도 피로한 줄 모른다. 장수가 예를 갖춰 병사들을 대하고, 말로써 격려하면 병사들은 죽음을 무릅쓰고 싸운다. 〔출전: 『삼략』「상략」〕

故孫子曰: "一日道. 道者, 令人與上同意者也. 故可與之死, 可與之生, 而人不畏危."

黃石公曰: "軍井未達, 將不言渴; 軍幕未辦, 將不言倦. 冬不服裘, 夏不操扇, 是謂禮將. 與之安, 與之危, 故其衆可合而不可離, 可用而不可疲. 接之以禮, 厲之以辭, 則士死之."

이렇기 때문에, 월나라 왕 구천은 쓸개를 맛보는 고통을 몸소 겪으며 병든 병사들을 돌보아 끝내 제후를 호령하는 패자가 되었고, 전국 시대의 오기는 병사들의 종기 고름을 빨아주었기에 적국을 무찌를 수 있었다.

자한(子罕)은 송나라의 양문(陽門)에서 전사한 병사들을 애도하며 통곡을 해서 백성과 병사들을 감동시킴으로써 한, 위, 조 삼진의 군대를 물리치고 승리했고, 초나라의 장왕(莊王)은 술 한 병을 혼자 마시지 않고 강물에 부어 온 병사들과 함께 나누어 마심으로써 모든

장병들을 감동시켰다. 〔출전: 미상, 조유의 말로 추정함〕

이렇게 하면 용감한 자는 힘껏 싸우고 지혜로운 자는 마음껏 계략을 세울 수 있다. 〔출전: 『육도』 「용도, 입장」〕

싸움터에서 죽는 것을 집에 돌아가는 것처럼 여기고, 계책을 세워 시행하면 결코 물러나지 않는 것은, 장수가 평소 장병들을 보살펴 은덕을 쌓으며 계책을 세우면 모두가 같은 마음으로 화합했기 때문이다. 그러므로 말한다. "장수가 은덕을 베풀고 쌓기를 게을리 하지 않으면, 한 사람의 은혜로 만 사람을 자기편으로 얻을 수 있다." 〔출전: 미상, 조유의 말로 추정함〕

속담에 이르기를 "은혜를 베풀고 쌓기를 끊이지 않게 하면, 천하 백성을 모두 부릴 수 있다."라고 한다. 〔출전: 미상〕

이것이 바로 도덕으로써 용병하는 방법이다. 〔조유의 말〕

是以含蓼問疾, 越王伯于諸侯; 吮疽恤士, 吳起凌于敵國; 陽門慟哭, 勝三晉之兵; 單醪投河, 感一軍之士.

勇者爲之鬪. 智者爲之(憂)[謀].

視死若歸, 計不旋踵者, 以其恩養素畜策謀和同也. 故曰: 畜恩不倦, 以一取萬.

語曰: "積恩不已, 天下可使." 此道德之畧也.

제45편 금령(禁令)

금지 명령

손자는 말한다. "병사들이 믿고 따를 만큼 친해지지 않았는데 벌을 주면 복종하지 않을 것이며, 마음으로 복종하지 않으면 쓰기가 어렵다. 병사들이 이미 신뢰하며 따르는데도 형벌을 제대로 시행하지 못하면, 이 역시 쓸 수가 없다." 〔출전: 『손자병법』 「행군편(行軍篇)」〕

또 말한다. "장수가 병사들을 어린아이처럼 여겨 보살펴 주기 때문에, 병사들은 함께 깊은 골짜기라도 뛰어 든다. 병사들을 사랑하는 자식처럼 돌보기 때문에 그들은 장수와 더불어 죽음을 같이 할 수 있다.

그러나 후하게 대우해 주느라 마음대로 부리지 못하고, 사랑하기만 해서 명령을 내리지 못하고, 병사들이 방종하고 어지러운데도 단속하지 못한다면, 이는 비유하자면 버릇없는 자식과 같아서 아무런 쓸모가 없다." 〔출전: 『손자병법』 「지형편(地形篇)」〕

『삼략』에서 말한다. "병사들에게 상을 주어 표창하는 것을 겉(表)이라 한다면, 벌을 주어 다스리는 것은 안(裏)이 된다." 〔출전: 『삼략』「상략」〕

또 손자는 이렇게 말한다. "명령을 내려 부리는 것은 문덕, 은혜로써 하고, 단속하고 통제하는 것은 무위, 법령으로써 한다.

이를 일컬어 싸우면 반드시 이기는 군대라 한다." 〔출전: 『손자병법』「행군편」〕

孫子曰: "卒未專親而罰之, 則不服, 不服則難用; 卒已專親而罰不行, 則不可用矣."

故曰: "視卒如嬰兒, 故可與之赴深溪; 視卒如愛子, 故可與之俱死. 厚而不能使, 愛而不能令, 亂而不知理, 譬若驕子不可用也."

"經"曰: 兵以賞爲表, 以罰爲裏." 又曰: "令之以文, 齊之以武, 是謂必取."

제갈무후는 군대를 다스림에 있어서 일곱 가지 '금령(禁令)'이 있다고 말한다. "첫째는 경솔(輕), 둘째는 태만(慢), 셋째는 절도(盜), 넷째는 기만(欺), 다섯째는 배반(背), 여섯째는 혼란(亂), 일곱째는 착오(誤). 이상 일곱 가지는 군에서 반드시 지켜야할 금기 사항이다.

약속한 시한이 되었는데도 도착하지 않고, 북소리를 듣고도 진격하지 않고, 관대하게 대해주는 것을 이용해서 싸우러 나아가지 않고, 해야 할 일을 회피거나 임무를 하지 않고, 싸움이 시작될 때는 앞에 있다가 시작되면 뒤로 물러나고, 이름을 불러도 응답하지 않고, 갑옷과 무기 등 장비를 제대로 갖추지 않는 것, 이를 일러 '경솔한 군

대(輕軍)'라고 한다. 〔원주: 이런 짓을 저지르면 참수한다.〕

명령을 받고도 전달하지 않고, 전달했어도 자세하고 정확하지 않아 장교와 병사들을 혼란시키고, 징과 북소리를 듣지 않고, 깃발 신호를 제대로 보지 않는 것을, '태만한 군대(慢軍)'라고 한다.

양식을 먹되 남은 군량을 비축하지 않고, 주둔하면서 병사들을 적절하게 배치하지 못하고, 포상과 배급이 공정하지 않고, 아첨하는 측근을 가까이하고, 자기의 것이 아닌 재물을 빼앗아 취하고, 물건을 빌려가서는 돌려주지 않고, 남이 잘라온 적군의 수급을 빼앗아 자기의 공으로 삼는 것, 이를 일러 '훔치는 군대(盜軍)'라고 한다.

성명을 마음대로 바꾸고, 군복을 단정하게 입지 않고, 북과 징을 제대로 관리하지 않고, 무기를 날카롭게 갈아 놓지 않고, 기물과 장비를 튼튼하게 정비하지 않고, 화살에는 깃털이 빠져있고, 활에는 시위를 매어놓지 않고, 위에서부터 아래 병사들에 이르기까지 법규와 명령을 따르지 않는 것을 '속이는 군대(欺軍)'라고 부른다.

북소리를 듣고도 진격하지 않고, 징소리를 듣고도 멈추지 않고, 깃발을 내려도 포복하지 않고, 깃발을 올려도 일어서지 않고, 장수의 지휘에 따르지 않고, 전열의 앞을 피하여 뒤에 서고, 마음대로 행동해서 대오를 혼란시키고, 궁노수들의 위세를 꺾어 버리고, 물러나기만 해서 싸우지 않으려 하고 우왕좌왕하며, 부상자를 부축하고 전사자를 수레에 실어 나른다는 핑계로 영채로 돌아오는 것을 가리켜 '배반하는 군대(背軍)'라고 한다.

출동하여 행군할 때 사졸들이 서로 앞서려고 다투거나 서로 뒤얽혀 어지럽고, 병사들과 전차가 서로 엉켜 길을 막아 뒤에 있는 부대가 앞으로 나아갈 수 없고, 사방에서 고함치고 떠들어 명령을 제대로 들을 수 없고, 행렬이 흐트러져 질서를 잃고, 무기를 잘못 다루어 병사들이 다치고, 장교들이 병사들을 제대로 다스리지 못해 상하가 갈피를 잡지 못하고 제멋대로 행동하는 군대를 일러, '혼란한 군대(亂軍)'라고 한다.

영채를 세워 주둔하는데 동향 출신을 찾아 고향 소식을 묻고, 친한 병사들끼리 어울리고, 함께 밥 먹고 서로 보호해 주며 어려운 일이 있으면 서로 하소연하고, 다른 사람의 자리에 들어가 앉고 상하 계급과 질서를 깨뜨리는데도 꾸짖어 그만두게 하지 못한다. 군영을 마음대로 출입하면서 정문을 이용하지 않고 뒷문으로 다니며 이를 상관에게 보고하지 않고, 간사한 범죄가 일어나더라도 아무도 신고하지 않아, 결국 전 부대원이 함께 죄를 뒤집어쓰게 된다. 또 함께 모여 먹고 마시고 사사로이 친한 자들끼리 어울려 다른 병사들을 따돌리고, 고의로 큰 소리를 치거나 깜짝 놀랄 말을 하여 장병들을 혼란하게 만드는 것을, '그릇된 군대(誤軍)'라고 한다." 〔출전: 『제갈량집』 「병법」. 「태평어람」 제296권에 수록됨〕

故武侯之軍禁有七; "一曰輕, 二曰慢, 三曰盜, 四曰欺, 五曰背, 六曰亂, 七曰誤. 此治軍之禁也.

若期會不到, 聞鼓不行, 乘寬自留, 迴避務止, 初近而後遠, 喚名而不應, 軍甲不具, 兵器不備, 此謂輕軍. [原注; 有此者, 斬之.]

受令不傳, 傳之不審, 以惑吏士; 金鼓不聞, 旌旗不覩; 此謂慢軍.

食不廪粮, 軍不部兵, 賦賜不均, 阿私所親, 取非其物, 借貸不還, 奪人頭首, 以獲功名, 此謂盜軍.

若變易姓名, 衣服不鮮, 金鼓不具, 兵刃不磨, 器仗不堅, 矢不著羽, 弓弩無弦, 主者吏士, 法令不從, 此謂欺軍.

聞鼓不行, 叩金不止, 按旗不伏, 擧旗不起, 指麾不隨, 避前在後, 縱發亂行, 折兵弩之勢, 却退不鬪, 或左或右, 扶傷輿死, 因託歸還, 此謂背軍.

出軍行將, 士卒爭先, 紛紛擾擾, 軍騎相連, 咽塞道路, 後不得前, 呼喚諠譁, 無所聽聞, 失行亂次, 兵刃中傷, 長將不理, 上下縱橫, 此謂亂軍.

屯營所止, 問其鄕里, 親近上隨, 共食相保, 呼召(他位)[不得], 越入他位, 干悞次第, 不可呵止; 度營出入, 不由門戶, 不自啓白; 奸邪所起, 知者不告, 罪同一等; 合人飮(食)[酒], 阿私所愛; 大言驚語, 疑惑吏士, 此謂誤軍."

이런 금령을 위반한 자들을 단호하게 참수로 처단해야 모든 일이 다스려 진다. 동향 출신 병사가 삿갓 하나를 훔치자 여몽(呂蒙)은 눈물을 흘리면서도 그를 참수했고, 말이 놀라서 보리밭을 짓밟아 망치자 조조는 말의 목을 잘라 스스로 벌을 받았다. 〔출전: 미상〕

그러므로 태공은 말한다. "형벌은 최고 윗자리에까지 미쳐야 하고, 포상은 아랫자리에까지 통해야 한다." 〔출전: 『육도』 「용도, 장위(將威)」〕

또 손자는 말한다. "법령을 어느 편에서 잘 시행하고 있는가? 상과 벌은 어느 편에서 분명하게 집행되는가? 이런 것으로써 누가 승리할지를 알 수 있다." 〔출전: 『손자병법』 「계편」〕

바로 이를 두고 하는 말이다. 〔조유의 말〕

斬斷之後 萬事乃理. 所以鄕人盜笠, 呂蒙先涕而後斬; 馬逸犯麥, 曹公割髮而自刑.

故太公曰: "刑上極, 賞下通."

孫子曰: "法令孰行? 賞罰孰明? 以此知勝." 此之謂也.

第46편 교전(敎戰)

싸우는 법을 가르치다

공자는 말한다. "싸우는 법을 훈련한 적이 없는 백성을 전쟁에 나아가게 한다면, 이는 그들을 버리는 것과 같다."〔출전: 『논어』「자로」〕

병사들이 전투할 때의 행동에 대해 익숙하게 훈련받지 않으면, 움직임이 미숙해서 앞에서 공격을 받게 되면 뒤에서는 곧바로 무너져 버린다. 북소리와 징소리에 맞춰 전진과 후퇴의 행동이 일치되지 않으면, 백 명의 병사가 한 명의 적을 감당할 수 없음을 알 수 있다. 이는 병사들을 포기하는 것이다.〔출전: 『한서』「조조전(晁錯傳)」〕

그러므로 삼군을 통솔해서 전투를 훈련시켜야 한다. 반드시 북과 징 소리에 따라 사전에 약속된 대로 행동하도록 가르치는데, 이렇게 함으로써 병사들의 행동을 통일시킬 수 있다. 그리고 명령에 따라 무기를 잡고 사용하는 법과 일어서고 앉는 것, 깃발의 종류와 지휘에 따라 응전하는 법을 가르친다.

먼저 한 명에게 전투하는 법을 가르쳐 훈련을 마치면, 열 명을 모아 가르치고, 열 명이 전투하는 법을 배워 훈련이 끝나면, 다시 백 명을 모아 훈련시킨다. 이렇게 하여 점차 전군의 병사들을 훈련시켜 나간다. 〔출전: 『육도』 「견도, 교전(犬韜, 敎戰)」〕

孔子曰: "不敎人戰, 是謂棄之." 故知卒不服習起居, 不精前擊後解, 與金鼓之音相失, 百不當一. 此棄之者也.

故領三軍敎之戰者, 必有金鼓約令, 所以整齊士卒也. 敎令操兵, 起居,旌旗,指麾之變. 故敎使一人學戰, 敎成合之十人; 十人學戰, 敎成合之百人; 漸至三軍之衆.

큰 싸움에 대비한 군사훈련에서 가장 중요한 것은 진을 치는 법이다. 포진에는 각각의 법도가 있는데, 왼쪽에는 청룡 깃발을, 오른쪽에는 백호 깃발, 앞쪽에는 주작 깃발, 뒤쪽에는 현무 깃발, 중앙에는 헌원 깃발을 세우고, 해당되는 부대를 배치한다.

대장군이 거처하는 진영의 왼쪽에는 모(矛, 외가닥 창), 오른쪽에는 극(戟, 끝이 갈라진 창), 앞에는 방패, 뒤쪽에는 궁노, 중앙에는 전고(戰鼓)와 깃발을 배치한다.

지휘에 맞추어 일어나 일사불란하게 움직이는데, 북소리를 들으면 전진하고 징소리를 들으면 정지하며, 깃발의 신호에 따라 다섯 종류의 진(五陣)을 질서 있게 운용한다. 〔출전: 미상. 『오자(吳子)』 「치병(治兵)」편에 비슷한 내용이 있다.〕

大戰之法, 爲其校陣, 各有其道. 左校靑龍, 右校白虎, 前校朱雀,後校玄武, 中校軒轅. 大將之所處, 左(鋒)[矛]右戟, 前循後弩, 中央鼓旗. 興動俱起, 聞鼓則進, 聞金則止, 隨其指麾, 五陣乃理.

많은 병력을 통솔하는 것을 마치 적은 수의 병력을 통솔하는 것과 같이 할 수 있는 것은, 병력을 '십과 오(什五)'를 기준으로 각급 단위 부대로 편제하는 분수(分數)에 있다. 많은 병력을 지휘하여 전투하는 것을 적은 병력의 부대를 지휘하는 것과 같이 할 수 있는 것은, '형과 명', 즉 깃발 같은 도구(形)와 북과 징 같은 신호(名)를 사용함으로써 가능하다. 〔출전: 『손자병법』「병세편(兵勢篇)」〕

전투 중에는 말소리가 서로 들리지 않기 때문에 징과 북을 사용하고, 보려해도 서로 보이지 않기 때문에 깃발을 사용한다. 그러므로 징과 북, 깃발을 사용하는 것은 병사들의 귀와 눈을 하나로 만들기 위한 것이다. 〔출전: 『손자병법』「군쟁편(軍爭篇)」〕

작은 북과 큰북, 징과 방울을 사용하는 것은 병사들의 청각에 위압을 가하는 수단이요, 여러 종류의 깃발은 시각에 위압을 가하는 수단이며, 금령과 형벌은 마음을 위압하는 수단이다. 청각에 대한 위압은 소리를 통해 가하는 것이니 그 소리는 맑지 않아서는 안 되고, 청각에는 색깔을 통해 위압을 가하니 분명하지 않아서는 안 되며, 마음에 대한 위압은 형벌로 가하는 것이니 엄정하지 않아서는 안 될 것이다.

이상 세 가지가 바로서지 않으면 비록 잠깐은 이기더라도 결국에는 패배로 끝난다. 그렇기 때문에 장수가 지휘하는 대로 복종해서 움직이지 않으면 안 되는 것이며, 장수가 지시하는 대로 죽음을 무릅쓰고 나아가지 않으면 안 되는 것이다. 〔출전: 『오자』「논장(論將)」〕

(이렇게 병사를 훈련하면) 깃발이 어지럽게 휘날리고 서로 뒤얽혀 어지러운 가운데 혼전이 벌어져도 전열과 대오가 결코 혼란에 빠지지 않고, 전차와 병사들이 뒤 섞이고 적과 아군이 뒤엉킨 혼돈 상태에서도 진영을 원형으로 유지하며 지켜 결코 패배하지 않는다. 〔출전: 『손자병법』 「병세편」〕

이상이 많은 병사를 운용하는 방법이다. 〔조유의 말〕

故曰: "治衆如治寡, 分數是也; 鬪衆如鬪少, 刑名是也."

言不相聞, 故爲鼓鐸; 視不相見, 故爲旌旗. 夫金鼓旌旗, 所以一人耳目也.

是知鼓鞞今鐸, 所以威耳; 旌旗麾(章)[幟], 所以威目; 禁令刑罰, 所以威心. 耳威于聲, 不可不淸; 目威于色, 不可不明; 心威于罰, 不可不嚴. 三者不立, 雖勝必敗. 故曰: 將之所麾, 莫不從移; 將之所指, 莫不前死.

紛紛紜紜, 鬪亂而不可亂; 混混沌沌, 形圓而不可敗. 此用衆之法也.

이렇게 병사들이 훈련을 받아 익숙하게 되고, 무기를 예리하게 사용할 줄 알게 되면, 비로소 장수는 지휘 깃발을 잡고, 출정을 앞둔 병사들 앞에서 훈계하고 서약을 고한다. 이때 병사들의 사기는 푸른 하늘을 찌를 듯 고양되어, 끓는 물과 불구덩이라도 뛰어들 수 있는 것이다.

이상이 병사들에게 전투를 가르치고 훈련시키는 방법이다. 〔조유의 말〕

卒服習矣，器用利矣，將軍乃秉旌麾，衆而誓之．于是氣厲青雲，雖赴湯蹈火可也．

此教戰之法也．

〔참조〕 오진(五陣)은 곡진, 예진, 원진, 방진, 직진을 가리키는데, 북과 깃발로 운용한다.

첫 번째는 북을 울리고 청색의 청룡 깃발을 올려 곡진(曲陣)을 형성한다. 두 번째는 북을 치고 적색의 주작 깃발을 올려 예진(銳陣)을 이룬다. 세 번째는 황색의 헌원 깃발을 들어 올려 원진(圓陣)을 만든다. 네 번째는 북을 치고 백색의 백호 깃발을 올려 방진(方陣)을 형성하고, 다섯 번째는 북을 울리고 흑색의 현무 깃발을 올려 직진(直陣)을 이룬다.

곡진은 오행의 목에 속하고, 예진은 화에, 원진은 토에, 방진은 금에, 직진은 수에 속한다. 따라서 오행에 바탕을 둔 것인데, 오진을 서로 보완하고 상생하도록 변화무쌍하게 운용해서 승부를 결정짓는다.

진을 배치하는 방법은 '오오(五五)'를 기본단위로 하는데, 5명을 1장(長), 5장을 1사(師), 5사를 1수(帥), 5수를 1교(校), 5교를 1화(火), 5화를 1동(橦), 5동을 1군(軍)으로 한다.

제47편 천시(天時)

기후와 계절의 변화

손자는 말한다. "둘째는 천시(天時)이니, 천시란 음과 양, 추위와 더위, 기후와 계절의 변화를 때에 따라 조절하는 것이다." 〔출전: 『손자병법』「계편」〕

『사마법(司馬法)』은 말한다. "추운 겨울과 더운 여름에는 군대를 일으키지 않는다. 이는 적과 우리의 백성을 모두 사랑하기 때문이다." 〔출전: 『사마법』「인본(人本)」〕

태공은 말한다. "천문을 담당하는 사람 세 명을 둔다. 이들은 바람과 기상을 살펴 점을 치고 천심이 나아가고 떠나는 변화를 파악한다." 〔출전: 『육도』「용도, 왕익」〕

그러므로 『경(육도)』에서는 이렇게 말한다. "전생과 금생, 내생의 삼생(三生)의 인과 관계를 알 수 있으면, 칼날 앞에서도 놀라지 않으며, 육갑법(六甲法)에 따라 고(孤)에서부터 허(虛)를 치면 한 명의 부녀자가 다섯 명의 장정을 감당할 수 있다." 〔출전: 『육도』 일문. 『태평어람』

권328에 이를 인용함〕

孫子曰: "二曰天時. 天時者, 陰陽,寒暑,時節制也."
'司馬法'曰: "冬夏不興師, 所以兼愛吾人."
太公曰: "天文三人, 主占風氣, 知天心去就."
故'經'曰: "能知三生, 臨刃勿驚; 從孤擊虛, 一女當五丈夫."

행군할 때는 반드시 태음(太陰)을 등지고 태양(太陽)을 향해야 한다. 금목수화토 오성(五星)의 빛을 세심하게 살피고, 해와 달이 흐릿해지고 이지러짐과 일식과 월식 등을 관찰해야 한다. 이때 반드시 태백성(太白星, 금성)을 군주(主)로 삼고 진성(辰星, 수성)을 척후(候)로 삼아 관찰한다. 별이 가려져 어두워지면 반드시 전투가 벌어질 것이라는 예고이며, 별이 나와 밝아지면 싸움이 없을 것이라는 조짐이다.

태양 아래서 지치도록 행군하거나, 달빛 아래서 밤에 죄인을 처형하는 것을 피해야 한다. 왕성한 것으로 곤핍한 적을 공격하며, 생기(生氣)로 사기(死氣)를 공격한다. 〔출전: 미상〕

이로써 천도의 운행과 변화를 살펴 사용하고, 하늘의 뜻에 순응해서 적을 토벌하고 죽이는 것은, 하루 이틀에 이루어진 것이 아니라 오래된 법도임을 알 수 있다. 〔조유의 말〕

만약 보슬비가 내려 병사들을 촉촉하게 적시면 전투에 임하여 반드시 승리할 것이라는 조짐이며, 회오리바람이 불어 서로 부딪히면 도중에 돌아오게 되어 힘만 쓰고 공은 없을 것이라는 징조이다.

하늘의 구름이 양떼와 같은 모양이면 반드시 도망칠 것이라는 예고이며, 구름이 놀란 사슴과 같은 모양이면 반드시 패한다는 징조이다. 검은 구름이 영채 위로 올라가고 붉은 기운이 아군의 진영으로 내려오며, 아래 위 그리고 사방에서 세찬 바람이 불고 형살의 방위에서 안개가 자욱하게 퍼지면, 이는 모두 병사들이 출동하는 모습만 보고 돌아오는 모습은 보지 못할 것이라는 예시이다.

만약 연기처럼 피어오르는데 연기가 아니면 이는 상서로운 구름(慶雲)이고, 별 같은데 별이 아닌 형상이 나타나면 귀사(歸邪)라 하고, 안개 같은데 안개가 아닌 것을 읍군(泣軍)이라 하고, 우레 소리 같은데 우레가 아니면 이를 천신이 치는 북소리(天鼓)라 한다. 경운이 나타나면 경사스러운 일이 있을 것이고, 귀사가 나타나면 나라에 귀순하는 사람이 있을 것이며, 읍군이 나타나면 장수가 많이 죽을 것이고, 천고가 들리면 군대가 패배할 것이라는 징조이다. 〔출전: 미상〕

이상은 바람과 구름, 해와 달 등 천상(天象)을 관찰해서 점치는 법이니 그 유래가 오래 되었음을 알 수 있다. 〔조유의 말〕

故行軍必背太陰, 向太陽, 察五緯之光芒, 觀二曜之薄蝕. 必當以太白爲主, 辰星爲候. 合宿有必鬪之期, 格出明不戰之勢. 避以日秏, 背以月刑. 以旺擊困, 以生擊死.

是知用天之道, 順天行誅, 非一日也.

若細雨沐軍, 臨機必有捷; 廻風相觸, 道還而無功. 雲類羣洋, 必走之道; 氣如驚鹿, 必敗之勢. 黑雲出壘, 赤旗臨軍, 六窮起風, 三刑起霧, 此皆見師之出而不見其入也.

若烟非烟, 此慶雲也; 若星非星, 此歸邪也; 若霧非霧, 此泣軍也; 若雷非雷, 此天鼓也. 慶雲開有德, 歸邪有降人, 泣軍多殺將, 天鼓多敗軍.

是知風雲之占，歲月之候，其來久矣.

고대의 제도에 따르면, 처음 대장을 임명하고 군대가 문을 나서게 되면, 가장 먼저 아기(牙旗, 대장군의 깃발)를 세우는데, 이때 반드시 하늘의 현상과 기운을 관찰해야 한다. 〔출전: 조유의 말〕

만약 바람이 어지럽게 불어오지 않고 깃발 주위로 햇무리가 끼며, 깃발이 순풍을 타고 힘차게 펄럭이는데 혹시 종일토록 적군 방향으로 펄럭인다면, 이는 군대를 출동시키면 큰 공을 세우거나 반드시 승리를 거둘 수 있다는 징조이다. 만일 역풍이 우리 쪽으로 불어오고 사방에서 기운이 어지럽게 일어나며, 아기를 매단 깃대가 부러지거나 하늘이 음침해져 해를 볼 수 없고, 깃발들이 맹렬하고 어지럽게 휘날리면 이는 패할 것이라는 조짐이다. 〔출전: 『개원점경(開元占經)』 권97 「맹장군진승부원기점(猛將軍陳勝負雲氣占)」. 『통전』 권162 「병15, 풍운기후잡점」에도 수록됨〕

故古者初立將,始出門，首建牙之時，必觀風雲之氣.

若風不旁勃，旌旗暈暈，順風而揚舉，或向敵終日，軍行有功，勝候也；若逆風來應，氣旁勃，牙扛折，陰不見日，旌幡激揚，敗候也.

만약 아래 병사들이 장수를 업신여기고, 요언과 괴상한 일을 지어내, 병사들이 수군거리며 서로를 의심하는 상황이 되면, 장수는 마땅히 스스로의 덕을 닦고 법령을 세심하게 살펴야 한다. 또 갑옷을 수선하고 무기를 날카롭게 정비하며, 군사에 관한 업무를 성실하게 하고 병사들 앞에서 서약을 해서, 하늘의 진노를 피해야 한다.

그런 후에 다시 길일을 택해 아기를 세워놓고 제사지내는데, 태뢰(太牢, 소·양·돼지의 세 가지 희생을 다 갖춤)의 제물을 성대하게 올리고 북과 방울을 울리며 성심으로 하늘에 여쭙고, 하늘의 문책에 응답할 태세를 가다듬는다. 이때 어떤 상서로운 징험이 나타나는 지를 관찰해서 길흉을 점친다. 〔출전: 『개원점경』 권97 「맹장군진승부운기점」〕

만약 사람과 말이 기뻐하며 뛰어 오르고 깃발이 모두 앞쪽의 높은 언덕을 향해 펄럭이며, 징과 방울 소리가 맑게 퍼져 나가고 큰북과 작은북 소리가 명료하게 울려 퍼지면, 이는 천지신명의 보살핌을 받았다는 징험이니, 이로써 병사들의 마음을 편안하게 다스리고, 나아가 싸울 수 있게 할 수 있다. 〔출전: 상동 『개원점경』〕

만약 현명한 인재를 임용하고 능력 있는 사람을 쓴다면 굳이 점을 치지 않아도 모든 일이 이롭게 풀리고, 명령을 분명하게 내리고 군법의 시행을 세심하게 살피면 시초로 점을 치지 않아도 계책이 이루어진다. 공을 세운 장병에게 합당한 봉작과 상을 내리면 하늘에 기도하지 않아도 복이 따라오며, 장병들과 동고동락하면 반역을 토벌해서 큰 공을 세울 수 있다. 〔출전 미상. 『통전』 권162 「병15, 풍운기후잡점(風雲氣候雜占)」에 수록됨〕

그러나 전투에 임해 지휘하고 용병을 할 때는 다섯 가지의 도움(五助)이 있어야 한다. 첫째는 조모(助謀, 계책의 도움), 둘째는 조세(助勢, 형세의 도움), 셋째는 조겁(助怯, 적군이 겁냄으로 인한 도움), 넷째는 조의(助疑, 적군을 의혹케 만들어 받는 도움), 다섯째는 조지(助地, 지리의 도움)이다. 이는 승리를 얻도록 도움을 주는 방법이다. 〔출전: 미상〕

그러므로 이르기를 "땅의 지형을 알고 하늘의 기후와 변화를 알면 승리해서 온전히 지킬 수 있다."고 하니, 세심하게 살피지 않으면 안

될 것이다. 〔조유의 말인데 『손자병법』「지형편」의 구절을 인용함〕

若下輕其將, 妖怪並作, 衆口相惑, 當修德審令. 繕礪鋒甲, 勤誠誓士, 以避天怒. 然後復擇吉日祭牙旗, 具太牢之饌, 震鼓鐸之音, 誠心啓請, 以備天問. 觀其祥應, 以占吉凶.

若人馬喜躍, 旌旗皆前指高陵, 金鐸之聲揚以清, 鞞鼓之音宛以鳴, 此得神明之助持, 以安于衆心, 乃可用矣.

雖云任賢使能, 則不占而事利; 令明法審, 則不筮而計成; 封功賞勞, 則不禱而福從; 共苦同甘, 則犯逆而功就.

然而臨機制用, 有五助焉; 一曰助謀, 二曰助勢, 三曰助怯, 四曰助疑, 五曰助地. 此五者, 助勝之術.

故曰: “知地知天, 勝乃可全”, 不可不審察也.

제48편 지형(地形)

땅의 형세

손자는 말한다. "셋째는 땅의 형세에 따른 이로움(地利)이다. 지리란 멀고 가까움, 지세의 험하고 평탄함과 넓고 좁음 그리고 지형의 생지와 사지 등이다."〔출전: 『손자병법』「계편」〕

그러므로 산과 숲으로 험하고 막힌 곳과 저습한 늪 지역의 지형을 알지 못하면 행군할 수 없고, 향도(鄕導, 그 지역을 잘 알고 있는 길라잡이)를 쓰지 않으면 지형의 이점을 얻을 수 없다."〔출전: 『손자병법』「구지편(九地篇)」〕

孫子曰: "三曰地利. 地利者, 遠近,險易,廣狹,死生也. 故不知山林,險阻,沮澤之形者, 不能行軍; 不用鄕導, 不能得地利."

용병에는 산지(散地), 경지(輕地), 쟁지(爭地), 교지(交地), 구지(衢地), 중지(重地), 사지(圮地), 위지(圍地), 사지(死地)의 아홉 가지 지형이 있다.

제후가 자기 영토 안에서 전쟁하기 때문에 마음이 흐트러지는 땅을 '산지'라 한다.

적의 영토로 들어가지만 깊이 들어가지 않아 쉽게 돌아올 수 있는 땅을 '경지'라고 한다.

우리가 먼저 차지하면 우리에게 유리하고 적이 점령하면 적에게 유리해서, 서로 다투는 요충지를 '쟁지'라 한다.

우리가 갈 수도 있고 적이 공격해올 수도 있는 교차지역을 '교지'라 한다.

제후의 땅이 세 나라와 접하고 있어서 먼저 가서 차지하면 천하의 무리를 얻을 수 있는, 사방으로 통하는 길과 같다고 해서 '구지'라 한다.

적지로 깊숙이 침투해서 적국의 여러 성읍을 등지고 있어 부담스러운 땅을 '중지'라 한다.

산과 숲으로 험하고 막힌 곳과 저습한 늪 지역으로 행군이 어려운 땅을 무너지기 쉬운 '사지'라 한다.

들어가는 길이 좁고 되돌아오는 길은 멀리 돌아가야 하기 때문에 적이 적은 병력으로 우리의 많은 병사를 공격할 수 있게 에워싼 땅을 '위지'라 한다.

속전속결로 싸우면 살아남을 수 있으나 급히 싸우지 않으면 망하는 땅을 '사지'라 한다.

그러므로 산지에서는 싸우지 말아야 하고, 경지에서는 오래 머무르지 말아야 하고, 쟁지에서는 오랫동안 무리하게 공격해서는 안 되고, 교지에서는 부대 사이의 연락과 길을 끊지 말아야 하고, 구지에서는 인접한 나라들과 두루 외교 관계를 맺어야 하고, 중지에 들어가면 적의 물자를 약탈해서 충당해야 하고, 사지를 만나면 신속하게 통과해야 하고, 위지에 갇히면 곤경을 벗어날 계책을 내야하며, 사지(死地)에서는 전력을 다하여 결사적으로 싸워야 한다. 〔출전: 『손자병법』「구지편」〕

故用兵有散地, 有輕地, 有爭地, 有交地, 有衢地, 有重地, 有汜地, 有圍地, 有死地.

諸侯自戰其地, 爲散地.

入人之地而不深者, 爲輕地.

我得則利, 彼得亦利者, 爲爭地.

我可以往, 彼可以來, 爲交地.

諸侯之地三屬, 先至而得天下之衆者, 爲衢地.

入人難反之地深, 倍城邑多者, 爲重地.

行山林,險阻,沮澤, 凡難行之道者, 爲汜地.

所由入者隘, 所從歸者迂, 彼寡可以擊吾衆者, 爲圍地.

疾戰則存, 不疾則亡者, 爲死地.

是故散地[則]無戰, 輕地則無止, 爭地則無攻, 交地則無絕, 衢地則合交, 重地則掠, 汜地則行, 圍地則謀, 死地則戰.

또한 지형에는 통형(通形), 괘형(挂形), 지형(支形), 애형(隘形), 험형(險形), 원형(遠形)의 여섯 종류가 있다.

우리도 갈 수 있고 적도 쳐들어올 수 있는 사통팔달의 지형을 '통형'이라고 한다. 통형에서의 작전은 먼저 높고 양지바른 곳을 차지하고 군량 보급로를 이롭게 확보해 놓고 싸우면 유리하다.

전진할 수는 있으나 후퇴하기는 어려운 지형을 매달린 형(괘형)이라 한다. 괘형에서는 적의 대비가 없을 때는 출동해서 승리할 수 있으나, 적이 대비하고 있어서 출동했다가 승리하지 못하면 후퇴하기도 어려워, 불리한 처지에 빠진다.

우리가 출동해도 불리하고 적이 출동해도 불리한 지형을, 두 군대가 서로 버틴다고 해서 '지형'이라고 한다. 지형에서는 비록 적이 우리에게 이익을 주어 유인하더라도, 우리가 출동하지 말고, 군대를 이끌고 퇴각하는 것처럼 해서 적군이 반쯤 나왔을 때 반격하면 이롭다.

양쪽의 험준한 산 사이에 끼인 '골짜기 지형(애형)'에서는, 아군이 먼저 점령하되 반드시 병력을 산골짜기에 가득 배치하고 적이 오기를 기다려야 한다. 만약 적이 먼저 점거해서 적군이 가득하면 적군을 따라가 싸우지 말고, 만일 적의 방비가 충실하지 않으면 재빠르게 좇아가 싸워야 한다.

군사행동이 어려운 험준한 '험형'에서는 우리가 먼저 점거하되, 반드시 높고 양지바른 곳에 진을 치고 적이 오기를 기다려야 한다. 만약 적이 먼저 점령했다면 군사를 이끌고 물러나야 하며 따라가 싸우지 말아야 한다.

아군과 적군이 멀리 떨어져 있는 '원형'에서는 쌍방의 세력이 서로 비등해서 먼저 도발하기가 어렵다. 이런 곳에서 달려들어 싸우면 이롭지 않다.

이상의 여섯 가지는 지형적 조건을 활용해서 승리하는 방법으로서, 장수의 지극히 중요한 임무이니, 신중히 살피지 않으면 안 된다. 〔출전: 『손자병법』 「지형편(地形篇)」〕

又有六地；有通，有挂，有支，有隘，有險，有遠.

我可以往，彼可以來，曰通. 居通地，先處其高陽，利粮道，以戰則利.

可以往，難以反，曰挂. 挂形曰：敵無備，出而勝之；敵有備，出而不勝，難以反 不利.

我出而不利，彼出而不利，曰支. 支形曰：敵雖利我，我無出；引而去也，令敵半出而擊之，利.

隘形曰：我先居之，必盈之而待敵；若敵先居之，盈而勿從也，不盈而從之.

險形曰：我先居之，必居高陽以待敵；若敵先居，則引而去之，勿從也.

夫遠形(鈞)[均]勢，難以挑戰，[戰]而不利.

凡此六者，地之道也；皆將之至任，不可不察.

그러므로 또 말한다. 풀이 무성하게 우거진 곳에 진을 치는 것은, (초목에 의지해 은폐하면서) 도망치기 위해서이다.

깊은 계곡이나 험하고 막힌 곳에 진을 치는 것은 적의 전차와 기병 부대를 저지하기 위한 것이다.

길이 좁은 요새와 산림 지대에 진을 치는 것은, 적은 병력으로 많은 적군을 공격하기 위해서이다.

저습한 늪지대와 어두운 곳에 진을 치는 것은, 아군의 행적을 숨기기 위한 것이다. 〔출전: 『육도』「용도, 기병(奇兵)」〕

일장 오 척 넓이의 해자, 전차가 잠길 정도 깊이의 하천, 산과 숲, 암석 지대의 좁은 길, 하천과 언덕, 나무와 풀이 자라는 곳은 보병이 작전하기 좋은 지형이니, 전차와 기병 둘이 보병 하나를 감당할 수 없다.

나지막한 언덕과 구릉이 면면히 이어지는 곳이나 넓은 평원은 전차와 기병부대가 활동하기 좋은 곳이니, 이런 지형에서는 보병 열이 병거와 기병 하나를 당해내지 못한다.

평원이 멀리 떨어져 있고 높은 곳을 차지해서 아래를 내려다보는 지형은 궁노수에게 유리한 곳이니, 짧은 무기를 든 병사(短兵) 열이 궁노수 하나를 감당하지 못한다.

쌍방의 진영이 가까이 있고 풀이 드문드문 나 있는 평지는 전진과 후퇴가 원활한 곳으로 긴 창을 사용하기에 유리한 지형이다. 검과 방패로 무장한 단병 셋이 긴 창과 극을 잡은 병사 하나를 대적하지 못한다.

억새와 갈대, 쑥과 대나무 등 초목이 어지럽게 우거지고 나뭇잎이 빽빽하게 엉켜있는 곳은 짧은 창을 쓰기 좋은 곳이니 장창병 둘이 짧은 창 하나를 당해내지 못한다.

구불구불한 길이 도처에 숨어 있고 험하고 좁은 골짜기가 부딪히듯 있는 곳은 칼과 방패를 든 단병이 작전하기에 유리한 지형이니, 궁노수 셋이 단병 하나를 당할 수 없다. 〔출전: 『한서』「조조전」〕

故曰: 深草蓊穢者, 所以遁逃也; 深谷阻險者, 所以止禦車騎也; 隘塞山林者, 所以少擊衆也; 沛澤杳冥者, 所以匿其形也.

丈五之溝, 漸車之水, 山林,石徑,涇川,丘阜,草木所在, 此步兵之地, 車騎二不當一; [土山]丘陵漫衍相屬, 平原廣野, 此車騎之地, 步兵十不當一; 平原相遠, 仰高臨下, 此弓弩之地, 短兵十不當一; 兩陣上近，平地淺草，可前可後，此長戟之地，劍楯三不當一；萑葦竹簫，草木蒙蘢，林葉茂接，此矛鋋之地，長戟二不當一；曲道相伏，險阸相薄，此劍楯之地，弓弩三不當一.

그러므로 말한다. "지형은 용병에 있어서 보조 수단이다." 〔출전: 『손자병법』 「지형편」〕

또 말한다. "용병에 있어서 지형의 이점을 활용하는 것은 보배처럼 소중하다." 〔출전: 『육도』 「용도」의 일문, 『군서치요』에 수록됨〕

(옛적에 진나라 군대가 조나라의 알여(閼與)를 포위했을 때) 조사(趙奢)가 구원병을 이끌고 재빨리 북산(北山)을 먼저 점거하고, 뒤에 도착한 진나라 군대를 맞아 반격에 나서 진군을 대패시켰다. 한신은 배수진을 쳐서 퇴로를 없애놓고, 전군이 필사적으로 싸워 대승을 거두었다. 이는 바로 지리적 이점을 활용한 전략의 대표적인 사례이다. 〔출전: 미상〕

故曰："地形者，兵之助." 又曰："用兵之道，地利位寶."

趙奢趨山，秦師所以覆敗；韓信背水，漢兵由其克勝. 此用地利之畧也.

제49편 수화(水火)

수공과 화공

『경』에서 말한다. "물로써 공격을 도우면 그 형세가 대적할 수 없으므로 '강(强)'이라 하고, 불로써 공격을 도유면 불타는 위세가 밝으므로 '명(明)'이라 한다." 〔출전: 『손자병법』「화공편(火攻篇)」〕

그러므로 물과 불 또한 용병을 보조하는 수단임을 알 수 있다. 〔조유의 말〕

'經'曰: "以水佐攻者强, 以火佐攻者明." 是知水火者, 兵之助也.

불을 이용한 공격(火攻)에는 다섯 가지가 있다.

첫째는 사람을 불태우는 화인(火人)이다.

둘째는 적군이 비축해놓은 군량과 건초를 불태우는 화적(火積)이다.

셋째는 적군이 수송하는 장비와 무기 등 치중을 불태우는 화치(火

輜)이다.

넷째는 적군의 창고를 불태우는 화고(火庫)이다.

다섯째는 적군의 진영으로 불화살을 쏘아 보급선을 끊어 버리는 화수(火隧)이다.

화공을 실행하려면 반드시 일정한 기회와 조건이 맞아야 하고, 화공에 사용되는 연료와 도구를 반드시 평소에 갖춰놓아야 한다.

불을 지르는 데는 적절한 때가 있고, 불을 일으키는 데는 적절한 날짜가 있다. 때란 날씨가 건조한 것이며, 날짜란 달이 기(箕), 벽(壁), 익(翼), 진(軫) 등 네 별자리(四宿)에 있는 날을 가리킨다. 달이 이 네 별자리를 지날 때가 바로 바람이 부는 날이다. 〔출전: 『손자병법』「화공편」〕

故火攻有五; 一曰火人, 二曰火積, 三曰火輜, 四曰火庫, 五曰火燧. 行火必有因, 烟火[必]素具. 發火有時, 起火有日. 時者, 天之燥也; 日者, 宿在箕,壁,參,軫也. 凡此四宿者, 風起之日.

태공이 말한다. "강한 쇠뇌(强弩, 노는 쇠뇌니, 기계 장치에 의해 화살이나 돌을 쏠 수 있는 활)와 긴 병기는 물을 건너가 싸우기 위한 것이다." 〔출전: 『육도』「용도 기병(奇兵)」〕

손자는 말한다. "수공은 적군의 길을 끊어놓을 수 있다." 〔출전: 『손자병법』「화공편」〕

이는 강둑을 터서 성을 물로 덮치게 하는 것을 가리킨다. 〔출전: 미상, 아마도 『손자병법』의 「고주(古注)」로 추정함〕

또 말한다. "물을 건널 때에는 반드시 물에서 멀리 떨어진 곳에 주둔해야 한다. 적군이 물을 건너 진격해오면 물가에서 맞아 싸우지 말고, 적군이 물을 절반쯤 건너왔을 때 공격하면 이롭다. 적과 싸우려할 때는, 물에 너무 가까이 붙어서 적을 맞아 싸우지 말아야 한다. 이것이 물가에서 군대를 운용하는 방법이다." 〔출전: 『손자병법』「행군편」〕

그러므로 말한다. "수공으로 전투를 도우면 그 효과는 강하다." 〔출전: 『손자병법』「화공편」〕

무엇 때문에 그렇게 말하는가? 〔조유의 말〕

太公曰: "强弩長兵, 所以踰水戰."

孫子曰: "水可以絕." 謂灌城也. 又曰: "絕水必遠水. 客絕水而來, [勿]迎之于水內, 令敵半渡而擊之, 利. 欲戰, 無附于水而迎客也. 謂處水上之軍." 故曰: "以水佐攻者强" 何以言之?

옛날 한신이 임치(臨淄)를 평정하자, 제나라 왕 전광(田光)은 도망을 쳤고 초나라는 용저(龍且)를 파견해 제나라를 구원하려 했다. 제왕 전광과 용저가 군사를 합쳐 한신과 싸우려고 하여, 유수(濰水)를 끼고서 물가에 진을 쳤다. 이때 한신은 밤에 병사들을 시켜 만여 개의 모래주머니를 만들게 하고, 이것으로 유수의 상류를 가로막도록 했다. 그리고는 군사를 이끌고 강을 절반 쯤 건너 용저를 공격하다가 거짓으로 패하는 척하고 뒤돌아 달아났다.

과연 용저는 이를 보고 기뻐하며 말했다. "나는 원래 한신이 겁쟁이인줄을 알고 있었다." 이어 한신을 추격하기 위해 유수를 건너기 시작했다.

이때 한신은 모래주머니로 막았던 유수의 물길을 터뜨리게 했다. 큰물이 들이닥치니 용저의 군사는 거의 절반이 강을 건너지 못했다. 한신의 군대가 재빠르게 반격해서 용저를 죽였다. 유수 동쪽에 남아 있던 용저의 군사들은 흩어져 달아났다. 〔출전: 『사기』 권92 「회음후열전」〕

이것이 바로 적군이 물을 반쯤 건너도록 기다려 반격하는 전술이다. 〔조유의 말〕

노관(盧綰)이 팽월(彭越)을 보좌해서 양(梁)나라 땅의 10여 개 성을 함락시켰다. 항우가 이를 듣고 양나라 지역을 평정하러 떠나면서, 대사마인 조구(曹咎)를 불러 이렇게 당부했다. "성고(城皐)를 신중하게 지키기만 해라. 한나라 군대가 도발해 오더라도 절대 나아가 싸우지 마라." 과연 한나라 군대가 초나라 군을 도발했으나 초나라 군대는 출동하지 않았다. 그러나 한나라 군이 병사들을 시켜 며칠 동안이나 조구를 욕하니, 대사마 조구는 격분한 나머지 사수(汜水)를 건너기 시작했다. 병사들이 반쯤 건넜을 때 한나라 군이 공격해서 초나라 군을 대패시켰다. 〔출전: 『사기』 권8 「고조본기」 및 『한서』 권31 「항적전(項籍傳)」〕

이는 물에서 적을 맞아 싸울 때는, 물에 너무 가까이 붙어 싸우지 않아야 한다는 원칙의 좋은 사례이다. 〔조유의 말〕

昔韓信定臨淄, 走齊王田廣, 楚使龍且來救齊. 齊王廣,龍且并軍, 與信合戰, 夾濰水陣. 韓信乃夜令人爲萬餘囊盛沙, 壅水上流. 引軍半渡, 擊龍且, 佯不勝, 還走.

龍且果喜曰: "固知信怯也." 遂追信渡水. 信使決壅囊, 水大至,龍且軍大半不得渡. 卽急擊之, 殺龍且, 龍且水軍東散走.

此反半渡之勢.

盧綰佐彭越攻下梁地十餘城, 項羽聞之, 謂其大司馬曹咎曰: "謹守城皐, 卽漢挑戰, 愼勿與戰." 漢果挑楚軍, 楚軍不出. 使人辱之, 大司馬怒, 渡氾水, 卒半渡; 漢擊, 大破之.

此欲戰無附于水勢也.

이로써 수공과 화공의 변화를 알면 승리를 획득할 수 있으며, 이 또한 유래가 오래되었음을 알 수 있다.

진(秦)나라 군이 경수(涇水)의 상류에 독을 풀어 아래에 주둔했던 진(晉)나라 병사를 많이 죽였고, 형왕(荊王)은 초나라 군대의 군량과 건초를 불태워 항씨를 사로잡을 수 있었다. 또 조조는 사수(泗水)의 물을 터서 하비(下邳)성을 잠기게 해 여포를 죽였고, 황개(黃盖)는 적벽에서 화공을 써서 조조로 하여금 도망치도록 만들었다.

수공과 화공의 이점을 아는 것은 장수된 자가 반드시 알아야할 지극히 중요한 임무이며, 작전 중에 이를 활용하는 것은 더욱 긴요한 일이니, 세심히 살피지 않으면 안 된다. 〔조유의 말〕

故知水火之變, 可以制勝, 其來久矣. 秦人毒涇上流, 晉軍多死; 荊王燒楚積聚, 項氏以擒; 曹公決泗于下邳, 呂布就戮; 黃盖火攻于赤壁, 魏曹奔衄.

此將之至任, 盖軍中尤急者矣, 不可不察.

제50편 오간(五間)

간첩의 다섯 가지 유형

『주례』에서 이르기를 "나라를 순방하면서 '첩(諜)'을 포박한다."라고 했는데, '첩'은 바로 반간, 간첩을 말한다. 〔출전: 『주례』「하관사마, 환인(夏官司馬, 環人)」〕

여망은 말한다. "첩보 활동과 유언비어를 잘 퍼뜨리는 자들을 모아, 한 부대를 편성한다." 〔출전: 『육도』 일문, 본서 제42「연사」에 이미 나옴〕

이를 보면 간첩을 활용하는 법도 하루 이틀에 이루어진 것이 아님을 알 수 있다. 〔조유의 말〕

'周禮'曰: "巡國, (傳)[搏]諜"者, 反間也. '呂望'云: "間(構)[諜]飛言, 聚爲一卒." 是知用間之道, 非一日也.

그러므로 간첩을 활용하는 데는 다섯 가지가 있으니, 인간, 내간,

반간, 생간, 사간이 있다. 이 다섯 종류의 간첩을 함께 활용하면, 적은 우리의 간첩 활용의 방법을 알 수 없게 된다.

인간(因間, 현존 『손자병법』에서는 향간(鄕間)으로 칭함)은 그 고장 사람을 첩자로 활용하는 것이다.

내간(內間)은 그 나라의 관리를 매수해서 첩자로 활용하는 것이다.

반간(反間)은 적의 간첩을 끌어들여 우리 측 첩자로 역이용하는 것이다.

생간(生間)은 적국에 들어가서 정탐한 뒤 살아 돌아와서 보고하는 첩자이다.

사간(死間)은 거짓 정보를 고의로 밖으로 흘려보내 우리 측 첩자가 이를 알게 한 다음, 적의 간첩에게 이 거짓 정보를 전해주어 적을 속이는 것이다. 〔출전: 『손자병법』「용간편(用間篇)」〕

故[用]間有五間; 有因間, 有內間, 有反間, 有生間, 有死間. 五間俱起, 莫知其道.

因間者, 因其鄕人而用之者也.

內間者, 因其官人而用之者也.

反間者, 因敵間而用之者也.

生間者, 反報者也.

死間者, 爲誑事于外, 令吾間知之, 而待于敵間者也.

예전에 한나라의 서역도호 반초(班超)가 처음 장병장사로 임명되었을 때, 서역 여러 나라의 보병과 기병 2만 5천 명을 징발해서 사거(莎車, 옛 서역의 나라, 지금의 신강성 사거현 일대)를 공격했다. 사거는 구자(龜

玆, 옛 서역의 나라)에게 구원을 청했고 구자왕은 좌장군을 파견해 온숙(溫宿), 고묵(姑墨), 위두(尉頭) 등의 나라에서 모두 5만 명의 병사를 징발해 사거를 돕도록 했다.

반초는 여러 부곡과 우전(于闐), 소륵(疏勒)의 왕을 불러 함께 상의하기를 "군사가 적어 대적할 수가 없소. 각자 해산해서 물러나는 것보다 더 나은 계책이 없소. 우전왕은 여기로부터 동쪽으로 가고 나는 여기서 서쪽으로 퇴각하기로 하고, 깊은 밤중에 북소리가 울리거든 출발하시오."라고 하였다. 모두가 그렇게 하기로 동의했다.

한편 반초는 가둬놓고 있던 포로들에 대한 감시를 소홀하게 하도록 은밀하게 지시했다. 포로들 중에 몇 명이 탈출해 본대로 돌아가서 반초의 말을 구자왕에게 보고했다. 구자왕은 이들의 보고를 듣고 기뻐하면서, 좌장군에게 기병 만 명을 거느리고 서쪽 경계에 대기하고 있다가 반초 군을 차단하고, 온숙왕에게는 8천 명의 기병을 이끌고 동쪽 경계에 기다리고 있다가 우전왕을 막도록 지시했다.

병사들이 잠든 이경 쯤 반초는 은밀히 여러 사마들에게 명령을 내려 병사들을 정돈하고 병사들을 독려해서 준비하도록 했다가, 새벽에 닭이 울자마자 전군을 일제히 출동시켜 곧장 사거의 본진으로 달려가 기습 공격을 가해 무찔렀다. 오랑캐 군사들은 놀라 뿔뿔이 달아났고, 이 기습에서 5천 병사의 수급을 베었다. 마침내 사거는 투항했다. 〔출전: 『후한서』 권47 「반초전(班超傳)」〕

또 다른 사례로, 동한의 대장군 경엄(耿弇)이 제 땅의 반란군 장보(張步)를 토벌하러 갔을 때, 장보는 이 소식을 듣자 대장 비읍(費邑)으로 하여금 전군을 역하(歷下)에 집결시키도록 했다. 그리고 일부 병력을 떼어 축아(祝牙)에 주둔시키고, 별도로 태산(太山), 종성(鍾城) 등 10

여 곳에 영채를 늘어 세워놓고 경엄의 군대가 오기를 기다렸다.

경엄의 군대는 황하를 건너 먼저 축아를 포위 공격해 함락시켰다. 경엄은 은밀히 포위망의 한 쪽을 열어주도록 지시해서, 축아의 군사들이 종성으로 달아날 수 있도록 내버려 두었다. 종성의 병사들은 축아가 이미 궤멸되었다는 소식을 듣자 크게 놀란 나머지 영채를 비우고 서둘러 달아났다. 비읍은 그의 동생 감에게 병력을 이끌고 가서 거리(巨里)를 사수하도록 했다.

경엄은 먼저 거리로 진격해서 위협을 가하는 한편, 병사들을 동원해 많은 나무를 벌목하면서 참호와 해자를 메워 길을 닦을 것이라는 소문을 널리 퍼뜨리도록 했다. 며칠이 안 되어 투항한 병사들이 말하기를, '비읍은 경엄의 군대가 거리를 공격하려 한다는 소문을 듣고 계책을 세워 거리를 구원하기 위해 출병할 것'이라고 전했다.

이에 경엄은 군중에 엄명을 내려 공성 장비와 무기를 정비하도록 하고, 사흘 뒤 전 병력을 이끌고 거리를 공격할 것이라고 말했다. 그러는 한편 은밀하게 감시망을 느슨하게 해서, 포로들로 하여금 도망쳐 자기 진영으로 돌아갈 수 있도록 했다. 도망간 포로들이 경엄의 공격 계획을 비읍에게 보고했고, 비읍은 사흘 뒤 그날이 되자 과연 친히 군대를 이끌고 거리를 구원하기 위해 왔다.

경엄은 매우 기뻐하면서, 여러 장수들에게 말했다. "그동안 귀관들에게 무기와 장비를 갈고 닦도록 하면서 머물러 있었던 것은, 비읍을 이곳 거리로 유인하기 위한 것이었다. 지금 비읍이 이리로 오고 있으니, 그야말로 내가 바라던 것이오."

경엄은 3천 명의 병력을 떼어 거리에 대한 포위를 유지하도록 하고, 친히 정예병을 이끌고 나가 언덕과 산등성이와 같은 고지대를 선점한 다음, 높은 곳의 지형적 이점을 업고 비읍의 군대와 싸움을 벌여 대패시켰다. 비읍을 붙잡아 전군이 보는 앞에서 참수했다. 〔출전: 『후한서』 권19 「경엄전(耿弇傳)」〕

이상은 인간(因間)을 활용한 대표적인 사례이다. 〔조유의 말〕

昔漢西域都護班超初爲將[兵]長史, 悉發諸國步騎二萬五千, 擊莎車. 莎車求救龜玆, 龜玆王遣左將軍發溫宿,姑墨,尉頭合五萬人助之. 超召部曲及于闐,疎勒王, 議曰: "兵少不敵, 計莫如各解散去. 于闐從此東, 長史亦從此西歸, 夜半聞鼓聲便發." 衆皆以爲然.

乃陰緩擒得生口, 生口歸, 以超言告龜玆. 龜玆聞之, 喜. 使左將軍將萬騎于西界遮超, 溫宿王將八千騎于東界遮于闐王. 人定後, 超密令諸司馬勒兵勵士; 至鷄鳴, 馳赴莎車軍營, 掩覆地, 胡皆驚走, 斬首五千級, 莎車遂降.

又耿弇討張步, 步聞之, 乃使其大將費邑軍歷下, 又分兵屯祝阿, 別于太山,鍾城列營數十以待弇. 弇渡河, 先擊祝阿, 拔之. 故開圍一角, 令其衆得奔鍾城. 鍾城人聞祝阿已潰, 大懼, 遂空壁亡去.

費邑分遣其弟敢守巨里. 弇進兵, 先脅巨里, 多伐樹木, 揚言以塡塞坑塹. 數日, 有降者言: '邑聞弇欲攻巨里, 謀來救之.' 弇乃嚴令軍中趣治攻具, 後三日當悉攻巨里. 陰緩生口, 令得亡歸. 歸者以弇期告邑, 邑至日果自將來救之. 弇喜, 謂諸將曰: "吾所修攻具者, 欲誘致邑耳. 今來, 適吾所求也." 卽分三千人守巨里, 自引精兵止崗坂, 乘高合戰, 大破之, 臨陣斬邑.

此用因間之勢也.

서진 시기 익주목 나상(羅尙)이 외백(隗伯)을 파견해, 촉나라의 유민들을 모아 거병한 이웅(李雄)을 비성(郫城)에서 공격토록 했다. 쌍방이 여러 차례 싸움을 벌였으나 일진일퇴 승부를 내지 못했다. 이웅은 무도(武都) 사람 박태(朴泰)를 불러 유혈이 낭자하도록 채찍질을 하고는, 나상에게 거짓 투항하도록 시켰다. 박태는 나상이 공격할 때 안에서 호응하기로 했고, 횃불로 신호하기로 했다고 말했다. 나상은 박태의 말을 믿고 정예병을 모두 출동시켜, 외백으로 하여금 박태가 안내하는 대로 공격하도록 했다.

이에 이웅은 먼저 이양(李驤)을 보내 도로 옆에 매복하도록 시켰다. 박태는 성벽에 기대놓은 높은 사다리를 타고 올라가 횃불을 치켜들었다. 외백의 병사들은 횃불이 올라간 것을 보고 앞을 다투어 사다리를 타고 성벽을 기어올랐다. 박태는 밧줄 올가미로 나상 측 군사 백여 명을 끌어올려, 모두 목을 베었다. 이웅이 이 틈을 타 성 안의 병력을 풀어놓고 안팎에서 협공을 가하여 나상의 군대를 크게 깨뜨렸다. 〔출전: 『손자병법』 「용간편」의 하씨주(河氏注)〕

이것은 내간(內間)을 활용한 사례이다. 〔조유의 말〕

晋時, 益州牧羅尙遣隗伯攻李雄于郫城, 迭有勝負. 雄乃募武都人朴泰, 鞭之見血, 使譎羅尙, 欲爲內應, 以火爲期. 尙信之, 悉出精兵, 遣隗伯等率[兵]從泰.

李雄先使李驤于道設伏, 泰以長梯倚城而擧火. 伯軍見火起, 皆爭緣梯, 泰又以繩汲上尙軍百餘人, 皆斬之. 雄因放兵, 內外擊之, 大破尙軍.

此用內間之勢也.

정(鄭)나라 무공이 호(胡)나라를 치려는 욕심을 품고, 먼저 딸을 호나라에 시집보냈다. 그러고는 신하들을 불러 물었다. "과인이 군대를 일으키고자 한다. 어느 나라를 칠 수 있겠는가?" 대부인 관기사가 대답했다. "호나라는 정벌할 수 있습니다." 무공은 화를 내며 관기사를 죽이라고 지시하며 말했다. "호는 형제의 나라다. 너는 형제의 나라를 정벌하라고 하니, 어찌 그럴 수 있는가?"

호나라 임금이 이 일을 듣고 정나라는 자기를 친하게 여긴다고 생각하고, 아무런 대비도 하지 않았다. 정나라는 호나라를 기습해 빼앗아 버렸다. 〔출전: 『한비자』「세난」〕

이것은 사간(死間)을 활용한 사례이다. 〔조유의 말〕

鄭武公欲伐胡, 先以其子妻胡, 因問羣臣曰: "我欲用兵, 誰可伐者?" 大夫關期思曰: "胡可伐." 武公怒而戮之, 曰: "胡, 兄弟之國: 子言伐之, 何也?"

胡君聞之, 以鄭爲親己, 而不備鄭, 鄭襲胡取之.

此用死間之勢也.

진평이 많은 재물을 풀어 초나라 군중에 반간계를 베풀어 범증과의 사이를 갈라놓았더니, 마침내 항우가 범증을 의심하게 되었다. 이것은 반간(反間)을 활용한 것이다. 〔조유의 말〕

陳平以金縱反間于楚軍, 間范增, 楚王疑之.

此用反間者也.

그러므로 장수는 전군의 군사 중에서 친애하고 믿어야 할 사람으로 간첩보다 더 친애함이 있을 수 없고, 논공행상에서도 첩자에게보다 더 후한 상을 줄 수 없으며, 은밀한 일로서 첩자를 활용하는 일보다 더 엄중한 기밀이 없는 것이다. 그렇기 때문에 성인의 지혜로움이 아니면 간첩을 활용할 수 없고, 은밀하고 미묘함이 아니면 간첩의 실제를 알지 못한다. 〔출전: 『손자병법』「용간편」〕

이상은 삼군을 운용하는데 있어서 중요한 점이니, 현명하고 지혜가 뛰어난 사람일지라도 각별히 유의해야 하는 것이다. 〔조유의 말〕

故知三軍之親莫親于間, 賞莫厚于間, 事莫密于間. 非聖智莫能用間, 非密微莫能得間之實.

此三軍之要, 唯賢哲之所留意也.

제51편 장체(將體)

장수의 자질

『만기론』에서 말한다. "비록 백만 명의 군사가 있다한들, 전투에 임했을 때 적의 세력을 소멸시키는 것은 장군 한 사람에게 달려있다." 〔출전: 장제(蔣濟)의 『만기론(萬機論)』, 『태평어람』 권273에 『만기론』을 인용 수록함〕

오자는 말한다. "사람들이 장수에 대해서 평가할 때는 항상 용맹이라는 점에서 관찰하지만, 장수에게 있어서 용맹은, 장수가 지녀야 할 자질 중의 만 분의 일에 불과하다." 〔출전: 『오자』「논장(論將)」〕

그러므로 『육도』에서는 말한다. "장수가 어질지 않으면 삼군의 위아래가 화목하지 못하고, 장수가 용감하지 않으면 삼군의 병사를 움직일 수 없다." 〔출전: 『육도』「용도, 기병(奇兵)」〕

태공은 또 말한다. "장수에게는 필요한 다섯 가지 자질이 있다. 즉 용기, 지혜, 인덕, 신의, 기필함(必, 충성)이다.

장수가 용감한 즉 그를 범할 수 없고, 지혜로우면 무엇으로도 그를 혼란시킬 수 없고, 인덕이 있으면 병사들을 두루 사랑하고, 신의가 있으면 서로 속이지 않고 믿으며, 기필함이 있으면 두 마음을 품지 않는다." 〔출전: 『육도』「용도, 논장」. 따라서 원문의 '손자왈'은 응당 '태공왈'의 착오임〕

이상은 바로 장수가 지녀야 할 다섯 가지 자질이다. 〔조유의 말〕

'萬機論'曰: "雖有百萬之師, 臨時呑敵在將也."

吳子曰: "凡人之論將, 恒觀之于勇; 勇之于將, 乃萬分之一耳." 故'六韜'曰: "將不仁, 則三軍不親; 將不勇, 則三軍不爲動."

(孫子)[太公]曰: "將者, 勇,智,仁,信,必也. 勇則不可犯, 智則不可亂, 仁則愛人, 信則不欺人, 必則無二心." 此所謂五才者也.

삼군의 병사와 백만 명의 군대에 경중의 형세를 펼치는 것이 모두 장수 한 사람에게 달려 있으니, 이를 일러 '기운의 기틀(氣機)'이라고 한다.

길이 좁고 험하며, 험준하기로 이름난 산과 관문은 열 명의 병사가 지켜도 천 명의 적군이 통과하지 못하니, 이를 일컬어 '땅의 기틀(地機)'이라고 한다.

간첩을 잘 활용해서 적군을 분산시키고, 적의 군주와 신하 사이를 이간시켜 서로 원망하도록 만드는 것을 일러, '일의 기틀(事機)'이라고 한다.

전차와 배를 견고하고 빠르게 정비하고 병사와 말을 작전에 익숙하게 훈련시켜야 하니, 이를 일러 '힘의 기틀(力機)'이라고 한다. 〔출전: 『오자』「논장」〕

이상은 장수가 반드시 알아야 할 용병에 있어서의 네 가지 기틀이다. 〔조유의 말〕

三軍之衆, 百萬之師, 張設輕重, 在於一人, 謂之氣機. 道狹路險, 名山大塞, 十人所守, 千人不過, 是謂地機. 善行間諜, 分散其衆, 使君臣上怨, 是謂事機. 車堅舟利, 士馬閑習, 是謂力機.

此所謂四機者也.

장수는 병사를 즐겁게 해줘야 하고 근심하게 해서는 안 되며, 계략을 세울 때에는 철저하게 하고, 의심스럽게 해서는 안 된다.

(군주가) 장수를 근심하게 만들면 안과 밖이 서로 의심을 품고 믿지 못하며, 계략이 의심스러우면 적군이 분발한다. 이런 상황에서 적을 공격하면 오히려 스스로 혼란을 불러들이게 된다.

그러므로 장수는 청렴해야 하고, 차분하고 신중해야 하고, 공평해야 하고, 몸가짐을 단정하게 유지하고, 아랫사람의 간언을 받아들이고, 다툼의 시비를 가릴 수 있어야 한다. 또 좋은 인재를 받아들이고, 적국의 풍속을 잘 알아야 하고, 산천을 관찰해서 지도를 그릴 수 있어야 하고, 지형의 험난함을 훤히 파악할 수 있어야 하며, 군사에 관한 모든 권한을 능히 통제할 수 있어야 한다. 〔출전: 『삼략』 「상략」, 『군참(軍讖)』을 인용함〕

夫將可樂而不可憂, 謀可深而不可疑. 將憂則內疑, 謀疑則敵國奮. 以此征伐, 則可致亂.

故將能淸, 能靜, 能平, 能整, 能受諫, 能聽訟, 能納人, 能採善言, 能知國俗, 能圖山川, 能裁阨難, 能制軍權.

위태로운 자는 붙들어 편안하게 해주고, 두려워하는 자는 타일러 기쁘게 해주고, 배반해 떠난 자는 불러서 돌아오게 하고, 억울한 자는 너그럽게 용서한다.

하소연 하는 자는 사실을 살펴 시비를 가려주고, 낮고 미천한 자는 높여 귀하게 해주고, 강함을 믿고 날뛰는 자는 억누르고, 나를 적대하는 자는 죽여 없앤다.

재물을 탐내는 자는 풍부하게 해서 욕심을 채워주고, 의욕이 넘치는 자는 일을 주어 부리고, 남이 알까 두려워하는 자는 그 약점을 숨겨주고, 지모가 많은 자는 가까이 한다.

남을 헐뜯고 아첨하는 자는 엎어 없애버리고, 나를 훼방하고 욕하는 자는 사람을 시켜 보복하고, 모반을 일으킨 자는 토벌해 폐하고, 횡포를 부리는 자는 그 기를 꺾어 버린다.

복종하는 온전히 살려주고, 투항해온 자는 마음으로 승복하도록 만든다. 〔출전: 『삼략』 「상략」〕

危者安之, 懼者懽之, 叛者還之, 寃者原之, 訴者察之, 卑者貴之, 强者抑之, 敵者殘之, 貪者豐之, 欲者使之, 畏者隱之, 謀者近之, 讒者覆之, 毁者復之, 反者廢之, 橫者挫之, 服者活之, 降者說之.

적의 성을 얻었으면 땅을 떼어 상으로 주고, 토지를 얻었으면 땅을 나누어주고, 나라를 빼앗았으면 지키게 하고, 견고한 요새를 점령했으면 굳게 막도록 하고, 공격하기 어려운 험한 곳을 얻었으면 군대를

주둔시키고, 재물을 전리품으로 얻으면 골고루 나눠주어야 한다. 〔출전: 『삼략』「상략」〕

獲城者割之, 獲地者裂之, 獲國者守之, 獲阨塞之, 獲難屯之, 獲財散之.

적이 움직이거든 주의 깊게 살펴 틈을 엿보고, 적이 강하거든 몸을 낮추어 적을 교만하게 만들고, 적의 기세가 등등해서 능멸하거든 기세가 약화되기를 기다린다. 적의 기운이 포악하면 우리 병사를 안정시키며 대비하고, 적이 패역하고 무도하면 우리는 인의를 내세워 대의를 밝히고, 적군이 화목하면 모략을 써서 이간시켜야 한다.

인심에 순응해서 거사하면 적의 세력을 꺾을 수 있고, 적의 형세를 잘 이용하면 적을 깨뜨릴 수 있다. 말을 함부로 하는 자는 책임을 물어 귀양 보내고, 사방으로 그물을 펼치듯 망라해서 어진 선비들을 모두 불러들여야 한다. 〔출전: 『삼략』「상략」〕

이상은 장수가 군대를 다스리는 중요한 방도이다. 〔조유의 말〕

敵動伺之, 敵强下之, 敵凌(假)[待]之, 敵暴安之, 敵悖義之, 敵睦攜之. 順擧挫之, 因勢破之, 放言過之, 四網羅之.

此爲將之道也.

장수가 간언을 거부하고 받아들이지 않으면 영웅호걸들은 흩어져 떠나가고, 좋은 계책을 내도 채택하지 않으면 책사들은 배반한다.

잘한 일과 잘못한 일을 제대로 가리지 않고 똑같이 대하면 공을 세운 부하들도 마음이 해이해져 노력하지 않고, 장수가 모든 일을 제멋대로 처리하면 부하들은 원망을 품고 잘못을 장수의 탓으로 돌린다.

장수가 모든 공을 독차지하면 부하들은 힘써 공을 세우려하지 않고, 장수가 모함하는 말을 믿으면 부하들의 마음이 이반되거나 배반하는 마음을 품는다.

장수가 재물을 탐하면 간교한 자들의 부정부패를 막을 수 없고, 장수가 안으로 처첩을 생각하고 챙기면 부하들이 방탕해 진다.

이상의 폐단 중에 한 가지만 있어도 부하들은 마음으로 복종하지 않고, 두 가지를 저지른다면 병사들이 본받을 것이 없어 기강이 무너지고, 세 가지를 저지른다면 병사들의 마음이 이반되고 배반하며, 네 가지 잘못을 저지른다면 그 화가 나라에까지 미친다. 〔출전: 『삼략』「상략」〕

故將拒諫則英雄散, 策不從則謀士叛, 善惡同則功臣倦, 將專己則下歸咎, 將自臧則下少功, 將受讒則下有離心, 將貪財則奸不禁, 將內顧則士卒淫. 將有一則衆不服, 有二則軍無試, 有三則軍乖背, 有四則禍及國.

『군참(軍讖)』에서 이렇게 말한다. "장수의 계책은 비밀스러워 누설되지 않아야 하고, 병사들의 마음은 하나가 되어 흩어지지 않아야 하며, 적을 공격하는 것은 신속하게 해야 한다.

장수의 계략이 비밀스러우면 간사한 마음이 닫혀서 펼 수가 없게 되고, 병사들의 마음이 하나가 되면 병사들 전체가 굳게 단결되며,

적을 공격하기를 질풍같이 신속히 하면 적이 방비하는 기계를 미처 설치하지 못한다.

군대를 운용하면서 이 세 가지를 갖추면, 적에게 계책을 뺏기지 않게 된다. 〔출전: 『삼략』「상략」. 『군참』을 인용했기 때문에 원문의 '군지왈'은 마땅히 '군참왈'로 바꿔야 한다.〕

그러나 장수의 계책이 누설되면 군대는 위세를 잃게 되고, 외부의 첩자가 내부 사정을 엿보면 재앙을 막을 수 없으며, 부정한 재물이 군영 안으로 들어오면 여러 간악한 자들이 모여든다. 장수에게 이런 세 가지 병폐가 있다면, 군대는 반드시 패배한다. 〔출전: 『삼략』「상략」〕

장수가 사려가 깊지 않으면 지략이 있는 참모들이 떠나가고, 장수에게 용맹이 없으면 장병들이 공포감을 갖게 되며, 장수가 무고한 병사들에게 화풀이를 하면 병사들이 모두 두려워 하게 된다. '사려'와 '지략'은 장수에게 소중하게 여기는 것이며, '용맹'과 '분노'는 장수가 마땅히 신중하게 써야 하는 것이다." 〔출전: 『삼략』「상략」〕

(軍志)[軍讖]曰: 將謀欲密, 士衆欲一, 攻敵欲疾. 將謀密, 則奸心閉; 士衆一, 則羣心結; 攻敵疾, 則詐不及設. 軍有此三者, 則計不奪.

將謀泄則軍無勢, 以外闚內則禍不制, 財入營則衆奸會. 將有此三者, 軍必敗.

將無慮則謀士去, 將無勇則吏士恐, 將遷怒則軍士懼. 慮也, 謀也, 將之所重; 勇也, 怒也, 將之所用.

또 말한다. "장수가 죽기를 무릅쓰고 무모하게 싸우려 하면 죽임을 당할 수 있고, 장수가 겁을 내어 반드시 살려고 하면 사로잡힐 수 있으며, 성격이 급하고 화를 잘 내면 경거망동하다가 후회하게 된다. 청렴하고 결백하면 계략에 빠져 치욕을 당하게 되며, 부하를 지나치게 사랑하면 번거로운 곤경에 처할 수 있다."

이상 다섯 가지는 장수가 가질 수 있는 성격상의 약점으로, 용병에서 재앙이 될 수 있다. 〔출전: 『손자병법』「구변편(九變篇)」〕

故曰: "必死, 可殺也; 必生, 可虜也; 忿速, 可悔也; 廉潔, 可辱治; 愛人, 可煩也; 此五者, 將軍之過, 用兵之災."

오자가 말한다. "전쟁의 요령은, 먼저 적의 장수를 파악해서 그의 재능을 관찰하고, 형세에 따라 임기응변하면 큰 힘을 들이지 않고도 전공을 세울 수 있다. 적의 장수가 어리석고 남을 잘 믿는다면 계략을 써서 속일 수 있다. 탐욕스럽기만 하고 명성을 소홀하게 여긴다면 재물로 매수할 수 있고, 임기응변의 권도를 가볍게 보면서 계략도 없다면 수고롭게 만들어 곤경에 빠뜨린다.

상관은 부유하고 교만한데 아래 병사들은 궁핍하고 원망하고 있다면 사이를 이간시키며, 장수가 나태하고 병사들이 해이해져 있다면 몰래 기습하는 것이 좋다." 〔출전: 『오자』「논장」〕

故凡戰之要, 先占其將而察其才, 因(刑)[形]用權, 則不勞而功興也. 其將愚而信人, 可謀而詐. 貪而忽名, 可貨而賂. 輕變[無謀], 可勞而困.

上富而驕，下貧而(磔)[怨]，可離而間. 將怠士懈，可潛而襲.

장수가 지혜롭지만 우유부단해서 머뭇거리면 압박을 가할 수 있고, 지나치게 용맹하고 죽음을 가벼이 여기면 화를 돋우어 무모하게 만들 수 있으며, 성격이 조급하고 일을 서두르면 계략을 써서 쉽게 유인할 수 있다.

재물을 탐하고 이익을 밝히면 재물로 매수해서 (용병이나 계책에서) 실수를 저지르게 만들 수도 있다.

마음씨가 인자해서 적군이라도 차마 사람을 해치지 못하면 소란을 일으켜 수고롭게 만들 수 있고, 지혜로우나 마음이 느슨하고 결단을 내리지 못하면 기발한 계책을 써서 놀라게 만들 수 있다.

신의를 지킨다고 남의 말을 쉽게 믿는다면 쉽게 속일 수 있고, 자기만 청렴결백하다고 여기면서 부하들을 아끼지 않으면 모함에 빠뜨려 모욕을 줄 수 있다.

너무 강하고 굳세어 자기 의견만 고집하면 일을 벌여서 번거롭게 할 수 있고, 마음이 나약해서 남의 지시를 받기를 좋아하면 쉽게 속여 넘길 수 있다. 〔출전: 『육도』「용도, 논장」. 그런데 이 단락은 현행본 『육도』의 본문과 비교하면 전체 맥락은 같으면서도 용어와 표현, 차례에 다른 점이 많다. 아마도 필사 과정에서 착오와 탈루가 있었던 것으로 추정되나, 무리하게 고치지 않고 조유의 원문 그대로 따르기로 한다.〕

이상은 용병에 있어서의 핵심 요령으로 장수된 자는 반드시 알고 있어야 할 근본 강령이다. 〔조유의 말〕

智而心緩者，可迫也；勇而輕死者，可暴也；急而心速者，可誘也；貪而喜利者，(可襲也)可遺也；仁而不忍于人者，可勞也；智而心緩者，可驚也；信而喜信于人者，可誑也；廉潔而不愛人者，可侮也，剛毅而自用者，可事也；懦心喜用于人者，可使人欺也.

此皆用兵之要，爲將之畧也.

제52편 요적(料敵)

적을 역량을 헤아리다

두 나라 사이에 전쟁이 일어나 쌍방의 군대가 화문(和門, 군문)을 세우고 마주 보고 대치하고 있는 상태에서, 형세 판단이 분명하지 않고 어떻게 해야 할 지 결단을 내리기가 어려운 경우, 반드시 먼저 적군의 정세를 탐지하여야 한다. 〔출전: 미상. 송대에 편찬된 『무경총요, 전집(武經總要, 前集)』 권4 「요적장(料敵將)」편에 수록됨〕

그러므로 손자는 말한다. "승리하는 군대는 먼저 승리할 수 있는 형세를 만들어 놓고 그 후에 싸운다." 〔출전: 『손자병법』 「군형편(軍形篇)」〕

또 말한다. "계책을 세우면, 적의 정세를 면밀하게 분석해서 적군의 득실의 계산을 알 수 있다. 적을 정세를 탐지해서 적군의 작전과 행동의 원칙을 알아내고, 적군의 형세 변화에 따라 원활하게 작전을 운용하면 다수의 적군에 승리할 수 있다." 〔출전: 『손자병법』 「허실편(虛失篇)」〕

이상은 용병의 요체이다. 〔조유의 말〕

夫兩國治戎, 交和而(合)[舍]. 不以冥冥決事, 必先探于敵情.

故孫子曰: “勝兵, 先勝而後戰.” 又曰: “策之而知得失之計, 候之而知動靜之理, 因形而作勝于衆.”

用兵之要也.

만약 적의 장수에 대해 알아보고 싶다면, 하급 장교 중에 용맹한 자를 뽑아 가볍게 무장한 날쌘 정예병을 이끌고 나가 시험해보도록 한다. 적군이 반격해 나오는 것을 관찰해서 한 번 앉고 한 번 일어나는 행동이 모두 절도가 있고, 아군을 추격해올 때도 짐짓 따라잡지 못하는 것처럼 행동하며, 또 고의로 적에게 이익을 보여도 거짓으로 알지 못하는 것처럼 행동한다면, 이런 장수는 반드시 지략이 뛰어날 것이니 섣불리 맞붙어 싸워서는 안 된다.

만약 병사들이 시끌벅적하고 깃발이 어지럽게 흔들리고, 병사들이 제멋대로 전진하고 제멋대로 멈추고, 혹은 병사들이 대오를 이탈하여 왔다갔다 마음대로 행동하며, 추격할 때는 따라잡지 못할까 안달하고, 이익을 보면 서로 차지하려고 다툰다면, 이런 군대의 장수는 반드시 계략이 없고 어리석을 것이니, 비록 적의 병력이 많더라도 승리를 얻을 수 있다. 〔출전: 『오자』 「논장」〕

若欲先知敵將, 當令賤而勇者, 將輕銳以嘗之. 觀敵之來, 一起一坐, 其政以理; 其追北, 佯爲不及; 其見利, 佯爲不知; 如此者, 將必有智, 勿與輕(敵)[戰].

若其衆讙旗亂，其卒自止自行，其兵或縱或橫，其追北恐不及，見利恐不得；如此者，將必無謀，雖衆可獲.

그러므로 말한다. 적이 우리와 가까이 있으면서 안정되고 움직이지 않는 것은 그들의 험고한 지형을 믿기 때문이고, 멀리 떨어져 있는데도 도전해 오는 것은 아군이 진격해 오도록 유인하는 것이다.

바람이 없는데도 많은 나무가 흔들리는 것은 적군이 다가오는 것이고, 여러 가지 초목으로 장애물을 많이 만드는 것은 우리로 하여금 의심을 일으키게 하려는 것이다.

새들이 갑자기 날아오르면 적군이 그곳에 매복하고 있으며, 짐승들이 놀라 뛰쳐나오면 적군이 매복했다가 습격해 오는 것이다.

먼지가 낮게 널찍하게 퍼지는 것은 적의 보병 부대가 오고 있고, 먼지가 흩어져 여러 갈래로 이어지는 것은 적군이 땔나무를 베고 있는 것이며, 먼지가 적게 피어나는데 일었다가 사라졌다 하는 것은 진영을 세우고 있는 것이다.

적의 사자가 와서 말을 공손히 하면서도 대비를 더욱 강화하는 것은 아군을 공격하려는 것이며, 적의 사자가 말을 강경하게 하면서 금방이라도 진격해올 것처럼 한다면 실제로는 후퇴를 준비하고 있는 것이다. 아무런 선약도 없이 화의를 청해오면 계략을 꾸미는 것이며, 적군이 반쯤 전진하고 또 반쯤 후퇴하는 것은 우리를 유인하려는 것이다.

병사들이 병장기에 기대 서있는 것은 굶주리고 있기 때문이고, 병사들이 물을 길어갈 적에 물을 떠서 먼저 마시면 목마르기 때문이며, 적군이 유리한 점을 보고도 진격하지 않은 것은 적군이 지쳐있기 때문이다.

적의 진영에 새떼가 모여든다면 병사들이 떠나 진영이 비어있기 때문이고, 병사들이 밤중에 함성을 지르는 것은 두려워하기 때문이다.

적진이 소란스럽고 어지럽다면 적의 장수가 위엄을 잃어 진중하게 지키지 못하는 것이요, 깃발이 무질서하게 휘날리면 적군의 대오가 혼란스러운 것이며, 적의 장교들이 화를 내는 것은 병사들이 지쳐있는 것이다.

양곡을 말에게 먹이고 그 말을 잡아 병사들에게 고기를 먹이며, 취사도구를 수습해서 걸어 놓지 않고 병사들이 막사로 돌아가지 않는 것은, (밤낮으로 대오를 결속시키는 것으로) 궁지에 몰린 적군이 최후의 결전을 준비하고 있는 것이다.

장수가 간곡하고 은근하게 달래고, 병사들에게 천천히 말하는 것은 병사들의 마음을 잃은 것이다. 적장이 자주 상을 내리는 것은 궁색한 처지에 놓여 병사들이 이반하는 것을 두려워하는 것이다. 자주 벌을 주는 것은 병사들이 곤궁하고 피폐해서 처벌로 독려하는 것이며, 두 번 세 번 돌아보는 것은 병사들이 도망가 대오가 질서를 잃은 것이다.

적이 사자를 보내 폐백을 바치고 사례하는 것은 (적의 세력이 곤궁하게 되어) 휴전을 바라고 있다는 뜻이며, 적군이 노기충천하게 쳐들어와서는 오래도록 접전하지도 않고 또 물러나지도 않고 대치하고 있다면, 적군의 진실한 의도가 무엇인지 꼼꼼하게 살펴야 한다. 〔출전: 『손자병법』「행군편」〕

故曰: 敵近而靜者, 恃其險也; 敵遠而挑(人)[戰]者, 欲人之進也.

衆樹動者, 來也; 衆草多障者, 疑也; 鳥起者, 伏也; 獸駭者, 覆也; 塵卑而廣者, 徒來也; 散而條(遠)[達]者, 薪來也; 少而往來者, 營軍也; 辭卑而益備者, 進也; 辭强而進驅者, 退也. 無約而請和者, 謀也; 半進半退者, 誘也.

杖而立者, 饑也; 汲而先飮者, 渴也; 見利不進者, 勞也. 鳥集者, 虛也; 夜呼者, 恐也; 軍擾者, 將不重也; 旗動者, 亂也; 吏怒者, 倦也.

粟馬食肉, 軍無懸缶, 不(及)[反]其舍者, 窮寇也. (淳淳)[諄諄]翕翕, 徐言入入者, 失其衆也. 數賞者, (害)[窘]也; 受罰者, 困也; 數顧者, 失其羣也.

來委謝者, 欲休息也. 兵怒而相近, 久而不合, 又不相去, 必謹察之.

적군이 먼 길을 달려와 막 도착해서 대오가 안정되지 않고 진을 치지도 못했다면, 적을 공격할 수 있다. 진영을 세우고 배치를 정했으나 병사와 말이 아직 밥을 먹지 못했을 때는 공격할 수 있다. 먼 길을 달려와서 뒤의 행렬이 미처 휴식을 취하지 못했다면 공격할 수 있다.

적군이 산비탈 지대를 행군하면서 병력의 반쯤은 빠져나오지 못하고 나머지 반은 노출되어 있을 때는 공격할 수 있다. 물을 건널 때 절반쯤 건넜으면 공격할 수 있다. 험하고 좁은 길을 행군하고 있을 때 공격할 수 있다.

군기(軍旗)가 어지럽게 휘날리면 공격할 수 있고, 적군이 진을 자주 옮기면 공격할 수 있으며, 병사들과 말이 자주 주위를 돌아본다면 공격할 수 있다.

이와 같은 경우에는 곧바로 공격해야 하며, 의심을 품지 말아야 한다. 〔출전: 『오자』 「요적(料敵)」〕

敵[遠]來新到, 行陣未定, 可擊也; 陣雖定, 人馬未食, 可擊也; 涉長道, 後行未息, 可擊也; 行坂涉險, 半隱半出, 可擊也; 涉水半渡, 可擊也; 險道狹路, 可擊也; 旌旗亂動, 可擊也; 陣數動移, 可擊也; 人馬數顧, 可擊也.

凡見此者, 擊之而勿疑.

그러나 전쟁이란 거짓으로 적을 속이는 방도이다. 능력이 있으면서도 능력이 없는 것처럼 보이고, 쓸 수 있으면서도 쓰지 못하는 것처럼 보여준다. 〔출전: 『손자병법』 「계편」〕

그래서 옛적에 흉노가 고의로 약세를 보였는데 한고조 유방이 이를 잘못 알고 덤볐다가 평성(平城)에서 포위되어 곤욕을 치렀고, 석륵(石勒)이 일부러 예봉을 감추었는데도 왕준(王浚)이 실정을 모르고 공격에 나섰다가 유주에서 함정에 빠졌으니, 바로 속임수에 걸려든 대표적인 사례이다. 어찌 신중하게 살피지 않을 수 있겠는가? 〔조유의 말〕

然兵者, 詭道也; 能而示之不能, 用而示之不用.

故匈奴示弱, 漢祖有平城之圍; 石勒藏鋒, 王浚有幽州之陷; 卽其效也. 可不愼哉?

제53편 세략(勢畧)

형세 판단

손자는 말한다. "용맹함과 겁냄은 기세요, 강함과 약함은 형세다."

또 말한다. "물의 성질은 부드럽고 약하지만, 물을 격동시키면 그 세찬 흐름이 바위조차 떠내려가게 하는 것은, 바로 기세이다." 〔출전: 『손자병법』「병세편(兵勢篇)」〕

어떻게 이를 입증할 수 있는가? 〔조유의 말〕

孫子曰: "勇怯, 勢也; 强弱, 形也."

又曰: "水之弱, 至于漂石者, 勢也." 何以明之?

예전에 조조가 장로(張魯)를 토벌하고 한중을 평정했다. 이때 유엽(劉曄)이 진언했다. "명공께서는 보졸 5천 명으로 동탁을 토벌해 죽이고, 북쪽으로 원소를 쳐부수고 남쪽으로 유표(劉表)를 정벌해서 중국의 9주와 백군(九州百郡) 가운데 10분의 8을 차지하였으니, 그 위엄이 천하에 진동하고 위세는 나라 밖까지 떨치고 있습니다. 이제 한중마저 차지하니 촉 땅의 백성들은 풍문만을 듣고도 놀라, 성채를 지켜내지 못할까 두려워 벌벌 떨고 있습니다. 이런 형편이니 바로 여기에서 곧장 밀고 나간다면, 격문 몇 장만 전해도 촉 땅을 평정할 수 있을 것입니다.

유비는 뛰어난 인물로 지혜는 있으나 결단을 내리지 못하고 주저합니다. 또 촉 땅을 수중에 넣은 지 얼마 되지 않아 촉 땅의 백성들이 아직 마음으로 믿고 의지하지 않습니다. 명공께서 이제 한중을 평정하자 촉나라 사람들이 두려워 떨고 있으니, 그 형세는 저절로 무너지게 되어 있습니다. 귀신과 같은 공의 총명함으로 이미 기울고 있는 형세를 틈타 압박을 가하면 무너뜨리지 못할 것이 어디 있겠습니까?

그러나 기세를 조금만 늦추어준다면 일을 그르치게 됩니다. 치국의 도리에 밝은 제갈공명이 재상이 되어 나라를 다스리고 있고, 관우와 장비의 용맹은 삼군을 통 털어도 으뜸인데 그들이 장군이 되어, 촉나라를 일단 안정시키고 험준한 지형에 의지해서 요충지를 지킨다면 함부로 건드릴 수 없습니다. 지금 바로 공격해서 빼앗지 않는다면 반드시 나중에 근심거리가 될 것입니다." 조조는 유엽의 간언을 받아들이지 않았다.

그 후 이레 동안 머물고 있는데, 촉의 병사들이 잇따라 투항해 와서 말했다. "촉의 군중에서는 하루에도 수십 번씩 소동이 벌어지고 있습니다. 유비가 명을 내려 목을 베어도 금하지 못하고 있습니다." 이런 말을 듣고 조조가 유엽을 불러 물었다. "지금이 오히려 공격할 만하지 않겠는가?" 유엽이 대답했다. "지금은 이미 조금 안정되었습니다. 아직은 공격할 때가 아닙니다."〔출전: 『삼국지』 권14 「유엽전

(劉曄傳)」〕

또 조조가 여포를 토벌하러 가서 하비에 이르렀다. 싸움에 진 여포가 하비성으로 물러나 굳게 지키기만 하니, 여러 차례 공격해도 성을 함락시키지 못했다. 조조는 철수하려고 했다. 이때 순유(荀攸)가 건의했다. "여포는 용맹하지만 지모가 없습니다. 이제 세 번을 싸워 세 번 모두 패했으니 예기가 한풀 꺾였습니다. 삼군은 장수를 주인으로 삼고 있는데, 장수의 기세가 꺾이면 병사들은 분발해서 싸울 의지가 없게 됩니다. 또 진궁(陳宮)은 지모는 있지만 우유부단해서 주저하고 있습니다. 지금 여포의 기세가 아직 회복되지 않았고 진궁도 계책을 정하지 못했으니, 신속히 진격해서 공격하면 여포를 사로잡을 수 있을 것입니다."

이에 조조는 기수(沂水)와 사수(泗水)의 물을 끌어들여 하비성을 물에 잠기게 했다. 마침내 성이 무너지고 여포를 사로잡았다. 〔출전: 『삼국지』 권10 「순유전(荀攸傳)」〕

이로써 보면, 당시와 같은 상황이 되면 제갈량의 지혜와 진궁의 계략, 여포의 용맹 그리고 관우와 장비의 굳셈도 아무 소용이 없는 것이다.

이를 일러 "용맹함과 겁냄은 기세에 달린 것이며, 강하고 약한 것은 형세에 달린 것"이라고 한다. 〔조유의 말〕

昔曹公征張魯, 定漢中. 劉曄說曰: "明公以步卒五千, 討誅董卓, 北破袁紹, 南征劉表, 九州百郡, 十并其八, 威震天下, 勢慴海外. 今擧漢中, 蜀人望風, 破膽失守, 推此而前, 蜀可傳檄而定也.

劉備, 人傑也, 有智而遲, 得蜀日淺, 蜀人未附. 今破漢中, 蜀人震恐, 其勢自傾. 以公之神明, 因其傾而壓之, 無不剋也.

若小緩之, 諸葛亮明于理而爲相, 關羽,張飛勇冠三軍而爲將, 蜀人旣定, 據險守要, 則不可犯也. 今不取, 必爲後憂." 曹公不從.

居七日, 蜀降者說,: "蜀中一日數十驚, 備斬之而不能禁也." 曹公延問曄曰: "今尙可擊否?" 曄曰: "今已小定, 未可擊也."

又太祖征呂布, 至下邳, 布敗固守城. 攻不拔, 太祖欲還. 荀攸曰: "呂布勇而無謀, 今三戰皆北, 其銳氣衰. 三軍以將爲主, 主衰則軍無奮意. 夫陳宮有智而遲, 今及布氣之未復, 宮謀之未定, 進急攻之, 布可拔也." 乃引沂,泗灌城, 城潰, 生擒布.

以此觀之, 當是時, 雖諸葛之智, 陳宮之謀, 呂布之勇, 關,張之勁, 無所用矣. 此謂, "勇怯, 勢也; 强弱, 形也."

그러므로 용병에는 세 가지 세(三勢)가 있다. 〔원주: 삼세란 첫째는 기세요, 둘째는 지세요, 셋째는 인세(因勢)이다.〕〔출전: 『회남자』「병략」〕

그러므로 전쟁을 잘하는 사람은 승리를 항상 유리한 형세에서 찾는다. 〔출전: 『손자병법』「병세편」〕

유리한 형세가 오면, 역이기는 제왕 전광을 찾아가 부드러운 얼굴로 설득하는 것만으로 제나라의 70여 개 성을 항복시켰고, 사석(謝石)은 비수(淝水)를 건너가 전진(前秦) 부견(符堅)의 백만 대군을 깨뜨릴 수 있었다. 그러나 대세가 지나가 버리면 항우의 산을 뽑는 기세로도 우희를 앞에 두고 헛되이 눈물을 흘릴 수밖에 없었고, 전횡(田橫)은 바다를 짊어질 웅지를 지녔으나 스스로 목숨을 끊을 수밖에 없었다. 〔출전: 미상. 조유의 말로 추정〕

그러므로 말한다. "싸워 이기는 군대의 위세를 타면 병사의 투지는 백배로 불타오르고, 패배하는 군대가 되면 병사들의 사기는 다시 회복시킬 수 없다." 〔출전: 『한서』 권49 「조조전」〕

그러므로 이르기를 "물은 부드럽고 약하지만, 물을 격동시키면 그 기세는 바위조차 떠내려 보낼 수 있다."고 한다. 〔출전: 『손자병법』 「병세편」〕

이상은 유리한 형세를 만들어 승리를 얻는 전략의 요체이다. 〔조유의 말〕

故兵有三勢. ［原注; 夫兵有三勢, 一曰氣勢, 二曰地勢, 三曰因勢.］ 善戰者恒求之于勢.

勢之來也, 食其緩頰, 下齊七十餘城; 謝石渡淝, 催秦百萬之衆. 勢之去也, 項羽有拔山之力, 空泣虞姬; 田橫有負海之强, 終然刎頸.

故曰: 戰勝之威, 人百其倍; 敗兵之卒, 沒世不服. 故, "水之弱, 至于漂石."

此勢畧之要也.

제54편 공심(攻心)

마음을 공격해서 빼앗아라

손자는 말한다. "마음을 공격하여 얻는 것이 상책이고, 성을 공격하여 함락시키는 것은 하책이다." 〔출전: 현행 『손자병법』에는 이 문장이 없다. 『태평어람』 권282에서 『전국책』 및 이 문장을 인용했는데, 이를 손빈의 말이라 했다.〕

어떻게 이를 입증할 수 있는가, 아래에서 살펴보자. 〔조유의 말〕

孫子曰: "攻心爲上, 攻城爲下." 何以明之?

전국시대에 어떤 사람이 제나라 왕에게 이렇게 유세했다. "적국을 정벌하는 방략에서 그 마음을 공격하는 것이 상책이고, 성을 공격하는 것은 하책입니다. 심리전으로 승리하는 것이 상책이며, 무력으로 승리를 얻는 것은 하책입니다. 그러므로 옛 성인들은 적국을 토벌하거나 적을 공격할 때, 먼저 그들의 마음을 공격하여 복종시키는 것을 가장 긴요한 일로 여겼습니다. 무엇을 '마음을 공격하는 것'이라고 합니까? 그들이 마음으로 믿고 의지하는 바를 끊어버리는 것을 일러 공심이라 합니다.

지금 진나라가 마음으로 믿는 바는 연나라와 조나라입니다. 대왕께서는 마땅히 연나라와 조나라의 힘을 거두어들여야 합니다. 그리고는 연나라와 조나라의 왕에게 진나라의 실속 없고 헛된 말을 믿지 말도록 설득하면서, 조나라와 연나라에게 실질적인 이익을 준다면 그들은 반드시 마음을 돌려 진나라 편에서 떠날 것입니다. 이것이 바로 이른바 마음을 공격해 얻는다는 것입니다." 〔출전: 『전국책』 일문, 『태평어람』 권282에서 인용해 수록함〕

戰國時, 有說齊王曰: "凡伐國之道, 攻心爲上, 攻城爲下; 心勝爲上, 兵勝爲下. 是故聖人之伐國攻敵也, 務在先服其心.

何謂攻其心? 絕其所恃, 是謂攻其心也. 今秦之所恃爲心者, 燕, 趙也, 當收燕,趙之權. 今說燕,趙之君, 勿虛言空辭, 必將以實利以廻其心, 所謂攻其心者也."

패공 유방이 서쪽으로 진격해 무관(武關)으로 들어가고 나서, 2만 명의 군사를 이끌고 요관(嶢關)을 지키는 진나라 군을 공격하려고 했다. 장량이 말했다. "진나라 군대는 여전히 강성하니, 가볍게 보고 대적해서는 안 됩니다. 신이 듣기에 저쪽의 장수들은 백정의 아들과 장사꾼 출신이라 하니, 이익으로 쉽게 움직일 수 있을 것입니다. 원컨대 패공께서는 잠시 진영에 머물러 계시면서 먼저 사람을 보내 5만 명이 먹을 수 있는 음식을 준비시키고, 동시에 여러 산봉우리에 수많은 깃발을 꽂아 의병(疑兵)을 가장하십시오. 그러는 한편으로 역이기로 하여금 많은 보물을 갖고 가서 진나라 장수를 매수하도록 하십시오." 과연 진나라 장수들은 진을 배반하고 유방과 연합해서 함께 서쪽으로 함양을 습격하겠다고 했다.

유방이 이들의 말을 따르려고 하자 장량이 다시 말했다. "이는 단지 장수들이 배반한 것뿐이고, 아마도 병사들은 따르지 않을 것입니다. 병사들이 명령을 따르지 않으면 반드시 위태롭게 됩니다. 저들의 태세가 해이해진 틈을 기다려 습격하는 것이 더 나을 것입니다." 그 후 패공이 기회를 보아 군사를 이끌고 급습해서, 진나라 군대를 크게 깨뜨렸다. 〔출전: 『사기』 권55 「유후세가(留侯世家)」〕

이것이 바로 '공심'의 좋은 예이다. 〔조유의 말〕

沛公西入武關, 欲以二萬人擊秦嶢關下軍, 張良曰: "秦兵尙强, 未可輕也. 臣聞其將屠子,賈豎易動以利. 願沛公且留壁, 使人先行, 爲五萬人具食, 益張旗幟諸山之上, 爲疑兵, 今酈食其持重寶啗秦將." 秦將果欲連和俱西襲咸陽, 沛公欲聽之.

良曰: "此獨其將欲叛, 士卒恐不從. 不從必危, 不如因其懈擊之." 沛公乃引兵擊秦軍, 大破之.

此攻心者也.

제55편 벌교(伐交)

외교로 쳐라

손자는 말한다. "용병을 잘 하는 자는 적과 외교관계를 맺은 나라들이 합쳐 서로 돕지 못하도록 한다." 〔출전: 『손자병법』「구지편」〕

무엇으로 이를 입증할 수 있는가? 〔조유의 말〕

孫子曰: "善用兵者, 使交不得合." 何以明之?

춘추시대에 초나라의 막오(莫敖, 춘추시대의 관직명)가 이(貳)·진(軫) 등과 맹약을 맺으려 할 때, 운(鄖)나라 군대가 포소(蒲騷)에 주둔하면서 수(隨), 교(絞), 주(州), 료(蓼) 등 네 나라와 연합해서 초나라 군대를 공격하려 했다. 막오가 이를 근심하자 투렴(鬪廉)이 말했다. "운나라 군사들은 자기 나라 근교에 주둔했기 때문에 반드시 경계하는 마음이 없을 것입니다. 또 날마다 네 나라의 군대가 오기를 바랄 것이니, 임금께서는 영(郢)의 교외에 주둔하면서 네 나라의 군대를 막으십시오. 신은 정예병을 이끌고 밤중에 운나라를 공격하겠습니다. 운 사람들은 네 나라 군대를 기다리는 마음이 있고 또 성채에 의지하기 때문에, 싸우려는 마음이 별로 없을 것입니다. 만약 운나라의 군대를 패배시킨다면 네 나라 군대도 반드시 뿔뿔이 흩어질 것입니다."

막오는 이 계책을 따라 그대로 실행했고, 마침내 운나라 군대를 포소에서 무찔렀다. 〔출전: 『좌전』「환공(桓公) 11년」〕

昔楚莫敖將盟貳,軫. 鄖人軍于蒲騷, 將以隨,絞,州,蓼伐楚師. 莫敖患之. 鬪廉日: "鄖人軍于其郊, 必不誡, 且日虞四邑之至. 君次于郊郢, 以禦四邑, 我以銳士宵加于鄖. 鄖有虞心而恃其城, 莫有鬪志. 若敗鄖師, 四邑必離."

莫敖從之, 遂敗鄖師于蒲騷.

한 선제(宣帝) 때에, 선령(先零, 한나라 때 강(羌)족의 일파)이 한(罕)과 개(开)등 다른 강족과 오랜 원한을 해소하고, 연합해서 한나라를 침입했다. 선제가 명을 내려 조충국(趙充國)에게 먼저 한과 개를 토벌하라고 했으나, 조충국은 현지의 상황을 근거로 황제의 명령을 따르지 않았다.

그러고는 글을 올려 말했다. "강족 오랑캐인 선령이 반란을 꾀하면서 먼저 한, 개와 화해한 것은 배후의 걱정을 해소하려는 것이지만, 아직도 내심으로는 한나라 군대가 도착하게 되면 한과 개가 배신하지나 않을까를 걱정하지 않을 수 없을 것입니다. 신이 생각하기에 선령의 계책은 만일 한과 개 부족이 위급한 형편에 처하면 달려가 그들을 구원하겠다는 것이니, 우리가 한과 개를 공격하는 것은 그들의 동맹을 더욱 견고하게 만들 뿐입니다. 우리가 먼저 한이나 개 부족을 공격하면 선령은 반드시 그들을 지원할 것입니다.

지금 오랑캐들은 말을 잘 먹이고 식량과 목초도 풍족하게 비축해 놓아 사기가 왕성하니, 섣불리 공격했다가 치명타를 가하지 못할까 걱정됩니다. 잘못되면 선령으로 하여금 한과 개 부족에게 은혜를 베풀 기회를 주어, 그들의 맹약을 더욱 견고하게 하고 더욱 단결토록 만들 것입니다. 오랑캐들의 동맹이 더욱 견고해지면 그들을 토벌하는데 몇 배의 힘을 더 쏟아야 할 것이며, 이 때문에 나라가 지게 될 부담은 십수 년에 걸쳐 이어지고, 이삼 년 안에는 해소되지 않을 것입니다.

그렇기 때문에 가장 먼저 선령을 공격하여 깨뜨린다면, 한과 개 등 다른 부족들은 굳이 출병하지 않아도 복종해올 것입니다." 선제는 그의 말에 따랐고, 과연 계책대로 이루어졌다. 〔출전: 『한서』 권69 「조충국전(趙充國傳)」〕

조조가 처음 관중을 정벌하러 갔을 때, 매번 적군이 한 부대씩 도착할 때마다 기뻐하는 기색을 보였다. 관중을 무찌르고 난 뒤 여러 장수들이 그 까닭을 물으니, 조조가 말했다. "관중은 길이 먼 곳인데, 만약 적들이 각자 험준한 요새에 의지한 채 지키고 있었다면, 이를 정벌하는데 일이 년으로는 평정할 수 없었을 것이오.

그런데 그들이 모두 와서 집결했고, 또 비록 숫자는 많았지만 서로 따르고 복종하지 않았으며 또 전군을 지휘하는 주장이 없었소. 그래서 일거에 전멸시킬 수 있었고, 또 공격도 비교적 용이했던 것이오. 나는 그 때문에 기뻐했던 것이오." 〔출전: 『삼국지』 권1 「무제기(武帝紀)」〕

속담에 이르기를 “다리를 서로 묶어놓은 닭들을 하나의 횃대에 한꺼번에 올릴 수 없으나, 하나하나씩 떼어 놓으면 풀 수 있다.”라고 했다.

조조는 이 이치를 깊이 터득했음이 틀림없다. 〔조유의 말. 『전국책』「진책1 진혜왕위한천자(秦惠王謂寒泉子)」의 구절을 인용함〕

이상은 동맹을 깨뜨리는 ‘벌교’의 이치이다. 〔조유의 말〕

漢宣帝時, 先零與罕,介羌解仇, 合黨爲寇. 帝命趙充國先誅罕,介, 充國守便宜, 不從. 上書曰: “先零羌虜欲有背叛, 故與罕,介解仇, 然其私心不能(忘)[亡]恐, 漢兵至而罕,介背之也. 臣愚以爲其計常欲赴罕,介之急, 以堅其約, 先擊罕羌, 先零必助之.

今虜馬肥, 粮方饒, 擊之恐不能傷害, 適使先零得施德于罕羌也, 堅其約, 合其黨. 虜交堅黨合, 誅之用力數倍, 臣恐國家憂累由十數年, 不二三歲而已. 先誅先零, 則罕,介之屬不煩兵服矣.” 帝從之, 果如策.

魏太祖初伐關中賊, 每一部到, 太祖輒喜. 賊破之後, 諸將問其故. 太祖曰: “關中道遠, 若各依險阻, 征之, 不一二年不可定也.

今皆來集, 衆雖多, 莫能相服, 軍無適主. 一擧可滅, 爲攻(羌)[差]易, 吾是以喜.”

語曰; “連鷄不俱棲, 可離而解”, 曹公得之矣.

此伐交者也.

제56편 격형(格形)

적이 아끼는 곳을 공격하라

손자는 말한다. "적이 안정되어 있으면 동요하도록 만들어야 한다." 또 말한다. "(그렇게 만들려면) 반드시 적군이 달려와 구원해야할 요충지를 공격해야 한다." 〔출전: 『손자병법』「허실편(虛失篇)」〕

어떻게 이를 증명할 수 있는가? 〔조유의 말〕

孫子曰: "安能動之." 又曰: "攻其所必趨." 何以明之?

옛적에 초나라 임금이 군대를 끌고 와서 송(宋)나라를 포위하니, 송나라 임금이 진(晉)나라에 위급함을 고했다. 진의 호언(狐偃)이 말했다. "초나라가 이제 막 조(曹)나라를 얻고 위(衛)나라와 새로 혼인을 맺었으니, 우리가 조와 위나라를 치면 초나라는 반드시 이들을 구원할 것입니다. 그렇게 되면 제와 송나라는 초의 핍박에서 벗어날 것입니다." 과연 호언의 계책대로 되었다. 〔출전: 『좌전』「희공 27년」〕

전국시대에 위나라가 조나라를 공격하자 조나라는 급히 제나라에 구원을 요청했다. 제나라 위왕(威王)은 전기(田忌)를 장군으로 임명하고, 손빈(孫臏)을 군사로 삼아 치거(輜車, 휘장 친 수레)에 앉아 계책을 내도록 했다. 전기가 군사를 이끌고 조나라로 가려고 하자 손빈이 말했다. "어지럽게 엉킨 실을 풀려고 할 때는 주먹을 말아 쥐어서는 안 되고, 싸움을 말리려고 할 때는 그 사이에 끼어들어 주먹다짐을 해서는 안 됩니다. 급소를 치고 빈틈을 찔러 더 이상 싸울 수 없도록 저지하고 압박하면, 분규는 저절로 풀리게 됩니다.

지금 위나라가 조나라로 쳐들어가 싸우고 있으니, 날쌘 정예병들은 모두 나라 밖으로 나가 싸움터에 있고 노인과 쇠약하고 지친 자들만 나라 안에 남아 있을 것입니다. 그러니 장군은 전군을 이끌고 신속하게 위나라의 수도 대량(大梁)으로 쳐들어가서 주요 길목을 점거하고 위나라 후방의 방비가 허술한 곳을 노려 치십시오. 그러면 저들은 반드시 조나라에 대한 공격을 멈추고 자기 나라를 구하러 올 것입니다.

우리는 한 번의 출병으로 조나라에 대한 포위를 풀고 위나라를 피폐하게 만들 수 있습니다." 전기는 손빈의 계책을 따랐고, 위나라는 과연 한단에서 물러났다. 〔출전: 『사기』 권65 「손자오기열전」〕

昔楚子圍宋, 宋公使如晉告急. 晉狐偃曰: "楚始得曹而新婚于衛, 若伐曹,衛, 楚必救之, 則齊,宋免矣." 果如其計.

魏伐趙, 趙急, 請救于齊. 齊威王以田忌爲將, 以孫臏爲師, 居輜車中爲計謀. 田忌欲引兵之趙, 孫子曰: "夫解雜亂糾紛者不控拳, 救鬪者不搏撠, 批亢擣虛, 形格勢禁, 則自爲解耳. 今梁,趙相攻, 輕兵銳卒必竭于外，老弱疲于內. 君不若引兵疾走大梁，據其街路，衝其方虛，彼必釋趙而自救. 是我一擧解趙之圍而弊于魏也." 田忌從之，魏果去邯鄲.

조조가 동군(東郡)의 태수로 임명되어 동무양(東武陽)을 다스리며 군대를 돈구(頓丘)에 주둔시켰다. 흑산(黑山)의 산적 우독(于毒) 등이 동무양을 공격했다. 조조가 곧 병사들을 이끌고 서쪽으로 흑산에 쳐들어가 우독의 본거지를 공격하려고 했다. 그러나 많은 장수들은 서쪽으로 가기보다는 군대를 돌려 당연히 동무양을 구해야 한다고 생각했다.

조조가 말했다. "옛날 손빈은 조나라를 구원하기 위해 오히려 위나라를 공격했고, 경엄은 서안으로 가기 위해 오히려 임치를 공격했다. 내가 서쪽으로 가고 있다는 소식을 듣게 되면 도적들은 반드시 군대를 돌려 구하러 올 것이니, 동무양에 대한 공격은 저절로 해소될 것이오. 만일 철수하지 않는다면 나는 도적의 소굴을 소탕할 수 있지만, 도적은 동무양을 취할 수 없을 것이오." 그리고 그대로 실행했다.

우독이 이 소식을 듣자, 과연 곧바로 동무양을 포기하고 군대를 돌렸다. 조조는 기다렸다가 맞아 쳐 크게 무찔렀다. 〔출전: 『삼국지』 권1 「무제기」의 주에서 인용한 『위서(魏書)』〕

관우가 번성(樊城)과 양양(襄陽)을 포위하자, 조조는 헌제가 허창에 있어 적과 가까운 거리였으므로 수도를 옮기려고 했다. 사마의와 장제(蔣濟)가 조조에게 이렇게 건의했다. "유비와 손권은 겉으로는 친하지만 속으로는 소원합니다. 관우가 뜻한 대로 다 얻는 것을 손권은 결코 원하지 않을 것입니다. 사자를 보내 손권에게 그 배후를 습격하도록 하고, 장강 이남을 떼어 손권에게 봉지로 나눠 준다면, 번성에 대한 포위는 저절로 풀릴 것입니다."

조조가 이 계책을 따라 그대로 실행했고, 마침내 관우는 사로잡히게 되었다. 〔출전: 『삼국지』 권14 「장제전(蔣濟傳)」〕

又曹操爲東郡太守, 治東武陽, 軍頓丘. 黑山賊于毒等攻東武陽. 太祖欲引兵西入山, 攻毒本屯, 諸將皆以爲當還自救.

曹操曰: "昔孫臏救趙而攻魏, 耿弇欲走西安攻臨菑. 使賊聞我西而還, 則武陽自解; 不還, 我能破虜家, 虜不能拔武陽必矣." 乃行. 毒聞之, 果棄武陽還. 曹操要擊, 大破之.

初, 關侯圍(楚)[樊],襄陽, 曹操以漢帝在許, 近賊, 欲徙都. 司馬宣王及蔣濟說曹操曰: "劉備,孫權外親內疎, 關侯得志, 權必不願也. 可遣人勸[權]躡其後, 許割江南以封權, 則樊圍自解." 曹操從之, 侯遂見擒.

이상은 바로 '적이 가장 아끼는 곳을 공격하면, 반드시 적을 동요시킬 수 있다.'는 말이다. 〔출전: 미상. 『손자병법』 「구지편」에 '奪其所愛, 則聽矣'라는 비슷한 구절이 있다.〕

그러므로 전쟁을 잘해서 승리하는 장수는 지혜로운 명성이 드러나지 않고, 용맹한 무공을 내세우지 않는다. 〔출전: 『손자병법』 「군형편(軍形篇)」〕

서릿발 같은 칼날 앞에서 승리를 다투지 않고, 이미 잘못을 저지른 후에 뒤 늦게 방비하지 않는다. 〔출전: 『육도』 「용도, 군세(軍勢)」〕

바로 이를 두고 하는 말이다. 〔조유의 말〕

此言, "攻其所愛, 則動矣." 是以善戰者無知名, 無勇功; 不爭白刃之前, 不備已失之後.

此之謂矣.

제57편 사세(蛇勢)

뱀과 같은 진형

속담에 이르기를 "병사들을 흩어져 도망가기 좋은 곳, 산지(散地)에 두면 가까운 친척간이라도 서로 먼저 도망가느라 돌볼 겨를이 없고, 한 배에 태워 풍랑이 거센 물을 건너게 하면 사이가 나쁜 호와 월나라 사람일지라도 어찌 서로 다른 마음을 품을까 걱정하겠는가?"라고 한다. 〔출전: 왕필의 『주역약해(周易略解)』「명효통변(明爻通變)」〕

손자는 말한다. "용병을 잘한다는 것은 비유하자면 전설상의 뱀인 '솔연'과 같이 하는 것이다." 〔출전: 『손자병법』「구지편」〕

어떻게 이를 설명할 것인가? 〔조유의 말〕

語曰: "投兵散地, 則六親不能相保; 同舟而濟, 胡,越何患乎異心?" 孫子曰: "善用兵者, 譬如率然." 何以明之?

한나라 선제 때에, 강(羌)족 오랑캐인 선령이 배반하자 선제는 조충국에게 정벌을 명령했다. 군사를 이끌고 선령이 머물고 있는 곳에 이르렀다. 적은 오래 동안 주둔했던 탓인지 기강이 해이해졌고 한 나라의 대군을 보자 전차와 치중을 버려두고 황수(湟水)를 건너 후퇴하려 했다. 그들이 후퇴해 가는 길은 좁고 험한 지형이었다. 조충국은 서서히 행군하며 그들을 추격했다. 어떤 사람이 말하기를 전리품을 탐내어 일부러 더디게 가는 것이라고 했다. 조충국이 설명했다. "저들은 궁지에 몰린 도적이니 지나치게 핍박해서는 안 된다. 서서히 늦추어주면 저들은 뒤도 돌아보지 않고 도망가겠지만, 급하게 추격하면 돌아서서 죽기를 각오하고 싸우려 할 것이다." 이 말을 듣자 장수들이 모두 끄덕였다. "그렇군요."

과연 오랑캐들은 황수를 건너다가 빠져 죽은 자만 수백 명이었고, 이때 공격해서 크게 무찔렀다. 〔출전: 『한서』 권69 「조충국전」〕

원상(袁尙)이 조조에게 패하고 요동으로 도망갔는데, 여전히 수천 명의 병사를 거느리고 있었다. 본래 요동태수 공손강(公孫康)은 근거지가 멀리 외진 곳에 있음을 믿고 복종하지 않았다. 조조가 오환(烏丸)을 쳐서 무찌르게 되자, 몇몇 신하들이 의견을 내기를, 이 기세를 타고 곧장 요동을 정벌하면 원상 형제를 사로잡을 수 있다고 했다.

조조가 말했다. "내가 이제 공손강으로 하여금 원상과 원희(袁熙) 형제의 머리를 베어 보내도록 만들 것이니, 번거롭게 군사를 움직일 필요가 없소."

조조가 군대를 이끌고 돌아왔는데, 얼마 지나지 않아 과연 공손강이 원상, 원희 형제를 참수하고 수급을 보내왔다. 장수들 가운데 어떤 자가 의아해하며 물었다. "공께서는 군대를 돌려 돌아왔는데, 공손강이 원상과 원희의 머리를 베어 보냈으니, 이는 도대체 어떻게 된 까닭입니까?"

조조가 말했다. "공손강은 평소 원상과 원희를 두려워했다. 내가 급하게 핍박을 했으면 그들은 힘을 합쳤을 것이지만, 늦추어 주니 서로 뜻이 달라 싸우게 된 것이오. 형세가 당연히 그렇게 되어 있었던 것이다." 〔출전: 『삼국지』 권1 「무제기」〕

조조가 장수(張繡)를 정벌하러 갔을 때 순유가 말했다. "장수와 유표는 서로 의지하며 강한 세력을 이루었습니다. 그러나 장수는 근거도 없이 떠도는 병사들을 이끌고 유표에게 기대어 음식을 제공받고 있습니다. 유표가 언제까지나 그들을 먹여 살릴 수는 없으니, 형세로 보아 반드시 각자 갈라서게 될 것입니다. 군사행동을 늦추고 기다리시면, 하나씩 유인해서 토벌할 수 있을 것이지만, 급하게 핍박하면 그들은 서로 상부상조할 것입니다."

그러나 조조는 이 건의를 따르지 않고 양성(穰城)으로 진격해서, 장수와 싸웠다. 과연 유표가 구하러 달려와 조조군은 불리한 형세에 빠졌다. 〔출전: 『삼국지』 권10 「순유전(荀攸傳)」〕

漢宣帝時, 先零爲寇, 帝命趙充國征之. 引兵至先零所在, 虜久屯聚, 解弛, 望見大軍, 棄車重, 欲渡湟水. 道阨狹, 充國徐行驅之. 或曰逐利行遲.

充國曰: "此窮寇, 不可追也. 緩之則走不顧, 急之則還致死." 諸將校皆曰: "善." 虜果赴水溺死者數百, 于是破之.

袁尙旣敗, 遂奔遼東, 衆有數千. 初, 遼東太守公孫康恃遠不服, 曹公旣破烏丸, 或說公遂征之, 尙兄弟可擒也. 公曰: "吾方使康斬送尙,熙首, 不煩兵矣."

公引兵還, 康果斬送尙,熙, 傳其首. 諸將或問曰: "公還而康斬尙, 熙, 何也?" 公曰: "彼素畏尙,熙, (其)[吾]急之則并力, 緩之則自相圖, 其勢然也."

曹公征張繡, 荀攸曰: "繡與劉表相恃爲强, 然繡以游軍仰食于表, 表不能供也. 其勢必離, 不如緩軍以待之, 可誘而致也. 若急之, 則必相救." 曹操不從, 進至穰與繡戰, 表果救之, 軍不利矣.

그러므로 손자는 말한다. "용병을 잘 하는 자는 비유하건대 솔연(率然)과 같이 하는 것이다. 솔연이란 상산에 사는 뱀이다. 그 머리를 공격하면 꼬리가 달려들고, 꼬리를 공격하면 머리가 달려들고, 가운데 몸통을 치면 머리와 꼬리가 한꺼번에 달려든다."

어떤 사람이 물었다. "감히 묻는데, 군대를 솔연처럼 부릴 수 있습니까?" '손자'가 대답했다. "가능하다. 오나라와 월나라 사람들은 서로 미워하지만, 함께 같은 배를 타고 강을 건너다가 풍랑을 만나면 서로 구원하기를 왼손과 오른손이 서로 도우는 것처럼 한다. 그렇기 때문에 말을 묶어놓고 전차의 바퀴를 땅에 묻어 필사의 결의를 보여준다고 하더라도 의지하고 믿을 것이 못된다.

모든 병사들이 한마음이 되도록 결속시켜, 힘을 가지런하게 하고 용맹함을 하나로 만드는 것이, 군대를 지휘하는 도리이다." 〔출전: 『손자병법』「구지편」〕

바로 이를 두고 하는 말이다. 〔조유의 말〕

故孫子曰: "善用兵者, 譬如率然. 率然者, 常山之蛇. 擊其頭則尾至, 擊其尾則首至, 擊其中則首尾俱至."

或曰："敢問可使如率然乎?" 孫子曰："可矣. 夫吳人之與越人相惡, 當其同舟而濟, 則救如左右手. 是故放馬埋輪, 不足恃也; 齊勇若一, 政之道也."

此之謂矣.

〔참조〕 유인(劉寅)의 『손무자직해』는 '솔연'에 대해 이렇게 설명한다. 솔은 속(速), 빠르다는 뜻이니, 공격을 만나면 신속히 서로 대응함을 말하는 것이다. 옛날에 제갈량이 어복포(魚腹浦)의 평평한 모래 위에 돌을 쌓아 무늬를 만들어 종과 횡을 모두 여덟으로 했는데, 진(晉)나라의 환온(桓溫)이 이를 보고 말하기를 "상산에 있는 뱀의 형세이다." 라고 했다. 이것이 바로 구군(九軍)의 진법이다.

[率, 速也, 言遇擊則速然相應也. 昔諸葛亮於魚腹浦平沙之上, 壘石爲文, 縱橫皆八. 晉桓溫見之, 曰; 常山之勢. 此卽九軍陣法也.]

제58편 선승(先勝)

이겨놓고 싸워라

손자는 말한다. "용병을 잘 하는 장수는 먼저 적이 우리를 이길 수 없도록 유리한 조건을 만들어 놓고, 적에게 승리할 수 있는 기회를 기다린다." 〔출전: 『손자병법』「군형편」〕

어떻게 이를 입증할 수 있는가? 〔조유의 말〕

孫子曰: "善用兵者, 先爲不可勝, 以待敵之可勝."

何以明之?

동한 말 양주(凉州)에서 군사를 일으킨 왕국(王國)이 진창(陳倉)을 포위하자 황제는 황보숭(皇甫嵩)과 동탁을 대장으로 임명하고, 각자 2만 명의 병사를 거느리고 가서 토벌하도록 했다. 동탁은 신속히 진창으로 곧장 달려가려고 했으나, 황보숭은 동탁의 주장을 따르지 않았다. 동탁이 말했다. "지혜로운 사람은 지체하다가 때를 놓치지 않고,

용감한 자는 머뭇거리며 결단을 미루지 않는다고 합니다. 신속히 출전하면 진창을 보전할 수 있겠지만 구원을 늦추면 성은 함락되고 말 것입니다. 진창을 온전히 지키느냐, 멸망하고 말 것이냐가 바로 여기에 달려 있습니다."

황보숭이 말했다. "그렇지 않소. 백번을 싸워서 백번을 승리하는 것이, 싸우지 않고 적을 굴복시키는 것만 못한 것이오. 그렇기 때문에 먼저 적이 우리를 이길 수 없는 유리한 조건을 만들어 놓고, 적과 싸워 이길 수 있는 기회를 기다려야 하오. 적군이 우리를 이기지 못하도록 조건을 만드는 것은 우리 측에 달려 있고, 적과 싸워 이길 수 있는 조건은 적에게 달려 있는 것이오. 저들이 지키기만 하는 것은 승리할 수 있는 조건이 부족하기 때문이고, 우리가 공격에 나서는 것은 조건에 여유가 있기 때문이오.

조건에 여유가 있는 군대는 그 움직임이 구천의 하늘에서 떨어져 내리는 것과 같지만, 조건이 부족한 군대는 아홉 층의 깊고 깊은 구덩이에 빠져 있는 것과 같소. 지금 진창은 비록 작은 성이지만 수비가 견고해서 '아홉 층의 깊은 함정'에 빠진 것과 같은 곤경에 처하지 않았소. 왕국의 군대가 비록 강하지만, 우리가 가서 구하지 않아도 괜찮은 곳을 공격하고 있기 때문에 '구천의 높은 하늘에서 떨어지는 것'처럼 여유 있는 형세가 아니오.

'구천의 유리한 형세'가 아니면서 공격에 나선다면 공격하는 측이 해를 입을 것이고, '아홉 층의 깊은 함정'에 빠진 형세가 아니라면 성을 굳게 지키기만 해도 쉽게 함락되지 않을 것이오. 왕국은 이미 스스로 해를 입게 될 땅을 밟고 있고, 진창은 공격받아도 함락되지 않을 땅을 지키고 있으니, 우리가 굳이 번거롭게 군대를 출동시키지 않아도 전승의 공을 획득할 수 있을 것이오. 무엇 때문에 급히 달려가 구원할 필요가 있겠소." 끝내 동탁의 주장을 따르지 않았다.

왕국이 진창을 포위한 것이 겨울부터 이듬해 봄까지 80여 일이지만 성이 견고하고 수비가 완강해 끝내 성을 함락시키지 못했다. 반란군 병사들이 지쳐 감당하기가 어렵게 되자, 과연 스스로 포위를 풀고 물러났다. 황보숭은 이 기회를 틈타 군대를 진격시켜 후퇴하는 반란군을 공격하려 했다.

동탁이 제지했다. "진격하면 안 됩니다. 병법에 이르기를 '궁지에 몰린 적은 추격하지 말고, 퇴각하는 군대를 핍박하지 말라.'고 합니다. 지금 우리가 왕국을 추격하는 것은, 바로 후퇴하는 군대를 핍박하고 궁지에 몰린 적을 추격하는 것에 해당됩니다. 짐승도 궁지에 몰리면 싸우려 하고, 벌이나 전갈도 독침을 갖고 있는데, 하물며 저 많은 군사들이야 어떻겠습니까?"

황보숭이 말했다. "그렇지 않소. 내가 전에 공격하지 않았던 것은 적의 날카로운 기세를 피하려 했던 것이고, 지금 공격에 나선 것은 적이 피폐하기를 기다린 것이오. 저 피폐한 적군을 치는 것은 퇴각하는 군대를 추격하는 것이 아니요. 왕국의 군사들은 지금 도망갈 생각뿐 싸우려는 마음이 전혀 없소. 잘 정돈된 군대로 혼란에 빠진 군대를 공격하는 것은, 결코 궁지에 몰린 적을 치는 것이 아닌 것이오." 이에 황보숭은 단독으로 군대를 이끌고 왕국의 군대를 추격하고, 동탁으로 하여금 후방을 지키도록 했다.

황보숭은 연전연승했고, 왕국은 달아나다가 피살되었다. 동탁은 매우 부끄러워하면서, 한편으로 황보숭에게 깊은 원한을 품었다. 〔출전: 『후한서』 권71 「황보숭전(皇甫嵩傳)」〕

(梁)[凉]州賊王國圍陳倉, 乃拜皇甫嵩,董卓, 各率二萬人拒之. 卓欲速進赴陳倉, 嵩不聽. 卓曰: "智者不緩時, 勇者不留決. 速戰則城全, 不救則城滅. 全滅之勢, 在于此也."

嵩曰: "不然. 百戰百勝, 不如不戰而屈人之兵. 是以先爲不可勝, 以待敵之可勝. 不可勝在此, 可勝在彼. 彼守不足, 我攻有餘. 有餘者動于九天之上, 不足者陷于九地之下.

今陳倉雖小, 城守固備, 非九地之陷也. 王國雖强, 而攻我之所不救, 非九天之勢也. 夫勢非九天, 攻者受害; 陷非九地, 守者不拔. 國今已蹈受害之地, 而陳倉保不拔之城, 我可不煩兵動衆, 而取全勝之功, 將何救焉?" 遂不聽.

王國圍陳倉, 自冬迄春八十餘日, 城堅守固, 竟不能拔. 賊衆疲弊, 果自解去. 嵩進兵擊之, 卓曰: "不可. 兵法, 窮寇勿(迫)[追], 歸衆勿(追)[迫]. 今我追國, 是迫歸衆, 追窮寇也. 困獸猶鬪, 蜂蠆有毒, 况大衆乎?"

嵩曰: "不然. 吾前不擊, 避其銳也. 今而擊之, 待其衰也. 所擊疲師, 非歸(師)[衆]也. 國衆且走, 莫有鬪志. 以整擊亂, 非窮寇也." 遂獨進兵擊之, 使卓爲後拒. 連戰大破, 國走而死, 卓大慚恨.

청주의 황건적이 백만 대군을 이끌고 동평(東平)을 침입했다. 유대(劉岱)가 공격하려 하자 포영(鮑永)이 간언했다. "지금 적의 군사는 100만이고, 백성들은 모두 놀라 두려워하고 있으며, 우리 병사들도 싸우려는 의지가 없으니, 대적할 수 없습니다. 그렇지만 적군을 관찰해 보니 여러 무리들이 뒤섞여 끼리끼리 뭉쳐있고, 무기와 식량 등을 담당하는 보급 부대도 없이 오직 약탈에 의존하여 물자를 조달하고 있습니다.

그렇기 때문에 지금 우리는 병사들의 힘을 축적하고, 먼저 굳게 지키는 것이 더 나을 것입니다. 저들이 싸우려 해도 응하지 않고, 저들이 공격해도 아무 것도 얻을 수 없도록 지키고 기다리면, 저들의 기세는 반드시 이반되고 흩어질 것입니다. 그렇게 된 뒤에 정예병을 뽑아 요충지를 점거하고 일제히 공격을 가하면 깨뜨릴 수 있을 것입니다."

그러나 유대는 이 건의를 듣지 않고 공격에 나섰다가 크게 패했다. 〔출전: 『삼국지』 권1 「무제기」〕

위나라 장수 척발장(拓跋章, 뒤에 대왕(代王)이 됨)이 연나라의 업성(鄴城)을 공격했을 때 모용덕(慕容德, 뒤에 남연을 세움)이 군사를 이끌고 대적하여 위나라 군대를 크게 무찔렀다. 모용덕이 또 공격에 나서려고 하자 별가(別駕)인 한담(韓潭)이 나와 말했다. "옛날 한고조는 이르기를 '나는 차라리 지모로 싸울지언정, 힘으로 싸우지 않는다.'고 했습니다. 그래서 옛 사람들은 먼저 묘당에서 필승의 계책을 세워놓고서, 그 후에 나아가 싸웠습니다.

지금 대왕을 공격해서는 안 되는 이유가 네 가지가 있고, 우리 연이 마땅히 군대를 출동시키지 않아야 할 조건이 세 가지입니다. 위나라 군대는 고립된 군대로 멀리서부터 우리 경내로 깊숙이 쳐들어왔으니, 그들은 야전에 매우 유리한 조건을 갖추고 있습니다. 이것이 그들을 공격할 수 없는 첫 번째 이유입니다.

저들은 우리의 수도 가까이까지 쳐들어 왔으니, 이른바 죽기 살기로 싸우면 살아남고 분발하여 싸우지 않으면 전멸하는 '사지'에 들어와 있습니다. 이것이 공격해서는 안 되는 두 번째 이유입니다.

저들이 전면의 예봉은 이미 꺾였는데도 후군은 진영을 굳게 지키고 있으니, 공격해서는 안 되는 세 번째 이유입니다. 또 저들의 병력은 많고 우리의 병력이 적으니, 공격해서는 안 되는 네 번째 이유입니다.

지금 아군은 우리 경내에서 싸우니, 이른바 병사들이 쉽게 흩어져 도망가는 '산지'에 해당됩니다. 이것이 우리가 군사행동을 취하지 않아야 하는 첫 번째 이유입니다. 만일 공격에 나섰다가 승리를 거두지 못하면 병사들의 마음을 굳게 안정시키기 어려울 것이니, 이것이 두 번째 이유입니다. 성곽과 해자를 튼튼하게 수리하지 못해 적이 쳐들어올 경우 방비가 어려우니, 이것이 출동해서는 안 되는 세 번째 이유입니다.

이상은 모두 용병에 있어서 긴요한 관건입니다. 참호를 깊이 파고 장벽을 높이 세우고, 우리는 충분히 휴식하면서, 적군이 피로해지기를 기다려야 합니다. 저들은 천 리 밖에서 식량을 수송해 와야 하는데 들판에는 약탈할 것도 없습니다. 시간이 지나면 삼군이 먹을 식량이 떨어질 것이고, 그렇다고 무리하게 공격하면 많은 병사들이 상하게 될 것입니다. 또 군대가 오래 동안 외지에 머물면 안에서부터 틈이 생기게 됩니다. 이때 아군이 면밀하게 계책을 세워 일제히 공격하면 큰 승리를 거둘 수 있을 것입니다."

모용덕이 칭찬했다. "한별가의 계책은, 옛날 장량과 진평의 계략만큼이나 훌륭하오." 〔출전: 『진서』 권127 「모용덕재기(慕容德載記)」〕

이상은 먼저 필승의 조건을 만들어 놓은 후에 싸우는 전략의 대표적인 사례이다. 〔조유의 말〕

青州黃巾衆百餘萬(人)[入]東平, 劉岱欲擊之. 鮑永諫曰: "今賊衆百萬, 百姓皆震恐, 士卒無鬪志, 不可敵也. 觀賊衆羣輩相隨, 軍無輜重, 唯以抄掠爲資. 今若畜士衆之力, 先爲固守, 彼欲戰不得, 攻則不能, 其勢必離散. 然後選精銳, 旣據其要害, 擊之, 可破也." 岱不從, 果爲賊所敗.

(晉代王開)[魏將拓拔章]攻燕鄴城, 慕容德拒戰, 代師敗績. 德又欲攻之, 別駕韓潭進曰: "昔漢高祖云: '吾寧鬪智, 不能鬪力'. 是以古人先勝廟堂, 然後攻戰. 今代不可擊者四, 燕不宜動者三. 代懸軍遠入, 利在野戰, 一不可擊也. 深(敵兵)[入近]畿, 頓兵死地, 二不可擊也. 前鋒旣敗, 後軍方固, 三不可擊也. 彼衆吾寡, 四不可擊也.

官軍自戰其地, 一不宜動. 動而不勝, 衆心難固, 二不宜動. 隍池未修, 亂來無備, 三不宜動. 此皆兵機也. 深溝高壘, 以逸待勞. 彼千里饋粮, 野無所掠, 久則三軍靡(費)[資], 攻則衆旅多(弊)[斃]. 師老釁生, 詳而圖之, 可以捷也."

德曰: "韓別駕之言, 良平之策也."

此先勝而後戰者也.

제59편 위사(圍師)

적을 포위하는 방법

손자는 말한다. "적을 포위했을 때는 한쪽을 터 주어 도망갈 길을 열어 주어야 한다." 〔출전: 『손자병법』 「군쟁편(軍爭篇)」〕

어떻게 이를 입증할 수 있는가? 〔조유의 말〕

孫子曰: "圍師必闕." 何以明之?

황건적 한충(韓忠)이 완(宛)을 점거했을 때, 주준(朱儁)과 장초(張超) 등이 이를 포위하고, 영채를 세우고 토산을 높이 쌓아 완성을 마주 보고 대치했다. 북소리에 따라 성의 서남쪽을 공격하자 적의 모든 병사들이 달려와 성을 방어했다. 이때 성의 동북쪽을 기습하고 성벽을 타고 넘어 성으로 들어갔다. 한충은 퇴각해서 작은 성을 지키면서 투항을 청했다. 많은 장수들이 그의 투항을 받아주자고 했으나, 주준이 나서 반대했다.

"병법에는 겉으로 보기에는 형세가 같지만, 실제로는 전혀 그 내용이 다른 경우가 있다고 하오. 예전에 진나라의 폭정에 마저 항우가 기의했을 때는, 천하의 백성들이 어떤 특정한 군주를 따라 섬기지 않았기 때문에, 포상을 주어서라도 백성들이 귀부해오도록 권유했었소. 그러나 지금은 천하가 통일되었고 오직 황건적만이 반기를 들고 있는데, 이들을 용납하는 것은 사람들로 하여금 선을 행하도록 권하는 좋은 방법이 아니오. 이들을 토벌하는 것만이 악을 행한 자에 대한 징벌이 될 수 있소. 지금 저들을 어여삐 여겨 받아주는 것은 오히려 반란의 길을 다시 열어주는 것이 될 것이니, 적은 형세가 유리하다고 보면 나와 싸우고, 불리하다싶으면 투항을 청할 것이오. 적이 제멋대로 날뛰도록 내버려 두고 오래 끌도록 조장해주는 것은, 좋은 계책이 아닐 것이오."

이에 따라 급히 공격을 했으나 적군이 필사적으로 싸우는 바람에 이기지 못했다. 주준이 토산으로 올라가 성안의 상황을 관찰하고는 장초를 돌아보고 말했다. "내가 이제야 저들이 그렇게 필사적으로 싸우는 까닭을 알았소. 지금 적의 형세는, 성 밖은 사방이 물샐틈없이 포위되었고 성 안에서는 우리의 공격을 받고 있는데, 투항을 받아주지도 않고 탈출하려고 해도 나갈 길이 없으니 필사적으로 싸울 수밖에 없는 것이오. 만 명의 군사가 한 마음이 되어 싸워도 감당할 수가 없을 것인데, 하물며 십만 대군이 필사적으로 싸우는 데야 어쩔 수 있겠소?

공격하면 그 피해는 더욱 심각할 것이오. 포위를 풀어주고 군사들을 하나로 모아 성 안으로 들어가는 것이 더 낫겠소. 한충은 우리가 포위를 푸는 것을 보면 반드시 군사를 이끌고 싸우러 나올 것인데,

일단 밖으로 나오고 나면 적군의 투지도 흩어질 것이니, 바로 이것이 적을 쉽게 무찌를 수 방법이오."

포위를 풀어 주자 과연 한충을 군사를 이끌고 작은 성에서 나와 싸움을 걸어 왔고, 마침내 주준과 장초는 한충을 격파했다. 〔출전: 『후한서』 권71 「황보숭전」〕

조조가 호관(壺關)을 포위하고 명령을 내렸다. "성을 함락하면, 모두 산채로 매장하라." 몇 달이 지나도록 성을 함락할 수 없었다.

조인(曹仁)이 나아가 조조에게 말했다. "성을 포위할 때는 반드시 살아날 틈을 보여 주어야 한다고 하니, 이는 적에게 한 줄기 생로(生路)를 열어주는 것입니다. 지금 공께서 반드시 그들을 죽이라고 명령했으니 성안의 군사들은 자기 목숨을 지키기 위해서 용맹하게 싸우고 있습니다. 게다가 성은 견고하고 양식도 충분히 비축되어 있습니다.

무리하게 공격하면 우리 병사들이 많이 상할 것이고, 포위하고 지킨다면 오랜 시일이 걸릴 것입니다. 지금처럼 견고한 성 아래 병사들을 오래 동안 주둔시키며, 필사적으로 저항하는 적을 공격하는 것은, 좋은 계책이 아닙니다."

조조는 조인의 건의를 받아 들여 투항을 권유했고, 성안 군사들도 이에 투항했다. 〔출전: 『삼국지』 권9 「조인전(曹仁傳)」〕

이상은 적을 포위하는 법도이다. 〔조유의 말〕

黃巾賊韓忠據宛, 朱儁,張超圍之, 結壘, 起土山以臨城. 因鳴鼓攻其西南, 賊悉衆赴之; 乃掩其東北, 乘城而入. 忠退保小城, 乞降, 諸將欲聽之.

儁曰: "兵有形同而勢異者. 昔秦,項之際, 民無定主, 故賞附以勸來耳. 今海內一統, 惟黃巾造寇, 納降無以勸善, 討之足以懲惡. 今若受之, 更開易意, 敵利則進戰, 鈍則乞降, 縱敵長寇, 非良計也." 因急攻之, 不克.

儁登土山, 顧謂張超曰: "吾知之矣. 賊今外圍周固, (連)[內]營逼急, 乞降不受, 欲出不得, 所以死戰也. 萬人一心, 猶不可當, 況十萬乎? 其害甚矣. 不如徹圍, 并兵入城. 忠見解圍, 勢必自出, 出則意散, 易破之道也." 旣而解圍, 忠果出戰, 遂破忠等.

魏太祖圍壺關, 下令曰: " 城拔, 皆坑之." 連月不下.

曹仁言于太祖曰: "圍城必示之[活]門, 所以開其生路也. 今公許之必死, 將人人自爲守. 且城固而粮多, 攻之則士卒傷, 守則引日持久. 今頓兵堅城之下, 以攻必死之虜, 非良計也." 太祖從之, 城降.

此圍師之道也.

제60편 변통(變通)

임기응변

손자는 말한다. "적을 우리의 뜻대로 움직이게 하려면, 어떤 '형세'를 만들어 놓고, 적으로 하여금 반드시 따라오도록 만들어야 한다." 〔출전: 『손자병법』「병세편(兵勢篇)」〕

어떻게 이를 설명할 것인가? 〔조유의 말〕

孫子曰: "善動敵者, 形之, 敵必從之." 何以明之?

전국시대에 위나라와 조나라가 연합해서 한나라를 공격했을 때, 제나라는 전기(田忌)를 대장으로 삼아 구원하도록 했다. 전기는 곧장 위나라 수도 대량으로 쳐들어갔다. 위나라 장수 방연(龐涓)은 한나라 공격을 그만두고 본국으로 귀환했으나, 제나라 군대는 이미 그를 앞질러 위나라 국경을 넘어 서쪽으로 진입했다.

군사인 손빈(孫臏)이 전기에게 계책을 건의했다. "저 삼진(三晉, 한·

위·조 세 나라)의 군사들은 사납고 용감한데, 평소 우리 제나라를 업신여기며 제나라를 가리켜 겁쟁이라고 부릅니다. 용병을 잘하는 장수는 그 형세를 잘 이용해서 유리한 조건으로 이끌어 간다고 합니다. 병법에 이르기를 '승리를 쫓아 백 리를 급히 달려가는 군대는 장군을 잃게 된다.'고 합니다. 우리 군사들로 하여금 위나라에 들어서면 첫날에는 10만 개의 아궁이를 만들게 하고, 다음 날에는 5만 개의 아궁이를 만들고, 그 다음 날에는 2만 개의 아궁이를 만들도록 하십시오."

방연은 제나라 군대를 추격하다가 이를 보고 기뻐하며 말했다. "나는 본래부터 제나라 군사들이 겁쟁이라는 것을 알고 있었지만, 우리 땅에 들어온 지 사흘 만에 도망간 병사들이 이미 절반을 넘었구나." 이에 보병은 뒤에 따라 오도록 하고, 가볍게 무장한 정예병만 이끌고 행군 속도를 배로 해서 급히 제나라 군대를 추격했다. 손빈은 추격 속도를 계산하고는 저녁 무렵이면 마릉(馬陵)에 도착할 것으로 예상했다.

마릉은 길이 좁고 험준한 산 속이어서 매복하기에 좋은 곳이었다. 손빈은 길옆에 있는 큰 나무를 도끼로 찍어 껍질을 벗겨내고 그 흰 바탕에 이렇게 써놓았다. '방연이 이 나무 아래에서 죽을 것이다.' 그리고 활을 잘 쏘는 군사 만 명을 뽑아 쇠뇌를 지니게 하고 길 양쪽에 매복시키고, 이렇게 명령했다. "횃불이 오르거든 일제히 쏘아라."

과연 방연은 밤이 되어서 껍질을 하얗게 벗겨놓은 나무 밑에 도착했다. 그 흰 바탕에 뭔가 글씨가 적혀있는 것을 보고, 무슨 말인지 읽어보기 위해 횃불을 켜고 들어올렸다. 이때 매복했던 제나라 군사들이 일제히 쇠뇌를 쏘았다. 위나라 군사들은 큰 혼란에 빠졌고, 방연은 빠져나갈 길이 없다는 것을 알고 이렇게 탄식했다. "결국 저 어린놈의 이름을 떨치게 만들었구나." 그리고 스스로 목숨을 끊었다. 〔출전: 『사기』 권65 「손자오기열전」〕

동한 때 강족(羌族)이 반란을 일으켰을 때, 우후(虞詡)가 무도군(武都郡)태수로 임명되어 진압에 나섰다. 강족은 많은 병사를 이끌고 진창과 효곡(崤谷)에서 우후의 군대와 대치했다. 우후는 수하 장병들에게 명령을 내려, 한 사람 당 두 개씩 아궁이를 만들게 하고, 다음 날부터 매일 갑절로 늘여가도록 했다. 강족은 아궁이 숫자가 매일 갑절로 늘어나는 것을 보고 우후의 군대를 감히 공격하지 못했다.

어떤 사람이 물었다. "예전에 손빈은 아궁이 숫자를 줄였다고 하는데, 공은 아궁이 숫자를 늘렸습니다. 또 병법에 이르기를 '하루에 30리를 행군하며, 예상치 못한 비상사태에 대비한다.'라고 했습니다. 그런데 공은 하루에 근 200리를 행군했으니, 무슨 까닭입니까?"

우후가 말했다. "적의 병력이 우리보다 훨씬 많기 때문에 우리가 서서히 행군하다간 따라 잡힐 수 있었다. 우리가 빠르게 행군한 것은 오랑캐들이 우리의 위치를 헤아리지 못하도록 하기 위한 것이었다. 또 적들은 아궁이 숫자가 매일 늘어나는 것을 보고, 여러 군(郡)의 구원병이 계속 오는 것으로 생각했을 것이다. 손빈은 약한 것처럼 보이고자 했고, 나는 오히려 강한 것처럼 보이고자 했으니, 처한 형세가 같지 않기 때문이었다." 〔출전: 『후한서』 권58 「우후전(虞詡傳)」〕

魏與趙攻韓, 齊田忌爲將而救之, 直走大粱. 魏將龐涓去韓而歸, 齊軍已過而西矣. 孫臏謂田忌曰: "彼三晉之兵, 素悍勇而輕齊, 齊號爲怯. 善用兵者因其勢而利導之. 兵法曰: 百里而趨利者, 蹶其將軍.

使齊軍入魏地爲十萬竈，明日爲五萬竈，明日爲二萬竈.”

涓喜曰：“吾固知齊卒怯也，入吾地三日，士卒亡而過半.” 乃棄其步兵，與輕銳倍日并行逐之. 臏度其暮至，馬陵道狹而多險，可伏兵. 乃斫大樹白，書之曰：“龐涓死此樹下.” 令善射者萬弩，夾道而伏，期曰：“見火擧而發.”

涓夜至斫木下，見白書，乃鑽火燭之讀書. 齊軍萬弩俱發，魏軍大亂. 涓乃自剄，曰：“果成豎子之名也.”

虞詡薦武都郡，羌率衆遮詡于陳倉,崤谷. 詡令吏士各作兩竈，日增倍之，羌不敢逼.

或問曰：“孫子減竈，而君增之. 兵法日行三十里，以戒不虞. 今且行二百里，何也?”

詡曰：“虜衆旣多，吾徐行則易爲所及，疾行則彼不測之. 且虜見吾竈多，謂郡兵來之. 孫子見弱，吾示强，勢不同也.”

그러므로 말한다. “마음으로 적의 상황을 헤아리고, 눈으로 전쟁의 기틀을 관찰해야 한다.” 〔출전: 『손자병법』「계편」의 조조주(曹操注)〕

처한 형세에 따라 거기에 알맞은 책략을 써서, 많은 병력의 적에 승리를 거두는 것〔출전: 『손자병법』「허실편」〕이, 좋은 것 중에서도 가장 좋은 용병이다.

이상은 용병에 있어서 변통의 이치이다. 〔조유의 말〕

故曰：料敵在心，察機在目. 因形而作勝于衆，善之善者矣.

此變通之理也.

제61편 이해(利害)

용병술의 이해득실

손자는 말한다. "분발해서 싸우지 않으면 죽게 되는 '죽을 땅'에 빠뜨린 연후에 살아날 수 있고, 병사들을 '망할 땅'에 몰아넣어야 결사적으로 싸워서 목숨을 지킬 수 있다." 〔출전: 『손자병법』「구지편」〕

또 말한다. "유리한 조건에서도 해로운 것을 섞어서 생각하면 힘써야 할 바를 펼 수 있고, 해로운 조건에서도 유리한 점을 뒤섞어서 생각하면 환란을 해소할 수 있다." 〔출전: 『손자병법』「구변편(九變篇)」〕

어떻게 이를 입증할 수 있는가? 〔조유의 말〕

孫子曰: "陷之死地而後生, 投之亡地而後存." 又曰: "雜于利而務可伸, 雜于害而患可解."

何以明之?

한나라 대장 한신이 조나라를 치러 갔을 때, 조나라 군대는 20만 대군을 정형의 어귀에 집결시켜놓고 있었다. 한신은 병사를 이끌고 정형 어귀에서 30리쯤 못 미친 곳에 멈추어 진영을 세웠다. 그날 밤에 명령을 내리기를, 가볍게 무장한 기병 2천 명을 선발해서 각자 붉은 깃발 하나씩을 지니고 샛길로 산에 올라가 매복하고 있으면서, 조나라 군의 동태를 지켜보도록 했다. 또 훈계하며 말했다. "조나라 군대는 아군이 도망가는 것을 보면 반드시 영채를 비워놓고 아군을 추격할 것이니, 그때 너희들은 조나라 군영으로 재빨리 쳐들어가 조나라 깃발을 모두 뽑아버리고 한나라의 붉은 깃발을 꽂아라."

또 병사들에게 음식을 나눠주도록 명령하면서, "오늘 조나라 군대를 쳐부수고 나서, 잔치를 벌이도록 하자."고 말했다. 여러 장수들은 그 말이 믿기지 않아서 건성으로 "네 알았습니다."라고 대답했다. 한신은 장수들에게 말했다. "조나라 군이 먼저 유리한 곳을 차지하고 영채를 세웠다. 그들은 우리의 대장기를 보고 북소리를 듣기 전에는, 우리의 선봉 부대를 공격하지 않을 것이다. 아마 적군은 아군이 험준한 지형에 가로막혀 돌아갈 것이라고 생각할 것이다." 이에 한신은 일만 명의 군사를 출동시키고, 물을 등지고 진을 쳤다. 조나라 군은 이를 바라보고는 병법을 모른다고 비웃었다.

다음 날 날이 밝자 한신은 대장기를 앞세우고 북을 울리며 정형의 입구로 진격했다. 조나라 군도 영채를 열고 나와 한참 동안 큰 싸움을 벌였다. 이때 한신과 장이가 깃발과 북을 내던지고 물 쪽으로 도망치기 시작했다. 물가에 배수진을 친 한나라 군이 영문을 열고 한신과 장이를 맞아들이고는, 다시 격렬하게 싸움을 벌였다.

조나라 군대는 한나라 군대가 퇴각하는 것을 보고는 영채를 완전히 비워놓고 달려 나와, 한나라 군의 깃발이나 전고를 차지하느라 서로 다투며 한신과 장이를 급히 추격했다. 한신과 장이는 배수진 안으로 들어가 버렸고, 한나라 병사들이 모두 죽기를 무릅쓰고 용맹하게 싸웠으므로 도저히 단번에 무찌를 수 없었다.

이때 한신이 미리 보내 매복시켰던 기병 2천기는, 조나라 군사들이 군영을 비워놓고 한나라 군을 추격하는 것을 지켜보고는, 곧장 조나라 군의 영채로 쳐들어가 조나라 군의 깃발을 모두 뽑아버리고 한나라군의 붉은 깃발 2천 개를 꽂았다.

조나라 군대는 한신을 잡지 못한 채 영채로 되돌아가려 했다. 그런데 조나라 군의 영채에 온통 한나라 군의 붉은 깃발이 꽂혀 있는 것을 보고 조나라 군사들은 매우 놀랐다. 그들은 한나라 군이 이미 조나라 왕과 장수들을 모두 사로잡았다고 생각하고, 뿔뿔이 흩어져 달아나기 시작했다. 조나라 장수들이 목을 베며 제지했으나 도망치는 병사를 막을 수 없었다. 이때 한나라 군사들이 앞뒤에서 협공해 조나라 군을 크게 깨뜨렸다. 지수 가에서 성안군(成安君) 진여(陳餘)의 목을 베고, 조왕 헐(歇)을 사로잡았다.

장수와 병사들이 수급과 포로를 바치고 승리의 축하 인사를 올린 뒤, 한신에게 물었다. "병법에 이르기를 '산과 언덕을 오른쪽으로 등지고, 물과 소택지는 왼쪽으로 앞에 두라.'고 합니다. 그런데 오늘 장군께서는 그와 반대로 배수진을 치게 했고, 또 오늘 조나라 군을 무찌르고 나서 잔치를 벌이자고 했습니다. 그때 신들은 내심 믿지 않았습니다. 그러나 결국은 장군 말대로 승리했으니, 이것은 도대체 어떤 전술입니까?"

한신이 말했다. "이것도 모두 병법에 있는 것인데, 다만 여러분들이 알아차리지 못했을 뿐이다. 병법에 이르기를 '죽을 땅(死地)에 빠진 뒤에 필사적으로 싸워 살아남고, 망할 땅(亡地)에 던져놓은 뒤에 용감하게 싸워 목숨을 지킬 수 있다.'라고 하지 않았던가?

게다가 우리 군사들은 내가 평소 훈련시키고 거두어들인 장병들이 아니고, 그야말로 시장 바닥에 있는 사람들을 데려다가 전쟁터로 몰아넣은 것과 같았다. 이런 형편이니 이들을 사지에 몰아넣지 않고서, 저들 한 사람 한 사람으로 하여금 어떻게 필사적으로 싸우도록 만들 수 있었겠는가? 만일 오늘 저들을 '살아날 수 있는 땅(生地)'에 두었더라면 모두 도망가고 말았을 것인데, 그렇게 하고서 어찌 필사적으로 싸우도록 부릴 수 있었겠는가?"

장수들이 말했다. "훌륭합니다. 저희들은 도저히 미칠 수 없습니다." 〔출전: 『사기』 권92 「회음후열전」〕

漢將韓信攻趙, 趙盛兵井陘口. 信乃引兵, 未至井陘口三十里, 止舍. 夜半傳發, 選輕騎二千, 人持一赤幟, 從間道萆山而望見趙軍. 誡之曰: "趙見吾走, 必空壁逐吾, 若疾入趙壁, 拔趙幟, 立漢赤幟."

令其裨將傳飧, 曰: "今日破趙會食." 諸將皆莫信, 佯應曰: "諾." 信謂軍吏曰: "趙已先據便地爲壁, 且彼未見我大將旗鼓, 未肯擊前行. 恐吾至阻險而還." 信乃使萬人出行, 背水陣. 趙軍望見, 大笑之.

平旦, 信建大將旗鼓, 鼓行出井陘口, 趙開壁攻擊之, 大戰良久. 于是信與張耳棄旗鼓, 走水上. 水上軍開壁入之, 復疾戰. 趙空壁爭漢旗鼓, 逐韓信,張耳. 韓信,張耳已入水上軍, 軍皆殊死戰, 不可敗.

信所出奇兵二千騎, 共候趙空壁逐利, 則馳入趙壁, 皆拔趙幟, 立漢赤幟二千.

趙軍不得信等, 欲還歸壁. 壁皆漢赤幟而大驚, 以爲漢皆已得趙(主)[王]將矣. 遂亂, 遁走, 趙將雖擊斬之, 不能禁也. 于是漢兵夾擊, 大破之. 斬成安君泜水上, 擒趙王歇.

諸將殺[效]首虜, 留賀, 因問信曰: "兵法, 右背山陵, 前左水澤. 今者將軍令臣等反背水陣, 曰破趙會食, 時臣等不服. 然竟以勝, 此何術也?"

信曰: "此在兵法之中, 顧諸君不察耳. 兵法不曰: '陷之死地而後生, 置之亡地而後存?' 且信非能素撫循士大夫也, 所謂驅市人而戰, 其勢非置之死地, 使人人自爲戰. 今與之生地, 皆走, 寧尙可得而用之乎?" 諸將曰: "善. 非所及也."

조조가 장수(張繡)를 정벌하러 갔을 때 어느 날 아침 갑자기 군사를 이끌고 철수했다. 장수가 추격하려 하자, 가후(賈詡)가 말했다. "추격하면 안 됩니다." 장수가 말을 듣지 않고 추격했다가 과연 패하고 돌아왔다. 이때 가후가 말했다. "지금 급히 다시 추격하십시오. 싸우면 반드시 승리할 것입니다." 이에 장수는 흩어진 병사들을 끌어 모아 다시 조조 군을 추격했고, 싸워서 과연 승리를 거두었다.

장수가 돌아와 물었다. "내가 처음에 정예병을 이끌고 후퇴하는 조조 군을 추격했을 때 공은 반드시 패한다고 했고, 패하고 돌아온 병사를 끌어 모아 승리한 군대를 추격했을 때는 반드시 이긴다고 했소. 결과는 공이 말한 대로 되었소. 어찌 상식에 반대되는 말이 모두 맞아 떨어지는 것이오?"

가후가 말했다. "이것은 쉽게 알 수 있는 일입니다. 용병의 형세는 백 가지도 넘으니, 어느 하나의 원칙에 얽매여서는 안 됩니다. 장군께서 비록 용병에 능하다고 하지만 조조에게 필적할 수는 없습니다. 위나라 군이 처음 퇴각했을 때, 조조는 반드시 후방을 차단하는 조치를 취하면서 물러났을 것입니다. 그렇기 때문에 추격하는 우리 군사가 비록 정예병이었는데도 조조 군을 대적할 수 없었던 것은, 저들 역시 정예병이었기 때문에 반드시 패할 것임을 알았습니다. 조조가 장군을 공격하다가 어떤 실책도 없고, 또 힘이 다하지 않았는데도 물러난 것은, 반드시 국내에 어떤 변고가 일어났기 때문일 것입니다.

조조는 한 차례 장군의 추격 부대를 패퇴시키고 나서는 반드시 무장을 가볍게 하고 신속하게 후퇴하면서, 몇몇 장수만 남겨두고 후방을 막도록 했을 것입니다. 이때는 저들의 장수가 비록 용감하다고 한들 장군의 적수가 될 수 없었을 것입니다. 그래서 패잔병을 이끌고 가서 싸워도 승리할 수 있었습니다." 장수는 이에 가후의 뛰어난 능력에 탄복했다. 〔출전: 『삼국지』 권10 「가후전」〕

이상은 조건이 유리하고 불리한데 따라 대응하는 용병의 요령이다.

그러므로 "사지에 빠진 이후에 필사적으로 싸워 살아남는다."라고 했고, 또 "불리한 조건에서도 유리한 여건을 섞어서 생각하면 환란을 해소할 수 있다."라고 했으니, 바로 이를 두고 한 말이다. 〔조유의 말, 『손자병법』 「구지편」과 「구변편」의 구절을 인용함〕

魏太祖征張繡, 一朝引軍退. 繡自追之, 賈詡曰: "不可追也." 繡不從, 果敗而還. 詡謂繡曰: "促更追之, 戰必勝." 繡收散卒赴追太祖, 戰果勝. 還問詡曰: "繡以精兵追退軍, 而公曰必敗; 退以敗卒擊勝兵, 而公曰必剋. 皆如公之言, 何其反而皆驗也?"

詡曰: "此易知耳. 軍勢百途, 事不一也. 將軍雖善用兵, 非曹公敵也. 魏軍新退, 曹公必自斷其後. 追兵雖精, 將旣不敵, 彼士亦銳, 故知必敗. 曹公攻將軍, 無失策, 力未盡而還, 必國內有故也. 旣破將軍, 必輕軍速進, 留諸將斷後. 諸將雖勇, 亦非將軍敵也, 故雖用敗兵而勝也." 繡乃服其能.

此利害之變.

故曰: "陷之死地而後生", "雜于害而患可解", 此之謂也.

제62편 기정(奇正)

기습과 정면 공격

태공은 말한다. "군대를 분산시키고 이동하는 것을 알지 못하면 더불어 기병의 운용을 말할 수 없다."〔출전: 『육도』「용도, 기병(奇兵)」〕

또 손자는 말한다. "용병은 정병(正兵)으로 맞붙어 싸우고, 기병(奇兵)을 운용하여 승리를 거둔다."〔출전: 『손자병법』「병세편」〕

어떻게 이를 증명할 수 있는가? 〔조유의 말〕

太公曰: "不能分移, 不可語奇." 孫子曰: "兵以正合, 事以奇勝."

何以明之?

서위왕 위표(魏豹)가 반란을 일으키자, 유방은 한신을 좌승상으로 임명하고 위표를 치도록 했다. 위표는 포판에 병력을 주둔시키고 임진으로 오가는 물길을 틀어막았다. 이에 한신은 의병을 배치해 병력이 많은 것처럼 꾸미고, 배를 타고 임진을 향해 건너갈 것처럼 시늉을 했다. 그러고는 은밀히 하양에서 큰 나무통, 앵부(罌缶)를 뗏목처럼 엮어 타고 강을 건너가서, 위나라의 수도인 안읍을 기습했다.

위표가 크게 놀라 주력부대를 이끌고 한신의 군대를 맞아 전투를 벌였다. 결국 한신은 위표를 사로잡았고, 위나라를 평정한 뒤, 이를 한나라의 하동군으로 삼았다. 〔출전: 『사기』 권92 「회음후열전」〕

魏王豹反漢, 漢王以韓信爲左丞相, 擊魏. 魏王盛兵蒲坂, 塞臨晉. 信乃益爲疑兵, 陳船欲渡臨晉. 而伏兵從夏陽以木罌[缶]渡軍, 襲安邑. 魏王豹驚, 引兵迎信, 信遂虜豹, 定魏, 爲河東郡.

이로써 기병과 정병의 운용이 용병의 요체라는 점을 알 수 있을 것이다. 〔조유의 말〕

『경』에서 이렇게 말한다. "싸우는 기세는 기병과 정병의 운용에 지나지 않지만, 기병과 정병의 운용에 따른 작전의 변화는 이루 다할 수 없는 것이다. 마치 둥근 고리가 시작도 없고 끝도 없이 무한히 돌아가는 것과 같으니, 어느 누가 기정(奇正)의 변화를 이루 다 헤아릴 수 있겠는가?" 〔출전: 『손자병법』 「병세편」〕

바로 이를 두고 하는 말이다. 〔조유의 말〕

是知奇正者, 兵之要也.

'經'曰: "戰(勝)[勢]不過奇正, 奇正之變不可勝窮, 如環之無端. 孰能窮之?" 此之謂矣.

제63편 엄발(掩發)

기만전술로 빼앗다

손자는 말한다. "싸움을 잘하는 장수는 그 기세가 험하고, 작전과 행동은 짧다. 적에게 이로움을 주어 우리 뜻대로 움직이게 하고, 근본을 갖고 적을 대비해 패하게 만든다."

또 말한다. "적을 우리 뜻대로 움직이려면 위장이나 속임수로 어떤 형세를 만들어 놓고, 적으로 하여금 반드시 뜻한 대로 따라오도록 해야 한다." 〔출전: 『손자병법』 「병세편」〕

무엇으로 일이 그렇게 된다는 것을 입증할 수 있는가? 〔조유의 말〕

孫子曰:"善戰者, 其勢險, 其節短. 以利動之, 以(卒)[本]待之."

又曰: "善動敵者, 形之, 敵必從[之]." 何以明其然耶?

전국시대에 연나라가 제나라를 평정하고 즉묵성을 포위했다. 즉묵성의 백성들은 전단(田單)을 장군으로 추대해서 연나라에 저항했다.

전단은 즉묵성의 병사들을 격분케 만들기 위해 다음과 같은 말을 퍼뜨리게 했다. "나는 연나라 장수들이 포로로 잡은 제나라 군사들의 코를 베고, 성 밖에 있는 분묘를 파헤쳐 조상들을 욕보일까 걱정합니다. 생각만 해도 마음이 섬뜩해 집니다."

연나라 군사들은 과연 전단이 말한 대로 무덤을 파헤치고 시체를 불라 버렸다. 즉묵성 안의 사람들은 모두 이 소식을 듣고 눈물을 흘렸고, 너나없이 모두 출전해서 싸우기를 원했다. 그들의 분노는 이전보다 열 배나 커졌다.

또 전단은 백성들로부터 돈을 거두어 천 일(鎰, 2만 냥)을 만든 뒤 즉묵성의 부자들을 시켜, 연나라 군대의 장수들에게 돈과 편지를 보내고 '즉묵성이 곧 항복할 것이니, 저희들의 가족과 처첩들은 포로로 잡지 말아 주십시오.'라고 부탁하도록 했다. 연나라 장수들은 매우 기뻐하며 그렇게 하겠다고 약속했고, 날이 지날수록 연나라 군사들의 군심이 해이해졌다.

이때 전단은 성안에서 소 천여 마리를 모으고는 꼬리에 갈대 묶음을 매달고 끝에 불을 붙였다. 성벽에 수 십 개의 구멍을 뚫어놓고 한 밤중에 소를 일제히 내보냈다. 그리고 장사 오천 명으로 소떼 뒤를 따르게 했다. 소떼는 꼬리에 불이 붙어 뜨거워지자 연나라 진영으로 미친 듯이 뛰어들었고 연나라 군사들은 이를 보고 크게 놀랐다. 이때 함매(銜枚, 나뭇가지를 입에 무는 것)를 한 채 뒤따르던 5천 명의 장사들이 용맹하게 뛰어들어 공격했다.

연나라 군을 크게 무찌르고 장수 기겁(騎劫)을 죽이고, 제나라 70여 개 성을 되찾았다. 〔출전: 『사기』 권82 「전단열전(田單列傳)」〕

燕平齊, 圍卽墨城. 卽墨城中推田單爲將, 以拒燕. 田單欲激怒其卒, 乃宣言曰: "吾唯恐燕將劓所得齊卒, 及掘城外墳墓, (擢)[僇]先人, 可爲寒心."

燕將如其言, 卽墨人皆涕泣, 共欲出戰, 怒皆十倍. 單乃收人金, 得千鎰, 令卽墨富豪遺燕將書, 曰: "卽墨卽降, 願不虜吾家族[妻妾]." 燕將大喜, 益懈.

乃收牛, 得千頭, 束葦牛尾, 燒其端. 鑿數十穴, 夜縱牛出, 以壯士五千人隨其後. 牛尾熱而奔燕, 燕軍大驚, 所隨五千因銜枚擊之. 燕軍大敗, 殺其將騎劫, 復齊七十餘城.

삼국시대 여몽(呂蒙)이 서쪽으로 나아가 육구(陸口)에 진을 치고 있었다. 관우는 번성을 토벌하러 가면서 병력을 남겨 공안(公安)과 남군(南郡)을 지키게 했다. 여몽이 손권에 상소를 올렸다. "관우가 번성을 치러 가면서 많은 병력을 남겨둔 것은, 필경 제가 그 배후를 노리지 않을까 우려했기 때문입니다. 저는 평소 병을 앓고 있으니, 청컨대 군사를 나누어 건업으로 돌아가게 하고, 제가 병을 치료한다는 것을 명목으로 삼고자 합니다. 관우가 이 소식을 들으면 반드시 남겨두었던 병력을 모두 철수시켜 양양(襄陽)으로 보낼 것입니다. 그때 우리 대군이 장강을 타고 올라와 밤낮으로 말을 달려 관우가 비워놓은 성을 습격하면 남군을 취할 수 있고, 관우도 사로잡을 수 있을 것입니다.

이에 여몽은 병이 위독하다고 소문을 퍼뜨렸고, 손권은 공개적으로 격문을 보내 여몽을 소환했다. 과연 관우는 이런 소식을 곧이곧대로 믿고, 병력을 조금씩 철수시켜 번성으로 보냈다. 손권은 이 소식을 듣자 마침내 행동에 나섰다. 손권은 먼저 여몽을 선봉 부대로 파견하고, 정예병들은 모두 큰 배 안에 숨게 하고 군사들에게 흰옷을 입혀 장사치 복장을 하고 노를 젓도록 해서, 밤낮을 쉬지 않고 나아갔다. 관우가 주둔하고 있는 강가에 도착하자, 척후병들을 모조리 붙잡아 묶어놓았다. 이 때문에 관우는 오나라 군이 도착했다는 사실을 알 수 없었다.

마침내 오나라 군대는 남군으로 쳐들어갔고 성을 지키던 사인(士仁)과 미방(糜芳)등이 항복했다. 여몽은 성을 점거하고 관우와 장수들의 가족을 모두 사로잡았다. 그러나 여몽을 이들을 위로하고 잘 대우하면서, 군중에 엄하게 명령을 내려 인가로 들어가서 행패를 부리지 못하도록 단속했다. 이에 따라 병사들은 길에 떨어진 물건이 있어도 주워갖지 않았다.

관우는 번성에서 군대를 돌려 남군으로 돌아오는 길에 여러 차례 사자를 보내 여몽과 연락을 취했다. 그때마다 여몽은 사자를 후하게 대접하고, 성안을 돌아다니도록 주선해서, 집집마다 찾아가서 안부를 묻도록 했다. 어떤 사람은 편지를 써서 주면서 믿음을 표시하기도 했다. 관우가 보낸 사자가 돌아오자, 병사들은 사사로이 소식을 탐문하고는 가족들이 모두 아무 탈 없이 잘 지내고 있고, 오히려 평소보다도 더 잘 대우받고 있다는 사실을 알게 되었다.

이렇게 되자 관우의 군사들은 싸우려는 마음이 사라지고 말았다. 손권이 인솔한 군대가 도착했고, 관우를 사로잡아 형주(荊州)를 평정했다. 〔출전: 『삼국지』 권54 「여몽전(呂蒙傳)」〕

呂蒙西屯陸口, 關侯討樊, 留兵備公安,南郡. 蒙上疏曰: "關侯討樊而多留備兵，必恐蒙圖其後故也．蒙常有病，乞分衆還建鄴，以治病爲名．某聞之，必徹備兵，盡赴襄陽．大軍浮江，晝夜馳上；襲其空虛，則南郡可取，而某可擒之.” 遂稱病篤，權乃露檄召蒙．

侯果信之，稍徹兵赴樊．權聞之，遂行，先遣蒙在前．伏其精兵于䑶䑺中，使白衣搖櫓，作商賈服，晝夜兼行．至侯所置江邊屯候，盡收縛之，是故侯不聞知．

遂到南郡，士仁,糜芳皆降．蒙入據城，盡得侯,將士家屬，皆撫慰，約令軍中不得干歷人家，道不拾遺．侯還，在道路，數使人與蒙相聞．蒙厚遇其使，使周旋城中，家家致問，或手書示信．侯使人還，私相參訊，咸知家間無恙，相待過于平時，故侯士卒無鬪心．權至，獲侯，遂定荊州．

이상은 적이 대비하지 않는 기회를 틈타 기습으로 승리를 거두는 응변의 요령이다. 〔조유의 말〕

그러므로 말한다. “처음에는 마치 처녀처럼 유약한 모습을 보여주어서 적군으로 하여금 공격할 수 있는 문을 열어놓게 만들고, 뒤에는 덫에서 벗어난 토끼처럼 신속하게 공격해서 적이 막을 수 없도록 해야 한다.” 〔출전: 『손자병법』「구지편」〕

바로 이를 두고

하는 말이다. 〔조유의 말〕

此掩發之變.

故曰: “始如處女，敵人開戶；後如脫兎，敵不及距.” 此之謂矣.

제64편 환사(還師)

군대의 철수

손자는 말한다. "백만 명의 군사를 일으키면 하루에 쓰는 비용이 천금이 든다." 〔출전: 『손자병법』「용간편」〕

『삼략』은 말한다. "사농공상의 사민(四民)이 가난에 허덕이면 나라에는 저축할 재정이 없다." 〔출전: 『삼략』「하략」〕

또 말한다. "백 리 밖으로 식량을 운송해 가면 1년 치 식량이 없어지며, 2백 리 밖으로 운반해 가면 2년 치 양식이 없어지고, 3백 리 밖으로 운송해 가면 3년 치 식량이 없어지니, 이를 두고 나라 안이 텅 비었다고 한다. 나라 안이 텅 비면 백성들은 가난에 허덕이고, 백성이 가난하면 상하가 서로 등을 돌리고 어울리지 못한다." 〔출전: 『삼략』「상략」〕

윗사람이 은혜를 쌓지 않으면, 아랫사람은 그 한 몸을 살릴 길이 없으니 이반하는 마음이 생기고, 이런 상황에서는 싸워 이긴다고 해도 결국에는 스스로 패망할 것이다. 〔출전: 미상〕

그러므로 나라 밖에서 적을 대파하고 안에서 큰 공을 세웠더라도, 승리한 장군에 대한 예우는 상례에 준해서 처리한다.

장군은 소복을 입고 임금에게 죄를 청한다. 이때 임금은 말한다. "군대를 이끌고 가서 정벌한 적은 반드시 무도한 나라이다. 따라서 장군이 적을 사로잡고 싸워 이겼더라도 장군에게는 아무런 허물도 없고 재앙도 없을 것이오." 그런 다음 장군의 관작을 높여 치하하는 한편, 부월을 반납 받아 장군의 권세를 빼앗는다. 〔출전: 『회남자』「병략」〕

孫子曰: "興師百萬, 日費千金." (王子)[三略]曰: "四人用虛, 國家無儲."

故曰: "運粮百里, 無一年之食; 二百里, 無二年之食; 三百里, 無三年之食; 是謂虛國. 國虛則人貧, 人貧則上下不相親." 上無以樹其恩, 下無以活其身, 則離叛之心生, 此爲戰勝而自敗.

故雖破敵于外, 立功于內, 然而戰勝者以喪禮處之, 將軍縞素, 請罪于君. 君曰: "兵之所加, 無道國也; 擒敵致勝, 將無咎殃." 乃尊其官, 以奪其勢.

그러므로 말한다. 하늘을 높이 나는 새가 떨어지고 나면 좋은 활은 깊이 간직하게 되고, 적국이 멸망하고 나면 뛰어난 지략을 지닌 장수는 쓸모가 없게 된다. '쓸모없다는 것'은 반드시 죽여 없애는 것이 아니라, 깊은 연못 아래 가라앉혀 둔다는 것을 말한다. 깊은 연못 아래 가라앉힌다는 것은 권위를 박탈하고 권력을 폐하는 것을 말한다.

조정에서 제후로 봉하여 신하 가운데서 최고의 작위를 누리게 하고 그의 공적을 널리 밝힌다. 또 중원의 좋은 땅을 영지로 주어 그 집안이 부귀를 누리게 하고, 미인과 보물을 하사하여 그 마음을 기쁘게 해준다. 인덕이 있는 장수가 일단 병사들의 마음을 단합시켜 놓으면 그 마음을 쉽게 이반시킬 수 없고, 위엄과 권세는 한 번 주고 나면 갑자기 거두어들이기가 어렵다.

그렇기 때문에 귀환한 군대를 해산하는 때가, 나라의 존망이 판가름 나는 관건의 시기가 된다. 그래서 작위를 높여주는 것으로 그 세력을 약화시키고, 영지를 내리는 것으로 병권을 빼앗는다.

패주(覇主)가 신하를 통제하는 방법은 순수하게 인의만 내세우지 않고 여러 가지 책략을 섞어 쓰는 법이다. 임금이 이 도리를 깊이 깨닫고 있다면 능히 신하들을 다스릴 수 있고, 신하가 이 이치를 깊이 이해한다면 공적을 온전히 하고 목숨을 보존할 수 있을 것이다. 〔출전: 『삼략』「중략」〕

이상이 바로 군대를 귀환시켜 해산하는 용병의 요체이다. 〔조유의 말〕

故曰: 高鳥死, 良弓藏; 敵國滅, 謀臣亡. 亡者, 非喪其身, 謂沈之于淵. 沈之于淵者, 謂奪其威, 廢其權.

封之于朝, 極人臣之位以顯其功. 中州善國以富其[家, 美色珍玩以說其]心. 仁者之衆可合而不可離, 威權可(樂)[與]而難卒移.

是故還軍罷師, 存亡之階. 故弱之以位, 奪之以國.

故覇者之佐, 其論駁也. 人主深曉此道, 則能御臣將; 人臣深曉此道, 則能全功保首.

此還師之術也.

논한다. '기(奇)'와 '정(正)'의 기틀, 다섯 종류의 첩자 활용, 천시와 지리를 이용하는 임기응변, 수공과 화공의 전술 등 이 모든 것들은, 마치 소리는 '궁상각치우'의 오음(五音)에 지나지 않지만 오음이 변하여 이루어 내는 음악은 이루 다 들을 수 없고, 색깔은 오색(五色)에 지나지 않지만 그 오색의 변화는 눈으로 이루 다 볼 수 없는 것과 같다. 〔출전: 『손자병법』「병세편」〕

처한 기틀의 변화에 따라 권모로서 대응해야 할 뿐이니 어느 한 가지에 얽매여서는 안 되는 것이다. 그러므로 여기에서 용병의 요체를 대략이나마 들어 보였다. 〔조유의 말〕

論曰: 奇正之機, 五間之要, 天地之變, 水火之道, 如聲不過五聲, 五聲之變不可勝聽; 色不過五色, 五色之變不可勝觀.

因機而用權矣, 不可執一也. 故畧擧其體之要.

부 록

장단경의 인용 전적 목록〔주빈(周斌) 『장단경교정여연구』에서 전재함〕

갑. 경부(經部)

1. 주역
2. 상서 및 주(注)
3. 시경 및 시서(詩序)
4. 주례(周禮) 및 주
5. 예기 및 주
6. 곡량전(穀梁傳) 및 주
7. 좌전 및 주
8. 효경
9. 논어 및 주
10. 맹자 및 주
11. 대대례기(大戴禮記)
12. 춘추운두추(春秋運斗樞)
13. 춘추원명포(春秋元命包)
14. 왕필의 주역약해(周易略解)

을. 사부(史部)

15. 일주서(逸周書)
16. 국어(國語) 및 주
17. 전국책 및 주, 일문(佚文)
18. 원강(袁康)의 월절서(越絶書)

19. 공연(孔衍)의 춘추후어(春秋後語)

20. 유진(劉珍) 등 동관한기(東觀漢記)

21. 순열(荀悅)의 한기(漢紀)

22. 원굉(袁宏)의 후한기(後漢紀)

23. 간보(干寶)의 진기(晉紀)

24. 배자야(裴子野)의 송략(宋略)

25. 온대아(溫大雅)의 대당창업기거주(大唐創業起居注)

26. 유향(劉向)의 별록(別錄)

27. 우세남(虞世南)의 제왕약론(帝王略論)

28. 사기 및 삼가주(三家注), 고주(古注), 안주(顔注)

29. 한서 및 고주

30. 후한서

31. 삼국지 및 배주(裴注), 배주일문(裴注佚文), 고주

32. 진서(晉書)

33. 송서(宋書)

34. 남제서(南齊書)

35. 양서(梁書)

36. 진서(陳書)

37. 남사(南史)

38. 수서(隋書)

39. 북사(北史)

병. 자부(子部)

40. 죽자(鬻子)

41–1. 육도(六韜)

41–2. 군서치요(群書治要)에 수록된 육도

41–3. 돈황사권(敦煌寫卷)의 육도

41–4. 은작산 한간(銀雀山漢簡) 육도

41–5. 기타 육도 일문

42. 태공병법(太公兵法) 및 고주

43. 노자

44–1. 손자병법

44–2. 손빈병법의 일문

44–3. 손자병법 조조주(曹操注)

44–4. 손자병법' 이전(李筌)주

44–5. 손자병법 고주

44–6. 손자병법 왕릉주(王陵注)

45. 안자춘추(晏子春秋)

46. 관자

47. 열자(列子) 및 주

48. 순자(荀子)

49. 신자(申子)

50. 여씨춘추 및 주

51. 시자(尸子)

52. 장자 및 주

53. 한비자

54. 문자(文子)

55. 신자(愼子)

56. 울료자(尉繚子)

57. 윤문자(尹文子)

58 상군서(商君書) 및 일문

59. 오자(吳子) 및 일문

60. 묵자(墨子)

61. 사마법(司馬法)

62. 삼략(三略) 및 고주

63. 소서(素書)

64. 옥검경(玉鈐經) – 혹칭 검경(鈐經)

65. 육가(陸賈)의 신어(新語)

66. 한시외전(韓詩外傳) 및 고주

67. 회남자 및 주

68. 설원(說苑)

69. 신서(新序)

70. 사의(賈誼)의 신서(新書)

71. 염철론

72. 법언(法言)

73. 논형(論衡)

74. 환담(桓譚)의 신론(新論)

75. 최식(崔寔)의 정론(政論)

76. 신감(申鑒)

77. 창언(昌言)

78. 잠부론(潛夫論)

79. 공자가어 및 왕주(王注)

80. 인물지 및 유주(劉注)

81. 두서(杜恕)의 체론(體論)

82. 환범(桓範)의 세요론(世要論)

83. 서간(徐干)의 중론(中論)

84. 유익(劉廙)의 정론(政論)

85. 제갈량의 심서(心書), 장원(將苑)으로도 칭함

86. 장제(蔣濟)의 만기론(萬機論)

87. 요신(姚信)의 사위(士緯)

88. 육경(陸景)의 전어(典語)

89. 부현(傅玄)의 부자(傅子)

90. 원준(袁准)의 정서(正書)

91. 갈홍(葛洪)의 포박자(抱朴子)

92. 양원제소역(梁元帝蕭繹)의 옥도(玉韜)

93. 이전(李筌)의 태백음경(太白陰經)

94. 이순풍(李淳風)의 을사점(乙巳占)

95. 확담실달(矍昙悉達)의 개원점경(開元占經)

96. 귀감(龜鑒), 아마도 원천강의 인륜귀감부(人倫龜鑒賦)를 가리키는 것으로 추정

정. 집부(集部)

97. 조조 손자략해(孫子略解)

98. 제갈량의 논양탈(論讓奪), 논제자(論諸子), 병법(兵法)

99. 공융(孔融)의 주무왕한고조론(周武王漢高祖論), 상서청준고왕기제(上書請准古王畿制)

100. 왕랑(王郞)의 상론(相論)

101. 조비(曹丕)의 주성한소론(周成漢昭論)

102. 조식(曹植)의 상론(相論), 한이조우열론(漢二祖優劣論)

103. 조희(曹羲)의 지공론(至公論)

104. 육기(陸機)의 연연주(演連珠)

105. 장보(張輔)의 명사우열론(名士優劣論)

106. 하후현(夏侯玄)의 악의론(樂毅論)

107. 구양건(歐陽建)의 언진의론(言盡意論)

108. 유효표(劉孝標)의 상경서(相經序)

109. 석보지(釋寶志)의 참시(讖詩)

110. 세설신어 및 주

111. 우세남(虞世南)의 인과론(因果論)

112. 완우(阮瑀)의 위조공작서여손권(爲曹公作書與孫權)

113. 왕융(王融)의 영명십일년책수재문(永明十一年策秀才文)

장단경

발행일 1쇄 2017년 6월 30일
2쇄 2017년 11월 30일
지은이 조 유
옮긴이 곽성문
펴낸이 여국동

펴낸곳 도서출판 인간사랑
출판등록 1983. 1. 26. 제일 - 3호
주소 경기도 고양시 일산동구 백석로 108번길 60 - 5 2층
물류센타 경기도 고양시 일산동구 문원길 13 - 34(문봉동)
전화 031)901 - 8144(대표) | 031)907 - 2003(영업부)
팩스 031)905 - 5815
전자우편 igsr@naver.com
페이스북 http://www.facebook.com/igsrpub
블로그 http://blog.naver.com/igsr
인쇄 인성인쇄 **출력** 현대미디어 **종이** 세원지업사

ISBN 978 - 89 - 7418 - 767 - 5 03140

* 책값은 뒤표지에 있습니다. * 잘못된 책은 바꿔드립니다.

이 도서의 국립중앙도서관 출판시도서목록(CIP)은 서지정보유통지원시스템 홈페이지(http://seoji.nl.go.kr)와
국가자료공동목록시스템(http://www.nl.go.kr/kolisnet)에서 이용하실 수 있습니다.(CIP제어번호: CIP2017013881)